本书获2022年贵州省出版传媒事业发展专项资金资助

中国历代名著全译·丛书

战国策全译 上

[汉]刘向 辑录

王守谦 喻芳葵 王凤春 李烨 译注

贵州出版集团
贵州人民出版社

中国历代名著全译丛书
编委会

1990年：第一版（第一批）

（以姓氏笔画为序）

王运熙　余冠英　张　克（常务）　罗尔纲

程千帆　缪　钺

———————

1997年：第一版（第二批）

（以姓氏笔画为序）

王元化　王运熙　李万寿（常务）　袁行霈

程千帆　傅璇琮　李立朴（执行）　黄涤明（执行）

———————

中国历代名著全译丛书
再版工作委员会

总 策 划：黄定承　蔡光辉
主　　任：王　旭
执行主任：谢丹华
副 主 任：谢亚鹏　夏　昆　毕昌忠
成　　员：程　立　孔令敏　马文博　尹晓蓓
　　　　　张凤英　唐锡璋　周湖越　苏　轼
　　　　　张　黎　李　方　李　康　何文龙
　　　　　孙家愉　王潇潇

再版说明

◎ 在人类文明历史长河中，中华民族创造了源远流长、博大精深的优秀传统文化，它是中华民族的"根"与"魂"，为中华民族生生不息、发展壮大提供了强大的精神支撑。中华优秀传统文化内容包蕴万千，而浩如烟海的历代经典名著正是其中最为璀璨的瑰宝。

◎ 为了传承和弘扬中华优秀传统文化，使广大读者了解我国历代经典名著的全豹，上世纪90年代，我们在全国学术界许多著名学者的支持下，出版了这套《中国历代名著全译丛书》。丛书分两批，每批50种，精选我国历代经史子集四部名著以全注全译的形式整理出版。由于丛书开名著全译之先河且兼具权威性、通俗性、学术性和资料性，出版之后得到书界的认可和受到读者的喜爱，并于1993年荣获第三届中宣部精神文明建设"五个一工程"奖。

◎ 随着中国开启建设社会主义现代化国家新征程，文化作为一个国家、一个民族的灵魂，在中国特色社会主义事业全局中的重要地位被进一步凸显，提高文化软实力成为实现中华民族伟大复兴的重要支撑。正是由于这样的背景，让我们开启《中国历代名著全译丛书》的再版工作具有非同寻常的意义。此次再版我们主要做了两项工作：一是对书的内容进行全面细致的校订，改正上一版中存在的舛误，同时，在尊重和保持作者学术成果原貌的基础之上，对个别属于历史局限的地方作了适当处理，使其内容更加精善；二是对书的装帧形式重新进行设计，使其形态更具审美价值并符合新时代读者的阅读习惯。

◎ 我们相信，这套新版的《中国历代名著全译丛书》在让读者领略到中华优秀传统文化独特风采与恒久魅力的同时，对提升中华民族文化自觉自信将起到应有的作用。

贵州人民出版社有限公司

2021 年 1 月

前言

◎《战国策》不仅是一部战国时代各国历史情况的重要实录，也是一部对当时和后代有巨大影响的历史散文杰作。因而研究家称《战国策》是一部亦文亦史的著述。据统计，《战国策》全书约十二万字。

一

◎《战国策》的作者，已不可考。关于《战国策》的写作情况和编集情况，西汉末年刘向在校录群书、整理古籍过程中，发现众多此书抄本，作过如下介绍：

◎所校中《战国策》书，中书余卷，错乱相糅莒，又有国别者八篇，少不足。臣向因国别者，略以时次之，分别不以序者以相补，除复重，得三十三篇。本字多误脱为半字，以赵为肖，以齐为立，知此字者多。中书本号，或曰

《国策》，或曰《国事》，或曰《短长》，或曰《事语》，或曰《长书》，或曰《修书》。臣向以为战国时，游士辅所用之国，为之策谋，宜为《战国策》①。

◎根据刘向的意见，可以推断《战国策》是一部先秦国别史料，不是一人所作，亦不是一时所作，可能是战国时期游说之士、纵横家的策谋和传说的汇编。《战国策》的成书年代约在战国末年或汉代初年，刘向是它的校订者和最后的编订者。也有人认为《战国策》经过刘向的儿子刘歆整理过，并定名为《战国策》，此说可供参考。

◎现代罗根泽先生根据司马迁《史记·田儋列传》"蒯通者，善为长短说，论战国之权变，为八十一首"等资料，认定《战国策》为西汉初年蒯通所作。他说：

◎《战国策》所记，非一时之事，亦非一人之言，而全书一律，自成一体，知出一人一手之董理润色。……然则此书既出一人之手，又非刘向之作，《史记》又有"蒯通论战国权变为八十一首"之言，蒯通又善为长短说，为纵横之雄，与《战国策》所表现之习性相近，其时代亦恰相衔接。《史》、《汉》又不谓他人作《战国策》，则此书之作始于蒯通，似无疑矣②！

他又说：

◎刘向校书之时，已有数种本，或多或少，参差错乱，向据多者，补少者，除其重复，于是定著为三十三篇，正名为"《战国策》"。故此书盖作始于蒯通，重订于刘向③。

◎罗根泽先生主张蒯通作《战国策》全书之说，尚嫌史料不足，根据不充分，有待进一步研究。不过，罗认为"此书盖作始于蒯通，重订于刘向。"他在《〈战国策〉作于蒯通考补证》中又作结论说："一、作始者为蒯通；二、增补并重编者为刘向……"罗仍然不否定刘向最后编订《战国策》之说。清代纪昀、永瑢在《四库全书总目提要·杂史类》中，亦已坚认刘向"裒（póu）合诸记，并为一编"，最后裒辑成《战国策》。

◎《战国策》经过刘向的整理，以国别为基础，按时间顺序编排，除其重复，补其缺损，共成书三十三篇。《战国策》经刘向编订后，至东汉末年，高诱为它作注。从此《战国策》一书，就有刘向集录本和高诱注释本并行于世。后来，刘、高两种本《战国策》在流传过程中，有所散佚。到了北宋中叶，已佚失了十二篇（一说十一篇）。经北宋曾巩访求士大夫家藏本，重新补足刘向集录本三十三篇。从此以后所传的《战国策》本，一是南宋姚宏本，一是南宋鲍彪本。姚、鲍两本，虽有异同，但都是从曾巩补校本演变而来的。今天流行的《战国策》共三十三卷，分《东周策》（一卷）、《西周策》（一卷）、《秦策》（五卷）、《齐策》（六卷）、《楚策》（四卷）、《赵策》（四卷）、《魏策》（四卷）、《韩策》（三卷）、《燕策》（三卷）、《宋卫策》（一卷）、《中山策》（一卷），总计四百九十余章。

◎《战国策》三十三卷十二国策，汇集了"继春秋以后，讫（qì）楚、汉之起，二百四十五年间之事④"。即主要记录上接春秋，下至秦吞六国，约二百四十年间（前460—前221），当时谋臣策士"辅所用之国"的活动和他们游说的种种谋策，或者说《战国策》是战国时代纵横家的言行总集，也可以说是策士们用以揣摩纵横术的"课本"。

二

◎《战国策》所反映的时代是一个前所未有的巨大变革的时代，正是中国社会由奴隶主所有制转化为封建地主所有制的时代。这一时期，阶级斗争异常激烈和十分复杂，形成了国与国之间、一国内部之间的尖锐矛盾和残酷斗争。正像刘向在《〈战国策〉叙录》中所说：

◎ 至秦孝公，捐礼让而贵战争，弃仁义而用诈谲（jué），苟以取强而已矣。夫篡盗之人，列为侯王，诈谲之国，兴立为强，是以转相放效，后生师之，遂相吞灭，并大兼小，暴师经岁，流血满野……晚世益甚，万乘之国七，千乘之国五，敌侔（móu）争权，尽为战国。……上无天子，下无方伯，力功争强，胜者为右，兵革不休，诈伪并起。

◎在这样变革、反常、战乱形势下，"士"找到了活动的舞台。"士"，最初是随着世卿世禄制度的崩溃，由贵族没落下来的分子转变的，后来由于社会经济的变化，一般小生产者也有上升为"士"的。由于他们具有一定的知识和经验，所以国君和贵族便收养他们为爪牙。当时的国君如齐威王、魏惠王、燕昭王等，都曾经是"士"的豢养者；还有所谓四公子——齐国的孟尝君、魏国的信陵君、赵国的平原君、楚国的春申君，都是动辄养士三千人。"士"作为群体，是当时特有的一种寄生阶层，是后代官僚的前身，对战国时期的政治起着相当大的作用。正如刘向在《〈战国策〉叙录》中所言："游说权谋之徒，见贵于俗。"

◎战国时奴隶制解体后，一般人也提出了对文化和政治的新要求，因而随着奴隶主贵族地位的动摇，学术活动开始走出贵族的圈子，下移和扩大到平民中间去。因此，代表各阶层各阶级的哲学理论出现于世，也出现了许多学者和政治活动家的周游辩论，以求实现自己的主张，或争夺高官厚禄。由于这时经济的发展，社会的变化，思想得到解放，学术上的自由竞争和文化上的繁荣兴盛，故而形成了文化、思想、学术领域的"百家争鸣""诸子横议"的空前活跃的局面。中国古代文化这时发展到黄金时代。《战国策》就是这个时代的产物。

◎《战国策》所反映的内容，既广泛又错综复杂，突出表现了战国时期政治动荡、矛盾重重的时代特点。《战国策》是战国时期的一面镜子。

◎其一，《战国策》记录了战国时代纵横家和谋士，在政治、军事、外交等方面的活动和游说的言论。"苏秦、张仪、公孙衍、陈轸、代、厉⑤"等一些游说之士，为了猎取功名利禄，凭着他们的智谋言辩，奔走各国，游说诸侯，纵横捭阖，利用各国间种种利害关系，忽而合纵，忽而连横，或背盟相攻，或罢兵修好。如苏秦初以"连横"说秦，"说秦王书十上而说不行"，便以"合纵"说赵王，"赵王大悦，封为武安君，受相印，革车百乘，锦绣千纯，白璧百双，黄金万镒，以随其后，约纵散横，以抑强秦⑥。"正如刘向所说："苏秦初欲横，秦弗用，故东合纵⑦。"苏秦之徒朝秦暮楚，言无真理，行无准则。又如智、韩、魏长期围困赵襄子，智伯"决晋水而灌之"，"城中巢居而处，悬釜而炊，财食将尽，士卒病羸⑧"。赵襄子在如此危急的关头，被逼得准备投降。可是，由于谋臣张孟谈的谋划和活动，使韩、魏倒戈攻智伯，结果赵襄子"转危为安"，而智伯却"身死、国亡、地分，为天下笑⑨"。再如鲁仲连为人"排患、释难、解纷乱"，揭穿辛垣衍的阴谋活动，指责秦国的残暴无义；一番议论，制止了赵国投降秦国的危险⑩，等等。这些纵横家和说士、谋臣，虽然在政治上见解不同，但都有着渊博的学识，在战国时期的政治舞台上扮演着不可忽视的角色。他们"出奇策异智"，可以折服千军万马，可以"运亡为存"，可以左右几个国家的局势。当然，也有因不用谋臣的"奇策异智"而亡国者，智伯不用智过之谋，而被韩、赵、魏所灭就是一例。鲍彪评论此事说："此一时三晋、智氏皆有士，三晋之应之如响，智氏独不用之而亡，则士岂非天下之重宝乎?"⑪

◎其二，《战国策》还赞颂了一些廉洁不屈的志士和舍生忘死的义士。如冯谖"以债赐诸民，因烧其券"，为孟尝君"市义"⑫。荆轲为燕太子丹报秦始皇之仇，"提一匕首入不测之强秦"，易水之上悲歌而别，他舍生取义，士人"皆垂泪涕泣"⑬。王斗当面讽刺齐宣王好马、好狗、好酒、好色，唯独"不好士"，指责齐王"非左右便辟无使"，根本不"忧国爱民"⑭。唐且在秦王嬴政面前，怒斥秦王"以五百里之地易安陵"，是诈骗安陵君的土地，以士怒"伏尸二人，流血五步""挺剑而起"的机智、勇敢言行，使"秦王色挠，长跪而谢之曰'先生坐，何至于此，寡人谕矣！'"最后折服了强暴的秦始皇[15]。尤其颜斶在齐王面前，争辩士贵君轻的一段对话，极其生动，脍炙人口。如：

◎齐宣王见颜斶，曰："斶前！"斶亦曰："王前！"宣王不悦。……王忿然作色曰："王者贵乎？士贵乎？"对曰："士贵耳，王者不贵[16]。"

◎不仅如此，颜斶又进一步告诫齐王说："尧有九佐，舜有七友，禹有五丞，汤有三辅"，因而尧、舜、禹、汤才成其帝业，留其盛名。颜斶还指出做国君的对士应该"无羞亟问，不愧下学"。由于颜斶词严义正，使齐宣王不得不折服，"愿请受为弟子"[17]。

◎其三,《战国策》中也反映出一些重民、破旧、用人等进步思想观点。策士们为了自己舌辩游说诸侯的需要，往往也谈及"爱民""安民"和"士民之众"等。但是总的讲来，他们不是真正的"重民""爱民"。不过,《战国策》中也有极少量的篇章，突出地表露出重民思想。如：

◎齐王使使者问赵威后。书未发，威后问使者曰："岁亦
无恙耶？民亦无恙耶？王亦无恙耶？"使者不说，曰："臣
奉使使威后，今不问王，而先问岁与民，岂先贱而后尊贵
者乎？"威后曰："不然。苟无岁，何以有民？苟无民，何
以有君？故有舍本而问末者耶⑱？"

◎这段生动的对话，明确表现出《战国策》中"以民为本，以
君为末"，先民后君的重民思想。这与孟轲"民贵君轻"、荀
卿"民水君舟"、颜斶"士贵、王者不贵"的思想是相通的，充
分反映出战国时期"以民为本"的思想的高涨。但必须强调
《战国策》总的思想倾向不是"重民"思想，因而郭预衡在《中
国散文史》中认为："《战国策》既不讲'敬天保民'，也不讲
'民为邦本'。"

◎《赵策二》中所记载的赵国国君赵武灵王"胡服骑射"的
事，是一次重大的破旧求新的改革，赵国统治集团对此引起一
场激烈争辩。不少人反对武灵王的改革，公子成是反对"胡
服骑射"的代表，他把"中国"说得尽善尽美，认为"胡服
骑射"是"变古之教，易古之道，逆人之心，叛学者，离
中国"。而赵武灵王则认为，应该"观时而制法，因事而制
礼。法度制令，各顺其宜；衣服器械，各便其用"。因而赵武
灵王提出质问："古今不同俗，何古之法？帝王不相袭，何礼

之循？”他坚决主张“便国不必法古”，“循法之功，不足以高世；法古之学，不足以制今”。故而“三代不同服而王，五伯不同教而政”。赵武灵王终于冲破赵国贵族集团的重重阻力，弃旧图新，施行了“胡服骑射”，在军事上做出贡献，促使赵国强盛。这与韩非的“世异则事异”“事异则备变”的思想是一致的。

◎《战国策》一书，对用人问题反映出一些值得重视的思想和看法。有些国君认为“当今之世无士”，书中批驳了这种说法，指出当今之世并非“无士”，而是统治者不爱士，不用士。齐宣王就否定有士，他认为：“千里而一士，是比肩而立；百世而一圣，若随踵而至也。”[19]《秦策五》中，姚贾反驳秦王说，在用人问题上“明主不取其污，不听其非，察其为己用”，即使是“监门子”，只要他有才干，肯为国家出力，有益于社稷，国君就应当用其所长，避其所短，各尽其才。鲁仲连对孟尝君提出要“人尽其才”，他说：

◎猿猕猴错木据水，则不若鱼鳖；历险乘危，则骐骥不如狐狸；曾沫之奋三尺之剑，一军不能当；使曹沫释其三尺之剑，而操铫（yáo）耨（nòu）与农夫居垅亩之中，则不若农夫。故物舍其所长，之其所短，尧亦有所不及矣[20]。

这一精辟见解，反映出《战国策》对用人问题的朴素辩证观点，是千古不破的真理。这与《左传》《国语》的用人思想是一脉相承的。

◎其四，《战国策》一书客观地暴露和鞭挞了荒淫无耻、毒辣残暴的各类统治者。如赵人李园欲进献其妹给楚考烈王，听说楚王不能生育，恐其妹"无宠"，便设计先献其妹给春申君，得幸有孕。李园又设计将有身孕的妹妹再进献给楚王得宠，生子立为太子，其妹立为王后，李园得势被重用。楚考烈王死，李园再设计在棘门之内藏甲士，"刺春申君，斩其头，投之棘门外"，"使吏尽灭春申君之家"。李园妹之子"遂立为楚幽王"。新爬上统治者之位的李园，其为人何其阴险、狠毒、残暴㉑！又如楚怀王夫人郑袖，巧设毒计，阳奉阴违，两面三刀，谗害了魏美人，在《战国策》中可谓又一阴险毒辣的典型㉒。再如秦宣太后淫乱无耻，私爱魏丑夫，死后还想把魏丑夫随身殉葬㉓。这些都充分反映了战国时期贵族阶级腐朽残暴的生活。

◎《战国策》这部历史巨著的思想倾向，与《国语》《左传》不同。《国语》《左传》的思想观念基本上属于儒家，而《战国策》主要思想倾向则属于纵横家。它"突破了商周以来的传统观念，其中最突出的是宣扬纵横家的人生观和道德观"㉔。《战国策》一书是特定的历史时期的产物，刘向在《〈战国策〉叙录》中早已认为《战国策》中所反映的思想观念，与春秋时期的道德观已大不相同，《战国策》所言"战国之时，君德浅薄，为之谋策者，不得不因势而为资，据时而为画"，从中求名寻利。但是，历代学者对《战国策》的思想倾向，众说纷纭，毁多于誉。至宋代苏洵父子虽喜好《战国策》文章，但他们从来不敢给以公开的赞许。曾巩虽认为《战国策》是记述策士的言论、策谋，可是他又把这些言论和策谋斥为"邪说"，"为世之大患"㉕。南宋叶适在《学习记言》中，认为《战国策》一书大部分是"市井小人所羞称"的"儇（xuān）陋浅妄之夸说"，"为学者心术之巨蠹（dù）"。至元、明、清时期，研究家论及《战国策》时，"大抵都是斥其思想而称其文章，很少全面评价"㉖。清代陆陇其即认为《战国策》一书，"其文章之奇，足以悦人耳目，而其机变之巧，足以坏人心术"，"惟恐学者陷溺其中而不能出"，还专为《战国策》写了《战国策去毒》之作，陆陇其可谓曾巩的异代知音。这些人对《战国策》的评论，基本上从儒家思想观点出发，将其斥为"畔经离道之书"㉗，因而不能说是公允的评价。现代研究家本着历史唯物主义观点、方法研究《战国策》，对《战国策》一书的思想倾向的看法，有了很大的变化，对其思想内容的复杂性有较正确认识，对某些篇章的思想内容有较高的评价。某些策士为了追名逐利，朝秦暮楚；有的策士为报私怨，拨弄是非，相互倾轧，施展计谋，坑害对方，这些都属于应该批判之列。有的抱着"士为知己者死""士为知己者用"的思想，为"知己者"拼死卖命。如豫让为智伯报仇刺赵襄子[28]，聂政为严遂报仇刺韩傀（wěi）[29]。这种思想的产生，与当时士人怀才难逢"知己"有关。它对后代影响很大，也比较复杂，但往往消极的影响居多[30]。

三

◎《战国策》这部战国时期最基本的史料，在流传和成书过程中，必然有被窜改、增删的地方，其中难免杂有纵横家、策士采集和引用的如"锥刺股"之类的拟作、传说，违背史实，无从考证，不可尽信，这就一定程度地降低了《战国策》的史学价值。但是，《战国策》在文学方面取得的成就，被历代研究家所公认，显得更为突出，在先秦散文中有所创新和突破，堪称出类拔萃之作。有人称许它"繁辞瑰辨，灿然盈目"，宋代李文叔称颂它"文辞骎骎（qīn）乎上薄六经，而下绝来世"[31]，王觉称赞它为"文辞之最"。后人这些对《战国策》的推崇与评议，都是比较恰当和中肯的。从其文学成就看，可总结如下几个方面。

◎首先，《战国策》许多篇章具有典型而生动的故事情节。这是《战国策》一书的艺术特点之一。《左传》在叙事富有故事情节方面，已经迈出了一大步，《战国策》在此基础上又使某些篇章，别开生面地增添了故事情节的戏剧性和浓厚的小说色彩。如《赵策四》中《赵太后新用事》一文，就富有生动的情节。作者以曲折、细腻的笔法，有声有色地描绘触龙的举止和他与赵太后的唠"家常"。触龙进见赵太后的目的，就在于说服太后"令长安君为质"。可是从进见到最后都是用迂回曲折、拐弯抹角的办法：先谈吃饭、走路，表示关心太后，取得她的欢心，使她平息怒气；接着触龙又请求太后让他的幼子"补黑衣之数，以卫王宫"，用疼爱幼子之心触动太后的心事。由于两个人都是老态龙钟，心疼幼子之心深切相通，这就使太后不仅渐渐消融了盛怒，并且使太后知道自己不"以长安君为质"的错误，便情愿"为长安君约车百乘，质于齐"。这篇散文可以说故事情节完整曲折，首尾相应，富有小说的色彩。又如《齐策一》中《邹忌修八尺有余》一文，作者描绘齐相邹忌和"城北徐公"比美，通过与妻、妾、客三问三答得出了自己受蒙蔽的原因，虽是生活小事，却使邹忌受到莫大的启迪，从而悟出治国的大道理，邹忌上朝进谏齐威王，齐国因此得到大治。邹忌比美与进谏的情节一层一层地展开，从生活的细节描绘到治国的大事，真是既生动又富有戏剧性。再如《齐策四》中《齐人有冯谖者》一文，写冯谖"贫乏不能自存"，寄食于孟尝君门下做门客，自答"无好""无能"，却又三次弹铗而歌："食无鱼！""出无车！""无以为家！"要求提高待遇；当他自告奋勇承担"收债"任务时，只说了三个字"能""愿之"，然后到薛地烧债券"市义"而归；最后写冯谖为孟尝君西游于魏国，请立宗庙于薛邑，"三窟已就"，孟尝君"高枕为乐"，"为相数十年，无纤介之祸"。"一连串的活动，始终以孟尝君和冯谖作对比，一抑一扬，迂回曲折，创造了各种充满生活气息的场面"③²，也展示出一幅幅冯谖与孟尝君、其他门客、薛地诸民等复杂关系的图景。可以说，故事情节描写得波澜起伏，引人入胜，给读者留下了难以忘怀的印象。还有《秦策一》中《苏秦始将连横》、《韩策二》中《韩傀相韩》、《燕策三》中《燕太子丹质于秦亡归》、《齐策四》中《齐王使使者问赵威后》等篇章，在故事情节方面，都描绘得极其生动、紧张。叙述、描写、渲染、夸张同人物的对话和人物的活动等，都恰当地贯穿、融合在故事情节之中，使这些篇章增添了巨大的艺术感染力。

◎其次，《战国策》细致而形象地描绘了大量的历史人物，其中更突出地刻画了纵横家和策士的形象。这也是《战国策》一书的艺术特点之一。据统计《战国策》描写了数百个正反两方面的人物，许多人物被描绘得栩栩如生。《战国策》在继承《左传》的基础上，对人物描写有了新的发展，不再拘泥于真人真事，而是从丰富的现实生活中选择和概括富有代表性的事件，经过艺术加工突现人物的性格，又加以虚构和夸张，使历史人物更加形象化、典型化。如苏秦、张仪、冯谖、聂政、荆轲、鲁仲连、庄辛、触龙、邹忌、范雎等人物，几乎都被刻画得个性分明，并富有典型性。他们的形象流传千古，至今仍然历历在目。《秦策一》中《苏秦始将连横》一文，作者对苏秦这个纵横家形象的塑造，就着重精雕细刻他的复杂性格。他聪明有知识，刻苦自信，善于雄辩，深于世故，但他基本的性格特征，是沉溺于追逐功名利禄，为了个人取得政治地位，先以连横说秦不成，就以合纵游说山东六国。因此，"连横""合纵"两个极端相反的政治概念，对苏秦这个政治投机人物来讲却没有区别。他想方设法施展他的雄辩本领，猎取功名富贵。苏秦这个独具的性格特点，也概括了当时那些追逐利禄功名的纵横家、策士所具有的本性。司马迁在《史记·苏秦列传》中说"世言苏秦多异，异时事有类之者皆附之苏秦"，说明《战国策》对苏秦一类的人物是经过了典型化的艺术创造，并有很大成分是夸张的描写，因而使这些历史人物成为典型性的艺术形象。张仪这个人物也是逐名图利、言而无信的说客，他与苏秦是一类的人物，在口头上讲仁义道德，甚至也讲王业。但是，在他们用语的含义中，已和春秋时期儒家思想概念大不相同了。他们所"说的'义'和'王道'，显然不同于

儒家的看法。说的是道义，行的却是权术。"③③可以说张仪与
苏秦两个人物一样，是《战国策》作者经过艺术加工和概括的
当时纵横家的典型人物。《战国策》一书，写荆轲、聂政两个
人物时，也是经过艺术的概括和加工，作者虽然写他二人同
是重义轻生的侠士，同样做着为统治者刺杀政敌的事，这是
荆、聂二人的共性。但是，"他们仍然是两个性格极不相同的
人物，荆轲的沉着、机智、倔强而又带点冷漠情绪的个性，与
聂政的纯孝、仁厚、爽直而又勇于决断的性格，显然有极大的
区别，前者较为复杂，后者十分单纯。"③④《战国策》中其他
主要人物，都被描写得成为千古不朽的艺术形象。总之，《战
国策》一书描绘了许多历史人物，他们的形象都十分鲜明，具
有动人心魄的艺术魅力，两千余年来，一直在人们的心中打下
了深刻难忘的烙印。刘大杰《中国文学发展史》说："苏秦合
纵，张仪连横，范雎相秦，鲁连解纷，邹忌的幽默，淳于髡的
讽刺，真可谓尽鼓舌摇唇之能事，极纵横辩说的大风了。"可
见《战国策》作者对历史人物的描写，享有高度艺术造诣的
盛名。

◎再次，《战国策》的语言表达，生动精练，简明流利，富有
形象性。这又是《战国策》一书的艺术特点之一。《左传》的
语言运用，已经有了较高的造诣，《战国策》在继承《左传》的
基础上，经过了作者的呕心沥血，加工提炼，使语言艺术达

到了更高的境地，在语言方面是一次大的飞跃。《战国策》的语言善于表现人物的个性，富有驰骋雄辩的特色。如《秦策三》中《范雎至秦》一文，作者集中地记述范雎游说秦昭王时，语言雄辩犀利，惊心动魄，说服力极强，像一把钳子似的咬住对方，使秦王不得不"废太后，逐穰侯，除高陵，走泾阳于关外。"并"以客卿范雎为丞相，封应侯"。㉟《秦策三·蔡泽见逐于赵》一文，与《范雎至秦》相似，蔡泽以犀利雄辩的说辞，为范雎继续做秦相摆开弊害，设疑答问，使范雎不得不"因谢病，请归相印"，蔡泽"遂拜为秦相"。《赵策二·武灵王平昼间居》一文中，赵武灵王君臣的辩论，《赵策三·秦围赵之邯郸》一文中，鲁仲连与辛垣衍的论战，等等，作者对范雎、蔡泽、赵武灵王、鲁仲连，在语言方面都极力夸张渲染，使说辞增加雄辩性。再如《秦策一·苏秦始将连横》一文，作者多用排比、夸饰句，铺张说辞。如：

◎言语相结，天下为一；约纵连横，兵革不藏；文士并饬，诸侯乱惑；万端俱起，不可胜理；科条既备，民多伪态；书策稠浊，百姓不足；上下相愁，民无所聊；明言章理，兵甲愈起；辩言伟服，战攻不息；繁称文辞，天下不治；舌弊耳聋，不见成功；行义约信，天下不亲。

◎苏秦这段游说之辞，就极力铺陈排比，敷张扬厉，"在散体中包容着大量的骈辞俪句"^㊱。不仅如此，在《苏秦始将连横》一文中，对苏秦这个人物的描写，作者又使用了生动形象的语言。如：

◎说秦王书十上而说不行。黑貂之裘弊，黄金百斤尽，资用乏绝，去秦而归。……归至家，妻不下紝，嫂不为炊，父母不与言。……乃夜发书，陈箧数十，得《太公阴符》之谋，伏而诵之……读书欲睡，引锥自利其股，血流至足。

◎见说赵王于华屋之下，抵掌而谈。赵王大悦，封为武安君。受相印，革车百乘，锦绣千纯，白璧百双，黄金万镒，以随其后，约纵散横，以抑强秦。……将说楚王，路过洛阳，父母闻之，清宫除道，张乐设饮，郊迎三十里。妻侧目而视，倾耳而听；嫂蛇行匍伏，四拜自跪而谢。

◎这三段文字，不仅对比了苏秦朝秦暮楚的为人，更生动形象、富有戏剧性地对比了家人对苏秦前后的不同态度，真是相映成趣。《战国策》在语言方面，历来被人们所称誉。熊宪光在《战国策研究与选译》中说："《战国策》之文，沉而快，雄而隽；气势充沛，如江河直下；词锋逼人，似高屋建瓴。"刘大杰《中国文学发展史》评论《战国策》的语言说："其文字无不委曲达情，微婉尽意，而又明快流畅，富于波澜。"总之，《战国策》的语言具有真正的美，研究家认为它形成了一代文风。

◎最后，《战国策》善于运用寓言故事，"把道理讲得深入浅出、鲜明警醒而富有启发性"。[37]这是《战国策》一书又一艺术特点。战国时代，不论学者还是说客、策士，在他们的著作和说辞中，保存了不少寓言故事，如《孟子》《庄子》《韩非子》和《战国策》的作者，都创造、收集了许多精彩动人的寓言故事。《战国策》中的寓言故事，脍炙人口，遍见各策，历来为读者所称赞，永远闪耀着朴素而迷人的文学光彩，它那感人的艺术魅力，一直吸引着人们去欣赏。《战国策》一书中的寓言故事，据研究家统计共有五十四则，又有人统计为七十四则，去其重复，仍有七十则左右。《战国策》中的寓言故事，大多数不是独立成章，只是说客、策士们做引譬设喻之用，为他们论述道理时做注脚和补充。但从文章中摘录出来，又都有相对的独立性，自成首尾完整的、精彩迷人的故事。《战国策》寓言故事，取材不拘，涉及面较广，好似随手拈来，有些寓言故事，贴切自然，天衣无缝。如《画蛇添足》《南辕北辙》《狐假虎威》《惊弓之鸟》《鹬蚌相争》《骥遇伯乐》，等等，都是流传千古、喜闻乐见的优秀寓言故事。《战国策》中不少寓言故事，艺术构思精巧新鲜，几乎使读者把虚构的故事当成真情实事。这些寓言故事的语言运用，也极其精切，并能使抽象的道理形象化，更能加强辩论的说服力[38]。

四

◎《战国策》在中国史学和文学发展史上，是一部承前启后的著作。它多方面继承了《左传》的传统成就，又给后世史传文和议论文巨大而深远的影响。刘大杰《中国文学发展史》说："《左传》……在历史散文的地位上，是成为上承《尚书》《春秋》，而下开《国策》《史记》的重要桥梁。"这不仅谈了《左传》的承启关系，同时也中肯地论述了《战国策》一书的上承《左传》下启《史记》的关系。但是，由于《战国策》一书的史家之笔又兼策士之辞，不再像《左传》那样单纯地记言记事，"而是既有纵横驰骋的文章，又有凭虚臆造的故事。其中某些片段，已经初具独立成篇的人物传记的特征（如邹忌谏齐王、冯谖凿三窟等），这对于后代的传记文学和传奇小说都是很有影响的"[39]。《战国策》一书对后世影响是多方面的，它的思想内容虽被后儒所反对和抨击，但它的文章的艺术造诣和语言的精工，却是被人赞叹不已的。明代李梦阳在《空同子集》中评论《战国策》对后代影响时说:"《战国策》畔经离道之书也,然而天下传焉,后世述焉。"他又总结四点不同的影响说:"录往者迹其事,考世者证其变,工文者模其辞,好谋者袭其智。袭智者诵,模辞者巧,证变者会,迹事者该。"从史学和文学的角度看,对后代影响最大最突出的,"主要的当然是录往者迹其事、工文者模其辞两条。"《战国策》中的驰骋俪句和排比敷陈的文章风采和笔法,对汉代驰骋大赋有着直接的影响。如西汉初年辞赋家枚乘的《七发》在构思和布局方面,同被称为"策赋之流"的《楚策四·庄辛谓楚襄王》何其相似。《战国策》一书对司马迁《史记》的影响最为突出。据研究家统计《史记》采引《战国策》九十余处。《史记》的"列传"体溯源于《战国策》,不仅《刺客列传》与《战国策》关系极密切,而且在苏秦、张仪、甘茂、甘罗、樗里疾、穰侯、孟尝君、平原君、春申君、虞卿、范雎、蔡泽、乐毅、鲁仲连等传中,也有大段大段的文字是从《战国策》各篇中采摘下来的史料。《史记》所以被称为"纪传之祖",是司马迁在继承《战国策》基础上,又经过他的巧妙剪裁和匠心经营而成的。不能否认《战国策》是"纪传之祖"的主要"哺育者"。此外,《战国策》中还有些篇章,如《秦策一·苏秦始将连横》《齐策一·靖郭君善齐貌辨》《齐策四·齐人有冯谖者》《赵策四·赵太后新用事》《燕策三·燕太子丹质于秦亡归》等，都是叙事细致生动，情节精彩、富有戏剧性，人物描绘具有形象化和典型化，采用夸张和虚构手法的佳作。这些篇章不仅对《史记》有直接影响，而且对后代的小说和戏曲都有很大的影响，并且为小说和戏曲的创作提供了丰富的素材。《战国策》语言的明朗通俗、形象活泼、简练生动的特点，对《史记》和《史记》以后的史学著作与文学著作的影响是不可低估的。《战国策》中还有些短小精悍、人物不多、情节单纯的"小品"，也包括寓言故事。这些篇章的内容深刻，形式活泼。如《秦策二·秦武王谓甘茂》《秦策三·天下之士合从相聚于赵》《齐策一·靖郭君将城薛》《齐策一·邹忌修八尺有余》《楚策四·有献不死之药于荆王者》《楚策四·魏王遗楚王美人》《赵策四·客见赵王》《魏策二·魏惠王死》《魏策四·魏王与龙阳君共船而钓》《宋卫策·卫人迎新妇》《中山策·阴姬与江姬争为后》等，都是文学色彩浓厚的佳篇。这些短篇佳作对后代文人创作影响很大，如唐代韩愈、柳宗元、陆龟蒙等的"杂说""小品"，都与《战国策》中的短文一脉相承。明代刘基的《郁离子》寓言故事，清代的"小品"和现代的"杂文"，均受到了《战国策》一定的影响。

五

◎《战国策全译》一书，以上海古籍出版社1978年5月出版的《战国策》校点本为底本。上海古籍出版社本，是根据清代嘉庆八年（1803）黄丕烈刊刻的南宋姚宏本，即《士礼居丛书》本。我们又参照了南宋鲍彪本和1973年马王堆三号汉墓出土的帛书《战国策》，以及司马迁《史记》、黄丕烈《札记》、郭希汾《战国策详注》、金正炜《战国策补释》、缪文远《战国策新校注》、郭人民《战国策校注系年》等书（在注文中所使用的本子，简称为×××本，如，缪文远本、郭希汾本等）。对姚宏本的错字、错句和衍文、漏字做了校注、纠正和说明，对异体字也进行了订正。故本书在原文方面尽量做到完善。全书共四百九十七章，以每章正文第一句为章名。为了节约篇幅，各章相同的注释，一般不再重复。译文采用直译办法，尽量做到信、达、雅。

◎在编写《战国策全译》过程中，参阅和借鉴了我国历代《战国策》研究者的著述，尤其吸取了当代《战国策》研究家如郭预衡、缪文远、熊宪光、孟庆祥、牛鸿恩等专家的见解。在此一并说明并致以谢意。由于我们水平有限，疏漏、错误在所难免，诚恳地期望专家、读者批评指正。

◎本书由我主持并撰写《前言》和统修全书，喻芳葵分担《东周策》《西周策》《秦策》，王凤春分担《齐策》《楚策》《赵策》，李烨分担《魏策》《韩策》《燕策》《宋卫策》《中山策》。最后应该指出，《战国策》一书是两千余年以前的著作。由于作者的阶级立场和历史的局限，无疑存在着许多糟粕，望读者阅读此书时，要注意分析、批判。

王守谦

1991年8月

注释　①④⑤⑦刘向《〈战国策〉叙录》。

②③罗根泽《〈战国策〉作于蒯通考》。

⑥《战国策·秦策一》。

⑧⑨《战国策·赵策一》。

⑩《战国策·赵策三》。

⑪鲍彪《战国策·赵策一》注。

⑫⑭⑯⑰⑱《《战国策·齐策四》。

⑬《战国策·燕策三》。

⑮《战国策·魏策四》。

⑲⑳《战国策·齐策三》。

㉑㉒《战国策·楚策四》。

㉓《战国策·秦策三》。

㉔㉝㊴郭预衡《中国散文史》。

㉕曾巩《〈战国策〉序》。

㉖熊宪光《战国策研究与选译》。

㉗李梦阳《刻战国策序》。

㉘《战国策·秦策二》。

㉙《战国策·韩策二》。

㉚牛鸿恩等《战国策选注·前言》。

㉛李文叔《书战国策后》。

㉜㉞刘忆萱《战国策选讲》。

㉟上海古籍出版社《战国策》注。

㊱㊲㊳㊵牛鸿恩等《战国策选注》。

目录

东周策

西周策

秦策一

秦策二

秦策三

秦策四

秦策五

东周策

秦兴师临周而求九鼎

原文　秦兴师临周而求九鼎①，周君患之，以告颜率②。颜率曰："大王勿忧，臣请东借救于齐。"颜率至齐，谓齐王曰③："夫秦之为无道也，欲兴兵临周而求九鼎，周之君臣，内自尽计④，与秦，不若归之大国⑤。夫存危国，美名也；得九鼎，厚宝也。愿大王图之。"齐王大悦，发师五万人，使陈臣思将以救周⑥，而秦兵罢。

齐将求九鼎，周君又患之。颜率曰："大王勿忧，臣请东解之⑦。"颜率至齐，谓齐王曰："周赖大国之义，得君臣父子相保也，愿献九鼎，不识大国何途之从而致之齐⑧？"齐王曰："寡人将寄径于梁⑨。"颜率曰："不可。夫梁之君臣欲得九鼎，谋之晖台之下⑩，少海之上⑪，其日久矣。鼎入梁，必不出。"齐王曰："寡人将寄径于楚。"对曰："不可。楚之君欲得九鼎，谋之于叶庭之中⑫，其日久矣。若入楚，鼎必不出。"王曰："寡人终何途之从而致之齐？"颜率曰："弊邑固窃为大王患之。夫鼎者，非效醯壶酱甀耳⑬，可怀挟提挈以至齐者；非效鸟集乌飞，兔兴马逝⑭，漓然止于齐者^⑮。昔周之伐殷，得九鼎，凡一鼎而九万人挽之^⑯，九九八十一万人，士卒师徒，器械被具^⑰，所以备者称此。今大王纵有其人，何途之从而出？臣窃为大王私忧之。"齐王曰："子之数来者，犹无与耳^⑱。"颜率曰："不敢欺大国，疾定所从出^⑲，弊邑迁鼎以待命。"齐王乃止。

注释

① 九鼎：传说禹收九州之金，铸为九鼎，后世把九鼎视为权力的象征，传国的宝器。战国诸侯都想得到这九鼎，作为天命和人心所归的依据、称王称帝的凭据。

② 周君：指东周国国君。下同。颜率（lǜ）：姓颜名率，周臣。

③ 齐王：即齐宣王，名辟疆。

④ 内自尽计：犹言在朝廷内想尽了办法。

⑤ 归之大国：指把九鼎送给齐国。"归"通"馈"，赠送。大国，指齐国，下同。

⑥ 陈臣思：即田臣思，齐国公侯。一作田期思，即田忌。自陈公子完逃于齐，改姓田氏，故陈为田氏之本姓。将：动词，将兵，率兵。

⑦ 东解之：到东方的齐国去解决此事。

⑧ 何途之从：犹言从何途，疑问代词宾语"何"前置。

⑨ 寄径：犹言借道。

⑩晖台：台名，孟子称梁有台池鸟兽之乐。

⑪少海：地名，一作沙海，在今河南省开封市西北。

⑫叶庭：叶，今河南省叶县。一作章华之庭，即华容，即今湖北省监利市西北。

⑬非效醯壶酱甄耳：不像醋壶酱坛子。醯（xī），醋。甄（chuí），小口坛子。

⑭兴：跳动。

⑮漓（lí）然：水急流的样子，比喻鸟、乌、兔、马行动之快。

⑯挽：牵引，拖拉。

⑰被具：士兵的用具。

⑱子之数来者，犹无与耳：您的数次来到这里，还是不想把九鼎给我们。

⑲疾定所从出：赶快决定从什么地方迁出。

译文 秦国起兵进逼东周，想要夺取九鼎，东周国君为此而忧虑，把自己的心思告诉了大臣颜率。颜率说："大王不必担忧，请让我到东方的齐国去求援兵。"颜率到了齐国，对齐宣王说："那秦国做事不讲道理，想发兵进逼东周夺取九鼎，东周的君臣上下，在朝廷想尽了一切办法，一致认为把九鼎给秦国，不如送给贵国。保护濒临危亡的国家是能获得美名的；得到九鼎就是得到了最贵重的宝物。希望大王考虑这件事。"齐宣王听了十分高兴，于是发兵五万，命令陈臣思为统帅去救援东周，秦军才停止进攻。

后来，齐国要取九鼎，东周国君又为此忧虑起来。颜率说："大王不必忧虑，请让我到东方的齐国去解决它。"颜率到了齐国，对齐宣王说："东周依仗贵国的义举，君臣父子才得以保全，愿意奉献出九鼎，不知贵国打算从哪条路线把它们运到齐国去？"齐宣王说："我打算向魏国借路。"颜率说："不行。那魏国的君臣也想得到九鼎，他们曾经在晖台之下、少海之上谋划过，日子已经很久了。九鼎进入魏国，一定出不来了。"齐宣王又说："我还打算向楚国借路。"颜率回答说："不行。楚国的君臣也想得到九鼎，他们曾在叶庭之中谋划过，时日也很久了。如果进入楚国，九鼎必定还是出不来。"齐宣王说："那我该用哪条路线才能把九鼎运往齐国呢？"颜率说："我们东周暗中也为大王担忧。鼎这东西，不像醋壶酱坛子，可以揣在怀里提在手中送到齐国去；也不像鸟雀聚集、乌鸦飞翔、兔子跳跃、骡马奔驰那样，可以径直冲向齐国。从前周王讨伐殷朝，得到过这九鼎，每鼎用了九万人牵引，九个鼎，那就需要九九八十一万人，其余所需的士兵役夫，器械服装等用具，用来备用的也相当于这个数目。现在大王即使有那么多人，但究竟从哪条路线运出来呢？我暗地里替大王担忧。"齐宣王说："您多次来，还是不想给九鼎啊。"颜率说："实在不敢欺骗贵国，请快点儿定出运送九鼎的路线，敝国正待命迁出九鼎。"齐宣王终于终止了索求九鼎的打算。

秦攻宜阳

原文 秦攻宜阳①，周君谓赵累曰②："子以为何如?"对曰："宜阳必拔也。"君曰："宜阳城方八里，材士十万③，粟支数年，公仲之军二十万，景翠以楚之众④，临山而救之⑤，秦必无功。"对曰："甘茂⑥，羁旅也⑦，攻宜阳而有功，则周公旦也⑧；无功，则削迹于秦⑨。秦王不听群臣父兄之议而攻宜阳⑩，宜阳不拔，秦王耻之。臣故曰拔。"君曰："子为寡人谋，且奈何?"对曰："君谓景翠曰：'公爵为执圭，官为柱国，战而胜，则无加焉矣；不胜，则死。不如背秦援宜阳。公

进兵，秦恐公之乘其弊也，必以宝事公；公仲慕公之
为已乘秦也，亦必尽其宝。'"

秦拔宜阳，景翠果进兵。秦惧，遽效煮枣^⑭，韩氏果
亦效重宝。景翠得城于秦，受宝于韩，而德东周。

注释

①宜阳：位于洛阳市西南熊耳山北端，洛水萦带，山坂纡回，
为韩国西陲军事要塞。宜阳故城在今县西北洛河北岸之韩城
镇，此处有秦王寨，相传为当时秦军所建营垒。

②赵累：周臣，身世不详。

③材士：指训练有素的士兵。材，《说文》解为"木梃也"，木
梃可用者称材。士，军士。鲍本："士之有材武者。"

④公仲：韩相国，名侈。景翠：楚国将领。

⑤临山而救之：依山扎寨相机援救。鲍本："楚与韩邻而与秦
相图，故救之。"

⑥甘茂：下蔡人，秦国将领。秦武王曾派甘茂定蜀，委以左
丞相。又派他率兵伐宜阳。后因与向寿、公孙奭（shì）有隙，
甘茂出奔齐国，后死于魏。

⑦羁旅：指客寓于外的人。甘茂本为楚人，今仕于秦，故称
他为羁旅。

⑧周公旦：周武王之弟，名旦，以周太王所居周地为其采邑，

故称周公。他辅佐武王，伐纣灭殷，建立周朝。武王死后，又辅佐成王平定武庚之乱，大有功于周王朝。

⑨削迹：犹言革除官职。削，解除。迹，功绩。

⑩议：姚本作"义"，今从鲍本作"议"。

⑪执圭：爵位名，为楚国最高的爵位。柱国：官名，战国时，楚以为勋官，在令尹之下，诸卿之上。原为保卫国都之武官，后为楚国最高武官，也称"上柱国"。

⑫不如背秦援宜阳：据吴师道云："恐此句有缺误。背下或有'之'字，或秦下复有'秦'字，'援'或作'拔'。"金正炜云："背，当是'胥'字之讹。'援'当从吴说作'拔'。"金氏是说待秦既拔宜阳而后进兵。上述二说可作参考。

⑬乘其弊：即乘其战胜疲弊之机而进攻秦兵。

⑭遽效煮枣：就献出煮枣这块地方。煮枣，魏邑。一说在今山东省东明县南，一说在今山东省菏泽市西北。

译文 秦军攻打韩国的宜阳，周赧王对下臣赵累说："你认为事情的结果会怎样？"赵累回答说："宜阳必定会被秦国攻破的。"赧王说："宜阳城不过八里见方，城内英勇善战的士兵有十万，粮食可以支用好几年；还有韩相国公仲的军队二十万，加上楚国景翠率领的兵士，依山扎寨，相机发兵援救，秦国一定不会成功的。"赵累回答说："甘茂是寄居秦国的客将，如果攻打宜阳有功，就成了秦国的周公旦；如果不成功，就将在秦国被革除官职。秦武王不听群臣父兄们的意见，执意要进攻宜阳，如宜阳攻不下来，秦王会以此为耻。所以我说宜阳一定能攻下来。"赧王说："那么你替我谋划一下，应当怎么办？"赵累回答说："请君王对景翠说：'你的爵位已经是执圭，你的官职已经是上柱国，就是打了胜仗，官爵也不可能再升了；如果不取胜，就必遭死罪。不如背离秦国去援救宜阳。只要你一出兵，秦国就会害怕你乘秦军疲弊去攻打它，那一定会拿出宝物送给你，公仲也会敬慕你乘虚攻打秦国而使宜阳解了围，也一定会把他的宝物都送给你。'"

秦军攻破宜阳之后，景翠果然发兵。秦国害怕了，赶紧把煮枣割让出来，韩国也果然献出贵重的宝物。景翠不但在秦国获得了城池，在韩国获得了宝物，并且让东周感激他的恩德。

东周与西周战

原文　东周与西周战，韩救西周。为东周谓韩王曰^①："西周者，故天子之国也，多名器重宝。案兵而勿出^②，可以德东周^③，西周之宝可尽矣。"

注释　①为：犹替，介词。吴曾祺曰："论文法，'为'上宜有'人'字，而《策》中如此类者甚多，皆无之，特于此举其例。"韩王：即韩襄王。
　②案：通"按"。鲍本作"按"。
　③德东周：使东周感恩戴德。德，感激，使动用法。

译文　东周与西周开战，韩国要出兵救助西周。有人替东周对韩襄王说："西周是过去天子的国都，那里有许多著名的器皿和宝物。如果贵国按兵不动，可以使东周感激贵国的恩德，同时西周的宝物也尽可以归贵国所有了。"

东周与西周争

原文　东周与西周争，西周欲和于楚、韩①。齐明谓东周君曰②："臣恐西周之与楚、韩宝，今之为己求地于东周也。不如谓楚、韩曰，西周之欲入宝，持二端③。今东周之兵不急西周④，西周之宝不入楚、韩。楚、韩欲得宝，即且趣我攻西周⑤。西周宝出，是我为楚、韩取宝以德之也，西周弱矣。"

注释　①和：和好，联合。

②齐明：一说东周臣，后仕秦、楚及韩。贾谊《过秦论》说齐明在各国之间通外交之意。一说，鲍本："疑楚人，两见楚策。"一说，缪文远本："当时辩士，不详何国人。"

③持二端：犹言在两可之间，亦即不一定的意思。

④不急西周：犹言不急于进攻西周。

⑤即且趣我：就将促使我。趣，通"趋"，促使。我，此指东周。

译文　东周与西周发生争端，西周想与楚国、韩国联合。齐明对东周国君说："我唯恐西周给楚国、韩国宝物，

那是想让韩、楚两国替自己向东周索取土地。不如派
人对韩、楚两国说，西周想送给你们宝物的事，还在
两可之间。现在东周的军队如果不紧逼西周，西周的
宝物就不能落到楚、韩两国的手里。楚、韩想要得到
宝物，就应促使我们东周去进攻西周。西周的宝物送
出来，这就是我们为楚、韩争得的宝物，施予的恩
德。这样西周就会软弱下来。"

东周欲为稻

原文　东周欲为稻①，西周不下水②，东周患之。苏子谓东
周君曰③："臣请使西周下水可乎？"乃往见西周之君
曰："君之谋过矣！今不下水，所以富东周也。今其
民皆种麦，无他种矣。君若欲害之，不若一为下水，
以病其所种。下水，东周必复种稻；种稻而复夺之。
若是，则东周之民可令一仰西周④，而受命于君矣。"
西周君曰："善。"遂下水。苏子亦得两国之金也。

注释

①为稻：犹言种稻。

②西周不下水：西周不肯往下放水。西周居河、洛二水之上流，不肯放水灌溉下游东周的稻田。

③苏子：一说苏子即苏厉，洛阳人。一说，苏子指苏厉或苏代。鲍本："非代则厉。"另一说，缪文远注："此苏子乃策士虚拟而嫁名者。"

④一仰：都仰仗。一，都，一切；仰，仰仗，依靠。

译文

东周想种水稻，西周不肯往下放水，东周人为此很忧虑。苏子对东周国君说："请让我出使西周，让他们放水，可以吗？"于是他便去见西周的国君说："君王的计划错了！现在不放水，恰恰是让东周富裕起来。如今东周的百姓都种麦子，没有种别的东西了。君王如果要加害他们，不如先放一阵子水，去损害他们所种的麦子。如果放水，东周一定改种稻子；种了稻将来再去抢他们的。若是这样，那么可以使东周的百姓仰仗西周而听从君王的命令了。"西周国君说："很好！"于是往下放水，苏子因此得到了两国的赏金。

昭献在阳翟

原文 昭献在阳翟①，周君将令相国往②，相国将不欲。苏厉为之谓周君曰："楚王与魏王遇也，主君令陈封之楚③，令向公之魏。楚、韩之遇也，主君令许公之楚④，令向公之韩。今昭献非人主也，而主君令相国往；若其王在阳翟，主君将令谁往？"周君曰："善。"乃止其行。

注释 ①昭献：楚国人，曾任韩国相国。阳翟：韩邑，在今河南省禹州市。

②相国：官名，即丞相，后称宰相，国家最高执政官。

③主君：此指周君。春秋以来，大夫的家臣称大夫为主，诸侯及卿大夫有封土者皆称君。

④陈封、向公、许公：此三人均仕周而位在相之下。

译文 楚国的相国昭献来到阳翟，东周君打算派相国前往迎接，那个相国却不想去。苏厉替他对东周君说："先前楚王与魏王会面时，主君曾派陈封到楚国去迎接楚王，派向公到魏国去迎接魏王。楚王与韩王相会时，主君也曾派许公到楚国去迎接楚王，派向公到韩国去迎接韩王。现在昭献并非君主，而您却派相国前往迎接；如果楚国的君主来到阳翟，那么您将派谁去迎接呢？"东周君说："对。"于是终于停止了这次行动。

秦假道于周以伐韩

原文　秦假道于周以伐韩，周恐假之而恶于韩，不假而恶于秦。史黡谓周君曰①："君何不令人谓韩公叔曰②：'秦敢绝塞而伐韩者③，信东周也。公何不与周地，发重使使之楚④，秦必疑⑤，不信周，是韩不伐也⑥。'又谓秦王曰⑦：'韩强与周地⑧，将以疑周于秦，寡人不敢弗受。'秦必无辞而令周弗受，是得地于韩而听于秦也。"

注释　①史黡（yǎn）：韩国史官，身世不详。《史记》作"史厌"。
②韩公叔：韩氏公族，鲁国大臣。
③绝塞：横越边境的险塞。鲍本："绝，横渡。塞，障也。为

垣垒以遮止邻国往来。"

④重使：以重臣或公子做使者。

⑤秦必疑：秦国必定怀疑。秦楚争霸，周使赴楚，秦必怀疑，因此不敢借路。鲍本："秦、楚相图之国也，周使使楚，故秦疑其图己。"

⑥韩不伐：即韩不受秦伐。

⑦秦王：此指秦武王。

⑧强（qiǎng）：竭力。

译文 秦国向东周借路用来讨伐韩国，东周害怕借路给秦国而恶化了与韩国的关系，如果拒不借路就会得罪秦国。史厌对东周国君说："主君为什么不打发人去对韩公叔说：'秦国敢于横越东周的边塞去讨伐韩国，这是相信东周的。您为什么不送土地给东周，让他们派出重臣出使楚国，秦国必定产生疑虑，不信任东周了，这样一来，韩国就不会受到讨伐了。'然后再派人去对秦王说：'韩国硬要送给我们东周土地，是想让秦国怀疑东周，我们主君不敢领受。'秦王一定不便说不让东周接受土地，这样东周既得到了韩国的土地又听从了秦国的旨意。"

楚攻雍氏

原文　楚攻雍氏^①，周粮秦、韩^②，楚王怒周^③，周之君患之。为周谓楚王曰："以王之强而怒周，周恐，必以国合于所与粟之国，则是劲王之敌也^④。故王不如速解周恐^⑤，彼前得罪而后得解，必厚事王矣。"

注释　①雍氏：韩地，故城在今河南省禹州市东北。

②周粮（zhāng）秦、韩：周以粮食供给秦、韩。粮，粮食，此活用为动词，当供用粮食讲。

③楚王：即楚怀王。

④劲王之敌：使大王之敌强盛。劲，强盛，此处用作使动词，使强盛。

⑤速解：赶快解脱。

译文　楚军围攻韩国的雍氏，东周用粮食支援秦、韩两国，楚王对东周极其恼怒，东周国君因此十分忧虑。有人替东周国君对楚王说："凭着大王的强大而对东周发怒，东周一恐惧，必定把自己和受援国联合起来，这样就正好增强了大王的敌对势力。所以，大王不如尽早地消除东周的恐惧，那东周虽然开始时得罪过大王，但后来却得到了谅解，必定会加倍地侍奉大王了。"

周最谓石礼

原文　周最谓石礼曰[1]："子何不以秦攻齐？臣请令齐相子，子以齐事秦，必无处矣[2]。子因令周最居魏以共之[3]，是天下制于子也。子东重于齐，西贵于秦，秦、齐合，则子常重矣。"

注释　[1]周最：周君之子。石礼：当为吕礼，齐国人。当时魏冉相秦，意欲杀吕礼，吕礼逃亡魏国时途经东周。

[2]处：病痛，后患，忧虑。郭希汾本："处，犹病也。"

[3]共之：犹言以齐、魏共同事秦。

译文　周最对吕礼说："您为什么不利用秦国去进攻齐国呢？请允许我让齐王任命您做齐国的相国，您可以利用齐国去侍奉秦国，一定不会有后患的。您还可以让我周最到魏国去做官，以便使齐、魏两国共同侍奉秦国，这样，天下各诸侯就都受您控制了。在东方您就会受到齐国的尊重，在西方受到秦国的崇尚，秦、齐两国一联合，那么您将长久地受到敬重了。"

周相吕仓见客于周君

原文　周相吕仓见客于周君①。前相工师藉恐客之伤己也②，因令人谓周君曰："客者，辩士也，然而所以不可者③，好毁人。"

注释　①吕仓：东周相国，事迹不详。见（xiàn）：举荐，引见。周君：即东周的昭文君。

②工师藉：《楚策一》作工陈藉，在吕仓之前任东周相国。

③不可：犹言不可听信。

译文　东周相国吕仓向周君引见一位客人。前相国工师藉怕那个客人在周君面前用谗言伤害自己，便打发人去对周君说："这个客人是一个能言善辩之士，可是，他之所以不可信赖，是由于他好毁谤别人。"

周文君免士工师藉

原文　周文君免士工师藉，相吕仓，国人不说也①。君有闵
闵之心②。

注释　①不说：不高兴。说，同"悦"。
②闵闵：忧虑的样子。

译文　周文君罢免了工师藉的相位，任命吕仓为相国，国人
都不高兴。周文君心情十分忧虑。

原文　谓周文君曰："国必有诽誉①，忠臣令诽在己，誉在
上。宋君夺民时以为台，而民非之，无忠臣以掩盖之
也。子罕释相为司空②，民非子罕而善其君。齐桓公
宫中七市③，女闾七百④，国人非之。管仲故为三归
之家⑤，以掩桓公，非自伤于民也！《春秋》记臣弑君
者以数百，皆大臣见誉者也。故大臣得誉，非国家之

美也。故众庶成彊⑥，增积成山。"周君遂不免⑦。

注释

①诽誉：犹言褒贬。

②子罕：姓乐名喜，春秋时宋国贵族。司空：管理工役的官。

③齐桓公：春秋时齐僖公之庶子，名小白。即国君位，用管仲为相，改革国政，国力富强，称为霸主，死后谥桓公。

④女闾：本义在宫中为门为市，使妇女聚居，以便行商，后则专指妓院。

⑤管仲：颍上人，字夷吾，管严之子，与鲍叔牙友善，被推荐给齐桓公，任相国，辅佐齐桓公为霸，九合诸侯，一匡天下，使齐国强于诸侯。三归：一说为管仲自筑之台名；一说为齐桓公赐给管仲的封地名；一说为娶三姓女。据文义，从前说。

⑥彊：同"强"。鲍本"彊"作"强"。

⑦不免：指没有罢免吕仓。

译文

吕仓引见的那位客人对周文君说："国家每做一件事情，国人中必定有褒有贬，忠臣总是把贬斥引到自身，把褒奖归向君主。宋国的君王强占农民的耕作时间去建筑楼台，人民责备他，那是因为没有忠臣替他掩饰错误的缘故。宋国的子罕辞去相位降任司空，人民责备子罕而赞美他的君主。齐桓公在宫廷里开设七个市场，七百个妓院，人民无不非议他；管仲便故意在自己家里建造一座'三归台'，以此替齐桓公掩盖错误，并非他自己要去伤害人民！《春秋》上记载臣弑君的事数以百计，本来都是一些受赞誉的大臣。所以说，大臣受赞誉对国家并非好事。所谓众人成强、增高成山。"周文君这才没有罢免吕仓的相位。

温人之周

原文　温人之周①，周不纳。客即对曰："主人也。"问其巷而不知也，吏因囚之。君使人问之曰："子非周人，而自谓非客何也？"对曰："臣少而诵《诗》，《诗》曰：'普天之下，莫非王土；率土之滨，莫非王臣②。'今周君天下，则我天子之臣，而又为客哉？故曰主人。"君乃使吏出之。

注释　①温：魏国地名，在今河南省温县。
②《诗》曰四句：出自《诗经·小雅·北山》。率土之滨：沿

着国土的边沿；率，循着、沿着。滨，河边，此指边界。

译文　魏国温地的人来到东周，东周的小吏不让他进城门。温地人就回答说："我是东周本国人。"东周小吏问他居住的里巷却说不出来，周吏因此把他囚禁起来。周君派人去问这个人说："你本来不是东周人，却自称不是外地人，这是为什么？"这人回答说："我年轻时读过《诗经》，《诗经》上说，'普天之下没有哪个地方不是大王的国土；沿着国土的边界走，没有哪个人不是大王的臣民。'现在周君既然统治天下，那么我就是天子的臣民了，又怎么成了客人呢？所以我说我是东周本国人。"于是周君让小吏放他出狱。

或为周最谓金投

原文　或为周最谓金投曰①："秦以周最之齐疑天下②，而又知赵之难予齐人战③，恐齐、韩之合，必先合于秦。秦、齐合，则公之国虚矣④。公不如救齐，因佐秦而伐韩、魏，上党长子赵之有⑤。公东收宝于秦，南取地于韩，魏因以困⑥，徐为之东⑦，则有合矣。"

注释

①金投：赵国大臣。

②秦以周最之齐疑天下：周最曾仕秦，秦王派他到齐国去，以使天下诸侯疑惧秦、齐联合在一起。

③予：通"与"。姚本作"子"，曾本、集本均作"予"，今从之。

④虚：同"墟"，废墟，即国家灭亡，变成废墟。鲍本："言赵必破而为虚。"另一解，郭希汾本注："国无人谓之虚。"

⑤上党长子：韩国地名，即韩国上党地区的长子，在今山西省长子县西南。

⑥魏因以困：魏国因此陷入困境。"困"姚本作"因"，今从鲍本作"困"。

⑦徐为之东：逐渐谋划东进。东，指齐国。

译文

有人替周最对赵国的金投说："秦国派周最到齐国去的目的是为了使天下诸侯疑惧秦、齐联合，并且秦国又知道赵国难以与齐国作战，恐怕齐、韩两国和好之前，必定先同秦国联合。如果齐、秦两国联合起来，那么您的赵国就要变成废墟了。您不如去救助齐国，再帮助秦国去讨伐韩国和魏国，那么上党的长子就归赵国所有了。这样，您在东边可以收到秦国送来的宝

物，在南边又能夺取韩国的土地，魏国就会因此而陷
入困境，再逐步地向东边扩展，那么齐国只有向赵国
求和了。"

周最谓金投

原文　周最谓金投曰："公负合秦与强齐战①。战胜，秦且收
齐而封之，使无多割②，而听天下之战；不胜，国大
伤③，不得不听秦。秦尽韩、魏之上党太原④，西土
秦之有已⑤。秦地，天下之半也，制齐、楚、三晋之
命⑥，复国且身危⑦，是何计之道也⑧。"

注释　①负合：依仗联合。姚本"合"作"令"；吴师道正曰："负，
持也。'令'字疑'合'。"从吴改作"合"。

②使无多割：秦使齐不要多割让土地，以此再引起齐与其他
诸侯国作战。这是秦想要消灭齐，破坏赵的计谋。

③国：指赵国。

④太原：赵地，在今山西省太原市东北。

⑤土：姚本作"止"，今从鲍本作"土"。已：同"矣"。

⑥三晋：指韩、赵、魏三国。

⑦复：通"覆"。

⑧何计之道：犹言其计不足道。

译文 周最对金投说："您依仗联合秦国与强大的齐国作战。如果你们打胜了，秦国就将收服齐国封锁齐地，迫使齐国不得多割让土地给别国，听任天下诸侯互相混战；如果你们不能取胜，那么贵国就将大伤元气，不得不听从秦国的摆布了。秦国全部占领韩国、魏国的上党以及赵国的太原，西边的土地就归秦国所有了。秦国的土地已是天下的一半，再控制住齐国、楚国和韩国、赵国、魏国的命脉，将使赵国颠覆，您也自身难保，这样的计谋是不足道的。"

石行秦谓大梁造

原文 石行秦谓大梁造曰①："欲决霸王之名，不如备两周辩知之士②。"谓周君曰："君不如令辩知之士，为君争于秦。"

注释　①石行秦：周人，事迹不详。而姚注："刘本作'右行秦'。"
右行为官职，名秦。大梁造：亦作"大良造"，即秦爵第十六
级之大上造，执政而兼统军队。

②备：犹言慎重对待。两周：指东、西周。

译文　石行秦对大梁造说："想要成就霸主的名声，不如慎
重地对待东、西周那些有辩才有智谋的人士。"石行
秦又对周君说："您不如让那些有辩才有智谋的人士，
为您在秦国争取尊贵的地位。"

谓薛公

原文　谓薛公曰①："周最于齐王至厚也而逐之②，听祝弗③，
相吕礼者，欲取秦。秦、齐合，弗与礼重矣④。有
周、齐⑤，秦必轻君。君弗如急北兵趋赵以和秦、魏⑥，
收周最以厚行⑦，且反齐王之信⑧，又禁天下之变⑨。
齐无秦，天下集⑩，弗必走，齐王谁与为其国?"

注释　①薛公：齐宣王封其弟田婴于薛地（在今山东省滕州市南），

号薛公。其子田文继之，亦称薛公。此薛公指田文，即孟尝君。

②齐王：即齐湣王。据《史记》"齐王"下有"至厚"二字，否则语意不完整。

③祝弗：齐人。《史记》作"亲弗"。

④弗与礼重：指齐、秦联合，祝弗和吕礼都将受到齐国重用。

⑤有周、齐：犹言吕礼有了周室和齐国的支持。

⑥趋赵以和秦、魏：姚本"以"下无"和"字，据《史记》"以"下有"和"字，今从之。故句意为促使赵国与秦、魏讲和。

⑦以厚行：姚本"以"下有"为后"二字，据《史记》无"为"字，"后"作"厚"，从《史记》。犹言周最本厚于齐，今齐逐之，故收周最以厚行。

⑧反：挽回。

⑨变：姚本作"率"，从《史记》作"变"。指齐、秦联合，祝弗与吕礼受到重用，薛公将受轻视。

⑩集：姚本作"果"，从《史记》作"集"。指齐不与秦联合，则天下之兵力必集合攻齐。

⑪齐王谁与为其国：齐王又能用谁治理自己的国家呢？

译文　有人对薛公田文说："周最对齐湣王功劳最丰厚，却遭到驱逐，这是因为听信了祝弗而用了吕礼当相国的缘故，并且是为了争取秦国的援助。只要秦国和齐国联合起来，祝弗和吕礼就会受到重用。吕礼有了周室和齐国的支持，秦国必定要轻视您。您不如赶紧向北进军，促成赵国与秦、魏两国讲和，再任用周最来增强自己的力量，并且这样做还可以挽回齐王的信誉，又能制止天下政治情势的变化。如果齐国失去秦国的援助，天下诸侯的矛头都将对准齐国，祝弗必定逃跑，齐王又能用谁来治理他的国家呢?"

齐听祝弗

原文　齐听祝弗，外周最①。谓齐王曰："逐周最、听祝弗、相吕礼者，欲深取秦也。秦得天下，则伐齐深矣。夫秦齐合②，则赵恐伐③，故急兵以示秦④。秦以赵攻齐⑤，与之齐伐赵⑥，其实同理，必不处矣⑦。故用祝弗，即天下之理也。"

注释　①外：犹言排斥。

　　②秦齐和：秦国与齐国联合。姚本"齐"字前无"秦"字，

今从鲍本补上"秦"字。

③赵恐伐：赵国害怕秦国讨伐它。

④急兵以示秦：赵国急忙出兵攻打齐国以便给秦国一个暗示。

⑤秦以赵攻齐：秦国用赵国攻打齐国。金正炜曰："'攻'下疑遗'齐'字。"今从金氏，补"齐"字。

⑥与之齐伐赵：与秦国利用齐国攻打赵国。

⑦处：安稳。

译文　齐湣王终于还是听信祝弗的话，排斥了周最。有人对齐湣王说："您驱逐周最、听信祝弗、任命吕礼为相国，是想要争取秦国的支持。只要齐国靠近秦国，秦国就能得到天下诸侯的敬服，那么齐国将要遭到沉重的打击。再说，秦、齐联合在一起，赵国一定害怕秦国讨伐它，必然急忙出兵进攻齐国以便给秦国一个暗示。秦国利用赵国攻打齐国，同驱使齐国攻打赵国，其实是为了同一个目的，这样齐国必定是没有安稳的时候了。因此，我说任用祝弗，就将符合天下诸侯都归服秦国的理了。"

苏厉为周最谓苏秦

原文

苏厉为周最谓苏秦曰①："君不如令王听最②，以地合于魏，赵故必怒，合于齐③，是君以合齐与强楚更产子④。君若欲因最之事，则合齐者，君也；割地者，最也。"

注释

①苏秦、苏厉：苏秦，东周雒阳（在今河南省洛阳市）人。其弟苏代，苏代之弟苏厉，皆以游说合纵而名显于诸侯。

②君：指苏秦。王：指齐湣王。

③赵故必怒，合于齐：犹言周最自魏反齐，故说齐以地合于魏。齐、魏合，则赵孤，故赵怒而急合于齐。

④是君以合齐与强楚更产子：这样您凭着齐、魏联合可以同强楚成为盟国，将世世代代子孙绵延不断。姚本"更"作"吏"，今从刘辰翁将"吏"改作"更"。

译文

苏厉为周最对苏秦说："您不如让齐王听从周最的意见，割让土地同魏国联合，赵国一定因害怕孤立而愤怒，就会同齐国联合起来。这样您凭着齐、魏联合再同强大的楚国结盟，可以使三国世世代代子孙绵延不绝。如果您愿意利用周最的话，那么主张齐、魏、赵三国联合的是您，而主张割让土地的是周最。"

谓周最曰仇赫之相宋

原文　谓周最曰："仇赫之相宋①，将以观秦之应赵、宋②，败三国③。三国不败，将兴赵、宋合于东方以孤秦④。亦将观韩、魏之于齐也。不固，则将与宋败三国，则卖赵、宋于三国⑤。公何不令人谓韩、魏之王曰⑥：'欲秦、赵之相卖乎？何不合周最兼相，视之不可离⑦，则秦、赵必相卖以合于王也。'"

注释　①仇赫：宋国的相国。鲍本补曰："'赫'，一本作'郝'。"

②应：响应。

③三国：指齐、韩、魏三国。

④东方：指东面的齐、韩、魏三国。

⑤卖：指欺诈出卖。郭希汾本注："害人以便己曰卖。仇赫与宋不能败三国，则卖赵、宋。"

⑥韩、魏之王：指韩襄王、魏哀王。

⑦视：通"示"，犹言表示。

译文　有人对周最说："仇赫出任宋国的相国，打算观察秦国如何响应赵、宋，以便打败齐、韩、魏三国。如果这三国没被打败，他将发动赵、宋两国联合东方的齐、魏、韩三国来孤立秦国。也将观察韩、魏两国的关系。如果它们之间的关系不牢固，就准备让秦国联合宋国打败齐、魏、韩三国，再把赵国和宋国出卖给三国。您为什么不派人去对韩、魏两国的国君说：'想让秦国和赵国相互出卖吗？为什么不共同推举周最兼做相国，以向天下人显示韩、魏之间的友情牢不可破，这样秦、赵两国必然相互出卖对方以此同大王联合哩。'"

为周最谓魏王

原文　为周最谓魏王曰①："秦知赵之难与齐战也②，将恐齐、赵之合也，必阴劲之③。赵不敢战，恐秦不已收也④，先合于齐。秦、赵争齐⑤，而王无人焉⑥，不可。王

不去周最⑦，合与收齐⑧，而以兵之急则伐齐，无因
事也⑨。"

注释

①魏王：魏襄王。

②难：害怕，惧怕。吴正曰："难，畏阻意。"

③阴劲之：暗中支持赵国使之强劲。

④不己收：即不收己，犹言违背自己的诺言。郭希汾注："赵
恐秦之不合于己，故不敢与齐战，而先合于齐也。"

⑤秦、赵争齐：秦欲伐齐，赵欲合齐，故说争齐。

⑥无人焉：没有人在齐国联络。

⑦去：犹言派遣。

⑧合与：联合与国，即联合齐国。

⑨因：依靠。吴正曰："因，犹依也。"

译文

有人为周最对魏襄王说："秦国知道赵国害怕同齐国
作战，秦国又唯恐齐、赵联合在一起，那必定会在暗
地里支持援助赵国。赵国本来不敢交战，又怕秦国不
支持自己，所以一定先同齐国联合起来。这样就会出
现秦、赵两国都争着讨好齐国的局面，大王撤了周最
就没有人去联合齐国了，这是不行的。现在如果大王
不派遣周最去联合并争取齐国，等到秦兵紧急进攻胁

迫讨伐齐国，那大王就失去依靠了。"

谓周最曰魏王以国与先生

原文　谓周最曰："魏王以国与先生^①，贵合于秦以伐齐^②。薛公倍故主^③，轻忘其薛，不顾其先君之丘墓^④，而公独修虚信为茂行^⑤，明群臣据故主^⑥，不与伐齐者^⑦，产以忿强秦^⑧，不可。公不如谓魏王、薛公曰：'请为王入齐，天下不能伤齐。而有变^⑨，臣请为救之；无变，王遂伐之^⑩。且臣为齐奴也，如累王之交于天下，不可。王为臣赐厚矣，臣入齐，则王亦无齐之累也。'"

注释　①魏王：魏昭王。

②贵：重视，想要。

③薛公倍故主：薛公背叛齐王。姚本无"倍"，从缪文远本补，倍，即"背"。薛公，田文。故主，指齐湣王。因周最曾仕齐，故称齐湣王为故主。

④先君：指靖郭君田婴，田文之父。

⑤虚信：鲍本注："最本善齐，固不背齐。然今相魏，魏有以秦伐齐之形，犹为虚信。信，谓亲之。"茂行：美德。茂，盛美；行，德行。

⑥据故主：依从原先的君主。

⑦不与伐齐：不同秦国讨伐齐国。

⑧产以忿强秦：生出枝节引起强秦的忿恨。产，犹生。

⑨而有变：如果发生事变。

⑩伐之：指讨伐齐国。

⑪齐奴：齐王的臣仆奴隶。

⑫累王之交：犹言妨碍了大王与天下各国交结的计划。累，妨碍，耽误。鲍本："累者，事相连及，犹误也。"

⑬累：忧患。鲍本："此累，犹患。"

译文　有人对周最说："魏昭王把国家大事委托给先生，是想联合秦国去讨伐齐国。薛公田文背离齐湣王，轻易地忘记了自己在薛的封地，竟不顾及他父亲的坟墓，而您却一味不肯联秦伐齐并以此为美德，又向群臣表示依从而不欺蒙原先的君主，不跟秦国去讨伐齐国，如此生出枝节引起秦国的忿恨，这是不行的。您不如去对魏王、薛公说：'请允许我替大王到齐国去，天下诸侯可能不会伤害齐国。如果发生事变，请让我替魏国去救助齐国，如果未发生事变，只要等到秦国孤立了，大王就可以发兵讨伐它。再说我虽然做过齐臣，若是耽误了大王交结天下各国的计划，那是太不近情理了。大王对我的恩惠太深厚了，只要我到了齐国，那么大王就不会存在齐国的后患了。'"

赵取周之祭地

原文　赵取周之祭地①，周君患之，告于郑朝②。郑朝曰："君勿患也，臣请以三十金复取之③。"周君予之，郑朝献之赵太卜，因告以祭地事。及王病，使卜之。太卜谴之曰④："周之祭地为祟⑤。"赵乃还之。

注释　①祭地：供祭祀的地方。

②郑朝：郑人，周臣。鲍本："凡郑，皆郑人。"

③三十金：三十斤铜。金，在先秦时期指一般的铜。《庄子·逍遥游》注："金方一寸重一斤，为一金也。"

④太卜：卜官之长。谴：责怪。鲍本："谴，谪问也。"

⑤祟：神祸，鬼神作怪。鲍本："神祸也。"

译文 赵国夺取了东周的祭地，周君为此而忧虑，便把自己的心情告诉了郑朝。郑朝说："君王不必忧虑，请给我三十金把那祭地重新收回来。"周君给了郑朝三十金，郑朝把它献给了赵国的太卜，并谈了祭地的事。大王生了病，让太卜算卦，太卜责怪说："这是东周祭地的鬼神在作怪。"于是赵国便归还了东周的祭地。

杜赫欲重景翠于周

原文 杜赫欲重景翠于周①，谓周君曰："君之国小，尽君子重宝珠玉以事诸侯，不可不察也②。譬之如张罗者③，张于无鸟之所，则终日无所得矣；张于多鸟处，则又骇鸟矣④；必张于有鸟无鸟之际，然后能多得鸟矣。今君将施于大人，大人轻君；施于小人，小人无可以求⑤，又费财焉。君必施于今之穷士，不必且为大人者⑥，故能得欲矣。"

注释 ①杜赫：东周人，与东周昭文君同时。《吕氏春秋·务大篇》有杜赫说周文君以安天下。

②察：考虑。鲍本："国小，必赂以救援。不可胜赂，故宜察。"

③张罗：张架网来捕鸟。罗，捕鸟之网。

④骇：惊吓。此句是说在多鸟处设网，一鸟投网，其他鸟必惊觉而飞去。

⑤小人无可以求：对小人是没有什么可以求助的。

⑥不必且为大人者：犹言不一定将来不成为大人物。不必，鲍本："不必，犹不可知也。"

译文　杜赫想让东周重用景翠，就对周君说："君王的国家很小，如果把君王您给的贵重宝物珠玉都拿出来去侍奉诸侯，不能不仔细考虑考虑。打个比方，就像张网捕鸟一样，把网张在没有鸟雀的地方，那么从早到晚将一无所得；张在鸟多的地方，那又容易把鸟惊吓跑了；一定要把网张架在有鸟又没有鸟的地方，这样才能捕到更多的鸟雀。现在您把珍宝施舍给诸侯之类的大人物，大人物一定看不起您；施舍给小人物，小人物又没有什么用处，况且又破费了许多财宝。君主应当把恩惠施给今天的穷士，他们将来未必不会成为大人物的，因此说，这样做就能如愿以偿了。"

周共太子死

原文　周共太子死①，有五庶子，皆爱之，而无适立也②。司马翦谓楚王曰③："何不封公子咎④，而为之请太子?"左成谓司马翦曰⑤："周君不听，是公之知困而交绝于周也。不如谓周君曰：'孰欲立也? 微告翦，翦令楚王资之以地⑥。'公若欲为太子⑦，因令人谓相国御展子、啬夫空曰⑧：'王类欲令若为之⑨，此健士也⑩，居中不便于相国⑪。'"相国令之为太子。

注释　①周共太子：指东周武公的共太子。

②适立：指确立太子。

③司马翦：楚臣。楚王：指楚怀王。

④公子咎：周王五庶子之一。

⑤左成：楚臣。

⑥资之以地：把土地封给公子咎。

⑦公若欲为太子：公子若想做太子。公若，即公子若，五庶子之一。郭本注："左成告翦之辞。"

⑧啬夫空：小臣名叫空的人。鲍本："啬夫，小臣也，空其名。"

⑨王：指楚王。类：犹言似乎。

⑩健士：犹言桀骜不驯的人。

⑪居中：意即以其桀骜不驯在国中。鲍本："居中，居国中。"

译文　周武公的共太子死了，武公还有五个庶出的儿子，他都很喜爱他们，但还没有确立谁做太子。大臣司马翦对楚怀王说："为什么不给公子咎封赏，并且替他申请为太子呢？"大臣左成也对司马翦说："周君不答应，这样您的谋划便难以实现，而且楚国与东周的邦交就将断绝。不如去对周君说：'主君想要立谁做太子，请悄悄地告诉我，我将让楚王把封赏给他。'公子若想做太子，您可以派人去对楚相国的车夫展子和小臣啬夫空说：'楚王似乎想让公子若做太子，公子若可是一个桀骜不驯的人，如果他处在太子的宝座上，那可是对相国不利的了。'"于是楚相国便让公子咎做了太子。

三国隘秦

原文 三国隘秦^①，周令其相之秦^②，以秦之轻也^③，留其行^④。有人谓相国曰："秦之轻重，未可知也。秦欲知三国之情，公不如遂见秦王曰^⑤：'请为王听东方之处^⑥。'秦必重公。是公重周，重周以取秦也^⑦。齐重故有周，而已取齐，是周常不失重国之交也^⑧。"

注释 ①三国：韩、赵、魏三国。隘：阻绝不通。鲍本："隘，谓隔绝之。"

②之：犹往，去到。

③以：因为。轻：轻视。

④留其行：指停止往秦国的行动。

⑤秦王：即秦昭王。

⑥听：听察，侦察。东方：指韩、赵、魏三国。处：犹言所作所为。

⑦重周：使周室受到尊重。重，使动用法。

⑧重国：犹言大国。

译文 韩、赵、魏三国阻绝了秦国的通路，周君派他的相国出使秦国。因为怕受秦国的轻视，便停止了这次出访。有人对相国说："秦国对相国的出访是轻视还是重视，尚不可知。秦国很想知道三国的实情，您不如马上去见秦王说：'请允许我为大王侦察东方三国的行动。'秦王必定会重视您。这样您使东周受到秦国的尊重，东周受尊重就是争取秦国了。齐国本来就尊重东周，东周才会有威信，那是因为我们已经争取到了齐国，只有这样东周才能经常不失掉大国的邦交。"

昌他亡西周

原文　昌他亡西周①，之东周，尽输西周之情于东周②。东周大喜，西周大怒。冯且曰③："臣能杀之。"君予金三十斤。冯且使人操金与书，间遗昌他书曰④："告昌他，事可成，勉成之；不可成，亟亡来亡来⑤。事久且泄，自令身死⑥。"因使人告东周之候曰⑦："今夕有奸人当入者矣。"候得而献东周⑧，东周立杀昌他。

注释

①昌他（tuó）：西周臣。亡：逃离，出奔。鲍本："以罪去国曰亡。"

②输：犹献，告诉。鲍本："输，言委以告之。"

③冯且：西周臣。且同"雎"。

④间（jiàn）遗（wèi）昌他：犹言乘机把信送给昌他。另一说，把反间书送给昌他。

⑤亟亡来：赶快逃回来。亟，犹急，赶快。

⑥自令身死：犹言事情泄露，不逃回，必自取死亡。

⑦候：侦察的官吏。

⑧候得而献东周：侦察官吏抓到昌他并把他送回东周。

译文

昌他逃离西周，来到东周，把西周的实情全都告诉了东周。东周君主十分高兴，西周君主却非常恼怒。冯且对西周君主说："我能把昌他杀了。"于是西周君主给了他三十金，冯且为了离间昌他便派人带着金和信函，乘机把信送给了昌他，信上说："敬告昌他，事情能办成，就努力去办；如果不能成功，就赶快逃回来，逃回来。事情久了就会暴露，那就是自取死亡。"于是又派人去告诉东周负责侦察的官吏说："今天晚上有个奸细入境。"侦察官果然抓到了昌他并把他押送到东周，东周立即杀死了昌他。

昭翦与东周恶

原文

昭翦与东周恶，或谓照翦曰①："为公画阴计②。"照翦曰："何也?""西周甚憎东周，尝欲东周与楚恶③，西周必令贼贼公，因宣言东周也，以恶周之于王也④。"照翦曰："善。吾又恐东周之贼已而以诬西周恶之于楚⑤。"遽和东周。

注释

①照翦：应作昭翦，下同。楚臣。

②为公画阴计：替您暗中筹谋划策。公，指昭翦。

③尝：通"常"。

④以恶周：姚本"以恶"作"以西"，鲍本作"以恶"，从鲍本。王：指楚怀王。郭希汾本："以使楚王与东周相恶。"

⑤诬西周：姚本作"轻西周"，应作"诬西周"。王引之曰："'轻'当为'诬'，谓恐东周杀翦，而因以杀翦之事诬西周，恶之于楚也。"

译文

昭翦与东周的关系恶化之后，有人对昭翦说："我想为您暗地里谋划一下。"昭翦说："谋划什么?"这个人说："西周非常憎恨东周，经常想让东周与楚国的关系恶化，西周必定派刺客暗杀您，借此来宣传中伤东周，以便使楚王憎恨东周。"昭翦说："对。我实在怕东周派刺客暗杀我，最后使楚国和西周的关系恶化。"于是昭翦派人去与东周讲和。

严氏为贼

原文　严氏为贼①，而阳竖与焉②。道周，周君留之十四日，载以乘车驷马而遣之③。韩使人让周④，周君患之。客谓周君曰："正语之曰⑤：'寡人知严氏之为贼，而阳竖与之，故留之十四日以待命也⑥。小国不足以容贼⑦，君之使又不至，是以遣之也。'"

注释　①严氏：即严仲子，名遂。贼：用作动词，犹言暗杀。此句是说严遂派聂政刺杀韩相国侠累。

②阳竖：聂政的副手。一作"阳坚"。

③驷：一车驾四马。鲍本："乘，四马也。一车驾四马，所谓驷马车。"

④让：谴责。郭希汾本："让，以辞相责也。"

⑤正语：直言。

⑥待命：指等待韩国的命令。

⑦不足：姚本"不足"下有"亦"，鲍本认"亦"为衍文，今从之，删"亦"。

译文

严仲子指使聂政暗杀了韩国的相国侠累，阳竖也参与了这件事。他们二人路过东周时，东周君留他们住了十四天，然后用四匹马驾的车子把他们送走了。韩国派人来指责东周，东周君为此而十分忧虑。一位客人对东周君说："您去直接对韩国的使者说：'我知道严仲子的暗杀行为，阳竖也参加了，因此特意留他们住了十四天，以便等待贵国的命令。可我们一个小国是不便长时期地收留杀人犯的，贵国的使臣又迟迟不来，所以我们才把他们遣送出境了。'"

西周策

薛公以齐为韩魏攻楚

原文　薛公以齐为韩、魏攻楚①，又与韩、魏攻秦②，而藉兵乞食于西周③。韩庆为西周谓薛公曰④："君以齐为韩、魏攻楚，九年而取宛、叶以北以强韩、魏⑤，今又攻秦以益之⑥。韩、魏南无楚忧，西无秦患，则地广而益重⑦，齐必轻矣⑧。夫本末更盛，虚实有时⑨，窃为君危之。君不如令弊邑阴合于秦而君无攻⑩，又无藉兵乞食。君临函谷而无攻，令弊邑以君之情谓秦王曰：'薛公必破秦以张韩、魏，所以进兵者，欲王令楚割东国以与齐也。'秦王出楚王以为和，君令弊邑以此惠秦，秦得无破，而以楚之东国自免也，必欲之。楚王出，必德齐，齐得东国而益强，而薛世世无患。秦不大弱，而处之三晋之西，三晋必重齐。"薛公曰："善。"因令韩庆入秦，而使三国无攻秦，而使不藉兵乞食于西周。

注释　①薛公：即田文。见《东周策·谓薛公》注。攻楚：周赧王十二年，齐、韩、魏三国以楚国背约为借口，合兵攻打楚国。②攻秦：周赧王十七年，孟尝君从秦国逃归，心余怨恨，因此联合韩、魏攻秦。

③藉兵乞食：借兵求粮。藉，通"借"；食，指粮食。

④韩庆：西周臣。

⑤宛、叶：地名。宛，在今河南省南阳市；叶，在今河南省叶县。

⑥益之：指增强韩、魏的力量。

⑦益重：越发受到尊重。

⑧齐必轻：齐国必定受人轻视。

⑨本末更盛，虚实有时：是说世上万事万物的发展，开始和结束是相继发生的，衰落和兴起是按一定的时间进行的。

⑩阴：私下。

⑪无藉兵乞食：犹言不要露出缺兵少粮的弱点。

⑫临：守卫。姚本："临，犹守也。"函谷：关名，故关在今河南省灵宝市南，新关在今新安县东。

⑬秦王：即昭襄王，名稷。

⑭张：犹言强大，使动词。

⑮出楚王：放出楚王。

⑯惠秦：使秦国报恩。姚本"惠"作"忠"，鲍本作"患"。《史记》作"惠"，据文义，从《史记》。

⑰德齐：指楚国感激齐国使秦国放回楚怀王。德，用如使动词，感激。

⑱三晋：即赵、魏、韩三国，原为晋国三方大夫，后来三家分割晋国，世称三晋。

⑲三国：指齐、韩、魏三国。

译文 薛公田文用齐国的军队替韩、魏两国去进攻楚国，后来又与韩、魏联合一起进攻秦国，并向西周借兵求粮。韩庆替西周对薛公说："您用齐国的军队替韩、魏两国攻打楚国，九年才夺取到宛、叶以北的土地，壮大了韩、魏两国的势力，现在又去进攻秦国来增强它们的力量。韩、魏在南面没有了楚国的忧患，在西面没有了秦国的祸害，疆土在扩大，国威在增高，齐国必然要受到轻视了。但凡事物的始末盛衰都是交替进行的，万物的虚实消长也都是有其时令的，我私下里为您感到不安。您不如让我们暗中与秦国联合而您不发动进攻，也不要流露出缺兵少粮的弱点。您可以兵临函谷关但不要进攻，让我们怀着您的心情去对秦王说："薛公一定要攻破秦国来张扬韩、魏的力量，之所以要进军，是因为想要大王让楚国割东方之地给齐国。'秦王必定会放出楚怀王来求和，您让我们拿这件事来使秦国受到恩惠，秦国为了不被攻破，一定拿出楚国东方之地来自免其祸，那是会甘心情愿

的。楚怀王一旦释放，必定对齐国感恩戴德，齐国得
到东方的土地而更加强大，薛地也就世世代代没有忧
患了。秦国并不太弱，而且地处赵、魏、韩三国的西
面，三国一定会尊重齐国的。"薛公说："很好。"于
是便命令韩庆进军秦国，而不让赵、韩、魏三国攻打
秦国，也不派人去西周借兵求粮了。

秦攻魏将犀武军于伊阙

原文　秦攻魏将犀武军于伊阙①，进兵而攻周。为周最谓李
兑曰②："君不如禁秦之攻周③。赵之上计，莫如令秦、
魏复战。今秦攻周而得之④，则众必多伤矣。秦欲待
周之得，必不攻魏；秦若攻周而不得，前有胜魏之
劳，后有攻周之败，又必不攻魏。今君禁之，而秦未
与魏讲也⑤。而全赵令其止，必不敢不听，是君却秦
而定周也。秦去周，必复攻魏，魏不能支⑥，必因君
而讲⑦，则君重矣。若魏不讲，而疾支之，是君存周
而战秦、魏也。重亦尽在赵。"

注释
①犀武：魏将。姚本"犀"作"屖"，鲍本、郭希汾本均作"犀"，今从之。伊阙：山名，一名阙塞山，一名龙门山，一名阙口山。在今河南省洛阳市西南。《水经注》以为大禹凿龙门通水，两山相对似阙，伊水流经其间，故叫伊阙。

②李兑：赵国人，曾任赵国司寇，号封为奉阳君。

③禁：制止，阻止。

④得之：取得土地，亦即获胜。

⑤讲：指讲和。《战国策》中"讲""媾"常混用。

⑥支：支持，抗拒。鲍本："支，犹拒。"

⑦因君而讲：因李兑而与秦讲和。君，指李兑。

译文
秦军在伊阙击败魏将犀武的军队之后，又进军攻打西周。有人替周最对李兑说："您不如阻止秦军攻打西周。赵国的上策，莫过于让秦、魏两国再次互相交战。要是现在秦国进攻西周取得了胜利，那么它的士兵伤亡一定很多。秦国如果在西周取得胜利，一定不会再进攻魏国了；秦国如果进攻西周未能取胜，它前面有战胜魏国的劳绩，后面有进攻西周的失败，再也无力去进攻魏国了。现在您阻止秦国进攻西周，正是趁着秦国还没有与魏国讲和的时候。如果赵国让秦国停止进攻西周，它一定不敢不听从，这样就成了您

让秦国退兵而安定了西周。秦军离开西周，必定会再
去攻打魏国，魏国没有力量抵抗，一定会依靠您去讲
和，那么您将受到重视了。如果魏国不肯讲和，而硬
是要极力抵抗，这样您便使西周生存下来而让秦、魏
两国再次交战了。左右天下的大权就全部落在赵国
手里。"

秦令樗里疾以车百乘入周

原文　秦令樗里疾以车百乘入周①，周君迎之以卒②，甚敬。
楚王怒③，让周，以其重秦客④。游腾谓楚王曰⑤："昔
智伯欲伐仇由⑥，遗之大钟⑦，载以广车⑧，因随入
以兵，仇由卒亡，无备故也。桓公伐蔡也⑨，号言
伐楚⑩，其实袭蔡。今秦，虎狼之国也，兼有吞周之
意；使樗里疾以车百乘入周，周君惧焉，以蔡、仇由
戒之，故使长兵在前，强弩在后，名曰卫疾，而实
囚之也。周君岂能无爱国哉？恐一旦之亡国，而忧大
王。"楚王乃悦。

一

注释　①樗（chū）里疾：秦惠王弟，生于樗里，名疾。据说他足智多谋，被人称为智囊。

②卒：兵士百人为卒。

③楚王：指楚怀王，名槐。

④以：因为。

⑤游腾：一名游胜，周臣。

⑥智伯：姓荀名瑶，晋卿。仇由：地名，在今山西省盂县东北。姚本作"厹由"，黄丕烈《札记》曰："'厹''仇'同字。"从黄说。

⑦钟：古乐器的一种。

⑧广车：大车。郑玄曰："广车，横陈之车。"鲍本："载以广车，欲开道也。"

⑨桓公：即齐桓公小白。蔡：即蔡国，在今河南省上蔡县，其后迁于今安徽省凤台县，后被楚所灭。

⑩号言：犹声言。鲍本："号，声言也。以伐楚号众。"

⑪袭：偷袭。古代战争鸣钟击鼓，无钟鼓谓之袭。

⑫今秦：姚本"今秦"下有"者"，鲍本、《史记》均无"者"字，极是。

⑬长兵：指戈、矛一类的兵器。兵，兵器、武器。

⑭忧大王：使大王忧。忧，用如使动词。

译文　秦国派公子樗里疾率领一百辆兵车进入西周，西周君用一百名兵士去欢迎他们，很是恭敬。楚怀王很气愤，并谴责西周，认为他们过分尊重秦国的客人。西周大臣游腾对楚怀王说："从前智伯想要讨伐狄人的仇由，就赠给仇由一口大钟，用大车装着，派士兵尾随而入，仇由终于被消灭了，那是毫无防备的缘故。齐桓公讨伐蔡国的时候，表面上宣称讨伐楚国，其实是去偷袭蔡国。现在的秦国是个如狼似虎的国家，怀有吞并周朝的野心；派樗里疾率领一百辆兵车进入周境，周君为此而恐惧，深以蔡国和仇由的教训为戒，所以派持戈的士兵走在前面，强弩手跟在后面，名义上是保卫樗里疾，其实是监视围住他。周君难道不爱自己的国家吗？是怕有朝一日国家灭亡，这是最让大王忧虑的事。"楚王听了这番话才高兴起来。

雍氏之役

原文　雍氏之役①韩征甲与粟于周。周君患之，告苏代②。苏代曰："何患焉？代能为君令韩不征甲与粟于周，又能为君得高都③。"周君大悦曰:"子苟能,寡人请以国听④。"苏代遂往见韩相国公中曰⑤:"公不闻楚计乎?昭应谓楚王曰⑥:'韩氏罢于兵,仓廪空,无以守城,吾收之以饥⑦,不过一月必拔之。'今围雍氏五月不能拔,是楚病也⑧。楚王始不信昭应之计矣,今公乃征甲及粟于周,此告楚病也。昭应闻此,必劝楚王益兵守雍氏,雍氏必拔。"公中曰:"善。然吾使者已行矣。"代曰:"公何不以高都与周?"公中怒曰:"吾无征甲与粟于周,亦已多矣。何为与高都?"代曰:"与之高都,则周必折而入于韩⑨,秦闻之必大怒,而焚周之节⑩,不通其使,是公以弊高都得完周也,何不与也?"公中曰:"善。"不征甲与粟于周而与高都,楚卒不拔雍氏而去。

注释

①雍氏:见《东周策·楚攻雍氏》注。役:犹事,此指楚攻韩国雍氏的事。

②苏代:洛阳人,姚本注为苏秦之兄,鲍本注为苏秦之弟。

③高都:韩地,在今河南省洛阳市西南。

④听:听从。

⑤公中:即公仲侈(中、仲古通),韩之相国。

⑥昭应:姓昭名应,楚将。

⑦收之以饥：犹言趁着韩国闹饥荒夺取雍氏。

⑧病：困苦。

⑨折：犹言转过来。

⑩节：符节，古代的一种示信之物，外交使者执以作凭证。

译文　在楚国围攻韩国雍氏的战役中，韩国向西周征兵调粮。周君很忧虑，把自己的心情告诉了苏代。苏代说："何必忧虑呢？我能替您让韩国不在西周征兵调粮，而且还能为您得到韩国的高都。"周君非常高兴地说："您如果能办成，请让我把国家大事交给你管理。"于是苏代便去拜见韩国的相国公中说："您没有听到楚国的计策吗？楚国将领昭应曾经对楚王说：'韩国疲于战争，粮库空虚，无力守城，我们趁着韩国闹饥荒去夺取它的雍氏，不过一个月一定可以攻下来。'如今楚军围困雍氏五个月还不能攻下来，这就显露出楚国已陷入困境了。楚王这时已经开始不相信昭应的计策了，现在您却向西周征兵调粮，这就等于告诉楚国自己支持不住了。如果昭应听到这种情况，一定会劝说楚王增兵攻取雍氏，雍氏定会被攻陷。"公中说："对的。可是派去的使者已经起程了。"苏代说："您为什么不把高都送给西周？"公中气愤地说：

"我不向西周征兵和调粮，也已经够不错的了。为什
么还要给它高都呢?"苏代说:"给它高都，周王一定
转而归顺韩国，秦国听到这事也必定大发雷霆，就会
烧掉西周的符信，断绝使臣的往来。这样您就能用破
败的高都换得一个完整的西周，为什么不给呢?"公
中说:"好吧。"于是就没有向西周征兵调粮，而是交
出了高都。楚军也终于没有攻下雍氏而离去了。

周君之秦

原文　周君之秦。谓周最曰:"不如誉秦王之孝也①，因以应
为太后养地②。秦王、太后必喜，是公有秦也③。交
善④，周君必以为公功;交恶，劝周君入秦者，必有
罪矣。"

注释　①誉:夸奖。秦王:指秦昭王。

②应:古应国(在今河南省鲁山县东有应城)，此时属西周。

③有秦:取得秦国的欢心。鲍本:"有，言得其意。"

④交善:此指周、秦交善。

译文　周君要到秦国去。有人对周最说："不如夸赞秦王的孝心，顺势把应地赠送给太后作养老之地。秦王和太后一定都高兴，这样您就取得了秦国的欢心。周、秦两国的邦交互相友善，周君一定认为是您的功劳；如果两国邦交恶化，劝周君到秦国去的您，就一定是有罪的了。"

苏厉谓周君

原文　苏厉谓周君曰①："败韩、魏，杀犀武，攻赵，取蔺、离石、祁者②，皆白起③。是攻用兵④，又有天命也。今攻梁⑤，梁必破，破则周危，君不若止之。谓白起曰：'楚有养由基者⑥，善射；去柳叶者百步而射之，百发百中。左右皆曰善。有一人过曰，善射，可教射也矣。养由基曰，人皆善，子乃曰可教射，子何不代我射之也。客曰，我不能教子支左屈右⑦。夫射柳叶者，百发百中，而不已善息⑧，少焉气力倦，弓拨矢钩⑨，一发不中，前功尽矣。今公破韩、魏，杀犀武，而北攻赵，取蔺、离石、祁者，公也。公之功甚多。今公又以秦兵出塞⑩，过两周，践韩而以攻梁，一攻而不得，前功尽灭，公不若称病不出也。'"

注释

①苏厉：苏秦之弟。

②蔺：地名，在今山西省吕梁市离石区西。离石：地名，在今山西省吕梁市离石区。祁：地名，在今山西省祁县。

③白起：秦将，秦大夫白乙丙的后代，被封为武安君，郿地（在今陕西省眉县）人。

④攻用兵：善用兵。《尔雅释诂》："攻，善也。"

⑤梁：大梁（在今河南省开封市），魏都。

⑥养由基：姓养名由基，楚国人，以善射闻名。

⑦支左屈右：支撑左臂，弯曲右臂，挽弓射箭的最佳姿势。姚本注："支左屈右，善射法也。"

⑧不已善息：不因为善射而停止歇息。

⑨弓拨矢钩：弓拉不正，箭路也弯了。

⑩出塞：出伊阙塞。

⑪两周：指东周、西周。

⑫践：通过。鲍本："践，履也，犹过。"

⑬灭：化为乌有。姚本注："灭，没也。"

⑭不出：指不出兵攻梁。

译文　苏厉对周君说:"打败韩、魏两国,杀死韩将犀武,攻破赵国,夺取蔺、离石、祁三地的都是白起。这人实在是善于用兵,又有天命相助的缘故。现在他又进攻魏国,魏国必定被攻破,魏国一破西周就危险了,君王不如去劝阻他。您可以派人去对白起说:'从前楚国有个叫养由基的人,善于射箭,远离柳树叶一百步而对射,百发百中。左右的人都叫好。有一个人从旁边走过说,你很会射箭,可以教你学射了。养由基说,别人都说我射得好,你却说才可以教射,你何不代我射它一下。这人说,我不能教你左臂支、右臂屈的那种射法。射柳叶,即使百发百中,却不善于歇息,射过一会儿之后力气倦怠,便会弄得弓拉不正箭路弯曲,将要一箭也射不中,那就前功尽弃了。现在击破韩、魏两国,杀死了犀武,向北攻破赵国,夺取了赵国的蔺、离石、祁等地方的都是您。您的功劳已经够多的了。现在您又率领秦兵出塞,经过东、西两周,挺进韩国来攻打大梁,如果一举进攻而不取胜,岂不前功尽没,所以您还不如称病不出兵攻魏国为好。'"

楚兵在山南

原文　楚兵在山南①，吾得将为楚王属怒于周②。或谓周君曰："不如令太子将军正迎吾得于境③，而君自郊迎，令天下皆知君之重吾得也。因泄之楚④，曰：'周君所以事吾得者器，必名曰某。'楚王必求之，而吾得无效也⑤，王必罪之。"

注释　①山南：即伊阙山之南。
②吾得：姓吾名得，楚将。楚王：指楚怀王。属：犹结。高诱注："属，连也，犹结。"
③太子将军正迎吾得于境：太子同军正在边境迎接吾得。将，犹同。军正，军队的首领。郭希汾本注："军正，军之帅也。"
④泄：透露。鲍本："微漏其言，使楚知之。"
⑤效：犹献。姚本："效，致也。"鲍本："得实未尝得器，故无以效。"

译文　楚军进驻在伊阙山的南边，楚将吾得打算替楚王去激怒周君。有人对周君说："不如让太子同军正一起到边境上去迎接吾得，而周君您自己也到都城的郊外去欢迎，让天下人都知道君王是尊重楚将吾得的。再有意地向楚国透露这层意思，说：'周君所用来侍奉吾得的东西，必定是一件什么宝物。'楚王也必定想得到这件宝物，可是吾得却没有什么宝物可以献出来，这样楚王一定要怪罪他的。"

楚请道于二周之间

原文　楚请道于二周之间①，以临韩、魏②，周君患之。苏秦谓周君曰："除道属之于河③，韩、魏必恶之。齐、秦恐楚之取九鼎也，必救韩、魏而攻楚。楚不能守方城之外④，安能道二周之间。若四国弗恶⑤，君虽不欲与也⑥，楚必将自取之矣。"

注释　①请道：请求借道。

②临：进攻。姚本："临，犹伐也。"

③除道：清理道路。鲍本："除，去秽也。"属：犹通。姚本："属，犹至也，通也。"

④方城之外：方城以北。方城，楚国山名，在今河南省叶县。

外，犹北。姚本："方城，楚塞也。外，北也。"

⑤四国：指韩、魏、齐、秦四国。

⑥不欲与：指不想给鼎。

译文

楚军向东、西两周之间借行军的道路，以便进攻韩国和魏国，周君为此而忧虑。苏秦对周君说："把通道一直清理到黄河，韩、魏两国一定会憎恶此事。齐国和秦国也都怕楚军去夺取周室的九鼎，必定会联合起来救援韩国和魏国去攻打楚军。楚军不能守住方城以北的地方，还怎么能借道进军二周之间。如果韩、魏、齐、秦四国不共同憎恨楚国，你即使不想给楚国九鼎，楚军也一定要亲自来夺取九鼎的了。"

司寇布为周最谓周君

原文

司寇布为周最谓周君曰①："君使人告齐王以周最不肯为太子也②，臣为君不取也。函冶氏为齐太公买良剑③，公不知善，归其剑而责之金④。越人请买之千金，折而不卖⑤。将死，而属其子曰⑥：'必无独知⑦。'

今君之使最为太子，独知之契也[8]，天下未有信之者也。臣恐齐王之为君实立果而让之于最[9]，以嫁之齐也[10]。君为多巧[11]，最为多诈，君何不买信货哉[12]？奉养无有爱于最也，使天下见之。"

注释

①司寇布：周臣。司寇，主管刑狱的最高官吏，为六卿之一；布，为其名。

②齐王：即齐闵王。齐闵王善周最，欲其为太子，以赂进之，周最退让不肯立。周君以周最不肯为太子告齐闵王。

③函冶氏：函，姓；冶，管理铸冶的官吏；后以官为氏。齐太公：齐侯，姓田名和，田常之孙。

④责：犹取。

⑤折：折价。此句是说虽千金犹未尽其本价，故不卖。

⑥属：同"嘱"。

⑦必无独知：意思是一定不要光自己知道，还要让众人都知道是好剑。

⑧契：契约，分左右二契，各存订约人之手。

⑨果：周太子名。让：掩饰其辞。鲍本："让，饰说也。"

⑩嫁：转嫁，欺骗。鲍本："嫁，犹卖也，言欺齐。"

⑪巧：犹诈。

⑫信货：其实可信的东西。鲍本："可信之货，非独知也。"

译文 司寇布替周最对周君说:"君王把周最不想做太子的事告诉齐王,我认为君王您的做法不可取。过去函冶氏替齐太公买了一把宝剑,太公没有看出宝剑质地的优良,就把这把宝剑还给了函冶氏而要回买剑的钱。一个越国人愿意出一千金买这把宝剑,函冶氏一折价认为不够本而没有卖。函冶氏临死时,嘱咐他儿子说:'千万不要只自己知道这把宝剑的价值。'如今君王您想让周最做太子,只有您自己一个人知道这个约定,天下还没有别人相信这件事。我只怕齐王要说君王实在想立公子果为太子,只是用这种办法虚唬周最罢了,以此蒙欺齐国。如果有人认为君王是玩弄计谋,而周最又是诡计多端,那么君王为什么不让人们看到事情是真实可信的呢?奉养父王没有谁比周最更真诚的了,让天下人都能看清这一点吧。"

秦召周君

原文 秦召周君,周君难往①。或为周君谓魏王曰②:"秦召周君,将以使攻魏之南阳③。王何不出于河南④?周

君闻之，将以为辞于秦而不往⑤。周君不入秦，秦必
不敢越河而攻南阳。"

注释　①难往：不想去。鲍本："意不欲往。"

②魏王：即魏安釐王。

③南阳：魏邑，在今河南省修武县。

④出：指出兵；河南：西周的王城，在今河南省洛阳市西北。

⑤以为辞：以此为托词。姚本："以魏兵在河南为辞，不往诣
秦也。"

译文　秦王召见西周君，西周君不想去。有人替西周君对魏
王说："秦王召见西周君，是想迫使西周去攻打魏国
的南阳。大王为何不向河南出兵呢？西周君听到魏军
出兵河南，就会以此为托词不去秦国了。西周君不去
秦国，秦国一定不敢横渡黄河进攻南阳了。"

犀武败于伊阙

原文　犀武败于伊阙①，周君之魏求救②，魏王以上党之急

辞之③。周君反④，见梁囿而乐之也⑤。綦母恢谓周君曰⑥："温囿不下此⑦，而又近⑧。臣能为君取之。"反见魏王，王曰："周君怨寡人乎？"对曰："不怨。且谁怨王？臣为王有患也。周君，谋主也⑨。而设以国为王捍秦⑩，而王无之捍也。臣见其必以国事秦也，秦悉塞外之兵，与周之众，以攻南阳，而两上党绝矣⑪。"魏王曰："然则奈何？"綦母恢曰："周君形不利，事秦而好小利⑫。今王许戍三万人与温囿⑬，周君得以为辞于父兄百姓⑭，而私温囿以为乐⑮，必不合于秦。臣尝闻温囿之利，岁八十金，周君得温囿，其以事王者，岁百二十金，是上党无患而赢四十金⑯。"魏王因使孟卯致温囿于周君而许之戍也⑰。

注释

①犀武败子伊阙：指"秦将白起在伊阙打败魏将犀武，转而进攻西周"一事。

②周君：即周昭君；之：犹往。

③魏王：即魏昭王，名速。上党：魏地，在今山西省晋城等市。

④反：同"返"。

⑤梁囿：魏惠王之都大梁所建造的园囿叫梁囿。培养花木之处为园，培育鸟兽之所为囿。

⑥綦母恢：周臣。

⑦温囿：魏国的温囿，当时与梁囿齐名。

⑧近：指温囿离西周近。

⑨谋主：周天子为谋事之主，故称他为谋主。

⑩设以国为王捍秦：用整个国家为大王抵抗秦国。设，摆开阵势；捍，保卫。

⑪两上党：当时韩、魏两国各自都有一个上党。该句是说一旦周、秦联兵进攻魏国上党，韩国从自己的上党送去的援助就被截断了。

⑫周君形不利，事秦而好小利：周君所处的形势不利，他侍奉秦国是为了贪图小利。姚本"周君形不"下有"小"，黄丕烈《札记》曰："此'小'字因下文'小'字衍"，今从之。形，形势；小利，小的利益，此指温囿。

⑬戍：守卫，保卫。

⑭得以为辞：能以此为理由。辞，理由。

⑮私：私爱。姚本"私"作"利"，今从鲍本作"私"。

⑯无：姚本作"每"，从鲍本作"无"。"每"乃"毋"字之讹，"毋"与"无"通，故从鲍本。

⑰孟卯：即芒卯，齐国人，在魏为臣；致：犹送。

一

译文

秦将白起在伊阙把魏将犀武打败了，转而进攻西周，周君到魏国去求救，魏王以上党形势紧急相推辞。周君在返回途中，看见了魏国的梁囿心里很高兴。大臣綦母恢对周君说："温囿并不比梁囿差，而且又靠近我们西周。我能替君王得到它。"綦母恢返回去见魏王，魏王说："周君怨恨我吧？"綦母恢回答说："他不怨恨您。又有谁怨恨大王呢？我真为大王忧虑哩。周天子是天下的谋主。他用全国的力量为您抵御秦国，而大王却没有抗敌的表示。我看他势必要把整个国家交给秦国了，如果秦国把塞外全部兵力，加上西周的民众，统统用来攻打南阳，韩、魏的两个上党就断绝交通了。"魏王说："既然这样那该怎么办呢？"綦母恢说："周君处于不利形势，侍奉秦国是为了贪图小利。现在大王如果允许出三万人去为他戍边，再送给他温囿，周君就可以以此为说辞面对父兄百姓，他们会以占有温囿为幸事，一定不会与秦国联合。我曾听说温囿的收入，每年是八十金，周君得到温囿，他每年可以侍奉大王一百二十金，这样上党就没有祸患而您可赢利四十金。"魏王于是派孟卯把温囿送给周君，并且答应为他驻守边境。

韩魏易地

原文　韩、魏易地，西周弗利。樊余谓楚王曰①："周必亡矣。韩、魏之易地，韩得二县，魏亡二县。所以为之者，尽包二周②，多于二县，九鼎存焉③。且魏有南阳、郑地、三川而包二周④，则楚方城之外危；韩兼两上党以临赵⑤，即赵羊肠以上危⑥。故易成之日⑦，楚、赵皆轻。"楚王恐，因赵以止易也⑧。

注释　①樊余：周臣；楚王：即楚怀王。

②二周：指东、西周。

③九鼎存焉：九鼎存放在东周。

④郑地：当时属韩国，在今河南省郑县一带。三川：指黄河、洛河、伊河三川流经之地。秦在此设三川郡，包括今天的洛阳、偃师、巩义、汜水、孟津等地。

⑤韩兼两上党：当时韩、魏两国都有上党，韩、魏易地，魏以上党并于韩，所以说韩国兼有两个上党。

⑥羊肠：赵国险塞名，以山形屈辟、状如羊肠而得名，在今山西省晋城市南四十五里太行山上，一说在今山西省太原市西北。

⑦日：姚本作"曰"，传写之讹。从鲍本作"日"。

⑧因赵以止易：由赵国出面制止韩、魏易地。因，犹由。

译文 韩、魏两国打算互换土地，这对西周不利。西周大臣樊余对楚王说："周一定要灭亡了。韩、魏交换土地，韩国将得到两县，魏国将失掉两县。魏之所以同意交换，是因为它完全可以包围东、西两周，这样魏国所得的地方比两县还大，九鼎又存放在那里。再说魏国有南阳、郑地和三川，又能包围两周，那么楚国方城以北的地方就危险了；韩国兼有两个上党面对着赵国，就是赵国那险要的羊肠地带也危险了。所以交换土地成功之日，楚、赵两国也就都变得无足轻重了。"楚王听后恐慌起来，便由赵国出面去制止了这次土地的交易。

秦欲攻周

原文 秦欲攻周，周最谓秦王曰①："为王之国计者，不攻周。攻周，实不足以利国，而声畏天下②。天下以声畏秦，必东合于齐。兵弊于周③，而合天下于齐④，则秦孤而不王矣。是天下欲罢秦⑤，故劝王攻周。秦与天下俱罢，则令不横行于周矣。"

注释

①秦王：即秦昭王。

②声畏天下：秦国因进攻周天子而坏了它的名声。声，名声；畏，犹恶。郭希汾本注："言秦若攻周，有攻天子之声，而令天下以攻天子之声畏秦，使诸侯归于齐也。"

③弊：犹罢，疲惫。

④合天下于齐：使天下诸侯国与齐国联合起来。

⑤罢：同"疲"。

译文

秦国想要去攻打西周，周最对秦昭王说："我替大王的国家考虑，不能去攻打西周。攻打一个小小的西周，实在是不能够给秦国带来什么好处，反而在天下落得个坏名声。天下诸侯因为秦国有了攻伐周天子的坏名声，必然都要与东边的齐国共同联合起来，那么秦国必将受到孤立而难以称王了。这是天下诸侯想使秦国精疲力竭，所以才鼓动大王您去出兵攻打西周。如果秦国与天下诸侯的力量都耗尽了，那么任何人的命令都不能在西周横行无忌了。"

宫他谓周君

原文 宫他谓周君曰①："宛恃秦而轻晋②，秦饥而宛亡③。郑恃魏而轻韩，魏攻蔡而郑亡④。邾、莒亡于齐⑤，陈、蔡亡于楚⑥。此皆恃援国而轻近敌也⑦。今君恃韩、魏而轻秦，国恐伤矣。君不如使周最阴合于赵以备秦⑧，则不毁。"

注释 ①宫他：周臣。

②宛：本为申伯国，后为晋国附庸，晋三分之后，属韩国，在今河南省南阳市。

③宛亡：宛亡于晋。

④郑亡：韩哀侯灭亡郑国（在今河南省新郑市）。

⑤邾、莒亡于齐：邾、莒被齐国灭亡。（邾在今山东省邹城市。莒在今山东省莒县。）

⑥陈、蔡亡于楚：陈、蔡被楚国灭亡。（陈在今河南省淮阳县。蔡在今河南省上蔡县。）

⑦援：犹引，助。

⑧阴合于赵：暗中与赵结合为援国。

译文 西周大臣宫他对周君说："从前宛国依仗秦国而轻视晋国，后来秦国大闹饥荒，宛国终于被晋国灭亡了。郑国依仗魏国而轻视韩国，后来魏国去攻打蔡国，结果郑国被韩哀侯灭亡了。至于邾、莒两国被齐国灭亡，陈、蔡两国被楚国灭亡，这些都完全是依仗援国而轻视邻近的敌国所造成的。现在君王依靠韩国和魏国而轻视秦国，我们的国家恐怕要受其害了。君王不如派周最暗地里与赵国联合起来防备秦国，那就不至于被消灭。"

谓齐王

原文 谓齐王曰①："王何不以地赍周最以为太子也。②"齐王令司马悍以赂进周最于周③。左尚谓司马悍曰④："周不听，是公之知困而交绝于周也。公不如谓周君曰：'何欲置⑤？令人微告悍⑥，悍请令王进之以地。'"左尚以此得事⑦。

注释 ①齐王：鲍本注为齐闵王。郭人民本考证，此事在周赧王初立时，当为齐宣王。

②赍（jī）：把东西送给别人。

③司马悍：齐臣。进周最于周：推荐周最立为周王的太子。进，举荐。

④左尚：齐人。

⑤何欲置：想立谁为太子。置，犹立。

⑥微告：暗地里相告。郭希汾本注："言告以隐微，而不显告之也。"

⑦左尚以此得事：指左尚教司马悍劝齐宣王送给周最土地，以此而获得尊宠之职。

译文　有人对齐王说："大王为什么不把土地封赠给周最，帮助他成为周王朝的太子。"于是齐王命令大臣司马悍到西周去用土地举荐周最。左尚对司马悍说："如果西周国君不同意，这样不但使您的智谋难以实行而且齐国和西周的邦交就得断绝。您不如对周君说：'想要立谁为太子？可以派人暗地里告诉我，请允许我让齐王以土地去举荐太子。'"左尚因为办成了这件事而获得了尊宠的职位。

三国攻秦反

原文　三国攻秦反^①，西周恐魏之藉道也^②。为西周谓魏王曰^③："楚、宋不利秦之德三国也^④，彼且攻王之聚以利秦^⑤。"魏王惧，令军设舍速东^⑥。

注释　①三国：指魏、韩、齐三国。反：同"返"。

②藉道：即借道。鲍本："藉，亦借。"

③魏王：即魏襄王。

④楚、宋不利秦之德三国：楚、宋两国对于秦国让三国得到好处感到不利。德，用如使动词；德三国，使三国感德。

⑤且：犹将。聚：一说为"积聚"，筹备粮饷之类。鲍本："楚、宋攻魏之廪库。"一说为"村落"。郭希汾本注："谓村落也。"

⑥设舍：军队驻扎一宿。郭希汾本注："师行一宿为舍。"

译文　韩、魏、齐三国联合攻打秦国后班师回国，西周害怕魏国军队借路通过。支持西周的人对魏王说："楚、宋两国对于秦国割地给三国以求讲和的事认为于己不利，他们想要夺取您的粮饷用来帮助秦国。"魏王害怕了，命令魏军住一宿就赶快回去。

犀武败

原文　犀武败①，周使周足之秦②。或谓周足曰："何不谓周君曰：'臣之秦，秦、周之交必恶。主君之臣③，又秦重而欲相者④，且恶臣于秦，而臣为不能使矣。臣愿免而行⑤。君因相之，彼得相，不恶周于秦矣。'君重秦，故使相往，行而免，是轻秦也⑥，公必不免⑦。公言是而行，交善于秦，且公之事成也⑧；交恶于秦，不善于公且诛矣。"

注释　①犀武败：周赧王二十三年，犀武败于伊阙。

②周足：西周相国。

③主君：指称周君。

④又秦重而欲相者：有被秦国所重视而又想当西周相国的。又，通"有"。

⑤免而行：免去自己的相国而出使秦国。

⑥是：姚本作"且"字，鲍本："且作是"，从鲍本作"是"。

⑦公必不免：您请求免去相位，势必不能免。

⑧事成：姚本作"成事"。鲍本："成事作事成。"从鲍本。

— 译文

犀武在伊阙吃了败仗以后，西周打算派相国周足出使秦国。有人对周足说："为什么不对周君说：'让我出使秦国，秦、周的邦交必定会恶化。主君的大臣之中，有一个为秦国所重视而自己又想当相国的人，他将在秦王面前伤害我，所以我是不宜出使秦国的。我请求免去我的相位再出使秦国。主君便可以任命那个想当相国的人当相国，他得到相国的职位，不会在秦王面前中伤西周了。'周君很重视与秦国的邦交，所以派出相国出使秦国，如果临行前免去您的相位，这是对秦国的轻视，看来，您的相位是一定不会免去的。如果您这样说了再走，就会与秦国友好相交，而且您要办的事也会办成；否则，与秦国的关系就将恶化，对您不但没有好处，还可能遭到诛杀哩。"

秦策一

卫鞅亡魏入秦

原文　卫鞅亡魏入秦①，孝公以为相，封之于商②，号曰商君。商君治秦，法令至行③，公平无私，罚不讳强大④，赏不私亲近⑤，法及太子，黥劓其傅⑥。期年之后，道不拾遗⑦，民不妄取⑧，兵革强大⑨，诸侯畏惧。然刻深寡恩⑩，特以强服之耳。

孝公行之八年，疾且不起，欲传商君⑪，辞不受。孝公已死，惠王代后⑫，莅政有顷⑬，商君告归⑭。

人说惠王曰："大臣太重者国危，左右太亲者身危⑮。今秦妇人婴儿皆言商君之法，莫言大王之法⑯，是商君反为主，大王更为臣也⑰。且夫商君，固大王仇雠也⑱，愿大王图之⑲。"商君归还⑳，惠王车裂之㉑，而秦人不怜。

注释　①卫鞅：卫国人，姓公孙，名鞅。卫鞅的父亲叔痤为魏惠王宰相，病危时，惠王让他荐举可以继任宰相的人选，他直言推举自己的儿子公孙鞅，未被采用。为免遭杀身之祸，公孙鞅逃奔秦国。另一说，公孙鞅乃魏相国叔痤的家臣。

②商：地名，在今陕西省商洛市商州区东南。

③至：犹言大。

④讳：避忌，隐讳；强大：这里指强宗大族。

⑤私：用如动词，偏爱，偏袒。

⑥法及太子，黥劓其傅：太子犯法，他的老师要受黥刑或劓刑。姚本："太子犯法，刑之不赦，故曰'法及太子'，并罪其傅。"黥（qíng），即墨刑，古代肉刑的一种，用刀刺犯人面额后，再用墨涂；劓（yì），古代五刑之一，即割鼻；傅，太子的老师。

⑦遗：指遗失的东西。

⑧妄取：乱拿。

⑨兵革：泛指兵力。兵，兵器；革，指用皮革制的甲，兵革引申为持武器的人。

⑩刻深：苛刻严峻。

⑪欲传商君：想把王位传给商君。

⑫惠王：秦国国君，孝公的儿子。

⑬莅：临。有顷：不久。

⑭商君告归：指商君恐遭惠王杀害，想要回到魏国去。告归，告假归回。

⑮身：指君王自身。

⑯莫：没有。

⑰更（gēng）：变更，调换。

⑱仇雠：仇敌，仇人。雠，仇敌。

⑲图：谋，计议。

⑳商君归还：指商君归魏，未成，又返回秦国。

㉑车裂：古代酷刑之一，将人头和四肢分别拴在五辆车上，以五马驾车，撕裂肢体。

— 译文

卫鞅从魏国逃往秦国，秦孝公让他做相国，封给他商地，称为商君。商君治理秦国，法令大行，正直无私，惩罚违法者不避强宗大族，奖赏有功者不偏袒亲属近臣，法纪涉及太子，连太子的老师也要受刑。商君的法令施行一年之后，路上丢失的东西没有人去捡拾，老百姓不敢乱取非分之财，国家兵力强大，各诸侯因此而害怕秦国。但是，商君执法过于苛刻严峻，只是用强制手段迫使群臣百姓服从而已。

秦孝公用商君法令治国八年后，大病不起，想把王位传给商君，商君辞谢不接受。后来，孝公去世，他的儿子惠王继位，执政不久，商君害怕惠王陷害自己，想要回到魏国去。

有人对惠王说："大臣声望过重，将危及国家，左右

辅佐的人员过分亲近，将危及君王自身。如今，连秦
国的妇女孩童都在谈论商君的法令，却没有人谈论您
大王法令的。这是商君反臣为主，而大王您倒变为人
臣了。那商君本来就是大王的仇敌啊！希望大王对他
采取措施。"商君归魏不成，又返回秦国，秦惠王对
他施用了车裂的酷刑，而秦国人并不哀怜他。

苏秦始将连横

原文　苏秦始将连横说秦惠王曰①："大王之国，西有巴、
蜀、汉中之利②，北有胡貉、代马之用③，南有巫山、
黔中之限④，东有肴、函之固⑤，田肥美，民殷富⑥，
战车万乘，奋击百万⑦，沃野千里，蓄积饶多，地势
形便⑧，此所谓天府⑨，天下之雄国也。以大王之贤，
士民之众，车骑之用，兵法之教⑩，可以并诸侯，吞
天下，称帝而治。愿大王少留意，臣请奏其效⑪。"

秦王曰："寡人闻之，羽毛不丰满者不可以高飞，文
章不成者不可以诛罚⑫，道德不厚者不可以使民⑬，

政教不顺者不可以烦大臣⑭。今先生俨然不远千里而庭教之⑮，愿以异日⑯。"

一

注释

①苏秦始将连横说秦惠王：苏秦起初用连横的主张去游说秦惠王。苏秦，东周洛阳（今河南省洛阳市东）人，字季子。纵横家代表人物，始主连横，后倡合纵，在齐任相国，为燕做反间，被齐车裂而死；一说被暗杀而死。连横，以西方秦国为主，联合东方（太行山以东）的个别国家攻击其他国家。说（shuì），劝说别人听从自己的主张。

②巴：国名，在今四川省东部。蜀：国名，在今四川省西部。汉中：地名，在今陕西省秦岭南。当时此三地虽不属秦，但交通频繁，所以说秦西面有其利。

③胡貉（hé）：这里指匈奴族所居住的地区，其地产貉，形似狸，毛皮可制裘。代，地名，在今河北、山西二省北部，其地产马。

④巫山：山名，在今重庆市巫山县东。黔中：地名，在今湖南省沅陵县西。限：界限，这里是屏障的意思。

⑤肴：同"崤"，山名，在今河南省洛宁县西北六十里。函：函谷关，在今河南省灵宝市西南一里许。固：坚固，险要。

⑥殷富：人口繁多，生活富裕。

⑦奋击：这里指奋力作战的武士。

⑧地势形便：指国土地势便于攻守。

⑨天府：天然的府库，指地势优胜，物产丰富。府，储藏财物的地方。

⑩骑（jì）：骑兵。按：春秋以前只用马驾车，战国时开始骑马，有了骑兵。教：教练，训练。

⑪帝：帝的本义是神，又称天帝，战国时，各国的最高统治者都称王，此时较强的国家开始自称帝号，企图统一天下。少留意：稍稍注意，这是委婉的说法。奏其效：陈说秦国地利兵强的功效。奏，进言。

⑫寡人：国君自称的谦辞，意为"寡德之人"。文章：这里指法令。成：完备。

⑬使民：动员或驱使民众。

⑭政教：政治教化。烦大臣：指烦劳大臣对外作战。

⑮俨然：庄严地，郑重其事地。庭教：在朝廷上指教。庭，通"廷"。

⑯愿以异日：请把这件事推迟到将来再议，这是秦惠王拒绝接纳苏秦连横主张的托词。

译文　苏秦起初用连横的主张去游说秦惠王说："大王的国家，西面有富饶的巴、蜀、汉中的有利条件，北面有胡地的貉皮和代地的良马可供使用，南面有巫山、黔

中的险阻，东面有崤山、函谷关的坚固。田地肥美，
百姓众多而且富裕，战车上万辆，勇士有百万，肥沃
的田野上千里，贮存的物资极其丰富，地理环境又便
于攻守，这真称得上是天然的宝库，天下最强大的国
家了。凭着大王您的贤明，百姓的众多，将士的听命
效劳，兵法的熟习，尽可以兼并诸侯，吞灭天下，称
帝王而统治诸侯了。请大王稍稍留意我的话，让我陈
说秦国地利兵强的功效。"

秦王说："我曾听到过这样的说法，羽毛不丰满的，
不可以高飞；法令不完备的，不可以用刑罚；道德不
厚重的，不可以驱使百姓；政治教化不昌明的，不可
以烦劳大臣。现在先生不远千里来到朝廷上庄重地指
教我，请把这件事推迟到以后再议吧。"

原文

苏秦曰："臣固疑大王之不能用也①。昔者神农伐补
遂②，黄帝伐涿鹿而擒蚩尤③，尧伐骦兜④，舜伐三
苗⑤，禹伐共工⑥，汤伐有夏⑦，文王伐崇⑧，武王伐
纣⑨，齐桓任战而伯天下⑩。由此观之，恶有不战者
乎⑪？古者使车毂击驰⑫，言语相结⑬，天下为一；约
从连横⑭，兵革不藏⑮；文士并饬⑯，诸侯乱惑，万端

俱起，不可胜理^⑰；科条既备，民多伪态^⑱；书策稠浊^⑲，百姓不足；上下相愁，民无所聊^⑳；明言章理^㉑，兵甲愈起^㉒；辩言伟服^㉓，战攻不息；繁称文辞^㉔，天下不治；舌弊耳聋^㉕，不见成功；行义约信^㉖，天下不亲。于是，乃废文任武，厚养死士^㉗，缀甲厉兵^㉘，效胜于战场^㉙。夫徒处而致利^㉚，安坐而广地，虽古五帝、三王、五伯^㉛，明主贤君，常欲坐而致之，其势不能^㉜，故以战续之。宽则两军相攻，迫则杖戟相橦^㉝，然后可建大功。是故兵胜于外，义强于内^㉞；威立于上，民服于下。今欲并天下，凌万乘^㉟，诎敌国，制海内^㊱，子元元，臣诸侯^㊲，非兵不可！今之嗣主^㊳，忽于至道^㊴，皆惛于教^㊵，乱于治^㊶，迷于言，惑于语，沉于辩，溺于辞^㊷。以此论之，王固不能行也^㊸。"

注释

①固：本来。疑：猜想。

②神农：姜姓，即炎帝。传说他教民耕种，故号神农。神农与下文的黄帝、尧、舜等，都是传说中的古代帝名，实即古代部落或部落联盟的首领。补遂：一作"辅遂"，古国名，今地不详。

③黄帝：即轩辕氏，是传说中华夏族的始祖；蚩尤：传说中

九黎族首领，蚩尤不从黄帝之命，黄帝和他战于涿鹿之野，擒杀蚩尤；涿鹿：山名，在今河北省涿鹿县。

④尧：即陶唐氏，名放勋，传位给舜。驩（huān）兜：又名浑敦，尧时做司徒。尧年老，舜代行尧的职权时，流放"四凶"（驩兜、共工、鲧、三苗），放驩兜于荣山。尧伐驩兜、舜伐有苗、禹伐共工之说，又见于《荀子·议兵》。

⑤舜：即有虞氏，名重华，传位给禹；三苗：部落名，即古代的苗族，其地在今江西省九江、湖南省岳阳、湖北省武昌一带。尧、舜、禹与三苗进行长期战争，舜曾迁三苗于三危（在今甘肃敦煌市）。

⑥禹：夏朝开国君主，鲧之子，初为舜臣，因治水有功，被推举为帝；共工：人名，相传为尧的大臣，四凶之一，被尧流放于幽州（在今河北省北部及辽宁省一带）。

⑦汤：商朝开国君主，子姓，名履，原为夏朝诸侯。夏桀无道，汤兴兵败夏桀于鸣条（在今山西省运城市安邑镇北），建立了商朝。有夏：即夏朝。有，加在专有名词前的字头。

⑧文王：姬姓，名昌，殷朝诸侯，称西伯。西伯推行德政，崇侯虎向殷纣告密，纣囚西伯。后西伯灭崇。崇：诸侯国名，在今陕西省户县东。

⑨武王：周武王姬发，文王之子。武王率诸侯败纣于牧野（在今河南省淇县南），建立了周朝。纣：殷朝末代的君主，名

辛，淫乱昏暴，与武王战，兵败自焚而死。

⑩齐桓：即齐桓公，名小白，为春秋五霸之一，前695—前
643年在位。他任用管仲，修明政治，富国强兵，曾多次率师
征伐诸侯，抵抗戎狄的侵扰。任：用。伯（bà）天下：称霸
天下，为诸侯之盟主。伯，通"霸"。

⑪恶（wū）：何，哪里。

⑫使车毂击：使臣的车毂相互撞击，犹言使者来往频繁。
毂（gǔ）：车轮中心，辐条集中的圆木。

⑬言语相结：用言语互相结下盟约。

⑭约从：即约纵，南北为纵，当时较弱的齐、楚、燕、韩、
赵、魏联合抗秦叫约纵或合纵。

⑮兵革不藏：不收藏兵甲，犹言战争不停。

⑯文士：文人辩士，实指游说之士；并：互相，竞相；
饰（shì）：通"饰"，巧，即巧饰言辞游说诸侯。

⑰端：争端。胜：胜任。理：治理。

⑱科条：法令条规。备：制定。伪态：虚伪奸恶。

⑲稠浊：繁多而混乱。

⑳上下相愁：君臣上下相互愁怨。聊：赖，依靠。

㉑明言章理：指各种不同的政治主张说得明明白白，道理讲
得清清楚楚。明、章，都是清楚、明显的意思。

㉒兵甲：兵器盔甲，这里指战争。

㉓辩言伟服：指文人辩士们讲着巧辩的言辞，穿着奇伟的衣服。

㉔繁称文辞：进行繁杂的说教，讲着华丽的言辞：文，华美。

㉕舌弊：舌头都磨破了。弊：坏。

㉖行义约信：意思是彼此相约，共守信义。

㉗死士：敢死之士，即勇士。

㉘缀（zhuì）甲：缝制盔甲。缀，缝连。古代武士的铠甲都是用金属片连缀成的。厉兵：磨利兵器。厉，通"砺"，磨石，用为动词。

㉙效胜：制胜，取胜。

㉚徒处：无所事事地待着。致利：得到好处，即获得胜利。

㉛广地：扩张土地。五帝：指传说中上古时的五个帝王，即黄帝、颛（zhuān）项（xū）、帝喾（kù）、尧、舜。三王：指夏禹、商汤、周文王三个帝王。五伯：指春秋时代先后称霸的五个诸侯，即齐桓公、宋襄公、晋文公、秦穆公和楚庄王。伯：即霸。

㉜其势不能：那种情势决定了他们不可能做到。

㉝宽：远。迫：近。杖戟：拿着戟。戟：一种将戈、矛合成一体的武器。橦（chōng）：刺。

㉞外：指国外。内：指国内。

㉟凌万乘（shèng）：超过拥有兵车万辆的国君。乘，一车四

马为一乘。

㊱诎（qū）：折服，屈服。制海内：统治天下。海内，犹言
天下。古人认为中国四面环海，故称"海内"。

㊲子元元臣诸侯：把广大人民当儿女那样爱护，使天下诸侯
称臣。子，用如动词，爱护。统治者自称"为民父母"，故称
人民为子女。元元，百姓。臣：用如动词，使……称臣。

㊳嗣（sì）主：后继的国君，指五帝三王以后的国君。

㊴忽于至道：这里指忽略了用武力的道理。忽，忽略。至，
重要。

㊵惛（hūn）于教：不明教化。惛，糊涂。

㊶乱于治：对治理国家的工作头脑混乱。

㊷沉于辩，溺于辞：沉溺在烦琐的辩论和言辞之中。

㊸行：指推行，施行。

一　译文　苏秦说："我本来就怀疑大王是不会采纳我的主张的。
从前神农氏攻打补遂，黄帝攻打涿鹿擒获蚩尤，唐尧
攻打驩兜，虞舜攻打三苗，夏禹攻打共工，商汤攻打
夏桀，周文王攻打崇国，周武王攻打商纣，齐桓公用
战争手段做了天下的霸主。从这些情况看来，要想兼
并天下，哪有不用战争的道理呢？古时使者车辆互相
挤碰，来往奔驰，各国都用言语互相订立盟约，天下

得以统一。后来，约纵连横相互对抗，武器并没有弃用，文人辩士花言巧语竞相游说，使诸侯迷惑昏乱，各种矛盾和事端因此而产生，天下繁乱得不能治理。法令条规全制订了，老百姓却不能信守，多是虚假应付；文书、简策繁多杂乱，老百姓反而不能丰足。君臣上下互相忧怨，民众无所依赖；越是讲那些冠冕堂皇的道理，战争就越多；身着盛装的说客越是能言善辩，战争就越是不能停息；越搞那些繁杂的说教和浮夸的言辞，天下就越是不能治理；说的人舌头都说破了，听的人耳朵都被震聋了，却见不到成功，豢养一批批不怕死的武士，制作盔甲，磨砺好兵器，决胜于战场。如果只是白白待着而想得到好处，安坐不动而想扩大领土，即使是古代的五帝、三王、五霸和那些贤明的君主，只想坐而得利，那也是办不到的啊！所以只好用战争来接替文治，两军相距得远时，便互相攻打；离得近时，就手持武器互相搏击，这样才可以建立起伟大的功业。因此，兵士在外打胜仗，君主在国内施仁政，国家的威望就树立起来了，下面的老百姓也就服从了。如今要想吞并天下，超过拥有兵车万辆的诸侯，让敌国屈服，从而统治天下，以百姓为子，使诸侯称臣，那是非用兵力不可的。现在那些继承王位的君主，却忽略了用兵这一至关重要的道理，他们都被政教所昏乱，被花言巧语所迷惑，沉溺于辩论和辞令之中。照这样说来，大王您本来就不能施行我的主张啊！"

一

原文　说秦王书十上而说不行①，黑貂之裘弊，黄金百斤尽，资用乏绝，去秦而归②，羸縢履蹻③，负书担橐④，形容枯槁，面目犁黑⑤，状有愧色⑥。归至家，妻不下纴⑦，嫂不为炊⑧，父母不与言。苏秦喟叹曰⑨："妻不以我为夫，嫂不以我为叔，父母不以我为子，是皆秦之罪也。"乃夜发书，陈箧数十⑩，得太公阴符之谋⑪，伏而诵之，简练以为揣摩⑫。读书欲睡，引锥自刺其股⑬，血流至足。曰："安有说人主不能出其金玉锦绣，取卿相之尊者乎？期年，揣摩成⑭，曰："此真可以说当世之君矣！"

于是乃摩燕乌集阙⑮，见说赵王于华屋之下⑯，抵掌而谈⑰。赵王大悦，封为武安君⑱。受相印，革车百乘⑲，锦绣千纯⑳，白璧百双，黄金万溢㉑，以随其后，约从散横，以抑强秦㉒。

故苏秦相于赵而关不通㉓。当此之时，天下之大，万民之众，王侯之威，谋臣之权，皆欲决苏秦之策㉔。不费斗粮，未烦一兵，未战一士，未绝一弦，未折一矢，诸侯相亲，贤于兄弟㉕。夫贤人在而天下服，一人用而天下从，故曰：式于政，不式于勇㉖；式于廊庙之内㉗，不式于四境之外。当秦之隆㉘，黄金万溢为用，转毂连骑，炫熿于道㉙，山东之国，从风而服，使赵大重㉚。且夫苏秦，特穷巷掘门桑户棬枢之士耳㉛，伏轼撙衔㉜，横历天下，廷说诸侯之王㉝，杜左右之口㉞，天下莫之能伉㉟。

将说楚王，路过洛阳，父母闻之，清宫除道㊱，张乐设饮㊲，郊迎三十里㊳。妻侧目而视㊴，倾耳而听。嫂蛇行匍伏㊵，四拜自跪而谢。苏秦曰："嫂何前倨而后卑也㊶？"嫂曰："以季子之位尊而多金㊷。"苏秦曰："嗟乎！贫穷则父母不子㊸，富贵则亲戚畏惧㊹。人生世上，势位富贵，盖可忽乎哉㊺？"

注释　①不行：这里指不被采用。

②去：离。归：指苏秦回洛阳。

③赢（léi）：缠绕。滕（téng）：绑腿布。蹻（juē）：草鞋。这句话是说，他裹着绑腿，穿着草鞋。

④橐（tuó）：囊，口袋。

⑤犁：通"黧（lí）"，黑色。

⑥愧：姚本作"归"，当为"愧"字之误。鲍本"归"当作"愧"，音相近，故作"归"。从鲍本作"愧"。状有愧色，很惭愧的神色。

⑦纴（rèn）：纺织，这里指妻子不下织布机，纺织如故。

⑧炊：生火做饭。

⑨喟（kuì）叹：因感慨而叹气。

⑩发书：取出书来。陈：摆开。箧（qiè）：指书箱。

⑪太公：姜太公，吕尚。阴符：兵法书。

⑫简：选择。练：把丝、绢煮熟，使之洁白，这里引申为熟练、熟记。揣摩：思量研究以求得真义。

⑬股：大腿。

⑭期：满一年。

⑮摩：切近，顺着。燕乌集阙（què）：姚本："阙塞名也。"鲍本："阙名未详。"郭希汾："阙名，一作塞名。"《战国策精华》注："燕，国名。乌集阙，阙名乌集也。"今人刘忆萱注："关塞名。"牛鸿恩等注："宫阙名。"据文意，当以宫阙名为是。

⑯赵王：指赵肃侯。华屋：华丽之屋。

⑰抵（zhǐ）掌：击掌。

⑱武安：地名，在今河北省武安县。

⑲革车：兵车。

⑳纯：束，匹。

㉑壁：当"璧"之误，《史记·苏秦列传》改作"璧"。溢：通"镒"。二十两为一镒。下同。

㉒约从散横：指联合六国以抗秦，破坏别的国家和秦的连横。

㉓关不通：关，指函谷关，六国通往秦国的要道。六国共同抗秦，因此函谷关的交通被断绝。

㉔决苏秦之策：为苏秦的策略所决定。策，策略。

㉕贤于兄弟：胜过兄弟。贤于，犹言胜过。

㉖式于政，不式于勇：运用政治，不运用勇士之力。式，运用。

㉗廊庙：庙，君主祭祖之处，其旁为廊。古代国家大事都在廊庙之内商讨。

㉘当秦之隆：正当苏秦显赫得意之时。

㉙转毂连骑（jì）：车轮滚滚，骑马的随从接连不断。这里形容苏秦之显赫，车马来往频繁。炫熿：光彩耀眼。

㉚山东之国从风而服，使赵大重：华山以东的国家，像风吹草倒一样迅速附从，使赵国的地位大大重要起来。

㉛特：只是，不过是。掘门：同窟门，窟门。桑户：桑板做的门户。棬（quān）枢：把树枝条圈起来作为门枢。这句极力形容苏秦所住房屋之简陋。

㉜伏轼（shì）樽（zǔn）衔：伏在车前的横木上，拉着马的勒

头。形容苏秦乘车出游的得意态。轼，车前扶手的横木。樽，勒住。衔，用青铜或铁制成的马具，放在马口上，用以勒马。

㉝廷说：在朝廷上劝说。

㉞杜：塞。

㉟伉（kàng）：同"抗"，抵挡。

㊱清官除道：收拾房屋，打扫街道。

㊲张乐（yuè）设饮：设置音乐，备办酒席。

㊳郊迎三十里：到郊外三十里去迎接。

㊴侧目而视：指不敢正目而视。

㊵葡伏：爬行。

㊶据（jù）：傲慢。

㊷季子：嫂呼小叔为季子。一说，季子为苏秦的字。

㊸不子：不把他当儿子。

㊹亲戚：亲人，此指父母兄弟等亲人。

㊺盖可忽乎哉：怎么可以忽视呢？盖：同"盍"，何，怎么。

译文　　苏秦游说秦王的奏章上了十次，游说还是没有成功。弄得黑貂皮衣服也破了，百斤的黄金也用光了，费用没有了，只得离开秦国回家去。他腿上缠着裹腿，脚上穿着草鞋，背上背着书籍，肩上挑着担子，模样憔悴，面目焦黑，一副惭愧的样子。回到家里，妻子不下织布机，嫂子不给他做饭，父母不同他说话。苏秦长叹一声说："唉！妻子不把我当丈夫，嫂子不把我当叔子，父母不把我当儿子，这都是我苏秦自己的过错呀！"于是，苏秦便连夜发奋读书，把几十箱书打开，找到了吕尚所著的名叫《阴符》的兵法书，伏案诵读，熟记书中精要处，并深入研究它的本意。读到困倦欲睡时，就拿锥子刺自己的大腿，鲜血直流到脚跟。苏秦愤愤地说："哪有去游说君王，却不能拿出黄金、美玉、锦缎，让我得到公卿相国的尊贵位置的呢？"过了一整年，他的兵法研究成熟了，便说："这回真可以去游说当代的国君了。"

于是苏秦便走到燕和集宫阙，在华丽堂皇的房屋里会见赵王，谈得很兴奋。赵王非常高兴，就封苏秦为武安君，并授给他相印，给兵车一百辆，锦缎一千匹，白玉一百双，黄金二十万两，用来跟在他身后，带到各诸侯国去，以便联络各国，破坏别的国家连秦的谋划，以此来抑制强大的秦国。

因此，苏秦在赵国做了宰相，各国都断绝了同秦国的联系，六国的要塞，也都不和秦国相通了。在这个时候，天下如此之大，百姓这样众多，王侯这等威严，谋臣这么有权势，全都要取决于苏秦的计谋。苏秦没有耗费一斗粮饷，没有烦劳一兵一卒，没有让一位将军去领兵打仗，没有断一根弓弦，没有折一枝竹箭，就使诸侯相亲相爱，比兄弟还要好。因为贤人在位，天下自然信服，一人用事天下都顺从。因此说："在朝廷之内决策天下大事，不必在国境之外去行动。"正当苏秦声势大振的时候，赵王拿出万镒黄金供他使用，车轮飞转，马队连绵，威风凛凛地来往于大道上，华山以东各国像风吹草倒一样地迅速附从，使赵国的地位显得极其重要。而苏秦只不过是一个穷巷中以桑板为门户、圈树枝条为门枢，寒窟陋室里的穷书生罢了。现在他气派十足地乘着车辆，勒着马头，游历天下，到各国朝廷去游说诸侯，堵塞住周围人们的口，天下的人没有能抵得过他的。

当苏秦将要去游说楚王时，路过洛阳老家。他的父母听到这个消息，便赶紧收拾房屋，清扫街道，奏起乐曲，摆出美酒，到城郊三十里去迎接他；他的妻子侧着眼睛细看，倾着耳朵细听；他的嫂子伏在地上爬行，一连拜了四拜，跪着谢罪。苏秦问他嫂子说："嫂子，你为什么以前那么傲慢，现在却又如此谦卑呢?"他嫂子回答说:"因为小叔子现在地位显贵,并且又有那么多的金钱!"苏秦叹息说:"唉! 贫困时,父母不把我当儿子;富贵了,连家里的亲人都畏惧我。一个人在世上,权势地位和金钱财富怎么可以忽视呢?"

秦惠王谓寒泉子

原文　秦惠王谓寒泉子曰①:"苏秦欺寡人②,欲以一人之智,反覆东山之君③,从以欺秦④。赵固负其众⑤,故先使苏秦以币帛约乎诸侯⑥。诸侯不可一⑦,犹连鸡之不能俱止于栖之明矣⑧。寡人忿然,含怒日久⑨,吾欲使武安子起往喻意焉⑩。"寒泉子曰:"不可。夫攻城堕⑪邑,请使武安子。善⑫我国家使诸侯,请使客卿⑬张仪。"秦惠王曰:"受命⑭。"

注释　①寒泉子:秦国处士。

②欺:欺诈,欺骗;寡人:寡德之人,古代王侯自谦之词。

③反覆:变动无常,叛服无常。东山之君:华山以东各国的

国君（实指六国）。

④从：同"纵"，指合纵，即联合六国打击秦国。

⑤固：本来，一定；负：恃，依赖，凭借。

⑥币：珠玉金钱，泛指财物；帛：丝织物的总称。

⑦一：同，统一。

⑧连鸡：用绳子把一些鸡连系起来；栖：栖息的地方，这里指鸡舍。

⑨忿：愤怒；含：指心怀。

⑩武安子起：即白起，郿（在今陕西省眉县）人。战国时秦国名将，屡战屡胜，被封为武安君，后为相国范雎所妒忌，被迫自杀。喻：告晓，这里指开导。

⑪堕（duò）：毁坏，指败城邑。

⑫善：称善，此指能美善秦国。

⑬客卿：秦官名。请别国人在本国做官，其位为卿，而以客礼相待，故叫客卿。张仪：战国时魏国贵族后代，纵横家代表人物。秦惠文君十年任相国，封为武信君。协助秦惠文君称王，游说各国服从秦国，瓦解齐楚联盟。秦武王即位后，他入魏为相，不久即死。

⑭受命：领教，指接受寒泉子的教导。

译文　秦惠王对寒泉子说："苏秦欺骗我，想凭他一个人的才智，去策反华山以东的六国国君联合起来欺骗秦国。赵国必定依仗财多人众，而抢先让苏秦带着财宝和锦绣去同各诸侯国谋约攻击我国。各诸侯国的想法不可能完全统一，就像不能把几只鸡用绳子拴在一起放在鸡舍之中一样。我对苏秦非常气愤，心怀怒气已经很久了，我打算派遣白起将军前往山东去开导各国诸侯。"寒泉子说："不行。攻陷城邑，请大王派遣白将军。要让各诸侯友善我国，请大王派遣客卿张仪。"秦惠王说："我接受先生的指教了。"

泠向谓秦王

原文　泠向谓秦王曰①："向欲以齐事王，使攻宋也②。宋破，晋国危，安邑王之有也③。燕、赵恶齐、秦之合，必割地以交于王矣④。齐必重于王⑤，则向之攻宋也，且恐齐而重王⑥。王何恶向之攻宋乎？向以王之明为先知之⑦，故不言。"

注释　①泠（líng）向：又作冷向，秦臣。秦王：即秦昭襄王。

②以：使，让；事：侍奉。

③安邑：魏都，在今山西省夏县西北，地处河东，靠近秦国，秦可兼取，故言"安邑王之有也"。

④恶（wù）：憎恨，这里作"苦于"讲。

⑤齐必重于王：秦多得地，齐畏其强，故对秦王更加尊重。

⑥且恐齐而重王：将使齐恐惧而尊重大王。且，将。

⑦以王之明为先知之：因为大王聪明是会事先知道的。

译文　泠向对秦王说："我打算让齐国侍奉大王，让它去攻打宋国。攻破了宋国，晋国面临危机，靠近秦国的安邑也就归大王所有了。燕、赵两国苦于齐国和秦国的联合行动，必定会割让土地来交好大王。齐国害怕强大的秦国，对大王会加倍尊重，而我主张进攻宋国，将使齐国恐惧而尊重大王您。大王为什么还对我主张进攻宋国不满意呢？我以为大王聪明会事先明白这层道理的，所以没有明说。"

张仪说秦王

原文　张仪说秦王曰①:"臣闻之，弗知而言为不智，知而不言为不忠②。为人臣不忠当死，言不审亦当死。虽然，臣愿悉言所闻，大王裁其罪③。臣闻，天下阴燕阳魏④，连荆固齐⑤，收余韩成从⑥，将西面以与秦为难⑦。臣窃笑之。世有三亡⑧，而天下得之，其此之谓乎！臣闻之曰:'以乱攻治者亡，以邪攻正者亡，以逆攻顺者亡。'今天下之府库不盈⑨，囷仓空虚⑩，悉其士民，张军数百万⑪，白刃在前，斧质在后⑫，而皆去走，不能死，非其百姓不能死也⑬，其上不能故也⑭。言赏则不与，言罚则不行，故民不死也。

"今秦出号令而行赏罚，有功无功相事也⑮。出其父母怀衽之中⑯，生未尝见寇也，闻战顿足徒裼⑰，犯白刃，蹈煨炭⑱，断死于前者比是也⑲。夫断死与断生也不同，而民为之者是贵奋也⑳。一可以胜十，十可以胜百，百可以胜千，千可以胜万，万可以胜天下矣。今秦地形，断长续短，方数千里，名师数百万，秦之号令赏罚，地形利害，天下莫如也。以此与天下㉑，天下不足兼而有也^㉒。是知秦战未尝不胜，攻未尝不取，所当未尝不破也。开地数千里，此甚大功也。然而甲兵顿^㉓，士民病^㉔，蓄积索^㉕，田畴荒^㉖，囷仓虚，四邻诸侯不服，伯王之名不成，此无异故，谋臣皆不尽其忠也。

注释

①张仪说秦王：鲍本删去"张仪"二字，因为策中所言皆张仪死后之事。高诱注："秦王，惠王也。"今人郭人民《战国策校注系年》按："张仪死于秦武王元年，而篇中所言多秦昭王时之事。前人王应麟、姚宏、吕东莱、鲍彪已疑其不出自张仪，而近人容肇祖《韩非子·初见秦篇考证》，陈祖慧《韩非别传》，刘汝霖《诸子考索》，高亨《韩非子·初见秦篇作于韩非考》又作详细考定，有谓出于范雎，有谓出于蔡泽，而郭沫若《青铜时代》则谓出于吕不韦。篇中所言秦事，皆在昭王时，篇中七称大王，当指秦昭王。而韩非以始皇十四年入秦，无由向昭王称大王。由此可知本篇亦不出于韩非之手。然篇中所言长平之役，似是暗讥范雎，故容肇祖、郭沫若推证出自蔡泽或吕不韦。可是都没有直接证据能确切定为某人。还当各依本书为是。"今从郭说。

②知而不言为不忠：知而言之可以利国安君；知而不言，当然不利于利国安君，故曰不忠。

③裁：判定。姚本："裁，制也。"

④阴燕阳魏：燕在赵之北，故曰阴；魏在赵之南，故曰阳。赵国为纵长，形成赵北联燕，南联魏的局面。

⑤连荆固齐：联结强大的楚国和齐国。荆，即楚。秦始皇讳其父名子楚，故后世的古书多称楚为荆。

⑥收余韩成从：指赵国收纳残余的韩国而结成合纵的局面。鲍本："韩时弱，多丧地，今存者，其余也。"所以说"收余韩"，赵国为纵长，当然是它收余韩。

⑦面：姚本、鲍本均作"南"，《韩非子》作"面"，"南"者"面"之讹误。今从《韩非子》。为难：犹言为敌。

⑧三亡：三种灭亡的情况。指天下的攻秦者，犯此三亡，即下文的"以乱攻治者亡，以邪攻正者亡，以逆攻顺者亡"。

⑨府库：藏聚财货之处叫府，藏蓄兵器之处叫库。

⑩囷（jūn）仓：收藏粮谷的地方。圆者称囷，方者称仓。

⑪张：陈列，布置。

⑫白刃在前，斧质在后：犹言前面有敌人的剑戟，怕死后退的则用斧质处以死刑。白刃，指铁制兵器；斧质，斩人的刑具。斧，斫刀；质，砧板。

⑬非：此"非"字，原作"罪"，鲍本改"罪"为"非"，今从之。

⑭其上不能故也：是说士民之不死，其故由于上之不能赏罚。

姚本"故"作"杀","杀"则文气不通。今从《韩非子》将"杀"改为"故"。

⑮有功无功相事也：即让无功的人为有功人员所役使。事，犹言役使。姚本、鲍本均作"不攻无攻"，曾巩本、《韩非子》作"有功无功"，今从之。

⑯出其父母怀衽之中：犹言父母抚育抱养成长之过程。衽（rèn），衣襟。

⑰顿足：以足击地，即跺脚。徒裼（xī）：脱衣肉袒。"顿足徒裼"是踊跃赴敌的表现。

⑱煨（wēi）炭：即火炭。作战时，以火炭置地，阻止敌人进攻。

⑲断死于前者比是也：决心拼死于阵地前的到处都是。《说文解字》徐锴注："比，皆也。"

⑳是贵奋也：这是把奋勇视为高贵。

㉑以此与天下：凭借这些与天下诸侯争霸。

㉒不足：犹言不难。

㉓顿：劳顿，疲倦。鲍本："此顿，言其劳弊。"

㉔病：犹言困苦。姚本："病，困也。"

㉕索：犹尽，耗尽。

㉖田畴：土地。鲍本："畴，耕治之田。"

译文　张仪游说秦惠王说:"我听人说,对不明白的事情却要发议论,那是不聪明的,对明白的事情却不讲,那是不忠实的。做人臣的不忠应当处死,说话不详实也应当死。即使这样,我也愿意把我所听到的情况全部讲出来,请大王裁决定罪。我听说,四海之内从北方的燕国到南方的魏国,又在联结楚国笼络齐国,收罗残余的韩国势力组成合纵,打算在西面与秦国为敌。我暗地里笑他们不自量力。世界上有三种情况国家必遭灭亡,而天下诸侯攻秦正犯了这三亡,恐怕说的就是今天的世道吧!我听说的是:'以乱军去攻打纪律严明的军队必遭灭亡,以邪恶的军队去攻打作风淳正的军队必遭灭亡,以不义之军去攻打顺乎民心的军队必遭灭亡。'如今天下诸侯储备财物的仓库不充实,囤积粮食的仓库也很空虚,想全部动员他们的人民,扩大军队几百万,即使前面有敌军的刀剑,后面有己方的斧钺威逼,仍将败退逃窜,不敢去拼命。怎么可以怪罪人民不能拼死,实在是上面不能带头冲杀。口头上说有赏赐却不曾给过,口头上说要惩罚却不执行,赏罚不执行,因此人民不肯尽死守节。

"现在秦国发出号令施行赏罚,有功无功,察看事实。

一般地说，人，从父母的怀抱中走出来，生来未见过敌寇，一听说要打仗便袒胸露臂踊跃赴敌，徒手空拳去冒犯敌人的刀剑，光着脚去践踏火炭，如此下定决心拼死阵前的到处都是。要知道下决心死或下决心生是不同的，但秦人情愿去死，这也是把奋勇当作高贵品质的缘故。这样，一人就可以战胜十人，十人可以战胜百人，百人可以战胜千人，千人可以战胜万人，万人便可以战胜天下的敌人了。现在秦国的土地截长补短，方圆有几千里，著名的军队几百万，秦国的号令施行赏罚，加上地形的利害，天下各诸侯国是没有谁赶得上的。以此与各诸侯争雄，天下是不够秦国吞并占有的。这就可以知道秦军出战没有不取胜的，进攻没有不可占取的，所抵挡的敌人没有不被击破的。可以开拓土地数千里，这将是很大的功业。可是如果军队疲顿，人民贫困，积蓄匮乏，田亩荒芜，粮仓空虚，四邻诸侯不服，霸主的名望就不能形成，这没有别的缘故，都是因为谋臣不尽忠。

原文　　"臣敢言往昔。昔者齐南破荆①，东破宋②，西服秦③，北破燕④，中使韩、魏之君⑤，地广而兵强，战胜攻取，诏令天下，济清河浊⑥，足以为限⑦，长城、钜坊⑧，足以为塞。齐，五战之国也⑨，一战不胜而无齐⑩。故由此观之，夫战者万乘之存亡也。

"且臣闻之曰：'削株掘根，无与祸邻，祸乃不存。'秦与荆人战，大破荆，袭郢，取洞庭、五都、江南⑪。荆王亡奔走⑫，东伏于陈⑬。当是之时，随荆以兵，则荆可举⑭。举荆，则其民足贪也，地足利也。东以弱齐、燕⑮，中陵三晋⑯。然则是一举而伯王之名可成也，四邻诸侯可朝也⑰。而谋臣不为⑱，引军而退，与荆人和。今荆人收亡国，聚散民，立社主⑲，置宗庙，令帅天下西面以与秦为难，此固已无伯王之道一矣。天下有比志而军华下⑳，大王以诈破之，兵至梁郭㉑，围梁数旬，则梁可拔。拔梁，则魏可举。举魏，则荆、赵之志绝㉒。荆、赵之志绝，则赵危㉓。赵危而荆孤。东以弱齐、燕，中陵三晋，然则是一举而伯王之名可成也，四邻诸侯可朝也。而谋臣不为，引军而退，与魏氏和，令魏氏收亡国，聚散民，立社主，置宗庙，此固已无伯王之道二矣。前者穰侯之治秦也㉔，用一国之兵，而欲以成两国之功㉕。是故兵终身暴灵于外㉖，士民潞病于内㉗，伯王之名不成，此固已无伯王之道三矣。

一

注释　①破荆：指前301年，齐联合韩、魏伐楚，斩楚将唐眛。

②东：姚本作"中"，与事实不符，且与下文重复，盖因同声
而讹，今据《韩非子》校改为"东"；破宋：指齐先后攻宋，
并于前286年灭宋。

③服秦：指前298—前287年，齐与韩、魏联合攻秦，秦求
和，退还了以前所占的韩、魏土地。

④破燕：指齐国于前314年击破燕国。

⑤中使韩、魏之君：指前301年，韩、魏与齐伐楚，前298
年又与齐伐秦。因韩、魏地居齐、秦、赵、燕中间，故曰
"中"。使，驱使，役使。

⑥济清河浊：济水清澈，黄河混浊。

⑦限：险阻，阻隔。

⑧长城：战国时各国多筑有长城。齐国长城西起今之山东省
平阴县，东经泰山至诸城市。钜坊：即防门。《水经·济水
注》："平阴城南有长城，东至海，西至济，河道所由，名防
门，去平阴三里。"

⑨五战：指上文"南破""东破""西服"等事。

⑩一战不胜而无齐：指前284年，燕将乐毅联合秦、魏、韩、
赵讨伐齐国，攻下齐城七十余座，齐王逃走。无齐，犹言
齐亡。

⑪郢：楚国国都，在今湖北省江陵县。洞庭：指洞庭湖一带。

五都：即五渚 —— 长江、湘水、沅水、资水、澧水。江南：指今湖北、四川两省在长江三峡以南的地带。

⑫荆王：指楚顷襄王，名横，怀王之子。

⑬陈：在今河南省淮阳县。

⑭举：攻取。

⑮弱齐、燕：使齐、燕弱。姚本"弱"作"强"，今据《韩非子》校改为"弱"。

⑯陵三晋：侵犯韩、赵、魏三国。陵，侵犯。

⑰朝：使之来朝拜，使动用法。

⑱不为：不实行，此指不"随荆以兵"。

⑲立社主：立社稷、木主牌位。

⑳比志：犹言同心合谋。军华下：驻军华阳之下。华阳，在今河南省密县东。

㉑梁郭：大梁的外城。

㉒荆、赵之志：楚国和赵国联合抗秦的想法。

㉓赵危：赵近秦，失去援国，故曰危。

㉔穰侯：即魏冉，秦昭王舅父。昭王时，魏冉多次为相，被封于穰（在今河南省邓州市）和陶（在今山东省定陶县）。

㉕两国：指秦和穰侯之封地陶。

㉖暴灵：受日晒雨淋。灵，通"霝"，即雨落。

㉗潞病：疲敝，困苦。潞，通"露"，疲敝之意。

一

译文　"请让我谈谈过去。从前齐国在南面击破了楚国，在东面击破了宋国，在西面镇服了秦国，在北面击败了燕国，其间又指使韩、魏两国的国君出兵讨伐楚国和秦国，土地辽阔兵力强盛，战必胜攻必取，诏令天下，役使诸侯，那清清的济水，混浊的黄河，足以作为军事上的障碍，那长城和钜坊，足以作为关塞。齐国是五战五胜的强国，只是打了一次败仗，便不复存在了。所以由此看来，战争是关系着您那万乘大国的存亡的。

"再者我听说：'砍树要挖根，做事不惹祸，灾祸就不存在了。'先前，秦国与楚人开战，大破楚国，袭取了它的郢都，占领了洞庭湖、五渚、江南等地，迫使楚王向东逃亡，藏身在陈地。在那个时候，只要继续向楚地进军，那么楚国就可以全部占领了。只要占领楚国，即使人民再贪求，那里土地上的物产足可以满足需要。东面可以削弱齐国和燕国，中部可以凌压韩、赵、魏三国。如果能实现这一行动，那么霸主的名声就可以造成，四邻诸侯也必定前来朝拜称臣了。但我们的谋臣不这样干，反而引兵退却，与楚人讲和。现在楚国人正收拾行将灭亡的国家，聚集逃散的人民，立起社稷之主，设置宗庙，使他们得以率领天下诸侯从西面来与秦国为敌，这本来是失去了一次称霸天下的机会。天下诸侯早有联合的意向并已驻军在华阳城下，大王完全可以用诈计破它，只要进兵到大梁城外，围困它几十天，那么大梁就可占取。如果占取了大梁，那么魏国就可以全部占领了。占领魏国之后，楚、赵联盟就被拆散了。楚、赵联合一截断，赵国的处境就危险了。只要赵国处于危境，楚国就孤立无援。这样，在东面就可以削弱齐、燕，在中间可以抑制韩、赵、魏三国，如果这样，此一举霸主之名早就成功了，四邻诸侯也就前来朝贺了。可是谋臣们还是不这样干，领着兵士又退却了，与魏国讲了和。使魏国得以收拾行将灭亡之国，收集流散的百姓，重新立起社稷之主，设置宗庙，这本来是第二次失掉霸主的机会，前不久穰侯担任相国，治理秦国，他用一国的军队，却想建立两国的功业。因此士兵在国外终身日晒雨淋，人民在国内疲惫不堪，霸主的名声终未成就，这本来已经是第三次失掉称霸天下的机会了。

——

原文　"赵氏，中央之国也，杂民之所居也①。其民轻而难用②，号令不治，赏罚不信，地形不便③，上非能尽其民力。彼固亡国之形也，而不忧民氓④，悉其士民，军于长平之下⑤，以争韩之上党⑥，大王以诈破之，拔武安⑦。当是时，赵氏上下不相亲也⑧，贵贱不相信，然则是邯郸不守，拔邯郸，完河间⑨，引军而去，西攻修武⑩，逾羊肠⑪，降代、上党⑫。代三十六县，上党十七县，不用一领甲，不苦一民⑬，皆秦之有也。代、上党不战而已为秦矣⑭，东阳河外不战而已反为齐矣⑮，中呼池以北不战而已为燕矣⑯。然则是举赵则韩必亡，韩亡则荆、魏不能独立。荆、魏不能独立，则是一举而坏韩，蠹魏⑰，挟荆⑱，以东弱齐、燕，决白马之口⑲，以流魏氏⑳。一举而三晋亡，从者败㉑。大王拱手以须㉒，天下徧随而伏㉓，伯王之名可成也。而谋臣不为，引军而退，与赵氏为和。以大王之明，秦兵之强，伯王之业，地尊不可得，乃取欺于亡国㉔，是谋臣之拙也。且夫赵当亡不亡，秦当伯不伯，天下固量秦之谋臣一矣。乃复悉卒，以攻邯郸㉕，不能拔也，弃甲兵怒，战栗而却，天下固量秦力二矣。军乃引退，并于李下㉖，大王又并军而致与战㉗，非能厚胜之也㉘，又交罢却㉙，天下固量秦力三矣。内者量吾谋臣，外者极吾兵力㉚。由是观之，臣以天下之从㉛，岂其难矣。内者吾甲兵顿，士民病，蓄积索，田畴荒，囷仓虚；外者天下比志甚固。愿大王有以虑之也。

"且臣闻之，战战栗栗，日慎一日。苟慎其道^㉜，天下可有也。何以知其然也？昔者纣为天子，帅天下将甲百万^㉝，左饮于淇谷^㉞，右饮于洹水^㉟，淇水竭而洹水不流，以与周武为难。武王将素甲三千领^㊱，战一日，破纣之国，禽其身，据其地，而有其民，天下莫不伤。智伯率三国之众^㊲，以攻赵襄主于晋阳^㊳，决水灌之，三年，城且拔矣。襄主错龟^㊴，数策占兆^㊵，以视利害，何国可降，而使张孟谈^㊶。于是潜行而出，反智伯之约^㊷，得两国之众，以攻智伯之国，禽其身，以成襄子之功。今秦地断长续短，方数千里，名师数百万，秦国号令赏罚，地形利害，天下莫如也。以此与天下，天下可兼而有也。

"臣昧死望见大王^㊸，言所以举破天下之从，举赵亡韩，臣荆、魏^㊹，亲齐、燕，以成伯王之名，朝四邻诸侯之道。大王试听其说，一举而天下之从不破，赵不举，韩不亡，荆、魏不臣，齐、燕不亲，伯王之名不成，四邻诸侯不朝，大王斩臣以徇于国^㊺，以主为谋不忠者。"

一

注释

①杂民：赵国为四通之国，国内杂居着各国人民，故曰杂民。

②轻：犹言软弱轻浮，不坚强。鲍本："轻，则其志不坚。"

③不便：不便于攻守，因赵都邯郸四面没有高山大河。

④民氓（méng）：平民百姓。

⑤长平：故城在今山西省高平市西。

⑥争韩之上党：指秦将白起攻打韩国，上党郡守冯亭投奔赵国，白起又去攻赵，杀死赵将赵括。

⑦武安：地名，在今河北省武安县境。

⑧上下：指君臣。

⑨完：修缮、修整。

⑩修武：地名，在今河南省获嘉县。

⑪羊肠：要塞，在今山西省晋城市南。

⑫代：代郡，属赵，在今山西省东北部和河北省蔚县一带。

⑬苦：劳苦。

⑭为秦：犹言属秦，成为秦地。

⑮东阳：赵地，在今山东省恩县西北；河外，清河以东之地；反为齐：复又成为齐地。

⑯中呼池：水名，发源于山西省繁峙县，经河北境，流入古漳水。

⑰蠹：蛀虫，用如动词，侵蚀，毁坏。

⑱挟：挟制。

⑲白马：黄河渡口名，又称垝津，在今河南省滑县东。

⑳流：犹灌。

㉑从者：指主张合纵的楚、齐、燕、韩、赵、魏等国家。

㉒拱手以须：犹言唾手可待。拱手，两手合于胸前，意思是说什么事情都不做，轻而易举地。须，犹待。

㉓徧（biàn）随而伏：全都相随而降服。徧，犹尽；伏，通"服"。

㉔亡国：将亡之国，这里指赵国。赵因长平大败，元气尽伤，故云"亡国"。

㉕攻邯郸：后来秦国又攻邯郸，被魏公子无忌战败。

㉖并于李下：集合军队于李城之下。李，地名，在今河南温县。

㉗致：极力，尽力。

㉘厚：犹大。

㉙交罢（pí）却：秦赵双方都疲困而退兵。交，都，一齐；罢，通"疲"。

㉚极吾兵力：尽知我们兵力的强弱。鲍本："言度其力之所至。"

㉛天下之从：指天下合纵一事。

㉜慎其道：慎重地选择达到目的的途径。

㉝将甲：即将士。甲，战时的护身衣，被甲的士卒亦称"甲"。

㉞淇谷：即淇水，源出今河南省辉县共山，流经淇县入卫河。

㉟洹（huán）水：源出今河南省林县虑山，流经安阳、内黄等县入卫河。

㊱将素甲：率领穿戴白色盔甲的士卒。素，白色。按：当时周武王还在为其父文王服丧，故士卒着素甲。

㊲智伯：本姓荀，名瑶，晋国六卿之一，封地在智（在今山西省永济市北）。六卿中智氏最强。前455年，智伯索地韩、魏、赵，独赵不与。智伯率韩、魏伐赵，前453年，赵又联韩、魏灭智伯，共分其地。

㊳赵襄主：即赵襄子，名毋恤，赵简子之子，晋国六卿之一。前453年，赵与韩、魏共灭智伯。主，姚本："大夫称主。"

㊴错龟：即凿龟占卜。古人以火烧荆菫钻灼龟甲，视龟甲裂纹以辨吉凶。

㊵数策：数蓍草的茎，分组计数以占吉凶。占（zhān）兆：看卦象判断吉凶。

㊶张孟谈：赵襄子的谋臣。

㊷反智伯之约：离间智伯与韩、魏的盟约（当时韩、魏被迫从智伯伐赵）。

㊸昧死：冒死，这是臣下对君上表示敬畏的话。

㊹臣荆、魏：使楚、魏称臣。臣，用如使动词。

㊺徇于国：示众于国中。鲍本："徇行以示人也。"

——
译文 "赵国是处在燕、齐、韩、魏中间的国家，各国人民杂居在那里。那里的人轻浮难以驾驭，赵国的号令没有固定的规律，赏罚也不守信用，地形不便防守，上面又不能发挥人民的全部力量。他们本来就已经显露出亡国的形势，而又不去忧虑民情，却去征召众多的兵士，驻扎在长平城下，用以争夺韩国的上党，大王可以用诈计破它，攻陷武安。在这个时候，赵国君臣上下不能同心同德，卿大夫和士民又互不信任，这样邯郸就无法固守，如果秦军攻陷邯郸，在河间修整军队，再率兵西进，攻战修武，越过羊肠险塞，降服代和上党。代有三十六县，上党有十七县，不用一兵甲，不劳一百姓，便全归秦国所有了。代和上党不经过战争可被秦国占有，东阳和河外不经过战争重又成为齐地，中呼池以北不经过战争也已属于燕国了。既然这样，那么攻陷赵国之后，韩国必然灭亡，韩国灭亡那么楚、魏就不能独立了。楚、魏不能独立，这一举动将破坏韩国损害魏国，挟制楚国，往东又削弱了齐国和燕国，最后掘开白马渡口淹没魏国。此举可以使三晋灭亡，六国的合纵势力将彻底垮台。大王可以轻而易举地等着接管天下，诸侯各国会接连不断地向您降服，霸主之名就可以大功告成了。可是谋臣们不这么干，反而引兵退却，与赵国讲和。以大王的英明，秦兵的强大，霸主的基业，不但至尊的地位不能得到，竟被行将灭亡的赵国所欺骗，这全是谋臣们的笨拙所造成的。再说，赵国该亡却没有亡，秦国该称霸却没能称霸，天下人当然就已经看透了秦国的谋臣，这是一。又征召全国士兵，去攻打邯郸，未能攻下来，有的士兵愤怒地丢弃铠甲，有的士兵吓得哆嗦直往后退，天下人当然看透了秦国的实力，这是二。军队本来在退却中，集结在李城之下，大王却再次集合军队想奋力征战，那是根本不可能获取大胜的，双方兵力都疲惫不堪只好收兵退却，天下人当然又看透了秦国的国力，这是三。对国内，人家看透了我们的谋臣；在国外，人家看清了我们的兵力。由此看来，我认为天下合纵的力量，岂不是更难对付了。在国内我们的军队疲惫不堪，人民贫病交迫，积蓄困乏，田地荒芜，粮仓空虚；在国外，天下联合的志向很牢固。希望大王有所考虑才是。

"再者我听说，小心翼翼，就能一日比一日慎重，如果慎行得法，天下便可为我们所有。怎么可以知道是这样呢？从前商纣王做天子，率领天下百万将士，左边的军队还在淇谷饮马，右边的军队已到洹河喝水，致使淇水喝干了，洹河也断流了，以这样多的兵力与周武王为敌，周武王带领着三千名白盔白甲的战士，只战了一天，就大破纣王的国都，抓住了他本人，占领了他的土地，又获得了他的人民，天下没有不为他感伤的。智伯率领三国的兵众，到晋阳去攻打赵襄子，掘开河堤淹他，三年之后，城将要陷落了。赵襄子用龟壳占卜的方法算卦，察看吉凶利害，哪一国可以归服，又派出张孟谈。张孟谈偷偷地出了城，用反间计破坏韩、魏与智伯的联盟，得到了这两国的民众，用来反攻智伯的军队，抓住了他本人，造成了赵襄子的功业。如今秦国的土地截长补短，方圆几千里，著名的军队几百万，秦国发布号令有赏有罚，再加上地形的有利条件，天下没有谁能比得上的。以这种形势与天下诸侯争雄，天下一定可以被秦国兼并占有了。

"我冒着死罪希望见到大王，谈论如何破坏天下的合纵势力，去打击赵国，灭亡韩国，使楚、魏两国称臣，使齐、燕亲近，以便完成霸主大业，并使四邻诸侯前来朝拜。大王姑且试着听听我的策略，如果

我的办法一举天下合纵不破除，赵国不攻陷，韩国不
灭亡，楚、魏不臣服，齐、燕不亲近，霸主之名不成
功，四邻诸侯不来朝拜，大王您就砍下我的头在全国
示众，把我视为替大王出谋不忠的人。”

张仪欲假秦兵以救魏

原文

张仪欲假秦兵以救魏①。左成谓甘茂曰②：“子不如予
之③。魏不反秦兵，张子不反秦④。魏若反秦兵，张
子得志于魏，不敢反于秦矣⑤。张子不去秦，张子必
高于子⑥。”

注释

①假：借。

②左成、甘茂：见《东周策·秦攻宜阳》注。

③子：古代对男子的通称，犹你。“子不如予之”，姚本作“子
不予之”，鲍本作“不如予之”，郭希汾本作“子不如予之”。
据文义，从郭本。

④张子：此指张仪。“子”附在姓氏后，表示对男子尊称。反：
同“返”，回来。姚本：“魏以秦兵战，死亡之而不反，则张仪

亦惧诛，不敢反秦也。"鲍本："谓秦以丧兵诛之。"

⑤不敢反于秦：不敢返回秦国。姚本："魏用秦兵战，得反之，则张仪有功于魏，故得志。得志于魏，亦不反于秦也。"鲍本："惧秦疑其厚魏。"

⑥去：离开。姚本："去，犹舍也。仪虽为魏，犹有得秦之心。"高：显贵。姚本："高，贵也。"今人缪文远本注："金正炜曰：'《广雅·释诂》：高，上也。'此言不以事去张子，而使之在秦，则必高出于茂之上也。《秦惠王死章》言甘茂为张仪之仇，故左成所为茂策者，皆欲使仪不复返秦。"

译文 张仪想要借秦国的兵力去援救魏国。左成对甘茂说："你不如把秦兵借给他。如果伤亡重，魏国不能归还全部秦兵，张仪怕丧兵受惩而不敢回秦国。如果获胜，魏国归还全部秦兵，张仪就会因功在魏国得志，他便怕秦国怀疑他忠于魏国而不敢回到秦国了。张仪不离开秦国，他在秦国的权势地位一定要高于你。"

司马错与张仪争论于秦惠王前

原文

司马错与张仪争论于秦惠王前①。司马错欲伐蜀②，张仪曰："不如伐韩。"王曰："请闻其说③。"

对曰："亲魏善楚，下兵三川④，塞镮辕、缑氏之口⑤，当屯留之道⑥，魏绝南阳⑦，楚临南郑⑧，魏攻新城、宜阳⑨，以临二周之郊⑩，诛周主之罪⑪，侵楚、魏之地。周自知不救，九鼎宝器必出⑫。据九鼎，按图籍⑬，挟天子以令天下⑭，天下莫敢不听，此王业也⑮。今夫蜀，西僻之国，而戎狄之长也⑯，弊兵劳众不足以成名⑰，得其地不足以为利。臣闻：'争名者于朝，争利者于市⑱。'今三川、周室，天下之朝市也，而王不争焉，顾争于戎狄⑲，去王业远矣。"

注释

①司马错：秦将，秦惠王后元九年（前316）率兵灭蜀。昭襄王六年（前301）蜀侯谋反，司马错再次平乱，后任蜀郡守。

②蜀：国名，在今四川省西北部，建都成都；一说在四川省中西部，建都巴子城，即今巴县。

③说：此指说法，主张。

④ 三川：地区名，在今河南省西北部，因黄河、伊河、洛河流经其地，故名。

⑤ 镮（huán）辕：山名，在今河南省巩义市西南，山路盘曲，地势险要。缑（gōu 钩）氏：地名，在今河南省偃师县东南，为军事要地；春秋时滑于此附近建国，其都邑即今缑氏镇。一说山名。

⑥ 当：通"挡"，挡住。屯留之道：屯留境内的太行山羊肠坂道。屯留，地名，在今山西省屯留县南。

⑦ 绝：断绝。南阳：地区名，在今河南省济源、孟县、温县一带，居韩、魏之间，因其在太行山南，黄河以北，故称南阳。

⑧ 南郑：地名，在今河南省新郑市，韩国都城。此非汉中之南郑。

⑨ 新城：地名，在今河南省伊川县西南。宜阳：地名，在今河南省宜阳县西。此二地均属韩国。

⑩ 二周：指东周和西周。见东周、西周策注。

⑪ 诛：声讨，讨伐。周主：指二周国君。

⑫ 九鼎：见《东周策·秦兴师临周而求九鼎》注。

⑬ 按图籍：按照地图、户籍。

⑭ 挟（xié）：挟制，控制。

⑮ 王业：称霸天下的事业。

⑯戎狄：古代我国西部的少数民族，多居山谷之中。

⑰弊兵：疲劳的兵士。鲍本："兵"作"名"，《战国策札记》黄丕烈按：《史记》《新序》均作"兵"。从《史记》《新序》。

⑱市：市场，贸易场所。

⑲顾：却，反而。

译文　司马错与张仪在秦惠王面前争论，司马错要攻打蜀国，张仪说："不如攻打韩国。"秦惠王说："请你们各自说说理由，让我听听。"

张仪说："我们先去亲近魏国，和楚国友好，然后出兵三川，阻塞镮辕、缑氏两地的要道关口，挡住屯留的道路，让魏国隔断南阳，让楚国迫近南郑，我们秦国攻下新城、宜阳，一直打到西周东周的城郊，声讨周王的罪孽，再去占领楚国、魏国的土地。周王自知无法解救，一定会献出九鼎宝器。我们占有了九鼎宝器，按照地图和户籍，就可以控制周天子去向天下发号施令，天下没有谁敢不听从的，这是统一天下的功业呢。现在那蜀国，只不过是西方偏远的国家，而且是戎狄部落的首领，我们去攻打它，疲兵劳民不能凭此而扬名天下，夺取那块土地也不能获得实际利益。我听说：争名的人要到朝廷去，争利的人要到市场去。现在的三川、周室，就好比是天下的朝廷和市场，大王您不去争夺，反而去和戎狄这样偏远落后的国家去争夺，这离建立帝王大业实在太远了。"

原文

司马错曰："不然。臣闻之，欲富国者，务广其地^①；欲强兵者，务富其民；欲王者，务博其德^②。三资者备^③，而王随之矣。今王之地小民贫，故臣愿从事于易^④。夫蜀，西辟之国也，而戎狄之长也，而有桀、纣之乱^⑤。以秦攻之，譬如使豺狼逐群羊也。取其地，足以广国也；得其财，足以富民；缮兵不伤众^⑥，而彼已服矣。故拔一国，而天下不以为暴；利尽西海^⑦，诸侯不以为贪。是我一举而名实两附^⑧，而又有禁暴正乱之名^⑨。今攻韩劫天子^⑩，劫天子，恶名也，而未必利也，又有不义之名^⑪，而攻天下之所不欲，危！臣请谒其故^⑫：周，天下之宗室也^⑬；齐，韩、周之与国也^⑭。周自知失九鼎，韩自知亡三川，则必将二国并力合谋，以因于齐、赵^⑮，而求解乎楚、魏^⑯。以鼎与楚，以地与魏，王不能禁。此臣所谓'危'，不如伐蜀之完也^⑰。"惠王曰："善！寡人听子。"

卒起兵伐蜀^⑱，十月取之，遂定蜀。蜀主更号为侯，而使陈庄相蜀^⑲。蜀既属秦^⑳，秦益强富厚，轻诸侯。

注释

①务：一定，务必。

②强：用如动词，使……强；富：用如动词，使……富；王（wàng）：用如动词，称王，统治天下。下文"而王随之矣"中的"王"，音义同。

③备：具备。博：增广，推广。

④从事于易：做容易办的事，这里指收拾容易对付的国家。

⑤桀、纣之乱：指像夏桀、商纣那样的祸乱。《华阳国志·蜀志》："蜀王别封弟葭（jiā）萌于汉中，号苴（jū）侯，命其邑曰葭萌焉。苴侯与巴王为好，巴与蜀仇，故蜀王怒，伐苴侯。苴侯奔巴，求救于秦。"巴蜀相攻，故此谓其有桀、纣之乱。

⑥缮（shàn）兵：整治军备，加强军队。

⑦利尽西海：得利的地方达到西海边上。古人认为中国处于四海之内，蜀国在西部。故称"西海"。鲍本"西"作"四"，《战国策札记》黄丕烈按：《史记》作"西"，"四"字误。今从《史记》。

⑧名实两附：犹言名实两得。鲍本："不贪暴，名也；得国，实也。"

⑨正乱：扭转混乱局面。"正"《史记》作"止"，亦通。

⑩劫：威迫，胁迫。天子：指周慎靓（jìng）王（前320—前315在位）。

⑪不义：指伐韩为不义。鲍本："韩无罪而伐之，不义也。"

⑫谒（yè）：说明，陈述。

⑬宗室：周王称天子，各国诸侯均为他所封，都应尊他为首领，周室为天下所宗仰，故称宗室。宗，尊奉。

⑭与国：相与交好之国。

⑮以因于齐、赵：而向齐国、赵国借助。因，依据，引申为借助。

⑯求解乎楚、魏：向楚国、魏国求救，以解秦兵之围。乎，同"于"，向。

⑰完：犹言万全，稳妥。

⑱卒：终于。起兵伐蜀：据《史记·秦本纪》《六国年表》，事在秦惠王后元九年（前316）。

⑲陈庄：秦臣。

⑳属：归属，归附。秦：姚本"属"下无"秦"字，《史记》有"秦"，极是，故从《史记》。

译文 司马错说："不是这样的。我听说过这样的话：要想富国的，一定要扩大他的土地；要想强兵的，一定要使他的百姓富足起来；要想称霸天下的，一定要广施

他的德政。这三个条件具备了，那么称霸天下的事业自然会随之而来的。现在大王您的地方小，百姓穷，所以我想先收拾容易对付的国家。蜀国是西方偏僻的国家，也是戎狄各族的首领，并且那里还有夏桀、商纣那样的祸乱，用秦国的兵力去攻打它，就好比豺狼驱赶羊群一样，轻而易举地就能取胜。我们取得了他的土地，便能扩大疆土；得到了它的财物，便能使百姓富足。只要整治好军备，并不一定去伤劳民众，蜀国也就已经降服了。灭掉一个小国，天下的人不会认为残暴；占有了西蜀的全部财富，各诸侯也不会认为是贪婪。这样的一次用兵，可以名实两收，而且还能得到制止暴虐和平息骚乱的好名声。现在如果去攻打韩国劫持天子，劫持天子，这是很坏的名声啊！而且不一定有好处，还会落个不义的名声，去攻打天下人不愿意攻打的国家，是很危险的！请让我讲明理由：周室是天下的宗主，齐国、韩国是周室交好的国家。周室如果自知要失去九鼎，韩国自知要失去三川，两国将通力合作，依靠齐国和赵国，并且会去向楚国和魏国求救。如果周室把九鼎给楚国，韩国把三川给魏国，那大王是不能制止的。这就是我所说危险的原因，所以攻打韩国不如攻打蜀国万全。"秦王说："很好，我听从你的意见。"

最后，秦国出兵攻打蜀国，用了十个月便占领了它，于是平定了蜀国。蜀国国君改称为侯，并派陈庄做蜀国的相国。蜀国既已归属秦国，秦国便更为强大富足，更加轻视各诸侯国了。

张仪之残樗里疾

原文 张仪之残樗里疾也①，重而使之楚②。因令楚王为之请相于秦③。张子谓秦王曰④："重樗里疾而使之者，将以为国交也⑤。今身在楚⑥，楚王因为请相于秦。臣闻其言曰⑦：'王欲穷仪于秦乎⑧？臣请助王⑨。'楚王以为然，故为请相也。今王诚听之，彼必以国事楚王⑩。"秦王大怒，樗里疾出走。

注释 ①残：伤害，败坏。姚本："残，害也。"樗里疾：见西周策注。②重：贵重，尊贵。鲍本："重，犹贵。贵之者，欲使楚亦贵重之。"

③令楚王为之请相于秦：让楚王请秦王用樗里疾担任相国。
楚王，指楚怀王。姚本："请使秦用樗里疾为相。"

④秦王：此指秦惠王。

⑤以为国交：让他去结秦楚二国之交。鲍本："结两国之交。"

⑥身：指樗里疾之身。鲍本："疾之身。"

⑦其言：指樗里疾之言。鲍本："闻疾之言，盖诬之也。"

⑧王：指楚怀王；穷：困厄，困窘。

⑨臣请助王：请让我帮助大王。臣，指樗里疾。姚本："斯言，
樗里疾言也，张仪诬樗里疾以自解说也。"

⑩听：听从，听任；彼：此指樗里疾。

译文　张仪陷害樗里疾，假装尊重樗里疾并让他出使楚国，还让楚怀王请秦惠王用樗里疾担任相国。张仪对秦惠王说："尊重樗里疾让他做使者，是要他为秦楚两国交好。现在他身在楚国，楚王还为他请求担任秦国的相国。我听说他曾经对楚王说：'大王想使张仪在秦国陷入困境吗？请让我来帮助您吧。'楚王认为他说得对，所以为他请求在秦国做相国。现在大王您听信楚王的意见任用樗里疾为相国，他一定会拿秦国去侍奉楚王的。"秦惠王听后大发雷霆，樗里疾只得逃离秦国。

张仪欲以汉中与楚

原文　张仪欲以汉中与楚，谓秦王曰①："有汉中，蠹②。种树不处者③，人必害之；家有不宜之财，则伤。今汉中南边为楚利④，此国累也⑤。"甘茂谓王曰："地大者，固多忧乎⑥！天下有变⑦，王割汉中以和楚⑧，楚必畔天下而与王⑨。王今以汉中与楚，即天下有变，王何以市楚也⑩？"

注释　①谓秦王曰：姚本作"请秦王曰"，鲍本补曰："'请'当是'谓'字。"从鲍本。

②蠹（dù）：本指蛀虫，引申为害，祸害。鲍本："蠹，木中虫也。言为国害。"

③种树不处：树种得不是地方。鲍本："言非其所。"

④"则伤。今汉中南边为楚利"：姚本为"则伤本。汉中南边为楚利"，鲍本改"本"为"令"；郭希汾本在"伤"后断句，"本"改为"今"，与下文连为"今汉中南边为楚利"。据文义，从郭本。

⑤累：忧，忧患。

⑥固：必，必定。

⑦变：此指祸乱之类的事。鲍本："谓害于秦。"

⑧以和楚：拿来向楚国求和。姚本作"以为和楚"，鲍本无"为"字，作"以和楚"。从鲍本。

⑨畔（pàn）：同"叛"，背，违背。

⑩即：如果，假若；市：交易。

译文　张仪想要把汉中让给楚国，对秦惠王说："汉中是一个祸害。就好像树种得不是地方，别人必定要伤害它；又如同家里有不相宜的财物，也一定要遭受损害。现在汉中南边为楚国利益的所在，这是秦国的忧患。"甘茂对秦惠王说："土地广大，忧患就一定多！天下一有祸乱，大王您就割让汉中去求和，楚国必定会背离天下诸侯与大王亲善。大王今天拿出汉中向楚国求和，假若天下再有什么祸乱，大王您又拿什么去与楚国做交易呢？"

楚攻魏张仪谓秦王

原文　楚攻魏①。张仪谓秦王曰②："不如与魏以劲之③，魏战胜，复听于秦，必入西河之外④；不胜，魏不能守，王必取之。"

王用仪言，取皮氏卒万人⑤，车百乘，以与魏。犀首战胜威王⑥，魏兵罢弊⑦，恐畏秦，果献西河之外⑧。

注释

①楚攻魏：此役发生在楚威王十一年（前329）。

②秦王：指秦惠王。

③与：助，援助；劲：强，强大。姚本："与，犹助也。劲，强也。"

④西河：魏邑，在今陕西省合阳县一带；之外：姚本："近秦，故必以与秦也。"

⑤皮氏：地名，本魏邑，在今山西省河津市西。《竹书记年》载，梁惠成王后元六年（前329），"秦取我汾阳、皮氏"，此时皮氏已入于秦。

⑥犀首：公孙衍，魏国人，曾任魏国国相。

⑦罢弊：疲惫，"罢"同"疲"。

⑧献：致，送给。缪文远本按:《史记·六国年表》周显王四十一年（前328）秦国栏书"魏纳上郡"，至是而西河滨洛之地尽入于秦，当即此所云也。

译文　楚国攻打魏国。张仪对秦王说："不如帮助魏国使它强大，魏国战胜了，它会再听命于秦国，大王一定能够收纳靠近秦国的西河；不能取胜，魏国就守不住，大王便可以自取西河了。"

秦惠王采纳了张仪的意见，选取皮氏地区的士兵一万人，战车一百辆，用来帮助魏国，犀首率兵战胜了楚威王。此时魏国的士兵已是疲惫不堪了，魏国又害怕秦国，就果真把西河献给了秦国。

田莘之为陈轸说秦惠王

原文　田莘之为陈轸说秦惠王曰①："臣恐王之如郭君②。夫晋献公欲伐郭③，而惮舟之侨存④。荀息曰⑤：'《周书》有言，美女破舌'。乃遗之女乐⑥，以乱其政。舟之侨谏而不听，遂去。因而伐郭，遂破之。又欲伐虞⑦，而惮宫之奇存⑧。荀息曰：'《周书》有言，美男破老。'⑨乃遗之美男，教之恶宫之奇。宫之奇以谏而不听，遂亡。因而伐虞，遂取之。今秦自以为王⑩，能害王之国者^⑪，楚也。楚知横门君之善用兵^⑫，与陈轸之智^⑬，故骄张仪以五国^⑭。来，必恶是二人^⑮。愿王勿听也。"张仪果来辞，因言轸也，王怒而不听。

注释

①田莘（shēn，又读 xīn）：人名，其事不详。陈轸（zhěn）：夏人，善游说。曾仕秦、楚。

②郭君：指受封于郭地的首领。郭，同"虢"，地名，即北虢，在今山西省平陆县。

③晋献公：晋武公之子，名诡诸；舟之侨：郭大夫。

④惮（dàn）：难，畏难。鲍本："惮，难之也。"

⑤荀息：晋大夫。

⑥舌：此指谏臣；遗（wèi）给予，送给；女乐：歌舞伎。

⑦虞：国名，在今山西省平陆县东北。

⑧宫之奇：虞大夫。

⑨美男：指外宠之臣；老：指国老，即上年纪的卿大夫。此解从金正炜《战国策补释》。

⑩自以为王：自封为王。高诱注："惠王，孝公子也。始僭尊号为王，故曰'自以为王'。"

⑪害王之国：姚本作"害王者之国者"，郭希汾《战国策详注》删"王者"的"者"字，作"害王之国者"，从郭本。

⑫横门君：秦将。

⑬与陈轸之智：姚本作"用兵与陈轸之智"，鲍本、郭本均无"用兵"二字，今从鲍、郭二本。

⑭骄：宠，骄宠；五国：指韩、魏、赵、燕、齐五国。

⑮二人：指横门君和陈轸。

一 译文 田莘替陈轸游说秦惠王说："我担心大王会像郭君那样。晋献公想要攻打郭地，然而畏难舟之侨的存在。荀息说：'《周书》上有话，美女可以破败谏臣。'于是送出漂亮的女歌伎，用她去干扰敌方的政治。舟之侨因进谏而郭君不听，便离郭而去。于是晋献公讨伐郭君，终于攻破了郭地。后来，晋献公又想要攻打虞国，然而又畏难宫之奇的存在。荀息说：'《周书》上有话，外宠之臣可以破败国老。'于是送出外宠之臣，让他去中伤宫之奇。宫之奇因进谏而虞君不听，便离开了虞国。于是晋献公讨伐虞国，终于夺取了虞国。现在秦国自封为王，能祸害大王您的是楚国。楚国知道横门君善于用兵，同时知道陈轸足智多谋，所以重用张仪出使韩、魏、赵、燕、齐五国。张仪来秦国，必定要中伤横门君和陈轸。希望大王您不要听信他。"不久，张仪果真前往秦国向秦惠王呈词，说了陈轸的坏话，秦惠王大怒没有听信他。

张仪又恶陈轸于秦王

原文　张仪又恶陈轸于秦王，曰："轸驰楚、秦之间，今楚不加善秦而善轸，然则是轸自为而不为国也。且轸欲去秦而之楚①，王何不听乎②？"

王谓陈轸曰："吾闻子欲去秦而之楚，信乎？"陈轸曰："然。"王曰："仪之言果信也。"曰："非独仪知之也，行道之人皆知之。"曰："孝己爱其亲③，天下欲以为子；子胥忠乎其君，天下欲以为臣。卖仆妾售乎闾巷者，良仆妾也；出妇嫁乡曲者，良妇也④。吾不忠于君，楚亦何以轸为忠乎？忠且见弃，吾不之楚，何适乎⑤？"秦王曰："善。"乃止之也⑥。

注释　①之楚：前往楚国。之，用如动词，前往，去到。

②听：察，考核，调查。姚本："听，察也。"

③孝己：殷王高宗戊丁之子。吴师道《战国策校补正》："孝己事亲，一夜而五起，视衣厚薄、枕之高下也。"

④子胥：即伍子胥，楚国人，楚大夫伍奢之次子。因父伍奢直谏被杀，他逃往吴国，帮助吴王阖（hé）闾（lú）夺取王

位，因功受封于申，又称申胥。终因直谏吴王夫差，渐被疏远，直至吴王赐剑命其自杀而死。闾巷：犹里巷，此指邻里。乡曲：犹言乡里，乡下。出妇：被遗弃的妻子。

⑤适：往，去到。

⑥乃止之也：姚本作"乃必之也"，鲍本作"乃止之"，郭希汾本作"乃止之也"。据文义，从郭本。

译文　张仪又在秦惠王面前中伤陈轸，说："陈轸奔走在楚国与秦国之间，现在楚国不友善秦国对陈轸个人却很友好，那么这就是陈轸只为他自己而不为整个秦国了。况且陈轸还想离开秦国到楚国去，大王您为什么不去考察呢？"

秦惠王对陈轸说："我听说你要离开秦国到楚国去，是真的吗？"陈轸说："是这样。"秦惠王说："张仪的话果然是真的了。"陈轸说："不但张仪知道我要到楚国去，就是路人也都知道我要去楚国。"陈轸接着说："孝已敬爱他的父亲，以致天下的父母都想让他做儿子；伍子胥忠于他的国君，以致天下的国君都想让他做臣子。被卖的仆妾能卖到邻里的，是好仆妾；被遗弃的妻子能嫁到她自己乡里的，是好女子。我不忠于君王您，楚国凭什么认为我忠呢？忠于君王您的人将被遗弃，我不去楚国，还能到哪里去呢？"秦惠王说："很好。"于是秦惠王制止了陈轸离秦去楚的举动。

陈轸去楚之秦

原文　陈轸去楚之秦。张仪谓秦王曰①："陈轸为王臣，常以国情输楚②。仪不能与从事，愿王逐之。即复之楚③，愿王杀之。"王曰："轸安敢之楚也。"

王召陈轸告之曰："吾能听子言，子欲何之？请为子约车④。"对曰："臣愿之楚。"王曰："仪以子为之楚，吾又自知子之楚。子非楚，且安之也⑤！"轸曰："臣出，必故之楚，以顺王与仪之策⑥，而明臣之楚与不也⑦。楚有两妻者，人诳其长者⑧，长者詈之；诳其少者，少者许之。居无几何⑨，有两妻者死。客谓诳者曰：'汝取长者乎？少者乎？'曰：'取长者。'客曰：'长者詈汝，少者和汝⑩，汝何为取长者？'曰：'居彼人之所，则欲其许我也。今为我妻，则欲其为我詈人也。'今楚王明主也^⑪，而昭阳贤相也^⑫。轸为人臣，而常以国输楚王，王必不留臣，昭阳将不与臣从事矣。以此明臣之楚与不。"

轸出，张仪入，问王曰："陈轸果安之？"王曰；"夫轸天下之辩士也，孰视寡人曰^⑬：'轸必之楚。'寡人遂无奈何也。寡人因问曰：'子必之楚也，则仪之言果信矣！'轸曰：'非独仪之言也，行道之人皆知之。昔者子胥忠其君，天下皆欲以为臣；孝己爱其亲，天下皆欲以为子。故卖仆妾不出里巷而取者，良仆妾也；出妇嫁于乡里者，善妇也。臣不忠于王，楚何以轸为？忠尚见弃，轸不之楚，而何之乎？'"王以为然，遂善待之。

注释

①秦王：指秦惠王。

②输：送，此犹言告诉。姚本："输，语也。"

③即：假若，如果。

④约车：预备车子。约，预备。姚本作"车约"，鲍本作"约车"，从鲍本。

⑤且：将。

⑥顺：顺从，依从。

⑦ 明：表明，证明。

⑧ 誂（tiǎo）：逗引，诱惑。

⑨ 居无几何：过了没有多久。

⑩ 和：此指应和，答应，应许。鲍本："和，犹应。"

⑪楚王：指楚怀王。

⑫昭阳：姓昭名阳，本为楚将，因攻破魏国有功，被拜为楚相。

⑬孰视：细细地看。孰，通"熟"。

译文 陈轸离开楚国来到秦国。张仪对秦惠王说："陈轸作为大王您的臣子，却常常把秦国的情况告诉楚国。我不能和他一同办事，希望大王把他撵走。如果他真的要回到楚国去，就请大王把他杀掉。"秦惠王说："陈轸哪里敢回到楚国去呢。"

秦惠王召见陈轸并告诉他说："我能听从你的话，你想要到哪里去？我可以替你预备车马。"陈轸说："我愿到楚国去。"惠王说："张仪认为你要到楚国去，我也知道你要到楚国去的。你不去楚国，还将到哪里去呢！"陈轸说："我走出秦国，一定故意要到楚国去，以便顺着大王和张仪的计策，来证明我是否可以到楚国去。从前楚国有一个娶了两个妻子的人，一天有人去勾引他的长妻，他的长妻破口大骂；又去勾引他的少妻，少妻便应许了他。过了不久，有两妻的那个人死了。有位客人对勾引者说：'你是娶他的长妻呢？还是娶他的少妻？'他回答说：'娶长妻。'那位客人说：'长妻骂过你，少妻喜欢你，你为什么要娶长妻呢？'勾引者说：'处在她的位置，当然要她应许我。现在做了我的妻子，便要她替我骂别人了。'现在的楚王是个精明的人君，昭阳又是一个贤能的相国。我已经做了别人的臣子，却常常把别国的国情告诉楚王，楚王一定不肯留我，昭阳也一定不肯和我共事的。由此看来就可以证明我是否能到楚国去。"

陈轸走出以后，张仪进来问秦惠王说："陈轸到底要往哪里去？"惠王说："那个陈轸真是天下的辩士呢，他仔细地看着我说：'我陈轸一定要到楚国去。'我实在对他无可奈何。便问他：'你一定要到楚国去，那么张仪的话果然是真的了！'陈轸说：'不但张仪这么说，就是路人也都知道。从前伍子胥尽忠于吴王，天下的国君都想要他做臣子；孝己敬爱他的父亲，天下的父母都想把他做儿子。所以卖给别人做仆妾的人，不出里巷就有人要的，一定是好仆妾；被人遗弃的妇人，仍旧嫁在她的乡里的，也一定是好女人。我陈轸如果不忠于大王您，楚国还要我做什么呢？忠心的人还将被人撵走，我不到楚国，还能到哪里去呢'？"秦惠王认为陈轸说得很对，便好好地对待他了。

秦策二

齐助楚攻秦

原文　齐助楚攻秦，取曲沃①。其后，秦欲伐齐②，齐、楚之交善③，惠王患之，谓张仪曰："吾欲伐齐，齐、楚方欢，子为寡人虑之④，奈何？"张仪曰："王其为臣约车并币⑤，臣请试之⑥。"

张仪南见楚王曰⑦："弊邑之王所说甚者，无大大王⑧。唯仪之所甚愿为臣者，亦无大大王⑨。弊邑之王所甚憎者，亦无大齐王；唯仪之甚憎者，亦无大齐王。今齐王之罪，其于弊邑之王甚厚⑩，弊邑欲伐之，而大国与之欢，是以弊邑之王不得事王⑪，而仪不得为臣也。大王苟能闭关绝齐⑫，臣请使秦王献商於之地，方六百里⑬。若此，齐必弱⑭，齐弱则必为王役矣⑮。则是北弱齐，西德于秦⑯，而私商於之地以为利也⑰，则此一计而三利俱至。"

注释　①曲沃：地名，在今河南省陕县曲沃镇。高诱注："曲沃，战国时秦兼有之，故齐助楚攻秦取之也。"
②伐齐：讨伐齐国。实为秦对齐"取曲沃"之报复。姚本："伐

齐，报曲沃也。"

③善：友善，亲善。

④虑：思考，谋划。

⑤并币：各种礼物。并：合，非一种之意；币：帛，此指礼物。

⑥试：尝试。鲍本："不自必之辞。"

⑦楚王：指楚怀王。

⑧弊邑：古代称自己国家的谦辞。说：通"悦"，喜欢。无大大王：莫过于大王。大（第一个"大"字），过于，超过。

⑨唯：独，只有。

⑩齐王：指齐威王。厚：重，深重。

⑪事王：侍奉楚王。事，侍奉，听从。姚本作"事令"，《史记·赵世家第十》作"事王"，据文义，从《史记》。

⑫苟：如果，假若。

⑬商於（wū）：地区名，在今河南省淅川县西南。

⑭齐必弱：齐国无楚国之援必弱。

⑮为王役矣：为楚王所役使了。

⑯西德于秦：西面可以施恩德于秦国。

⑰私商於之地以为利也：私下可以得到秦国商於以为自己的利益。

译文　齐国帮助楚国攻打秦国，夺取了秦国的曲沃。后来，秦国想要讨伐齐国，只因齐国和楚国互相亲善，秦惠王为此而感到忧虑，对张仪说："我想要讨伐齐国，可齐楚两国正处在友好的时候，你替我谋划谋划看，该怎么办？"张仪说："请大王为我预备车马和礼物，让我去试试看。"

于是张仪便前往南方去见楚怀王，说："我们国王最喜欢的人，莫过于大王您了；我所最愿做臣子的，也莫过于大王您了。我们国王最憎恶的人，也莫过于齐威王了；我所最憎恶的人，也莫过于齐威王了。现在齐威王的罪恶，对于我们国王来说，是最深重的，我国想要讨伐他，只是贵国与他友好，因此我们国王就不能听从您的吩咐，我也不能做您的臣子了。大王如果能关闭关卡与齐国断绝往来，我便请秦王献出商於之地，方圆有六百里。这样一来，齐国失去援助而必然受到削弱，齐国一旦衰弱，定可以受您大王驱使了。那么，这样在北面大王可以使齐国衰弱，在西面可以使秦受到贵国的恩德，还可以私下获得商於地区的利益，这一计策可以同时获得三种好处。

原文　楚王大说①，宣言之于朝廷曰②："不榖得商於之地③，方六百里。"群臣闻见者毕贺④，陈轸后见，独不贺。
楚王曰："不毂不烦一兵，不伤一人，而得商於之地
六百里，寡人自以为智矣！诸士大夫皆贺，子独不
贺，何也？"陈轸对曰："臣见商於之地不可得，而患
必至也，故不敢妄贺⑤。"王曰："何也？"对曰："夫
秦所以重王者，以王有齐也。今地未可得而齐先绝，
是楚孤也⑥，秦又何重孤国？且先出地绝齐，秦计必
弗为也。先绝齐后责地，且必受欺于张仪⑦。受欺于
张仪，王必惋之⑧。是西生秦患，北绝齐交，则两国
兵必至矣⑨。"楚王不听，曰："吾事善矣！子其弭口
无言⑩，以待吾事。"楚王使人绝齐，使者未来⑪，又
重绝之。

张仪反⑫，秦使人使齐，齐、秦之交阴合⑬。楚因使
一将军受地于秦。张仪至，称病不朝。楚王曰："张
子以寡人不绝于齐乎？"乃使勇士往詈齐王。张仪知
楚绝齐也，乃出见使者曰："从某至某，广从六里⑭。"
使者曰："臣闻六百里，不闻六里。"仪曰："仪固以小
人⑮，安得六百里？"使者反报楚王，楚王大怒，欲
兴师伐秦。陈轸曰："臣可以言乎？"王曰："可矣。"
轸曰："伐秦非计也，王不如因而赂之一名都⑯。与之

伐齐，是我亡于秦而取偿于齐也。楚国不尚全乎⑰？王今已绝齐，而责欺于秦，是吾合齐、秦之交也，国必大伤⑱。"

楚王不听，遂举兵伐秦。秦与齐合，韩氏从之⑲。楚兵大败于杜陵⑳。故楚之土壤士民非削弱，仅以救亡者，计失于陈轸，过听于张仪㉑。

注释

①说：同"悦"，犹高兴。

②宣言：犹言宣布。宣：遍，普遍。

③不穀：犹言不善，古代诸侯自称的谦辞。地：姚本作"田"，鲍本作"地"，从鲍本。

④毕贺：都来道贺。毕，尽，全都。

⑤妄贺：胡乱道贺，瞎贺。妄：乱，不实。姚本："妄，犹空也。"

⑥是楚孤也：这是使楚国孤立了。

⑦责：责求，索取。

⑧悗：犹恨，怨恨。

⑨两国：指秦国和齐国。

⑩弭（mǐ）：止，停止。

⑪未来：没有回来。

⑫反：还，回到。

⑬阴：私下，暗中。

⑭广从：横为广，直为从（纵）。

⑮小人：卑微贫贱之人，此为张仪自称的谦辞。

⑯赂之一名都：送他一块大地方。名，大；都，邑，地方。

⑰不尚全乎：不是还完整吗？姚本作"不尚全事"，费解；高诱注："'事'一云'乎'。'乎'字是。"今从高注。

⑱国：姚本作"固"，鲍本作"国"，从鲍本。

⑲韩氏从之：韩宣王也跟着和秦齐两国联合出兵。

⑳杜陵：楚邑，故城在今陕西省旬阳县西。

㉑过：误，错误。

译文

楚怀王听了张仪的话心里非常高兴，便在朝廷上宣布说："我已得到了商於这个地区，方圆共六百里。"听到这个消息的臣子们都表示道贺，陈轸最后一个去见楚王，唯独他一人不表示道贺。楚王说："我不烦劳一兵，也不伤一人，却得到了商於的土地六百里，我自认为够聪明的了！各位士大夫都来道贺，唯独你不道贺，这是为什么呢？"陈轸回答说："依我看来商於这地方是得不到的，那祸害一定要来的，所以不敢瞎道贺。"楚怀王说："为什么呢？"陈轸回答说："那秦

王所看重你君王的，是因为大王和齐国交好哩。现在
土地还没有得到却先和齐国绝交了，这样就使楚国陷
入孤立，秦国又何必要看重一个受孤立的国家呢？但
是要秦国先交出土地然后再与齐国绝交，按秦国的
计策一定不会这样做。如果我们先和齐国绝交然后
去向秦国索取土地，一定要受张仪的欺骗。受张仪的
欺骗，大王一定要悔恨了。这样在西边便产生了秦国
的祸害，北边又和齐国断交了，那么，秦、齐两国的
军队必将到来了。"楚王不听陈轸的话，说："我办的
事很好！你闭住嘴不必多言，只待我来处理这件事。"
楚王派出使者和齐国断交，使者还没有回来，便又派
人去谈绝交的事。

张仪回到秦国以后，秦国派人出使齐国，齐、秦两国
私下结交一起，楚国依照张仪的许诺派出一位将军
去接受土地，张仪回到秦国，假装有病不见楚将。楚
怀王说："张仪大概以为我不会和齐国绝交吗？"便派
勇士去大骂齐王。张仪知道楚国已经和齐国绝交，便
出来会见楚国的使臣说："从某处到某处，横六里直
六里，请贵使臣接收吧。"楚国的使者说："我听说是
六百里，而不是六里。"张仪说："我本来就是一个卑

微贫贱的人，哪里有六百里献给贵国呢？"使者便回去报告楚王，楚王大怒，要想出兵讨伐秦国。陈轸说："我可以说话吗？"楚王说："可以。"陈轸曰："讨伐秦国不是好计策，大王不如趁势送给他一块大地方，和他一同去讨伐齐国，这样，我国丢了一块地方给秦国，却向齐国取回了。楚国不是仍然很完整吗？大王现在已经和齐国绝了交，却谴责秦国的欺骗，这样，我国反而使齐、秦两国联合起来了，那么我国就一定要大受损失了。"

楚王听不进去，于是发兵讨伐秦国。秦国与齐国联合起来，韩国也跟从着这两国。楚军在杜陵吃了个大败仗。结果楚国的土地和军民不但被削弱了，而且差点被灭亡，这都是由于没有采用陈轸的计策，错误地听信了张仪的花言巧语。

楚绝齐齐举兵伐楚

原文　楚绝齐，齐举兵伐楚。陈轸谓楚王曰①："王不如以地东解于齐，西讲于秦②。"

楚王使陈轸之秦，秦王谓轸曰③："子秦人也④，寡人
与子故也⑤，寡人不佞⑥，不能亲国事也⑦，故子弃寡
人事楚王⑧。今齐、楚相伐，或谓救之便，或谓救之
不便⑨，子独不可以忠为子主计⑩，以其余为寡人
乎⑪?"陈轸曰："王独不闻吴人之游楚者乎⑫? 楚王
甚爱之，病⑬，故使人问之⑭，曰：'诚病乎? 意亦
思乎⑮?'左右曰：'臣不知其思与不思，诚思则将
吴吟⑯。'今轸将为王吴吟。王不闻夫管与之说乎⑰?
有两虎争人而斗者⑱，卞庄子将刺之⑲，管与止之曰：
'虎者，戾虫⑳；人者，甘饵也。今两虎争人而斗，
小者必死，大者必伤。子待伤虎而刺之，则是一举而
兼两虎也㉑。无刺一虎之劳，而有刺两虎之名。'齐、
楚今战，战必败。败，王起兵救之，有救齐之利，而
无伐楚之害㉒。计听知覆逆者㉓，唯王可也。计者，
事之本也；听者，存亡之机也㉔。计失而听过，能有
国者寡也㉕。故曰：'计有一二者难悖也㉖，听无失本
末者难惑㉗。'"

___

注释　　①楚王：指楚怀王。

②讲：犹和解。鲍本："补曰：讲，当从'媾（gòu）'读。"《索隐》："邹氏云：讲读曰媾，媾犹和也。"

③秦王：指秦惠王。

④子秦人也：姚本："轸先仕于秦，故言秦人也。"

⑤故：故旧，老交情。此指秦王说自己与陈轸是老交情。

⑥不佞（nìng）：没有才能，自谦之辞。佞，才智。

⑦亲：犹知，主持。姚本："亲，犹知也。"

⑧弃：离开。姚本："弃，去也。"

⑨救：阻止，制止。便：利，有利。姚本："便，利也。"

⑩独：难道，表示反问的副词。主：君主的省称，此指楚怀王。

⑪以其余为寡人乎：犹言在替你的楚王策划之余，也替我策划策划。高诱注："以余计为寡人计也。"

⑫游楚者：在楚国做官的人。姚本："游，仕也。"

⑬楚王：此指楚先王。病：指吴人病。

⑭故使人问之：于是楚王派人去问候吴人。故，于是，就。

⑮意亦思乎：或者只是思念吴国吗？意，通"抑"，或者。亦，只是。王引之《经传释词》："《墨子·明鬼篇》曰：'岂女为之与？意鲍为之与？'《庄子·盗跖篇》曰：'知不足邪，意知而力不能行邪？'意并与抑同。抑，词之转也。昭八年《左传》注曰'抑，疑词。'"

⑯试思则吴吟：真的思念吴国那他将操吴国口音而呻吟。鲍本："作吴人呻吟。"

⑰管与：人名，姓管名与，其事不详。

⑱争：姚本作"诤"，鲍本、《史记》均作"争"，从鲍本与《史记》。

⑲卞（biàn）庄子：春秋时鲁国勇士。《论语·宪问》："卞庄子之勇。"姚本作"管庄子"，《史记》作"馆竖子"，即旅舍小伙计；鲍本作"卞庄子"。据文义，从鲍本。

⑳戾（lì）虫：残暴的动物，专指老虎。戾，鲍本："暴也。"高诱注："贪也。"虫，泛指动物。按：古人称禽为羽虫，兽为毛虫，龟为甲虫，鱼为鳞虫，人为倮虫。

㉑兼：同时获得。姚本："兼，得也。"

㉒害：危害。姚本："害，危也。"

㉓计听知覆逆：能谋善断又预知事情的顺与不顺。鲍本："能计善听，知二国之覆逆。覆逆，言不顺于理。"缪文远《战国策新校注》按："覆逆，帛书第二十四章作'顺逆'。言知事之顺逆，鲍注非是。"今从缪注，"覆逆"作"顺逆"讲。

㉔机：枢要，关键。姚本："机，要也。"鲍本："机主发矢，喻事之要也，先也。"

㉕寡：少。

㉖悖（bèi）：谬误。姚本："悖，误也。"

㉗惑：乱，迷乱。姚本："惑，乱也。"

一　**译文**　楚国与齐国绝交，齐国出兵讨伐楚国。陈轸对楚怀王说："大王不如拿出土地来在东面与齐国和解，在西面与秦国媾和。"

楚怀王派陈轸前往秦国，秦惠王对陈轸说："你是秦国人，我和你是老交情，我没有才智，不能主持国事，所以你离开我去侍奉楚王了。现在齐国和楚国互相讨伐，有人说去制止它好，有人说制止它不好，你难道不可以在忠于你的君主出谋划策之后，用你的余力为我出出主意吗？"

陈轸说："大王难道没有听到过一位吴国人到楚国做官的事情吗？楚先王非常爱护他，那位吴国人病了，楚先王特意派人去慰问他，楚先王问慰问的人说：'是真的病了？还是思念他的吴国呢？'那使臣说：'我不知道他思念不思念吴国，真的思念的话他将操吴国人的口音呻吟。'现在我陈轸将替大王您操吴国人口音呻吟。大王您不曾听到过管与的言论吗？有两只老虎因抢着吃一人而搏斗，卞庄子要去刺杀它们，管与制止他说：'老虎是一种贪婪残暴的动物，人是它最美好的食物。现在两只虎因争一人而搏斗，小老虎一定会死掉，大老虎必定要负伤。你只需等待时机去刺杀负伤的老虎，那可是一举而能获得两只老虎的了。没有付出刺杀一只老虎的劳力，却有刺死两只老虎的美名。'现在齐、楚两国交战，交战双方必定有一方失败。一方失败，大王就可出兵去救助，这样，能占有救助齐国的好处，而不会有讨伐楚国的坏处。能谋善断又能预知事情发展的顺利与不顺利，只有大王您能做到。谋略，是办事的根本；决断，是存亡的关键。谋略错了而决断又出现过失，能取得国家的是太少了。所以说：'反复计谋的很难出现错误，决断不失本末的也难以出现混乱。'"

秦惠王死公孙衍欲穷张仪

原文　秦惠王死，公孙衍欲穷张仪①。李仇谓公孙衍曰②："不如召甘茂于魏，召公孙显于韩③，起樗里子于国④。三人者，皆张仪之仇也，公用之⑤，则诸侯必见张仪之无秦矣⑥！"

注释

①公孙衍：见《秦策一》注。穷：困厄，困境。姚本："穷，困也。"

②李仇：秦国人，其他情况不详。

③甘茂：见《东周策·秦攻宜阳》注。公孙显：秦国人，其他情况不详。

④樗里子：即樗里疾，见《秦策一》注。

⑤公：此指公孙衍。

⑥诸侯必见张仪之无秦：诸侯一定会觉得张仪在秦国无权而失宠。见：知道，觉得。无秦：犹言在秦国失宠无权。

译文

秦惠王死了，公孙衍想要使张仪陷入困境。李仇对公孙衍说："你不如把甘茂从魏国召回来，把公孙显也从韩国召回来，在秦国重新起用樗里子。这三个人都是张仪的仇人，你任用他们，那诸侯们一定会觉得张仪在秦国既无权又失宠了！"

义渠君之魏

原文　义渠君之魏①，公孙衍谓义渠君曰："道远，臣不得复过矣②，请谒事情③。"义渠君曰："愿闻之。"对曰："中国无事于秦④，则秦且烧焫君之国⑤，中国为有事于秦，则秦且轻使重币⑥，而事君之国也⑦。"义渠君曰："谨闻令⑧。"

居无几何，五国伐秦⑨。除轸谓秦王曰："义渠君者，蛮夷之贤君，王不如赂之以抚其心⑩"。秦王曰："善。"因以文绣千匹，好女百人，遗义渠君⑪。

义渠君致群臣而谋曰⑫："此乃公孙衍之所谓也⑬。"因起兵袭秦，大败秦人于李帛之下⑭。

注释　①义渠：西戎国名，在今甘肃省宁县西北有义渠故城。之：至，到。

②过：犹见。姚本："过，见也。"鲍本："不复相过。"

③谒（yè）：告，陈说。情：实，实情。姚本："谒，告也。

情，实也。言义渠君道里长远，不能复得相见也，请告事之情实。"

④中国无事于秦：关东六国不会共同攻打秦国。中国，指关东六国。无事，指不联合攻打秦国。

⑤烧焫（ruò）君之国：毁灭您的国家。烧焫，焚烧，这里引申为"毁灭"；焫，即烧。姚本为"烧焫获君之国"，《索隐》引《战国策》无"获"字，缪文远认为"获"字为衍文。据文义，从《索隐》和缪注，删去"获"字。

⑥轻：快速。鲍本："轻，言其行疾。"

⑦事君之国：侍奉您的国家。姚本："将致重币，求援助于义渠国也。"

⑧闻令：受教。姚本："闻，犹受也。令，教也。"

⑨五国：指齐、宋、韩、魏、赵五国。

⑩蛮夷：指华夏中原以外的少数民族。抚：安，安抚。

⑪遗（wèi）：给予，赠送。

⑫致：招致。鲍本："致之使至。"

⑬谓：说。姚本："谓，犹言也。"

⑭李帛：秦国地名，今地不详。

译文　义渠国的国君来到魏国，公孙衍对他说："道路遥远，今后我不太可能再看到您了，请让我告诉您事情的实

情。"义渠君说:"愿意听听您的意见。"公孙衍说:"如
果关东六国不讨伐秦国,那么秦国就将毁灭您的国
家;如果关东六国对秦国发起战事,那么秦国就将很
快地赠送贵重的礼物,来侍奉贵国。"义渠君说:"太
受教益了。"

过了没有多久,齐、宋、韩、魏、赵五国联合攻打秦
国。陈轸对秦王说:"义渠君是蛮夷之地的最贤能的
国君,大王不如赠送财物去安抚他的心。"秦王说:
"很好。"于是拿出锦绣一千匹,漂亮的女子一百人,
赠送给了义渠君。

义渠君召集臣子们计议说:"这就是公孙衍所说的情
况了。"于是出兵袭击秦国,秦兵在李帛这个地方遭
到惨败。

医扁鹊见秦武王

原文　医扁鹊见秦武王①,武王示之病②,扁鹊请除③。左右
曰:"君之病,在耳之前,目之下,除之未必已也,

将使耳不聪，目不明。"君以告扁鹊。扁鹊怒而投其石④："君与知之者谋之，而与不知者败之。使此知秦国之政也⑤，则君一举而亡国矣。"

注释

①扁鹊：战国时名医，姓秦名越人，渤海郡（在今河北省任丘市）人。学医于长桑君，医疗经验丰富，擅长各科，反对巫术治病。入秦后，太医令李醯（xī）自知不如，派人将他刺死。

②示：告诉。姚本："示，语也。"

③除：去掉，此可引申为医治。姚本："除，治也。"鲍本："欲去其病。"

④石：石针，即砭（biān），古人用以扎皮肉治病。

⑤此：如此。

译文

名医扁鹊进见秦武王，武王告诉他自己的病情，扁鹊请求为武王医治。武王左右的人说："大王的病在耳朵的前面，眼睛的下面，治疗不一定能根除，还会使耳不聪，目不明。"武王把左右人说的话告诉了扁鹊。扁鹊愤怒地扔掉石针，说："大王和懂行的人谋划，却又和不懂行的人共同败坏它。由此可知秦国的国政了，那么大王如用此法治国，一举就可以使国家覆灭的了。"

秦武王谓甘茂

原文　秦武王谓甘茂曰："寡人欲车通三川，以窥周室①，而寡人死不朽乎②"甘茂对曰："请之魏，约伐韩。"王令向寿辅行③。

甘茂至魏，谓向寿："子归告王曰：'魏听臣矣④，然愿王勿攻也。'事成，尽以为子功⑤。"向寿归以告王，王迎甘茂于息壤⑥。

甘茂至，王问其故⑦。对曰："宜阳，大县也，上党、南阳积之久矣⑧，名为县，其实郡也。今王倍数险⑨，行千里而攻之，难矣。臣闻张仪西并巴、蜀之地⑩，北取西河之外，南取上庸⑪，天下不以为多张仪⑫，而贤先王⑬。魏文侯令乐羊将，攻中山⑭，三年而拔之，乐羊反而语功⑮，文侯示之谤书一箧⑯，乐羊再拜稽首曰⑰：'此非臣之功，主君之力也。'今臣羁旅之臣也⑱，樗里疾、公孙衍二人者，挟韩而议⑲，王必听之，是王欺魏，而臣受公仲侈之怨也^⑳。昔者曾子处费^㉑，费人有与曾子同名族者而杀人^㉒，人告曾子母曰：'曾参杀人。'曾子之母曰：'吾子不杀人。'织自若^㉓。有顷焉，人又曰：'曾参杀人。'其母尚织自若也。顷之，一人又告之曰：'曾参杀人。'其母惧，投杼逾墙而走^㉔。夫以曾参之贤，与母之信也，而三人疑之^㉕，则慈母不能信也。今臣之贤不及曾子，而王之信臣又未若曾子之母也，疑臣者不适三人^㉖，臣恐王为臣之投杼也。"王曰："寡人不听也，请与子盟。"于是与之盟于息壤。

注释

①三川：见《西周策·韩魏易地》注。窥：小视，窃视。周室：洛邑，王城。

②而：则，那么。

③向寿：秦昭王母亲宣太后的外族，为秦武王所亲幸。辅行：副使。

④听：从，听从。

⑤事成：指把不攻韩国一事办成。

⑥息壤：秦邑，在今陕西省咸阳市东郊。

⑦故：指不攻韩国之故。

⑧上党：韩国郡名，在今山西省和顺县、榆社县以南，沁水

流域以东。南阳：见秦策一注。积：聚，指上党、南阳两地
财富多聚于宜阳。

⑨ 倍：同"背"，犹犯。

⑩ 并：兼并，吞并。巴、蜀：见《秦策一·苏秦始将连横》注。

⑪上庸楚地，在今湖北省竹山县西南。

⑫多：赞许，称赞。

⑬先王：此指秦惠王。

⑭魏文侯：名斯，周威烈王二十三年（前403）与韩、赵列为
诸侯。乐羊：魏文侯的将领。中山：国名，建都于顾（今河
北省定州市），为魏所灭。

⑮反：同"返"。语功：论功，评功。

⑯谤书：攻击别人的书函。

⑰稽（qǐ）首：叩头至地。

⑱羁（jī）旅：旅居异国他乡的人。

⑲挟韩而议：指挟持韩国而议论甘茂。缪文远《战国策新校
注》按："二人皆党于韩，故曰'挟韩而议'，言将谗已。"

⑳公仲侈（chǐ）：韩国相国。缪文远《战国策新校注》按：
"'侈'为'倗'之讹。帛书《战国策纵横家书》正作'倗'。
公仲倗时为韩国国相。"

㉑曾子：名参，字子舆，春秋时鲁国人，孔子弟子。费：地
名，故城在今山东省费县西南。

㉒名族：即姓名。名，字；族，姓。《史记》将"名族"改作"姓名"。

㉓自若：自如，如故。

㉔杼（zhù）：织布梭。

㉕疑：疑惑。

㉖不适（chì）：不啻，不仅。适，通"啻"，

译文　秦武王对甘茂说："我想用兵打通三川，以便窥探周室，那么我就是死了，我的功业也会不朽的。"甘茂回答说："请让我到魏国去，约魏国一同讨伐韩国。"武王便派向寿做副使，和甘茂同去。

甘茂到了魏国，就对向寿说："你回去告诉武王说：'魏国肯听臣的话了，但请大王不要讨伐它了。'这件事办成了，我就把功劳统统归到你身上。"向寿回去告诉了武王，武王便到息壤去迎接甘茂。

甘茂来了，武王问他是什么缘故。甘茂回答说："宜阳是大县，上党、南阳两地的财富积聚在这里已经很久了，名义上是县，其实同郡一样。现在大王背负着险阻，士兵跋涉千里去攻打魏国，是很难的。我听到张仪在西面兼并了巴、蜀，在北面取得了西河，在南

面取得了上庸，天下人都不称赞张仪，却认为先王是贤明的。魏文侯派遣乐羊领兵攻打中山国，三年才攻下来，乐羊回国评功论赏时，魏文侯把一匣子攻击他的书函交给他看，乐羊再拜叩头说：'这不是臣的功劳，是主上的力量。'现在我是一个客臣，你这里有樗里疾、公孙衍两个人，挟持韩国，议论着我，大王一定会听信他们的，这分明是大王欺骗了魏国，我却要受公仲侈的埋怨了。从前曾子住在费这个地方，费人有一个和曾子同姓名的，杀死了人，有人去告诉曾子的母亲说：'曾参杀了人了。'曾子的母亲说：'我的儿子不会杀人的。'仍旧自如地织着布。过了一会儿，又有人来说："曾子杀了人了。'他的母亲还是只管织布。停了一会儿，又一个人来告诉说：'曾子杀了人了。'他的母亲害怕起来，丢下织布梭子，爬墙逃跑了。像曾子那样贤德，他母亲那样相信他，只需三个人说他杀了人，他母亲也便疑惑了，就是慈母也不能相信儿子了。现在我的贤德不及曾子，大王的相信我又不及曾子的母亲相信曾子，疑心我的人不仅仅三个，恐怕大王也要为我丢下织布梭子的。"秦王说："我不去听他们的，请让我和你订立盟约。"因此便同甘茂在息壤订下了盟约。

宜阳之役冯章谓秦王

原文　宜阳之役①，冯章谓秦王曰②："不拔宜阳，韩、楚乘吾弊③，国必危矣！不如许楚汉中以欢之。楚欢而不进，韩必孤，无奈秦何矣！"王曰："善。"果使冯章许楚汉中，而拔宜阳。楚王以其言责汉中于冯章④，冯章谓秦王曰："王遂亡臣⑤，因谓楚王曰⑥：'寡人固无地而许楚王。'"

注释　①役：戍役，战事。

②冯章：秦臣，事迹不详。秦王：指秦武王。

③拔：拔除，攻克。弊：困，疲困。

④楚王：指楚怀王。汉中：见《秦策一·卫鞅亡魏入秦》注。

⑤遂亡臣：就让臣逃亡。遂：就。亡：使动词，即"使……亡"。

⑥因：于是。姚本作"固"，今从鲍本作"因"。

译文　关于宜阳的战事，冯章对秦武王说："不攻克宜阳，韩、楚两国就会联合起来，利用我国疲困而发动进攻，国家必然危机！我国不如答应把汉中让给楚国，以此取得楚国的欢心。楚国一高兴就不会进攻我国，那么韩国一定受到孤立，对我们秦国也就无可奈何了！"秦武王说："很好。"后来，武王真的派冯章去答应把汉中让给楚国，使韩国陷入孤立，因而秦国一举攻克了韩国的宜阳。楚怀王根据冯章的许诺去秦国索取汉中，这时，冯章对秦武王说："大王您就让我逃离秦国，于是您可对楚王说：'我本来没答应给楚王土地的。'"

甘茂攻宜阳

原文　甘茂攻宜阳，三鼓之而卒不上①。秦之右将有尉对曰②："公不论兵③，必大困。"甘茂曰："我羁旅而得相秦者，我以宜阳饵王④。今攻宜阳而不拔，公孙衍、樗里疾挫我于内⑤，而公中以韩穷我于外⑥，是无伐之日已⑦！请明日鼓之而不可下，因以宜阳之郭为墓⑧。"于是出私金以益公赏⑨。明日鼓之，宜阳拔。

注释　①三鼓之：三次击鼓进军。鼓：用如动词，击鼓。上：犹前，前进。

②有尉：即军尉，秦军中较高的官职。

③不论兵：犹言不以兵法治军。

④饵王：使秦王喜欢。饵：钓饵，利诱。

⑤挫：毁，毁坏。姚本："挫，犹毁也。"

⑥公中：即公仲倗，韩国国相。

⑦无伐之日：没有再立功的时日了。姚本："战功曰'伐'，言后不复立功。"

⑧宜阳之郭为墓：宜阳的郊外是我的葬身之地。姚本："墓，葬也。"鲍本："示必死也。"

⑨出私金以益公赏：拿出自己的钱来奖赏有功人员。

译文　甘茂率兵攻打宜阳，三次击鼓进军而士兵不肯往前冲。秦国的右将军尉对他说："您不用兵法指挥士兵作战，一定要陷入困境。"甘茂说："我客居秦国而为秦相，因进军宜阳使秦王喜欢。现在宜阳攻不下来，孙公衍和樗里疾在国内毁败我，公仲倗又因韩国的事在国外窘迫我，这就使我没有立功之日了！如果我明天进军还拿不下宜阳，就以宜阳郊外为我的葬身之地吧。"于是他拿出自己的钱财来嘉奖有功的人员。第二天发起进攻，宜阳被攻克了。

宜阳未得

原文　宜阳未得，秦死伤者众，甘茂欲息兵①。左成谓甘茂曰："公内攻于樗里疾、公孙衍，而外与韩侈为怨②，今公用兵无功，公必穷矣。公不如进兵攻宜阳，宜阳拔，则公之功多矣③。是樗里疾、公孙衍无事也④，秦众尽怨之深矣⑤。"

注释　①息兵：休兵停战。姚本："息，休也。"

②韩侈：韩国相国，即公仲倗，一作公仲侈。

③多：姚本："战功曰多。"

④樗里疾、公孙衍无事也：指樗里疾、公孙衍再也没有攻击甘茂的事由了。

⑤秦众尽怨之深矣：因樗里疾、公孙衍谋划攻打宜阳而秦兵伤亡惨重，秦国老百姓都极其抱怨樗里疾和公孙衍。

译文　宜阳未能攻克，秦兵却死伤很多，甘茂想休兵停战。左成对甘茂说："您在内受樗里疾和公孙衍的攻击，在外与韩国相国公仲倗结为怨敌，现在您用兵没有取得成功，您必然陷入窘境了。您不如再次发兵进攻宜

阳，宜阳一攻克，那么您的战功就大了。这样樗里疾
和公孙衍再也找不到事由攻击您了，秦国老百姓就将
深深地怨恨他们两个了。"

宜阳之役楚畔秦而合于韩

原文　宜阳之役，楚畔秦而合于韩①。秦王惧②，甘茂曰：
"楚虽合韩，不为韩氏先战③；韩亦恐战而楚有变其
后④。韩、楚必相御也⑤。楚言与韩，而不余怨于秦⑥，
臣是以知其御也⑦。"

注释　①畔：通"叛"，违背，背叛。

②秦王：指秦武王。

③不为韩氏先战：犹言楚国不会替韩国先与秦国作战。

④韩亦恐战而楚有变其后：犹言韩国也怕自己在前面作战而
楚军在后面发难。姚本："恐楚作变难，伐其后也。"鲍本：
"变，背约也。楚时助韩，兵在韩后。"

⑤必相御：必定互相观望。姚本："御，犹相瞰望也。"

⑥楚言与韩，而不余怨于秦：楚国声言与韩国联合，但对秦

国却不见得有太深的遗怨。

⑦知其御：犹言知道他们之间互相制约。鲍本："御，犹制也。"

译文　宜阳战役，楚国背叛秦国而与韩国联合。秦王有些害怕，甘茂说："楚国虽然与韩国联合，但不会替韩国先出兵攻打秦国；韩国也怕攻打秦国的时候，楚国在后面发难。这样，韩国和楚国必然互相观望。楚国虽然声言与韩国联合，但不会对秦国有多大的遗怨，因此我认为楚国与韩国之间将会互相制约的。"

秦王谓甘茂

原文　秦王谓甘茂曰："楚客来使者多健①，与寡人争辞，寡人数穷焉②，为之奈何？"甘茂对曰："王勿患也③！其健者来使④，则王勿听其事；其需弱者来使⑤，则王必听之。然则需弱者用，而健者不用矣！王因而制之⑥。"

注释　①健：刚强，此指强辩，善辩。姚本："健者，强也。"鲍本：
"言其强辩。"

②辞：此指命题或论题。数（shuò）穷：屡次辞穷。穷：困厄，
此指辞穷。

③患：忧虑。

④其健者来使：姚本此句"使"字后有"者"字，黄丕烈《札
记》曰："据下句'使'下无'者'字也。"从句法推断，黄注
极是，故从之。

⑤需弱：需同"懦"，即懦弱。

⑥制：控制，驾驭。姚本："制，御也。"鲍本："弱者易制，
因可制。"

译文　秦王对甘茂说："楚国派来的使者大都能言善辩，与
我争论议题，我多次被弄得理屈词穷，该怎么样对付
他们呢？"甘茂回答说："大王不用发愁！那些能言善
辩的人来出使，大王不要听他们的话；那些懦弱不善
言辞的人来出使，大王一定要听从他们的话。这样，
懦弱不善言辞的人受到任用，而能言善辩的那些人就
不会被任用了！大王因而就可以控制他们了。"

甘茂亡秦且之齐

原文　甘茂亡秦，且之齐①，出关遇苏子②，曰："君闻夫江
上之处女乎③？"苏子曰："不闻。"曰："夫江上之处
女，有家贫而无烛者，处女相与语，欲去之④。家贫
无烛者将去矣，谓处女曰：'妾以无烛，故常先至，
扫室布席⑤，何爱余明之照四壁者？幸以赐妾，何妨
于处女？妾自以有益于处女，何为去我？'处女相语
以为然而留之。今臣不肖⑥，弃逐于秦而出关，愿为
足下扫室布席，幸无我逐也⑦。"苏子曰："善。请重
公于齐⑧。"

乃西说秦王曰⑨："甘茂，贤人，非恒士也⑩，其居秦
累世重矣⑪，自殽塞、溪谷，地形险易尽知之⑫。彼
若以齐约韩、魏，反以谋秦，是非秦之利也⑬。"秦
王曰："然则奈何？"苏代曰："不如重其贽⑭，厚其禄
以迎之。彼来则置之槐谷，终身勿出⑮，天下何从图
秦。"秦王曰："善。"与之上卿，以相印迎之齐。

甘茂辞不往，苏代伪谓齐王曰⑯："甘茂，贤人也。今
秦与之上卿，以相印迎之⑰，茂德王之赐⑱，故不往，

愿为王臣。今王何以礼之？王若不留，必不德王。彼以甘茂之资，得擅用强秦之众，则难图也！"齐王曰："善。"赐之上卿，命而处之⑲。

注释

①甘茂亡秦，且之齐：甘茂逃离秦国，将前往齐国。且：将。按：秦昭王立，甘茂为向寿、公孙衍等人所谗，故自秦出亡。

②关：此指函谷关。苏子：即苏代，洛阳人，是纵横家苏秦的弟弟。当时苏代正为齐出使于秦。

③处女：未出嫁的女子。鲍本："女在室者。"

④去：遣，使离去。

⑤扫室布席：扫房子铺席子。按：古人席地而坐，故须铺席。

⑥不肖：不贤，没有本领。

⑦无我逐：即无逐我，不要赶走我。

⑧请重公于齐：我将设法使齐国尊敬你。重：尊敬，尊重。

⑨秦王：秦昭襄王，名稷。

⑩非恒士也：不是普普通通的人。恒，平常，普通。

⑪累世重矣：受到几代君王的重用了。甘茂自惠王时即事秦，又历武王、昭王，故言"累世"。重，重用。

⑫殽塞：即殽山，见秦策一注。溪谷：一作槐谷，在今陕西省三原县西北之，清水谷。险易：险，险要；易，平坦。

⑬约：结，交结。姚本："约，结也。"非秦之利也：对秦国不

会是有利的。姚本："以齐之强，合韩、魏，还以图秦，能倾之，故曰'非秦之利也'。"

⑭贽(zhì)：古代见面时馈赠的礼物。《左传·庄公二十四年》："男贽，大者玉帛，小者禽鸟。"

⑮终身勿出：终身不让出去。

⑯伪谓齐王：伪装不知对齐湣(mǐn)王说。齐王，齐湣王，齐宣王之子，名地。

⑰以相印迎之：拿着相印去迎接他。姚本作"以相迎之"，郭希汾《战国策详注》作"以相印迎之"。据文义，从郭本。

⑱德王之赐：感激齐王的恩赐。德，恩，感恩。姚本："德，恩也。"

⑲命而处之：使他住在齐国。处，居住。

译文 甘茂由于向寿、公孙衍等人在秦王面前说了坏话，心里害怕，便逃出秦国，将要到齐国去，路过函谷关的时候，碰上了苏代，便对他说："你听到过江上处女那件事吗？"苏代说："没有听到过。"甘茂说："江上的处女中，有一个家贫买不起蜡烛的，其他处女相互议论着，要把她撵出去。家贫买不起蜡烛的处女将要离去，她对处女们说：'我因为没有蜡烛的缘故，所以常常先来清扫房屋，铺好席子，你们为什么可惜照在这四壁上的一点余光呢？如果把它赏赐给我，对诸位又有什么妨碍呢？我自己认为对诸位是有益的，为什么要撵我走呢？'处女们听了以后又互相商量，认为她的话是对的，便留下了她。现在我没有本领，被秦国赶出关外，情愿替先生打扫房屋铺设席子，请不要驱赶我。"苏代说："好的。我会设法让齐国尊重您的。"

于是苏代西去游说秦王说："甘茂是位贤人，不是一个普普通通的人。他在秦国有好几代君王都很重用他，从殽山到溪谷的地形，哪些地方险要，哪些地方平坦，他全都知道。如果他率领齐国的士兵和韩、魏两国的军队联合起来，一同回来攻打秦国，恐怕对秦国不会是有利的。"秦王说："那么应当怎么样呢？"苏代说："不如用贵重的礼物和很厚的俸禄，去迎接他回秦国来。他回来，便封他在槐谷这个地方，终身不让他出去，那么天下诸侯自然无从图谋您秦国了。"秦王说："好的！"便给他上卿的官职，拿着相印去迎接他。

甘茂却辞谢不来，苏代回到齐国，假装不知道，又对齐湣王说："甘茂是个贤人。现在秦国请他做上卿，拿着相印去迎接他，甘茂因为感激大王您的赏赐，所以不去秦国，情愿做您的臣子。现在大王您到底打算怎样对待他，如果您不留下他，他当然不感激您了。秦国以甘茂的贤能，让他随意动用强大秦国的军队，那就很难对付了！"齐王说："好的！"便赐给他上卿，让他住在齐国。

甘茂相秦

原文　甘茂相秦。秦王爱公孙衍，与之间有所立①，因自谓之曰："寡人且相子②。"甘茂之吏道而闻之③，以告甘茂。甘茂因入见王曰："王得贤相，敢再拜贺④。"王曰："寡人托国于子，焉更得贤相？"对曰："王且相犀首⑤。"王曰："子焉闻之？"对曰："犀首告臣。"王怒于犀首之泄也⑥，乃逐之⑦。

注释　①秦王：指秦武王。与之间有所立：犹言得空的时候把公孙衍立为国相。间：间隙。鲍本："请间之。间，暇隙也。因暇与语，将之相也。"

②子：此指公孙衍。

③道而闻之：在道路上听到了秦王想要任命公孙衍为国相这一消息。

④再拜：一拜而又拜，表示恭敬的礼节。

⑤犀首：即公孙衍。

⑥泄：泄漏。

⑦乃逐之：便赶走了他。之：指犀首。

译文

甘茂担任秦国国相。秦武王喜欢公孙衍，打算得空的时候任命他为国相，于是私下里对公孙衍说："我将任命你为国相。"甘茂的一个小官吏得到这一消息，把它告诉了甘茂。甘茂因而去见秦武王说："大王得到了贤能的国相，让我向您行再拜礼表示祝贺。"秦王说："我把秦国交给了你，怎么又说得了一个贤相呢?"甘茂回答说："大王将要任命犀首为国相。"秦武王说："你从哪里听到的?"甘茂说："犀首告诉我的。"秦武王对犀首泄漏这一消息很是恼怒，便把他赶走了。

甘茂约秦魏而攻楚

原文 甘茂约秦、魏而攻楚。楚之相秦者屈盖①，为楚和于秦，秦启关而听楚使②。甘茂谓秦王曰："怵于楚而不使魏制和③，楚必曰：'秦鬻魏④。'不悦而合于楚，楚、魏为一，国恐伤矣⑤。王不如使魏制和，魏制和必悦。王不恶于魏⑥，则寄地必多矣⑦。"

注释 ①屈盖：楚国人，在秦国任国相。姚本："屈盖，楚臣也，楚仕于秦，使秦相之也。"鲍本："凡屈皆楚人。楚任之于秦，使为秦相。"

②听：听从，接受。

③怵（xù）：通"訹"，犹诱，利诱。制：犹主，主持。

④鬻（yù）出卖。鲍本："以鬻魏之言告魏。鬻，卖也，如卖友云。言始约而终背之。"

⑤伤：创伤，伤害。姚本："伤，害也。"

⑥不恶（wù）于魏：不被魏国所增恨。恶：犹憎恶，憎恨。

⑦寄：寄存，此处引申为"可获得"。缪文远《战国策新校注》按："时秦、魏方约而攻楚，寄地当指取楚地而言。"鲍本："时地未入，故曰'寄'。"

译文　甘茂联合秦、魏两国一同攻打楚国。在秦国任国相的楚国人屈盖，替楚国向秦国讲和，于是秦国便打开边境关卡的大门接受楚国的使臣。甘茂对秦王说："秦国受楚国的利诱而不让魏国主持讲和，楚国一定对魏国说：'秦国出卖了魏国。'魏国不高兴就会和楚国联合，楚、魏两国成为一体，秦国恐怕要受到损害了。大王不如让魏国主持讲和，魏国主持讲和一定高兴。这样，魏国不憎恨大王，那么大王可获得的土地也就多了。"

陉山之事

原文　陉山之事①，赵且与秦伐齐。齐惧，令田章以阳武合于赵②，而以顺子为质③。赵王喜④，乃案兵告于秦曰："齐以阳武赐弊邑而纳顺子，欲以解伐⑤，敢告下吏⑥。"

秦王使公子他之赵⑦，谓赵王曰："齐与大国救魏而倍约⑧，不可信恃，大国不义，以告弊邑，而赐之二社之地⑨，以奉祭祀。今又案兵，且欲合齐而受其地⑩，非使臣之所知也。请益甲四万⑪，大国裁之。"

注释

①陉（xíng）山：地名，在今河南省新郑市南，与华阳相近。事：此指秦国攻打赵、韩、魏三国的战役。鲍本："《穰侯传》，魏背秦与齐从亲，秦使穰侯攻赵、韩、魏于华阳下，且益赵以兵伐齐，则此役也。"

②田章：即陈璋，齐国公子，齐闵王时的将领。阳武：地名，今地不详。一说，张琦《战国策释地》曰："此或章武之讹，阳、章音相近也。章武，今天津府也。"一说，吴正曰："此指开封阳武，非齐也，当考。"一说，缪文远本按："阳武在今河南原阳东南二十八里，似非此所指，故张琦以为乃章武之讹；然章武西汉始置，张说疑亦非是，此当阙疑。"缪说可取。合：犹和，和好。

③顺子：齐国公子。唐兰曰："顺子大概是齐闵王的子侄，过去就曾在赵国作过质子。"质：留作保证的人，即人质。

④赵王：指赵惠文王。

⑤解伐：指赵国解除对齐国的讨伐。姚本："解赵，使不与秦俱伐齐。"

⑥下吏：此指秦国的官吏。姚本："下吏，秦史。"鲍本："不斥王，故言告吏。"

⑦ 秦王：指秦昭王。公子他：即公子池，秦惠文王之子，昭王之兄。

⑧ 倍约：即背约。倍，通"背"。

⑨ 大国：此指赵国。二社之地：一说，据鲍本，社即邑，"二社之地"即"二邑之地"。一说，金正炜曰："《管子·乘马篇》'方六里命之曰社，有邑焉名之曰夹'。""二社之地"即"方圆十二里之地。"

⑩ 其地：此指阳武。

⑪ 益：增加。甲：即甲士，士兵。

译文

陉山战役，赵国将联合秦国攻打齐国。齐国为此恐惧，便指派田章用阳武与赵国和好，又用齐国公子顺子做人质。赵惠文王非常高兴，于是按兵不发并告诉秦国说："齐国把阳武赠给我国又送来顺子当人质，我国要解除对它的讨伐。为此冒昧地通知贵国的官员们。"

秦昭王派公子他前往赵国，对赵王说："齐国相约贵国一同救援魏国，但事后却背弃信约，齐国是不可信赖的，贵国认为齐国不守信义，把要讨伐齐国的事通报了我国，而且赠送方圆十二里的土地，用来供祭祀之用。现在贵国又按兵不动，而且想要接受齐国的阳武与它和解，这是我所不知道的。请让我国增派士兵四万，由贵国去决断。"

原文 苏代为齐献书穰侯曰①："臣闻往来者言曰②：'秦且益赵甲四万人以伐齐。'臣窃必之弊邑之王曰③'秦王明而熟于计④，穰侯智而习于事⑤，必不益赵甲四万人以伐齐。'是何也？夫三晋相结⑥，秦之深仇也。三晋百背秦，百欺秦，不为不信，不为无行⑦。今破齐以肥赵⑧，赵，秦之深仇，不利于秦。一也。秦之谋者必曰：'破齐弊晋⑨，而后制晋、楚之胜⑩。'夫齐，罢国也⑪，以天下击之，譬犹以千钧之弩溃痈也⑫。秦王安能制晋、楚哉？二也。秦少出兵，则晋、楚不信；多出兵，则晋、楚为制于秦。齐恐，则必不走于秦且走晋、楚⑬。三也。齐割地以实晋、楚，则晋、楚安。齐举兵而为之顿剑⑭，则秦反受兵。四也。是晋、楚以秦破齐，以齐破秦，何晋、楚之智而齐、秦之愚！五也。秦得安邑⑮，善齐以安之，亦必无患矣。秦有安邑，则韩、魏必无上党哉⑯。夫取三晋之肠胃与出兵而惧其不反也⑰，孰利？故臣窃必之弊邑之王曰：'秦王明而熟于计，穰侯智而习于事，必不益赵甲四万人以伐齐矣。'"

注释

①苏代：纵横家，苏秦之弟。穰（ráng）侯：即秦国相国魏冉。

②往来者言：姚本为"往来之者言"，《史记·穰侯列传》无"之"字。今从《史记》。

③王：指齐襄王。

④明：精明。熟：娴熟，熟悉。

⑤智：机智。习：熟悉。

⑥三晋：指赵、魏、韩三国。也可以任指其中的一国或二国，因为它们是由晋国分立出来的。

⑦行（xíng）：此指德行。

⑧肥：富饶，富足，使动用法。

⑨弊：败，疲困，使动用法。

⑩制晋、楚之胜：制服三晋和楚国。郭希汾《战国策详注》："齐晋破弊，秦无他虑，可以南制楚也。"

⑪罢：通"疲"，疲惫。

⑫千钧：形容力量极大。钧：古代重量单位，相当于三十斤。弩（nǔ）：一种利用机械力量射箭的弓。溃痈：溃烂了的毒疮。

⑬走：犹言投奔。

⑭顿剑：按剑，此指出兵。缪文远《战国策新校注》："诸家注于此均难通，不引。余意此或言举兵按剑，转而为三晋攻秦之前驱也。"

⑮安邑：魏地名，见《秦策一·泠向谓秦王》注。

⑯上党：见《东周策》注。

⑰肠胃：犹言心腹，此指枢纽地带。

译文 苏代替齐国送给穰侯一封信说："我听到过往的行人说：'秦国将要增援赵国四万兵力来进攻齐国。'我私下认为要肯定地告诉我国的国王说：'秦王精明而善于谋划，穰侯明智而善于办事，一定不会增援赵国四万兵力来进攻齐国。'这是为什么呢？赵、魏、韩三国联合，这是秦国的深仇。它们上百次地背弃秦国，上百次地欺骗秦国，秦国都不算是不守信用，不算是不讲道义。现在打败齐国去壮大赵国，赵国是秦国的深仇大敌，这样不利于秦国。这是一。秦国的谋士一定说：'打败齐国让三晋疲困，然后制服三晋和楚国。'齐国是一个疲惫的国家，用天下各国的兵力进攻齐国，就好比用千钧重的强弩去击破一个溃烂了的毒疮，它必然灭亡，秦王怎么能制服三晋和楚国呢？这是二。秦国出动军队少，那么三晋和楚国就不会相信秦国；出动军队多，那么三晋和楚国就会认为受秦国控制。齐国恐惧，一定不会投靠秦国而去投靠三晋和楚国。这是三。齐国割让土地以充实三晋和楚国，那么三晋和楚国就安定了。齐国出动兵力，秦国反而会受到军事压力。这是四。这实际上是三晋和楚国利用秦国来攻破齐国，又利用齐国来攻破秦国，为什么三晋和楚国会这样聪明而齐国和秦国这样愚蠢呢！这是五。秦国取得了安邑，好好地安抚齐国，也就必然没有祸患了。秦国有了安邑，韩、魏两国一定会失去上党的。取得三晋的枢纽地带，跟出动军队却害怕全军覆没，哪一个有利呢？所以我私下对我们国王说：'秦王精明而善于谋划，穰侯明智而善于办事，一定不会增援赵国四万兵力来进攻齐国的。'"

秦策三

秦宣太后爱魏丑夫

原文　秦宣太后爱魏丑夫①。太后将病死，出令曰："为我葬，必以魏子为殉②。"魏子患之。庸芮为魏子说太后曰③："以死者为有知乎？"太后曰："无知也。"曰："若太后之神灵，明知死者之无知矣，何为空以生所爱，葬于无知之死人哉！若死者有知，先王积怒之日久矣，太后救过不赡④，何暇乃私魏丑夫乎⑤？"太后曰："善。"乃止⑥。

注释　①宣太后：秦惠王之后，昭襄王之母，故言"太后"。魏丑夫：魏国人，在秦国做官，其他情况不详。

②魏子：指魏丑夫。殉：殉葬，即用活人随死人而葬。

③庸芮（ruì）：秦国之臣，其他情况不详。

④救过不赡（shàn）：没有足够的时间去补救过失。赡，充足，此指足够的时间。

⑤私：偏爱。

⑥止：终止，指停止让魏丑夫为太后殉葬这件事。

译文　秦国的宣太后喜欢魏丑夫。她在病重临死之前，发出指令说："给我安葬的时候，一定要让魏丑夫为我殉葬。"魏丑夫非常害怕。庸芮为魏丑夫去劝宣太后说："您以为死了的人有知觉吗？"太后说："没有知觉的。"庸芮说："这样看来，太后的英灵，明明知道死人是没有知觉的，为什么还要白白地把自己所喜爱的活人去为没有知觉的死人殉葬呢！如果死人真有知觉，那么故去的惠王在九泉之下积怒已经很久了，太后补救过失都没有足够的时间，哪有闲暇去偏爱魏丑夫呢？"太后说："是的。"于是太后就终止了让魏丑夫为她殉葬的事。

薛公为魏谓魏冉

原文　薛公为魏谓魏冉曰①："文闻秦王欲以吕礼收齐②，以济天下，君必轻矣。齐、秦相聚以临三晋，礼必并相之③，是君收齐以重吕礼也。齐免于天下之兵，其仇君必深④。君不如劝秦王令弊邑卒攻齐之事⑤。齐破，文请以所得封君。齐破晋强⑥，秦王畏晋之强也，必重君以取晋⑦。齐予晋弊邑，而不能支秦⑧，晋必重君以事秦。是君破齐以为功，操晋以为重也^⑨。破齐定封，而秦、晋皆重君；若齐不破，吕礼复用^⑩，子必大穷矣^⑪。"

注释

①薛公：即田文，号孟尝君，详见《东周策》注。魏冉：秦国大臣，原是楚国人，秦昭王母舅。秦武王死后发生内乱，他拥立秦昭王，初任将军，后一再任相国，封于穰邑（在今河南省邓州市），称穰侯，后加封陶邑（在今山东省定陶县西北）。

②吕礼：秦国将领。秦国相国魏冉曾想要杀死他，因此逃奔齐国，后来又逃回秦国。收：收取，联络，交结。

③并相：指同时兼任齐、秦两国的相国。

④仇：仇视。

⑤弊邑：此指田文所受封的薛邑。

⑥晋：即三晋，可兼指三国，也可任指一国或二国。一般说晋国，常特指魏国，此处即指魏国。

⑦重君：犹言重用您（魏冉）。

⑧支：犹拒，抗拒。

⑨操：把持。为重：犹言抬高自己的身价、地位。

⑩定封：巩固并扩大自己的封邑。复用：再次被秦国任用。

⑪大穷：非常困窘，十分为难。

译文

薛公田文为了魏国对秦国相国魏冉说:"我听说秦王想要由吕礼来交结齐国,以此来救助天下,您一定会被轻视的。齐国和秦国互相联合去对付三晋,吕礼一定会兼任齐、秦两国的相国,这就等于您交结齐国而加强了吕礼的地位。齐国免除了各国的军事威胁,它一定会深深地仇视您。您不如劝说秦王命令薛地的兵力去攻打齐国。齐国失败了,我愿意把所取得的土地送给您。齐国大败而晋国强大,秦王惧怕魏国的强大,一定会重用您去交结魏国。齐国给魏国薛邑,而不能抗拒秦国,魏国一定会借重您来交结秦国。这样,您打败齐国建立了功劳,又凭借魏国加强了您的地位。这么一来,您打败了齐国巩固并扩大了自己的封邑,秦国和魏国就会共同重视您;如果齐国不遭受挫败,吕礼再次被重用,那您一定会非常困窘的了。"

秦客卿造谓穰侯

原文

秦客卿造谓穰侯曰[①]:"秦封君以陶[②],藉君天下数年矣[③]。攻齐之事成,陶为万乘[④],长小国,率以朝天子，天下必听，五伯之事也⑤；攻齐不成，陶为邻恤⑥，而莫之据也⑦。故攻齐之于陶也，存亡之机也。

"君欲成之，何不使人谓燕相国曰：'圣人不能为时⑧，时至而弗失。舜虽贤，不遇尧也，不得为天子；汤、武虽贤，不当桀、纣不王。故以舜、汤、武之贤，不遭时不得帝王。今攻齐⑨，此君之大时也已⑩·因天下之力，伐仇国之齐，报惠王之耻⑪，成昭王之功⑫，除万世之害，此燕之长利，而君之大名也。《书》云⑬，树德莫如滋⑭，除害莫如尽。吴不亡越，越故亡吴⑮；齐不亡燕，燕故亡齐⑯。齐亡于燕，吴亡于越，此除疾不尽也。以非此时也，成君之功，除君之害，秦卒有他事而从齐⑰，齐、赵合，其仇君必深矣。挟君之仇以诛于燕，后虽悔之，不可得也已。君悉燕兵而疾攻之⑱，天下之从君也，若报父子之仇。诚能亡齐，封君于河南⑲，为万乘，达途于中国，南与陶为邻，世世无患。愿君之专志于攻齐，而无他虑也。'"

注释 ①客卿：请别国人在本国做官，其位为卿，而以客礼相待，称为客卿。造：客卿名，其姓不明。

②陶：魏冉的封邑之一，在今山东省定陶县西北。

③藉君天下：借您控制天下。

④万乘：拥有万辆兵车的国家，犹言大国。鲍本："国大也。"

⑤五伯：即五霸，春秋时先后称霸的五个诸侯，指齐桓公、晋文公、宋襄公、秦穆公、楚庄王。

⑥邻恤（xù）：近于忧患。邻：接近。

⑦据：依靠。缪文远《战国策新校注》按："无援国可恃。"

⑧为时：创造天时。鲍本："时，天时，非人所能为。"

⑨今：鲍本作"今"，姚本作"令"。从鲍本。

⑩大时：犹言极好的时机。鲍本："得时之利无大于此。"

⑪惠王之耻：指燕惠王时，齐国田单破燕军而杀燕将骑劫之事。

⑫昭王之功：指燕昭王二十八年，乐毅伐齐，下齐七十余城之事。

⑬书：指《尚书》。鲍本："补曰：《秦誓》，'树德务滋，除恶务本。'"《秦誓》为《尚书》中的一篇。

⑭滋：培植，增长。鲍本："滋，益也。"

⑮吴不亡越，越故亡吴：指吴王夫差栖越王勾践于会稽，后勾践灭吴之事。

⑯齐不亡燕，燕故亡齐：指周赧王元年（前314）齐宣王乘子之之乱伐燕，后燕昭王使乐毅将五国之兵伐齐，入临淄之事。

⑰卒：同"猝"，突然。

⑱疾攻：快速进攻。姚本作"疾僭"，今从鲍本作"疾攻"。

⑲河南：指河之南，非郡名。

译文 秦国名叫造的客卿对穰侯说："秦国封给您陶邑，借助您控制天下已经多年了。攻打齐国的事如能成功，陶邑就将成为拥有万辆兵车的大国，同时成为各小国的首领，可以率领它们去朝拜天子，天下诸侯一定会俯首听命的，这可是五伯称霸天下的大业；攻打齐国如果失败，陶邑就将成为忧患，而失去依靠了。所以攻打齐国对于陶邑来说，是存亡的关键。

"您要想使攻打齐国之事成功，为何不派人去对燕国的相国说：'圣人不能创造天时，他却能把握不让时机失去。舜虽然贤能，但如果没有遇上尧帝，也就成不了天子；汤王、武王虽然贤能，但如果他们不去抵挡夏桀、商纣的暴虐，也就成不了帝王。所以舜帝、汤王、武王的贤能，如果不遇到时机，那是成不了帝王的。现在攻打齐国，这是您最好的时机了。依靠天下的兵力，讨伐仇敌齐国，去回报燕惠王的耻辱，去完成燕昭王的功业，除掉千秋万世的祸害，这是燕国的长远利益，也是相国您最大的名誉。《尚书》说，树立德行应促其增长，铲除祸害要彻底。吴国不灭亡越国，越国就必然要灭亡吴国；齐国不灭亡燕国，燕国就必然会灭亡齐国。齐国被燕国灭亡，吴国被越国灭亡，这都是除害不彻底的缘故。不在这个时候去完成您的功业，去铲除您的祸害，秦国突然有了别的变故而联合齐国，齐国又联合赵国，它必定要深深地仇视您了。挟持您的仇敌齐国来讨伐燕国，那时即使后悔，机会不可再得了。您用全部燕国的兵力去发动快速进攻，天下诸侯将会跟随您，就像报父子之仇一样对付齐国了。果真能灭亡齐国，把您封在黄河之南，成了拥有万辆兵车的大国，使中原各国通达无阻，南面与陶邑为邻，世世代代没有了忧患。希望您专心致志去进攻齐国，而不要有别的考虑了。'"

为魏谓魏冉

原文 为魏谓魏冉曰^①："公闻东方之语乎^②？"曰："弗闻也。"曰："辛、张仪、毋泽说魏王、薛公、公叔也^③，曰：

'臣战④，载主契国以与王约⑤，必无患矣。若有败之者，臣请契领⑥。然而臣有患也⑦。夫楚王之以其臣请契领然而臣有患也。夫楚王之以其国依冉也，而事臣之主⑧，此臣之甚患也。'今公东而因言于楚⑨，是令张仪之言为禹，而务败公之事也⑩。公不如反公国，德楚而观薛公之为公也⑪。观三国之所求于秦而不能得者⑫，请以号三国以自信也⑬。观张仪与泽之所不能得于薛公者也，而公请之以自重也。"

注释

①魏：魏国。鲍本"魏"上补"为"，极是。魏冉：楚国人，秦宣太后之弟，后封穰侯，时为秦相国。

②东方：指山东。鲍本："东，山东。"

③辛：韩国人。张仪：姚本作"张阳"，从鲍本作"张仪"。张仪当时任魏相国。毋泽：齐国人。薛公：田文。公叔：韩公族，韩襄王庶子，时任事于韩国。

④臣战：指我们与楚国作战。

⑤载主：用车载着木主，作战时用以祷告。主：木主，以资佑护。契国：以国结约。

⑥契领：持颈而诛。鲍本："领，项也。言欲请诛，持其项以受鈇钺。"

⑦臣有患：即我忧虑秦、楚联合。

⑧事：征伐。臣：指辛、张仪。主：指韩、魏、齐。

⑨公东而因言于楚：您到东边去与楚国讲和。

⑩败公之事：败坏您联合楚国的事。

⑪德楚：施恩惠于楚国。

⑫三国：指韩、魏、齐三国。

⑬号三国以自信：号召三国取得他们的信任。

译文　有人替魏国对魏冉说："您听到山东各诸侯国是怎么说的吗？"魏冉说："没有听说过。"这个人说："辛、张仪、毋泽分别游说过魏王、薛公和公叔，张仪他们说：'如果我们和楚国开战，车载着木主，以国结约，与大王联合在一起，一定不会有后患了。若是打了败仗，请让我们提着脑袋来见您。然而我们还是忧虑秦楚联合这件事。再说楚王曾经让他的国家依靠魏冉，而来征伐我们韩、魏、齐三国，这是我们最忧虑的事情。'如今您想到东边去与楚国讲和，这是让张仪的预言变成了大禹一样未卜先知，并且让三国败坏您联合楚国的计谋。我看，您不如返回您的秦国，使楚国感激您的恩德，观察薛公如何对待您。再观察韩、魏、齐三国对秦王有什么要求却不能得到，请用这种方法号召三国来争取他们的信任。最后看张仪他们对

薛公有什么要求却没有得到，而您去为他们争取，这
样您自己才能受到人们的普遍尊重。"

谓魏冉曰和不成

原文　谓魏冉曰："和不成①，兵必出。白起者，且复将。战
胜，必穷公②；不胜，必事赵从公。公又轻③，公不
若毋多④，则疾到⑤。"

注释　①和不成：指秦国和赵国讲和不成。

②穷公：使您陷入困境。

③轻：犹言失势。鲍本："不能穷冉，故从冉而和。然先和，
则冉重；今不胜而和，故轻。"

④毋多：犹言专心致力去讲和而不要考虑别的办法。

⑤疾到：指赵国将很快归服秦国。鲍本："赵归我也。"

译文　有人对魏冉说："如果秦国和赵国的议和不能达成，
秦兵必然出动。到那时，白起将重新挂帅。若是秦军
取胜，必将使您陷入困境；若是秦军不能取胜，秦王

一定派您去讲和并侍奉赵国。这样您会更加受到轻
视，所以您不如专心致力去讲和，赵国就会很快归服
秦国的。"

谓穰侯

原文　谓穰侯曰："为君虑封①，若于除宋罪，重齐怒②；须
残伐乱宋③，德强齐，定身封。此亦百世之时也已！"

注释　①虑封：谋划封地。鲍本："谋所以定其封。"
②重齐怒：激起齐国愤怒。鲍本："宋，齐所恶心也，故除宋
罪则齐怒，齐怒则冉之封不定，故以为苦。"
③残伐乱宋：讨伐摧毁混乱的宋国。

译文　有人对穰侯说："我正为您考虑定封的事，如果我们
赦免宋王的罪过，就会激起齐国的愤怒之情；如果我
们摧毁了混乱的宋国，就会使强大的齐国感激我们，
并能确定自身的封号。这也是百世难遇的良机！"

谓魏冉曰楚破秦

原文 谓魏冉曰:"楚破秦,不能与齐县衡矣①。秦三世积节于韩、魏②,而齐之德新加与③。齐、秦交争,韩、魏东听④,则秦伐矣。齐有东国之地,方千里。楚苞九夷⑤,又方千里,南有符离之塞⑥,北有甘鱼之口⑦。权县宋、卫⑧,宋、卫乃当阿、甄耳⑨。利有千里者二⑩,富擅越隶⑪,秦乌能与齐县衡韩、魏,支分⑫方城膏腴之地以薄郑,兵休复起,足以伤秦,不必待齐。"

注释 ①县衡:犹言较量。县:通"悬"。衡:计量。

②三世积节于韩、魏:秦国三世与韩、魏有多次交战。三世:指秦惠王、武王、昭王。积节:多次交战。鲍本:"节,犹事也。言累有战伐之事。"

③齐之德新加与:指齐国施恩惠于韩、魏而新结为友国。

④东听:听从东边的齐国。

⑤苞九夷:包容九夷。苞:通"包"。九夷:其区域相当于淮北、鲁南泗上十二诸侯之地。

⑥符离:地名,在今安徽省宿县符离集。

⑦甘鱼：地名，即甘鱼陂，在今湖北省天门市西北。

⑧权县：犹言权衡。县：通"悬"。

⑨阿、甄：齐地。阿在今山东省东阿县。甄即鄄，在今山东省濮县东部。

⑩千里者二：是说齐国之地千里，楚国九夷之地又千里，齐兼而有之。

⑪越隶：越地的奴隶。古越国之地，此时已属楚国。

⑫支分：犹言肢解。方城：楚地在今河南省方城县以北。郑：即新郑，韩国都城，战国时曾称韩为郑。

译文　　有人对魏冉说："如果楚国攻破秦国，秦国就不能同齐国较量了。再说秦国三代人和韩、魏两国有多次交战之仇，而齐国又刚刚把好处给了韩、魏。当齐、秦交战的时候，韩、魏必然听从东边的齐国，那么秦国将遭到讨伐。齐国东方的土地，方圆千里。楚国包容九夷，方圆也有千里，况且南边还有符离要塞，北边有甘鱼陂隘口。若是权衡一下宋、卫两国的分量，宋、卫只不过相当于齐国的阿、甄两地罢了。如果齐国占有了楚国的土地，就等于有了两个千里，又独自握有楚国越地的徒隶，秦国便不能与齐、韩、魏相较量了，当齐军肢解肥沃的方城土地以接近韩国时，韩、魏的军队不必再发动，足以挫伤秦国的元气，而不必等待齐国动手了。"

五国罢成皋

原文　五国罢成皋①，秦王欲为成阳君求相韩、魏②，韩、魏弗听。秦太后为魏冉谓秦王曰③："成阳君以王之故，穷而居于齐，今王见其达而收之④，亦能翕其心乎⑤？"王曰："未也。"太后曰："穷而不收，达而报之，恐不为王用；且收成阳君，失韩、魏之道也⑥。"

注释　①五国：指韩、赵、魏、楚、燕。成皋：即成皋，韩邑，在今河南省荥阳市氾水镇。

②成阳君：韩国人。

③秦太后：即秦宣后。秦王：指秦昭王。

④达：此指政治上得以施展。

⑤翕（xī）：犹言收取。鲍本："翕，犹收也。言收之晚。"

⑥失韩、魏之道：失去与韩、魏两国的交往。此句是说，成

阳君在齐国穷困潦倒，也一定为韩、魏两国所厌恶。鲍本：
"其穷在齐，亦必韩、魏所恶。"

译文　楚、赵、韩、魏、燕五国在成皋休兵之后，秦王想替
成阳君向韩、魏两国谋求相位，韩、魏不肯听从。秦
太后替魏冉对秦王说："成阳君因为大王的缘故，住
在齐国落得个穷困潦倒，如今大王看到他显达了又
想收买他，这也能笼络他的心吗？"秦王说："不能。"
太后说："穷困的时候不收留，显达了却想利用他，
恐怕他不会为大王所用的；况且收用了成阳君，就等
于断绝与韩、魏两国的交往。"

范子因王稽入秦

原文　范子因王稽入秦①，献书昭王曰："臣闻明主莅正②，
有功者不得不赏，有能者不得不官，劳大者其禄厚，
功多者其爵尊，能治众者其官大。故不能者不敢当其
职焉，能者亦不得蔽隐。使以臣之言为可，则行而益
利其道③，若将弗行，则久留臣无为也④。语曰：'人

主赏所爱，而罚所恶。明主则不然，赏必加于有功，刑必断于有罪。'今臣之胸不足以当椹质⑤，要不足以待斧钺⑥，岂敢以疑事尝试于王乎？虽以臣为贱而轻辱臣，独不重任臣者后无反复于王前耶⑦？

注释　①范子：即范雎。王稽：秦国的谒者令，为国君掌管传达和接待宾客之官。

②莅正：犹言临政。正：通"政"。《史记》作"立政"，可供参考。

③道：此指治国之道。

④无为：没有意义，没有作用。

⑤椹（zhēn）质：也作"砧质"，古代杀人用的垫板。

⑥要：通"腰"。斧钺：也作"鈇钺"，古代杀人用的斧子。钺：大斧。

⑦虽：纵令，即使。任臣者：保荐我的人，此指王稽。反复：这里有虚伪欺骗的意思。

译文　范雎因王稽出使魏国而被引进到秦国，上书秦昭王说："我听说英明的君主执政的原则是：有功劳的人不应当不给奖赏，有才能的人不应当不给官职；功劳大的人他的俸禄多，功劳多的人他的爵位高；能管理众多的人他的官职大。所以没有才能的人不敢担任官职，有才能的人也不会被埋没。假如大王认为我的意见可行，希望您加以推行，以便有利于您的政治措施；假如认为我的意见不行，长久地留着我也没有什么作用。常言道：'普通的君主奖赏他所喜爱的人，而惩罚他所厌恶的人。英明的君主却不是这样，奖赏一定给予有功的人，而刑罚一定判给有罪的人。'现在，我的胸部不能够抵挡住砧板，腰部不能够抵挡斧钺，难道敢于拿游移不定的事情来尝试大王的刑罚吗？即使您认为我是卑贱的人而轻视侮辱我，难道不重视保荐我的人对大王是否忠诚吗？

原文

"臣闻周有砥厄，宋有结绿，梁有悬黎，楚有和璞①。此四宝者，工之所失也②，而为天下名器。然则圣王之所弃者，独不足以厚国家乎③？

"臣闻善厚家者，取之于国；善厚国者，取之于诸侯。天下有明主，则诸侯不得擅厚矣。是何故也？为其割荣也④。良医知病人之死生，圣主明于成败之事，利则行之，害则舍之，疑则少尝之⑤，虽尧、舜、禹、汤复生，弗能改已！语之至者，臣不敢载之于书；其浅者又不足听也。意者，臣愚而不阖于王心耶⑥！已其言臣者⑦，将贱而不足听耶？非若是也，则臣之志，愿少赐游观之间⑧，望见足下而入之⑨。"

书上，秦王说之，因谢王稽，使人持车召之。

注释

①抵（dǐ）厄（è）：美玉名。结绿：美玉名。悬黎：也作"县黎""玄黎"，美玉名。和璞：也作"和璧"，楚国人卞和所得的璞玉，因以为名。

②工：指古代从事手工技艺的劳动者。失：失误，遗弃。

③厚：有利，有益。

④擅厚：独占利益。割荣：分割光荣。姚本作"凋荣"，曾巩、钱藻、刘敞本均作"凋弊"，《史记》作"割荣"，据文意，从《史记》。

⑤少尝：稍微尝试一下。

⑥意，猜想。阖：同"合"。

⑦已其：还是。言臣者：此指王稽。

⑧间（jiàn）：空隙。

⑨足下：此指秦昭王，犹言陛下。

译文 "我听说周朝有砥厄，宋国有结绿，梁国有悬黎，楚国有和璞，这四块宝玉都是被优秀的工匠所遗弃的，可是都是天下的名贵宝物。既然如此，那么圣王您所抛弃的人，难道就不能有利于国家吗？

"我听说，大夫善于使自家封地富足的，必定要向国家窃取财富；国君善于使国家富强的，必定要从各分封的诸侯国夺取财富。天下有英明的天子，那么各分封的诸侯国就不能独占利益了。这是什么道理呢？因为它们要分割天下的威权。高明的医生了解病人的死和生，圣明的君主明了事业的成和败，对于人们的意见，有利的就去实行它，有害的就抛弃它，抱有怀疑的就稍微尝试一下，即使是尧、舜、禹、汤再生，也不能改变这种态度！最深切的话，我不敢写在书面上；那些浅薄的话又不值得大王听取。我猜想是由于我愚蠢而不能符合大王的心愿哩！还是由于介绍我的人地位卑贱而不足听信呢？如果不是这样，那我的想法是，希望大王稍稍抽出点游览观赏的空隙，让我瞻仰大王的威仪。"

范雎的话都记载下来，秦昭王十分高兴，就告诉王稽，派人用专车去迎接范雎。

范雎至秦

原文　范雎至秦，王庭迎，谓范雎曰："寡人宜以身受令久矣。今者义渠之事急①，寡人日自请太后。今义渠之事已，寡人乃得以身受命。躬窃闵然不敏②，敬执宾主之礼。"范雎辞让。

是日见范雎，见者无不变色易容者③。秦王屏左右，宫中虚无人，秦王跪而请曰④："先生何以幸教寡人⑤？"范雎曰："唯唯⑥。"有间⑦，秦王复请，范雎曰："唯唯。"若是者三。

秦王跽曰⑧："先生不幸教寡人乎？"

范雎谢曰⑨："非敢然也。臣闻始时吕尚之遇文王也⑩，身为渔父而钓于渭阳之滨耳⑪。若是者，交疏也⑫。已一说而立为太师⑬，载与俱归者，其言深也⑭。故文王果收功于吕尚，卒擅天下而身立为帝王。即使文王疏吕望而弗与深言，是周无天子之德，而文、武无与成其王也。今臣，羁旅之臣也，交疏于王，而所愿陈者，皆匡君之事，处人骨肉之间⑮，愿以陈臣之陋忠，而未知王心也，所以王三问而不对者是也。臣非有所畏而不敢言也，知今日言之于前，而明日伏诛于后，然臣弗敢畏也。大王信行臣之言，死不足以为臣患，亡不足以为臣忧⑯，漆身而为厉⑰，被发而为狂⑱，不足以为臣耻。五帝之圣而死，三王之仁而死，五伯之贤而死⑲，乌获之力而死⑳，奔、育之勇焉而死㉑。死者，人之所必不免也。处必然之势，可以少有补于秦，此臣之所大愿也，臣何患乎？伍子胥橐载而出昭关㉒，夜行而昼伏，至于蓤水㉓，无以饵其口，坐行蒲服㉔，乞食于吴市㉕，卒兴吴国，阖庐为霸㉖。使臣得进谋如伍子胥，加之以幽囚㉗，终身不复见，是臣说之行也，臣何忧乎？箕子、接舆，漆身而为厉，被发而为狂，无益于殷、楚。使臣得同行于箕子、接舆㉘，漆身可以补所贤之王，是臣之大荣也，臣又何耻乎？臣之所恐者，独恐臣死之后，天下见臣尽忠而身蹶也㉙，是以杜口裹足，莫肯即秦耳㉚。足下上畏太后之严，下惑奸臣之态；居深宫之中，不离保傅之手㉛，终身暗惑，无与照奸㉜；大者宗庙灭覆，小者身以孤危㉝。此臣之所恐耳！若夫穷辱之事，死亡之患，臣弗敢畏也。臣死而秦治，贤于生也。”

一

注释 ①义渠之事：指秦昭王出兵讨伐义渠国之事。《史记·匈奴列传》："秦昭王时，义渠戎王与宣太后乱，有二子。宣太后诈而杀义渠戎王于甘泉，遂起兵伐残义渠。"即指此。义渠：见《秦策二·义渠君之魏》注。

②躬窍闵然不敏：犹言自己糊涂迟钝。窍：谦辞。闵然：糊涂的样子。不敏：不敏捷，迟钝。

③易容：改变容颜，即脸色变了。

④跪：古人席地而坐，以臀着足跟曰坐，直起大腿曰跪。

⑤幸：表尊敬之词。

⑥唯唯：犹言是或好好，即谦恭地连声答应的声音。

⑦有间：隔了一会儿。

⑧跽（jì）：长跪（跪时两膝据地，挺直身子）。

⑨谢：道歉之意。

⑩吕尚：周初东海人，本姓姜，先世封于吕，故称吕尚。早年穷困，曾做屠夫。后钓于渭水之滨，遇文王，文王说："吾太公望子久矣。"故又号"太公望"，文王立他为师。武王时，尊他为"师尚父"，助武王伐纣，建立了周朝，被封于齐。

⑪渭阳之滨：渭水（在今陕西省）的北岸。水之北为"阳"，水之南为"阴"。

⑫交疏：交往不密切。疏，疏远。

⑬已：意同"已而"，犹不久。

⑭其言深也：他说的话很深切。

⑮骨肉：血统最亲近的人，如父母兄弟姐妹等。宣太后与昭王为母子，穰侯与昭王为舅甥，均可说是骨肉之亲。

⑯亡：指流亡。

⑰漆身而为厉（lài）：以漆涂身成了一个生癞疮的人。厉，通"癞"。《史记·刺客列传》索隐："凡漆有毒，近之多患疮肿，若癞病然。"

⑱被（pī）发：披散着头发。被，通"披"。

⑲五伯：即五霸。伯，通"霸"。见"秦客卿造谓穰侯"条注。

⑳乌获：秦武王时的力士。

㉑奔、育：即孟奔、夏育，战国时的著名勇士。

㉒伍子胥：见《秦策·陈轸去楚之齐》注。橐载而出昭关：伍子胥由楚奔吴时，藏在口袋里，装在车上而逃出昭关。昭关，楚国关名，临吴、楚边境，在今安徽省芜湖含山县西北。

㉓蓤（líng）水：即溧水，源出安徽省芜湖，东流入江苏省，注入太湖。

㉔坐行：犹言膝行，即跪着走路。蒲服：即匍匐，爬行。

㉕吴市：吴地的街市。《史记·伍子胥列传》集解："子胥乞食处在丹阳、溧（lì）阳县。"丹阳、溧阳均属吴地。

㉖阖庐：吴王，名光，夫差之父。在位时，用伍子胥、孙武，西破强楚，北威齐、晋，南服越人，所以说"为霸"。

㉗加之以幽囚：犹言把我囚禁起来。加，施。

㉘箕子：殷纣王的叔父（一说庶兄），名胥余，封于箕。箕子谏纣不听，便披发佯狂，去做奴隶。接舆；春秋时楚人，佯狂避世的隐士。

㉙蹶（jué）：倒毙，犹言死。

㉚即：犹就，到。《史记》作"乡（向）"。

㉛保傅：宫中主管侍奉养育之职的女人，如保姆、乳母之类。鲍本："女保，女傅，非大巨也。"

㉜暗惑：犹言糊涂。照奸：察明奸恶。照，明。

㉝以：以之，因此。

译文　范雎到了秦国，秦王在朝廷迎接他，对范雎说："我应当亲自接受你的指教，已经好久了。刚巧遇上了义渠国的战事很紧急，我天天忙于向太后请命。现在义渠国的战事结束了，我才能够来亲身领教。我私下里认为自己办事糊涂而又迟钝，现在我用宾主的礼节接见你。"范雎辞谢表示不敢当。

这天人们看到范雎晋见秦王，看见的人没有不惊恐得面容变色的。秦王支开了左右的随从人员，宫廷里空无一人，秦王便跪在地上请教说："先生用什么来指

教我呢?"范雎说:"好好。"停了一会儿,秦王再次
请教他,范雎说:"好好。"像这样做共有三次。

秦王长跪说:"先生终究不肯指教我吗?"

范雎深表歉意地说:"不敢这样的。我听说从前姜太
公遇见文王的时候,他只不过是一个在渭水边钓鱼的
渔翁罢了。像这样的话交情是很疏远的。后来文王和
他一席谈话,便立刻立他为太师,用车子送他一同回
家,只因为他言谈深切的缘故。所以后来文王果然在
吕尚身上收到功业,终于得天下而自立为帝王。如果
文王当时疏远吕尚,不同他深入地谈论,那就是周朝
没有做天子的德量,文王、武王也不能和他共同建成
王业了。现在我是一个客籍的臣子,对大王的交谊不
是密切的,但我所要陈说的,都是帮助国君您的事
情,在您们亲骨肉之间,我愿陈说自己鄙陋的一片忠
心,却不知道大王您的心意,所以大王三次问我,我
三次没有回答,就是这个缘故。并不是我有什么害
怕不敢说,我就是知道今天在大王面前说了,明天就
要遭到诛杀,但我也不敢怕死的。大王相信我的言
论,就是死了我也不以为忧患,就是被赶走我也不忧
愁,身上涂漆长出毒疮,披头散发成为狂人,我也不

以为羞耻。五帝那么圣德也死了，三王那么仁德也死了，五霸那么贤能也死了，乌获那么有力气也死了，孟奔、夏育那么勇敢也死了。死是任何人也避免不了的。处在必要的形势下，只要能够稍稍有益于秦国，这便是我最大的心愿了，我还有什么可怕的呢？伍子胥装在口袋里逃出昭关，夜间走路白天躲藏，到了蓤水，没有食物吃，便爬着赶路，在吴市上乞讨，后来终于振兴了吴国，使阖庐在诸侯中称霸。如果我能够进谋像伍子胥一样，即使把我幽禁起来，终身不再见大王，只要我的言论能够实行，我还有什么可忧虑的呢？箕子和接舆都因涂漆而生毒疮，披头散发成了狂人，对殷朝和楚国没有助益。如果我和箕子、接舆一样，即使涂漆生疮只要能对贤明的大王有所帮助，这便是我最大的光荣了，又怎么会感到羞耻呢？我所怕的，是唯独怕死了之后，天下人看到我尽了忠反倒身死，因此而闭口裹足，没有人敢到秦国来了。现在大王您上面怕太后的威严，下面被奸臣的媚态所迷惑；住在深宫之中，离不开保母女傅的服侍，终身迷迷糊糊，没有谁可以与您共同明察奸诈的事情；那些奸诈的事情，大的要使国家覆灭，小的要危及自身。这是我最害怕的了！像那穷困羞辱的事以及死亡的忧患，却不是我敢害怕的。我死了只要秦国政治清明安定，那就比我活着好得多了。"

原文　秦王跽曰："先生是何言也！夫秦国僻远，寡人愚不肖，先生乃幸至此，此天以寡人恩先生①，而存先王之庙也。寡人得受命于先生，此天所以幸先王而不弃其孤也②。先生奈何而言若此！事无大小，上及太后，下至大臣，愿先生悉以教寡人，无疑寡人也。"范雎再拜，秦王亦再拜。

范雎曰："大王之国，北有甘泉、谷口③，南带泾、渭④，右陇、蜀⑤，左关、阪⑥；战车千乘，奋击百万。以秦卒之勇，车骑之多，以当诸侯，譬若驰韩卢而逐蹇兔也⑦，霸王之业可致。今反闭关而不敢窥兵于山东者⑧，是穰侯为国谋不忠，而大王之计有所失也。"

王曰："原闻所失计。"

雎曰："大王越韩、魏而攻强齐，非计也。少出师，则不足以伤齐；多之则害于秦。臣意王之计欲少出师⑨，而悉韩、魏之兵则不义矣⑩。今见与国之不可亲⑪，越人之国而攻，可乎？疏于计矣！昔者，齐人伐楚⑫，战胜，破军杀将，再辟千里⑬，肤寸之地无得者⑭，岂齐不欲地哉？形弗能有也。诸侯见齐之罢露⑮，君臣之不亲，举兵而伐之⑯，主辱军破，为天下笑。所以然者，以其伐楚而肥韩、魏也。此所谓藉贼兵而赍盗食者也⑰。王不如远交而近攻，得寸则王寸之，得尺亦王尺之也。今舍此而远攻，不亦缪乎？且昔者，中山之地，方五百里，赵独擅之⑱，功成、名立、利附，则天下莫能害⑲。今韩、魏，中国之处，而天下之枢也⑳。王若欲霸，必亲中国而以为天下枢，以威楚、赵。赵强则楚附，楚强则赵附㉑。楚、赵附则齐必惧，惧必卑辞重币以事秦，齐附而韩、魏可虚也㉒。"

王曰："寡人欲亲魏，魏多变之国也，寡人不能亲。请问亲魏奈何？"范雎曰："卑辞重币以事之，不可；削地而赂之，不可；举兵而伐之。"于是举兵而攻邢丘㉓，邢丘拔而魏请附。

曰㉔："秦、韩之地形，相错如绣。秦之有韩，若木之有蠹，人之病心腹。天下有变，为秦害者莫大于韩。王不如收韩。"王曰："寡人欲收韩，韩不听㉕，为之奈何?”

范雎曰:“举兵而攻荥阳㉖,则成皋之路不通;北斩太
行之道,则上党之兵不下㉗;一举而攻荥阳,则其国
断而为三。韩见必亡㉘,焉得不听?韩听而霸事可成
也。”王曰:“善”。

范雎曰:“臣居山东,闻齐之有田单㉙,不闻其有王。
闻秦之有太后、穰侯、泾阳、华阳㉚,不闻其有王。
夫擅国之谓王㉛,能专利害之谓王,制杀生之威之谓
王。今太后擅行不顾㉜,穰侯出使不报㉝,泾阳、华
阳击断无讳㉞,四贵备而国不危者,未之有也。为此
四者,下乃所谓无王已。然则权焉得不倾,而令焉
得从王出乎?臣闻:‘善为国者,内固其威,而外重
其权。’穰侯使者操王之重,决裂诸侯㉟,剖符于
天下㊱,征敌伐国,莫敢不听。战胜攻取,则利归于
陶;国弊,御于诸侯㊲;战败,则怨结于百姓,而祸
归社稷。《诗》㊳曰‘木实繁者披其枝,披其枝者伤其
心。大其都者危其国,尊其臣者卑其主。’淖齿管齐
之权㊴,缩闵王之筋㊵,悬之庙梁,宿昔而死㊶。李兑
用赵㊷,减食主父㊸,百日而饿死。今秦,太后、穰
侯用事,高陵、泾阳佐之㊹,卒无秦王,此亦淖齿、

李兑之类已。臣今见王独立于庙朝矣，且臣将恐后世之有秦者，非王之子孙也。”

秦王惧，于是乃废太后，逐穰侯，出高陵，走泾阳于关外。

昭王谓范雎曰：“昔者，齐公得管仲^⑮，时以为仲父。今吾得子，亦以为父。”

注释

①悗（hùn）：惊动，打扰。

②幸：犹哀怜。缪文远《战国策新校注》："幸，哀也。《燕策》'此天所以哀燕而不弃其孤也。'与此义同。"

③甘泉：山名，在今陕西省淳化县西北。谷口：又名冶谷，在今陕西省礼泉县东北五十里。

④泾：即泾水，源出今陕西省泾阳县，于高凌入渭。渭：渭水，源出今甘肃省渭源县南谷山，至陕西省华阴市入河。

⑤陇、蜀：指陇坻与蜀道的险阻。陇坻，地名，在今陕西省陇县西北。

⑥关、阪：函谷关与陇阪。均为当时要塞。

⑦韩卢：善于追捕猎物的一种狗。蹇（jiǎn）兔：跛脚的兔子。胡三省《资治通鉴》注："韩卢，天下之骏犬。蹇兔，病足之兔。韩卢搏兔，无不获者，况蹇兔乎！"

⑧姚本"闭"下无"关"字，今从鲍本"闭"下有"关"字。

⑨意：犹言臆测。

⑩义：犹宜，适宜。鲍本："义，宜也。已少出师，而使人悉出，非宜。"

⑪与国：此指韩、魏两国。

⑫齐人伐楚：齐国进攻楚。鲍本："闵二十三年，败楚重丘，大有功。"

⑬辟：开拓。鲍本："辟，拓地也。"

⑭肤寸：古长度单位。以一指宽为一寸，四指为肤，此指微小的意思。

⑮罢露：羸弱困乏。罢通"疲"。

⑯举兵而伐之：此指乐毅主持诸国伐齐之役，事在周赧王三十一年（前284）。

⑰赍（jī）：送人东西。

⑱擅：犹言占有。

⑲天下莫能害：天下没有一个国家能害他的。鲍本："此言近攻之利。"

⑳枢：枢纽。鲍本："言出入往来所由。"胡三省《资治通鉴》注："以门户为喻，门户之阃阈，皆由于枢。"

㉑楚强则赵附：楚国强了，赵国定来归附。鲍本："言虽不能兼制，必有一附。"

㉒可虚也：可使成为废墟，犹言国家灭亡。鲍本："可使为丘墟。"

㉓邢丘：地名，在今河南省温县东南七十里。

㉔曰：指范雎说。鲍本："雎复说也。"

㉕欲收韩，韩不听：姚本"不听"前无"韩"字，郭希汾《战国策详注》有"韩"字。从郭本。

㉖荥（xíng）阳：韩国邑名，故城在今河南省荥阳市东北。

㉗太行之道：指太行一带险阻的羊肠道。张琦《战国策释地》："太行起河南怀庆府北二十里，接山西泽州府南界，北过恒山，至于燕、蓟，绵亘数千里，为天下之脊，在怀、泽之间，元为南北之险隘，其道即谓羊肠道也。"

㉘韩见必亡：韩国看到国家定要灭亡。姚本"韩"前有"魏"字，《史记》、郭希汾《战国策详注》均无"魏"字，今从之。

㉙闻齐之有田单：听到齐国只有一个田单。姚本"之"后有"内"，郭希汾《战国策详注》无"内"字，从郭本。

㉚泾阳：此指泾阳君，为秦昭王同母弟公子市。华阳：指华阳君，为秦昭王舅芈戎封号。

㉛擅：犹言专行。鲍本："擅，专也。"

㉜擅行不顾：独断专行而不顾及君王。鲍本："不顾王也。"

㉝报：告诉。鲍本："报，犹白也。言不白王，而擅遣使于外。"

㉞击断无讳：判他人之刑无所顾忌。鲍本："击断，谓刑人。无讳，言不避王。"

㉟决裂诸侯：分割诸侯的土地。鲍本："谓分剖其地。"

㊱剖符于天下：在天下擅自加官封爵。剖符，古代帝王授予诸侯、功臣的凭证。符为竹制，剖分为二，帝王与诸侯各执其一，故曰剖符。

㊲御于诸侯：指穰侯掌权控制主宰各诸侯。

㊳《诗》：即《逸诗》，指不见于《诗经》之外的古诗。

㊴淖齿：楚国人，楚使他为将率兵救齐，因之为相。

㊵缩：收缩，此引申为抽取。

㊶宿昔：早晚，一夜之间。胡三省《资治通鉴》注："宿昔，一夕之间也。"

㊷李兑：赵国司寇，后封为奉阳君。

㊸主父：即赵国武灵王雍，赧王十六年，武灵王传位于少子何，自号主父，后太子章作乱，公子成、李兑起兵拒难，章败走主父所，成、兑因围主父宫，主父不得出，三月余饿死。

㊹高陵：即高陵君，昭王封同母弟显为高陵君；高陵，在今陕西省高陵县西南。

㊺管仲：春秋齐国颍上人。名夷吾，字仲。助齐桓公完成霸业，使桓公成为春秋时五霸之首。

译文　秦王长跪着说:"先生这是什么话! 秦国偏僻寥远,我又愚笨缺乏才干,幸而先生来到这里,这是上天要让我来打扰先生,从而得以保存我先王的宗庙。我得领受先生的指教,这便是上天宠爱我先王又不遗弃我啊。先生您为什么说出这等话来! 现在事情不论大小,上面到太后,下面到大臣,希望先生一概指教我,不要再疑心我了。"范雎拜了两拜,秦王也拜了两拜。

范雎说:"大王的国土,北面有甘泉、谷口,南面有泾水、渭水,右面是陇坻、蜀道,左面是函谷关、陇坂;拥有战车上千辆,勇敢的士兵近百万。凭着秦国士兵的勇敢,车马的众多,去攻打诸侯,就像骏犬追捕跛脚的兔子一样,霸王的大业定可建立的。现在反而闭关自守不敢向太行以东各国用兵,这是因为穰侯为国家谋划不尽忠心,而且大王您的计策又有失误的地方。"

昭王说:"希望听听我失误的地方。"

范雎说:"大王出兵经过韩国和魏国去攻打强大的齐国,这是失算的。出兵少了,便不足以伤害齐国;出

兵多了，又有害于秦国。我料想大王的计策一定是秦
国少出兵，尽使用韩国和魏国的兵力去攻打齐国，这
是不妥当的。现在看出与您联合的国家是不可靠的，
经过别的国家去攻打远方的齐国，能行吗？这分明是
计谋上的疏忽了！从前，齐军去攻打楚国，打了胜
仗，破了楚军杀了楚将，得地一千里，到后来连寸土
也没有得到，难道齐国不想要土地吗？是形势不允许
的。诸侯看到齐国军队疲乏不堪，君臣又不和睦，就
出兵攻打齐国，弄得齐军大败湣王出走，被天下人耻
笑。之所以会这样，是因为齐国攻打楚国，恰恰肥了
韩、魏两国的缘故。这就是所谓'给贼送刀，给盗送
粮'吧。大王不如用远交近攻的办法，那样得一寸就
是大王的一寸土地，得一尺就是大王的一尺土地了。
现在丢掉这个办法却去远攻，不是错误了吗？况且从
前中山国的土地，方圆五百里，被赵国独自占有，功
业成就，名声大立，利益又到了手，天下没有一个国
家敢侵害它。现在韩、魏两国处于中原，好比天下的
枢纽。大王如果想称霸诸侯，一定要亲近中原各诸侯
国，以它们为天下的枢纽，去威镇那楚国和赵国。赵
国强了，楚国定会来归附，楚国强了，赵国也定来归
附。楚、赵两国都来归附，齐国必然害怕。齐国一害

怕必定用谦卑的言辞和贵重的财物来侍奉秦国了，齐国既然来归附，那么韩、魏两国一定可以灭亡了。"

昭王说："我是想亲近魏国的，但魏国是一个策略多变的国家，我不能亲近它。请问怎样去亲近魏国？"范雎说："先用谦逊的言辞和贵重的财物去侍奉它，不可以；割土地献给它，再不可以，便出兵去讨伐它。"于是出兵攻打邢丘，邢丘攻下来，魏国请求归附秦国。

范雎又说："秦国和韩国的地形，像丝绣一样互相交错。秦国有韩国，好像树有了蠹虫，人患了心腹病一样，天下一有变动，成为秦国祸患的国家，莫过于韩国了。大王不如收取韩国。"昭王说："我想收取韩国，但韩国不依从我，该怎么办呢？"

范雎说："只要大王兴兵去攻打荥阳，那么成皋的路便不通了；北面截断了太行山的道路，上党的兵力便下不来；一举兵便去攻打荥阳，韩国便可分成三段，韩国看到国家必将灭亡，哪里还敢不依从呢？韩国一旦依从，那么大王的霸业便可以成功了。"昭王说："太好了。"

范雎说："我住在山东的时候，只听到齐国有一个田单，却没有听到有君王。只听到秦国有个太后和穰侯、泾阳君、华阳君，却没有听到有君王。只有能独自掌管国事的方可称为王，只有能专断利害的方可称为王，只有能控制生杀权威的方可称为王。现在太后擅自专行不顾一切，穰侯出使各国，归来也不禀报，泾阳君、华阳君随意处置他人毫无顾忌，这四位权贵齐全而国家不危险，那是从来没有的。因为这四位权贵，下面才说秦国没有君王了。既然如此，那么国家的权威怎么会不倒，号令又怎么会从大王您那里发出来呢？我听说'善于治理国家的君王，对内牢固地树立他的威严，对外重视他的权力'。穰侯出使操持大王的权力，割裂诸侯的土地，擅自封爵，征伐敌国，没有人敢不听从。打了胜仗，便把利益归到他自己的封地陶国去；国家困难了，便让诸侯去承担；战败了，便结怨于老百姓，灾祸都集中到国家。《逸诗》上说：'果子多的树定要折断枝条，折断了枝条定要伤害树心。过大地封给臣子都邑，国家必然危险，臣子太尊贵了，君王必然卑弱。'楚将淖齿在齐国专权，抽取闵王的筋脉，悬挂在庙堂横梁上，一夜之间即死。李兑在赵弄权，减少主父的食物，一百天之后主父就饿死了。现在秦国有太后、穰侯专权，加上高陵和泾阳君帮助他们，到头来是不会有秦王的存在了，这些人便是掉齿、李兑的同类。我今天看到大王您在朝廷的孤立，恐怕后世占有秦国的，不会是大王您的子孙了。"

秦昭王心中害怕，便废了太后，驱逐了穰侯，调出高陵君，把泾阳君撵出关外。

昭王对范雎说："从前齐桓公得到管仲，便尊敬他为仲父，现在我得到了您，也尊敬您为父辈吧。"

应侯谓昭王

原文 应侯谓昭王曰①："亦闻恒思有神丛与②？恒思有悍少年，请与丛博③，曰：'吾胜丛，丛籍我神三日④；不胜丛，丛困我。'乃左手为丛投⑤，右手自为投，胜丛，丛籍其神。三日，丛往求之，遂弗归，五日而丛枯，七日而丛亡。今国者，王之丛；势者，王之神。籍人以此，得无危乎？臣未尝闻指大于臂，臂大于股，若有此，则病必甚矣。百人舆瓢而趋⑥，不如一人持而走疾。百人诚舆瓢，瓢必裂。今秦国，华阳用之，穰侯用之，太后用之，王亦用之。不称瓢为器⑦，则已；已称瓢为器，国必裂矣。臣闻之也：'木实繁者枝必披，枝之披者伤其心。都大者危其国，臣强者危其主。'其令邑中自斗食以上⑧，至尉、内史及王左右⑨，有非相国之人者乎⑩？国无事，则已；国有事，臣必闻见王独立于庭也。臣窃为王恐，恐万世之后有国者，非王子孙也。

"臣闻古之善为政也，其威内扶⑱，其辅外布⑫，而治政不乱不逆⑬，使者直道而行，不敢为非。今太后使者分裂诸侯，而符布天下，操大国之势，征强兵⑭，伐诸侯。战胜攻取，利尽归于陶；国之币帛，竭入太后之家；竟内之利⑮，分利华阳。古之所谓'危主灭国之道'必从此起。三贵竭国以自安⑯，然则令何得从王出，权何得毋分，是我王果处三分之一也。"

注释

①应侯：即范雎，秦封范雎以应地（在今河南省鲁山县东），称应侯。

②恒思：地名，不详所在。神丛：丛树中的神祠。《史记·陈

涉世家·索隐》引高诱注《战国策》云:"神丛,神祠。丛,树也。"鲍本:"灌木中有神灵托之。"

③博:戏局,用以赌胜负。

④籍:通"借"。鲍本:"籍作藉。以神灵借我。"

⑤投:掷骰子。郭希汾本注:"投,博具,即今之骰子也。"

⑥舆:犹载。鲍本:"负之如舆载物。"

⑦称:犹言比做。鲍本:"称,犹等也。谓比国于瓢。"

⑧斗食:最低俸禄,每日一斗二升。郭希汾本注:"言禄最轻者。"

⑨尉:军尉,武官。秦政府及郡、县皆有尉。内史:秦国京师地方的行政长官,地位相当于郡守,汉武帝以后改为京兆尹。

⑩相国:此指穰侯魏冉。

⑪扶:犹持。鲍本:"扶,犹持也。言不颠仆。"

⑫辅:指辅佐之臣,犹言重要之臣。鲍本:"辅,谓股肱之臣。"

⑬而:姚本作"四",从鲍本作"而"。

⑭征强兵:征强壮的兵士。姚本作"强征兵",今从鲍本、郭本作"征强兵"。

⑮竟内:即境内。吴曾祺《战国策补注》:"竟,即境字。"

⑯三贵:指太后、穰侯、华阳君三人。

译文　　应侯对秦昭王说："您也听说过在恒思那个地方的丛林中有一座神祠吗？恒思有一个凶顽的少年要求与祠主掷骰子，他说：'我如果胜了你，你就要把神位借给我三天；如果不能胜你，你可以置我于困境。'于是，他用左手替祠主掷骰子，用右手为自己投骰子，最后他取胜了，祠主借给了他丛祠的神位。三天之后，神祠派人取神位，竟没有取回去。五天之后，这片树林全开始干枯，七日之后，这片树林全死了。现在可以说，国家就好比是大王的丛林；权势就好比是大王的神位。如果把这些东西借给别人，能没有危险吗？我从来没有听说过手指比胳膊粗的，更没有听说过胳膊比大腿粗的，若是有这种事，那一定是病得太严重了，假使真的一百个人驮着瓢跑，那么瓢非摔碎不可。现在的秦国，华阳君掌政，穰侯掌政，太后掌政，大王也掌政。不把国家比做盛水的瓢也就算了；如果把国家比做盛水的瓢，那么国家也必然会四分五裂的了。我曾经听到过这样一句话：'果实累累的树，树枝必定要折断，树枝一折断，树心必定受到损伤。都城大的诸侯就将危及他的国家，权势过强的臣子必将危及他的君主。'秦国城邑中从一斗俸禄的小官吏以上，一直到军尉、内史以及大王左右的近臣，有哪个不是穰侯的亲信呢？国家没有什么战乱，还没有什么；国家万一有什么战乱发生，我一定能看到大王在朝廷上受到孤立。我私下里替大王害怕，唯恐万世之后掌握国家大权的不是大王的子孙了。

"我听说古代那些善于治理国家的君主，他的威权掌握在自己手里，他的亲信遍布全国各处，政治安定，没有祸乱没有叛逆，使臣们按政策办事，不敢为非作歹。现在太后的使臣分裂各地诸侯，虎符流布天下，操纵大国的权利，征聚强壮的兵士，诛伐诸侯。每至战胜攻取，财物全部归到陶地；国家财物，搜刮净尽都送往太后的私室；境内的资产，从各处运往华阳。古人所说'使君主危险让国家走向灭亡之路'必将从这里开始。太后、穰侯、华阳君这三个显贵刮取国家财富求得自己的安乐，既然这样，那么国家的政令怎么能从大王这里发出，权利怎么能不分散，这确实使大王处在三贵包围一王的地位了。"

秦攻韩围陉

原文   秦攻韩，围陉①。范雎谓秦昭王曰："有攻人者，有攻
地者。穰侯十攻魏而不得伤者，非秦弱而魏强也，其
所攻者，地也。地者，人主所甚爱也。人主者，人
臣之所乐为死也。攻人主之所爱，与乐死者斗，故十
攻而弗能胜也。今王将攻韩围陉，臣愿王之毋独攻其
地，而攻其人也。王攻韩围陉，以张平为言②。张平
之力多，且削地而以自赎于王，几割地而韩不尽；张
平之力少，则王逐张平，而更与不如张平者市③。则
王之所求于韩者，尽可得也④。"

注释   ①陉（xíng）：韩地，故城在今山西省曲沃县西北二十里。
②张平：姚本作"张仪"。按张仪至此已死四十余年，且张仪
亦未曾相韩，年代不符。今改为"张平"。据《史记·留侯世
家》：张良之父张平为韩桓惠王谋。秦攻陉，正合其时。
③市：交易。此指政治外交。
④尽可得：都可全部得到手。姚本作"言可得"，从鲍本作
"尽可得"更合文义。

译文　秦国要进攻韩国，围攻陉地。范雎对秦昭王说："在作战中，有的攻取人心，有的只是攻占土地。穰侯曾经十次进攻魏国却不能挫败他们，并不是秦国弱小魏国强大，而是因为穰侯他们所要夺取的只是土地。土地本来是人主最喜爱的东西，而人主，无论哪个大臣都乐于为他效命。攻取人主所喜爱的东西，又与乐意为之而死的人搏斗，因此十次进攻都不能取胜。现在大王准备攻打韩国围攻陉地，我希望大王不要光是攻占他们的土地，而是要攻取他们的人心。大王若是攻韩围陉，就要以张平为谈判对象。如果张平有头脑，他就将割让土地，而在大王面前赎罪，希望割让一些土地而使韩国不被吞灭；如果张平没有头脑，那么大王就会赶走张平，再和不如张平的人讲交换条件。这样，大王想在韩国求取的一切，都可以全部得到手的。"

应侯曰郑人谓玉未理者璞

原文　应侯曰："郑人谓玉未理者璞①，周人谓鼠未腊者朴②。

周人怀朴过郑贾曰③：'欲买朴乎？'郑贾曰：'欲之。'出其朴，视之，乃鼠也。因谢不取④。今平原君自以贤⑤，显名于天下，然降其主父沙丘而臣之⑥。天下之王尚犹尊之，是天下之王不如郑贾之智也，眩于名⑦，不知其实也。"

注释

①理：整治，此指玉石加工。璞：指未经雕琢加工的玉。

②周人：此指东周人。腊（xī）：本指干肉，这里用如动词，晾干的意思。朴：这里指未晾干的老鼠。

③怀：怀里揣着，携带。贾（gǔ）：商人。

④谢：谢绝。

⑤平原君：即赵胜，赵惠王之弟，受封于东武城（在今山东省武城县），号平原君，为战国时期四公子之一。

⑥降：贬损。主父：指赵武灵王。沙丘：即沙丘台（在今河北省平乡县东北）。

⑦眩：眩耀，可引申为迷惑。鲍本："眩，目无常主也，故为惑。"

译文

应侯说："郑国人把没有经过加工的玉叫璞，周人把没有晾干的老鼠肉叫朴。有个周人怀里揣着没有晾干的老鼠肉，从一个郑国的商人门前经过，对那商人说:'你想买朴吗?'郑商说:'我想买璞。'东周人拿出朴来。郑商一看,原来是没有晾干的老鼠肉,只好谢绝不肯收买。现在平原君自以为贤能,名声显赫于天下,但他贬损他的主父赵武灵王,把武灵王贬到沙丘做臣民。天下的君王还照样尊敬他,这是天下的君王不如郑国商人聪明,被名声所迷惑,而不了解他的实质的缘故。"

天下之士合从相聚于赵

原文 天下之士,合从相聚于赵,而欲攻秦。秦相应侯曰:"王勿忧也,请令废之。秦于天下之士非有怨也,相聚而攻秦者,以己欲富贵耳。王见大王之狗,卧者卧,起者起,行者行,止者止,毋相与斗者;投之一骨,轻起相牙者①,何则? 有争意也。"于是唐雎载音乐②,予之五千金③,居武安④,高会相与饮⑤,谓:"邯郸人谁来取者⑥?"于是其谋者固未可得予也,其可得与者,与之昆弟矣⑦。

"公与秦计功者⑧，不问金之所之，金尽者功多矣。今令人复载五千金随公。"唐雎行，至武安，散不能三千金，天下之士，大相与斗矣。

注释

①轻：迅速，突然。牙：用牙咬，名词用如动词。鲍本："轻，犹忽也。牙，言以牙相噬。"

②唐雎（jū）：魏国人，其他情况不详。

③五千金：本篇两处"五千金"均从鲍本，姚本作"五十金"，联系后文的"三千金"，鲍本极是。

④武安：赵国邑名，在今河北省武安县西南。

⑤高会相与饮：犹言大会宾客共同宴饮。

⑥邯郸：赵国国都，在今河北省邯郸市西南。

⑦与之昆弟：犹言像兄弟一样相待。

⑧计功：图谋建立功业。计，计划，图谋。

译文

天下的谋士们联合起来聚集在赵国的都城，打算进攻秦国。秦国的相国应侯对秦王说："大王不用发愁，请让我除掉它。秦国对天下的谋士并没有什么怨仇，他们相聚商量要攻打秦国的原因，不过是为了自己的富贵罢了。大王只要看看您的狗，卧的卧，起的起，走的走，立的立，互相并不争斗的；如果扔去一块骨头，便会忽地互相咬起来，这是什么缘故呢？为了争食而已。"于是秦王派唐雎带了乐队，给了五千金，让他住在赵国的武安城，大会宾客，与他们共同宴饮，并说："邯郸人谁来取这些金子？"这样聚集在邯郸的谋士们却得不到这种赏赐，在武安得到这种赏赐的人，便和秦国亲如兄弟了。

应侯又对唐雎说："你与秦国图谋建立功业，不要问金散发到哪里去了，只要把金用尽功业就多了。现在再派人带五千金跟你去。"唐雎走到武安，散发出去的金还不到三千，天下的谋士们就大大地互相争斗起来了。

谓应侯曰君禽马服乎

原文

谓应侯曰："君禽马服乎①?"曰："然。""又即围邯郸乎?"曰："然。""赵亡，秦王王矣，武安君为三公②。武安君所以为秦战胜攻取者七十余城，南亡鄢、郢③、汉中，禽马服之军，不亡一甲，虽周召吕望之功④，亦不过此矣。赵亡，秦王王，武安君为三公，君能为之下乎？虽欲无为之下，固不得之矣。秦尝攻韩陉⑤，困于上党，上党之民皆返为赵。天下之民，不乐为秦民之日固久矣。今攻赵，北地入燕，东地入齐，南地入楚、魏，则秦所得亡几何⑥。故不如因而割之，因以为武安功。"

注释

①马服：此指赵括。其父赵奢为赵将有功，封马服君。周赧王五十五年，秦将武安君白起大破赵军，杀马服君之子赵括。

②武安君：即秦将白起，封为武安君。三公：秦制以丞相、太尉、御史大夫为三公。

③鄢郢：鄢，楚国地名，在今湖北宜城市西九里。郢，楚国都城，在今湖北省江陵县北十里。

④周召吕望：周，指周公姬旦。召，指召公姬奭（shì）。吕望，即太公姜望。三人辅佐周武王、成王，灭殷建立周王朝，皆有大功。

⑤陉：姚本作"邢"，从鲍本作"陉"，上章秦攻韩围陉可证。

⑥亡：姚本作"不一"，从《史记》改作"亡"。亡，通无。

译文

有人对应侯说："您已经擒住马服君赵括了吗？"应侯说："是的。"这人又问道："又将立即围攻邯郸吗？"

应侯说："是的。"这个人接着说："如果赵国灭亡，秦
昭王就将称霸天下了。武安君白起也将要做丞相或太
尉一类的大官了。武安君为秦国转战南北攻取了七十
多座城池，在南边占领了鄢城、郢城、汉中一带，又
消灭了马服君赵括的军队，竟没有损失一兵一卒，即
使是周公、召公、吕望的功劳，也超不过这些了。如
果赵国灭亡了，秦王称霸了，武安君白起成了三公，
您难道能做他的下属吗？即使您心里不想做他的下
属，也肯定是不行的了。秦军曾经攻韩围阏，被围困
在上党，上党的老百姓全部回到赵国。天下的百姓，
不愿做秦国国民的日子已经很久了。如果现在秦军进
攻赵国，北边的土地将归入燕国，东边的土地将归入
齐国，南边的土地将归入楚国、魏国，那么秦国所得
到的土地就没有多少了。因此您不如趁势让赵国割让
土地讲和，也算替武安君建立一点功劳。"

应侯失韩之汝南

原文 应侯失韩之汝南①。秦昭王谓应侯曰："君亡国②，其

忧乎?"应侯曰:"臣不忧。"王曰:"何也?"曰:"梁人有东门吴者[3],其子死而不忧,其相室曰[4]:'公之爱子也,天下无有,今子死不忧,何也?'东门吴曰:'吾尝无子,无子之时不忧;今子死,乃即与无子时同也。臣奚忧焉?'臣亦尝为子[5],为子时不忧;今亡汝南,乃即与为梁余子同也[6]。臣何为忧?"

秦王以为不然,以告蒙傲曰[7]:"今也,寡人一城围,食不甘味,卧不便席,今应侯亡地而言不忧,此其情也[8]?"蒙傲曰:"臣请得其情。"

蒙傲乃往见应侯,曰:"傲欲死。"应侯曰:"何谓也"?曰:"秦王师君[9],天下莫不闻,而况于秦国乎!今傲势得秦为王将,将兵,臣以韩之细也,显逆诛[10],夺君地,傲尚奚生?不若死。"应侯拜蒙傲曰:"愿委之卿。"蒙傲以报于昭王。

自是之后,应侯每言韩事者,秦王弗听也,以其为汝南虏也[11]。

注释　①汝南:汝水之南,即范雎封地应邑所属。应邑原属周地,后归秦国,当时已被韩国占领。

②亡国：指应侯失去汝南这块封地。

③东门吴：人名，姓东门，名吴，魏国的高士，为人旷达。

④相室：家相，即管家人。鲍本："室家之相，此女也。男曰'家老'。"

⑤子：一说特指余子，无封地者；一说余子即非长子，古代只有长子有官位的继承权。此处可引申为平民。

⑥即与：姚本作"与即"，从鲍本作"即与"。

⑦蒙傲：即蒙骜，齐国人，侍奉秦昭王，官至上卿，后为秦将。其子蒙武，蒙武之子蒙恬、蒙毅，三世为秦将。

⑧此其情也：这是他的真情实话吗？

⑨师君：以君为师。此"师"作意动词。

⑩显逆诛：逆节显著者当诛讨之。

⑪房：指房地，即被侵占的土地。

译文 韩国夺走了应侯的汝南封地。秦昭王对应侯说："您失去了汝南封地是否忧愁呢？"应侯说："我不忧愁。"昭王说："为什么？"应侯说："魏国有一个叫东门吴的人，他的儿子死了却不忧伤，他的管家说：'您疼爱自己的儿子，天下少有，如今儿子死了却不忧伤，这是为什么呢？'东门吴说：'我原来是没有儿子的人，没有儿子的时候当然没有什么忧伤；现在儿子死了，就和没有生儿子时一样了。我又有什么可忧愁的呢？'我当初也是平民百姓之子，做平民之子的时候不忧愁；现在失去了封地汝南，就和失子的魏国平民一样了。我为什么要忧愁呢？"

秦王认为这不是心里话，就告诉蒙傲说："现在，我是有一个城邑被围困，就会吃饭不香，睡觉也不安，可是如今应侯失去封地却说不愁，这难道是真情实话吗？"蒙傲说："请让我去探听一下他的真情。"

蒙傲于是去见应侯，并说："我蒙傲想去死。"应侯说："你说的是什么啊？"蒙傲说："秦昭王尊敬您为师长，天下人没有不知道的，更何况秦国哩！现在我蒙傲作为秦王的将领，统率着秦兵，我原以为韩国这样小，没料到竟敢违逆秦国的命令，夺走您的封地，我还活着干什么？不如死了的好。"应侯向蒙傲下拜说："希望把这件事委托给您。"蒙傲便把这一情况回报给了昭王。

从此以后，应侯每谈到韩国的事情，秦昭王都不听信，总以为他是为了夺回汝南的封地而说话。

秦攻邯郸

原文　秦攻邯郸，十七月不下。庄谓王稽曰①："君何不赐军吏乎？"王稽曰："吾与王也，不用人言。"庄曰："不然。父之于子也，令有必行者，必不行者。曰：'去贵妻，卖爱妾'，此令必行者也；因曰：'毋敢思也'，此令必不行者也。守闾妪曰②：'其夕，某孺子内某士③。'贵妻已去，爱妾已卖，而心不有④。欲教之者⑤，人心固有。今君虽幸于王，不过父子之亲；军吏虽贱，不卑于守闾妪。且君擅主轻下之日久矣。闻'三人成虎⑥，十夫揉椎⑦。众口所移，毋翼而飞'。故曰，不如赐军吏而礼之。"王稽不听。军吏穷，果恶王稽、杜挚以反⑧。

秦王大怒，而欲兼诛范雎⑨。范雎曰："臣，东鄙之贱人也，开罪于魏⑩，遁逃来奔。臣无诸侯之援，亲习之故⑪，王举臣于羁旅之中，使职事⑫，天下皆闻臣之身与王之举也。今遇惑或与罪人同心⑬，而王明诛之，是王过举显于天下⑭，而为诸侯所议也。臣愿请药赐死，而恩以相葬臣，王必不失臣之罪，而无过举之名。”王曰：“有之。”遂弗杀而善遇之。

注释

①庄：姓佚，名庄，秦国人。

②妪（yù）：年老的女人。

③孺子：年轻妇女的美称。姚本作“嬬子”，从鲍本改为“孺子”。并注曰：“孺子，乳也，妇之尝乳者。亦妇人之美称，《齐策》，‘王有七孺子’。”

④有：犹欲。鲍本：“有，犹欲之也。言父虽令之，而非其所欲，故令之勿思，则必不行。”

⑤教：犹言控告。

⑥三人成虎：是说有三人谎报市上有虎，听者就信以为真。比喻谣言或讹传一再反复，就有使人信以为真的可能。

⑦揉椎：矫揉直的木棒可以使它弯曲。鲍本：“揉，屈申木也。”

⑧杜挚：王稽的助手。鲍本：“挚，稽之副也。《睢传》言稽与诸侯通，则所恶，亦其实也。”

⑨兼诛范睢：一起处死范睢。秦法规定，举荐人任官不善，举主人连罪。王稽为范睢所荐，王稽弃市，故云欲兼诛范睢。

⑩东鄙：魏在秦之东，故云东鄙。鄙，边邑。开罪：即得罪。魏：“魏”上有“楚”，“楚”系衍文。

⑪亲习：指近习故旧之人，王所亲信者。

⑫职事：犹言主持国事。职，犹主。

⑬罪人：此指王稽。

⑭过举：错误地推举。鲍本："过，犹误也。昔举而今诛之，是举之误。"

译文 秦军进攻邯郸，连战十七个月都没有攻下。一位名为庄的人对王稽说："您为什么不赏赐军中的官吏呢?"王稽说："我和父王的事，用不着别人插嘴。"庄说："不对。父亲对儿子来说，有的父命肯定得执行，有的父命未必行得通。如果父亲说：'赶走你那宝贝老婆，卖掉你那心上的小妾'，这个父命肯定做得到；如果是说'不许去想念她们'，这个父命肯定行不通。再比如说，有个看守闾里大门的老太婆说：'那天晚上，有个年轻媳妇招进一个野男人。'对前一件事来说，儿子喜爱的妻子已经离去，心爱的小妾已经卖掉，而父亲不应说不许有思念之情。对后一件事来说，要想控告他们通奸，每一个人本来都会有这种想法。如今您虽然受到大王的宠爱。却不过是父子的亲情罢了；军中的官吏虽然卑贱，却不比那守门的老太婆更下贱吧！再说您擅自处理人主的大事，看不起手下的兵将，这时间也不短了。您难道没有听说过这样一句谚语：'三人传播谎言，可以把没虎的地方说成有虎；十人弯曲木椎，可以把直木变成曲木。众口可以移动一切，没有翅膀也可以高飞。'因此我说，不如赏赐军中官吏，并且对他们以礼相待。"王稽没有听从庄的意见。当军吏处在困境时，果然有人返回秦国，控告了王稽和杜挚谋反。

秦王听到控告后十分愤怒，想要一起处死范雎。范雎说："我，是东方卑贱的下等人，曾得罪魏王，逃命来到秦国。我本来没有任何诸侯的支助，更没有亲近的王侯朋友，是大王把我从流亡之中提举上来，让我主管国家大事，天下人都知道我的身世和大王对我的提拔。如今我遇到谗诣，有人认为我与罪人王稽是同一个心思，若是大王明令处死我，这倒在天下人面前显露出您提拔错了，并且将成为诸侯们议论的对象。我愿意请大王给我毒药，赐我一死，并请恩准以故相国的名义埋葬我，这样大王必定是既没有放弃对我的惩处，又没有错误举荐的名声。"秦王说："说得有道理。"于是秦王没有杀范雎而是仍然很友好地对待他。

蔡泽见逐于赵

原文　蔡泽见逐于赵^①，而入韩、魏，遇夺釜鬲于涂^②。闻
应侯任郑安平、王稽皆负重罪^③，应侯内惭，乃西入
秦。将见昭王，使人宣言以感怒应侯曰："燕客蔡泽，
天下骏雄弘辩之士也。彼一见秦王，秦王必相之而夺
君位。"

应侯闻之，使人召蔡泽。蔡泽入，则揖应侯，应侯固
不快，及见之，又倨^④。应侯因让之曰^⑤："子常宣言
代我相秦^⑥，岂有此乎？"对曰："然。"应侯曰："请
闻其说。"蔡泽曰："吁！何君见之晚也。夫四时之序，
成功者去^⑦。夫人生手足坚强，耳目聪明圣知，岂非
士之所愿与？"应侯曰："然。"蔡泽曰："质仁秉义^⑧，
行道施德于天下，天下怀乐敬爱，愿以为君王，岂
不辩智之期与^⑨？应侯曰："然"。蔡泽复曰："富贵显
荣，成理万物^⑩，万物各得其所；生命寿长，终其年
而不夭伤；天下继其统^⑪，守其业，传之无穷，名实
纯粹^⑫，泽流千世，称之而毋绝，与天下终。岂非道
之符^⑬，而圣人所谓吉祥善事与？"应侯曰："然。"泽

曰："若秦之商君，楚之吴起^⑭，越之大夫种^⑮，其卒亦可愿矣。"应侯知蔡泽之欲困己以说，复曰："何为不可？夫公孙鞅事孝公，极身无二^⑯，尽公不还私^⑰，信赏罚以致治，竭智能，示情素^⑱，蒙怨咎^⑲，欺旧交，虏魏公子卬^⑳，卒为秦禽将，破敌军，攘地千里^㉑。吴起事悼王，使私不害公，谗不蔽忠，言不取苟合，行不取苟容，行义不固毁誉^㉒，必有伯主强国^㉓，不辞祸凶。大夫种事越王，主离困辱^㉔，悉忠而不解^㉕，主虽亡绝，尽能而不离^㉖，多功而不矜，贵富不骄怠。若此三子者，义之至，忠之节也。故君子杀身以成名，义之所在，身虽死，无憾悔，何为不可哉？"蔡泽曰："主圣臣贤，天下之福也；君明臣忠，国之福也；父慈子孝，夫信妇贞，家之福也。故比干忠^㉗，不能存殷；子胥知，不能存吴；申生孝^㉘，而晋惑乱。是有忠臣孝子，国家灭乱，何也？无明君贤父以听之。故天下以其君父为戮辱，怜其臣子。夫待死而后可以立忠成名，是微子不足仁^㉙，孔子不足圣，管仲不足大也^㉚。"于是应侯称善。

注释　①蔡泽：燕人，多智善辩，曾游说诸侯，不被任用。后入秦，秦昭王用他取代范雎任相国，号刚成君。

②釜（fǔ）鬲（lì）：蒸锅和曲足鼎，泛指炊具。

③郑安平：魏人，与范雎同时入秦，曾率兵攻赵，兵败降赵。
王稽：秦人，为河东守，因通诸侯罪被杀。郑、王二人皆范
雎所任，"秦之法，任人而所任不善者，以其罪罪之"（《史
记·范雎蔡泽列传》）。蔡泽入秦，正乘范雎难以自处的
时机。

④据（jù）：傲慢。

⑤让：责备。

⑥常：通"尝"。鲍本作"尝"。

⑦四时之序，成功者也：一年四季的次序，春生、夏长、秋
收、冬藏，各尽其功，功成则前者让位于后者。这里用来比
喻人应当功成而身退。

⑧质仁秉义：犹言依仗仁义。质，犹主。秉，操持。

⑨辩智之期：能言辩有智慧的人所期望的。

⑩成：使成长，长养。理：治理。

⑪统：犹传统。

⑫名实纯粹：名与实两者完美无亏。鲍本："言其两全美。"

⑬道：指客观规律。

⑭吴起：卫国人，曾从学于曾参，初仕于鲁、魏，后入秦为
相，辅佐悼王变法；悼王死，宗室大臣作乱，吴起被杀害。

⑮大夫种：春秋时越国大夫文种，字少禽，辅佐越王勾践灭

吴雪耻，有大功，后被勾践赐剑自杀。

⑯公孙鞅：即商鞅。极身无二：竭尽自己的才智，没有二心。

⑰还：犹顾及。鲍本："还，反顾也。"

⑱情素：真情实意。素，亦作"愫"，真情。

⑲蒙怨咎：受到怨恨和责难。

⑳公子卬（áng）：魏将，前340年，秦孝公命公孙鞅率兵伐魏，魏使公子卬迎击。公孙鞅设计诱获公子卬，大破魏军。公子卬是公孙鞅的旧友，故上句说"欺旧交"。

㉑攘（rǎng）：夺取，侵夺。

㉒固：通"顾"。鲍本"固"作"顾"。

㉓必有：若为。必，如果。有，义通"为"。

㉔离：通"罹"，遭受。

㉕解：通"懈"，懈怠。

㉖主虽亡绝：越王即使处于危亡的绝境。"主"指勾践。今考之《吴越春秋》："越王勾践与大夫种、范蠡入臣于吴"，夫妇同囚于石室，"执牧养之事"，又屈节辱身以事吴王，乃至尝粪取媚，终使吴王"大悦""赦越王归国"。"主虽亡绝"当指此，言勾践虽处于危亡绝境，而文种未离左右。故下文曰："尽能而不离"。

㉗比干：殷末大臣，纣王叔父。纣王荒淫误国，传说比干屡次强谏，最后被剖心而死。

㉘申生：春秋时晋献公太子，受到骊姬的诬陷，他为了全孝，既不申辩，也不出亡，自缢而死。其后晋国内乱持续二十年。

㉙微子：名启，商纣王的同母兄，一说为纣王的叔父。他谏纣王不听，即亡命于外，后被周武王封于宋，以奉殷祀。孔子曾称微子、箕子和比干是殷商的三位仁人。

㉚管仲：名夷吾，字仲，颍上（颍水之滨）人。他是春秋初期齐国政治家，辅佐齐桓公称霸诸侯。早先公子纠与公子小白（即后来的齐桓公）争夺君位，小白得胜即位，便兴兵伐鲁，逼迫鲁国杀了逃奔在鲁国的公子纠。管仲当时是侍奉公子纠的，他未死于难而归服齐桓公。孔子曾肯定了他的这一行为。

译文　蔡泽被赵国驱逐出境，便到韩国和魏国去，在路途中被人夺去了锅、鼎等炊具。他听说应侯范雎所任用的郑安平、王稽都身负重罪，范雎因此而内心惭愧，于是就往西进入秦国。他将去谒见秦昭王，先指使人公开扬言用以激怒范雎说："燕客蔡泽，是当今天下才智过人能言善辩的策士。他一会见秦王，秦王必定会任用他为相国而夺取您的地位。"

范雎听说之后，便派人召蔡泽来相见。蔡泽进来时只向范雎拱手作揖，并不拜他，范雎本来就不高兴，等到走近看见他，那态度又那么傲慢。范雎因而责备德说："您曾经公开扬言要取代我担任秦国的相国，难道真有这回事吗？"蔡泽回答说："是的。"范雎说："请让我听一听您的高论吧。"蔡泽说："啊！为什么您的见识如此迟钝呢？"春夏秋冬四时的顺序（春生、夏长，秋收、冬藏），前面的成功了，就让位给后面的。一个人活着，手脚坚强，耳聪目明，通达事理，充满智慧，这难道不是士人所希望的吗？"范雎说："对。"蔡泽说："凭借仁义，对天下施行道义和德政，天下的老百姓就会从内心高兴而敬爱池，愿意他做君王，这难道不是能言善辩有智慧的士人所期望的吗？"范雎说："对。"蔡泽又说："取得富贵显荣，长养治理万物，让万物各得其所；使生命长寿，享尽自然的寿命而不夭折；让天下继承他的传统，保卫他的事业，无穷无尽地传递下去，使名和实都完美无缺，恩泽流传千代，后人称颂之声不绝，与天地共始终。这难道不正是符合客观规律，而被圣人称为吉祥的好事吗？"范雎说："对。"蔡泽说："像秦国的商君，楚国的吴起，越国的大夫种，他们的结局也是可以实现愿望的。"范雎知道蔡泽想要用辩词使自己处于窘境，于是又说："为什么不可以呢？公孙鞅为秦孝公服务，竭尽自己的才智，没有二心，尽公不顾私，赏罚讲信用，达到社会安定太平，他竭尽全力贡献自己的聪明才干，表现出真情实意，遭受到怨恨和责难，欺骗了他的老友，诱俘了魏国的公子卬，终于替秦国擒敌将，破敌军，夺取了近千里的土地。吴起为楚悼王服务，使得私家不能损害公家的利益，谗言不能蒙蔽忠良，他言论不采纳苟且相合，行为不采纳苟且相容，只要行动合乎义理就不顾毁谤或者赞誉，一定要使楚国成为霸主强国，所以也就不辞什么凶祸。大夫种为越王勾践服务，越王遭到困窘和耻辱，他竭尽忠心而不懈怠，越王即使处于危亡绝境，他却总是尽力而不肯离开的，他的功劳虽多但不自我夸耀，他既贵且富但不骄傲不懈怠。像这三位先生，达到了义的顶点和忠的最高标准。所以君子甘愿牺牲自我成就美名，只要是义所存在的地方，即使为它而死，也没有什么遗憾和悔恨，为什么不可以呢？"蔡泽说："君主圣德，臣子贤能，这是天下的福气；君主英明臣子忠诚，这是国家的福气；父亲慈爱儿子孝顺，丈夫诚信妻子贞节，这是家庭的福气。比干那么忠心耿耿，却不能保住殷商；伍子胥那么聪明智慧，却不能保住吴国；申生那么孝顺，晋国却内乱不止。这就是有了忠臣孝子，国家仍然灭亡或混乱，为什么呢？因为没有英明的君主和贤良的父亲来听从他们的缘故。所以天下人都以那些昏君愚父为耻辱，而同情怜悯那些忠臣孝子。如果等到死了以后才能立忠成名，那么，这就是微子不值得称为'仁'，孔子不值得称为'圣'，管仲不值得称为'大'了。"于是范雎说他讲得好。

原文　蔡泽得少间①，因曰："商君、吴起、大夫种，其为人臣，尽忠致功，则可愿矣。闳夭事文王②，周公辅成王也③，岂不亦忠乎？以君臣论之，商君、吴起、大夫种，其可愿孰与闳夭、周公哉？"应侯曰："商君、吴起、大夫种不若也。"蔡泽曰："然则君之主，慈仁任忠④，不欺旧故，孰与秦孝公、楚悼王、越王乎？"应侯曰："未知何如也。"蔡泽曰："主固亲忠臣，不过秦孝、越王、楚悼⑤。君之为主，正乱、批患、折难⑥，广地殖谷，富国、足家、强主，威盖海内，功章万里之外⑦，不过商君、吴起、大夫种。而君之禄位贵盛，私家之富过于三子，而身不退，窃为君危之。语曰：'日中则移，月满则亏。'物盛则衰，天之常数也⑧；进退、盈缩、变化，圣人之常道也。昔者，齐桓公九合诸侯，一匡天下⑨，至葵丘之会⑩，有骄矜之色，畔者九国。吴王夫差无适于天下⑪，轻诸侯，凌齐，晋，遂以杀身亡国。夏育、太史启叱呼骇三军⑫，然而身死于庸夫。此皆乘至盛不及道理也⑬。夫商君为孝公平权衡、正度量、调轻重⑭，决裂阡陌⑮，教民耕战，是以兵动而地广，兵休而国富，故秦无敌于天下，立威诸侯。功已成，遂以车裂。楚地持戟百万，白起率数万之师⑯，以与楚战，一战举鄢、郢，再战烧夷陵⑰，南并蜀、汉，又越韩、魏攻强赵，北坑马服⑱，诛屠四十余万之众，流血成川，沸声若雷，使秦业帝。自是之后，赵、楚慑服，不敢攻秦者，白起之势也。身所服者，七十余城。功已成矣，赐死于杜邮⑲。吴起为楚悼罢无能，废无用，损不急之官，塞私门之请，一楚国之俗⑳，南攻杨越㉑，北并陈、蔡㉒，破横散从，使驰说之士无所开其口。功已成矣，卒支解㉓。大夫种为越王垦草创邑，辟地殖谷，率四方士，上下之力，以禽劲吴，成霸功。勾践终棓而杀之㉔。此四子者，成功而不去，祸至于此。此所谓信而不能诎，往而不能反者也。范蠡知之，超然避世，长为陶朱㉕。君独不观博者乎？或欲分大投，或欲分功㉖。此皆君之所明知也。今君相秦，计不下席，谋不出廊庙，坐制诸侯，利施三川㉗，以实宜阳，决羊肠之险㉘，塞太行之口，又斩范、中行之途㉙，栈道千里于蜀、汉，使天下皆畏秦。秦之欲得矣，君之功极矣。此亦秦之分功之时也！如是不退，则商君、白公、吴起、大夫种是也。君何不以此时归相印，让贤者授之，必有伯夷之廉；长为应侯，世世称孤，而有乔、松之寿㉚。孰与以祸终哉！此则君何居焉？"应侯曰："善。"乃延入坐为上客。

后数日，入朝，言于秦昭王曰："客新有从山东来者蔡泽，其人辩士。臣之见人甚众，莫有及者，臣不如也。"秦昭王召见，与语，大说之，拜为客卿。

应侯因谢病㉛，请归相印。昭王强起应侯，应侯遂称笃㉜，因免相。昭王新说蔡泽计画，遂拜为秦相，东收周室。

蔡泽相秦王数月，人或恶之，惧诛，乃谢病归相印，号为刚成君。秦十余年，事昭王、孝文王、庄襄王，卒事始皇帝。为秦使于燕，三年而燕使太子丹入质于秦㉝。

注释

①少间：犹言空隙机会。鲍本："间，言有隙可乘。"

②闳（hóng）夭：西周初年大臣，辅佐周文王，颇得信任，后又佐武王伐纣灭商，成就王业。

③周公：周武王之弟，姬姓，名旦，又称叔旦。因其采邑在周（今陕西省岐山县北），故称周公。他曾助武王灭商，武王死后，成王年幼，由他摄政。

④任忠：信任忠臣。

⑤过：犹言超过。

⑥正乱：拨乱反正。批患、折难：即排除患难。

⑦章：同"彰"，显著。

⑧常数：此指客观存在的一定规则，与下文的"常道"义同。

⑨一匡天下：指齐桓公定周襄王为太子之位，避免了周室之乱。匡：正。

⑩葵丘之会：指《公羊传》载"葵丘之会，桓公震而矜之，叛者九国"。葵丘：地名，在今河南省兰考县境内。

⑪适：同"敌"。

⑫凌：欺凌。夏育：周代卫国勇士，传说力能拔牛尾。太史启：勇士，其他情况不详。

⑬乘：凭借。至盛：指威名全盛。

⑭平权衡、正度量：指商鞅变法时，统一度量衡，颁布标准的度量衡器。调轻重：调整赋税的轻重。

⑮决裂阡陌：指破除井田制的疆界，重新划分土地。阡陌：田间小路。南北为阡，东西为陌。

⑯白起：一称公孙起，战国时秦国名将，郿（在今陕西省眉县）人，他屡建战功，封为武安君，后为范雎所嫉，被迫自杀。

⑰夷陵：战国楚邑名，在今湖北省宜昌市东南。

⑱马服：即赵括，战国时赵国将领，善于纸上谈兵，实无指挥才能。长平之战，赵括被白起包围，突围不成，被射死，赵军四十万全部被俘坑死。

⑲杜邮：地名，在今陕西省咸阳市东。

⑳一：同一，划一。

㉑杨越：地区名，包括今江苏省南部、浙江省北部。

㉒陈：国名，建都宛丘（在今河南省淮阳县）。蔡：国名，始建都上蔡（在今河南省上蔡县），后多次迁移，昭侯迁都州来（在今安徽省寿县西北）。

㉓支解：分解肢体。

㉔棓：当是"倍"之误（依王念孙说）。倍：背弃。

㉕范蠡（lǐ）：字少伯，楚国宛（在今河南省南阳市）人，春秋末越国大夫。他辅佐越王勾践灭亡吴国，后游齐国，称鸱夷子皮，后居于陶（在今山东省定陶县西北），自号陶朱公，经商致富。

㉖或欲分大投，或欲分功：指对博二人，或欲大下赌注以求全胜，或欲分胜者之所获，利害正相反。蔡泽以此比喻君臣相倾的关系，劝范雎功成身退，以免祸患，故下文说"此亦秦之分功之时也"。

㉗三川：韩国郡名，在今河南省，因境内有黄河、洛水、伊水得名。

㉘宜阳：地名，在今河南省宜阳县西。原为韩地，前308年为秦所攻占。羊肠：即羊肠坂，太行山上的坂道，萦曲如羊肠，故名。一说在今山西省晋城市南，一说在今山西省平顺县东。

㉙斩范、中行之途：即断三晋之路。范、中行为春秋末晋六卿之二，此用以指三晋（赵、韩、魏）。

㉚乔、松：乔，王子乔；松，赤松子。二者皆为古代传说中长寿的仙人。

㉛谢病：称病辞官。

㉜笃：此指病重。

㉝太子丹：燕国太子，名丹，燕王喜之子。太子丹于燕喜王十六年（前239）入质于秦。

译文 蔡泽又得到了一个对话的空隙机会，因而对范雎说："商君、吴起、大夫种，他们作为人臣，竭尽忠心建立功业，算得上如愿了。闳夭侍奉周文王，周公辅佐周成王，难道不也是忠心耿耿么？如果就君臣关系来说，商君、吴起、大夫种，他们与闳夭、周公比起来，又怎么样呢？"范雎说："商君、吴起、大夫种是比不上闳夭、周公的。"蔡泽说："那么，您的国君在慈爱仁德，信任忠臣，不欺骗老友方面，与秦孝公、楚悼王和越王勾践比起来，又怎么样呢？"范雎说："不知道怎么样。"蔡泽说："您的国君固然亲信忠臣，但不会超过秦孝公、越王勾践和楚悼王。您为您的国君拨乱反正，排除患难，扩大领土，种植庄稼，使国富家足，国君强大，威力胜过天下诸侯，功劳昭著万里之外，也还不能超过商君、吴起、大夫种。可是您地位尊贵俸禄丰厚，私家的财富超过了这三位先生，您却还不引退，我暗自为您感到危险。俗话说："太阳过了中午就要慢慢西移，月亮到了满月就要渐渐亏缺。'事物发展到了极盛的时候就要衰退，这是自然界的客观规则。前进与后退，伸长与缩短以及随着时间的推移而发生变化，这些都符合圣人的一定规则。从前齐桓公九次主持诸侯间的盟会，使天下一切得到匡正，到葵丘之会的时候，有骄傲自大的表情，背叛他的就有九个国家。吴王夫差无敌于天下，可由于他轻视诸侯，欺凌齐、晋二国，终于因此而杀身亡

国。夏育、太史启一声呼喝三军为之惊骇，然而最终
被平庸的人杀死，这都是仗着自己威名全盛而不通达
道理所致。商君为秦孝公统一度量衡，颁布标准的度
量衡器，调整赋税的轻重，破除井田制的疆界，重新
划分土地，教百姓学习耕种操练军事，因此，军队一
出动，疆土便扩大，军队休战，国家就富足。所以秦
国无敌于天下，在诸侯中树立了威信。功业已经成就
了，商鞅却终于被车裂而死。楚国有百万持戟的战
士，白起率领数万军队，与楚军作战。一战攻下了鄢
和郢都，再战烧毁了夷陵，南面吞并了蜀、汉，又越
过韩、魏二国去攻打强大的赵国，北面坑杀了马服君
赵括，屠杀坑埋赵军四十余万之多，流血成河，吼声
如雷，使秦国成就了帝业。从此以后，赵国、楚国恐
惧而驯服，不敢攻打秦国，怕的就是白起的威力。白
起亲身所降服的，就有七十余城。功业已经成就了，
他终于被秦昭王赐死于杜邮。吴起为楚悼王罢免无能
之辈，废除无用之徒，删减那些非急需的官员，堵塞
来自私门的请求，使楚国的风俗得以统一，然后南面
攻打杨越，北面并吞陈、蔡，破除连横，解散合纵，
使往来游说连横合纵的策士们没有地方开口。功业已
经成就了，吴起却终于被肢解而死。大夫种为越王勾

践大力垦荒，创建城邑，开辟田地，种植庄稼，率领各方人士，集中上下力量，降服了强劲的吴国，成就了霸王的功业。勾践终于背弃并杀害了他。这四位先生，都是成就了功业而不肯离开官位，以致身受祸害到了这种地步。这就是所谓能伸而不能屈，能进而不能退的人了。范蠡懂得功成身退的道理，他超然地避开了官场世俗，长久地做着经商致富的陶朱公。您难道没见过进行赌博的人吗？有的想要大下赌注以求全胜，有的想要分取获胜的利益。这都是您明明白白知道的。现在您身为秦国的相国，用计不离开座席，施谋不出朝廷，坐着控制诸侯，利益施达三川，充实了宜阳的兵力，排除了羊肠险阻，堵塞了太行山的入口，又断绝了三晋的道路，修筑了上千里栈道与蜀、汉相通，使天下都害怕秦国。秦国的欲望实现了，您的功劳也达到顶点了。这也正是秦国人来分取您的利益的时候了！如果这时候还不隐退，那么，商君、白公、吴起、大夫种就是您的榜样。您为什么不乘这个时候归还相印，让位给贤能的人，把相印授给他，您这样做，一定会获得伯夷那样廉洁的声誉，长久地做应侯，世世代代称孤为王侯，并且还能享有王子乔、赤松子那样的长寿。与以遭受祸害而告终的结局比起来，怎么样呢？那么您应当如何处理呢？"范雎说：
"对。"于是请他就座，尊为上客对待。

过了几天，范雎上朝，对秦昭王说："有一位新近从
山东来的客人名叫蔡泽，这人是一位辩士。我所见过
的人很多，没有谁赶得上他的，我就不如他。"秦昭
王于是召见蔡泽，与他交谈，对他非常喜欢，授予他
客卿的职位。

范雎于是称病辞官，请求归还相印。秦昭王强行让他
出来干事，他就声称病重，于是被免去了相国的职
位。秦昭王新近正喜欢蔡泽的计划，便授予他秦国的
相国职位，不久，东面灭掉了周王室。

蔡泽辅佐秦昭王几个月以后，有人憎恶他，他害怕被
诛杀，就称病辞官，归还了相印，称为刚成君。他住
在秦国十多年，侍奉秦昭王、秦孝文王、秦庄襄王，
最后侍奉秦始皇帝。他为秦国出使燕国三年，燕国就
派了太子丹到秦国来做人质。

秦策四

秦取楚汉中

原文 秦取楚汉中，再战于蓝田①，大败楚军。韩、魏闻楚之困，乃南袭至邓②，楚王引归③。后三国谋攻楚④，恐秦之救也，或说薛公："可发使告楚曰：'今三国之兵且去楚⑤，楚能应而共攻秦，虽蓝田岂难得哉⑥！况于楚之故地⑦？'楚疑于秦之未必救己也，而今三国之辞云⑧，则楚之应之也必劝⑨，是楚与三国谋出秦兵矣⑩。秦为知之，必不救也⑪。三国疾攻楚，楚必走秦以急⑫；秦愈不敢出，则是我离秦而攻楚也⑬，兵必有功。"

薛公曰："善。"遂发重使之楚，楚之应之果劝。于是三国并力攻楚，楚果告急于秦，秦遂不敢出兵。大胜有功⑭。

注释 ① 蓝田：地名，在今陕西省蓝田县西部。秦夺取楚地汉中，楚怀王大怒，又出兵袭秦，最终楚军再次战败于蓝田。

② 邓：邑名，在今河南省郾城县东南，战国时属楚。

③ 引归：退兵回国。

④ 三国：指齐、韩、魏三国。

⑤ 且去楚：将要离开楚国，意即不攻打楚国转而攻秦。

⑥ 虽：即使。

⑦ 况于楚之故地：更何况楚国原来的失地。

⑧ 云：姚本作"去"，从鲍本改为"云"。

⑨ 应：应和，响应。劝：尽力，态度积极。鲍本："劝，乐之也，言乐从，从三国攻秦。"

⑩ 是楚与三国谋出秦兵：这就造成了楚国和齐、韩、魏三国谋划出兵攻打秦国的局面。

⑪ 秦为知之：是说秦国如果知道了楚与三国合谋出兵攻秦的事。为，如果，假若。

⑫ 走秦以急：到秦国去告急。

⑬ 离秦：离间秦国。

⑭ 胜：姚本作"臣"，从曾巩本改为"胜"。

译文　秦国夺取楚国的汉中之后，又与楚军在蓝田交战，大败了楚军。韩、魏两国听到楚国陷入困境，就向南面袭击楚国一直打到邓地，楚王领着军队失败而归。后来齐、韩、魏三国又合谋进攻楚国，唯恐秦兵救助楚国，有人建议薛公田文说："可以先派使者去告诉楚王说：'现在三国的军队准备离开楚国，如果楚国能够响应我们共同攻打秦国，别说是蓝田，再多的地方还怕难以得到手吗？更何况楚国失去的旧地？'楚国早就怀疑秦国未必肯于救助自己，如今又听说三国退兵攻秦，那么楚国的响应必定会更加卖力，这就造成楚国想和三国谋划进攻秦国的局面了。若是秦国知道了这件事情，必定不肯救助它。这样三国再反过来加紧进攻楚国，楚国一定要到秦国去告急；秦国就越发不敢出兵，这就是我们离间秦国攻打楚国之计，此次出兵必建大功。"

薛公田文说："好。"于是就派出特使出使楚国。楚国果然极力响应。到这时三国才全力攻打楚国，楚国真的向秦国告急，秦国自然不敢出兵。结果三国大胜，战果辉煌。

薛公入魏而出齐女

原文　薛公入魏而出齐女^①。韩春谓秦王曰^②："何不取为妻，以齐、秦劫魏，则上党，秦之有也。齐、秦合而立负

刍③，负刍立，其母在秦，则魏，秦之县也已。呡欲
以齐、秦劫魏而困薛公④，佐欲定其弟⑤，臣请为王
因呡与佐也。魏惧而复之⑥，负刍必以魏殁世事秦⑦。
齐女入魏而怨薛公⑧，终以齐奉事王矣。"

注释　① 出齐女：把齐女赶出宫。出，古时妇人被赶出夫家叫"大
归"也叫"出"。齐女，魏昭王的后妃，薛公怨齐，故使魏王
出齐女。

② 韩春：秦臣，其他不详。秦王：即秦昭王。

③ 负刍（chú）：即魏公子，其母即魏王所出的齐女。

④ 呡（wěn）：即韩呡，齐臣而亲秦，曾为齐相。

⑤ 佐：负刍之兄。定：立为太子。

⑥ 复之：将赶出的齐女，再接回魏国。鲍本："反齐女。"

⑦ 殁世：犹言终身。

⑧ 入：犹还。指齐女返回魏国。

译文　薛公田文到了魏国，魏王就把齐女赶出宫。韩春对
秦王说："为什么不娶齐女为妻，以此使齐、秦联合
起来去威逼魏国，那么魏国的上党就将被秦国占有。
齐、秦再联合起来拥立魏公子负刍，只要负刍被立为
太子。那时他的母亲住在秦国，为大王的妻子，那么

魏国就将成为秦国一个县了。韩珉也本想借助齐、秦的力量威胁魏国而使薛公陷入困境，负刍的哥哥名叫佐，他也想帮助自己的弟弟确立地位，请让我为大王通过韩珉和佐的帮助来胁迫魏国打击薛公。这样，魏王必然恐惧而让齐女回来，负刍必然让魏国永远侍奉秦国。如果齐女回到魏国就会怨恨薛公，并终将设法使齐国来侍奉大王的。"

三国攻秦人函谷

原文

三国攻秦①，入函谷②。秦王谓楼缓曰③："三国之兵深矣，寡人欲割河东而讲④。"对曰："割河东，大费也；免于国患，大利也。此父兄之任也⑤。王何不召公子池而问焉⑥？"

王召公子池而问焉，对曰："讲亦悔，不讲亦悔。"王曰："何也？"对曰："王割河东而讲，三国虽去，王必曰：'惜矣⑦，三国且去，吾特以三城从之⑧。'此讲之悔也。王不讲，三国入函谷，咸阳必危⑨，王又曰：

'惜矣！吾爱三城而不讲。'此又不讲之悔也。"王曰："钧吾悔也^⑩，宁亡三城而悔，无危咸阳而悔也。寡人决讲矣^⑪。"卒使公子池以三城讲于三国，三国之兵乃退^⑫。

注释

① 三国：齐、韩、魏三国。

② 函谷，见西周策注。

③ 秦王：即秦昭王。楼缓：赵国人，当时为秦相国。

④ 河东：今山西省黄河以东之地。先属魏，后属秦。讲：通"媾"，媾和。

⑤ 父兄：犹言公族，国王的亲族。鲍本："谓公族。"

⑥ 公子池：即公子他，昭王的庶兄。

⑦ 惜：此指惜河东之地。鲍本："悔其失地。"

⑧ 三城：指河东三县，即武遂、封陵、齐城。

⑨ 咸阳：秦国京都（故城在今咸阳市北）。

⑩ 钧：通"均"，同样。

⑪ 决：决断。鲍本："决，断也，犹必。"

⑫ 三国之兵乃退：姚本"之兵"前无"三国"二字。从鲍本注补。

译文　齐、韩、魏三国联合攻打秦国，侵入函谷关。秦昭王对相国楼缓说："三国的兵力很强大，我想割让河东以求和解。"楼缓回答说："割让河东损失太大；再说避免祸患又是国家根本利益所在。这是父兄交给的责任。大王为什么不召见公子他来商量一下呢？"

于是秦王召见公子他询问此事，公子他回答说："割地讲和要后悔，不割地讲和也要后悔。"秦王说："为什么呢？"公子他回答说："大王割让河东讲和，齐、韩、魏三国虽然收兵离去，但大王必定要说：'可惜我的土地了！三国将要离去的时候，我们却偏偏拿出三座城池送给他们。'这是讲和的悔恨。如果大王不割地讲和，三国的军队打过函谷关。咸阳必定危险了，大王又会说：'真可惜，我们却因为爱惜三座城池而不去讲和。'这又是不讲和的悔恨。"秦王说："既然讲和与不讲和都同样是悔恨，我宁可因为失去三城而悔恨，也不愿意让咸阳遭到危险而悔恨。我决定割地讲和了。"终于让公子他用三座城和齐、韩、魏三国讲和，这样三国的军队才退去。

秦昭王谓左右

原文　秦昭王谓左右曰："今日韩、魏，孰与始强^①？"对曰："弗如也^②。"王曰："今之如耳、魏齐^③，孰与孟尝、芒卯之贤^④？"对曰："弗如也。"王曰："以孟尝、芒卯之贤，帅强韩、魏之兵以伐秦，犹无奈寡人何也！今以无能之如耳、魏齐，帅弱韩、魏以攻秦，其无奈寡人何，亦明矣！"左右皆曰："甚然^⑤。"

中期推琴对曰^⑥："王之料天下过矣^⑦。昔者六晋之时^⑧，智氏最强，灭破范、中行^⑨，帅韩、魏以围赵襄子于晋阳^⑩。决晋水以灌晋阳，城不沈者三板耳^⑪。智伯出行水^⑫，韩康子御，魏桓子骖乘^⑬。智伯曰：'始，吾不知水之可亡人之国也，乃今知之。汾水利以灌安邑^⑭，绛水利以灌平阳^⑮。'魏桓子肘韩康子^⑯，康子履魏桓子，蹴其踵^⑰。肘足接于车上，而智氏分矣。身死国亡^⑱，为天下笑。今秦之强，不能过智伯；韩、魏虽弱，尚贤在晋阳之下也^⑲。此乃方其用肘足时也，愿王之勿易也^⑳。"

注释

① 孰与始强：今日的韩国、魏国，与原先比较，哪一时更强大。姚本："始，初也。言韩、魏初时强耶？今时强也。"

② 弗如也：不如原先强。姚本："言不如始时强也。"

③ 如耳：魏大夫，后仕韩。魏齐：魏臣。

④ 孟尝：即孟尝君田文。芒卯：即孟卯，魏将。

⑤ 甚然：犹言诚然。

⑥ 中期：秦国的辩士，初事秦武王，后事秦昭王。

⑦ 王之料：大王的估量。"王"姚本作"三"，今从鲍本作"王"。

⑧ 六晋：春秋时晋国的六个卿相，即韩氏、赵氏、魏氏、范氏、中行氏、智氏。晋昭公时六卿强大，各霸一方，后来相互吞并，三家分晋。

⑨ 灭破范、中行：指智氏占有范氏、中行氏之地。

⑩ 帅韩、魏以围赵襄子于晋阳：指智伯瑶灭范氏、中行氏，又要求赵襄子割地，襄子不同意，智伯便率韩、魏讨伐赵氏，围困襄子封邑晋阳（在今山西省太原市西南）。

⑪ 沈：通"沉"，淹没。三板：六尺，高二尺为一板。

⑫ 行水：巡视水势。行，视察。鲍本："行，去音。按视也。"

⑬ 韩康子：韩氏之主，名虎。魏桓子：魏氏之主，名驹。骖乘：一说三人共载称骖乘。一说车左边的马为骖，右边的为御。后说可供参考。

⑭安邑：魏桓子的城邑，在今山西省夏县西北。

⑮平阳：韩康子都城，在今山西省临汾市。

⑯肘：名词用如动词，用肘碰触。

⑰蹑其踵：踩他的脚后跟。鲍本："蹑，蹈也。踵，跟也。"

⑱身死国亡：指周贞王十六年，韩、赵、魏击败智氏杀死智伯，瓜分其地。

⑲尚贤在晋阳之下：还胜过赵襄子被围困在晋阳的时候。贤，犹言胜过。

⑳易：犹言轻视。

译文　秦昭王对左右的臣子说："今天的韩国和魏国与当初相比较，哪个时期更强大呢？"大臣们说："不如当初强大。"秦昭王又问："现在的韩国大臣如耳和魏国大臣魏齐与当初的孟尝君和芒卯相比较，哪个更有才能呢？"大臣们回答说："都不如孟尝君和芒卯。"秦昭王说："当初，凭着孟尝君和芒卯的才干，率领着强大的韩、魏联军来讨伐秦国，对我们还无可奈何！如今，以无能的如耳和魏齐，率领着业已弱小了的韩、魏军队进攻秦国，他能把我怎么样也就很清楚的了！"大臣们都说："的确是这样。"

大臣中期推开弦琴回答说:"大王错误地估计了天下的形势。从前晋国的韩氏、赵氏、魏氏、范氏、智氏和中行氏这六个卿相,智氏最强大,它消灭了范氏和中行氏之后,又率领韩氏和魏氏的军队在晋阳围住赵襄子。然后掘开晋水的河口淹没了晋阳城,城墙只有六尺没有沉入水中。智伯出来巡视水势,韩康子驾着马车,魏桓子陪侍旁边。智伯说:'开始我还不知道用河水可以消灭人家的国家,今天才知道了这个办法。用汾水淹没安邑很方便,用绛水淹没平阳也很省事。'这时魏桓子用胳膊肘碰了下韩康子,韩康子也用脚踩了一下魏桓子,又踢了他的脚跟。正是肘脚在车上相碰的时候,智伯的土地已开始被分割了。最后智伯身死国亡,被天下人所嘲笑。现在秦国的强大超不过智伯,韩、魏即使软弱,也比赵襄子被围在晋阳城时强得多。我们现在可是正处在'肘脚相碰'的时期,希望大王千万不可轻敌。"

楚魏战于陉山

原文

楚、魏战于陉山①。魏许秦以上洛②，以绝秦于楚③。魏战胜，楚败于南阳④。秦责赂于魏⑤，魏不与。营浅谓秦王曰⑥："王何不谓楚王曰⑦，魏许寡人以地，今战胜，魏王倍寡人也⑧。王何不与寡人遇⑨。魏畏秦、楚之合，必与秦地矣。是魏胜楚而亡地于秦也；是王以魏地德寡人，秦之楚者多资矣⑩。魏弱，若不出地，则王攻其南，寡人绝其西，魏必危。"秦王曰："善。"以是告楚。楚王扬言与秦遇，魏王闻之恐，效上洛于秦⑪。

注释

① 陉山：地名，在今河南省新郑市南，与密县接界。

② 上洛：地名，在今陕西省商县。秦孝公以其地封给商鞅。楚、魏战陉山在秦惠王九年，上洛入秦已久，恐有讹误。

③ 绝秦于楚：断绝秦国不使助楚。姚本："魏许赂秦以上洛，绝秦便不助楚。"

④ 南阳：见《秦策一·司马错与张仪争论于秦惠王前》注。

⑤ 责：索求。赂：指原许秦以上洛之地。

⑥ 营浅：秦臣。秦王：指秦惠王。

⑦ 楚王：指楚怀王。

⑧ 魏王：指魏襄王。

⑨ 遇：犹言相会。鲍本："遇，犹会。"

⑩ 资：财币。鲍本："之，往也。言将以厚币往结楚好。"

⑪ 效：犹致，送给。

译文

楚、魏两军在陉山交战。魏国答应把上洛之地送给秦国，以此断绝秦楚联合。后来魏国取胜，楚军在南阳战败了。这时秦国向魏国索取上洛这块土地，魏国却不给。秦臣营浅对秦王说："大王为什么不对楚王说，魏国曾经答应送给我土地，如今他们取胜了，魏王却背叛我。楚王何不与我会盟一次。如能会盟，魏国害怕秦楚联合，一定会把土地送给我们秦国的。这样魏国虽然战胜了楚国却把土地丢失在秦国；这也就等于楚王把魏国的土地恩赐给了秦国，将来秦国酬报楚国的资财一定更多。魏国软弱，如果他们不交出土地，那么大王去进攻他们的南部，我们去截断他们的西部，魏国就必遭灭亡。"秦王说："对。"于是派人把这番话告诉了楚王。楚王也明显地表示要与秦国联合，魏王听到这事之后十分恐慌，便主动把上洛送给了秦国。

楚使者景鲤在秦

原文　楚使者景鲤在秦①，从秦王与魏王遇于境②。楚怒秦
合，周最为楚王曰："魏请无与楚遇而合于秦，是以
鲤与之遇也。弊邑之于与遇善之③，故齐不合也。"
楚王因不罪景鲤而德周、秦④。

注释　①景鲤：姓景名鲤，楚贵族，为楚怀王相。

②境：此指秦界。秦王：即秦惠王。魏王：即魏惠王。

③弊邑：秦自称。郭希汾本注："弊邑，秦自称。谓鲤与秦魏
遇此以为善。盖二国之遇将以善齐，而绝齐于楚，而楚使在
焉，故齐疑而不与合。"

④德：用作动词，感恩戴德，犹感激。

译文　楚国的使者景鲤正住在秦国，跟从秦王和魏王在边境
上讨论联合的问题。楚王对景鲤同秦国讨论联合的事
感到很气愤，周最便为秦国去对楚王说："魏国请求
不和楚国联合而只同秦国联合，因此景鲤才同我们一
起讨论联合的问题。至于周室对于你们和秦魏联合那
是很高兴的，因此齐国产生疑虑而没有同你们联合

起来。"楚王因此没有怪罪景鲤，并且很感激周室和
秦国。

楚王使景鲤如秦

原文　楚王使景鲤如秦①。客谓秦王曰："景鲤，楚王所甚
爱②，王不如留之以市地③。楚王听，则不用兵而得
地；楚王不听，则杀景鲤，更与不如景鲤留④，是便
计也⑤。"秦王乃留景鲤。

景鲤使人说秦王曰："臣见王之权轻天下⑥，而地不可
得也。臣之来使也，闻齐、魏皆且割地以事秦。所以
然者，以秦与楚为昆弟国。今大王留臣，是示天下无
楚也，齐、魏有何重于孤国也⑦。楚知秦之孤，不与
地，而外结交诸侯以图⑧，则社稷必危，不如出臣。"
秦王乃出之。

注释　①楚王：指楚怀王。如：犹往。
②"楚王"下，姚本有"使景"二字，系衍文。姚本："一本

无'使景'二字。"鲍本："衍'使景'二字。"今删去。

③市地：使楚以地赎景鲤。姚本："市，求也。"

④更：姚本"更"下有"不"字，为衍文。鲍本："衍'不'字。"从鲍本删去。留：姚本："留"，曾、刘一作"者"。鲍本："留"作"者"。

⑤便：便利。

⑥权轻天下：权势为天下人所轻贱。鲍本："权，犹势也。天下所轻。"

⑦有：犹又。孤国：是说秦无楚援，则为孤国，齐、魏再也不会尊重秦国了。

⑧以图：以此图谋秦国。

译文　楚怀王派景鲤到秦国去。有人对秦王说："景鲤是楚王所喜爱的大臣，大王不如把他扣留下来，用他去换取楚国的土地。如果楚王答应了，那么我们不用兵力就能取得土地；如果楚王不答应，那么我们就把景鲤杀掉，再和才能不如景鲤的人打交道，这可是一举两得的计谋。"秦王于是扣留了景鲤。

景鲤让人给秦王传话说："我预见到大王的权势将被天下人所轻贱，并且土地也不可能得到。我刚要出使的时候，听说齐、魏两国都打算割让土地来侍奉秦国。之所以这样，是因为秦国与楚国是兄弟之邦。如今大王扣留我，这就在天下诸侯中显示出秦国失去了楚国的邦交，齐国和魏国又怎么会尊重孤立无援的国家。当楚国知道秦国处于孤立之中，不但不会送给土地，而且还会在外边结交诸侯来图谋秦国的，那秦国必然危险了，我看不如把我放出去。"秦王这才放了景鲤。

秦王欲见顿弱

原文 秦王欲见顿弱①，顿弱曰："臣之义不参拜，王能使臣无拜，即可矣。不，即不见也。'秦王许之。于是顿子曰："天下有有其实而无其名者②，有无其实而有其名者，有无其名又无其实者。王知之乎?"王曰："弗知。"顿子曰："有其实而无其名者，商人是也。无把铫推耨之势③，而有积粟之实，此有其实而无其名者也。无其实而有其名者，农夫是也。解冻而耕，暴背而耨，无积粟之实，此无其实而有其名者也。无其名又无其实者，王乃是也。已立为万乘，无孝之名；以千里养，无孝之实。"秦王悖然而怒④。

顿弱曰："山东战国有六，威不掩于山东，而掩于母⑤，臣窃为大王不取也。"秦王曰："山东之建国可兼与⑥?"顿子曰："韩，天下之咽喉；魏，天下之胸腹。王资臣万金而游⑦，听之韩、魏，入其社稷之臣于秦⑧，即韩、魏从。韩、魏从，而天下可图也。"秦王曰："寡人之国贫，恐不能给也⑨。"顿子曰："天下未尝无事也，非从即横也⑩。横成，则秦帝；从成，即楚王。秦帝，即以天下恭养；楚王，即王虽有万金，弗得私也。"秦王曰："善。"乃资万金，使东游韩、魏，入其将相。北游于燕、赵，而杀李牧⑪。齐王入朝，四国必从⑫，顿子之说也。

注释

①秦王：指秦始皇嬴政。顿弱：秦人。

②有："有"字下脱一"有"字，今补上。

③铫（yáo）：古代的一种耕田器具，即大锄头。耨（nòu）：古代锄草器具。

④悖然：即勃然。悖，通"勃"。

⑤掩于母：始皇之母原为吕不韦之姬，由于私通缪毒事泄，

始皇乃闭其母于雍宫，因此说"掩于母"。

⑥兼：犹言兼并。

⑦资：犹给。

⑧入其社稷之臣于秦：接纳那些治国之臣来到秦国。入，接纳。

⑨给：供给。

⑩非从即横：不是实行合纵就是出现连横。

⑪李牧：赵之良将，秦王政十八年，秦施间计，李牧被杀。

⑫四国：指燕、赵、韩、魏四国。必：通"毕"，犹尽。

译文 秦王想接见顿弱，顿弱让人转告说："我的礼义是不讲参拜的，大王如果能让我不施参拜之礼，就可以晋见。不然，我就不晋见了。"秦王同意了。于是顿弱往见秦王说："天下有有其实而无其名的人，也有无其实而有其名的人，还有无其名又无其实的人。大王知道其中的道理吗?"秦王说："不知道。"顿弱说："有其实而无其名的人，商人就是这样。他们没有拿锄铲草的辛劳，却有粮食满仓的实利，这就是有其实而无其名的人。无其实而有其名的人，农夫就是这样。他们从大地一解冻就开始耕作，太阳暴晒着脊背还在锄地，却没有一点积粮的实惠，这就是所谓无其实而有其名的人。至于说无其名又无其实的人，大王就是这种人。已经立为万乘大国之主，却没有得到孝顺的名声；用千里的封地去奉养太后，却没有给予孝顺的实惠。"秦王听了勃然大怒。

顿弱接着说："崤山以东有诸侯国六个，大王的力量不能威震山东各国，却威震了母后，我私下认为大王的做法是不可取的。"秦王说："崤山以东的诸侯国我能兼并吗？"顿弱说："韩国是天下的咽喉要地；魏国是天下的胸腹中心。大王您给我一万金去游说，听凭我到韩、魏两国去，让那里的能治理国家的大臣到秦国来，这样就可以让韩、魏两国听从秦国。只要韩、魏听从秦国，那么天下就可以夺取了。"秦王说："我的国家太穷了。恐怕拿不出这么多钱。"顿弱说：天下不可能没有战争，只要发生战争，不是实行合纵，就是出现连横。如果连横成功，那么秦王就可称帝；如果合纵成功，就会是楚王称霸。如果秦王称帝，就能够让天下人恭恭敬敬地奉养；如果楚王称霸，就是大王有一万金，也不能私自占有了。"秦王说："对。"于是就送给顿弱一万金，派他到东部去游说韩、魏，使那里的将相到秦国去。又向北部去游说燕国和赵国，用反间计杀死了李牧。最后迫使齐王到秦国去朝拜，燕、赵、韩、魏四国全都尾随而至，这都是顿弱游说的结果。

顷襄王二十年

原文　顷襄王二十年①，秦白起拔楚西陵②，或拔鄢、郢、夷陵③，烧先王之墓。王徙东北，保于陈城④。楚遂削弱，为秦所轻。于是白起又将兵来伐。

楚人有黄歇者，游学博闻，襄王以为辩，故使于秦。说昭王曰：

"天下莫强于秦、楚，今闻大王欲伐楚，此犹两虎相斗而驽犬受其弊，不如善楚。臣请言其说。臣闻之：'物至而反⑤，冬夏是也⑥。致至而危⑦，累棋是也。'今大国之地半天下，有二垂⑧，此从生民以来，万乘之地未尝有也。先帝文王、庄王⑨，王之身，三世而不接地于齐⑩，以绝从亲之要⑪。今王三使盛桥守事于韩⑫，成桥以北入燕⑬。是王不用甲，不伸威，而出百里之地^⑭，王可谓能矣。王又举甲兵而攻魏，杜大梁之门^⑮，举河内^⑯，拔燕、酸枣、虚、桃人^⑰，楚、燕之兵云翔不敢校^⑱，王之功亦多矣。王申息众二年^⑲，然后复之，又取蒲、衍、首垣^⑳，以临仁、平兵^㉑，小黄、济阳婴城^㉒，而魏氏服矣。王又割濮、磨之北属之燕，断齐、秦之要^㉓，绝楚、魏之脊。天下五合、六聚而不敢救也^㉔，王之威亦惮矣^㉕。王若能持功守威，省攻伐之心而肥仁义之诚^㉖，使无复后患，三王不足四，五伯不足六也^㉗。

注释

① 顷襄王：名横，楚怀王之子。

② 西陵：楚地，在今湖北省宜昌市，溯江二十里有西陵峡。

③ 鄢、郢：见《秦策三·谓应侯曰君禽马服乎》注。夷陵：即西陵。

④ 保于陈城：退守陈城。陈城，地名，在今河南省淮阳县。

⑤ 物至而反：犹言物极必反。至，犹极。

⑥ 冬夏是也：冬夏就是这样循环往复。姚本："冬至生，夏至杀，故曰反也。"

⑦ 致至而危：事物达到极端就危险了。

⑧ 二垂：东西两边陲。垂，边疆。

⑨ 文王：指秦文王，名柱，秦始皇的祖父。庄王：秦庄王，

名楚，秦始皇的父亲。

⑩ 三世：文王、庄王到秦始皇谓之三世。

⑪绝从亲之要：割断合纵交往的盟约。要，犹约。

⑫使盛桥守事于韩：命盛桥守卫韩国促进韩国朝拜秦国。盛桥，秦庄襄王之子，始皇之弟。

⑬成桥：即盛桥。黄丕烈《札记》："成、盛同字。"

⑭出：犹言割让出。鲍本："出，言割地。燕入秦，必割地予秦，秦使之出也。"

⑮杜：堵塞。大梁：魏惠王都城，在今河南省开封市西北。

⑯举河内：取得河内。举，取得，占领。河内，地名，在今河南省沁阳一带。

⑰燕：地名，即南燕，在今河南省延津县东北。酸枣：地名，在今河南省延津县西南。虚：地名，即殷墟，在今河南省安阳市小屯村，在洹水之南。桃人：地名，在今河南省延津县东北。

⑱云翔：如云飞散一般地逃去。鲍本："云翔，散也。"

⑲申：同"重"。

⑳蒲：地名，即蒲城，在今河南省长垣县内。衍：地名，即衍城，在今河南省郑州市北。首垣：地名，在今河南省长垣县东北。

㉑仁：地名，在今山东省济宁市。平兵："兵"鲍本作"丘"，

平丘，地名，在今河南省长垣县西南。

㉒小黄：地名，在今河南陈留县东北。济阳：地名，在今河南省兰考县东北。婴城：犹言环城围攻。鲍本："婴，犹萦也，盖二邑环兵自守。"

㉓要：同"腰"。

㉔天下五合：指六国五次联合。姚本："天下五合，六国集聚，不敢救助。"缪文远《战国策新校注》："五合、六聚为对文，此言东方诸国多次会商。"

㉕惮：犹言畏难。姚本："惮，难也。六国诸侯皆有畏难秦王之威也。"

㉖省：犹言减少。肥：犹言增厚。

㉗足：犹难，为难。

译文　楚顷襄王二十年，秦将白起攻克了楚国的西陵，另一支军队攻克了鄢、郢、夷陵，烧毁楚王祖先的坟墓。顷襄王迁都到东北部，并在陈城设下防线。楚国从此国力大大削弱，被秦国所轻视。在这个时候，白起又率兵讨伐楚国。

楚国有个名叫黄歇的人，游学在外，见识广博，襄王认为他是个能言善辩的人，因此派他出使秦国。黄歇

游说秦昭王说："天下各国没有比秦楚两国更强大的
了，最近听说大王要讨伐楚国，这就好像两虎相斗而
结果让大、马乘机得到好处，我看不如同楚国和好。
请允许我说明其中的道理。我曾经听说：'物极必反，
冬夏的变化就是这样。事物达到顶点就危险，堆积棋
子就是这样。'现在秦国的土地占有天下的一半，再
加上西北两个边陲，这从有人类以来，即使是天子的
土地也从来没有如此之大。可是自从先帝文王、庄
王以至于大王自身，连续三代竟不能把地界扩展到齐
国，以此去斩断合纵的盟约。如今大王三次派盛桥到
韩国去驻守，盛桥又促使燕国入朝归服。这样大王不
用战争不施威力就得到了韩、燕的百里土地，大王可
谓有才能的人了。后来大王又发兵攻打魏国，堵塞魏
都大梁的通路，占领河内，攻克燕、酸枣、虚和桃人
等地，楚国和燕国的军队像烟云飞散一般不敢较量，
大王的功绩也够多的了。大王又休整军队两年，然后
重新发兵，又夺取了蒲、衍、首垣，兵临仁、平丘，
把小黄、济阳两座城池环城围住，最后迫使魏国降服
了。大王又分割濮水、磨邑以北的土地归属到燕国，
这样就等于斩断了齐、秦两国的腰，折断了楚、魏两
国的脊梁。天下经过五次联合，六国诸侯终不敢互相

救助，大王的威势也够吓人的了。大王若能保持功绩
守住威严，减少进攻讨伐的心思，并加强仁义方面的
教育，使之再没有后患，三王不愁没有第四个，五霸
不愁没有第六个。

原文　　"王若负人徒之众①，仗兵甲之强②，壹毁魏氏之威③，
而欲以力臣天下之主④，臣恐有后患。《诗》云：'靡不
有初，鲜克有终⑤。'《易》曰：'狐濡其尾⑥。'此言始
之易，终之难也。何以知其然也？智氏见伐赵之利，
而不知榆次之祸也⑦；吴见伐齐之便，而不知干隧之
败也⑧。此二国者，非无大功也，没利于前⑨，而易患
于后也⑩。吴之信越也，从而伐齐⑪，既胜齐人于艾
陵⑫，还为越王禽于三江之浦⑬。智氏信韩、魏，从
而伐赵，攻晋阳之城，胜有日矣⑭，韩、魏反之，杀
智伯瑶于凿台之上⑮。今王拓楚之不毁也，而忘毁楚
之强魏也。臣为大王虑而不取。《诗》云：'大武远宅
不涉⑯。'从此观之，楚国，援也；邻国，敌也。《诗》
云：'他人有心，予忖度之。跃跃毚兔，遇犬获之⑰。'
今王中道而信韩、魏之善王也，此正吴信越也⑱。臣
闻，敌不可易⑲，时不可失。臣恐韩、魏之卑辞虑
患⑳，而实欺大国也。此何也？王既无重世之德于

韩、魏，而有累世之怨矣㉑。韩、魏父子兄弟接踵而死于秦者，百世矣。本国残，社稷坏，宗庙隳㉒，刳腹折颐㉓，首身分离，暴骨草泽，头颅僵仆㉔，相望于境；父子老弱系虏㉕，相随于路；鬼神狐祥无所食㉖，百姓不聊生，族类离散，流亡为臣妾㉗，满海内矣。韩、魏之不亡，秦社稷之忧也。今王之攻楚，不亦失乎？是王攻楚之日，则恶出兵㉘？王将藉路于仇雠之韩、魏乎？兵出之日而王忧其不反也，是王以兵资于仇雠之韩、魏。王若不藉路于仇雠之韩、魏，必攻阳、右壤㉙。随阳、右壤，此皆广川大水，山林溪谷不食之地，王虽有之，不为得地。是王有毁楚之名，无得地之实也。

注释

①负：依仗。姚本："负，恃也。"

②仗：依靠。姚本"仗"作"材"，鲍本作"恃"，《史记》作"仗"，今从《史记》。

③壹：即一，犹言专一。

④臣臣服。天下之主：指关东六国的君主。

⑤靡不有初，鲜克有终：没有谁不想善始，却很少有人能够善终。靡，无，没有。姚本注："《诗经·大雅》之首章。"鲜，少。克，能够。

⑥狐濡（rú）其尾：是说狐狸过河，起先总是翘起尾巴，不让沾湿，后来累了，坚持不下去，便把尾巴弄湿了。用以比喻做事开头容易，坚持到底则困难。

⑦榆次之祸：指智伯瑶攻赵襄子于晋阳，最终败于榆次而被杀。榆次，地名，在今山西省榆次县。

⑧干隧之败：指越王勾践袭击吴国，吴王夫差惨败。自到于干隧。干隧，地名，在今江苏省苏州市西北万安山，山之别阜曰隧山。

⑨没：犹言贪婪。鲍本："没，犹溺。"姚本"没"作"设"，鲍本、《史记》皆作"没"，今从之。

⑩易：犹言换取。

⑪吴之信越也，从而伐齐：指吴王夫差准备伐齐时，越王勾践不但来朝拜并且馈送重礼。因此他没有防备越国入侵，一心率师伐齐。从，即"纵"，犹言放松而不戒备。

⑫艾陵：地名，在今山东省莱芜东北部。

⑬三江之浦：即娄江、松江、东江的水滨。浦，水滨。

⑭有日：指日可待。鲍本："其日可期。"

⑮凿台：台名，在今山西省榆次县南洞涡水侧。凿地作渠，以灌晋阳，因聚土为台，故名曰凿台。

⑯大武远宅不涉：大脚步要走到远的住所也是不容易的。鲍本："武，足迹。宅，犹居也。言地之居远者，虽有大足，不

涉之也。"整句是说大军不宜远跋涉攻伐。

⑰跃跃:往来跳动。毚(chán)兔:狡兔。

⑱此正吴信越:比喻如今秦之信韩、魏,如同从前吴信越一样,终将为秦害。

⑲易:犹言轻信。

⑳卑辞虑患:之所以言辞卑微,是因为忧虑祸患。

㉑重世,犹言几代。"累世"亦同此义。

㉒隳(huī):毁坏,破灭。

㉓刳(kū)腹折颐(yí):剖开肚子,损坏面颊。刳,剖裂。颐,面颊。

㉔头颅僵仆:头骨暴露于荒野。僵仆,人死倒于地七。

㉕系虏:捆绑捕获。

㉖狐祥:狐狸成为妖精者。祥,即怪。郭希汾《战国策详注》:"狐之为妖者,妖孽自外至,谓之祥。"

㉗臣妾:男为人臣,女为妾。

㉘恶(wū):哪里,疑问代词。鲍本:"恶,安也。"

㉙姚本:一本"攻"下有"随"字。随阳、右壤,皆楚邑也。

译文 "大王若是依仗人口众多,依靠军队强大,一心想要毁灭魏国的威势,用武力使天下诸侯臣服,我唯恐会有后患。《诗经》上说:'没有谁不想善始,却很少有人能够善终。'《易经》上也说：'狐狸过河最终还是把尾巴沾湿了。'这是说开头容易，结尾很难。怎么知道是这样呢？过去，智伯只看到攻打赵国的好处，却不曾料到葬身榆次的大祸；吴王夫差只看到攻打齐国的便宜，却没有料到在干隧的惨败。这两个国家，并不是没有建立过大功，但由于贪图眼前利益，结果换来了后来的大祸。因为吴王相信了越国，所以才去讨伐齐国，已经在艾陵战胜了齐军，却没料到回来时在三江之滨被越王勾践擒杀。因为智伯瑶相信韩国和魏国，所以才去讨伐赵国，联合攻打晋阳城，胜利已是指日可待了，却没有料到韩、魏反叛，把智伯瑶杀死在凿台上。如今大王嫉恨楚国的未能消灭，却忘记了毁灭楚国就会增强魏国。我为大王的这种做法而忧虑并认为不可取。《诗经》上说：'步子跨得再大，远方不容易跋涉。'由此看来，楚国才是后援；邻国却是敌国。《诗经》上又说：'别人存有坏心，我们要猜透它。狡兔蹦得再欢，遇到狗必遭捕获。'如今大王半道上竟相信韩国、魏国会与您亲善，这正如同吴王相信越王一样。我还听说，敌人不可轻视，时机不可失去。我怕韩、魏谦卑的言辞中藏着忧患，而其实是想蒙骗秦国。这何以见得呢？因为大王对韩、魏两国

不仅没有几代的恩德，反而有几世的怨仇。韩、魏的
父子兄弟接连被秦国害死，至今已历时百代了。国家
受到残害，社会遭到破坏，宗庙被焚毁，百姓遭剖
腹，面颊被砍开，身首分离，白骨暴露在荒野沼泽
上，尸体倒仆，国境内外满目萧瑟，父子老弱，被俘
捆绑一个接一个地走在路上；那些孤魂野鬼狐狸妖怪
都无处觅食，活着的百姓更是民不聊生，许多家族流
离失散，逃亡在外沦为奴仆，遍布海内。因此我认
为，只要韩、魏不灭，就是秦国的一大忧患。现在大
王又想进攻楚国，不也是失策的了吗？当大王攻打楚
国的那天，将要从何处出兵？大王打算向韩、魏两个
敌国借路吗？可以想见，兵出之日，正是大王您忧虑
军队无法返回之时，这才是大王把自己的军队资助给
仇敌韩、魏了。大王若是不向仇敌韩、魏借路，必定
攻打随阳和右壤，这两个地方都是些大川、大水、山
林、深谷不产粮食的地方，大王即使占有了它，也不
算得到了土地。如果这样干，大王不但有了毁灭楚国
的坏名声，而且还没有得到土地的实惠。

原文　　"且王攻楚之日，四国必悉起应王①。秦、楚之构而

不离②，魏氏将出兵而攻留、方与、铚、胡陵、砀、萧、相③，故宋必尽④。齐人南面，泗北必举⑤。此皆平原四达，膏腴之地也⑥，而王使之独攻⑦。王破楚于以肥韩、魏于中国而劲齐。韩、魏之强足以校于秦矣⑧。齐南以泗为境，东负海⑨，北倚河，而无后患，天下之国，莫强于齐。齐、魏得地葆利⑩，而详事下吏⑪，一年之后，为帝若未能，于以禁王之为帝有余⑫。夫以王壤土之博，人徒之众，兵革之强，一举事而树怨于楚⑬，诎令韩、魏⑭，归帝重于齐，是王失计也。

"臣为王虑，莫若善楚。秦、楚合而为一，临以韩，韩必授首⑮。王襟以山东之险⑯，带以河曲之利⑰，韩必为关中之候⑱。若是，王以十万戍郑⑲，梁氏寒心⑳，许、鄢陵、婴城㉑，上蔡、召陵不往来也㉒。如此，而魏亦关内候矣㉓。王一善楚，而关内二万乘之主注地于齐㉔，齐之右壤可拱手而取也㉕。是王之地一经两海㉖，要绝天下也㉗。是燕、赵无齐、楚，无燕、赵也㉘。然后危动燕、赵㉙，持齐、楚㉚，此四国者，不待痛而服矣㉛。

注释

① 四国：赵、韩、魏、齐。应：犹言应付，此可引申为乘隙而攻。

② 构：犹言连结。

③ 留：地名，在今江苏沛县东南。方与：地名，在今山东省鱼台县北。铚（zhì）：地名，在今安徽省宿县南。萧：地名，在今江苏省萧县西北。相：地名，在今安徽省宿县西北。

④ 故宋：以上七地均为宋国故地，宋国灭亡，其地归楚，所以叫故宋。

⑤ 泗北：即泗水以北。泗水，源出山东省泗水县东陪尾山西，四源并发，故名泗水，流经曲阜、滋阳、邹县，向东南流经沛县，又东过下邳、宿迁入淮水。

⑥ 膏腴：土地肥沃。

⑦ 独攻：是指如果秦、楚交战不休，则魏收故宋七地，齐取泗北，这就形成齐、魏独攻而独得大利。

⑧ 校：通较，犹言匹敌。

⑨ 负：背靠。

⑩ 葆：通"保"。

⑪ 详事下吏：犹言齐、魏伴装侍奉秦国。详，通"佯"，犹诈。事，犹言服侍。下吏，此指秦国。

⑫ 于以禁王之为帝有余：犹言齐、魏足以制止秦王称帝而有余力。

⑬一举事而树怨于楚：一起兵就和楚国结下怨仇。事，此指战事。姚本作"一举众而注地于楚"，今从《史记》作"一举事而树怨于楚。"

⑭诎令：秦令为韩、魏所诎，即秦下令，韩、魏不听。

⑮授首：交出脑袋，表示降服请罪。

⑯襟：衣襟，犹言囊括，引申为占据。

⑰带：衣带，犹言围绕，引申为占有。

⑱候：侦察，探听。姚本："为秦察诸侯动静也。"

⑲王以十万戍郑：姚本作"王以十戍郑"，不通，今从《史记》作"王以十万戍郑"。

⑳梁氏寒心：魏国恐惧。姚本："梁氏，魏也。寒心，惧也。"

㉑许：地名，在今河南省许昌县东。鄢陵：地名，在今河南省鄢陵县西南。

㉒上蔡：地名，在今河南省上蔡县西南。召陵：地名，在今河南省郾师县东。

㉓候：词义与注⑱同。

㉔注地：土地相连。

㉕右壤：指齐国西部之地，济西一带。姚本："壤，地也。"

㉖一经：经，东西为经，夺取齐国右壤以后，从西海到东海就都成了秦地，所以叫"一经"。姚本作"一任"，今从《史记》作"一经"。两海：指东海、西海。

㉗要绝：中间分开。要，通"腰"，引申为中间。

㉘鲍本：补"齐楚"二字。

㉙危动：危害胁迫。

㉚持：犹言劫持。

㉛不待痛而服：用不着急攻就使它们降服。痛，急攻。姚本："痛，急也。不待急攻而服从也。"

译文

"再说大王攻打楚国的时候，韩、赵、魏、齐四国必定会全部起兵偷袭大王。秦、楚两国也将连结一起难以分开，此时，魏国也将出兵攻打留邑、方与、铚邑、胡陵、砀地、萧地、相地，原先占领的宋地必将全部失掉。齐国人调兵南进，泗水以北必被占领。这里全是平原四通八达，土地肥沃，可是大王却偏偏让他们攻占。大王击败了楚国却没有想到在天下中部养肥了韩、魏，增强了齐国的势力，韩、魏如果强大了，就足以同秦国抗衡。齐国南面以泗水为边境，东面背海，北面靠黄河，这就无后患了，天下各诸侯国没有哪一个比齐国更强大的了。齐、魏两国得到土地保存实利，而佯装侍奉秦国，一年之后，即使不能称帝天下，然而制止大王称帝却是行有余力的。凭着大王土地的广大，百姓的众多，军力的强盛，一起兵就要同楚国结下怨仇，韩、魏也不会听命的，反倒让韩、魏把帝号重新交给齐国，这是大王的失策了。

"我为大王考虑，莫如同楚国亲善，秦、楚两国联合在一起，去进逼韩国，韩国必定俯首听命。大王占有山东的险要地势，据有河曲的利益，韩国必定愿做关中的耳目。如果这样，大王再把十万大军屯驻郑地，魏国也将心惊胆寒，许邑、鄢陵、婴城、上蔡、召陵都不敢与魏国往来。这样，魏国也就成为关内的耳目了。大王只要一和楚国友善，关内拥有两万辆战车的君主就降服了，秦国的边境直接和齐国相连，齐国右壤这地方就可以拱手取得。这样大王的土地从西海直达东海，中间横断天下。这样燕、赵失掉齐、楚的联络，齐、楚没有燕、赵的接应。在这之后再危害胁迫燕、赵两国，挟持齐、楚两国，这四国不等秦国急攻就乖乖地降服了。"

或为六国说秦王

原文　或为六国说秦王曰①："土广不足以为安，人众不足以为强。若土广者安，人众者强，则桀、纣之后将存②。昔者，赵氏亦尝强矣。曰赵强何若？举左案齐③，举右案魏，厌案万乘之国④，二国，千乘之宋也。筑刚平⑤，卫无东野，刍牧薪采莫敢窥东门⑥。当是时，卫危于累卵，天下之士相从谋曰：'吾将还其委质⑦，而朝于邯郸之君乎！'于是天下有称伐邯郸者，莫令朝行⑧。魏伐邯郸，因退为逢泽之遇⑨，乘夏车⑩，称夏王⑪，朝为天子，天下皆从。齐太公闻之⑫，举兵伐魏，壤地两分⑬，国家大危。梁王身抱质执璧⑭，请为陈侯臣⑮，天下乃释梁。郢威王闻之⑯，寝不寐，食不饱，帅天下百姓，以与申缚遇于泗水之上⑰，而大败申缚。赵人闻之至枝桑⑱，燕人闻之至格道⑲。格道不通，平际绝⑳。齐战败不胜，谋则不得，使陈毛释剑掫㉑，委南听罪㉒，西说赵，北说燕，内喻其百姓，而天下乃齐释㉓。于是夫积薄而为厚，聚少而为多，以同言郢威王于侧庑之间㉔。

臣岂以郢威王为政衰谋乱以至于此哉？郢为强，临天下诸侯，故天下乐伐之也！"

注释

①秦王：即秦王政，当时已称为始皇帝。

②桀、纣之后将存：夏桀和商纣的后代将绵延不断。姚本："言王者以仁义为安强，虽土广人众而无仁义，犹将危亡，故桀、纣不能自存也。"

③举左案齐：向左（即东面）进军就能镇住齐国。案，抑制。鲍本："言举兵于左，则齐下。案，下也。"

④厌案：犹言抑制止住。厌，通"压"。

⑤筑刚平：兴建刚平城。刚平，地名，在今河南省清半县西南有刚平城。

⑥刍牧薪采莫敢窥东门：是说卫国人放牧打柴不敢向东门看一眼。

⑦还：返回，此有投靠的意思。委质：送去礼物以取得信任。质，通"贽"，即礼物。

⑧莫：通"暮"，晚上。姚本"莫"后有"不"字，黄丕烈《战国策札记》认为"不"为衍文，今从黄说删之。

⑨逢泽：地名，在今河南省开封市东南。

⑩夏车：夏地的战车。夏，指中原之地。

⑪夏王：此指中国之王。

⑫齐太公：田和，齐威王的祖父。姚本："太分，田和也。始伐吕氏齐侯，谥为太公，齐威王之祖父也。"

⑬壤地两分：犹言分割了魏地。姚本："两分魏之壤地。"

⑭梁王：即魏惠王。

⑮陈侯：齐侯，陈敬仲之后。姚本："陈侯，齐侯也。陈氏篡，吕氏绝，故曰陈侯也。"

⑯郢威王：即楚威王熊商，怀王之父。姚本："威王，怀王之父也。郢，楚都也。"

⑰申缚：齐将。

⑱枝桑：地名，不详所在。

⑲格道：地名，不详所在。

⑳平际：犹言交往，相约。吴曾祺《战国策补注》："平际，犹交际也。言相约与齐绝也。"

㉑陈毛：齐国人。掫（zōu）：古时打更工具，即柝，今谓之梆子。

㉒委南听罪：委去南面之尊而听罪于楚。

㉓齐释：即释齐，舍齐不攻。姚本："释，舍也。"鲍本："不攻齐也。"

㉔侧牖：即侧室。

译文　　有人为六国对秦王说："土地虽然广大，但还不足以证明国家的安全；人口虽然众多，但还不足以证明国家的强大。如果说土地广大就安全，人口众多就强大，那么夏桀和商纣的后代就将绵延不断。从前，赵国也曾经够强大的了。要问赵国强大到何等程度？只要向东一举兵就能镇住齐国，向西进军就能按住魏国，这样就可以镇服住万乘之国两个，一个千乘的宋国。自从兴建刚平城之后，卫国就失去了东边的土地，卫国的老百姓连放牧打柴也不敢向东门偷看一眼。在那个时候，卫国的处境就如同堆累起来的鸡蛋一样危险，天下的游说之士相互谋算着说：'我们准备投靠赵国，送些礼物，去朝拜邯郸的赵王！'在这个时候，天下如果有想攻打邯郸的诸侯，都是晚上发布命令而早上开始行动的。然而，魏军终于攻陷了邯郸，班师回国后在逢泽举行大会，魏王乘坐夏地的战车，自称夏王，召集十二国诸侯去朝拜天子，天下诸侯都尾随其后。齐太后听到这件事之后，发兵讨伐魏国，终于分割了魏地，魏国处于十分危险的环境中。魏王亲自抱着礼物，手里拿着璧玉，请求做齐侯的臣子，这时天下人才把魏国放在一边。后来楚威王听到齐国压服了魏国，睡不安稳，吃不香甜，于是率领天下百姓，去和齐将申缚在泗水会战，终于大败申缚。赵国人听说楚、齐开战就发兵到枝桑，燕国人听说楚、齐开战也发兵到格道。格道不能通行，楚国和赵、燕相约断绝了与齐国的交往。齐国连战不胜，计谋又不能成功，只好派陈毛告诉军队丢掉宝剑，撤出夜间警戒，并到南面的楚国去请罪，又到西面去劝说赵国，到北面去劝说燕国，在国内通告百姓，天下诸侯这才放过齐国。到这时可以说薄的东西经过积累变成了厚的，少的事物经过积累变成多的了，不久，天下诸侯又用同样的办法在侧室之中暗算楚威王。我难道是说楚威王政治衰败、计谋错乱以致于又出现诸侯反戈的事吗？因为楚国太强大，威压天下诸侯，所以天下诸侯才喜欢攻打它！"

秦策五

谓秦王

原文　谓秦王曰①："臣窃惑王之轻齐易楚，而卑畜韩也②。臣闻，王兵胜而不骄③，伯主约而不忿④。胜而不骄，故能服世；约而不忿，故能从邻⑤。今王广德魏、赵⑥，而轻失齐，骄也；战胜宜阳，不恤楚交，忿也⑦。骄忿非伯主之业也。臣窃为大王虑之而不取也。

"《诗》云：'靡不有初，鲜克有终⑧'。故先王之所重者，唯始与终⑨。何以知其然？昔智伯瑶残范、中行⑩，围逼晋阳，卒为三家笑⑪；吴王夫差栖越于会稽⑫，胜齐于艾陵⑬，为黄池之遇⑭，无礼于宋，遂为勾践禽⑮，死于干隧⑯；梁君伐楚胜齐，制赵、韩之兵，驱十二诸侯以朝天子于孟津⑰，后子死⑱，身布冠而拘于秦。三者非无功也，能始而不能终也。

注释　① 秦王：姚本认为秦王即秦始皇。缪文远本认为历代学者均以此章为周赧王八年之事，据《史记·六国年表》，此当秦武王四年，故指秦武王为是。

② 卑畜韩：认为韩国卑贱如畜，即不以礼相待。

③骄：骄狂傲慢。

④约而不惄：是说生活上节俭而且没有怨怼。姚本："惄，怨也。伯主约俭劳谦，故不有所惄怨。"

⑤从邻：使邻国服从。

⑥广德：多施恩惠。鲍本："大施恩德。"

⑦恤：犹言顾念。姚本："恤，顾。"

⑧靡不有初，鲜克有终：见《秦策四·顷襄王二十年》注。

⑨唯始与终：只是慎始慎终。

⑩残：消灭。范：范吉射，即昭子，晋国六卿之一。中行：中行寅，即文子，晋国六卿之一。

⑪三家：指魏、赵、韩。智伯灭范、中行氏之后，志骄意满，向赵襄子求地，赵氏与韩、魏同谋杀死智伯，因此说为三家笑。

⑫吴王夫差栖越于会稽：吴王夫差迫使越王栖居在会稽山上。郭希汾《战国策详注》："栖，鸟所止宿曰栖，越为吴败，依山林，故以鸟栖为喻。"

⑬艾陵：见秦策四注。

⑭黄池：地名，在今河南省封丘县。

⑮禽：通"擒"。

⑯干隧：见秦策四注。

⑰梁君：指梁惠王。孟津：地名，在今河南省孟州市西南。

⑱后子死：后来太子申死于马陵之战。

译文 有人对秦武王说："我私下里总疑惑大王轻视齐、楚两国，而且把韩国看作贱畜。我听说，明主以兵取胜却不骄狂，霸王生活节俭却不忿怨。因为他们取得胜利不骄傲，所以能使世人威服；因为他们节俭而不忿怨所以能使邻国服从。如今大王对魏、赵两国广施恩德，却轻易地失去了齐国的交往，这是因为太骄傲了；秦国在宜阳取胜之后，却不顾及楚国的邦交，这是因为忿怨了。骄傲和忿怨都不能成就霸主的事业。我私下里替大王考虑这样做是不可取的。

"《诗经》上说：'没有谁不能做到善始，却很少有人做到善终。'所以先王所重视的是善始和善终。怎么才能知道这个道理呢？从前智伯瑶杀死范吉射和中行寅，进军围攻晋阳遭到惨败，结果被韩、赵、魏三国所耻笑；吴王夫差虽然逼使越王勾践栖居在会稽山上，又在艾陵战胜齐国，却在黄池聚会时，得罪了宋国，于是被勾践所擒，杀死在干隧；梁惠王讨伐楚国战胜齐国，制服赵、韩的军队，驱使十二国诸侯到孟津去朝见周天子，后来儿子竟被齐国杀死，他自己也戴着布帽子被拘禁在秦国。智伯、夫差和梁惠王三人并不是没有建立功业，只是因为他们能善始却不能善终罢了。

原文

"今王破宜阳，残三川^①，而使天下之士不敢言；雍天下之国^②，徙两周之疆，而世主不敢交阳侯之塞^③；取黄棘^④，而韩、楚之兵不敢进。王若能为此尾^⑤，则三王不足四，五伯不足六。王若不能为此尾，而有后患。则臣恐诸侯之君，河、济之士，以王为吴、智之事也^⑥。

"《诗》云：'行百里者半于九十^⑦。'此言末路之难。今大王皆有骄色，以臣之心观之，天下之事，依世主之心，非楚受兵，必秦也^⑧。何以知其然也？秦人援魏以拒楚，楚人援韩以拒秦，四国之兵敌^⑨而未能复战也。齐、宋在绳墨之外以为权^⑩，故日先得齐、宋者伐秦。秦先得齐、宋，则韩氏铄^⑪；韩氏铄，则楚孤而受兵也^⑫。楚先得齐，则魏氏铄；魏氏铄，则秦孤而受兵矣^⑬。若随此计而行之，则两国者必为天下笑矣^⑭。"

注释

① 三川：见西周策注。

② 雍：通"拥"，犹言拥有。鲍本："'雍'，'拥'同，言据有之。"

③ 世主不敢交阳侯之塞：诸侯之间不敢到边塞交往。世主和阳侯，都指诸侯。另一说阳侯即齐国的穆陵关，古为阳侯国，意思是说诸侯不敢与齐交往。

④ 黄棘：地名，在今河南省新野县东北，秦昭王与楚怀王曾在此结盟。

⑤ 尾：犹终，结果。姚本："尾，后也。"鲍本："言善共后。"

⑥ 吴、智之事：指吴王夫差、智伯瑶先胜后败灭国杀身之事。

⑦ 行百里者半于九十：行程百里已经走了九十里，只能算是走了一半。意思是说坚持走完之难。

⑧ 非楚受兵，必秦也：不是楚国遭受兵祸，就是秦国。是说秦、楚骄傲，必将遭到攻伐。

⑨ 四国：指秦、楚、韩、魏四国。敌匹敌，强弱相等。

⑩ 权：援助。

⑪ 铄（shuò）：以销金比喻兵力减弱。姚本："铄，销铄也。言其弱。"

⑫ 楚孤而受兵：是说如果韩国弱则楚国失去援助，因此楚国陷入孤立那就易于受到侵扰。

⑬ 秦孤而受兵：是说魏国是秦的盟国。如果魏弱则秦失去援

助而陷入孤立，就易于遭受兵祸。

⑭两国：指秦、楚两国。

译文　"如今大王已经攻破宜阳，占领三川灭亡了东周西周，竟使天下的士人不敢议论；现在秦国又拥有指挥天下诸侯的权利，改变了东周和西周的疆界，使各国诸侯不敢到边塞去交往；又夺取了黄棘，而使韩、楚的军队不敢前进。大王如果能坚持到底，那么三王不愁没有第四个，五霸不愁没有第六个。大王如果不能维持到底，那么就会产生灭亡的后患了。我怕诸侯的君主和黄河济水一带的士人，会认为大王是步吴王和智伯的后尘而先胜后败灭国杀身。

"《诗经》上说：'行百里路，走到九十里只能算走了一半。'这是说最后一段路程之难走。如今大王做什么事都流露出骄傲的神色，以我的心情推测，天下大事，各诸侯的心里都认为，不是楚国遭兵祸，就是秦国遭兵祸。怎么能看出这个道理呢？秦国援助魏国去对抗楚国，楚国援助韩国去对抗秦国，秦、魏、楚、韩四国的兵力相等，都不能战胜对方。齐、宋在战线以外摆出参战的态势，所以说无论谁先得到齐、宋的

援助，都将讨伐秦国。如果秦国先得到齐、宋的援
助，韩国将受到削弱；韩国一旦削弱，楚国就陷入孤
立而遭到兵祸。如果楚国先得到齐国的援助，魏国就
削弱了；魏国一旦削弱，秦国就陷入孤立而遭到兵祸
了。如果顺着这条路走下去，那么秦、楚两国必将有
一方被天下人所耻笑。"

秦王与中期争论

原文　秦王与中期争论①，不胜。秦王大怒，中期徐行而
去。或为中期说秦王曰："悍人也②。中期适遇明君故
也，向者遇桀、纣③，必杀之矣。"秦王因不罪。

注释　① 中期：秦国人，能言善辩之士。

　　　　② 悍人：勇悍的人。此处含有性急而倔强的意思。

　　　　③ 向者：犹言假若。

译文　秦王和辩士中期争论问题，未能取胜。秦王十分恼
怒，中期慢慢地走出宫去。有人替中期去劝秦王说：

"真是个急性而又倔强的人，中期正好遇上圣明的君
主，假使遇到夏桀或商纣那样的人，一定要把他杀
了。"秦王因此没有给他治罪。

献则谓公孙消

原文　献则谓公孙消曰①："公，大臣之尊者也，数伐有功②。
所以不为相者，太后不善公也③。辛戎者④，太后之
所亲也。今亡于楚，在东周。公何不以秦、楚之重，
资而相之于周乎⑤？楚必便之矣⑥。是辛戎有秦、楚
之重，太后必悦公，公相必矣。"

注释　①献则：楚国人。公孙消：秦国大臣。

②数伐：数次讨伐。

③太后：秦孝文后，庄襄王母，号华阳夫人。

④辛戎：楚国人。姚本："辛戎，楚人，自楚亡在东周。"

⑤相之于周：使辛戎担任东周的相国。

⑥便：犹利。

译文 献则对公孙消说："您是大臣中最受尊重的人，数次出征都建立了战功。之所以没有做到秦国相国，是因为秦孝文后对您不好。辛戎是太后最亲近的人，如今从楚国逃亡，住在东周。您为什么不借助秦、楚两国的势力，去帮助他并使他在东周做相国呢？将来楚国也必定拿重礼感谢您。这样辛戎就有了秦、楚的势力做后盾，秦孝文后也必定喜欢您，将来您做相国是肯定的了。"

楼梧约秦魏

原文 楼梧约秦、魏①，魏太子为质②，纷强欲败之③。谓太后曰："国与还者也④，败秦而利魏，魏必负之。负秦之日，太子为粪矣⑤。"太后坐王而泣⑥。王因疑于太子⑦，令之留于酸枣⑧。楼子患之。昭衍为周之梁，楼子告之⑨。昭衍见梁王，梁王曰："何闻？"曰："闻秦且伐魏。"王曰："为期与我约矣⑩。"曰："秦疑于王之约，以太子之留酸枣而不之秦。秦王之计曰：'魏不与我约，必攻我；我与其处而待之见攻，不如先伐之。'以秦强折节而下与国^⑪，臣恐其害于东周^⑫。"

注释

① 楼梧：魏国人，谋士。姚本将"梧"作"酐"，鲍本作"牾"，策文作"梧"，今从策文。其实，酐、牾、梧字异而义同。

② 为质：做人质。

③ 纷强：魏臣。

④ 国与还者：两国相处，关系的好坏反复不定。还，犹反。

⑤ 为粪：当作粪土。

⑥ 坐王：使王坐下。鲍本："使王坐而泣于前。"

⑦ 疑于太子：对太子为人质的事产生疑虑。姚本："疑，不欲令太子质秦。"

⑧ 酸枣：地名，在今河南省延津县。

⑨ 楼子告之：楼梧把魏太子留在酸枣的事告诉了昭衍。

⑩ 为期，定好日期。

⑪折节：改变平日的志节行为，此指改变主意。

⑫恐其害于东周：意思是说讨伐魏国须经过东周。姚本："昭衍不欲正言害魏也，故诡言恐害东周也。秦伐魏，必经东周故也。"

译文　楼梧使秦、魏两国结成联盟，魏王打算让魏太子到秦国去做人质，纷强想破坏这件事情。就去对魏太后说："国家之间的关系反复无常，如果一件事对秦国有害而对魏国有利，魏国自然要背弃秦国。背离秦国的那一天，太子的身价必定卑贱如同粪土了。"太后让魏王坐下，自己便哭泣起来。于是魏王对太子为人质的事产生了疑虑。这时，昭衍为周室的事正好来到大梁，楼梧把魏王不肯让太子做人质的事告诉了他。昭衍来见魏王，魏王说："听到什么消息了？"昭衍说："听说秦国打算进攻魏国。"魏王说："送太子做人质的事已经定好日期了，秦王与我有约在先。"昭衍说："秦国怀疑大王的信约，因为您把太子留在酸枣不肯让他到秦国去。秦王曾合计说：'魏国不与我践约，必定要进攻我；我与其在这里等他们来进攻，不如先去进攻他们。'以秦国的强大，改变主意而去联合盟国，我唯恐他们将先取道东周。"

濮阳人吕不韦贾于邯郸

原文 濮阳人吕不韦贾于邯郸①，见秦质子异人②，归而谓父曰："耕田之利几倍？"曰："十倍。""珠玉之赢几倍③？"曰："百倍。""立国家之主赢几倍？"曰："无数。"曰："今力田疾作，不得暖衣余食④；今建国立君，泽可以遗世⑤。愿往事之⑥。"

秦子异人质于赵，处于聊城⑦。故往说之曰："子傒有承国之业⑧，又有母在中⑨。今子无母于中，外托于不可知之国⑩，一日倍约⑪，身为粪土。今子听吾计事⑫，求归，可以有秦国。吾为子使秦，必来请子。"

乃说秦王后弟阳泉君曰⑬："君之罪至死，君知之乎？君之门下不居高尊位，太子门下无贵者⑭。君之府藏珍珠宝玉⑮，君之骏马盈外厩⑯，美女充后庭。王之春秋高⑰，一日山陵崩⑱，太子用事⑲，君危于累卵，而不寿于朝生⑳。说有可以一切而使君富贵千万岁㉑，其宁于太山四维㉒，必无危亡之患矣。"阳泉君避席㉓，请闻其说。不韦曰："王年高矣，王后无子，子傒有承国之业，士仓又辅之㉔。王一日山陵崩，子傒立，士仓用事，王后之门，必生蓬蒿。子异人贤材也，弃在于赵，无母于内，引领西望㉕，而愿一得归。王后诚请而立之，是子异人无国而有国，王后无子而有子也。"阳泉君曰："然。"入说王后，王后乃请赵而归之。

赵未之遣，不韦说赵曰："子异人，秦之宠子也，无母于中，王后欲取而子之㉖。使秦而欲屠赵，不顾一子以留计㉗，是抱空质也㉘。若使子异人归而得立，赵厚送遣之，是不敢倍德畔施㉙，是自为德讲㉚。秦王老矣，一日晏驾㉛，虽有子异人，不足以结秦㉜。"赵乃遣之。

注释

① 濮阳：卫国都城，在今河南省濮阳县西南。吕不韦：翟阳大商人，后因助秦庄襄王继位，封文信侯。贾（gǔ）：商人，有行商坐贾之说，此处用如动词，做买卖。邯郸：赵国都城，在今河北省邯郸市西南。

② 质子：作人质的王子。异人：昭襄王之孙，孝文王之子，昭王时质于赵，后为庄襄王。

③ 赢：余利。

④ 暖衣余食：犹言穿得暖吃得饱。

⑤ 泽：恩泽。遗世：贻留给后代。

⑥ 事：从事，犹言经营之。

⑦ 聊城：姚本作"帍城"，字书无"帍"字，据《史记·吕不韦传》作"聊城"（在今山东省聊城市）。今从《史记》。

⑧ 子傒：孝文王长子，异人的异母兄。孝文王立子傒为太子，将以继承王位，所以说"有承国之业"。

⑨ 在中：即在宫中。

⑩ 外托于不可知之国：是说异人在外做人质，寄居在不测之国，安危祸福不可知。

⑪ 倍约：背弃信约。倍，通"背"。

⑫ 计事：犹言计谋。

⑬ 王后：指秦孝文王后，华阳夫人。阳泉君：华阳夫人之弟。

⑭ 太子：指子傒。

⑮ 府：府库，贮藏货财之所。

⑯ 厩：养马之所，即马房。

⑰ 春秋高：指年岁大，年老。

⑱ 山陵崩：比喻帝王去世。鲍本："山陵，喻高且固。崩，喻死。"

⑲ 用事：即位治理国事。

⑳ 朝生：指木槿（jǐn）朝花夕落，短命不寿。姚本："朝生，木槿也，朝荣夕落。真为短命不寿也，命将不至终日也。"

㉑ 说有可以一切：犹言有一个权宜之计。说，犹言主张。一切，犹言权宜。

㉒ 宁于太山四维：比支撑泰山的四角还要坚实安稳。太山，即泰山。四维，四角。鲍本："四方之隅，不可移也。"

㉓避席：离开座位而起来，表示对人尊敬。

㉔士仓：秦臣。

㉕引领：伸长脖子。

㉖子之：以异人为子。之，指代异人。

㉗留计：停止攻赵的计划。

㉘是抱空质：这是抓着一个无用的人质。

㉙倍德畔施：犹言忘恩负义。倍，通背。畔，通"叛"。

㉚是自为德讲：这是秦国必以恩德讲和于赵国。讲，讲和，修好。缪文远《战国策新校注》："言异人自必以赵为德而与结好。"

㉛晏驾：本指宫车晚出，此比喻君王的死亡。

㉜结：团结。郭希汾《战国策译注》："自固于秦也。"

译文 濮阳人吕不韦在赵国邯郸经商，见到了秦国送到赵国做人质的王子异人，吕不韦回到家里对父亲说："种田得利能有几倍？"他父亲说："十倍。"吕不韦再问："贩卖珠玉赢利能有几倍？"他父亲说："一百倍。"吕不韦又问："那么拥立国家的君主赢利能有几倍？"他父亲说："无数倍。"吕不韦说："如今老百姓极力耕田劳作，还不能得到温饱；现在如果为了建设国家拥立一位君主，恩泽福分却可以传给后世。我愿意去办成这件事。"

秦国的王子异人抵押在赵国，住在聊城。吕不韦特地去向异人游说："子傒已有继承国业的资格，又有母后在宫中做后盾。现在您既无母后在宫中，自己在外又托身于一个不测的敌国，倘若有一天秦、赵背弃信约，那么您将成为粪土。现在您若能听从我的计划，先求得回国，就能有掌握秦国大权的机会了。我替您去秦国活动，秦王必定会请您回去的。"

于是吕不韦就向秦王后的弟弟阳泉君游说道："您已经犯了死罪，您知道吗？您手下的人没有一个不是位居高官的，太子手下的人却没有一个高官显贵。您的府库中藏着珍珠宝玉，您的马圈里养着许多骏马，您的后宫里住满了美女。如今大王年事已高，一旦驾崩，太子掌权，那么您的处境比堆积起来的鸡蛋还危险，比朝荣夕落的木槿花的寿命还短。现在有一个权宜之计可以使您富贵千万年，它像泰山一样地安稳，肯定不会有危险的忧患。"阳泉君听后便从座席上起来，请求指教。吕不韦说："大王年事已高，王后又没有儿子，子傒有继承国业的权利，又有士仓的辅佐。大王一旦逝世，子傒即位，士仓掌权，那时王后的门庭，便一定会冷落得长满蓬蒿了。现在王子异人是一位贤能的人才，可是他却被遗弃在赵国做人质，宫内又没有母亲，他常仰首西望，渴望回到秦国。王后若是真的请大王立异人为太子，这样王子异人本没有国却有了国，王后本没有儿子却有了儿子，阳泉君说："对。"便进宫劝说王后，王后于是请求赵国将异人送回。

在赵国还没有把异人送回的时候，吕不韦劝说赵王道："王子异人是秦王的宠子，宫中虽然没有母亲，秦王后却想领回去认他做儿子。假若秦国想要消灭赵国，它就不会为一个王子而停止进攻的计划，赵国分明是抓着一个空的人质。假若让王子异人回去做太子，赵国再用厚礼送行，这样他自然不敢忘掉赵国施给他的恩德，他自会以德相报。秦王老了，一旦逝世，即使异人留在赵国，也不能与秦国结好的。"赵王于是送异人回国。

原文　异人至，不韦使楚服而见^①。王后悦其状，高其知^②，曰："吾楚人也。"而自子之^③，乃变其名曰楚。王使子诵^④，子曰："少弃捐在外，尝无师傅所教学，不

习于诵⑤。"王罢之，乃留止⑥。间曰⑦："陛下尝轫车
于赵矣⑧，赵之豪杰，得知名者不少⑨。今大王反国，
皆西面而望。大王无一介之使以存之⑩，臣恐其皆有
怨心。使边境早闭晚开。"王以为然，奇其计⑪。王
后劝立之。王乃召相，令之曰："寡人子莫若楚。"立
以为太子。

子楚立⑫，以不韦为相，号曰文信侯，食蓝田十二
县⑬。王后为华阳太后，诸侯皆致秦邑⑭。

注释

① 楚服而见：穿着楚国样式的服装去见华阳夫人。夫人为楚
女，异人穿楚服是为了取悦她。

② 高其知：认为异人智慧高。高，活用如意动词。

③ 自子之：以异人作为自己的儿子。

④ 诵：指吟诵诗书。鲍本："诵所习书。"

⑤ 习：谙熟，熟悉。姚本："习，晓。"

⑥ 留止：留异人住宫中。

⑦ 间（jiàn）：空隙。

⑧ 轫（rèn）车于赵：在赵国居留。轫车，停车，犹言居留。
轫，阻止车轮转动的木头。

⑨ 得知名者：得以被王知其名的，即被王结识的人。

⑩ 存：犹言存问，慰问。

⑪奇其计：惊奇他的心计。

⑫立：立为秦王。鲍本："是为庄襄王。"

⑬食蓝田十二县：以蓝田等十二县的租赋为他的官禄。蓝田，在今陕西省蓝田县西。

⑭致秦邑：送给秦国城邑。

译文 异人回到秦国，吕不韦让他穿着楚人服装去拜见王后。王后很喜欢他这副模样，认为他聪明，并说："我本是楚国人。"于是认他为自己的儿子，把他的名字改做楚。秦王让异人诵读经书，异人说："我少小时流离在外，从来没有老师教我学习，不熟悉怎样诵读经书。"秦王这才作罢，可是异人还不走。过了一会他又向秦王说："陛下也曾在赵国停留过，赵国的豪杰被大王结识的不在少数。如今大王回国，可他们都还在朝西面仰望您。大王却没有派遣一位使臣去慰问他们，我唯恐他们都要存有怨心的。不如让边境的关卡早闭晚开，加强警戒。"秦王认为有道理，惊奇他有这样的心计。王后鼓动秦王立异人为太子。于是秦王召相国下令道："我的儿子没有哪个比得上楚的。"便立异人为太子了。

后来王子楚即位，用吕不韦做相国，封号为文信侯，以蓝田等十二个县为俸禄。王后封为华阳太后，诸侯都给秦国进献土地。

文信侯欲攻赵以广河间

原文　文信侯欲攻赵以广河间^①，使刚成君蔡泽事燕三年^②，而燕太子质于秦^③。文信侯因请张唐相燕^④，欲与燕共伐赵，以广河间之地。张唐辞曰："燕者必径于赵^⑤，赵人得唐者^⑥，受百里之地。"文信侯去而不快^⑦。少庶子甘罗^⑧曰："君侯何不快甚也?"文信侯曰："吾令刚成君蔡泽事燕三年，而燕太子已入质矣。今吾自请张卿相燕^⑨，而不肯行。"甘罗曰："臣行之^⑩。"文信君叱去曰："我自行之而不肯，汝安能行之也?"甘罗曰："夫项橐生七岁而为孔子师^⑪，今臣生十岁于兹矣! 君其试臣，奚以遽言叱也^⑫?"

甘罗见张唐曰："卿之功，孰与武安君^⑬?"唐曰："武安君战胜攻取，不知其数; 攻城堕邑^⑭，不知其数。

臣之功不如武安君也。"甘罗曰:"卿明知功之不如武安君欤?"曰:"知之。""应侯之用秦也⑮,孰与文信侯专⑯?"曰:"应侯不如文信侯专。"曰:"卿明知为不如文信侯专欤?"曰:"知之。"甘罗曰:"应侯欲伐赵,武安君难之⑰,去咸阳七里,绞而杀之。今文信侯自请卿相燕,而卿不肯行,臣不知卿所死之处矣⑱!"唐曰:"请因孺子而行⑲!"令库具车⑳,厩具马,府具币㉑,行有日矣。甘罗谓文信侯曰:"借臣车五乘,请为张唐先报赵㉒。"

见赵王㉓,赵王郊迎。谓赵王曰:"闻燕太子丹之入秦与?㉔"曰:"闻之。""闻张唐之相燕与?"曰:"闻之。""燕太子入秦者,燕不欺秦也。张唐相燕者,秦不欺燕也。秦、燕不相欺,则伐赵,危矣。燕、秦所以不相欺者,无异故㉕,欲攻赵而广河间也。今王赍臣五城以广河间㉖,请归燕太子,与强赵攻弱燕。"赵王立割五城以广河间,归燕太子。赵攻燕,得上谷三十六县㉗,与秦什一㉘。

注释　① 文信侯:即吕不韦。广河间:扩大河间地区的土地。河间,地名,在今河北省河间市一带,当时为赵地。

② 蔡泽：燕人，封为刚成君，曾任秦相。

③ 燕太子：燕王僖之子，名丹，曾到赵国和秦国做过人质。

④ 张唐：秦国大臣，昭王时为将军，曾率兵攻魏、赵等国。

⑤ 径：通"经"，经过。

⑥ 得：犹言捕获。张唐曾为秦昭王伐赵，赵国恨他，因以百里地悬赏捉拿张唐。

⑦ 快：高兴。

⑧ 少庶子：官名，君侯的近臣。甘罗：甘茂之孙，吕不韦的家臣。

⑨ 张卿：指张唐。卿，为尊称。

⑩ 行之：使之行，使张唐前往燕国。

⑪ 项橐（tuó）：春秋时人。《淮南子·说林》注："项橐年七岁穷难孔子而为之作师。"

⑫ 奚以遽言叱也：为什么匆忙地呵叱呢？奚，何。遽，匆忙。

⑬ 孰与武安君：与武安君相比，谁的功大？武安君，即白起。

⑭ 堕（huī）：同"隳"，毁坏，引申作攻陷。

⑮ 应侯：即范雎，详见秦策三注。

⑯ 专：擅权，专权。

⑰ 难（nàn）之：责难他。秦昭王四十八年，秦军攻赵都邯郸，战斗不利。次年范雎亲自去请白起前往指挥。白起认为不可能取胜，拒不从命。

⑱不知卿所死之处：是说白起死于杜邮，但不知您死在何处。

⑲请因孺子而行：请让我通过你请示文信侯而去燕国吧。因，通过。孺子，童子，此指甘罗。

⑳具：预备。

㉑币：钱财。姚本："币，货财也。"

㉒报：告知。姚本："报，口也，往为张唐先说赵王也。"

㉓赵王：即赵悼襄王，名偃，孝成王之子。

㉔与：通欤。

㉕异故：别的缘故。

㉖赍（jī）：以物送人。

㉗上谷：燕地，在今河北省宣化、涿鹿一带地方。

㉘什一：十分之一。

译文 文信侯想进攻赵国来扩展河间的地盘，于是派刚成君蔡泽去侍奉燕国，历时三年，并使燕太子丹到秦国做了人质。文信侯又请张唐到燕国做相国，计划与燕国共同讨伐赵国，以扩展河间的地盘。张唐推辞说："到燕国去必定要经过赵国，赵人捉到我的，可以得到一百里的封地。"文信侯离开张唐后很不高兴。少庶子甘罗说："君侯为何这般不高兴？"文信侯说："我让刚成君蔡泽去侍奉燕国只用了三年，燕太子丹就已经到我们手里做了人质。如今我亲自请张唐到燕国去做相国，可是他不肯去。"甘罗说："我能让他去。"文信侯呵斥他走开说："我亲自让他去都不答应，你怎么能让他去呢？"甘罗说："项橐长到七岁就能做孔子的老师，今天我已经十二岁了！您还是让我试一试，凭什么声色俱厉地呵叱我呢？"

甘罗见到张唐说："您的功劳，与武安君相比谁更大？"张唐说："武安君战胜攻取，不计其数；攻城占县，也不计其数。我的功劳当然不如武安君。"甘罗说："您的确知道功劳不如武安君吗？"张唐说："知道。"甘罗问："应侯在秦国用事时，与文信侯相比谁更专权？"张唐说："应侯不如文信侯专权。"甘罗说："过去应侯想讨伐赵国，武安君反对他，在离咸阳七里的地方，应侯把他绞死了。如今文信侯亲自请您到燕国任相国，您却不肯去，我不知道您将死在何处！"张唐说："请允许我通过您的帮助再到燕国去！"甘罗于是命令仓库里准备车子，马厩里准备马匹，府库里准备财货，张唐已经启程好几天了。甘罗对文信侯说："借给我五辆兵车，请允许我替张唐先去通报赵国。"

甘罗去见赵王，赵王到郊外迎接。甘罗对赵王说："听说燕太子丹已经到了秦国吗?"赵王说："听说了。"甘罗又说："听说张唐要做燕国的相国，是吗?"赵王说："听说过。"甘罗说："燕太子到秦国做人质这件事，说明燕国不会欺骗秦国的；张唐做燕相国这件事，说明秦国也不想欺压燕国。秦、燕两国不相互欺诈，那么赵国就危险了。秦、燕两国之所以不想相互欺诈，没有别的原因，只是想通过攻打赵国来扩展河间的地盘。现在大王只要给我五座城邑用以扩展河间的地盘，我请求秦王归还燕太子，再反过来帮助强大的赵国去攻打弱小的燕国。"赵王立即割出五座城邑用以扩展河间，秦国送回了燕太子丹。于是赵国进攻燕国，夺得了上谷地区三十六县，分给秦国十分之一。

文信侯出走

原文 文信侯出走①，与司空马之赵②，赵以为守相③。秦下甲而攻赵。

司空马说赵王曰："文信侯相秦，臣事之，为尚书④，习秦事。今大王使守小官，习赵事。请为大王设秦、赵之战，而亲观其孰胜。赵孰与秦大?"曰："不如。""民孰与之众?"曰："不如。""金钱粟孰与之富?"曰："不如。""国孰与之治?"曰："不如。""相孰与之贤?"曰："不如。""将孰与之武?"曰："不如。""律令孰与之明?"曰："不如。"司空马曰："然则大王之国，百举而无及秦者，大王之国亡。"赵王曰："卿不远赵⑤，而悉教从国事，愿于因计⑥。"司空马曰："大王裂赵之半以赂秦，秦不接刃而得赵之半⑦，秦必悦。内恶赵之守，外恐诸侯之救，秦必受之。秦受地而却兵，赵守半国以自存。秦衔赂以自强，山东必恐；亡赵自危，诸侯必惧。惧而相救，则从事可成⑧。臣请大王约从⑨。从事成，则是大王名亡赵之半，实得山东以敌秦，秦不足亡⑩。"赵王曰："前日秦下甲攻赵，赵赂以河间十二县，地削兵弱，卒不免秦患。今又割赵之半以强秦，力不能自存，因以亡矣。愿卿之更计⑪。"司空马曰："臣少为秦刀笔⑫，以官长而守小官，未尝为兵首，请为大王悉赵兵以遇⑬。"赵王不能将。司空马曰："臣效愚计，大王不用，是臣无以事大王，愿自请⑭。"

注释

① 文信侯出走：文信侯吕不韦被驱逐出秦国。缪文远《战国策新校注》："吕不韦无出走事，此当指秦始皇十年（前237）不韦免相就国而言。"

② 与司空马：同党司空马。与：犹言同党。司空马，吕不韦亲信。

③ 守相：假官，无职无权的官。姚本："守相，假也。"另一说，缪文远《战国策新校注》："守相，犹言代理相国。"

④ 尚书：秦掌管章奏文书的官，为少府属官。

⑤ 远赵：以赵国为远。远，用如意动词。

⑥ 因计：犹言依计而行。

⑦ 接刃：交兵、交战。

⑧ 从事可成：六国合纵的事就可成功。

⑨ 约从：结约合纵。

⑩ 秦不足亡：犹言亡秦是很容易的。姚本："不足，言轻之也。"

⑪ 更计：改变计谋。

⑫ 刀笔：即刀笔吏，主办文案的官吏。郭希汾《战国策详注》："古者记事于简册，谬误从刀削而除之：故曰刀笔。"

⑬ 悉赵兵以遇：出动赵国全部兵力与秦国交战。

⑭ 愿自请：犹言请允许自己离开赵国。姚本："自请而去。"

译文　文信侯吕不韦被驱逐出秦国之后，他的同党司空马逃到赵国，赵国让他做了一个无职无权的官。这时秦国下发军队准备进攻赵国。

司空马对赵王说："文信侯做秦国相国的时候，我曾经侍奉过他，因为做过尚书，所以熟悉秦国的情况。如今大王让我做个无职无权的小官，也还了解赵国的情况。请允许我为大王做一个秦、赵交战的比较，并亲自看一下这场战争哪一方能够取胜。请问赵国和秦国相比谁更强大？"赵王说："赵国不如秦国。"司空马问："以民众和他们相比谁更多？"赵王说："赵国赶不上秦国。"司空马问："以金钱和粮食相比谁更富有？"赵王说："赵国不行。"司空马问："两国相比哪一方更安定？"赵王说："赵国不如人家安定。"司空马问："两国的国相相比哪一国的更贤能？"赵王说："不如人家。"司空马问："两国的将军相比哪一国的更勇武？"赵王说："赵国不行。"司空马又问："法律、条令相比哪一国更严明？"赵王说："赵国不如秦国。"司空马这才说道："既然是这样，那么大王的国家，各方面都赶不上秦国，大王的国家可要灭亡了。"赵王说："您不以赵国为远而来到这里，希望把治理国家的方法全部教给我，我愿接受您的计谋。"司空马说："大王可以分割出赵国的一半土地去贿赂秦国，秦国不需动用刀枪就可以得到半个赵国，秦王一定很高兴。由于秦国害怕赵国境内守卫的将士，又惧怕外部诸侯的援兵，秦国必然赶紧接收土地。秦国一接收土地就必然退兵，赵国守住半壁江山还可以存在下去。秦国衔着贿赂自以为强大，山东各国必然恐慌；丢失了土地的赵国感觉到危险，诸侯也必然会恐惧。大家感到恐惧就会相互救助，那么合纵的事情也就成功了。我请求大王跟六国结约合纵。如果合纵的事办成了，那么大王虽然表面上丢失了半个赵国，实际上却得到了山东六国的支持去抵抗秦军，秦国也就不堪一击了。"赵王说："前些天秦国发兵攻赵，赵国用河间十二个县城去贿赂他们，土地割让了，兵力也衰弱了，最终还是没有避开秦祸。如今又割让半个赵国去增强秦国，我们更没有能力生存下去，只好等待灭亡了，请您再更换一个办法。"司空马说："我年轻时做过秦国的尚书，以官长的身份任免下官，请允许我替大王征用全部赵军与秦军交战。"赵王没有用他做将领。司空马最后说："我向大王献上这个拙劣的计谋，大王不采用，这样我也没有什么侍奉大王的了，请允许我离开赵国。"

原文　司空马去赵，渡平原①。平原津令郭遗劳而问："秦兵下赵，上客从赵来②，赵事何如？"司空马言其为赵王计而弗用，赵必亡。平原令曰："以上客料之，赵何时亡？"司空马曰："赵将武安君③，期年而亡；若杀武安君，不过半年。赵王之臣有韩仓者，以曲合于赵王④，其交甚亲，其为人疾贤妒功臣。今国危亡，王必用其言，武安君必死。"

韩仓果恶之，王使人代⑤。武安君至，使韩仓数之曰⑥："将军战胜，王觞将军⑦。将军为寿于前而捍匕首⑧，当死。"武安君曰："繓病钩⑨，身大臂短，不能及地，起居不敬，恐惧死罪于前，故使工人为木材以接手。上若不信，繓请以出示。"出之袖中，以示韩仓，状如振梱⑩，缠之以布。"愿公入明之。"韩仓曰："受命于王，赐将军死，不赦。臣不敢言。"武安君北面再拜赐死，缩剑将自诛⑪，乃曰："人臣不得自杀宫中。"过司空马门⑫，趣甚疾，出诶门也⑬。右举剑将自诛，臂短不能及，衔剑征之于柱以自刺。武安君死。五月赵亡。

平原令见诸公，必为言之曰："嗟嗞呼^⑭，司空马！"
又以为司空马逐于秦，非不知也；去赵，非不肖也。
赵去司空马而国亡。国亡者，非无贤人，不能用也。

注释　① 平原：津名，在今山东省平原县西南，战国时为齐国之
西境。

② 上客：尊贵的客人。姚本："上客，尊客。"

③ 武安君：即李牧，名缲（cuō）。

④ 曲：邪恶不正直。姚本："曲，邪。"

⑤ 使人代：派人代替武安君为将。《史记·廉颇蔺相如列传》
附《李牧传》，赵王使赵葱及齐将颜聚代李牧。

⑥ 数：犹言数说。鲍本："数列其罪。"

⑦ 觞：让人饮酒。郭希汾本："饮人以酒曰觞，言王饮将军以
酒也。"

⑧ 捍：持以自卫。鲍本："捍，卫也。诬其以匕首自卫，如欲
刺王然。"

⑨ 钩：弯曲，此指因病不能伸直。郭希汾本："钩，曲也。病
李曲也。"

⑩ 梱（kǔn）：门槛。姚本作"捆"，今从鲍本作"梱"。缪
文远本："盖牧右臂短，故以木材接之，其举状如门槛之臂，
有若持匕首也。故赵王使韩仓以挟匕首罪之。"

⑪缩：犹取。《集韵》："缩，引也，抽也。"

⑫过：走过。姚本作"遇"，今从鲍本作"过"。

⑬诚门：即棘门。

⑭嗟嗞：叹息声。

译文

司空马离开赵国，渡过平原津。平原津的县令郭遗前去慰劳，并问道："秦军已经攻向赵国，听说有贵客从赵国来，赵国的战事怎么样？"司空马告诉他自己为赵王献计却没有被采纳，预料赵国必将灭亡。平原令说："根据贵客的估计，赵国将在什么时候灭亡？"司空马说："如果赵国以武安君为将，还得一年才能灭亡；如果杀掉武安君，不会超过半年就会灭亡。赵王的大臣中有个叫韩仓的，用阿谀奉迎的手段去迎合赵王，他们的交往很亲密，他的为人嫉贤妒能又谗害功臣。今天赵国处在危亡的境地，赵王肯定要听信韩仓的谗言，这样武安君必然被杀死。"

韩仓果然用谗言诬陷李牧，赵王任命别人取代李牧的将军职务。当武安君李牧回到朝廷时，赵王命韩仓数说李牧的罪过："有一回将军战胜归朝，大王给你赐酒。你向大王祝寿时手里却握着一把匕首，所以罪该处死。"武安君说："我右胳膊有病伸不直，身子虽然高大胳膊却显得很短，不能接触地面，这样拜问大王的起居是很不恭敬的，唯恐在大王面前犯下死罪，所以让工人做了一块木头接在手上。君王如果不相信，请让我拿出来看一看。"于是把木头从袖中拿出来，给韩仓看，形状很像门轴，上面用布缠着。接着说："希望您进宫说明此事。"韩仓说："我受命于大王，赐你一死，不能赦免。我不敢去替你说话。"武安君只得面朝北拜了两拜谢大王赐死之恩，取出宝剑准备自杀，这才说："做人臣的不能在宫中自杀。"走过司空马门口，脚步更快了，一直走出棘门。右手举起宝剑准备自刎，可胳膊弯曲够不着脖子，便口衔宝剑的尖端对着柱子自刺。武安君死了。过了五个月赵国也就灭亡了。

后来平原令只要见到别人，一定为此慨叹说："哎呀，司空马!"他又认为司空马从秦国逃出来，不能算作不聪明；离开赵国，也不能算作不仗义。赵王放走司空马结果国家遭灭亡。国家之所以灭亡，不是没有贤能的人，而是因为贤人不能受到重用。

四国为一将以攻秦

原文　四国为一①，将以攻秦。秦王召群臣宾客六十人而问焉②，曰："四国为一，将以图秦，寡人屈于内③，而百姓靡于外④，为之奈何？"群臣莫对。姚贾对曰⑤："贾愿出使四国，必绝其谋，而安其兵⑥。"乃资车百乘，金千斤，衣以其衣⑦，冠带以其剑。姚贾辞行，绝其谋，止其兵，与之为交以报秦。秦王大悦。贾封千户⑧，以为上卿。

韩非知之⑨，曰："贾以珍珠重宝，南使荆、吴，北使燕、代之间三年，四国之交未必合也，而珍珠重宝尽于内。是贾以王之权，国之宝，外自交于诸侯，愿王察之。且梁监门子⑩，尝盗于梁，臣于赵而逐⑪。取世监门子⑫，梁之大盗，赵之逐臣，与同知社稷之计⑬，非所以厉群臣也⑭。"

王召姚贾而问曰："吾闻子以寡人财交于诸侯，有诸⑮？"对曰：有。"王曰："有何面目复见寡人？"对曰："曾参孝其亲，天下愿以为子；子胥忠于君⑯，天下愿以为臣；贞女工巧⑰，天下愿以为妃⑱？今贾忠王而王不知也。贾不归四国，尚焉之^⑲？使贾不忠于君，四国之王尚焉用贾之身？桀听谗而诛其良将^⑳，纣闻谗而杀其忠臣^㉑，至身死国亡^㉒。今王听谗则无忠臣矣。"

王曰："子监门子，梁之大盗，赵三逐臣。"姚贾曰："太公望，齐三逐夫，朝歌之废屠^㉓，子良之逐臣^㉔，棘津之雠不庸^㉕，文王用之而王^㉖。管仲，其鄙人之贾人也^㉗，南阳之弊幽^㉘，鲁之免囚^㉙，桓公用之而伯。百里奚^㉚，虞之乞人，传卖以五羊之皮，穆公相之而朝西戎^㉛。文公用中山盗，而胜于城濮^㉜。此四士者，皆有诟丑，大诽天下，明主用之，知其可与立功。使若卞随、务光、申屠狄，人主岂得其用哉^㉝！故明主不取其汙，不听其非，察其为己用^㉞。故可以存社稷者，虽有外诽者不听；虽有高世之名，无咫尺之功者不赏^㉟。是以群臣莫敢以虚愿望于上^㊱。"

秦王曰："然。"乃复使姚贾而诛韩非^㊲。

注释　①四国：即下文所说的荆、吴、燕、代四国。荆即楚，吴并于越犹称吴，代并于赵犹称代。
②秦王：嬴政，统一六国后称始皇。

③ 屈于内：犹言国内的财力匮乏。

④ 靡于外：耗尽在外边。靡，犹尽。

⑤ 姚贾：魏国人，曾仕赵，后仕于秦。

⑥ 安其兵：使四国按兵不出。安，止。

⑦ 衣（yì）以其衣：即使姚贾穿上王的衣服。

⑧ 贾封千户：封姚贾食邑千户。

⑨ 韩非（前260—前233）：韩国公子，喜刑名法术之学，著有《韩非子》，现存五十五篇。

⑩ 梁监门子：魏国守门人的儿子。梁，即魏，魏惠王九年由安邑（在今山西省夏县西北）迁都大梁（在今河南省开封市），故魏又称梁。监门，即守城门的小官吏。

⑪ 臣于赵而逐：在赵国做臣而被逐。

⑫ 取：录用。世：指世代相传。

⑬ 与同知社稷之计：和他一起执掌国家大计。知，主持，掌管。

⑭ 非所以厉群臣也：这不是用来勉励群臣的做法。厉通"励"，勉励。

⑮ 有诸：有这回事吗？诸，即"之乎"，合音字。

⑯ 子胥：见秦策一注。

⑰ 贞女工巧：贞洁的女子善于纺织缝纫。

⑱ 妃：配偶。

⑲尚焉之：还能到哪里去？之，到……去，动词。

⑳桀听谗而诛其良将：指夏桀听信谗言，杀死强谏的关龙逢。

㉑纣闻谗而杀其忠臣：殷纣听谗言，剖了忠心谏诤的叔父比干的心。

㉒身死国亡：指商汤伐桀，桀兵败，被放逐于南巢而死，夏亡。周武王伐纣，纣兵败自焚死，商亡。

㉓朝歌之废屠：朝歌地方卖不出肉的屠夫。朝歌（在今河南省淇县），为殷朝后期的京都。姚本："卖肉于朝歌，肉上生臭不售，故曰废屠。"

㉔子良：其人不详。姚本："子良不用，而斥逐也。"

㉕棘津之雠不庸：在棘津地方出卖劳动力而无人雇用。棘津，地名，在今山东省日照县。雠，出售。庸，受雇，出卖劳力。

㉖王（wàng）：称王，据有天下，用如动词。

㉗其鄙人之贾人也：他是鄙人那地方的商人。

㉘弊幽：隐身苟活而被埋没的人。此指管仲与鲍叔行贩于南阳，贫贱度日，不被任用。弊，通"蔽"。幽，犹隐。

㉙鲁之免囚：齐国无知之乱，管仲奉公子纠之命奔鲁，及小白（齐桓公）入齐，公子纠被杀，管仲请囚以谢罪，故谓"鲁之免囚"。

㉚百里奚：春秋时虞国人。少贫贱，早年游齐，曾向人乞食。又曾以五张公羊皮自卖，为人养牛。后为虞大夫。晋灭虞，

被俘，做秦穆公夫人的陪嫁之臣到秦，复逃亡至楚。穆公闻其贤，以五张公羊皮赎回，任以国政，号五羖（gǔ）大夫。

㉛穆公：秦国国君，名任好，成公弟，春秋五霸之一。朝西戎：使西戎来朝。

㉜文公：晋文公，名重耳，晋献公之子。姚本注："《左传》曰：晋文公用咎犯之谋，破楚成王于城濮。此云'中山之盗'则未闻也。"吴师道《战国策校注补正》："文公用中山盗而胜于城濮，与上句'穆公相之而朝西戎'文意同。此但言用人不问其出于贱恶，而卒有如是之功耳。"中山盗：中山国的著名大盗。城濮：地名，在今山东省鄄城西南临濮集。

㉝鲍本："卞随、务光，并汤时人，辞汤之聘；申屠狄，纣时人，自沉于渊。并见《庄子》。"

㉞察其为己用：考察他们可以为自己所用的方面而用之。

㉟咫尺之功：犹言功劳小。咫，八寸。

㊱以虚愿望于上：用不切实际的想法希求国君。

㊲乃：姚本"乃"下有"可"，鲍本认为衍文，无"可"，从鲍本。

译文　楚、吴、燕、代四国联合一起，要去进攻秦国。秦始皇召见群臣和六十位宾客，问他们道："四国联成一体，打算图谋秦国，我在国内财力困乏，百姓的力量又都消耗在外边，对四国联军的进攻该怎么办好？"群臣中没有谁回答。只有姚贾回答说："我姚贾愿意出使四国，一定能粉碎他们的阴谋，制止他们出兵。"秦王于是给了他一百辆车子，一千斤金子，把自己的衣服让他穿上，又把王冠、御带、宝剑送给他。姚贾辞别秦王。遍访各国，终于粉碎了四国的阴谋，制止了他们出兵，最后与他们结成邦交，姚贾才回报秦王。秦王非常高兴，用千户的城邑封赐姚贾，并任命他为上卿。

韩非知道了这件事，便去对秦王说："姚贾用珍珠和贵重的宝物，往南出使到楚国、吴国，往北出使到燕国、代国，这期间共历时三年整。四国的邦交未必真的联合成功了，然而把国内的珍珠和贵重的宝物几乎耗尽。这就是姚贾用大王您的权势以及国家的珍宝，自己在外边交结诸侯，希望大王审察这件事。再说他是魏国看门人的儿子，曾经在大梁做过盗贼，在赵国做臣子时被驱逐过。大王起用世代看门人的后代，魏国的大盗，赵国的逐臣，跟这样的人一同治理国家大事，我认为不是鼓励群臣的办法。"

秦王召见姚贾问他说："找听说你用我的财物去交结

诸侯，有这样的事情吗？"姚贾回答说："有的。"秦王说："你有什么脸面再来见我？"姚贾回答说："曾参孝敬他的双亲，天下的父母愿意让这样的人做儿子；伍子胥忠于他的君主，天下的诸侯愿意让这样的人做他的大臣；贞淑的女子善于纺织缝纫，天下的男人愿意让这样的人做他的妻子。现在我忠于大王然而大王不知道。假使我不让四国归服秦王，还能让他们归服谁呢？假使我不忠于大王，四国之王还怎么能信用我自己呢？夏桀听信谗言杀死自己的忠臣，终于导致身死国亡。现在大王如果听信谗言，那可就没有忠臣了。"

秦王说："你过去曾经是看门人的儿子，魏国的大盗，赵国的逐臣。"姚贾说："太公吕望，在齐国时曾是被老婆赶跑的男子汉，在朝歌时曾是连肉都卖不出去的屠夫，还是子良的逐臣。在棘津时连卖劳力都没有人雇佣，然而周文王任用他却统一了天下。管仲，他曾经是鄙人那地方的商贩，在南阳时隐身苟活，在鲁国时又是一个没有定罪的阶下囚，然而齐桓公用他便称霸诸侯。百里奚曾经是虞国的乞丐，相传他的身价仅值五张羊皮，然而秦穆公用他做相国，竟使西戎各国都来朝拜。晋文公也用了中山的大盗，才在城濮地方战胜楚国。这四个人都有令人羞耻的事情，让天下人看不起，然而英明的君主用了他们，知道可以同他们建立功业。假使像卞随、务光、申屠狄这样的人，人主哪里能任用他们呢？所以英明的君主不取他们的污点，不听他们的谬论，只考虑那些于自己有用的地方。所以只要可以使国家得以保存的，哪怕外界有人说他们的坏话也决不听信；哪怕有高出世人的名声，没有建立尺寸功劳的也不予以赏赐。因此群臣没有谁敢不建立功劳就向君王索取奖赏的。"

秦王说："有道理。"于是继续任用姚贾并杀掉了韩非。

楚威王战胜于徐州

原文　楚威王战胜于徐州，欲逐婴子于齐①。婴子恐，张丑谓楚王曰②："王战胜于徐州也，盼子不用也③。盼子有功于国，百姓为之用。婴子不善，而用申缚④。申缚者，大臣与百姓弗为用，故王胜之也。今婴子逐，盼子必用。复整其士卒以与王遇⑤，必不便于王也。"楚王因弗逐。

注释　① 楚威王：名商，楚宣王之子，楚怀王之父，前339—前329年在位。徐州：亦作"俆（shū）州"，齐国邑名，在今山东省滕县南四十四里的薛城。婴子：即田婴，齐威王的小儿子，宣王的庶弟，封于薛地，号为靖郭君。

② 张丑：齐国大臣。

③ 盼子：即田盼，田婴同族，齐威王时名将。

④ 善：和善，此犹言喜欢。申缚：见《秦策四·或为六国说秦王》注。

⑤ 遇：敌，犹言对抗。

译文　楚威王在徐州取得胜利，想要逼迫齐国驱逐田婴。田婴很害怕，张丑对楚王说："大王在徐州打了胜仗，是田盼没有被重用。田盼对齐国有功，百姓愿意为他使用。可是田婴不喜欢田盼，而重用申缚。申缚这个人，大臣和百姓不愿意为他使用，所以大王才战胜他。如今田婴若被驱逐，田盼一定会被重用。他可以再整顿全国军队来跟大王对抗，一定对大王不利。"楚王因此没有驱逐田婴。

齐将封田婴于薛

原文　齐将封田婴于薛。楚王闻之，大怒，将伐齐。齐王有辍志①。公孙闬曰②："封之成与不③，非在齐也，又将在楚。闬说楚王，令其欲封公也又甚于齐。"婴子曰："愿委之于子④。"

注释
① 辍（chuò）：中止，停止。
② 公孙闬（hàn）：齐国大臣。
③ 不：同"否"。
④ 委：托付，委托。

译文 齐国将要把薛地封给田婴。楚怀王听到此事后，大怒，准备讨伐齐国。齐威王产生了停止封地的想法。公孙闬说："封地的事成功与否，不在齐国，还将在楚国。我去劝说楚王，让他想要把土地封给您的心情比齐国还急迫。"田婴说："愿意把这件事托付给您去办理。"

原文 公孙闬为谓楚王曰："鲁、宋事楚而齐不事者，齐大而鲁、宋小。王独利鲁、宋之小①，不恶齐大何也？夫齐削地而封田婴，是其所以弱也②。愿勿止③。"楚王曰："善。"因不止。

注释 ① 独利鲁、宋之小：难道只认为弱小的鲁国、宋国对自己有利。

② 削地：分地。弱：弱小，衰弱。

③ 愿勿止：希望不要阻止。

译文 公孙闬为田婴对楚王说："鲁国、宋国侍奉楚国而齐国却不侍奉楚国，这是因为齐国强大而鲁国、宋国弱小的缘故。大王难道只认为弱小的鲁国、宋国对自己有利，却为什么不讨厌齐国的强大对自己有害？如果齐国分地而封给田婴，这是使自己衰弱的做法。希望君王不要阻止。"楚王说："好。"因此没有阻止齐王把薛地封给田婴。

靖郭君将城薛

原文　靖郭君将城薛①，客多以谏。靖郭君谓谒者无为客通②。齐人有请者曰："臣请三言而已矣③！益一言④，臣请烹。"靖郭君因见之。客趋而进曰⑤："海大鱼。"因反走⑥。君曰："客有于此⑦。"客曰："鄙臣不敢以死为戏。"君曰："亡，更言之⑧。"对曰："君不闻大鱼乎？网不能止，钩不能牵，荡而失水，则蝼蚁得意焉⑨。今夫齐，亦君之水也。君长有齐阴⑩，奚以薛为？失齐，虽隆薛之城到于天⑪，犹之无益也。"君曰："善。"乃辍城薛。

注释　① 将城薛：将要修筑薛地的城墙。城，用如动词，修筑城墙。

② 谒者：主管传达通报的官吏。无为客通：不要给纳谏的人通报。

③三言：三个字。

④益：增加。

⑤趋：小步快走，古时臣下面见君主的一种礼节。

⑥反走：即还走。犹言撒腿往回跑。

⑦有于此：留于此，犹言留在这里继续说。

⑧亡：通"无"，不。更（gèng）：再。

⑨止：捕获。牵：牵引，犹言钓住。荡：放。得意：满意。

⑩阴：庇护，荫庇。

⑪失：姚本作"夫"，《韩非子》《淮南子·人间训》均作"失"，从《韩非子》《淮南子》。隆：高，用如动词，使之高。

译文　靖郭君田婴将要修筑薛地的城墙，很多门客都来劝谏他停修。靖郭君告诉主管传达的官吏不要给劝谏的人通报。齐国有个请求接见的人说："臣下只请求说三个字罢了！增加一个字，臣下请求受烹刑。"靖郭君于是同意接见他。门客快步走进来说："海大鱼。"说完转身往回跑。靖郭君说："客人留在这里。"门客说："臣下不敢拿死当儿戏。"靖郭君说："不，再说下去。"门客回答说："您没听说过大鱼吗？网不能捕获它，钩不能钓住它，可是它自己放肆竟离开了水，那么蝼蛄蚂蚁都很满意地吃掉了它。如今的齐国也像您的水。您如果长有齐国的庇护，哪里用得着薛地呢？如果失掉齐国，即使把薛地的城墙修得高达云天，还是没有什么益处。"靖郭君说："好。"于是就停止修筑薛地的城墙。

靖郭君谓齐王

原文　靖郭君谓齐王曰："五官之计，不可不日听而数览也①。"王曰："日听一官，五日而厌之②。"今与靖郭君③。

注释　① 五官：司徒、司空、司马、司士、司寇。计：登记钱、谷的簿书。听：管理，检查。览：视，察看。不可不日听而数览也：姚本作"不可不日听也而数览"，鲍本正："'也'字当在'览'下。"从鲍本正。
② 日听一官，五日而厌之：每天检查一个官员的事，五天就厌烦了。姚本作"说五而厌之"，孙诒让作"日听一官，五日而厌之"，从孙说。
③ 今：犹即，就。金正炜本："今，犹即也。"

译文 靖郭君对齐威王说:"五官的簿书,不可不每天检查并多次察看。"齐王说:"每天检查一个官员的事,五天就厌烦了。"于是就把这些事交给靖郭君去处理。

靖郭君善齐貌辨

原文 靖郭君善齐貌辨①。齐貌辨之为人也多疵②,门人弗说。士尉以证靖郭君③,靖郭君不听,士尉辞而去。孟尝君又窃以谏④,靖郭君大怒曰:"刬而类,破吾家,苟可慊齐貌辨者⑤,吾无辞为之。"于是舍之上舍,令长子御⑥,旦暮进食。

注释 ① 齐貌辨:齐国人。《汉书·古今人表》作"昆辩",《吕氏春秋》作"剂貌辨"。可供参考。

② 疵:毛病。鲍本:"疵,病也,谓过失。"

③ 士尉:齐国人,靖郭君门客。证:通"诤",劝谏。

④ 孟尝君:即田文,靖郭君田婴之子。

⑤ 刬(chǎn):通"铲",铲除,消灭。而:汝,你们。慊(qiè):满意。

⑥舍：居住。上舍：上等住所。鲍本："犹甲第也。"古代客舍有传舍、幸舍、代舍之分，代舍最上；上舍就是代舍。御：侍奉，伺候。

译文

靖郭君和齐貌辨很要好。可是齐貌辨的为人也有不少毛病，所以门客们都不喜欢他。士尉因此去劝谏靖郭君，靖郭君不听，士尉辞别靖郭君离去了。孟尝君又私下里劝谏靖郭君，靖郭君十分生气地说："铲除你们这类人，破败了我的家，如果可以满足齐貌辨的话，我都没有什么话可说。"于是安排他上等馆舍居住，让自己的长子侍奉他，早晚给他进献美食。

原文

数年，威王薨，宣王立①。靖郭君之交大不善于宣王，辞而之薛，与齐貌辨俱留②。无几何，齐貌辨辞而行③，请见宣王。靖郭君曰："王之不说婴甚，公往必得死焉。"齐貌辨曰："固不求生也，请必行。"靖郭君不能止。

注释

①宣王：名辟疆，齐威王之子。

②俱留：一起留在薛地。

③行：去，此指到齐国都城去。

译文 几年以后，齐威王去世，齐宣王继位。靖郭君和齐宣王的关系特别不好，只好告辞齐宣王回到薛地去，和齐貌辨一起住在封地里。没过多久，齐貌辨辞别靖郭君准备到齐国都城去，请求拜见齐宣王。靖郭君说："齐王很不喜欢我，您去必定得死在那里。"齐貌辨说："我本来就没打算活着回来，请您一定让我去。"靖郭君阻止不住他。

原文 齐貌辨行至齐，宣王闻之，藏怒以待之①。齐貌辨见宣王，王曰："子，靖郭君之所听爱夫②！"齐貌辨曰："爱则有之，听则无有。王之方为太子之时，辨谓靖郭君曰：'太子相不仁，过颐豕视，若是者倍反。不若废太子，更立卫姬婴儿郊师③。'靖郭君泣而曰：'不可，吾不忍也。'若听辨而为之，必无今日之患也。此为一。至于薛，昭阳请以数倍之地易薛④，辨又曰：'必听之。'靖郭君曰：'受薛于先王，虽恶于后王⑤，吾独谓先王何乎！且先王之庙在薛，吾岂可以先王之庙与楚乎！'又不肯听辨。此为二。"宣王太息，动于颜色⑥，曰："靖郭君之于寡人一至此乎！寡人少，殊不知此⑦。客肯为寡人来靖郭君乎？"齐貌辨对曰："敬诺。"

注释

① 藏怒：怀怒。

② 听爱：听信宠爱。夫：语气词。高注："夫，不满之辞。"

③ 相：相貌。过颐：耳后见腮。豕视：下邪偷视。倍反：背叛。倍：通"背"。姚本作"信反"，黄丕烈《札记》认为"信"即"倍"字讹。从黄说。效师：卫姬之子，宣王庶弟。

④ 昭阳：楚国公族，楚怀王时令尹、柱国。

⑤ 先王：指齐威王。后王：指齐宣王。

⑥ 太息：叹息。动于颜色：脸上的颜色变了。

⑦ 一：犹乃，竟然。殊：很。

译文

齐貌辨到了齐国都城，齐宣王听说后，满怀怒气等待着他的到来。齐貌辨拜见宣王，宣王说："你就是靖郭君所听信并宠爱的人！"齐貌辨说："如果说宠爱那是有的，听信却谈不上。当大王正做太子的时候，我曾对靖郭君说：'太子的相貌不像仁义的人，耳后见腮，又下邪视，像这样的人肯定会背叛您。不如废掉太子，改立卫姬的婴儿郊师。'靖郭君哭着说：'不行，我不忍心这样做。'如果听了我的话而照着办，一定就不会有今天的忧患了。这是第一件事。再说靖郭君到了薛地以后，昭阳就请求用几倍的土地交换薛地，我又向靖郭君说：'一定要接受这个请求。'靖郭君说：

'从先王那里接受薛地，现在即使与后王关系不好，如果把薛地交换出去，将来我对先王说什么！况且先王的宗庙就在薛地，我难道能把先王的宗庙交给楚国吗！'又不肯听从我的。这是第二件事。"齐宣王听了不禁长声叹息，脸上的颜色变了，说："靖郭君对寡人的感情竟然深到这种程度啊！我太年轻了，很不了解这些事情。您愿意替我把靖郭君请回来吗?"齐貌辨回答说："好吧。"

原文　靖郭君衣威王之衣冠，带其剑①，宣王自迎靖郭君于郊，望之而泣。靖郭君至，因请相之。靖郭君辞，不得已而受②。七日，谢病强辞③。三日而听④。

注释　①带：佩带。姚本作"舞"，刘本作"带"，从刘本。

②受：接受。此指接受相印。

③强：犹固，坚决。强辞下姚本有"靖郭君辞不得"六字，据黄丕烈说删掉。

④听：许，答应，允许。

译文　靖郭君穿戴上齐威王赐给的衣服帽子，佩带着赐给的宝剑，齐宣王亲自到郊外迎接靖郭君，望着他哭泣。

靖郭君到了朝廷，齐宣王就请他做相国。靖郭君表示辞谢，不得已才接受了。七天以后，又以有病为名坚决要求辞职，三天以后齐宣王才答应了他的要求。

原文　当是时，靖郭君可谓能自知人矣①！能自知人，故人非之不为沮②。此齐貌辨之所以外生、乐患、趣难者也③。

注释　① 自知人：自己能了解别人。

② 沮（jǔ）：终止，停止。

③ 外生：把生死置之度外。鲍本："以生为外物，无所爱也。"乐患：乐于解人忧患。趣（cù）难：急于救人危难。

译文　当这个时候，靖郭君才可以说自己能够了解别人了！自己能够了解别人，所以即使有人非议某个有才能的人，他也不终止自己的行动。这就是齐貌辨所以把生死置之度外、乐于解人忧患、急于救人危难的原因。

邯郸之难

原文　邯郸之难，赵求救于齐。田侯召大臣而谋曰^①："救赵
孰与勿救^②？"邹子曰^③："不如勿救。"段干纶曰^④："弗
救，则我不利。"田侯曰："何哉？""夫魏氏兼邯郸^⑤，
其于齐何利哉！"田侯曰："善。"乃起兵，曰："军于
邯郸之郊。"段干纶曰："臣之求利且不利者^⑥，非此
也。夫救邯郸，军于其郊，是赵不拔而魏全也。故
不如南攻襄陵以弊魏^⑦，邯郸拔而承魏之弊，是赵破
而魏弱也。"田侯曰："善。"乃起兵南攻襄陵。七月，
邯郸拔。齐因承魏之弊，大破之桂陵^⑧。

注释　① 田侯：此指齐威王。

② 孰与：犹言何如。

③ 邹子：即邹忌，齐威王大臣，封于下邳，号成侯。

④ 段干纶：《史记》作"段干朋"。段干复姓，名纶。齐国
大臣。

⑤ 兼：兼并。

⑥ 求利：即救利。金正炜本认为："求或读如救。"

⑦ 襄陵：魏国邑名，本宋国襄牛之地，宋襄公埋葬在这里，

故名襄陵，在今河南省睢县。弊魏：疲弊魏国。

⑧ 桂陵：魏国邑名，在今河南省长垣县北；一说，在今山东省菏泽市。

译文

在邯郸危难的时候，赵国向齐国求救。齐威王召集大臣谋划说："援救赵国还是不救援赵国哪个好？"邹忌说："不如不救援赵国。"段干纶说："不救援赵国，那对我们是不利的。"齐威王说："为什么呢？"段干纶说："如果魏国兼并邯郸，难道这对齐国有什么利益呀！"齐威王说："好。"于是就出兵，齐威王说："把军队驻扎在邯郸的郊外。"段干纶说："臣下救援有利或者无利，并不在这里。那救援邯郸，驻扎在城郊，这不仅是不能占领赵国而且保全了魏国。所以不如向南进攻襄陵以疲弊魏国，邯郸被魏国占领我们继魏国疲弊进攻他们，这是攻破赵国并削弱魏国的好办法。"齐威王说："好。"于是发兵向南进攻襄陵。七月，邯郸被魏国占领。齐国乘魏军疲劳之机进攻，在桂陵把魏国军队打得大败。

南梁之难

原文　南梁之难①，韩氏请救于齐。田侯召大臣而谋曰："早救之，孰与晚救之便？"张丐对曰②："晚救之，韩且折而入于魏③，不如早救之。"田臣思曰④："不可。夫韩、魏之兵未弊，而我救之，我代韩而受魏之兵，顾反听命于韩也⑤。且夫魏有破韩之志，韩见且亡，必东诉于齐⑥。我因阴结韩之亲，而晚承魏之弊，则国可重，利可得，名可尊矣。"田侯曰："善。"乃阴告韩使者而遣之。

注释　① 南梁之难：指前342年魏国进攻韩国的南梁造成的危难。南梁，韩国邑名，在今河南省临汝县西南。

② 张丐：齐国大臣。

③ 折：转。

④ 田臣思：又作"陈臣思"，即田忌，齐国大臣。

⑤ 顾反：同义词连用，犹言反过来。

⑥ 诉：告诉，此指求救。

译文　在南梁危难的时候，韩国向齐国请求救兵。齐威王召集大臣谋划说："早救援韩国，与晚救援韩国，哪种作法对我们有利？"张丐回答说："如果晚救韩国，韩国将会转过去投入魏国一边，不如及早救援他们。"田臣思说："不行。那韩、魏两国的军队还没打得筋疲力尽，可是我们却去救援韩国，我们就会代替韩国承受魏军的进攻，反过来听从韩国的命令。再说魏国有击破韩国之心，韩国看见自己将要灭亡，必定跑到东边来向齐国求救。我们趁机暗中与韩国结成联盟之亲，晚些时候迎战魏国的疲弊军队，那么国家可以得到重视，利益可以得到手，名声可以尊显了。"齐威王说："好。"于是就暗中把情况告诉韩国使者，并把他打发回去。

原文　韩自以专有齐国①，五战五不胜，东诉于齐，齐因起兵击魏，大破之马陵②。魏破韩弱，韩、魏之君因田婴北面而朝田侯。

注释　① 韩自以专有齐国：韩国自己认为有齐的救助。专，王念孙认为是"恃"字之误，可供参考。

② 马陵：齐国邑名，在今河北省大名县，一说在今河南省范县西南，一说在今山东省鄄（juàn）城县东北。

译文 韩国自己认为有齐国的救助，打五次仗五次都没取胜，跑到东边向齐国求救，齐国因此派兵攻打魏国，在马陵把魏军打得大败。魏军被打败，韩国被削弱，韩国、魏国的国君只好通过田婴共同面向北朝拜齐威王。

成侯邹忌为齐相

原文 成侯邹忌为齐相，田忌为将，不相说。公孙闬谓邹忌曰："公何不为王谋伐魏①？胜，则是君之谋也，君可以有功②；战不胜，田忌不进，战而不死，曲挠而诛③。"邹忌以为然，乃说王而使田忌伐魏。

注释 ① 伐魏：此指齐伐魏救赵之事。
② 有功：指有战胜魏国的功劳。
③ 曲：犹言不敢直接前进。挠：受挫败。曲挠，意思是绕着弯，辗转不前。

译文 成侯邹忌做齐国的相国，田忌做齐国的大将，两人相处很不愉快。公孙闬对邹忌说："您为什么不为大王谋划讨伐魏国？如果打胜了，那是您谋划的结果，您可以立功；如果打不胜，那是田忌畏缩不前，交战而不敢拼命，不勇往直前，遭受挫败，就会被诛杀。"邹忌认为很对，于是就劝说齐王派田忌讨伐魏国。

原文　田忌三战三胜，邹忌以告公孙闬，公孙闬乃使人操十金而往卜于市^①，曰："我田忌之人也，吾三战而三胜，声威天下，欲为大事^②，亦吉否？"卜者出，因令人捕为人卜者，亦验其辞于王前^③。田忌遂走。

注释　① 三战三胜：屡战屡胜。三，泛指多次。十金：二百两金子。金，战国时多指铜。此十金是泛指多金。
② 声威：声势威名。大事：此指反对齐王建立国家一类的事。
③ 验：证明。

译文　田忌屡战屡胜，邹忌把这个情况告诉公孙闬，公孙闬就派人拿着不少金子到集市上去算卦，说："我是田忌派来的人，我们屡战屡胜，声势威名震动天下，想要干建立国家的大事，是否吉祥？"来算卦的人刚走出去，于是邹忌就派人逮捕为人算卦的人，都在齐王的面前证明了算卦人所说的话。田忌听到这事就逃走了。

田忌为齐将

原文　田忌为齐将，系梁太子申，禽庞涓①。孙子谓田忌曰②："将军可以为大事乎?"田忌曰："奈何?"孙子曰："将军无解兵而入齐，使彼罢弊老弱守于主③。主者，循轶之也，锗击摩车而相过④。使彼罢弊老弱守于主，必一而当十，十而当百，百而当千。然后背太山，左济，右天唐，军重踵高宛，使轻车锐骑冲雍门⑤。若是，则齐君可正而成侯可走⑥。不然，则将军不得入于齐矣。"田忌不听，果不入齐。

注释　①系：犹言活捉。梁太子申：梁惠王太子名申。庞涓：魏国大将。

②孙子：此指孙武子之孙孙膑，为田忌军师。膑，古刖（yuè）刑，孙子曾受割去膝盖骨之刑，故名孙膑。

③无解兵：不卸兵甲。老：姚本作"先"，曾本作"老"，从

曾本。主：疑为"壬"字误；壬即任，齐国险隘之地，在今
山东省济宁市。

④ 循轶之途：沿着车辙才能行走的道路。轶，车辙。此句指
道路狭窄，兵车只能相随而行。镅：同"辖"，车轴头上的铁。
鲍本："路狭车密，故相击相摩。"

⑤ 背太山：背靠泰山。太山，即泰山，在今山东省泰安县北。
济：济水，此指济水下游，平阴以下至千乘、海口一带。天
唐：即高唐，在今山东省禹城市西四十里。重：辎（zī）重，
指武器粮饷。高宛：地名，在今山东省博兴县西南。雍门：
齐都的西门，在今山东省临淄县北。

⑥ 正：犹定。

译文　田忌担任齐国军队将领，活捉了魏国太子申，擒住
了魏国大将庞涓。孙子对田忌说："将军可以干一番
大事业吗？"田忌说："怎么办？"孙子说："将军不解
兵甲而还归齐国，让那些疲惫老弱的士兵守住任地
要道。任地有一条战车只能沿着辙迹才能通行的道
路，如果两车并行而过非撞在一起不可。如果让那些
疲惫老弱的士兵守卫任地隘口，必定以一当十，以十
当百，以百当千。然后背靠泰山，左涉济水，右越高
唐，把军中辎重运到高宛，派出轻便的战车、精锐的

骑兵冲进雍门。如果这样干，那么齐国的国君就可以安定，成侯就得逃走。不然的话，那么将军再也不能回到齐国了。"田忌没有听从，果然没能回到齐国。

田忌亡齐而之楚

原文 田忌亡齐而之楚，邹忌代之相齐①。恐田忌欲以楚权复于齐②，杜赫曰③："臣请为留楚④。"

注释 ① 之：动词，到。代之相齐：代替田忌掌管齐国军政。相，辅佐，此犹言掌管。

② 权：权势，犹言力量。复。还，返回。

③ 杜赫：楚国人，此时宦游到齐国；一说杜赫为周人，仕于齐。可供参考。

④ 臣请为留楚：即臣请为君留之楚，犹言请让我为您使他长久留在楚国。

译文 田忌逃出齐国到了楚国，邹忌代替田忌掌管齐国军政大权。可是担心田忌要依靠楚国力量返回齐国，杜赫说："请让我为您使他长久留在楚国。"

原文　谓楚王曰："邹忌所以不善楚者①，恐田忌之以楚权复于齐也。王不如封田忌于江南，以示田忌之不返齐也，邹忌以齐厚事楚②。田忌亡人也，而得封，必德王③。若复于齐，必以齐事楚。此用二忌之道也④。"楚果封之于江南。

注释　① 善楚：与楚国亲善。

② 江南：泛指长江以南的楚国土地（今湖北省江南部分、湖南省、江西省一带）。厚事楚：重事楚，犹言用重礼酬谢楚国。

③ 德：用如动词，感激恩德。

④ 二忌：指邹忌、田忌。

译文　杜赫对楚宣王说："邹忌不与楚国亲善的原因，是害怕田忌依靠楚国的力量再返回齐国。大王不如把田忌封在江南，以表示田忌再不能返回齐国，邹忌也会拿齐国的重礼酬谢楚国。田忌是个逃亡在外的人，如果得到封赏，必定感激大王的恩德。如果他将来能回到齐国，一定用齐国的利益侍奉楚国。这是利用邹忌、田忌的方法。"楚王果然把田忌封在江南。

邹忌事宣王

原文 邹忌事宣王,仕人众①,宣王不悦。晏首贵而仕人寡②,王悦之。邹忌谓宣王曰:"忌闻以为有一子之孝,不如有五子之孝。今首之所进仕者,以几何人?"宣王因以晏首雍塞之③。

注释 ①仕人:使人仕,犹言推荐人做官。

②晏首:齐国大臣。

③雍塞:堵塞,此指堵塞仕途。鲍本:"言其不荐达人。"

译文 邹忌侍奉齐宣王,推荐许多人入朝为官,齐宣王很不高兴。晏首地位尊贵而推荐入朝做官的人少,宣王很喜欢他。邹忌对宣王说:"我听说人们认为有一个孝顺的儿子,不如有五个孝顺的儿子。如今晏首推荐入朝做官的,有几个人?"齐宣王因此认为晏首堵塞人才入朝做官的道路。

邹忌修八尺有余

原文　邹忌修八尺有余，身体昳丽^①。朝服衣冠，窥镜^②，谓其妻曰："我孰与城北徐公美^③？"其妻曰："君美甚，徐公何能及君也^④！"城北徐公，齐国之美丽者也^⑤。忌不自信，而复问其妾曰："吾孰与徐公美？"妾曰："徐公何能及君也！"旦日^⑥，客从外来，与坐谈，问之客曰："吾与徐公孰美？"客曰："徐公不若君之美也！"

注释　① 修：长，此指身长。八尺：相当于现在五尺六寸，一米八六。昳（yì）丽：神采焕发，容貌美丽。

② 朝（zhāo）：早晨。窥镜：照镜子。

③ 我孰与城北徐公美：我与城北徐公孰美。孰，谁。徐公：《十二国史》作"徐君平"。

④ 君：指邹忌。姚本作"公"，鲍本作"君"。从鲍本。

⑤ 美丽：指貌美而身材好看。

⑥ 旦日：第二天。

译文　邹忌身长八尺有余，长得神采焕发容貌美丽。早晨穿戴好衣帽，照着镜子，对他的妻子说："我和城北的徐公谁美？"他的妻子说："您美极了，徐公哪能赶上您呢！"城北徐公是齐国容貌美丽身材好看的人。邹忌自己不相信比徐公美，又问他的妾说："我和徐公哪一个漂亮？"妾说："徐公怎么能赶上您呢！"第二天，有个客人从外边来，邹忌和他坐着谈话，问他的客人说："我和徐公比谁好看？"客人说："徐公不如您好看！"

原文 明日，徐公来。孰视之①，自以为不如；窥镜而自视，又弗如远甚②。暮寝而思之，曰："吾妻之美我者，私我也③；妾之美我者，畏我也；客之美我者，欲有求于我也。"

注释 ① 孰视：仔细看。孰，同"熟"。
② 远甚：相差太远。
③ 美我：认为我美。私：偏爱。

译文 又过了一天，徐公来了。邹忌仔细地看他，自己认为不如徐公漂亮；对镜自照，又觉得相差得太远。晚上躺在床上思考这些事，认为："我妻子说我美的原因，是偏爱我；妾说我美的原因，是害怕我；客人说我美的原因，是想要有求于我。"

原文　于是入朝见威王曰："臣诚知不如徐公美，臣之妻私臣，臣之妾畏臣，臣之客欲有求于臣，皆以美于徐公①。今齐地方千里，百二十城，宫妇左右，莫不私王；朝廷之臣，莫不畏王；四境之内，莫不有求于王。由此观之，王之蔽甚矣②！"王曰："善。"乃下令："群臣吏民，能面刺寡人之过者③，受上赏；上书谏寡人者，受中赏；能谤议于市朝④，闻寡人之耳者，受下赏。"

注释　① 皆以美于徐公：都认为比徐公美。

② 蔽：蒙蔽。

③ 面刺：当面指刺，当面指责。

④ 谤议：指责议论。市朝：犹市井。

译文　于是邹忌入朝拜见齐威王说："臣下的确知道不如徐公美，可是臣下的妻子偏爱臣，臣下的妾害怕臣，臣下的客人想要有求于臣，都说我比徐公美。如今齐国土地方圆千里，有一百二十座城市，宫中妇女和左右的近臣，没有一个不偏爱君王；朝廷的大臣，没有一个不害怕大王；四境之内，没有一个不对大王有所求的。由此看来，大王受的蒙蔽太厉害了！"威王说："好！"于是发布命令："群臣、官吏、百姓，能当面指刺寡人过失的，授给上等赏赐；上书劝谏寡人的，授给中等赏赐；能在市井中指责议论传到寡人耳朵里的，授给下等赏赐。"

原文 令初下，群臣进谏，门庭若市。数月之后，时时而间进①。期年之后②，虽欲言，无可进者。燕、赵、韩、魏闻之，皆朝于齐。此所谓战胜于朝廷③。

注释 ① 时时而间进：隔一些时候，间或有人进谏。

② 期（jī）年：一周年。

③ 战胜于朝廷：身居朝廷而战胜敌国。

译文 命令刚发下去，群臣都来进谏，宫门像市场一样拥挤。几个月以后，隔一些时候，间或有人进谏。一年以后，即使有人想说，也没有什么可进谏的了。燕国、赵国、韩国、魏国听到这种情况，都到齐国来朝拜。这就是所说的在朝廷上战胜敌人。

秦假道韩魏以攻齐

原文　秦假道韩、魏以攻齐，齐威王使章子将而应之①。与秦交和而舍，使者数相往来，章子为变其徽章以杂秦军②。候者言章子以齐入秦③，威王不应。顷之间④，候者复言章子以齐兵降秦，威王不应。而此者三⑤。有司请曰："言章子之败者，异人而同辞。王何不发将而击之？"王曰："此不叛寡人明矣，曷为击之！"

注释　① 齐威王：当为齐宣王。下同。章子：齐国名将匡章。应：击，迎战。

② 交和：两军对峙。鲍本："《孙子》，两军相对曰交和。"舍：驻扎，屯驻。徽章：旌旗，在此指旗帜衣服而言。

③ 候者：侦探，犹言侦察兵。以：率领。

④ 顷之间：不一会。

⑤ 而：犹如，像。

译文　秦国向韩国、魏国借道来进攻齐国，齐宣王命令章子为将迎战秦军。齐国与秦国两军对峙而驻扎在那里，两国使者多次互相往来，章子就改变了齐国军队的旗帜衣服而混入秦军。齐国侦探向齐王报告章子率领齐兵进入秦军，宣王没有应声。不一会，侦探又向齐王报告章子率领齐兵投降秦军，宣王仍然没有吱声。像这样的报告有好多次。有个官吏询问说："报告章子打了败仗，不同的人都说同样的话。大王为什么不派将军率兵进击章子的叛军？"宣王说："这不是背叛寡人已经很明白了，为什么要攻打他！"

原文　顷间，言齐兵大胜，秦军大败，于是秦王称西藩之臣而谢于齐①。左右曰："何以知之？"曰："章子之母启得罪其父，其父杀之而埋马栈之下②。吾使章子将也，勉之曰：'夫子之强，全兵而还③，必更葬将军之母。'对曰：'臣非不能更葬先妾也④。臣之母启得罪臣之父，臣之父未教而死⑤。夫不得父之教而更葬母，是欺死父也，故不敢。'夫为人子而不欺死父，岂为人臣欺生君哉？"

注释　①秦王：秦惠文王。称：自称。姚本作"拜"，鲍本作"称"，从鲍本。西藩之臣：西面的臣子。

②启：章子母亲之名。马栈：马圈、马棚。

③全兵：指率领全部军队归来，犹言胜利归来。

④ 先妾：对先父之妻的谦称。

⑤ 未教：没有教命，犹言没有留下遗嘱。

译文　过了一会，听说齐军大胜，秦军大败，在这种情况下，秦惠文王自称是西边的臣子而向齐国表示谢罪。左右的近臣问齐宣王说："怎么知道章子不会叛变？"宣王说："章子的母亲启在他父亲面前犯了罪，他父亲就把启杀了，埋在马圈的下面。我任命章子为将军的时候，勉励他说：'先生的能力很强，率领全军胜利归来，一定改葬将军的母亲。'他回答说：'我不是不能改葬先父之妻。臣下的母亲启曾在我父亲面前犯过罪，臣下的父亲没有留下遗嘱就死了。没有得到父亲的教导而改葬母亲，这是欺负死去的父亲，所以不敢。'做为人子竟不敢欺负死去的父亲，难道他做为人臣还能欺骗活着的君王吗？"

楚将伐齐

原文　楚将伐齐，鲁亲之①，齐王患之。张丐曰："臣请令鲁中立。”乃为齐见鲁君。鲁君曰:“齐王惧乎?”曰:“非臣所知也,臣来吊足下。”鲁君曰:“何吊?”曰:“君之谋过矣[2]。君不与胜者而与不胜者[3],何故也?”鲁君曰:“子以齐、楚为孰胜哉?”对曰:“鬼且不知也。”“然则子何以吊寡人?”曰:“齐、楚之权敌也,不用有鲁与无鲁[4]。足下岂如全众而合二国之后哉[5]!楚大胜齐,其良士选卒必殪,其余兵足以待天下;齐为胜,其良士选卒亦殪。而君以鲁众合战胜后,此其为德也亦大矣[6]。”鲁君以为然,身退师[7]。

注释

① 鲁亲之:鲁国亲附楚国。

② 过:过失,错误。

③ 与:帮助,支持。

④ 权敌:犹言势力相当,势均力敌。不用:不在于,不在乎。

⑤ 全众:指保全士兵,犹言保持中立。全,姚本作“令”,注云:“一本作‘全’。”鲍本作“全”。从姚本注及鲍本。合二国之后:联合在二国交战之后,犹言在两国交战之后联合胜利一方。缪文远本:“合二国之后,言视二国之胜者而合之。”

⑥ 此其为德也亦大矣:姚本在此句后有“其见恩德亦其大也”,王念孙曰:“此句乃高注语,今误入正文。”从王说,删此句。

⑦ 身退师：亲自率领军队后退。

译文

楚国准备进攻齐国，鲁国亲附楚国，齐王很忧虑此事。张丐说："臣下请求去鲁国使它中立。"于是为齐国去拜见鲁国国君。鲁康公说："齐王害怕了吗?"张丐说："这不是臣下所能知道的事情，臣下是来哀悼您的。"鲁康公说："为什么哀悼我?"张丐说："君王的谋划错了。君王不帮助胜利者而去帮助失败者，这是什么缘故?"鲁康公说："您认为齐、楚两国哪一方能取胜呢?"张丐回答说："就是鬼也不知道。"鲁康公说："这样说来，那么您凭什说哀悼寡人?"张丐说："齐国、楚国势均力敌，不在乎有鲁国还是没有鲁国的帮助。您哪里赶得上保持中立在两国交战之后联合胜利一方啊！如果楚国大胜齐国，楚国的良将精兵一定有很多伤亡，其余的军队完全可以对付天下的侵略者；如果齐国取胜，齐国的良将精兵也会有很大死伤。然而君王率领鲁国的兵众联合战胜的一方，这大概施的恩德也够大了。"鲁康公认为很对，亲自率领军队后退。

秦伐魏

原文 秦伐魏，陈轸合三晋而东，谓齐王曰^①："古之王者之伐也，欲以正天下而立功名^②，以为后世也。今齐、楚、燕、赵、韩、梁六国之递甚也^③，不足以立功名，适足以强秦而自弱也，非山东之上计也。能危山东者，强秦也。不忧强秦而递相罢弱，而两归其国于秦，此臣之所以为山东之患。天下为秦相割，秦曾不出力；天下为秦相烹，秦曾不出薪。何秦之智而山东之愚耶！愿大王之察也。

注释 ① 陈轸：齐人，游说之士，当时在魏国做官。齐王：即齐闵王。

② 正：整治，治理。

③ 递甚：犹言互相攻伐越来越甚。递：更易，更迭。

译文 秦国进攻魏国，陈轸联合韩、赵、魏之后，又到东方去，对齐闵王说："古代贤明君主兴兵讨伐，都是要整治天下建立功名，以便流芳后世。如今齐国、楚国、燕国、赵国、韩国、梁国六国相互攻伐越来越甚，不足以建立功名，恰巧能使秦国强大而削弱自己，这不是华山以东各国的上策。能够危害山东各国的是强大的秦国。各国不忧虑强大秦国的威胁却互相疲劳战斗互相削弱，而两败俱伤被秦国吞并，这就是臣下为山东六国所忧虑的原因。天下诸侯替秦国互相宰割自己，秦国竟然不用出力；天下诸侯替秦国互相烹煮自己，秦国竟然不拿出烧柴。为什么秦国这么聪明而山东六国这么愚蠢呀！希望大王明察。

原文 "古之五帝、三王、五伯之伐也，伐不道者。今秦伐天下不然，必欲反之，主必死辱，民必死虏①。今韩、梁之目未尝干②，而齐民独不也，非齐亲而韩、梁疏也，齐远秦而韩、梁近。今齐将近矣！今秦欲攻梁绛、安邑，秦得绛、安邑以东下河，必表里河而东攻齐，举齐属之海，南面而孤楚、韩、梁，北向而孤燕、赵，齐无所出其计矣③。愿王熟虑之。

注释 ①反之：反其道而行。主必死辱，民必死虏：君王必死于耻辱，民众必死于被俘。
②目未尝干：指眼泪不曾干过，此指战死者多，民众悲痛不已。

③绛：魏国县名，在今山西省侯马市。安邑：魏国故都，在今山西省夏县西北。东下河：沿黄河顺流东下。表里：外表内里。举：得，攻占。属：至，到。无所出其计：无计可施。

译文

"古代五帝、三王、五霸的征伐，是讨伐无道的国家。如今秦国讨伐天下却不是这样，一定想要反其道而行之。这样亡国之君必定死在侮辱中，民众必定死在俘虏里。现在韩国、魏国百姓的眼泪还没有干，而齐国的民众唯独没有这种情况，并不是秦国亲近齐国而疏远韩国、魏国。这是因为齐国远离秦国而韩国、魏国靠近秦国。现在齐国将要靠近秦国了！如今秦国想要进攻魏国的绛县、安邑，如果秦国取得绛县、安邑而沿黄河顺流东下，一定顺着黄河内外向东进攻齐国，占领齐国到海边的大片领土，面向南孤立楚国、韩国、魏国，面向北孤立燕国、赵国，齐国就无计可施了。希望大王仔细考虑一下。

原文

"今三晋已合矣，复为兄弟，约而出锐师以戍梁绛、安邑，此万世之计也。齐非急以锐师合三晋，必有后忧。三晋合，秦必不敢攻梁，必南攻楚。楚秦构难①，三晋怒齐不与己也，必东攻齐。此臣之所谓齐必有大忧②，不如急以兵合于三晋。"

齐王敬诺，果以兵合于三晋。

注释

① 构难：此指交兵。

② 大忧：大的忧患，此指大的患难。

译文　"如今韩国、赵国、魏国已经联合起来，又成为兄弟之邦，互相约定派出精锐部队戍守魏国的绛县、安邑，这是万代的计策。如果齐国不派出精锐部队联合三晋，一定有后患。三晋联合，秦国一定不敢进攻魏国，必定向南进攻楚国。楚国秦国交兵，三晋恼怒齐国不帮助自己，必定向东进攻齐国。这是臣下所说的齐国一定有很大患难的原因，不如迅速率兵跟三晋联合在一起。"

齐王答应了，果然率兵跟三晋联合在一起。

苏秦为赵合从说齐宣王

原文

苏秦为赵合从，说齐宣王曰："齐南有太山，东有琅邪，西有清河，北有渤海，此所谓西塞之国也①。齐地方二千里，带甲数十万，粟如丘山。齐车之良，五家之兵，疾如锥矢，战如雷电，解如风雨，即有军役，未尝倍太山、绝清河、涉渤海也②。临淄之中七万户，臣窃度之，不下户三男子，三七二十一万，不待发于远县，而临淄之卒，固以二十一万矣③。临淄甚富而实，其民无不吹竽、鼓瑟、击筑、弹琴、斗鸡、走犬、六博、蹋踘者④；临淄之途，车毂击，人肩摩，连衽成帷，举袂成幕⑤，挥汗成雨；家敦而富，志高而扬。夫以大王之贤与齐之强，天下不能当，今乃西面事秦，窃为大王羞之。

注释

① 琅邪（yá）：即琅邪山，在今山东省诸城市东南一百五十里。清河：此指济水。因水道清深而得名，齐国西面以清河与赵国为界。四塞之国：四面都有险塞的国家。

② 齐车：齐国战车。《史记》"齐车"作"三军"，可供参考。五家：指五国。锥矢：比喻锐利。雷电：比喻威力。风雨：

比喻神速。绝：渡。

③临淄：齐国都城，在今山东省淄博市东北。不下户三男子：姚本作"下户三男子"，《史记》作"不下户三男子"，从《史记》。以：同"已"。

④竽：乐器，笙类，三十六簧，长四尺二寸。瑟：乐琴，似琴，古为五十弦，后改二十五弦，弦各有柱，可上下移动，调节声音的清浊高下。筑：乐器，似瑟而大，头安弦，以竹击之，故名筑。琴：乐器，古为五弦，后用七弦，长三尺六寸。六博：古代一种下棋游戏。蹹鞠（jū）：亦作"蹵鞠""蹋鞠""蹴鞠"，我国古代一种足球运动，亦作为练武的一种方式。

⑤毂击：车辆相撞。衽（rèn）：衣襟。袂（mèi）：衣袖。

译文

苏秦为赵国合纵，去游说齐宣王说："齐国南面有泰山，东面有琅邪山，西面有济水，北面有渤海，这就是所说的四面都有险塞的国家。齐国土地方圆两千里，披甲的士兵几十万，粮食堆积如山。齐国战车精良，又有五国军队的支持，军队行动像锥矢一样锐利，战斗起来像雷电一样有猛烈的威力，军队后撤有如风雨一样神速，即使有敌国入侵，也不可能背靠泰山，穿过济水，横渡渤海。临淄城中有七万户人家，臣下暗中估计，每户不少于三个男子，三七二十一万人，不用征发远县的兵丁，而临淄的士卒，早已有二十一万了。临淄这个地方十分富有殷实，这里的民众都会吹竽、鼓瑟、击筑、弹琴、斗鸡、赛狗、下棋、踢球。临淄城的道路上，车辆相撞，人肩互相摩擦，如果把人们的衣襟连接起来可成帷幔，举起衣袖可成帐幕，挥一把汗如同下雨；家家富足，人人志气高扬。凭借大王的贤明和齐国的强盛，天下诸侯没有谁敢来对抗，如今您却要向西去侍奉秦国，我私下里为大王感到羞愧。

原文 "且夫韩、魏之所以畏秦者，以与秦接界也。兵出而相当，不至十日，而战胜存亡之机决矣[①]。韩、魏战而胜秦，则兵半折[②]，四境不守；战而不胜，以亡随其后[③]。是故韩、魏之所以重与秦战而轻为之臣也[④]。

注释 ①机：机要，关键。

②兵折半：兵力损失一半。折，损失。

③以亡随其后：即随其后而亡，随着战争结束后就灭亡。

④重：难。轻：轻易。

译文　"再说韩国、魏国之所以害怕秦国，是因为它们和秦国接壤。如果出动军队互相对抗，不到十天，胜败存亡的关键就决定了。如果韩国、魏国出战并能打胜秦国，那么自己的兵力就会损失一半，四面的边境就无法守卫；如果战斗不能取胜，就会随着战争的结束而灭亡。所以这就是韩国、魏国难与秦国交战并轻易臣服的原因。

原文　"今秦攻齐则不然，倍韩、魏之地，至卫阳晋之道，径亢父之险，车不得方轨①，马不得并行，百人守险，千人不得过也。秦虽欲深入，则狼顾②，恐韩、魏议其后也。是故恫疑虚猲，高跃而不敢进③，则秦不能害齐，亦已明矣。夫不深料秦之不奈我何也，而欲西面事秦，是群臣之计过也。今无臣事秦之名，而有强国之实，臣固愿大王之少留计④。"

注释　①卫：指原卫国。卫，姚本作"阘"，鲍本作"卫"，从鲍本。阳晋：在今山东省曹县。原属卫国，此时已归魏国。径：经过。亢（gāng）父（fǔ）：齐国地名，在今山东省济宁市南五十里。方轨：指两车并行。

②狼顾：像狼一样张皇四顾。狼生性残忍而胆怯，行动时常

回顾前后。

③ 恫疑虚猲（hè）：恐惧疑虑，虚张声势吓唬人。猲，通"喝"，吓唬。高跃：跳得挺高。

④ 留计：留心谋划。

译文

"如果现在秦国进攻齐国那情形就不是这样了，背后有韩国、魏国的土地，卫地的阳晋是必经之路，通过亢父天险时，车不能并行，双马不能同过，百人扼守险要的地方，千人不能通过。秦国军队即使想要深入，那么也得像狼一样张皇四顾，害怕韩国、魏国在背后算计它。因此它恐惧疑虑虚张声势吓唬人，跳得挺高却不敢前进，那么秦国不能危害齐国，已经是明摆着的事了。不能深远地预料到秦国是不能把我们怎么样的，反而想要向西去侍奉秦国，这是大臣们计谋的错误。如今臣下的计谋没有侍奉秦国的名声，却可以得到富国强兵的实利，臣下坚决希望大王稍稍留心谋划一下。"

原文

齐王曰："寡人不敏，今主君以赵王之教诏之①，敬奉社稷以从。"

注释　① 敏：聪明。主君：指苏秦。卿大夫可称主，此时苏秦合纵诸侯，因此称作主君。诏：告诉。

译文　齐宣王说："我太不聪明，现在主君把赵王的教诲告诉我，我愿以国家的名义听从您的指挥。"

张仪为秦连横说齐王

原文　张仪为秦连横说齐王曰①："天下强国，无过齐者，大臣父兄殷众富乐②，无过齐者。然而为大王计者，皆为一时说而不顾万世之利③。从人说大王者④，必谓齐西有强赵，南有韩、魏，负海之国也，地广人众，兵强士勇，虽有百秦，将无奈我何！大王览其说⑤，而不察其至实。

注释　① 连横说齐王：姚本作"连横齐王"，鲍本在"连横"下补"说"字。从鲍本。

② 殷：兴盛。

③ 顾：顾念，犹言考虑。

④ 从人：主张合纵的人，此暗指苏秦。

⑤ 览：接受，采取。

译文 张仪为秦国策划连横游说齐宣王说：“天下强大的国家没有超过齐国的，各国诸侯的大臣及家族的兴盛众多、富足安乐，没有超过齐国的。然而为大王出谋划策的人，都是一时空论而不考虑长远利益。主张合纵游说大王的人，一定说齐国西面有强大的赵国，南面有韩国、魏国，是个背靠大海的国家，地域广大，人口众多，士兵强壮勇敢，即使有一百个秦国，将不能把我怎么样！大王接受了他的看法，却不考察它所能达到的实际效果。

原文 “夫从人朋党比周，莫不以从为可。臣闻之，齐与鲁三战而鲁三胜，国以危，亡随其后，虽有胜名而有亡之实，是何故也？齐大而鲁小。今赵之与秦也，犹齐之于鲁也。秦、赵战于河漳之上，再战而再胜秦①；战于番吾之下②，再战而再胜秦。四战之后，赵亡卒数十万，邯郸仅存③。虽有胜秦之名，而国破矣！是何故也？秦强而赵弱也。今秦、楚嫁子取妇④，为昆弟之国；韩献宜阳，魏效河外，赵人朝黾池⑤，割河

间以事秦。大王不事秦，秦驱韩、魏攻齐之南地，悉
赵涉清河，指博关，临淄、即墨非王之有也⑥。国一
日被攻，虽欲事秦，不可得也。是故愿大王熟计之。"

注释

① 河漳：此指漳水。再：二，两。

② 番（pó）吾：赵国邑名，在今河北省磁县。

③ 仅：才。

④ 秦：楚嫁子取妇：秦国嫁女楚国娶妇。取，同"娶"。

⑤ 韩献宜阳：据史实是秦国攻取宜阳，不是韩国自愿献出。
河外：黄河以南。黾池：即渑池，赵国地名，在今河南省渑
池县西。

⑥ 齐之南地：齐国南部边境。悉：指悉起其兵，发动赵国的
全部军队。清河：姚本作"河关"，《史记》作"清河"，从《史
记》。博关：齐国地名，在今山东省泰安市。即墨：齐国邑名，
在今山东省平度市东南。

译文

"那些主张合纵的人互相结党，没有谁不认为合纵是
可以的。臣下听说，齐国与鲁国交战三次而鲁国三
胜，可是鲁国陷入危境，随后就灭亡了，虽然有了胜
利的虚名却得了一个灭亡的实果，这是什么缘故呢？
这是因为齐国强大鲁国弱小。如今赵国和秦国相比，

就像齐国和鲁国一样。秦国、赵国在漳水上交战，赵国两战两胜秦国。在番吾山下交战，又是两战两胜秦国。经过四次交战之后，赵国死亡士兵几十万，邯郸才得以存在下去。虽然有战胜秦国的虚名，可是国家却破败了！这是什么缘故呢？是因为秦国强大而赵国弱小。如今秦国嫁女，楚王娶妇，已结成为兄弟之国，韩国献出宜阳，魏国敬献黄河以南的领土，赵国人到渑池朝拜，割让河间的土地侍奉秦国。如果大王不侍奉秦国，秦国驱使韩国、魏国进攻齐国南部边境，发动赵国的全部军队渡过清河，指向博关，临淄、即墨就不归大王所有了。假如有一天齐国被攻破，即使想侍奉秦国，恐怕也是不可能了。因此希望大王仔细考虑这些事。"

原文　齐王曰："齐僻陋隐居，托于东海之上，未尝闻社稷之长利，今大客幸而教之^①，请奉社稷以事秦。"献鱼盐之地三百里于秦也^②。

注释　①托：附，寄居。大客：指张仪，犹言高贵的客人。
②三百里于秦：姚本作"三百于秦"，曾本"三百"下有"里"字，从曾本。

译文　　齐宣王说："齐国在偏僻荒凉的地方隐居，寄身在东海边上，没有听说过有关国家长远利益的计划，如今有幸得到尊贵客人的教海，请让我用整个国家侍奉秦国。"于是向秦国献出三百里盛产鱼盐的土地。

齐策二

韩齐为与国

原文　韩、齐为与国①。张仪以秦、魏伐韩。齐王曰:"韩，吾与国也。秦伐之，吾将救之。"田臣思曰②:"王之谋过矣，不如听之。子哙与子之国③，百姓不戴，诸侯弗与。秦伐韩，楚、赵必救之，是天以燕赐我也④。"王曰:"善。"乃许韩使者而遣之。

注释　① 与国：犹言盟国。

② 田臣思：即田忌，齐国大臣。

③ 子哙：燕易王之子，燕昭王之父。子之：燕王哙的相国。苏代与子之亲善，为子之说燕王哙曰:"尧以天下让许由，许由不受，尧有让天下之名。"子哙慕之，故把国君之位禅让给子之。

④ 是天以燕赐我：这是上天把燕国赏赐给我们。姚本作"是天下以燕赐我"，刘本无"下"字，从刘本。

译文　韩国、齐国结为盟国。张仪用秦国、魏国的军队进攻韩国。齐宣王说:"韩国是我们的盟国。秦国进攻它，我准备去援救它。"田臣思说:"君王的谋划错了，不如听之任之。当初燕王子哙把国君之位禅让给相国子之，百姓不拥戴子之，诸侯不和他交往。秦国进攻韩国，楚国赵国一定援救它，这是上天把燕国赏赐给我们。"齐宣王说："好。"于是就假装答应韩国使者去救援并打发他回国。

原文　韩自以得交于齐^①，遂与秦战。楚、赵果遽起兵而救韩，齐因起兵攻燕^②，三十日而举燕国。

注释　① 自得交于齐：自己认为与齐国有邦交关系。
② 遽：立即。因：趁机。

译文　韩国自己认为与齐国有邦交关系，于是就跟秦国交战。楚国、赵国立即发兵援救韩国，齐国趁机发兵攻打燕国，三十天就攻占了燕国。

张仪事秦惠王

原文　张仪事秦惠王^①。惠王死，武王立^②。左右恶张仪，曰:"仪事先王不忠。"言未已,齐让又至③。

注释　①秦惠王:秦孝公之子。

②武王:名荡,秦惠王之子。武王为太子时不悦张仪,即王
位后,群臣多谗毁张仪。

③言:指谗毁张仪的话。齐让又至:齐国责备秦武王任用张
仪的信又到了。

译文　张仪侍奉秦惠王。秦惠王去世,秦武王即位。左右的
亲近大臣都憎恨张仪,说:"张仪侍奉先王不忠心。"
谗毁的话还没有说完,齐国责备秦武王任用张仪的信
又送到了。

原文　张仪闻之,谓武王曰:"仪有愚计,愿效之王。"王
曰:"奈何?"曰:"为社稷计者,东方有大变①,然后
王可以多割地。今齐王甚憎张仪,仪之所在,必举
兵而伐之。故仪愿乞不肖身而之梁②,齐必举兵而伐
之。齐、梁之兵连于城下,不能相去,王以其间伐
韩,入三川,出兵函谷而无伐,以临周,祭器必出,
挟天子,案图籍,此王业也③。"王曰:"善。"乃具革
车三十乘④,纳之梁。

注释

① 东方：泛指山东六国。

② 不肖：不贤，不才。

③ 去：离开。临周：兵临周朝，此指西周都城。祭器：指君王祭祀时必须摆设的各种文物、轩车、彝器等物。必出：犹言一定拿出来贿赂秦国。案图籍：掌握地图和户口财物登记的表册。

④ 革车：兵车。

译文

张仪听到这个消息以后，就对秦武王说："我有一条不高明的计策，愿意献给大王。"武王说："什么计策？"张仪说："为国家着想，预计东方各国会有大的变化，在此变化之后大王可以多割取土地。如今齐闵王非常憎恨我，我在什么地方，齐国一定攻打什么地方。所以我愿意以不才之身到魏国去，齐国一定发兵攻打魏国。齐国、魏国的兵接连在大梁城下交战，彼此无法离开，大王可以趁此机会进攻韩国，攻入三川，再从函谷关出兵不用交战，兵临西周时的都城，天子祭器一定能获得，然后可以挟持天子，掌握地图和户口、财物登记的表册，这是帝王的基业。"武王说："好。"于是准备兵车三十辆，把张仪送入魏国。

原文　齐果举兵伐之。梁王大恐。张仪曰："王勿患，请令罢齐兵^①。"乃使其舍人冯喜之楚，藉使之齐^②。齐、楚之事已毕^③，因谓齐王曰："王甚憎张仪，虽然，厚矣王之托仪于秦王也^④。"齐王曰："寡人甚憎仪，仪之所在，必举兵伐之，何以托仪也？"对曰："是乃王之托仪也。仪之出秦，固与秦王约曰^⑤：'为王计者，东方有大变，然后王可以多割地。齐王甚憎仪，仪之所在，必举兵伐之。故仪愿乞不肖身而之梁，齐必举兵伐梁。梁、齐之兵连于城下不能去，王以其间伐韩，入三川，出兵函谷而无伐，以临周，祭器必出，挟天子，案图籍，是王业也。'秦王以为然，与革车三十乘而纳仪于梁。而果伐之，是主内自罢而伐与国，广邻敌以自临，而信仪于秦王也^⑥。此臣之所谓托仪也。"王曰："善。"乃止。

注释　① 令罢齐兵：犹言使齐兵疲劳撤走。

② 冯喜：张仪的舍人。藉使之齐：借楚人为使者到齐国去。藉，同"借"。

③ 齐、楚之事已毕：此指楚使臣到齐国办完事。

④ 厚矣王之托张仪于秦王：是"王之托仪于秦王厚矣"的倒装，大意是大王把制裁张仪的事托付给秦王对他太宽厚了。

⑤ 固：原本，原来。

⑥ 广邻敌：犹言扩大邻国敌人的力量。临：指兵临城下。信仪于秦王：犹言使秦王更信任张仪。

译文　齐国果然发兵进攻魏国。魏襄王非常害怕。张仪说："大王不要忧虑，请让我使齐国军队疲劳撤走。"于是就派他的舍人冯喜到楚国去，借楚人为使者到齐国去。楚国使者到齐国办完事，乘机对齐闵王说："大王特别憎恨张仪，虽然这样，大王把制裁张仪的事托付给秦王对他也太宽厚了。"齐闵王说："我恨透了张仪，张仪所在的地方，我一定发兵攻打，凭什么说我把张仪托付给秦王了？"使者回答说："这就是我所说的大王把制裁张仪的事托付给秦王了。张仪从秦国出来的时候，原本和秦王相约说：'为大王谋划，东方各国会有大的变化，在这之后大王可以多割取土地。齐王非常憎恨我，我所在的地方，一定是他们攻打的地方。所以我乞请以不才之身到魏国去，齐国一定发兵进攻魏国。魏国、齐国的军队在城下接连交战谁也不能离开，大王可以趁机进攻韩国，进入三川，从函谷关出兵不必进攻，兵临西周时的都城，祭祀的器物一定能得到，挟持天子，掌握地图和记载人口财物的

表册，这是称帝的基业。'秦王认为很对，给他三十
辆兵车而送到魏国。可是你们果真去进攻了，这是大
王在内自己疲劳自己，在外进攻盟国，扩大邻国敌人
的力量而自己却会遭到兵临城下的命运，并且使秦王
更信任张仪。这就是臣下所说的大王把张仪托付给
秦王的原因。"齐闵王说："对。"才停止了对魏国的
进攻。

犀首以梁为齐战于承匡而不胜

原文　犀首以梁为齐战于承匡而不胜①。张仪谓梁王不用臣
言以危国。梁王因相仪，仪以秦、梁之齐合横亲，犀
首欲败，谓卫君曰②："衍非有怨于仪也，值所以为国
者不同耳③。君必解衍④。"卫君为告仪，仪许诺，因
与之参坐于卫君之前⑤。犀首跪行，为仪千秋之祝⑥。
明日张子行，犀首送之至于齐疆。齐王闻之，怒于
仪，曰："衍也吾仇，而仪与之俱，是必与衍鬻吾国
矣⑦。"遂不听。

注释
① 犀首：即公孙衍，魏国大臣。为：通"与"。承匡：本宋地，后属魏。地在今河南省睢县西北。

② 仪以秦、梁之齐合横亲：犹言张仪以秦、魏两国的名义与齐国连横相亲。之，犹与。卫君：卫国嗣君。

③ 值：通"直"，仅仅，犹不过。

④ 解衍：犹言替公孙衍向张仪解释。

⑤ 参坐：三人并坐。参，通"三"。

⑥ 千秋之祝：祈祝千秋之寿，犹言祝愿长寿。

⑦ 鬻（yù），出卖。

译文
犀首率领魏国的军队与齐国的军队在承匡交战却没有取得胜利。张仪对魏襄王说如果不采用他的意见国家就危险了。魏襄王于是任命张仪为相国，张仪以秦、魏两国的名义与齐国连横相亲，犀首想要破坏这件事，就去对卫国继位的君主说："我并非跟张仪有什么怨仇，仅仅是所用来治理国家的方法不同罢了。请您一定替我向张仪解释一下。"卫国继位的君主为此去劝告张仪，张仪答应和好，于是在卫君面前三个人坐在一起了。犀首跪地前行，祝张仪长寿。第二天张仪出发了，犀首送张仪一直到齐国边境。齐闵王听到这件事，对张仪的行为很恼怒，就说："犀首是我的仇敌，可是张仪跟他偕同并行，这一定是想和犀首一起出卖我们的国家了。"于是就不再听信张仪的话了。

昭阳为楚伐魏

原文 昭阳为楚伐魏，覆军杀将得八城，移兵而攻齐①。陈轸为齐王使②，见昭阳，再拜贺战胜，起而问："楚之法，覆军杀将，其官爵何也?"昭阳曰："官为上柱国，爵为上执珪③。"陈轸曰："异贵于此者何也?"曰："唯令尹耳④。"陈轸曰："令尹贵矣! 王非置两令尹也，臣窃为公譬可也。楚有祠者，赐其舍人卮酒⑤。舍人相谓曰:'数人饮之不足，一人饮之有余。请画地为蛇，先成者饮酒。'一人蛇先成，引酒且饮之，乃左手持卮，右手画蛇，曰:'吾能为之足⑥。'未成，一人之蛇成，夺其卮曰:'蛇固无足，子安能为之足。'遂饮其酒。为蛇足者，终亡其酒⑦。今君相楚而攻魏，破军杀将得八城，不弱兵，欲攻齐，齐畏公甚，公以是为名足矣，官之上非可重也⑧。战无不胜而不知止者，身且死，爵且后归⑨，犹为蛇足也。"昭阳以为然，解军而去。

注释

① 昭阳：楚国将领。移兵：调动军队。

② 陈轸：本齐人，当时在秦国做官，为秦惠王出使齐国，昭阳移兵攻齐，又为齐宣王使者出使楚国。

③ 上柱国：楚国最高武官，又称柱国，职位仅次于令尹。上执珪：楚国最高爵位。珪，一种长条形玉器。

④ 令尹：楚国执掌军政大权的最高官职。

⑤ 祠者：祭祀的人。卮（zhī）酒：一杯酒。卮，酒器。

⑥ 为之足：给蛇画脚。足，用如动词。

⑦ 亡：失掉。

⑧ 不弱兵：没有使军队的实力受到削弱。为名足：为了名声已经足够了。姚本作"为名居足"，吴正："因下'足'字衍而讹。"从吴正。重（chóng）：重叠，增加。

⑨ 后归：归于后来为将的人。

译文

昭阳率领楚国军队攻打魏国，打败魏国军队杀死魏国将领，夺取八座城邑，调动军队要攻打齐国。陈轸为齐王的使者，去见昭阳，再一次拜见之后向昭阳祝贺战事胜利，站起来询问昭阳说："按照楚国的法令，击溃敌军杀死敌将，他的官爵是什么？"昭阳说："官是上柱国，爵位是上执珪。"陈轸说："不同于这个更显贵的官爵是什么？"昭阳说："只有令尹罢了。"陈轸说："令尹够显贵的了！可是楚王不能设置两个令尹，请让我为您打个比方。楚国有个祭祀的人，赏赐舍人一杯酒。舍人互相说：'几个人都喝这酒不够，一个人喝还有剩余。让我们在地上画蛇，先画成的人喝酒。'一个人先画成了蛇，他拿起酒杯将要喝酒，却又左手握着酒杯，右手画着蛇，说：'我能给它画上脚。'还没画完，另一个人的蛇已画完了，夺过他的酒杯说：'蛇本来没有脚，您怎么能给它画上脚。'于是就喝了那杯酒。给蛇画脚的人，终于失掉了那杯酒。如今您辅佐楚王攻打魏国，击溃魏军杀死魏将，夺取八座城邑，没有削弱自己军队的实力，又想要攻打齐国，齐国非常害怕您，您因此闻名也就足够了，官爵的上面不可能重叠两个令尹。战无不胜却不知适可而止的人，他自身将被杀死，爵位将归于后来的人，这就像给蛇画脚的人一样。"昭阳认为很对，才收兵撤退。

秦攻赵

原文　秦攻赵。赵令楼缓以五城求讲于秦①，而与之伐齐。齐王恐，因使人以十城求讲于秦。楼子恐，因以上党二十四县许秦王。赵足之齐②，谓齐王曰："王欲秦、赵之解乎？不如从合于赵，赵必倍秦。倍秦则齐无患矣。"

注释　①楼缓：赵国人，当时在秦为相国。

②赵足：赵国人，与齐国亲近。

译文　秦国攻打赵国。赵国派楼缓用五座城邑向秦国求和，并准备联合秦国进攻齐国。齐王建很害怕，因此派人用十座城邑向秦国求和。楼缓得知后也很恐慌，因此把上党二十四县许给秦昭王。赵足到齐国去，对齐王建说："大王想跟秦国、赵国和解吗？您不如跟赵国实行合纵，赵国必定背叛秦国。赵国背叛秦国那齐国就没有忧患了。"

权之难齐燕战

原文 权之难^①，齐、燕战。秦使魏冉之赵，出兵助燕击齐^②。薛公使魏处之赵，谓李向曰^③："君助燕击齐，齐必急。急必以地和于燕，而身与赵战矣。然则是君自为燕东兵，为燕取地也。故为君计者，不如按兵勿出^④。齐必缓，缓必复与燕战。战而胜，兵罢弊，赵可取唐、曲逆^⑤；战而不胜，命悬于赵^⑥。然则吾中立而割穷齐与疲燕也，两国之权，归于君矣^⑦。"

注释 ① 权之难：即权地的战争。权，地名，在今河北省正定县北二十里。

② 魏冉：即穰侯，秦相国。

③ 薛公：孟尝君田文，此时刚担任齐国相国。魏处：齐国大臣。李向：应作李兑，赵国大臣。

④ 按兵：止兵。

⑤ 唐：中山国地名，在今河北省唐县。曲逆：中山国地名，在今河北省顺平县东南。一说，认为唐、曲逆为燕国地名。

⑥ 悬：系，悬挂。

⑦ 君：姚本作"吾"，"吾"，应为"君"之误。君，指李兑。

译文　权地的战争，是齐国、燕国交兵。秦国派魏冉到赵国去，促使赵国出兵帮助燕国攻打齐国。孟尝君派魏处到赵国去，对李兑说："您帮助燕国攻打齐国，齐国一定危急。危急一定用土地和燕国讲和，反过来会亲自和赵国交战。这样一来，那么您自己就成了燕国向东方进攻的军队，为燕国夺取土地。所以为您考虑，不如按兵不动。齐国的形势一定缓和，缓和一定再与燕国交战。如果燕国取胜，燕军就会疲劳不堪，赵国可以乘机夺取唐地、曲逆；如果燕国不能取胜，它的命运就悬挂在赵国手里。这样一来，那么您严守中立并且可以从困境中的齐国和疲惫的燕国割取土地，两个国家的大权，就归您掌管了。"

秦攻赵长平

原文　秦攻赵长平，齐、楚救之①。秦计曰："齐、楚救赵，亲②，则将退兵；不亲，则遂攻之。"

注释　① 齐、楚救之：齐国、楚国救援赵国。姚本："一本无'楚'

字。"《史记·田完世家·索隐》引《战国策》文,"楚"字皆作"燕"。录已备考。

②亲:亲近,指赵与齐、楚的关系亲近。鲍注:"其交亲。"

译文 秦国攻打赵国长平,齐国、楚国救援赵国。秦王谋划说:"齐国、楚国援救赵国,如果三国关系亲近,那么我们就退兵;如果不亲,那么我们就继续攻打长平。"

原文 赵无以食,请粟于齐,而齐不听。周子谓齐王曰①:"不如听之以却秦兵,不听则秦兵不却,是秦之计中②,而齐、燕之计过矣。且赵之于燕、齐,隐蔽也③,齿之有唇也,唇亡则齿寒。今日亡赵,则明日及齐、楚矣。且夫救赵之务,宜若奉漏瓮,沃焦釜④。夫救赵,高义也;却秦⑤,显名也。义救亡赵,威却强秦,不务为此,而务爱粟,则为国计者过矣。"

注释 ①周子:齐国谋臣,其名不详。姚本作"苏秦",《史记·田完世家》作"周子",从《史记》。按:苏秦此时已死二十四年。

②却:退,打退。中(zhòng):得,适合。

③隐蔽:屏藩,屏障。

④ 务：事情。奉（pěng）：两手平托，捧着。沃：犹言浇。

⑤ 却秦：姚本作"却秦兵"及后文"却强秦兵"，此两"兵"
字均为衍文。金正炜本："此两'兵'字，并因上文'听之以
却秦兵'而衍。"从金说。

译文

赵国军队缺少食物，就向齐国借粮，可是齐国不答
应。周子对齐王说："不如答应他们以便于打退秦兵，
如果不答应，那么秦兵就无法打退，这是秦国的计谋
适合，而齐国、燕国的计谋错了。况且赵国对于燕
国、齐国来说是屏障，这就像牙齿有嘴唇保护一样，
如果失掉嘴唇，那么牙齿就会感到寒冷。如果今天赵
国灭亡，那么明日就轮到齐国、楚国了。再说援救赵
国的事情，应该像用手捧着漏水的瓮，像往烧干的锅
里浇水一样紧急。再说援救赵国是崇高的义气，打退
秦兵可以显示威武的名声。以义气救援将要灭亡的赵
国，以威武击退强大的秦国，不专一去追求这些，反
而吝惜粮食，那么这样为国家谋划的人就错了。"

或谓齐王

原文　或谓齐王曰:"周、韩西有强秦,东有赵、魏。秦伐周、韩之西,赵、魏不伐,周、韩为割[1],韩却周害也。及韩却周割之后,赵、魏亦不免与秦为患矣[2]。今齐、秦伐赵、魏,则亦不异于赵、魏之应秦而伐周、韩[3]。今齐入于秦而伐赵、魏[4],赵、魏亡之后,秦东面而伐齐,齐安得救天下乎!"

注释　[1] 为割:被割。

[2] 及韩却周割之后:等到韩国退却周国割地之后。姚本无"后"字,鲍本"之"下补"后"字,从鲍本。与秦为患:犹言受秦之害。

[3] 异:姚本作"果",王念孙曰:"果"当为"异"字之误,从王说。

[4] 今齐:姚本作"令齐",吴正以为当作"今齐",从吴说。

译文　有人对齐王建说:"周国、韩国西面有强大的秦国,东面有赵国、魏国。如果秦国进攻周国、韩国的西部,赵国、魏国不进攻,周国、韩国也得被秦国割取土地，韩国退却周国更会遭到危害。等到韩国退却周国割地之后，赵国、魏国也不免遭受秦国之害。如果齐国、秦国攻打赵国、魏国，那么也跟赵国、魏国响应秦国进攻周国、韩国没有什么不同。假如齐国投入秦国一边进攻赵国、魏国，赵国、魏国灭亡之后，秦国就会向东进攻齐国，齐国怎么能得到天下诸侯的援救呢!"

楚王死

原文　楚王死，太子在齐质①。苏秦谓薛公曰："君何不留楚太子，以市其下东国②。"薛公曰："不可。我留太子，郢中立王，然则是我抱空质而行不义于天下也③。"苏秦曰："不然。郢中立王，君因谓其新王曰：'与我下东国，吾为王杀太子。不然，吾将与三国共立之④。'然则下东国必可得也。"

注释　① 楚王：楚怀王。怀王被张仪欺骗，与秦昭王会于武关，秦劫持怀王入秦，后客死于秦。太子：指楚怀王太子横。怀王二十九年横为质于齐。归国后立为顷襄王，立三年，怀王客死于秦。

② 市：交易。下东国：指楚国东部靠近齐国边境的地方。

③ 抱空质：持空质，白白把持人质。因楚自立王，留太子无益，故曰"抱空质"。抱，持。

④ 三国：指韩、魏、秦三国。

译文　楚怀王客死在秦国，太子在齐国做人质。苏秦对孟尝君说："您为什么不扣留楚国太子，用他交换楚国东部靠近齐国的地方。"孟尝君说："不可以。我扣留楚国太子，郢都就会立王，这样一来，那么我们就是白白地把持人质并在天下人面前干不仁义的事情。"苏秦说："不对。郢都立王，您可趁机对楚国的新国君说：'给我楚国东部靠近齐国的地方，我替大王杀掉太子。不这样，我将联合韩、魏、秦三国共同立太子为王。'这样一来，那么楚国东部靠近齐国的地方是一定可以得到的。"

原文　苏秦之事，可以请行；可以令楚王亟入下东国①；可以益割于楚②；可以忠太子而使楚益入地；可以为楚王走太子③；可以忠太子使之亟去；可以恶苏秦于薛公；可以为苏秦请封于楚；可以使人说薛公以善苏子；可以使苏子自解于薛公。

注释　① 亟：急速。入：致送。

② 益割：多多割取。

③ 走：赶跑。

译文　苏秦留楚国太子的计策，可以请求实行；可以使楚国新君急速致送楚国东部靠近齐国边境的土地；可以向楚国多多割取土地；可以忠于楚国太子并使楚国多致送土地；可以为了楚国新君赶跑太子；可以忠于太子使他急速离去；可以使苏秦跟孟尝君的关系恶化；可以替苏秦向楚国请求封地；可以派人说服孟尝君与苏秦友善；可以让苏秦自己向孟尝君解释。

原文 苏秦谓薛公曰："臣闻谋泄者事无功[1]，计不决者名不成。今君留太子者，以市下东国也。非亟得下东国者，则楚子计变[2]，变则是君抱空质而负名于天下也。"薛公曰："善。为之奈何？"对曰："臣请为君之楚，使亟入下东国之地。楚得成[3]，则君无败矣。"薛公曰："善。"因遣之。故曰可以请行也[4]。

注释 [1] 谋泄者：泄露计谋的人。

[2] 计变：计谋改变。

[3] 成：媾和，讲和。

[4] 故曰可以请行也：所以说可以请求实行。以上七字，姚本、鲍本皆作注文，曾本作正文。按文意，从曾本。

译文 苏秦对孟尝君说："我听说泄露计谋的人事情不能成功，计谋悬而不决的人不能成就名声。如今您扣留楚国太子的原因，是想以楚国太子交换楚国东部靠近齐国的地方，不急于得到楚国东部靠近齐国地方，那是害怕楚子改变计谋，计谋一改变，那么您就会白白把持人质背上天下不义的名声。"孟尝君说："好。对这件事怎么办？"苏秦说："我请求为您到楚国去，使楚国急速把东部靠近齐国的地方致送给齐国。如果能与楚国讲和，那么您就可以立于不败之地。"孟尝君说："好。"于是派苏秦到楚国去。所以说可以请求实行。

原文　谓楚王曰[①]："齐欲奉太子而立之。臣观薛公之留太子者，以市下东国也。今王不亟入下东国，则太子且倍王之割而使齐奉己[②]。"楚王曰："谨受命。"因献下东国。故曰可以使楚亟入地也。

注释　① 楚王：未详。鲍本："以为怀王，则上言已死；以为顷襄，则顷襄即太子也；以为新王，则顷襄外无他王。未详。"
② 倍：加倍。己：指楚太子。

译文　苏秦对楚王说："齐国想要侍奉太子并立他为王。臣下观看孟尝君扣留太子的原因，是想用他交换楚国东

部靠近齐国的地方。假如大王不急速把楚国东部地方
致送给齐国，那么太子将要比大王加倍割让土地给齐
国并使齐国侍奉自己。"楚王说："恭敬地接受您的命
令。"因此献出了楚国东部靠近齐国的地方。所以说
可以使楚国急速致送土地。

原文　谓薛公曰："楚之势可多割也。"薛公曰："奈何?""请
告太子其故，使太子谒之君①，以忠太子；使楚王闻
之，可以益入地。"故曰可以益割于楚。

注释　①其故：指楚国把下东国献给齐国的原因。君：指孟尝君。

译文　苏秦对孟尝君说："楚国的形势可以多割取它一些土
地。"孟尝君说："怎么办?"苏秦说："请告诉太子楚
国把下东国献给齐国的缘故，让太子谒见您，以此表
示对太子的忠诚；让楚王听到这件事，可以多致送土
地。"所以说可以从楚国多割取土地。

原文　谓太子曰："齐奉太子而立之，楚王请割地以留太子，
齐少其地①。太子何不倍楚之割地而资齐②，齐必奉
太子。"太子曰："善。"倍楚之割而延齐③。楚王闻之

恐，益割地而献之，尚恐事不成。故曰可以使楚益入地也。

注释

① 齐少其地：齐国认为割让的土地少。

② 资齐：与齐，给齐国。资，与。

③ 延：延缓；一说，延读如诞，欺诈；一说，延，饶，及。可供参考。

译文

苏秦对太子说："齐国侍奉太子并想立您为君，楚王请求割让土地给齐国以扣留太子，齐国认为割让的土地少。太子何不比楚国加倍割让土地给齐国，齐国一定侍奉太子。"太子说："好。"比楚国加倍割让土地给齐国以延缓齐国听楚王的话扣留他。楚王听到此事后很害怕，更加多割让土地献给齐国，还担心扣留太子的事不能成功。所以说可以使楚国多献土地给齐国。

原文

谓楚王曰："齐之所以敢多割地者，挟太子也。今已得地而求不止者，以太子权王也①。故臣能去太子②。太子去，齐无辞③，必不倍于王也。王因驰强齐而为交，齐，必听王④。然则是王去仇而得齐交也。楚王大悦，曰："请以国因⑤。"故曰可以为楚王使太子趣去也。

注释

①权：重，犹言威胁，胁迫。

②臣能去太子：臣下能使太子离开齐国。

③齐无辞：齐国没话可说，犹言齐国没有借口。因为楚国太子已离开齐国，齐国就不能以立太子做楚王为理由，所以说"齐无辞。"

④驰：亟往，急速前往。强：竭力，极力。齐，必听王：姚本"齐"字下有"辞"字，"辞"字因上文而衍，此句应为"齐，必听王"。

⑤请以国因：请以国家的名义跟随您。因，跟随，顺从。

译文

苏秦对楚王说："齐国之所以敢多割取土地，是因为挟持太子。如今已经得到土地而要求不停止，是因为可以用立太子为王威胁大王。所以臣下能使太子离开齐国。太子离开齐国，齐国就没话可说，一定不能背叛大王。大王趁机急速前往竭力和齐国结成邦交，齐国一定会听从大王的。这样一来，那么大王是去掉了仇人并能和齐国结成邦交。"楚王非常高兴，说："请让我以国家的名义跟随您。"所以说可以为楚王使太子急速离开齐国。

—

原文　谓太子曰："夫制楚者王也^①，以空名市者太子也，齐未必信太子之言也，而楚功见矣^②。楚交成，太子必危矣。太子其图之。"太子曰："谨受命。"乃约车而暮去^③。故曰可以使太子急去矣。

—

注释　① 制（zhì）：同"制"，控制。

② 楚功见：楚国的功效已经看到。功，功效，指楚向齐割献土地。

③ 约车而暮去：备车而晚上离开。约，犹言准备好。

—

译文　苏秦对楚国太子说："那控制楚国的是楚王，用空名做交换的是太子，齐国未必相信太子的话，然而楚国的功效已经看到了。如果齐国、楚国结交成功，太子一定危险了。太子还是考虑一下这事怎么办。"太子说："恭敬地接受您的教诲。"于是准备好车辆晚上离开了齐国。所以说可以使太子急速离开齐国了。

—

原文　苏秦使人谓薛公曰^①："夫劝留太子者苏秦也。苏秦非诚以为君也，且以便楚也^②。苏秦恐君之知之，故多

割楚以灭迹也③。今劝太子者又苏秦也，而君弗知，
臣窃为君疑之。"薛公大怒于苏秦。故曰可使人恶苏
秦于薛公也。

注释　①谓：姚本作"请"，形近而误。

　　　　②便：有利。

　　　　③灭迹：犹言消灭有利楚国的痕迹。

注释　苏秦派人对孟尝君说："那劝说扣留楚国太子的人是
　　　　苏秦。苏秦不是诚心诚意为了您。同时也是为了有利
　　　　于楚国。苏秦担心您知道这些事，所以多割取楚国土
　　　　地消灭痕迹。如今劝说太子离开齐国的又是苏秦，可
　　　　是您不知道，臣下私下里为您怀疑他。"孟尝君对苏
　　　　秦的做法非常恼怒。所以说可以使人让苏秦跟孟尝君
　　　　的关系恶化。

原文　又使人谓楚王曰："夫使薛公留太子者苏秦也，奉王
　　　　而代立楚太子者又苏秦也①，割地固约者又苏秦也，
　　　　忠王而走太子者又苏秦也。今人恶苏秦于薛公，以
　　　　其为齐薄而为楚厚也。愿王之知之。"楚王曰："谨受
　　　　命。"因封苏秦为武贞君②。故曰可以为苏秦请封于

楚也。

注释

① 代立楚太子：代太子立为楚王。

② 封苏秦为武贞君：此虚言，并非事实。

译文

苏秦又派人对楚王说："那让孟尝君扣留太子的人是苏秦，侍奉大王并代太子立为楚王的人又是苏秦，使楚国割让土地坚固与齐国盟约的人又是苏秦，忠于大王并赶走太子的人又是苏秦。如今有人使苏秦与孟尝君关系恶化，认为他对齐国情薄对楚国情厚。希望大王了解这些。"楚王说："恭敬地接受您的教诲。"因此封苏秦为武贞君。所以说可以为苏秦向楚国请求封赏。

原文

又使景鲤请薛公曰①："君之所以重于天下者，以能得天下之士而有齐权也。今苏秦天下之辩士也，世与少有②。君因不善苏秦，则是围塞天下士而不利说途也③。夫不善君者且奉苏秦，而于君之事殆矣。今苏秦善于楚王，而君不蚤亲④，则是身与楚为仇也。故君不如因而亲之，贵而重之，是君有楚也。"薛公因善苏秦。故曰可以为苏秦说薛公以善苏秦。

注释　①景鲤：楚怀王相国。

②世与少有：世上能和他相比的人很少；一说，世与少有，即与世少有，举世少有。二说均通。

③围塞：犹言堵塞。一作固塞，亦通。说途：游说之途。

④蚤：通"早"。

译文　苏秦又派景鲤告诉孟尝君说："您之所以受到天下人的重视，是因为您能得到天下士人的拥护并且握有齐国的大权。如今苏秦是天下能言善辩之士，举世少有。您因为不和苏秦友好，那将会堵塞天下辩士不利于游说之途。那些和您不友好的人将去侍奉苏秦，对您的事就危险了。如今苏秦跟楚王友好，而您不早去亲近他，那是自己跟楚国结仇。所以您不如趁机亲近他，使他显贵并尊重他，这是您拥有楚国支持的好办法。"孟尝君因此与苏秦很友好。所以可以说为苏秦游说孟尝君与苏秦友好。

齐王夫人死

原文　齐王夫人死，有七孺子皆近^①。薛公欲知王所欲立，乃献七珥^②，美其一。明日视美珥所在，劝王立为夫人。

注释　① 孺子：此指年轻美女。近：爱幸。

② 珥：女子的珠玉耳饰，又叫"瑱""珰"。

译文　齐王的夫人死了，他有七位年轻的美妾都很宠爱。孟尝君想要知道齐王想立谁为夫人，于是就献上七付女人的珠玉耳饰，其中一副很漂亮。第二天孟尝君看那副漂亮的耳饰戴在谁的耳朵上，就去劝齐王立这位美妾为夫人。

孟尝君将入秦

原文　孟尝君将入秦^①，止者千数而弗听。苏秦欲止之，孟尝君曰:"人事者吾已尽知之矣;吾所未闻者,独鬼事耳。"苏秦曰:"臣之来也,固不敢言人事也,固且以鬼事见君②。"

注释　① 孟尝君将入秦:孟尝君将要到秦国去。秦昭王听说孟尝君是位贤人,想要见到他,因此孟尝君准备到秦国去。

② 固且:犹言姑且。

译文　孟尝君将要到秦国去,劝止他出行的有上千人,可是他全不听。苏秦想要劝阻他,孟尝君说:"关于人的事情我已经全知道了;我所不知道的事情,唯独是鬼的事情罢了。"苏秦说:"臣下这次来,本来不敢谈论人的事情,姑且以谈论鬼事求您接见。"

原文　孟尝君见之。谓孟尝君曰:"今者臣来,过于淄上,有土偶人与桃梗相与语①。桃梗谓土偶人曰:'子西岸之土也,挺子以为人②,至岁八月,降雨下,淄水至,则汝残矣。'土偶曰:'不然。吾西岸之土也,土则复西岸耳。今子东国之桃梗也,刻削子以为人,降雨下,淄水至,流子而去,则子漂漂者将何如耳③。'今秦四塞之国,譬若虎口,而君入之,则臣不知君所出矣。"孟尝君乃止。

注释　① 淄上：淄水之上。淄，水名，源出山东省莱芜市东北原山之阴，东北流，至寿光市，汇为清水泊，又北出，入小清河，由淄河口入海。土偶人：用泥土捏的人。桃梗：用桃木枝刻的人。

② 挻（shān）：揉和，此指揉制。姚本作"挻"，黄丕烈《礼记》作"揱"，从黄说。

③ 何如：何往。

译文　孟尝君接见了苏秦。苏秦对孟尝君说："今天臣下来的时候，经过淄水之上，看见一个泥土捏的人和一个桃木枝刻的人互相谈话。桃木人对泥人说：'您是西岸的泥土，人家把您揉制成人形，到今年八月，大雨降下，淄水冲来，你就残废了。'泥人说：'不对，我是西岸的泥土制成的，被水冲散还回西岸罢了。如今您却是东方的桃木枝，经过刻削您才成为人形，大雨降下，淄水流来，冲您而去，那您漂漂荡荡将不知何往。'现在秦国是个四面险固的国家，就像虎口一样，如果您要进去，那么臣下就不知道您出来的办法了。"孟尝君才打消了到秦国去的想法。

孟尝君在薛

原文　孟尝君在薛[1]，荆人攻之。淳于髡为齐使于荆[2]，还反过薛。而孟尝君令人体貌而亲郊迎之[3]。谓淳于髡曰："荆人攻薛，夫子弗忧，文无以复侍矣[4]。"淳于髡曰："敬闻命。"

注释　① 薛：孟尝君封地，在今山东省滕县南薛城。

② 淳于髡（kūn）：复姓淳于，名髡，齐之赘婿，据说身小而滑稽多变，为齐国稷下学士之一。

③ 体貌：即礼貌。体，古通"礼"。

④ 无以复侍：不能再伺候。鲍本："言且死。"

译文　孟尝君住在薛地，楚人攻打薛地。淳于髡为齐国出使到楚国，回来经过薛地。孟尝君让人准备大札并亲自到郊外去迎接他。孟尝君对淳于髡说："楚国人进攻薛地，先生不要忧虑，只是我以后不能再伺候您了。淳于髡说："恭敬地听到您的命令了。"

原文　至于齐，毕报[1]。王曰："何见于荆?"对曰："荆甚固，

而薛亦不量其力。"王曰:"何谓也?"对曰:"薛不量
其力,而为先王立清庙②。荆固而攻之,清庙必危。
故曰薛不量力,而荆亦甚固。"齐王和其颜色曰:
"嘻③!先君之庙在焉!"疾兴兵救之。

注释

① 毕报:即报毕,汇报完毕。

② 先王:指齐威王。清庙:即宗庙。

③ 嘻(xī):惊叹之声,相当于"啊"。

译文

淳于髡回到齐国,汇报完毕。齐闵王说:"在楚国见
到什么了?"淳于髡回答说:"楚国人非常顽固,然而
薛地人也太不自量力。"齐闵王说:"你说的是什么意
思?"淳于髡回答说:"薛人不自量力,而为先王立宗
庙。楚国人顽固而要攻打薛地,宗庙一定危险。所以
说薛人不量力而行,楚国人也太顽固。"齐闵王脸色
和蔼地说:"啊!先君的宗庙在那里呀!"齐闵王急速
发兵去援助薛地。

原文

颠蹶之请,望拜之谒①,虽得则薄矣。善说者,陈其
势,言其方②,人之急也,若自在隘窘之中,岂用强
力哉!

注释　①颠蹶：慌忙奔走的样子。望拜：仰望参拜。

　　　　　②陈其势：陈述形势。言其方：谈论方略。方，方略，策略。

译文　如果孟尝君惊慌地跑去求救，仰望参拜去乞援，即使得到那也是很微薄的。善于游说的人，陈述形势，谈论方略，别人听了也会着急，就像自己在困境中一样，哪里用得着使用很大的力量去求援呢！

孟尝君奉夏侯章

原文　孟尝君奉夏侯章以四马百人之食，遇之甚欢①。夏侯章每言未尝不毁孟尝君也②。或以告孟尝君，孟尝君曰："文有以事夏侯公矣，勿言！"董之繁菁以问夏侯公③，夏侯公曰："孟尝君重非诸侯也，而奉我四马百人之食。我无分寸之功而得此，然吾毁之以为之也④。君所以得为长者，以吾毁之也⑤。吾以身为孟尝君，岂特言也⑥。"

注释　①夏侯章：孟尝君舍人。遇：待遇。

② 毁：谤，诽诱。

③ 董之繁菁（jīng）：齐国人。之，姓与名间的助词，如宫之奇等名字中的之，一说，董之繁菁，即董地繁菁，繁菁是人名。此说可供参考。

④ 然吾毁之以为之：犹言然而我诽谤孟尝君正是为了抬高他。

⑤ 以吾毁之：犹言因为我诽谤他，他不计较。姚本"之"字下有"者"字，鲍本无"者"字。"者"字是衍文。

⑥ 岂特言：姚本作"岂得持言"。"得"字为衍文。又，孟庆祥本："持"，应作"特"。今据改。此句大意是：哪里是只用语言能报答得了的。

译文　孟尝君用四匹马和一百人的食禄奉养夏侯章，给他这样的待遇孟尝君也很高兴。可是夏侯章每次谈话的时候没有不诽谤孟尝君的。有的人把这件事告诉孟尝君，孟尝君说："我是有办法侍候好夏侯先生的，你不要再说了！"董之繁菁也因此去问夏侯先生，夏侯章说："孟尝君尊重的不是诸侯，却用四匹马和一百人的食禄奉养我。我虽然没有分寸之功却得到这么优厚的待遇，然而我诽谤孟尝君正是为了抬高他。孟尝君之所以能够被人称为德高望重的人，是因为我诽谤他，他从不计较。我用生命为孟尝君效力，哪里只是用语言能报答得了的。"

孟尝君燕坐

原文　孟尝君燕坐^①，谓三先生曰："愿闻先生有以补之阙者^②。"一人曰："訾天下之主，有侵君者，臣请以臣之血湔其衽^③。"田瞀曰^④："车轶之所能至，请掩足下之短，诵足下之长^⑤。千乘之君与万乘之相，其欲有君也，如使而弗及也。"胜瞀曰^⑥："臣愿以足下之府库财物，收天下之士，能为君决疑应卒，若魏文侯之有田子方、段干木也^⑦。此臣之所为君取矣。"

注释　① 燕坐：闲坐。燕，通"宴"。

② 阙：同"缺"，缺失，过错。

③ 訾（zǐ）：通"恣"，任何；一说，訾，衡量。两说均通。

湔（jiàn）：同"溅"，溅洒。

④ 田瞀（mào）：郑国人，名游眅（bǎn），字子明。

⑤ 轶（yì）：车辙。车轶之所能至：形容很远的地方。掩足下之短：此句后姚本有"者"字，鲍本无，从鲍本。

⑥胜瞀：齐国人。瞀，字书无此字。

⑦卒：通"猝"，突然，此指突然变故。田子方、段干木：前者为魏文侯老师，后者魏文侯也把他看作老师。

译文　孟尝君闲坐的时候，对三位年长的人说："希望听听各位长者有什么办法补救我的过失。"其中一个人说："天下任何诸侯，如果有谁敢侵犯您，臣下请求用我的血溅洒在他的衣襟上。"田瞀说："凡是车辆所能到达的地方，请允许我去掩盖您的短处，颂扬您的长处。拥有千辆兵车的国君和万辆兵车的相国，他们都想得到您，迫不及待地想重用您。"胜瞀说："臣下希望用您府库的财物，收罗天下的士人，能够帮您解决疑难应付突然变故，就像魏文侯有田子方和段干木一样。这就是臣下为您所采取的办法了。"

孟尝君舍人

原文　孟尝君舍人有与君之夫人相爱者①。或以问孟尝君曰②："为君舍人而内与夫人相爱，亦甚不义矣，君其杀之③。"君曰:"睹貌而相悦者,人之情也,其错之勿言也④。"

注释 ① 爱:犹言私通。

② 以间:以之告。间,告诉。

③ 其:表示委婉的语气词,可译为"还是"。

④ 错之:把这事放置一边。错,同"措",放 置。

译文 孟尝君有个舍人与他的夫人私通。有人把这件事报告孟尝君说:"作为您的舍人却在家里与夫人私通,这也太不仁义了,您还是杀了他吧。"孟尝君说:"看到美貌而互相喜欢,这是人之常情,还是把这事放置一边,不要再说了。"

原文 居期年,君召爱夫人者而谓之曰:"子与文游久矣,大官未可得,小官公又弗欲。卫君与文布衣交,请具车马皮币①,愿君以此从卫君游。"于卫甚重。

注释 ① 布衣交:普通百姓时就有交情,犹言老交情。鲍本:"言交于未贵时。"皮币:犹言金帛之类。皮,鹿皮。币,束帛。

译文　过了一年，孟尝君召见与夫人私通的人并对他说："您与我交游很长时间了，大官没有得到，小官您又不想做。卫国君主跟我有老交情，请让我给您准备车马、鹿皮、束帛，希望您用这些东西去和卫国君主交游吧。"这人在卫国很受重视。

原文　齐、卫之交恶，卫君甚欲约天下之兵以攻齐。是人谓卫君曰："孟尝君不知臣不肖，以臣欺君①。且臣闻齐、卫先君，刑马压羊②，盟曰：'齐、卫后世无相攻伐，有相攻伐者，令其命如此③。'今君约天下之兵以攻齐，是足下倍先君盟约而欺孟尝君也。愿君勿以齐为心。君听臣则可；不听臣，若臣不肖也，臣辄以颈血湔足下衿④。"卫君乃止。

注释　① 以臣欺君：用臣下欺骗了君王。犹言臣下不才，孟尝君当贤人推荐，欺骗了您。鲍本："欺者，已不肖，而孟尝君言其贤也。"

② 刑马压羊：杀马宰羊。压，杀，宰。鲍本："杀马歃（shà）其血，又压羊杀之以盟，使谕者如此。"

③ 令其命如此：使他的命像马羊一样。

④ 辄（zhé）：即，就。

译文 齐国、卫国的邦交恶化，卫国国君很想约集天下诸侯的军队去攻打齐国。这人就对卫国国君说："孟尝君不知道臣下不才，用臣下欺骗君王。况且臣下听到齐国、卫国的先君，杀马宰羊，歃血盟誓说：'齐国、卫国的后代不能互相攻打，如果有互相攻打的人，让他的命像马羊一样的下场。'现在君王约集天下诸侯的军队去攻打齐国，这是您违背先君的盟约并欺骗了孟尝君。希望君王打消进攻齐国的念头。如果君王听信臣的话，那是可以的；如果不听信臣下的话，像臣下这样不才的人，就要用脖子上的血溅在您的衣襟上了。"卫国国君才停止了进攻齐国的念头。

原文 齐人闻之曰："孟尝君可谓善为事矣，转祸为功①。"

注释 ① 谓：姚本作"语"，刘本作"谓"，从刘本。为：处理。转祸为功：把祸患转变为功劳。姚本："不杀其舍人，是转祸；使齐不伐，是为功。"

译文 齐国人听到这个消息以后说："孟尝君可以说是善于处理事情了，把祸患转变成功劳。"

孟尝君有舍人而弗悦

原文　孟尝君有舍人而弗悦①，欲逐之。鲁连谓孟尝君曰②："猿猴错木据水③，则不若鱼鳖；历险乘危，则骐骥不如狐狸④。曹沫之奋三尺之剑，一军不能当⑤；使曹沫释其三尺之剑，而操铫鎒与农夫居垅亩之中⑥，则不若农夫。故物舍其所长，之其所短⑦，尧亦有所不及矣。今使人而不能，则谓之不肖；教人而不能，则谓之拙。拙则罢之⑧，不肖则弃之，使人有弃逐，不相与处，而来害相报者，岂非世之立教首也哉⑨！"孟尝君曰："善。"乃弗逐。

注释　① 悦：犹言敬重。

② 鲁连：姓鲁名连，又称鲁仲连，齐国人，游侠义士。

③ 猿猴：姚本作"猿猱（mí）猴"，缪文远本认为"猱"字为衍文。从缪说。错木据水：离开树木居住在水上。错，通"措"，此指离开。据，处，居住。

④ 骐骥：千里马。

⑤ 曹沫：鲁庄公时的武士，又作"曹刿"。当：相等，相当。

⑥ 铫（yáo）：大锄。鎒（nòu）：同"耨"，锄草的农具。

垅亩：犹言田亩。垅，田中高处。

⑦之其所短：用其所短。之，犹用，就。

⑧罢：罢免，斥退。

⑨教首：戒条。

译文　孟尝君有个舍人，孟尝君不敬重他，想要赶他走。鲁连对孟尝君说："猿猴离开树木居住在水上，那么它们就不如鱼鳖；经历险阻攀登危岩，那么千里马就不如狐狸。曹沫高举三尺长的宝剑劫持齐桓公，一军人马都不如他的威力，假如曹沫放下三尺长剑，而拿起锄草用具与农夫在田地中干活，那么他就赶不上农夫。因此做事舍其所长，用其所短，就是圣明的尧也有做不到的事情。如今让人干他不会干的，干不来就认为他不才；教人做他做不了的，做不来就认为他笨拙。笨拙的就斥退他，不才的就抛弃他，假使人人驱逐不能相处的人，将来又要互相伤害报仇，难道不是为世人立了一个戒条吗！"孟尝君说："好。"于是就不驱逐那个舍人了。

孟尝君出行国至楚

原文　孟尝君出行国，至楚，献象床^①。郢之登徒直使送之^②，不欲行。见孟尝君门人公孙戌曰^③："臣，郢之登徒也，直送象床。象床之直千金，伤此若发漂^④，卖妻子不足偿之。足下能使仆无行，先人有宝剑，愿得献之。"公孙曰："诺。"

注释　① 孟尝君出行国：孟尝君出外巡行各国。行，巡行。因兼相他国之故，所以巡行。象床：以象牙做成的床。

② 登徒：复姓，名佚。直：同"值"，犹当，正赶上。使：差遣。

③ 公孙戌：复姓公孙，名戌。

④ 直：同"值"，价值。发漂：犹言床的精巧处像发尖一样细密。漂，同"飘"，犹言其细若丝发。

译文　孟尝君出外巡行各国，到了楚国，楚国献给他一张象牙床。郢城一个姓登徒的正赶上被派遣去送床，可是他不想去。拜见孟尝君的门人公孙戌说："我是郢城的登徒，正赶上被派遣送象牙床。象牙床价值千金，

如果损坏像发尖那么一点儿，我就是卖了妻子儿女也
赔偿不起。您如果能让我不去，我祖先留有一口宝
剑，愿意献给您。"公孙戌说："好。"

原文　入见孟尝君曰："君岂受楚象床哉？"孟尝君曰："然。"
公孙戌曰："臣愿君勿受。"孟尝君曰："何哉？"公孙
戌曰："小国所以皆致相印于君者，闻君于齐能振达
贫穷，有存亡继绝之义①。小国英桀之士，皆以国事
累君，诚说君之义②，慕君之廉也。今君到楚而受象
床，所未至之国，将何以待君？臣戌愿君勿受。"孟
尝君曰："诺。"

注释　① 振达：犹言全面地救助。存亡继绝：犹言使要灭亡的国家
存在下去，使断绝的宗庙祭祀继续下去。
② 英桀：才能胜过万人的叫英，胜过千人的叫杰。桀通
"杰"。累：托付。说：同"悦"。

译文　公孙戌去拜见孟尝君说："您难道接受楚国的象牙床
吗？"孟尝君说："是的。"公孙戌说："我希望您不要
接受。"孟尝君说："为什么呢？"公孙戌说："小国之
所以都把相印送给您的原因，是听说您在齐国能够全

面地救助穷困的人，有使亡国的存在下去、断绝的宗庙祭祀继续下去的正义行为。小国中的英雄豪杰之士，都把国家大事托付给您，的确是喜欢您的义气，仰慕您的廉洁。如今您到楚国而接受象牙床，那些还没到的国家，将要用什么来接待您？我希望您不要接受。"孟尝君说："好。"

原文　公孙戍趋而去。未出，至中闺①，君召而返之，曰："子教文无受象床，甚善。今何举足之高，志之扬也？"公孙戍曰："臣有大喜三，重之宝剑一②。"孟尝君曰："何谓也？"公孙戍曰："门下百数，莫敢入谏，臣独入谏，臣一喜；谏而得听，臣二喜；谏而止君之过，臣三喜。输象床③，郢之登徒不欲行，许戍以先人之宝剑。"孟尝君曰："善。受之乎？"公孙戍曰："未敢。"曰："急受之。"因书门版曰："有能扬文之名，止文之过，私得宝于外者，疾入谏。"

注释　① 闺：宫中小门。

② 重（chóng）：复，加。

③ 输：送，运送。鲍本："输亦送也。"

译文　公孙戌快步离去。没有出去，刚到宫中小门，孟尝君又召唤他回来，说："您教导我不要接受象牙床，这很好。如今您为什么走路脚抬得那么高，心里显出很得意的样子呢？"公孙戌说："臣下有三件大喜事，又加上得到一口宝剑。"孟尝君说："为什么这么说呢？"公孙戌说："您的门下有一百多人，没有谁敢进谏的，唯独臣下来进谏，这是我的第一件喜事；进谏并能被采纳，这是我的第二件喜事；进谏之后防止了您的过失，这是我的第三件喜事。运送象牙床之事，郢城的登徒不想去，答应把先人的宝剑送给我。"孟尝君说："好。你接受了吗？"公孙戌说："我不敢接受。"孟尝君说："赶快接受。"于是孟尝君在门版上写道："有谁能宣扬我的名声，劝阻我的过失，即使在外面私自得到宝物，也可急速进谏。"

淳于髡一日而见七人于宣王

原文　淳于髡一日而见七人于宣王①。王曰："子来，寡人闻之，千里而一士，是比肩而立②；百世而一圣，若随踵而至也^③。今子一朝而见七士，则士不亦众乎？"淳于髡曰："不然。夫鸟同翼者而聚居，兽同足者而俱行。今求柴葫、桔梗于沮泽，则累世不得一焉^④。及之睾黍、梁父之阴，则郄车后载耳^⑤。夫物各有畴^⑥，今髡贤者之畴也。王求士于髡，譬若挹水于河，而取火于燧也^⑦。髡将复见之，岂特七士也。"

注释

① 见（xiàn）：使之见，此处有引荐之意。

② 比肩：并肩。

③ 随踵：接踵。

④ 柴葫、桔梗：都是中药名，生长在山上。沮（jǔ）泽：低湿的地方。累世：世世代代。

⑤ 睾（gāo）黍、梁父：都是山名，梁父在今山东省泰安县东南。睾黍今地不详。阴：山的北坡。郄（xì）车后载：犹言敞开车装载。

⑥ 畴（chóu）：类。

⑦ 挹（yì）：汲取。燧（suì）：古代取火的工具，有金燧、木燧两种。

译文

淳于髡一天之内向齐宣王引荐七个人。齐宣王说："您过来，我听说千里之内有一位贤士，这贤士就是

并肩而立了；百代之中如果出一个圣人，那就像接踵
而至了。如今您一个早晨就引荐七位贤士，那贤士
不也太多了吗?"淳于髡说:"不对。那翅膀相同的鸟
类聚居在一起生活，足爪相同的兽类一起行走。如今
若是到低湿的地方去采集柴葫、桔梗，那世世代代采
下去也不能得到一两，到睪黍山、梁父山的北坡去采
集，那就可以敞开车装载。世上万物各有其类，如今
我淳于髡是贤士一类的人。君王向我寻求贤士，就譬
如到黄河里去取水，在燧中取火。我将要再向君王引
荐贤士，哪里只是七个人。"

齐欲伐魏

原文　齐欲伐魏。淳于髡谓齐王曰:"韩子卢者，天下之疾
犬也①。东郭逡者，海内之狡兔也②。韩子卢逐东郭
逡，环山者三，腾山者五，兔极于前，犬废于后③，
犬兔俱罢，各死其处。田父见之，无劳倦之苦，而擅
其功④。今齐、魏久相持，以顿其兵，弊其众，臣恐
强秦大楚承其后⑤，有田父之功。"齐王惧，谢将体

士也⑥。

注释　① 韩子卢：韩国有条黑犬名卢。卢，黑犬。疾犬：跑得最快的犬。

② 东郭逡：东郭山上的兔子。逡，同"俊"，兔名。狡兔：敏捷的兔子。

③ 极：尽力。废：疲倦，此是竭力之意。

④ 擅其功：犹言独得其利。

⑤ 承其后：承接在后面，此指秦楚乘机进攻。

⑥ 谢将休士：辞去将军休养士卒。

译文　齐国想要进攻魏国。淳于髡对齐王说："韩国有条黑狗名叫卢，是天下跑得最快的狗，东郭山的兔子，是四海之内最敏捷的兔子。韩国的黑狗追捉东郭山的兔子，绕着山跑了三圈，腾越过五座山，兔子在前面尽力地跑，狗在后面竭力地追，狗和兔子都疲倦了，各自死在那里。农夫看见了，没有一点辛劳疲倦的痛苦，而独得其利。如今齐国、魏国长久地相持下去，使士卒困苦不堪，民众筋疲力尽，臣下害怕强大的秦国楚国紧随其后乘机进攻，获取农夫之利。"齐王很害怕，于是就辞去将军休养士卒了。

国子曰秦破马服君之师

原文 国子曰①："秦破马服君之师②，围邯郸。齐、魏亦佐秦伐邯郸，齐取淄鼠，魏取伊是③。公子无忌为天下循便计，杀晋鄙④，率魏兵以救邯郸之围，使秦弗有而失天下。是齐入于魏而救邯郸之功也。安邑者，魏之柱国也⑤；晋阳者，赵之柱国也；鄢郢者，楚之柱国也。故三国与秦壤界⑥，秦伐魏取安邑，伐赵取晋阳，伐楚取鄢郢矣。福三国之君⑦，兼二周之地，举韩氏取其地，且天下之半。今又劫赵、魏，疏中国，封卫之东野，兼魏之河南，绝赵之东阳⑧，则赵、魏亦危矣。赵、魏危，则非齐之利也。韩、魏、赵、楚之志，恐秦兼天下而臣其君，故专兵一志以逆秦⑨。三国之与秦壤界而患急⑩，齐不与秦壤界而患缓。是以天下之势，不得不事齐也。故秦得齐，则权重于中国；赵、魏、楚得齐，则足以敌秦。故秦、赵、魏得齐者重，失齐者轻。齐有此势，不能以重于天下者何也？其用者过也。"

注释 ①国子：齐国大夫。

② 马服君：即赵括。其父赵奢为赵国大将，战功卓著，赵王赐号马服，因此以为氏。

③ 淄鼠：赵国地名，今地不详。伊是：赵国邑名，在今山西省安泽县西南。

④ 公子无忌：即信陵君。循便计：即行便宜之计，犹言设下妙计。晋鄙：魏国大将。

⑤ 柱国：都城。

⑥ 与秦壤界：姚本"与"字前有"欲"字，鲍本认为"欲"字为衍文，从鲍本删。

⑦ 福：通"偪"，逼迫。

⑧ 疏中国：疏远中原各国的邦交。封：割取。东野：犹东地。东阳：战国卫地（在今河北省太行山以北地区），后属赵国。

⑨ 逆：抗拒，抵御。

⑩ 患：祸患。

译文　国子说："秦国打败马服君赵括的军队，包围了邯郸。齐国、魏国也帮助秦国进攻邯郸，齐国攻占淄鼠，魏国攻占伊是。魏国公子无忌为天下设下妙计，杀死将军晋鄙，率领魏国军队去解救邯郸之围。使秦国不能占领邯郸而且失去天下民心。这就是齐兵侵入魏国造成无忌救援邯郸的大功。安邑是魏国的都城；晋阳是赵国的都城；鄢郢是楚国的都城。本来三国和秦国接壤，如果秦国进攻魏国，就会夺取安邑，进攻赵国，就会夺取晋阳，进攻楚国，就会夺取鄢郢。逼迫三国君主，兼并东西周的土地，攻占韩国夺取它的土地，秦国将要夺取天下的一半土地了。如今又强取赵国、魏国，疏远中原各国的邦交，割取卫国的东部领土，兼并魏国的河南，断绝赵国的东阳，那么赵国、魏国也就危险了。赵国、魏国处于危险境地，那并不是齐国的利益。韩国、魏国、赵国、楚国的意思，是害怕秦国兼并天下而使它们的君主称臣，所以专意用兵抗拒秦兵。三国与秦国接界祸患就迅速，齐国不与秦国接界祸患就迟缓。因此根据天下局势看来，诸侯不得不侍奉齐国。如果秦国得到齐国的支持，那么它的权势在中原将得到重视；赵国、魏国、楚国得到齐国的支持，那么完全可以抵御秦国。所以秦国、赵国、魏国谁得到齐国的支持，就会得到诸侯的重视，失掉齐国的支持就会受到诸侯的轻视。齐国既然占有这样好的形势，却不能在天下得到重视是什么原因？大概是用的计策错了。"

齐策四

齐人有冯谖者

原文　齐人有冯谖者，贫乏不能自存，使人属孟尝君①，愿寄食门下。孟尝君曰："客何好?"曰："客无好也。"曰："客何能?"曰："客无能也"。孟尝君笑而受之曰："诺。"左右以君贱之也，食以草具②。

注释　① 冯谖（xuān）：鲍本作"冯煖（xuān）"，《史记》作"冯驩（huān）"。属：同"嘱"，嘱托，请托。

② 食（sì）以草具：给他吃粗糙的食物。草具，本指装盛粗劣饮食的食具，此代指粗糙的食物。

译文　齐国有个叫冯谖的人，贫困得自己不能养活自己，让人把自己托付给孟尝君，希望在孟尝君门下讨口饭吃。孟尝君说："客人有什么爱好?"冯谖说："客人没有什么爱好。"孟尝君又问："客人有什么才能?"冯谖说："客人没有什么才能。"孟尝君笑着接受了他说："好吧。"左右的人认为孟尝君轻视他，就给他吃粗劣的饭菜。

原文　居有顷，倚柱弹其剑，歌曰："长铗归来乎^①！食无
鱼。"左右以告。孟尝君曰："食之，比门下之客^②。"
居有顷，复弹其铗，歌曰："长铗归来乎！出无车。"
左右皆笑之，以告。孟尝君曰："为之驾，比门下之
车客"。于是乘其车，揭其剑，过其友曰^③："孟尝君
客我。"后有顷，复弹其剑铗，歌曰："长侠归来乎！
无以为家^④。"左右皆恶之，以为贪而不知足。孟尝
君问："冯公有亲乎？"对曰："有老母。"孟尝君使人
给其食用^⑤，无使乏。于是冯谖不复歌。

注释　①长铗（jiá）：此指长剑。铗，剑把，此以局部代整体。

②比门下之客：如同门下吃鱼的客人。孟尝君门下客有三等，
上等食肉，中等食鱼，下等食菜。

③揭：高举。过：拜访。

④无以为家：没有什么用来养家。

⑤给（jǐ）：供应，供给。

译文　过了不久，冯谖靠着柱子弹着自己的宝剑，唱道：
"长剑啊，咱们回去吧！吃饭没有鱼。"左右把这件事
告诉孟尝君。孟尝君说："给他吃，如同门下吃鱼的
客人。"过了几天，冯谖又弹着他的剑，唱道："长剑

啊，回去吧！出门没有车。"左右的人都讥笑他，把这事报告给孟尝君。孟尝君说："给他备车，如同门下有车的客人。"于是冯谖乘着他的车，高举着他的剑，拜访他的朋友说："孟尝君把我当客人对待。"此后又过不久，冯谖又弹着他的剑，唱道："长剑啊，回去吧！没有什么用来养家。"左右的人都很厌恶他，认为他贪婪不知满足。孟尝君间："冯先生有亲人吗？"回答说："有位老母亲。"孟尝君派人供给她衣食费用，不让她缺少什么。在这种情况下，冯谖不再唱歌了。

原文　后孟尝君出记①，问门下诸客："谁习计会，能为文收责于薛者乎②？"冯谖署曰③："能。"孟尝君怪之，曰："此谁也？"左右曰："乃歌夫长铗归来者也。"孟尝君笑曰："客果有能也，吾负之，未尝见也。"请而见之，谢曰："文倦于事，愦于忧，而性愞愚，沉于国家之事，开罪于先生④。先生不羞，乃有意欲为收责于薛乎？"冯谖曰："愿之。"于是约车治装，载券契而行⑤，辞曰："责毕收，以何市而反⑥？"孟尝君曰："视吾家所寡有者。"

注释

① 记：布告。

② 计会：即会计。责：同"债"。

③ 署：签名。郭希汾本："书于记也"。

④ 事：指国家之事。愦（kuì）于忧：困于忧虑，以致心中昏乱。意谓所思虑的事情很多。愦，昏乱。忧，虑，指有关国事的忧虑。忄㘱（nuò）：同"懦"，怯懦。开罪：得罪。

⑤ 券（quàn）契：指债券，关于债务的契约。当时的券契用竹木做成，借贷各执一份，作为凭信，对证时，将两券合一。

⑥ 以何市而反：用收来的钱买什么东西回来，反，同"返"。

译文

后来孟尝君贴出一张告示，问门下的各位客人："谁熟悉会计，能为我到薛地去收债呢？"冯谖签名说："我能。"孟尝君看了感到很奇怪，问道："这个人是谁呀？"左右的人说："就是唱长铗啊，我们还是回去吧的那个人。"孟尝君笑着说："客人果然有才能，我亏待了他，还没有接见过他呢。"于是请他来会见，孟尝君道歉说："我被琐事弄得很疲倦，被忧虑弄得心烦意乱，而我的生性又怯懦愚笨，沉溺在国家的事务之中，得罪了先生。先生不以此为羞辱，还有意替我到薛地去收债吗？"冯援说："我愿意去。"于是就准备车辆，置办行装，载着收债契约出发了，辞别孟尝君时问道:"债务收完以后,买些什么东西回来?"孟尝君说:"看我家缺少的是什么东西。"

原文 驱而之薛,使吏召诸民当偿者,悉来合券①。券徧合,起,矫命以责赐诸民②,因烧其券,民称万岁。

注释 ①悉:全部。
②券徧合:债券全部核对完毕。徧,同"遍",全部。矫命:指假托孟尝君的命令。矫,假托。

译文 冯谖驱车到了薛地,派官吏召集应当还债的百姓,都来核对债券。债券全部核对完毕,冯谖站起来,假托孟尝君的命令把债款全部赏赐给百姓,因此烧毁了那些债券,百姓高呼万岁。

原文 长驱到齐①,晨而求见。孟尝君怪其疾也,衣冠而见之,曰:"责毕收乎?来何疾也!"曰:"收毕矣"。"以何市而反?"冯谖曰:"君云'视吾家所寡有者'。臣窃计,君宫中积珍宝,狗马实外厩,美人充下陈②。君家所寡有者乃义耳③!窃以为君市义。"孟尝君曰:"市义奈何?"曰:"今君有区区之薛,不拊爱子其民,

因而贾利之④。臣窃矫君命，以责赐诸民，因烧其
券，民称万岁。乃臣所以为君市义也。"孟尝君不说，
曰："诺，先生休矣⑤！"

注释

① 长驱：驱车直前，不在中途逗留。

② 实：充实，充满。下陈：后列。陈，列。一说，下陈，
后宫。

③ 乃义耳：就是义罢了。姚本"乃"作"以"，金正炜本：
"'以'当为'乃'。"从金说。

④ 拊爱：抚爱。拊，同"抚"。子其民：以其民为子。贾利之：
以商贾手段向人民谋取利息。

⑤ 说，同"悦"，高兴。休矣：犹言得了，算了。

译文

冯谖驱车一直赶回齐国都城，清晨就去求见孟尝君。
孟尝君对他往返迅速感到奇怪，穿戴好衣帽去见他，
说："债都收完了吗？怎么回来这么快！"冯谖说："收
完了。"孟尝君又问："用债款买什么东西回来了？"
冯援说："您说'看我家缺少什么东西'。我私下考
虑，您家里堆满了珍宝，良狗骏马充满了外面的棚
圈，后列站满了美女。您家里所缺少的只是义罢了！
私下为您买回了义。"孟尝君说："买义又能怎么样？"

冯谖说："如今您有小小的薛地，不把那里的百姓当作自己的子女一样抚爱，却用商贾的手段向他们谋取利息。我私下假托您的命令，把债款赏给那些百姓，因此烧了那些券契，百姓欢呼万岁。这就是我所为您买义的办法。"孟尝君很不高兴，说："好，先生算了吧！"

原文　后期年，齐王谓孟尝君曰："寡人不敢以先王之臣为臣。"孟尝君就国于薛^①，未至百里，民扶老携幼，迎君道中。孟尝君顾谓冯谖："先生所为文市义者，乃今日见之。"冯谖曰："狡兔有三窟，仅得免其死耳。今君有一窟，未得高枕而卧也。请为君复凿二窟。"孟尝君予车五十乘，金五百斤，西游于梁，谓惠王曰："齐放其大臣孟尝君于诸侯^②，诸侯先迎之者，富而兵强。"于是梁王虚上位^③，以故相为上将军，遣使者，黄金千斤，车百乘，往聘孟尝君。冯谖先驱诫孟尝君曰："千金，重币也^④；百乘，显使也。齐其闻之矣。"梁使三反，孟尝君固辞不往也。齐王闻之，君臣恐惧，遣太傅赍黄金千斤，文车二驷，服剑一，封书谢孟尝君曰^⑤："寡人不祥，被于宗庙之祟，沉于谄谀之臣，开罪于君，寡人不足为也^⑥。愿君顾先王

之宗庙，姑反国统万人乎？"冯谖诚孟尝君曰："愿请
先王之祭器，立宗庙于薛⑦。"庙成，还报孟尝君曰：
"三窟已就，君姑高枕为乐矣。"

注释

① 就国：回到自己的领地去。

② 放：放逐。

③ 虚上位：空出最高的职位。

④ 币：犹言礼物。

⑤ 赍（jī）：携带。文车：绘有文采的车。驷：四匹马拉的车。
服剑：齐王所自佩的剑。封书：加封泥于书端。

⑥ 不祥：不善。被：遭受。祟（suì）：灾祸。不足为：不值
得一提，不值得一说。为，通"谓"。

⑦ 立宗庙于薛：在薛地建立齐国先王的宗庙。薛有宗庙，齐
国一定全力保护，不必担心外来侵犯，同时可以使孟尝君的
地位更加巩固。

译文

过了一年，齐王对孟尝君说："寡人不敢把先王的大
臣作为自己的大臣。"孟尝君只好回到自己的封地薛
邑，距离薛地还有一百里，百姓扶老携幼，在路上迎
接孟尝君。孟尝君回头对冯谖说："先生所给我买义
的效果，竟在今天看到了。"冯谖说："狡猾的兔子有

三个窝，仅仅可以免掉一死罢了。现在您只有一个洞穴，不能高枕而卧。请让我为您再凿两个洞穴。"孟尝君给他五十辆车，五百斤黄金，冯谖到西边的魏国去游说，对魏惠王说："齐国放逐他的大臣孟尝君到诸侯国去，诸侯首先迎接他的，国富而兵强。"于是魏王空出最高的职位，把原来的相国调任为上将军，派遣使者，带着黄金千斤，百辆车子，前去聘请孟尝君。冯谖先驱车回薛邑告诉孟尝君说："千金黄金，是贵重的聘礼；百辆车子，是显赫的使者。齐国大概听到这件事了。"魏国使者往返多次，孟尝君坚决推辞不去。齐王听到这些情况，君臣十分恐慌，派遣太傅送去黄金千斤，彩车两辆，佩剑一把，封好书信向孟尝君道歉，信中说："寡人不善，遭到祖宗降下的灾祸，被谄媚奉迎的臣子所迷惑，得罪了您，寡人不值得一提。希望您顾念先王的宗庙，暂且回国统率万民好吗？"冯谖告诫孟尝君说："希望求得祭祀先王的礼器，在薛邑建立宗庙。"宗庙建成后，冯谖回去向孟尝君报告说："三个洞穴已经凿成，您姑且高枕而卧，过快乐的日子吧。"

原文 　孟尝君为相数十年，无纤介之祸者，冯谖之计也。

译文　孟尝君做了几十年相国，没有细微的灾祸，全仗冯谖的计谋。

孟尝君为从

原文　孟尝君为从。公孙弘谓孟尝君曰①："君不如使人先观秦王②。意者秦王帝王之主也③，君恐不得为臣，奚暇从以难之？意者秦王不肖之主也，君从以难之，未晚。"孟尝君曰："善，愿因请公往矣"。

注释　① 公孙弘：齐国人。

② 如：姚本作"以"，鲍本作"如"。从鲍本。

③ 意者：想来大概是，猜想可能是。

译文　孟尝君想要施行合纵政策。公孙弘对孟尝君说："您不如派人先观察秦昭王是一个什么样的君王。猜想秦王可能是帝王一样的君主，您将来恐怕不能做他的臣下，哪有闲暇施行合纵来与他为难？猜想秦王可能是个不才的君主，那时您再施行合纵与他为难，也不算晚。"孟尝君说:"好,希望您趁机前往观察一下吧。"

原文　公孙弘敬诺,以车十乘之秦。昭王闻之,而欲丑之以辞①。公孙弘见,昭王曰:"薛公之地,大小几何?"公孙弘对曰:"百里。"昭王笑而曰:"寡人地数千里,犹未敢以有难也②。今孟尝君之地方百里,而因欲难寡人③,犹可乎?"公孙弘对曰:"孟尝君好人④,大王不好人。"昭王曰:"孟尝君之好人也,奚如?"公孙弘曰:"义不臣乎天子,不友乎诸侯,得志不惭为人主⑤,不得志不肯为人臣,如此者三人;而治可为管、商之师,说义听行,能致其主霸王⑥,如此者五人;万乘之严主也,辱其使者,退而自刭,必以其血洿其衣⑦,如臣者十人。"昭王笑而谢之,曰:"客胡为若此,寡人直与客论耳⑧!寡人善孟尝君,欲客之必谕寡人之志也⑨!"公孙弘曰:"敬诺"。

注释　①丑:羞耻,此犹言羞辱、羞愧。

②有难:为难,犹言为敌。有,古通"为。"

③因:犹,还。

④好人:犹言喜欢贤人。

⑤不惭:不愧。

⑥ 能致其主霸王：姚本无"主霸王"三字，鲍本补"主霸王"
三字，从鲍本。

⑦ 洿（wū）：同"污"，染。

⑧ 直：只。

⑨ 谕寡人之志：犹言转告寡人的心情。谕，说明，此指转告。

译文　公孙弘答应后，率领十辆兵车到了秦国。秦昭王听到这个消息，想要用言辞羞辱他。公孙弘拜见秦昭王，昭王问："薛公的封地有多大？"公孙弘回答说："一百里。"昭王笑着说："寡人的土地有数千里，还不敢跟别人为敌。如今孟尝君的封地方圆百里，而还想要与寡人为敌，这还行吗？"公孙弘回答说："孟尝君喜欢贤人，大王不喜欢贤人。"昭王说："孟尝君喜欢贤人，像什么样子？"公孙弘说："他坚持正义，不向所谓的天子臣服，不在诸侯面前讨好，得志的时候不愧为民众之主，不得志的时候不肯做别人的臣仆，像这样做事的只有三个人；并且治理国家可以做管仲、商鞅的老师，所讲的道理符合义，如能听从实行，可以使他们的君主称王称霸，像这样的有五个人；拥有万辆兵车的威严君主，如果侮辱使者，使者将退下一步自杀，一定用他的血污染君王的衣服，像我这样的有十个人。"昭王笑着向公孙弘道歉，说："客人为什么像这样，寡人只是跟客人谈论问题罢了！我跟孟尝君很友好，希望贵客一定把我的心意转告孟尝君！"公孙弘说："好吧。"

原文　公孙弘可谓不侵矣①。昭王，大国也。孟尝，千乘也。立千乘之义而不可陵，可谓足使矣②。

注释　① 不侵：不受侵犯，不受凌辱。
　　　② 陵：侵侮。足使：完全可以做使者。

译文　公孙弘可以称得上不可侵犯的人了。秦昭王是大国的君主。孟尝君不过是千乘的公卿。公孙弘树立起千乘公卿的正义，不受侵犯和侮辱，可以说是完全可以做使者的人了。

鲁仲连谓孟尝

原文　鲁仲连谓孟尝："君好士也？雍门养椒亦，阳得子养，饮食、衣裳与之同之，皆得其死^①。今君之家富于二公，而士未有为君尽游者也^②。"君曰："文不得是二人故也。使文得二人者，岂独不得尽？"对曰："君之厩马百乘，无不被绣衣而食菽粟者，岂有骐麟、騄耳哉^③？后宫十妃，皆衣缟纻，食粱肉，岂有毛嫱、西施哉^④？色于马取于今之世，士何必待古哉？故曰君之好士未也。"

注释

① 雍门：本是齐都临淄城门名，此为以地为姓，下脱人名。椒亦：姓椒，名亦，雍门子所养的门客。阳得子：人名事迹无考。疑"养"下脱所养门客的名字。皆得其死：犹言都得到门客效死力。

② 尽游：犹言尽力。

③ 被：披着。菽粟：豆子和小米。骐麟、騄（lù）耳：俱良马名。騄耳，又作"騄駬""绿耳"。

④ 缟（gǎo）纻（zhù）洁白细布；一说，白色丝和苎（zhù）麻布。毛嫱（qiáng）：古代传说中的美女。西施：春秋时越国的美女。

译文

鲁仲连对孟尝君说："您是喜爱贤士的吗？过去雍门供养椒亦，阳得子供养人才，饮食和衣物都和自己相同，门客们都愿意为他们效死力。如今您的家比雍门子、阳得子富有，然而士却没有为您尽力的人。"孟尝君说："这是因为我没有得到像椒亦那样两位贤人的缘故。假如我得到这两个人，难道不能使他们为我尽力？"鲁仲连回答说："您的马棚里有拉一百辆车子的马，没有一匹不披着锦绣的马衣并吃着豆子和米类饲养的，难道只有骐麟，骒耳才可以有这样的待遇吗？后宫的十个妃子，都穿着洁白细布衣，吃的是上等的米和肉，难道只有毛嫱、西施那样的美女才能有这样的待遇吗？您的美女与骏马都是从当世选取的，何必等待古时候那样的贤士？因此说您喜欢贤士还是很不够的。"

孟尝君逐于齐而复反

原文　孟尝君逐于齐而复反①。谭拾子迎之于境②，谓孟尝君曰："君得无有所怨齐士大夫?"

孟尝君曰："有。""君满意杀之乎③?"孟尝君曰：

"然。"谭拾子曰："事有必至，理有固然，君知之乎？"孟尝君曰："不知。"谭拾子曰："事之必至者，死也；理之固然者，富贵则就之，贫贱则去之。此事之必至，理之固然者。请以市谕④。市，朝则满，夕则虚，非朝爱市而夕憎之也，求存故往⑤，亡故去。愿君勿怨。"孟尝君乃取所怨五百牒削去之⑥，不敢以为言。

注释

①孟尝君逐于齐而复反：此说是想当然之辞，并非史实。

②谭拾子：齐国人。

③满意杀之：杀掉他们才感到满意。

④谕：比喻。

⑤求存故往：犹言想要买东西所以到集市去。

⑥牒（dié）：书札。古时无纸，以竹简木板记事，小简为牒。

译文

孟尝君被齐国驱逐出境又返回来。谭拾子到边境迎接他，对孟尝君说："您恐怕对齐国的士大夫有所怨恨吧？"孟尝君说："有的。"谭拾子说："您想杀掉他们才感到满意吗？"孟尝君说："是的。"谭拾子说："事情有必定产生的，道理有本来如此的，您了解吗？"孟尝君说："不了解。"谭拾子说："事情必定产生的就

是死亡；道理本来如此的就是富贵了有人靠近他，贫
贱了就有人远离他。这就是所说的事情必定产生，道
理本来如此的。请让我以市场为比喻，市场早晨人满
满的，晚上就空荡无人，这不是人们爱早市而恨晚
市，而是想要买东西，所以早晨去，要买的东西晚
上没有，所以离开。希望您不要怨恨别人。"孟尝君
于是就把五百块小简上刻的仇人名字削掉，不敢再
说了。

齐宣王见颜斶

原文　齐宣王见颜斶①，曰："斶前！"斶亦曰："王前！"宣
王不悦。左右曰："王，人君也。斶，人臣也。王曰
'斶前'，亦曰'王前'，可乎?"斶对曰："夫斶前为
慕势，王前为趋士②。与使斶为趋势，不如使王为趋
士。"王忿然作色曰③："王者贵乎? 士贵乎?"对曰：
"士贵耳，王者不贵。"王曰："有说乎?"斶曰："有。
昔者秦攻齐，令曰：'有敢去柳下季垄五十步而樵采
者④，死不赦。'令曰：'有能得齐王头者，封万户侯，

赐千金镒。'由是观之，生王之头，曾不若死士之垄
也⑤。"宣王默然不悦。

注释

① 颜斶（chù）：齐国人，隐士。斶亦作"歜（chù）"。

② 趋士：犹言亲近贤士。趋，就，犹言亲近。

③ 作色：改变脸色。

④ 柳下季：即柳下惠，姓展名禽字季，鲁国贤人，居于柳下，
因此称他为柳下季。樵采者：砍柴的人。

⑤ 曾：竟然。

译文

齐宣王召见颜斶，说："颜斶，到我跟前来！"颜斶也
对齐王说："大王，到我跟前来！"齐宣王很不高兴。
齐宣王左右的人说："大王是君主，你是臣下。大王
说'颜斶到我跟前来'，你也说'大王到我跟前来'，
这么做可以吗？"颜斶回答说："我走上前去是贪慕权
势，大王走到我跟前来是亲近贤士。与其让我贪慕权
势，不如让大王亲近贤士。"齐王愤怒地改变了脸色
说："是君王尊贵呢？还是士人尊贵呢？"颜斶回答说：
"士人尊贵，君王不尊贵。"齐王说："有什么根据呢？"
颜斶说："有。从前秦国攻打齐国，秦王下命令说：
'有敢到离柳下惠坟墓五十步之内的地方去砍柴的人，

处死不赦。'又下命令说：'有能取得齐王首级的，封为万户侯，赏给黄金二万两。'由此看来，活着的国王的头，竟然不如死士的一座坟。"齐宣王沉默不乐。

原文 左右皆曰："厮来，厮来！大王据千乘之地，而建千石钟，万石簴①。天下之士，仁义皆来役处②；辩知并进③，莫不来语；东西南北，莫敢不服。求万物不备具，而百姓无不亲附④。今夫士之高者，乃称匹夫，徒步而处农亩，下则鄙野监门闾里⑤，士之贱也亦甚矣！"

注释 ①石（dàn）：一百二十斤为一石。钟：乐器。簴（jù）：悬挂钟磬的架。

②役处：役使居住；一说，役，为之使。处，在其位。可供参考。

③辩知：辩士智囊。

④求万物不备具：即万物不求备具，犹言各种东西不必要求而自己就送来了。百姓：姚本无"姓"字，鲍本补"姓"字，从鲍本。

⑤鄙：边邑。野：郊外为野。监门：守门人。闾里：战国时每二十五户称一闾或一里。

译文 齐王左右的人都说："颜斶过来，颜斶过来！大王拥
有可出千辆兵车的领土，并且建造过千石重的乐钟，
万石重的乐器架。天下的士人，凡是推行仁义的都来
听候差遣；辩士智囊都来进见，没有谁不来纳谏；东
南西北的国家，没有哪个敢不服从。各种东西不必要
求而自己就送来，百姓无不亲近依附。如今那高等的
士人，才称匹夫，徒步行走，身处农田，下等的士人
住在边邑郊野，看守闾里的门户，士人的地位是很卑
贱的了！"

原文 斶对曰："不然。斶闻古大禹之时，诸侯万国。何
则①？德厚之道，得贵士之力也。故舜起农亩，出
于野鄙，而为天子。及汤之时，诸侯三千。当今之
世，南面称寡者②，乃二十四。由此观之，非得失之
策与？稍稍诛灭③，灭亡无族之时，欲为监门、闾
里，安可得而有乎哉！是故《易传》不云乎④：'居上
位未得其实，以喜其为名者，必以骄奢为行。据慢骄
奢⑤，则凶从之。是故无其实而喜其名者削，无德而
望其福者约，无功而受其禄者辱，祸必握⑥。'故曰：
'矜功不立⑦，虚愿不至。'此皆幸乐其名，华而无其
实德者也。是以尧有九佐，舜有七友，禹有五丞，汤

有三辅^⑧，自古及今而能虚成名于天下者，无有。是以君王无羞亟问^⑨，不愧下学；是故成其道德而扬功名于后世者，尧、舜、禹、汤、周文王是也。故曰：'无形者，形之君也^⑩。无端者，事之本也。'夫上见其原，下通其流，至圣人明学，何不吉之有哉！老子曰^⑪：'虽贵，必以贱为本；虽高，必以下为基。'是以侯王称孤寡不谷^⑫。是其贱之本与！夫孤寡者，人之困贱下位也，而侯王以自谓，岂非下人而尊贵士与^⑬？夫尧传舜，舜传禹，周成王任周公旦^⑭，而世世称曰明主，是以明乎士之贵也。"

注释

①何则：犹言用什么法则治理国家。

②南面称寡：面向南称王。此处指诸侯和古代国君坐北朝南。

③稍稍：逐渐。

④《易传》：解释周易的书。

⑤实：实质，此指内在品德。据：通"倨"。傲慢。

⑥削：削地；一说，削弱。约：穷困。握：通"渥"，厚，深重，其意为厚刑、重诛。

⑦矜（jīn）功：居功。

⑧九佐：九个辅佐的官员，传说有舜、契、禹、后稷，夔（kuí）、倕（chuí）、伯夷、皋陶（yáo）、益。七友：传

说有雄陶、方回、续牙、伯阳、东不訾(zī)、秦不虚、灵甫。

五丞：五个辅佐的官员。丞，辅佐的官。传说有益、稷、皋陶、倕、契。三辅：传说有谊伯、仲伯、咎单。

⑨亟(qì)：屡次。

⑩无形者，形之君：犹言无形的事物是有形事物的主宰。

⑪老子：春秋时思想家，姓李名耳，又称老聃(dān)，著有《老子》一书。

⑫孤：意为孤独无助的人。寡：意为寡德之人。不谷：犹言不善之人。俱为侯王谦称。

⑬下人：居人之下。

⑭周公旦：周公名旦。武王之弟。武王死后，成王年幼，周公摄政。

—
译文

颜斶回答说："不对。我听说古代大禹之时，有万国诸侯。用什么法则治理国家呢？那就是尊重淳厚的道德风尚，得到推崇士人的力量。所以舜在农田中被起用，从荒远的边邑走出来，而成为天子。到了商汤的时代，有三千诸侯。当今的社会，面向南方自称寡人的只有二十四个。由此看来，不是策略的得失所造成的结果吗？诸侯之间互相攻伐并吞，到了宗族灭绝的时候，想要做闾里的看门人，哪里能够办得到呢！因此《易传》不是这样说的么：'居于高位并没有实德，而喜欢标榜虚名的人，必定以骄纵奢侈为正当行为。骄傲、怠惰、蛮横、奢侈，那么祸患就会紧跟着了。因此缺乏实德而喜欢虚名的人，一定会遭到削弱，没有德行而希望获福的人，一定会困窘，没有功劳而接受禄位的人，必然蒙受耻辱。祸患一定深重。'因此说：'以功自傲的人，功业不能建立，空有愿望的人，愿望就不能实现。'这些都是喜欢追求虚名，却没有实际德行华而不实的人。因此尧有九人辅佐，舜有七个挚友，禹有五个助手，汤有三个帮手，从古到今能凭空成名于天下的君主，一个也没有。因此君王不以屡次向别人请教为羞耻，不以向下人学习为惭愧；这是成就他们的道德修养而扬名于后世的缘故，尧、舜、禹、汤、周文王便是这样的君王。所以说：'无形的事物是有形事物的主宰。无端绪的事物是事物的根本。'上能溯知事物的本原，下能通晓事物的流变，达到了圣人通达学问道理的程度，怎么会有不吉利的事呢！老子说：'虽然尊贵，但是必定以卑贱为根本；虽然高尚，也一定要以低下为基础。'所以侯王自称孤家、寡人、不谷。这大概就是以卑贱为根本吧！孤、寡原本是卑贱地位低下人的称谓，可是侯王用来自称，这难道不是居人之下尊敬士人吗？尧传位给舜，舜传位给禹，周成王任用周公旦，世世代代都称他们为英明君主，因此足以说明士人的尊贵了。"

原文　宣王曰："嗟乎！君子焉可侮哉，寡人自取病耳①！及今闻君子之言，乃今闻细人之行②，愿请受为弟子。且颜先生与寡人游，食必太牢，出必乘车，妻子衣服丽都③。"

注释　①焉可侮：怎么可以侮辱。自取病：自取羞辱。

②闻：此指听后明白。细人：小人，指前文中无实德、不尊重士的人。行：行为。

③丽都：华美。

译文　齐宣王说："唉！君子怎么能够侮辱呢，寡人不过是自取羞辱罢了！如今听到了君子的话，才明白了什么是小人的行为，希望接受我为弟子。再说颜先生今后与我交往，吃的一定是牛、羊、猪三牲，外出一定乘坐车辆，您的妻室儿女都能穿很华美的服装。"

原文　颜斶辞去曰："夫玉生于山，制则破焉，非弗宝贵矣，

然大璞不完①。士生乎鄙野，推选则禄焉，非不得尊
遂也，然而形神不全②。厨愿得归，晚食以当肉，安
步以当车，无罪以当贵，清静贞正以自虞③。制言者
王也，尽忠直言者厨也。言要道已备矣，愿得赐归，
安行而反臣之邑屋。"则再拜而辞去也。

注释　①制：犹言加工制作。破焉：意谓破坏了玉在璞中的本来面
貌。焉，代指玉。大：姚本作"夫"，鲍本改为"大"。从
鲍本。

②尊遂：尊贵显达。遂，犹言显达。形神不全：犹言形体精
神受到了损伤。

③晚食：推迟吃饭的时间。安步：从容不迫地步行。自虞：
使自己愉快。虞，通"娱"，快乐。

译文　颜厨辞谢说："璞玉生长在山中，加工制作就破坏了
玉在璞中的本来面貌，不是说它就不宝贵了，而是
大璞的面目全非了。士生活在边邑的山野，一经推选就
享受俸禄了，不是说他不尊贵显达，然而形体精神受
到了损伤。我希望能让我返回故乡，迟一点吃饭，就
权当吃肉，从容不迫地步行，就权当乘车，没什么罪
过，就权当富贵，清静正直地生活以自寻其乐。裁断

我说的意见的人是大王，尽忠直言的人是我。我要说的重要道理已经讲完了，希望大王让我回去，安稳地返回我故乡的小屋。"于是向齐王第二次下拜，就告辞离开了。

原文　颜斶知足矣，归反于璞①，则终身不辱也。

注释　① 归反于璞：返璞归真。姚本作"归反朴"，缪文远本作"归反于璞"。从缪本。

译文　颜斶可说是知足的人了，他返璞归真，那么终生都会不受耻辱。

先生王斗造门而欲见齐宣王

原文　先生王斗造门而欲见齐宣主，宣王使谒者延入①。王斗曰："斗趋见王为好势，王趋见斗为好士，于王何如？"使者复还报。王曰："先生徐之，寡人请从。"宣王因趋而迎之于门，与入，曰："寡人奉先君之宗庙^②，守社稷，闻先生直言正谏不讳。"王斗对曰：
"王闻之过。斗生于乱世，事乱君^③，焉敢直言正
谏。"宣王忿然作色，不说。

注释 ① 王斗：一作"王升"，齐国人。造：诣，到。延入：引进。
② 奉先君之宗庙：即奉祀祖庙，意味着继承了王位。
③ 乱君：昏乱的君主。

译文 先生王斗到了王宫门前想要拜见齐宣王，宣王派谒者
领他进来。王斗说："我要快步向前去拜见大王是贪
慕权势，大王快步向前来见我是喜爱贤士，在大王看
来怎么样？"谒者又回去报告齐宣王。宣王说："让先
生慢慢走，我听从他的意见。"宣王因此快步向前到
宫门去迎接王斗，和他一起进宫，说："寡人奉祀祖
庙，守卫国家，听说先生直言敢谏毫不忌讳。"王斗
回答说："大王听说的传闻不对。我生活在动乱的时
代，侍奉的是昏乱的君主，哪里敢直言正谏呢。"宣
王愤怒地改变了脸色，很不高兴。

原文 有间，王斗曰："昔先君桓公所好者，九合诸侯，一
匡天下，天子受籍，立为大伯^①。今王有四焉。"宣

王说，曰："寡人愚陋，守齐国，唯恐失抎之^②，焉能有四焉？"王斗曰："否。先君好马，王亦好马。先君好狗，王亦好狗。先君好酒，王亦好酒。先君好色，王亦好色。先君好士，而王不好士^③。"宣王曰："当今之世无士，寡人何好？"王斗曰："世无骐骥录耳，王驷已备矣。世无东郭俊、卢氏之狗，王之走狗已具矣。世无毛嫱、西施，王宫已充矣。王亦不好士也，何患无士？"王曰："寡人忧国爱民，固愿得士以治之。"王斗曰："王之忧国爱民，不若王爱尺縠也^④。"王曰："何谓也？"王斗曰："王使人为冠，不使左右便辟而使工者何也？为能之也。今王治齐，非左右便辟无使也，臣故曰不如爱尺縠也。"宣王谢曰："寡人有罪国家。"于是举士五人任官，齐国大治。

注释

①一匡天下：一举匡正天下。受籍：授予封地。受，同"授"。大伯：犹言诸侯的首领。

②抎（yǔn）：失坠，坠落。此犹言损失。

③而：姚本作"是"，鲍本"是"作"而"。从鲍本。

④縠（hú）：绉纱。

译文　过了一会，王斗说："从前先君桓公所喜欢的事情，是多次会合诸侯，一举匡正天下，天子授给他封地，立桓公为诸侯的首领。如今大王有四点和桓公相同。"齐宣王很高兴，说："寡人愚笨浅薄，守护齐国，只怕有所损失，哪里有四点与先王相同呢？"王斗说："不对。先君喜欢马，大王也喜欢马。先君喜欢狗，大王也喜欢狗。先君喜欢酒，大王也喜欢酒。先君喜欢女色，大王也喜欢女色。先君喜欢贤士，可是大王不喜欢贤士。"宣王说："当今的时代没有贤士，寡人喜欢什么？"王斗说："世间没有骐骥和騄耳那样的良马，可是大王驾车的四匹马已经具备了。世间没有东郭俊和卢氏之狗，可是大王的猎狗已经具备了。世间没有毛嫱、西施那样的美女，可是大王的后宫已经住满了。大王只不过不喜欢贤士，为什么忧虑没有贤士？"宣王说："寡人忧虑国事热爱民众，本来希望得到贤士以便治理国家。"王斗说："大王的忧虑爱民，赶不上大王喜爱一尺绉纱。"宣王说："这说的是什么意思？"王斗说："大王派人做帽子，不让左右亲近宠信的人去做而让工匠去做，为什么呢？是因为工匠有能力做好它。如今大王治理齐国，不是左右亲近宠信的人不任用，臣下所以说大王忧国爱民不如爱惜一尺绝纱。"宣王谢罪说："寡人对国家有罪。"于是他选拔了五位贤士担任官职，齐国得到了很好的治理。

齐王使使者问赵威后

原文　齐王使使者问赵威后①。书未发②，威后问使者曰："岁亦无恙耶③？民亦无恙耶？王亦无恙耶？"使者不说，曰："臣奉使使威后，今不问王，而先问岁与民，岂先贱而后尊贵者乎④？"威后曰："不然。苟无岁，何以有民？苟无民，何以有君？故有问舍本而问末者耶⑤？"乃进而问之曰："齐有处士曰钟离子⑥，无恙耶？是其为人也，有粮者亦食⑦，无粮者亦食；有衣者亦衣，无衣者亦衣。是助王养其民也，何以至今不业也⑧？叶阳子无恙乎⑨？是其为人，哀鳏寡，恤孤独，振困穷，补不足。是助王息其民者也⑩，何以至今不业也？北宫之女婴儿子无恙耶⑪？撤其环瑱，至老不嫁，以养父母。是皆率民而出于孝情者也，胡为至今不朝也⑫？此二士弗业，一女不朝，何以王齐国，子万民乎？于陵子仲尚存乎⑬？是其为人也，上不臣于王，下不治其家，中不索交诸侯⑭。此率民而出于无用者，何为至今不杀乎？"

注释

① 齐王：此指齐襄王，齐闵王之子，名法章。前283年——前265年在位。赵威后：即赵太后，赵惠文王之妻，赵孝成王之母，孝成王年幼继位，由赵威后执政。

② 书未发：信没有拆封。发，拆封，启封。

③ 岁：指年成。无恙（yàng）：没有忧虑，没有灾害，此处指年成好。下文"民亦无恙"，指人民安乐；"王亦无恙"，指齐王康健。

④ 先贱而后尊贵：以贱为先而以尊贵为后，犹言把卑贱的放在前面却把尊贵的放在后面。

⑤ 本：根本，指岁与民，此句表现了赵威后的民本思想。

⑥ 处士：隐士。钟离子：复姓钟离，子，尊称。

⑦ 食（sì）：给食物吃。

⑧ 不业：不使他成就功业。

⑨ 叶（shè）阳子：齐国隐士。叶阳，复姓。

⑩ 息：用如动词，繁殖。

⑪ 北宫之女婴儿子：齐国有名的孝女。北宫，复姓。婴儿子，北宫之女的名字。

⑫ 孝情：孝心。不朝：不上朝。古代妇女有封号的才能上朝，

此指不加封号。

⑬于（wū）陵：齐国邑名，在今山东省邹县东南。子仲：齐国隐士。

⑭索交：求交，犹言结交。

译文 齐襄王派使者去问候赵威后。齐王写给赵威后的书信还没有启封，赵威后问使者说："年成没有遭灾吧？百姓平安无事吧？大王也康健吧？"使者很不高兴，说："臣下奉命出使到威后这里来，现在您不问齐王，却先问年成和百姓，难道把卑贱的摆在前面却把尊贵的放在后面吗？"威后说："不是这样。如果没有好年成，靠什么养育百姓？如果没有老百姓，怎么能有国君？所以说问话哪有舍去根本而打听细枝末节的呢？"于是又进一步问道："齐国有个处士叫钟离子，他很好吗？这个人的为人，对有粮食的人他给食物吃，对没有粮食的人他也给食物吃；对有衣服的人他给衣服穿，对没有衣服的人也给衣服穿。这是帮助齐王抚养百姓，为什么到现在不使他成就功业呢？叶阳子身体好吗？这个人的为人，怜悯鳏寡，抚恤孤儿老人，救济穷困的人，补助缺衣少食的人。这是帮助齐王使百姓生息繁衍的人，为什么直到现在不让他成就功业呢？北宫家的孝女婴儿子好吗？她撤去了玉环耳坠，一直到老都不出嫁，尽心奉养父母。这是率领民众奉行孝道的人，为什么至今还没入朝封为命妇呢？这两个隐士不能成就功业，一个孝女不能入朝，凭什么统治齐国，成为百姓的父母呢？于陵子仲还活着吗？这个人的为人，上不向国君称臣，下不治理他的家，中不求与诸侯结交，这是率领百姓无所作为的人，为什么到现在不杀掉他呢？"

齐人见田骈

原文　齐人见田骈①，曰："闻先生高议，设为不宦，而愿为役②。"田骈曰："子何闻之？"对曰："臣闻之邻人之女。"田骈曰："何谓也？"对曰："臣邻人之女，设为不嫁，行年三十而有七子，不嫁则不嫁，然嫁过毕矣。今先生设为不宦，訾养千钟③，徒百人，不宦则然矣，而富过毕也。"田子辞。

注释　①田骈：齐国人，学黄老道德之术，为齐国稷下学者之一。

②高议：高尚的德行道义。议，通"义"。设：假如；一说，设为，犹言号为。鲍本："设者，虚假之辞。"役：供其役使，犹言服役、效劳。

③赀：同"资"，资财。钟：量器名，六斛（hú）四斗为一钟。

译文　有一个齐国人去拜见田骈，说："听说先生有高尚的德行道义，假设不去做官，我愿意为您服役。"田骈说："您从哪里听到的？"那人回答说："我从邻家女子那里听到的。"田骈说："您说些什么？"那人回答说："我邻家有个女子，假装说是不出嫁，可是到了三十岁就有七个孩子，说不出嫁确实没有出嫁，然而比已出嫁的人生的孩子还多。如今先生号为不去做官，却享有千钟资财的供养，有百名徒属可供驱使，说不做官确实是这样，可是财富却超过了做官的人。"田骈让那个人快出去。

管燕得罪齐王

原文　管燕得罪齐王①，谓其左右曰："子孰而与我赴诸侯乎^②?"左右嘿然莫对^③。管燕连然流涕曰^④:"悲夫!
士何其易得而难用也!"田需对曰^⑤:"士三食不得餍,
而君鹅、鹜有余食^⑥;下宫糅罗纨,曳绮縠^⑦,而士
不得以为缘。且财者君之所轻,死者士之所重,君不
肯以所轻与士,而责士以所重事君,非士易得而难
用也。"

注释

① 管燕:齐国人。

② 赴:去,到,犹言投奔。

③ 嘿(mò):同"默"。

④ 连:同"涟",泣下貌。

⑤ 田需:疑为魏相田需。

⑥ 餍(yàn):饱。鹜(wù):野鸭。

⑦ 糅罗纨:杂有绫罗素绢。曳绮縠:拖着绮绣细纱。

译文

管燕被齐王治罪,他对左右的门客说:"你们谁愿意
和我去投奔其他诸侯呢?"左右的门客默不作声没有
一人回答。管燕泣涕涟涟地说:"可悲呀!士人为什
么容易得到而难以任用啊!"田需回答说:"士人三顿
饭都不能吃饱,可是您的鹅、鸭还有剩余;后宫的美
人穿着各种绫罗素绢,拖着绮绣细纱,可是士人不能

与这些东西沾边。再说财物是您所轻视的东西，死亡却是士人所重视的事情，您不肯把所轻视的财物送给士人，却要求士人把所重视的生命奉献给您，由此可见，绝不是士人容易得到却难以任用的问题。"

苏秦自燕之齐

原文　苏秦自燕之齐，见于华章南门①。齐王曰："嘻！子之来也。秦使魏冉致帝②，子以为何如？"对曰："王之问臣也卒，而患之所从生者微③。今不听，是恨秦也④；听之，是恨天下也。不如听之以卒秦，勿庸称也以为天下⑤。秦称之，天下听之，王亦称之，先后之事，帝名为无伤也。秦称之，而天下不听，王因勿称，以收天下，此大资也⑥。

注释　① 华章：齐国城门名。

② 秦使魏冉致帝：秦国派魏冉送来帝号。秦昭王十九年，昭王称西帝，派魏冉送帝号于齐闵王，使齐称东帝，并约共伐赵。

③卒：同"猝"，仓促。患之所从生者微：由此产生的祸患还看不明显。

④恨秦：使秦恨。下文"恨天下"，是使天下人憎恨。

⑤卒秦：终成秦称帝之事。勿庸：不用。

⑥以收天下：而收取天下民心。姚本作"其于以收天下"，《史记》无"其于"二字，据文意删"其于"。资：凭借；一说，本钱。均通。

译文　苏秦从燕国来到齐国，在华章南门拜见齐闵王。齐闵王说："唉！您可来了。秦国派魏冉送来帝号，您认为怎么样？"苏秦回答说："大王的询问臣下感到很仓促，并且由此产生的福患还看不明显。如今若是不听从，这就会使秦国憎恨我们；如果听从，这就要受到天下各国的憎恨。不如听从秦国而使秦终成称帝之事，但我们不用称帝，以收取天下人心。如果秦王称帝，天下各国又都听从，大王也称帝，不过是先后的事情，对于帝王的名号是没有损害的。如果秦王称帝，而天下各国不听从，大王因此也不称帝，以收取天下民心，这是最大的凭借。"

苏秦谓齐王

原文　苏秦谓齐王曰："齐、秦立为两帝①，王以天下为尊秦乎？且尊齐乎？"王曰："尊秦。""释帝则天下爱齐乎②？且爱秦乎？"王曰："爱齐而憎秦。""两帝立，约伐赵，孰与伐宋之利也？"王曰："不如伐宋③。"对曰："夫约然与秦为帝，而天下独尊秦而轻齐；齐释帝，则天下爱齐而憎秦；伐赵不如伐宋之利。故臣愿王明释帝，以就天下；倍约傧秦④勿使争重；而王以其间举宋。夫有宋则卫之阳地危⑤；有淮北则楚之东国危⑥；有济西则赵之河东危⑦；有阴、平陆则梁门不启⑧。故释帝而贰之以伐宋之事，则国重而名尊，燕、楚以形服，天下不敢不听，此汤武之举也。敬秦以为名，而后使天下憎之，此所谓以卑易尊者也！愿王之熟虑之也！"

注释　① 两帝：指齐称东帝，秦称西帝。

② 释帝：放弃帝号。

③ 王曰："不如伐宋"：姚本无此句，刘本有。从刘本。

④ 倍：同"背"，背离，违背。傧：同"摈"，弃，排斥。

⑤ 阳地：姚本作"阳城"，但卫地无阳城，《史记》作"阳地"，即濮阳，《史记》说是。

⑥ 淮北：淮水之北。东国：指楚国的东部地区。

⑦ 济西：济水以西之地，在今山东省菏泽、郓城、寿张一带。河东：赵国边邑，在今山东省临清市以西。

⑧ 阴：即陶，在今山东省菏泽市。平陆：故鲁中都，在今山东省汶上县北。梁门：魏国都城大梁之门。

译文 苏秦对齐闵王说："齐国、秦国分别称为东帝西帝以后，大王认为天下尊重秦国呢？还是尊重齐国呢？"齐王说："尊重秦国。"苏秦说："放弃帝号，那么天下各国爱戴齐国呢？还是爱戴秦国呢？"齐王说："爱戴齐国而憎恨秦国。"苏秦说："齐、秦两国称帝，相约讨伐赵国，那和讨伐宋国比哪个有利？"齐王说："不如讨伐宋国。"苏秦说："所谓条约是这样，可是如果我们与秦国并立帝号，天下各国只会尊重秦国而轻视齐国；如果齐国放弃帝号，那么天下各国就会爱戴齐国而憎恨秦国，讨伐赵国不如讨伐宋国有利。所以臣下希望大王表面放弃帝号，来靠近天下诸侯，违背盟约排斥秦国，不让他们和我们争夺重权；然而大王可以趁此机会攻占宋国。占据了宋国，那么卫国的濮阳就危险了，占据了淮水之北，那么楚国的东部地区就危险了。占有了济水以西的土地，那么赵国的边邑就危险了；占有了阴地、平陆，那么魏国都城大梁的门就不能打开了。因此我们放弃帝号以进攻宋国表明与秦国怀有二心，那么齐国就会被重视而名声也会尊贵。燕国、楚国因为形势归服，天下诸侯不敢不听从我们，这是商汤、周武王的举动。名义上尊重秦国，然后使天下各国憎恨他们，这就是所说的用卑贱换取尊贵的办法呀！希望大王仔细考虑这件事！"

齐策五

苏秦说齐闵王

原文　苏秦说齐闵王曰：“臣闻用兵而喜先天下者忧，约结而喜主怨者孤^①。夫后起者藉也，而远怨者时也^②。是以圣人从事，必藉于权，而务兴于时。夫权藉者，万物之率也^③；而时势者，百事之长也^④。故无权藉，倍时势，而能事成者寡矣。

注释　① 先天下：先于天下，犹言抢在天下诸侯前面。主怨：犹言为人主结怨。

② 藉：凭借，依靠。时：时机。

③ 权藉：权变和凭借。率：同“帅”，统帅。

④ 时势：时机和形势。长：此犹言首要条件。

译文　苏秦游说齐闵王说：“臣下听说喜欢首先在天下挑动战争的人，后来一定有忧愁，缔结盟约而喜欢为君主结怨的人，后来一定孤立。那后来兴起的人是有所依靠的，而远离怨恨的人是把握了时机。因此圣人创立事业，一定依靠权变，并且务必在一定时机才能兴盛起来。权变和依靠是统帅万物的关键；而时机和形势是办好各种事情的首要条件。所以没有权变和依靠，违背时机和形势，却能办成大事的人太少了。

原文　"今虽干将、莫邪①，非得人力，则不能割刿矣。坚箭利金，不得弦机之利②，则不能远杀矣。矢非不铦③，而剑非不利也，何则？权藉不在焉。何以知其然也？昔者赵氏袭卫，车舍人不休，傅卫国，城割平，卫八门土而二门堕矣④，此亡国之形也。卫君跣行，告遡于魏⑤。魏王身披甲底剑⑥，挑赵索战。邯郸之中骛⑦，河、山之间乱。卫得是藉也，亦收余甲而北面，残刚平，堕中牟之郭⑧。卫非强于赵也，譬之卫矢而魏弦机也，藉力魏而有河东之地⑨。赵氏惧，楚人救赵而伐魏，战于州西，出梁门，军舍林中⑩，马饮于大河。赵得是藉也，亦袭魏之河北烧棘沟，坠黄城⑪。故刚平之残也，中牟之堕也，黄城之坠也，棘沟之烧也，此皆非赵、魏之欲也。然二国劝行之者⑫，何也？卫明于时权之藉也。今世之为国者不然矣。兵弱而好敌强，国罢而好众怨，事败而好鞠之，兵弱而憎下人也⑬，地狭而好敌大，事败而好长诈。行此六者而求伯，则远矣。

注释

① 干将、莫邪（yé）：剑名。陆广微《吴地记·匠门》载：吴王阖庐使干将铸剑，铁汁不下。干将妻莫邪问计，干将说：从前先师欧冶子铸剑时，曾以女人配炉神，即得。莫邪闻言就投身炉中，铁汁出，铸成二剑。雄剑叫"干将"，雌剑叫"莫邪"。又《吕氏春秋》："干将作剑不成，其妻断发剪爪，投于炉中，遂成。剑阳曰干将，阴曰莫邪。"

② 利：锐利。金：镞戈或矛一类的武器。弦：弓弦。机：弩机。

③ 铦（xiān）：锐利。

④ 车舍：车攻停止。舍，停止；一说，金正炜本："车舍"当为"车不舍"。可供参考。传卫国：犹言消息传到卫国。传，姚本作"傅"，鲍本作"传"，从鲍本。一说，"传"为"傅"傅卫国，犹言包围卫国都城。傅，薄，迫近，此指包围。可参考。城割平：城里被迫割地求和。平，求和，讲和。一说，"城割平"是"城刚平"之误。刚平，卫国地名，可供参考。土：通"杜"，堵塞。堕（huī）：通"隳"，毁坏，此有攻陷之意。

⑤ 跣（xiǎn）行：光脚而行。遡：同"愬"，即告诉，诉说。

⑥ 魏王：即魏武侯，当时还没称王，此是辩士之词。底：同"砥"，磨石，此处名词用如动词，磨。

⑦ 骛（wù）：马受惊乱奔。

⑧ 北面：指赵国。中牟：赵国邑名，在今河南省鹤壁市西。

⑨ 河东之地：卫国原来的土地，即今河南省浚县、滑县以东一带。

⑩ 州西：州城之西。州，魏国邑名，在今河南省沁阳市东。林中：魏国地名，在今河南省新郑市。

⑪ 棘沟：一作"棘蒲"，赵邑名，在今河北省赵县。黄城：本赵邑，在今山东省冠县南，后属魏，一说，在今河南省内黄县。

⑫ 劝行：犹言高兴而去做；一说，积极行动。亦通。

⑬ 鞠：穷，此处犹言打到底。下人：居人之下。

译文

"如今看来即使是干将、莫邪那样的宝剑，如果不依靠人的力量，那么也不能切割东西了。坚固的箭、锐利的箭头，如果得不到弓弦和弩机的配合，那么就不能射杀远方的敌人了。箭头不是不锐利，宝剑不是不锋利，那是为什么呢？是因为没有权变和依靠的缘故。凭什么知道是这样的？从前赵国袭击卫国，战车停止进攻人不休息，消息传到卫国都城，城里被迫割地求和，当时卫国都城的八个城门用土堵塞，而两个城门被攻陷了，这是亡国的形势。卫国国君光着脚出行，向魏国诉说。魏武侯身披铠甲磨快宝剑，向赵国挑战。邯郸城中战马狂奔，黄河、太行山之间一片混乱。卫国得到了这种依靠，也收聚残兵向北进攻，摧毁了刚平，攻破了中牟的外城。卫国并不比赵国强大，打个比方，卫国就像箭而魏国就像弦机，这是凭借魏国的力量才占有河东之地。赵国恐惧，楚国人救援赵国而进攻魏国，在州西交战，经过魏国的梁门，军队驻扎在林中，到黄河里饮马。赵国得到这个依靠，也袭击魏国的河北焚烧棘沟，攻陷黄城。因此说刚平的摧毁，中牟的攻破，黄城的陷落，棘沟的焚烧，这些都不是赵国、魏国能想到的。然而两国高兴地这样做了，为什么？是因为卫国对于时势权变的依靠。当今社会治理国家的人就不这样了。兵力软弱却喜欢对抗强大的敌人，国势疲惫却喜欢招惹众人怨恨，战事失败却偏要打到底。兵力弱小却憎恶居人之下，地域狭小却喜欢抵抗大国，战事失败却喜欢多用诈谋。实行这六种办法却想追求霸业，那就会越来越远了。

原文 "臣闻善为国者，顺民之意，而料兵之能，然后从于天下。故约不为人主怨①，伐不为人挫强。如此，则兵不费，权不轻，地可广，欲可成也。昔者，齐之与韩、魏伐秦、楚也，战非甚疾也②，分地又非多韩、魏也，然而天下独归咎于齐者，何也？以其为韩、魏主怨也。且天下徧用兵矣，齐、燕战，而赵氏兼中山，秦、楚战韩、魏不休，而宋、越专用其兵。此十国者，皆以相敌为意，而独举心于齐者③，何也？约而好主怨，伐而好挫强也。

注释

① 约不为人主怨：缔结盟约不给君主结下怨仇。

② 疾：猛烈，激烈。

③ 举心：犹言注意。

译文

"臣下听说善于治理国家的人，顺从民众的心意，并且有预料战争的能力，然后顺应天下的大势。所以缔结盟约不给君主结下怨仇，进攻敌国不为他人挫败强敌。能做到这样，那么兵力就不会消耗，国权就不会被轻视，土地可以扩大，想法就可实现。从前，齐国和韩国、魏国进攻秦国、楚国的时候，战斗不是很激烈，分得的土地又不比韩国、魏国多，然而天下各国唯独归罪于齐国，为什么？因为齐国给韩国、魏国招来祸患。再说天下各国诸侯都在用兵，齐国、燕国交战，而赵国兼并了中山，秦国、楚国与韩国、魏国交战打个不休，而宋国、越国又专心一意地使用他们的军队。这十个国家，都把互相敌对作为心中的主要事情，但却又对齐国十分注意，这是为什么？因为缔结条约时齐国喜欢与别国结下怨仇，进攻时又喜欢专心一意挫败强大的敌人。

原文

"且夫强大之祸，常以王人为意也①；夫弱小之殃，常以谋人为利也②。是以大国危，小国灭也。大国之计，莫若后起而重伐不义③。夫后起之藉与多而兵劲，则事以众强适罢寡也，兵必立也④。事不塞天下之心，则利必附矣⑤。大国行此，则名号不攘而至⑥，伯王不为而立矣。小国之情，莫如谨静而寡信诸侯⑦。谨静则四邻不反；寡信诸侯，则天下不卖。外不卖，内不反，则槟祸朽腐而不用，币帛槁蠹而不服矣⑧。小国道此，则不祠而福矣，不贷而足矣⑨。故曰：祖仁者王，立义者伯，用兵穷者亡⑩。何以知其然也？昔吴王夫差以强大为天下先，强袭郢而栖越，身从诸侯之君，而卒身死国亡，为天下戮者⑪，何也？此夫差平居而谋王，强大而喜先天下之祸也。昔者莱、莒好谋⑫，陈、蔡好诈，莒恃越而灭，蔡恃晋而亡，此皆内长诈，外信诸侯之殃也。由此观之，则强弱大小之祸，可见于前事矣。

注释　①王人：想要自己称王。鲍本："欲为人王。"

②谋人：谋取别人。

③重伐：慎重地讨伐。

④事：古通"是"。适：通"敌"。兵必立：犹言兵威必立。

⑤塞：犹逆，违背。附：归附。

⑥攘：取。

⑦谨静：谨慎冷静。谨，姚本作"仅"，鲍本改作"谨"，从鲍本。寡信：犹言不轻信。

⑧槟祸：犹言避开祸患。槟，通"摈"，弃，此指避开。朽腐而不用：不用朽腐，即不信用腐朽的势力。槁：犹言千枯。姚本作"矫"，黄丕烈《札记》认为"矫"应作"槁"，从黄说。服：用。

⑨道：名词用如动词，行。足：丰足。姚本"足"前有"见"字，金正炜本认为"见"字是衍文，从金说。

⑩祖：效法。立：犹言实行。用兵穷者：用兵达到了极点，犹言穷兵黩武。穷，极。

⑪栖越：困越王勾践于会稽山上，一说，拘禁越王。两说均通。戮：羞辱，此犹言耻笑。

⑫莱：春秋时小国，被齐国所灭。

译文 "再说强大国家的祸患，常常是因为想要称王的心意造成的，弱小国家的祸殃，常常是因为算计别人为自己谋利的结果。所以大国危险了，小国灭亡了。大国的计谋，莫如后发制人慎重地讨伐不仁义的国家。后发制人可以有借口，助战的人多并且兵力强大，因此人多势强抵敌疲惫弱小的国家，必定能树立兵威。所做的事业不违背天下人的心意，那么利益必然在握。大国能够这样做，那么名号不取而自至，不想称王却树立了霸王的威严。小国的情形，莫如谨慎冷静并要少相信其他诸侯。谨慎冷静四邻就不会反对；少相信其他诸侯，就不会被人叛卖。如果在国外不被叛卖，在国内不被人反对，那么就会避开祸患，不信用腐朽的势力，国库中的财物即使干裂、虫蛀也是用不完的了。小国走这条路，那么不用祭祀神明而福气自然到来，不用借贷自然丰足了。所以说：效法仁德的可以做王，实行仁义的可以称霸，穷兵黩武的灭亡。根据什么知道是这样的？从前吴王夫差依靠自己的强大，首先在天下发难，强袭郢城并拘禁越王，身后跟随着许多诸侯国的君主，可是终于身死国亡，被天下耻笑，为什么？这是因为夫差平时就谋求称王，依靠自己的强大喜欢首先在天下挑起祸端。从前莱国、莒国好耍阴谋，陈国、蔡国好施诈术，莒国靠着越国却灭亡了，蔡国仗恃晋国也灭亡了，这些都是在国内多用诈术，在国外轻信诸侯造成的祸殃。由此看来，国家无论强弱或者大小，所遭到的祸患，都可以在前面的事实中得到证明。

原文

"语曰：'骐骥之衰也，驽马先之；孟贲之倦也①，女子胜之。'夫驽马、女子，筋骨力劲，非贤于骐骥、孟贲也。何则？后起之藉也。今天下之相与也不并灭，有而案兵而后起，寄怨而诛不直，微用兵而寄于义，则亡天下可�足而须也②。明于诸侯之故，察于地形之理者，不约亲，不相质而固，不趋而疾，众事而不反，交割而不相憎，俱强而加以亲③。何则？形同忧而兵趋利也④。何以知其然也？昔者齐、燕战于桓之曲⑤，燕不胜，十万之众尽。胡人袭燕楼烦数县⑥，取其牛马。夫胡之与齐非素亲也，而用兵又非约质而谋燕也，然而甚于相趋者，何也？何则形同忧而兵趋利也。由此观之，约于同形则利长，后起则诸侯可趋役也⑦。

注释

① 孟贲：又称孟说，秦国大力士。

② 相与：犹言相持；一说，相与，犹言相互约结为与国。可供参考。而：同"能"。寄怨：犹言假手于人，使人发难，自己不做怨主。寄，托，犹假。鲍本："寄，言假手于人，不为主也。"微用兵：隐匿用兵的真情。微，隐匿。蹶（jú）足：即举足。蹶，同"躠"；一说，蹶足，不用伸脚。蹶，不伸。可供参考。须：等待。

③ 交割：互相割让土地。俱强而加以亲：双方都强大我们就都设法亲近；一说，强国相遇而彼此亲善。可供参考。

④ 形同忧：形势上虽然同有忧患。兵趋利：战争是为了夺取利益。

⑤ 桓之曲：地名，在齐国、鲁国之间；一说，桓即权，在今河北省正定北二十里。可供参考。

⑥ 楼烦：古县名，战国赵武灵王所置，在今山西省宁武县附近。

⑦ 趋役：犹言赶来协助作战。

译文

"谚语说：'良马衰老的时候，劣马能够跑在它的前面，大力士孟贲疲倦的时候，女子的力量也能超过他。'劣马、女子，他们的筋骨力气，并不比良马、孟贲强。为什么有这样的结果呢？这就是后发制人取胜的证据。现在天下诸侯的力量相持不下，谁也不能兼并消灭对方，有谁能够按兵不动后发制人，把怨恨转嫁给别人再去诛伐不正直的人，隐匿用兵的真情而托于正义，那么灭亡天下诸侯就可举足而待了。对于诸侯的变故十分明了，对地理形势详察，不缔结亲盟，不互相交换人质而巩固联合，不用急躁却可以使事情进展迅速，诸侯间互相往来我们不要反对，交相割让土地而不互相憎恨，双方都强大我们就都设法亲近。为什么这样做？因为形势上虽然同有忧患，可是战争是为了夺取利益。凭什么知道是这样的呢？从前齐国、燕国在桓曲交战，燕国失败，十万军队被消灭。胡人乘机偷袭燕国和楼烦几个县，夺走他们的牛马。胡人和齐国从来就不亲近，而且用兵时又没有结盟、交换人质来图谋燕国，然而比互相协调作战还一致，这是为什么？这是因为形势上同处忧患之中而战争的实质都是为了夺取利益。由此看来，跟形势相同的国家结盟利益就会长远，后发制人就会有诸侯赶来协助作战。

原文　"故明主察相①，诚欲以伯王也为志，则战攻非所先。战者，国之残也，而都县之费也。残费已先，而能从诸侯者寡矣②。彼战者之为残也，士闻战则输私财而富军市，输饮食而待死士，令折辕而炊之，杀牛而觞士，则是路军之道也③。中人祷祝，君斲襄，通都小县置社，有市之邑莫不止事而奉王，则此虚中之计也④。夫战之明日，尸死扶伤，虽若有功也，军出费，中哭泣，则伤主心矣⑤。死者破家而葬，夷伤者空财而共药，完者内酺而华乐，故其费与死伤者钧⑥。故民之所费也，十年之田而不偿也⑦。军之所出，矛戟折，镮弦绝⑧，伤弩，破车，罢马，亡矢之大半。甲兵之具，官之所私出也，士大夫之所匿，厮养士之所窃⑨，十年之田而不偿也。天下有此再费者，而能从诸侯寡矣。攻城之费，百姓理襜蔽，举冲橹，家杂总，身窟穴，中罢于刀金⑩。而士困于土功，将不释甲，期数而能拔城者为亟耳⑪。上倦于教，士断于兵⑫，故三下城而能胜敌者寡矣。故曰彼战攻者，非所先也。何以知其然也？昔智伯瑶攻范、中行氏，杀其君，灭其国，又西围晋阳，吞兼二国，而忧一主⑬，此用兵之盛也。然而智伯卒身死国亡，为天下笑者，何谓也？兵先战攻，而灭二子患也⑭。昔者，中山悉起而迎燕、赵，南战于长子⑮，败赵氏；北战于中山，克燕军，杀其将。夫中山千乘之国也，而敌万乘之国二，再战比胜，此用兵之上节也^⑯。然而国遂亡，君臣于齐者，何也？不啬于战攻之患也^⑰。由此观之，则战攻之败，可见于前事。

注释

① 察相：明察的相国。鲍本："相之明察者。"

② 国之残：毁坏国家。残，伤害、毁坏。鲍本："有害于国。"都县：《周礼》："四甸为县，四县为都。"《左传·隐公元年》注："邑有先君宗庙之主曰都。"战国时各国都推行郡县制，只有齐国推行都邑制。能从诸侯：能使诸侯从，即能使诸侯听从命令。

③ 军市：军队的市场。鲍本："士众所聚，有市井焉。"折辕：折断车辕。路：羸（léi），羸露，衰败。军：军队。姚本"军"作"君"，黄王烈认为"君"是"军"之误，从黄说。

④ 中人祷祝：国中人为出征的祈祷。瘗（yì）襄：掩埋祭祀。瘗，掩盖、掩埋。襄，祭祀。姚本"瘗襄"作"瘗酿"，吴曾祺引扬子《方言》认为，"酿"当作"襄"，从吴说。置社：设置神社。止事：犹言停止营业。缪文远本："当为商贾辍业也。"虚中：即中虚，犹言国库空虚。

⑤ 尸死：此指装殓死者。扶伤：扶持受伤的。伤主心：损伤了主上的心；一说，损伤了家人的心。可供参考。

⑥ 破家而葬：破了家产安葬。夷伤：受伤。夷，伤。共：同

"供"。完者：指健全者，没受伤的。内酺（pú）：犹言在国内相聚大饮，一说，在家相聚大饮。两说均通。酺，大饮，聚饮。华乐：犹言欢乐。钧：同"均"，相同。

⑦十年之田：犹言十年的土地收成。

⑧镮（huán）：刀镮。

⑨厮养士：犹言劈柴养马的人。

⑩理：治，此犹言制作。襜（chān）蔽：遮蔽矢石的器具。冲：即陷阵战车。橹：即战阵高巢车。家杂总：全家编入队伍之中。身窟穴：身居窟穴，犹言住在地道之中。罢：疲惫。刀金：指兵戈。

⑪土功：指筑营垒等土木工事。期数而能拔城者亟耳：按期而能攻下城来就是迅速的了。

⑫断于兵：被兵刃所伤残；一说，缺少兵器。可供参考。

⑬智伯瑶：即荀瑶。前458年，智伯瑶率领韩、赵、魏灭掉范氏、中行氏并瓜分了他们的土地。晋阳：赵国地名，在今山西省太原市。前455年，智伯瑶与韩、魏围赵襄子于晋阳。一主：指赵襄子。

⑭二子：指范氏、中行氏。

⑮昔者：姚本"昔"作"日"，鲍本："'日'作'昔'。"据鲍本改。长子：原为晋国城邑，后归赵国。地在今山西省长子县西十里。

⑯比：皆，接连。比，姚本作"此"，鲍本作"比"。从鲍本。
上节：上等。

⑰吝：各，惜，此犹言节制。

一 译文

"所以贤明的君主明察的相国，如果的确想把成就霸业作为自己理想的话，那么就不能首先发动攻战。战争是毁坏国家，并耗费都县资财的事情。国家残破资财耗费既已在先，却想使诸侯听从自己命令的国家太少了。那战争既然有这样的破坏性，可是士人听说发生战争就拿出自己的财物充实军队的市场，输送饮食招待不怕死的人，让人折断车辕为士兵做饭，杀掉耕牛让士兵痛饮，这些都是自己削弱军队的做法。战前国人为出征将士祈祷祝贺，国君派人为战死者祭祀掩埋尸体，通达的都城和小的邑县都设置社祭，有市场的各邑也都停止营业侍奉王军，这些都是使国库空虚的计划。等到战后的第二天，装殓死去的扶持受伤的，即使是军队建立了战功，可是战争付出的费用，国人的悲哀哭泣，那已经伤透了主上的心。死者的家属破了家产安葬，受伤者的家属用尽钱财供给伤者药物，健全的人在国内要相聚欢乐地饮宴，因此他们的花费与死伤者的花费相同。所以民众所花费的钱财，

十年的土地收成也无法偿还。军队战争所损失的物资
更多，矛和戟折了，刀镮和弓弦断了，损坏了弩，破
坏了车，累坏了马，丢失了一大半箭。铠甲和兵器
这些战具，是官家自己花钱买的，士大夫所隐藏的东
西，劈柴养马一类人所偷盗的东西，十年的土地收成
也无法补偿这些损失。天下有这两种大费用的国家，
却想使诸侯听从他的命令，恐怕也是很少的了。攻城
的费用更是浩大，百姓制作遮蔽矢石的器具，升举陷
阵的战车和战阵高巢车，全家编入军队中服役，住在
地道里，民众疲惫于制作兵戈之中，士兵困苦在修筑
营垒等土木工事的劳动中，将军也不能脱下甲胄休
息，按期而能攻下城来就是迅速的了。在上位的人教
练得疲倦，士卒被兵刃伤害的很多，所以三次攻下城
池并能战胜敌国的也是很少的了。因此说那些攻战之
事，不应该首先发动。凭什么知道是这样的呢？从前
智伯瑶攻打范氏、中行氏，杀死他们的君主，灭亡他
们的国家，又向西围攻晋阳，吞并了这两个国家，并
使赵襄子十分忧虑，这可以说是强盛的用兵了。然而
智伯终于身死国灭，被天下人耻笑，这是什么缘故？
这是因为智伯首先发动战争，并灭亡范氏、中行氏造
成的祸患。从前，中山国调动所有的军队迎战燕国、

赵国的军队，南面在长子交战，打败了赵国；北面在中山交战，克服了燕军，杀死燕国大将。中山不过是一个拥有千辆兵车的国家，却能抵敌两个拥有万辆兵车的国家，两战连胜，这可以说是上等的用兵了。然而国家随即灭亡，中山的国君只好向齐国称臣，这是为什么呢？这是不节制战争招来的祸患。由此看来，攻战的失败，从前面的事实中可以看到。

原文　"今世之所谓善用兵者，终战比胜，而守不可拔①，天下称为善，一国得而保之，则非国之利也。臣闻战大胜者，其士多死而兵益弱；守而不可拔者，其百姓罢而城郭露②。夫士死于外，民残于内，而城郭露于境，则非王之乐也。今夫鹄的非咎罪于人也，便弓引弩而射之，中者则善，不中则愧，少长贵贱，则同心于贯之者③，何也？恶其示人以难也④。今穷战比胜，而守必不拔，则是非徒示人以难也，又且害人者也，然则天下仇之必矣。夫罢士露国，而多与天下为仇，则明君不居也⑤；素用强兵而弱之⑥，则察相不事。彼明君察相者，则五兵不动而诸侯从⑦，辞让而重赂至矣。故明君之攻战也，甲兵不出于军而敌国胜⑧，冲橹不施而边城降，士民不知而王业至矣。彼明

君之从事也，用财少，旷日远而为利长者。故曰：兵
后起则诸侯可趋役也。

注释

① 终战：战事结束。守不可拔：固守城池不可攻破。

② 露：败露，暴露。

③ 鹄的：犹如今箭靶子上的红心。便弓：犹言巧妙地拉开弓。
鲍本："便：谓巧。审弓得便巧乃发。"贯：贯穿，此犹言射中。

④ 示人以难：表示它让人难以射中。鲍本："的以难中，人争
欲贯之，如恶之然。人如的者，人所恶也。"

⑤ 不居：不占，犹言不取。

⑥ 素用强兵而弱之：犹言常用兵虽强必弱。素，犹常，经常。

⑦ 五兵：泛指各种兵器。

⑧ 敌国胜：即胜敌国。

译文

"当今社会所说的善于用兵，攻人是战争结束前连战
连胜，守己则是坚守城池不可攻破，天下人才称赞他
善战，一个国家仗恃善于用兵，对国家是不利的。臣
下听说打仗能获大胜的国家，它的士兵必然死亡很多
并且兵力更加削弱；坚守城池牢不可破的国家，它的
百姓一定疲劳不堪并且城郭败露。那士兵在国外战
死，人民在国内伤残，城郭在边境上败露，这可不是

君王所喜欢的事情。如今再说那箭靶子的红心，并没有得罪什么人，可是谁都想巧妙地拉开弓射中它，射中的人们叫好，射不中的感到羞愧，无论老少贵贱，谁都一心想射中它，这是为什么呢？因为它向人们表示难以射中。现在百战百胜，并且坚守城池牢不可破的国家，不只是向人表示难以攻克，并且又是害人了，这样一来，那么天下人必定都仇视它。使士兵疲劳国家败露，并与天下人结下许多怨仇，那是贤明的君主所不取的；经常用兵虽强必弱，那是明察的相国所不做的。那贤明的国君明察的相国，没有动用各种兵器而诸侯听从他的命令，讲究辞让之礼贵重的财物就会自然到来。因此英明的君主作战，不用出动军队就可以战胜敌对的国家，陷阵战车和战阵的高巢车没有使用而边城就投降了，百姓还没有觉察而王业已经成功。那些英明君主治理国事，使用的财物少，花费的时间长，可是获得了长远利益。因此说：军队后发制人可以役使诸侯。

原文　"臣之所闻，攻战之道非师者，虽有百万之军，北之堂上^①；虽有阖闾、吴起之将，禽之户内^②；千丈之城，拔之尊俎之间^③；百尺之冲，折之衽席之上^④。

故钟鼓竽瑟之音不绝，地可广而欲可成；和乐倡优
侏儒之笑不乏⑤，诸侯可同日而致也。故名配天地不
为尊，利制海内不为厚⑥。故夫善为王业者，在劳天
下而自佚，乱天下而自安，诸侯无成谋，则其国无
宿忧也⑦。何以知其然？佚治在我，劳乱在天下，则
王之道也。锐兵来则拒之，患至则趋之⑧，使诸侯无
成谋，则其国无宿忧矣。何以知其然矣？昔者魏王
拥土千里，带甲三十六万，恃其强而拔邯郸，西
围定阳⑨，又从十二诸侯朝天子，以西谋秦。秦王恐
之，寝不安席，食不甘味，令于境内，尽堞中为战
具，竟为守备⑩，为死士置将，以待魏氏。卫鞅谋于
秦王曰：'夫魏氏其功大，而令行于天下，有从十二
诸侯而朝天子⑪，其与必众。故以一秦而敌大魏，恐
不如。王何不使臣见魏王，则臣请必北魏矣⑫。'秦
王许诺。卫鞅见魏王曰：'大王之功大矣，令行于天
下矣。今大王之所从十二诸侯，非宋、卫也，则邹、
鲁、陈、蔡，此固大王之所以鞭箠使也⑬，不足以王
天下。大王不若北取燕，东伐齐，则赵必从矣；西取
秦，南伐楚，则韩必从矣。大王有伐齐、楚心，而从
天下之志，则王业见矣。大王不如先行王服⑭，然后
图齐、楚。'魏王悦于卫鞅之言也，故身广公宫，制

丹衣柱，建九斿，从七星之旗⑮。此天子之位也，而魏王处之。于是齐、楚怒，诸侯奔齐，齐人伐魏，杀其太子，覆其十万之军⑯。魏王大恐，跣行按兵于国，而东次于齐⑰，然后天下乃舍之。当是时，秦王垂拱受西河之外⑱，而不以德魏王。故曰卫鞅之始与秦王计也，谋约不下席，言于尊俎之间，谋成于堂上，而魏将以禽于齐矣；冲橹未施，而西河之外入于秦矣。此臣之所谓北之堂上⑲，禽将户内，拔城于尊俎之间，折冲席上者也。"

注释

① 非师：不用军队。北之堂上：打败在朝堂之上。鲍本："言谋之于堂，彼自败也。"北，姚本作"比"，吴补曰："'比'当作'北'。"从吴补。

② 阖闾、吴起之将：阖闾、吴起那样的大将。《吕氏春秋·用民》："阖闾之用兵也，不过三万。吴起之用兵也，不过五万。"吴王阖闾也是善于用兵的人，故与吴起并举。禽：通"擒"。

③ 尊俎（zǔ）：古代盛酒肉的器具，尊以盛酒，俎以陈肉，此借为宴会之称。

④ 衽席：卧席。

⑤ 倡优：女乐。侏儒：短小的人，优人之类。不乏：姚本作

"不之"，鲍本作"不乏"。从鲍本。

⑥厚：此指富厚；一说，功劳大。可供参考。

⑦自佚（yì）：自己安逸。无成谋：犹言图我之谋不成。宿忧：
留忧，积忧。

⑧趋：疾走，此犹言转移。

⑨魏王：指魏惠王，名罃。其强：应据鲍本在前补"恃"字。
定阳：秦魏交界上的城邑，在今陕西省洛川县北。

⑩秦王：指秦孝公。此事后追叙之辞，故称秦王。堞（dié）：
城上的矮墙，也称女墙。竟：同"境"。

⑪有：读为"又"。"有"字下据上下文当有"从"字。故补上。

⑫北魏：败魏。

⑬箠（chuí）：马鞭子。

⑭先行王服：先准备帝王的服制。

⑮制丹衣柱：犹言裁制红色的龙袍。鲍本："以丹帛为柱衣。"
九斿（liú）：缀在旗边上的九条飘带，旗上涂有青龙。斿，同
"旒"。鲍本："旗旒。"七星之旟（yú）：画有朱雀七星的旗，
进兵时使用。

⑯太子：指魏惠王太子申。覆十万之军：覆灭魏国十万大军。
指前341年齐、魏马陵之战：齐军大败魏军之事。

⑰跣（xiǎn）：光着脚。鲍本："跣，足亲地也。"次：止。鲍本：
"过信为次，往服齐也。"

⑱垂拱：垂衣拱手之间。

⑲北：姚本作"比"，据上下文义当为"北"字之误，故改。

译文　"臣下听过这样的道理，攻战的方法主要并不是用兵，即使有百万军队，也可以在朝堂之上打败他们；即使有阖闾、吴起那样的将领，也可以在门内擒住他；千丈高的城池，可以在宴饮之间攻拔它，百尺高的陷阵战车，可以在卧席之上折断它。所以钟、鼓、竽、瑟演奏的音乐不绝于耳，土地一样可以扩展，想要做的事情一样可以成功；和着音乐之声起舞的歌女、矮人的嬉笑永不休止，各国诸侯可以同一天前来朝拜。所以名号齐于天地并不算尊贵，财权可以制服海内并不算富厚。所以那些善于成就王业的人，在于使天下人劳苦而自己安逸，扰乱天下而使自己安定，使诸侯的图谋不能成功，那么它的国家就不会有长久地隐忧了。凭什么知道是这样的呢？生活安逸社会安定在我，辛劳扰乱都在天下人，这才是成就王业的根本办法。精兵来攻就抵抗它，祸患到来就转移它，使诸侯的图谋不能成功，那么它的国家就没有长久地隐忧了。凭什么知道是这样的呢？从前魏惠王拥有千里土地，带甲的士兵三十六万，依仗自己的强大攻占了邯郸，向西围攻定阳，又联合十二个诸侯去朝见周天子，以便向西去图谋秦国。秦孝公很恐惧，睡觉睡不安稳，吃饭吃不出滋味，向国内下令，所有城池的城堞之间全部设置攻守的战具，边境上加强守卫备战，派死士遣将官，等待魏国的进攻。商鞅向秦孝公谋划说：'魏国功业很大，并且号令通行天下，又联合十二个诸侯朝见周天子，那赞承他们的一定很多。因此用一个秦国去抵抗强大的魏国，恐怕不如人家。大王为什么不派我去拜见魏王，如果让臣下去，我一定能使魏国失败。'秦孝公答应了他的请求。商鞅拜见魏惠王说：'大王的功业大极了，号令可以遍行于天下了。可是如今大王所联合的十二个诸侯，不是宋国、卫国，就是邹国、鲁国、陈国、蔡国，这些本来就是大王用马鞭子就能驱使的国家，依靠它们不能够称王天下。大王不如向北联合燕国，向东讨伐齐国，那么赵国必定服从大王的命令了；向西联合秦国，向南讨伐楚国，那么韩国必定服从大王的命令了。大王有讨伐齐国、楚国的心，就顺从了天下人的意愿，那么王业就可以看到了。大王不如先准备帝王的服制，然后再图谋齐国、楚国。'魏惠王很喜欢商鞅的话，因此亲自指挥扩建宫殿，裁制红色龙袍，树立天子龙旗，准备了帝王进兵时使用的画有朱雀七星的旗。这些都是位居天子的人使用的，可是魏惠王全用上了。在这种情况下，齐国、楚国大怒，各国诸侯都奔到齐国去了，齐国率兵讨伐魏国，杀了魏国太子，覆灭了魏国十万大军。魏惠王非常害怕，光着脚逃回国内命令停止进军，后来又向东奔到齐国请求讲和，然后天下诸侯才停止进攻魏国。正当这个时候，秦孝公就在垂衣拱手之间取得了西河之外的土地，并不感激魏惠王的恩德。所以说商鞅开始和秦孝公谋划的时候，谋划没有走下座席，谈论在宴饮之间，计谋形成在朝堂之上，可是魏国的将领已经被齐国擒获了；陷阵战车和战阵的高巢车还没有施用，而西河以外的土地已经划入秦国版图了。这就是臣下所说的在朝堂上打败敌人，在门内擒获敌将，在宴饮之间攻下城池，在座席上折断敌人的兵车了。”

齐策六

齐负郭之民有狐咺者

原文　齐负郭之民有狐咺者，正议，闵王斮之檀衢①，百姓不附。齐孙室子陈举直言，杀之东闾②，宗族离心。司马穰苴为政者也③，杀之，大臣不亲。以故燕举兵，使昌国君将而击之④。齐使向子将而应之。齐军破，向子以舆一乘亡⑤。达子收余卒，复振，与燕战，求所以偿者⑥，闵王不肯与，军破走。

注释　① 负郭：靠近城郊。鲍本："负，犹背。"狐咺（xuān）：齐国人，即狐爰，又作狐援。姚本"狐"字前有"狐"字，吴补认为"狐"因"狐"误衍，从吴说。正议：犹直言敢谏。斮（zhuó）：斩。檀衢：齐市名；一说，通檀台的衢路，四达之谓衢。

② 孙室子陈举：公孙家的后人陈举。东闾：齐都东门。

③ 司马穰（ráng）苴（jū）：姓田，名穰苴，做司马的官。

④ 昌国君：即乐毅，燕国将领，封昌国君。

⑤ 向子：齐国大臣。

⑥ 达子：齐国大臣。偿（cháng，又读shǎng）：赏赐。

译文　齐国有个住在城郊的人叫狐咺，直言敢谏，齐闵王就把他杀死在檀衢，百姓因此不依附他。齐国宗族的后人陈举直言敢谏，闵王把他杀死在齐都的东门，宗族的人因此与他离心离德。司马穰苴是齐国的执政大臣，闵王杀了他，大臣们因此不亲近闵王。因为这个缘故燕国发兵，派昌国君率领军队进攻齐国。齐国派向子领兵迎击燕国军队。齐国军队战败，向子驾着一辆战车逃走。齐将达子集合残兵，军威复振，和燕军交战，达子要求闵王赏赐参战的将士，闵王不肯给，齐军又被打败逃散。

原文　王奔莒，淖齿数之曰①："夫千乘、博昌之间②，方数百里，雨血沾衣，王知之乎？"王曰："不知。""嬴、博之间，地坼至泉③，王知之乎？"王曰："不知。""人有当阙而哭者④，求之则不得，去之则闻其声，王知之乎？"王曰："不知。"淖齿曰："天雨血沾衣者，天以告也；地坼至泉者，地以告也；人有当阙而哭者，人以告也。天地人皆以告矣，而王不知戒焉⑤，何得无诛乎？"于是杀闵王于鼓里⑥。

注释　① 王奔莒：闵王逃奔莒国。当在前284年，齐闵王十七年。

莒，国名，在今山东省莒县。淖（zhuō）齿：又作"卓齿"，楚国公族，楚顷襄王派淖齿救齐，因相齐闵王。

② 千乘：齐国地名，在今山东省博兴县北。博昌：齐国地名，在今山东省博兴县南。

③ 嬴、博：齐国两个城邑，在今山东省泰安市一带。坼（chè）：裂。

④ 当阙：对着宫阙。

⑤ 戒：戒备，防备。

⑥ 鼓里：莒中地名，近齐庙。

译文 齐闵王逃奔至莒国，淖齿数着他的罪恶说："千乘、博昌之间的土地，方圆几百里，上天下血雨沾污了衣裳，大王知道这件事吗？"闵王说："不知道。"淖齿间："嬴地、博地之间，地裂直至黄泉，大王知道这件事吗？"闵王说："不知道。"淖齿问："有人面对宫阙大哭，去寻找却不见人影，离开那里却又听到哭声，大王知道这件事吗？"闵王说："不知道。"淖齿说："上天降血雨沾污衣裳，那是上天警告你；地裂直到黄泉，那是大地警告你；有人面对宫阙大哭，那是人警告你。天地人都已经警告你了，而大王对此不知戒备，怎么能不受上天的诛杀呢？"于是就在鼓里杀了齐闵王。

原文　太子乃解衣免服，逃太史之家为溉园^①。君王后^②，太史氏女，知其贵人，善事之。田单以即墨之城，破亡余卒，破燕兵，绐骑劫^③，遂以复齐，遽迎太子于莒，立以为王。襄王即位，君王后以为后，生齐王建^④。

注释　① 太子：名法章，即后来的齐襄王。太史：齐国史官，姓后，名敫（jiǎo）。

② 君王后：因其姓后，不可称为后后，故称君王后。

③ 即墨：齐国邑名，在今山东省平度东南。绐（dài）：欺骗。骑劫：接替乐毅职务的齐国将领。

④ 齐王建：齐王名建，齐国末代王，前264—前221年在位。

译文　齐国太子法章脱掉服饰，逃到太史后敫的家里给他做浇灌花园的杂工。后来成为王后的太史的女儿，知道他是个尊贵的人，所以很好地侍奉他。田单以即墨城为据点，收集齐国败散的余兵，打败燕国军队，欺骗了骑劫，终于收复了齐国的失地，田单立刻从莒国把太子迎接回国，立他为王。齐襄王即位，立太史女儿为王后，生了齐王建。

王孙贾年十五事闵王

原文　王孙贾年十五①，事闵王。王出走，失王之处。其母曰："女朝出而晚来，则吾倚门而望；女暮出而不还，则吾倚闾而望②。女今事王，王出走，女不知其处，女尚何归③?"

注释　① 王孙贾：齐闵王家臣。

② 女：同"汝"，你。闾：里门。

③ 女尚何归：你还回来干什么。鲍本："责其亲王不如我之亲女。"

译文　王孙贾当年十五岁，侍奉齐闵王。闵王逃亡后，王孙贾不知闵王逃到什么地方去了。他的母亲说："你早晨出去晚上回来，我就倚门望你；你晚上出去不回来，我就倚着里门望你。你如今侍奉君王，君王逃走了，你不知道他的下落，你还回来干什么?"

原文　王孙贾乃入市中，曰："淖齿乱齐国，杀闵王，欲与我诛者，袒右①!"市人从者四百人，与之诛淖齿，刺而杀之。

—

注释　① 杀闵王：当时不能称闵王，只能称王，可见此语是追书之辞。袒右：露出右臂。缪文远本："秦代尚左，陈涉起义，袒右称大楚，乃故改秦习。以此，余疑此篇之拟作应在西汉政权建立之后。"可供参考。

—

译文　于是王孙贾就走进市场，说："淖齿搅乱了齐国，杀死了大王，想要跟我一起去诛杀他的人，将右臂袒露出来！"市场上有四百人跟随他，与他去诛杀淖齿，最后终于刺死了淖齿。

燕攻齐取七十余城

—

原文　燕攻齐，取七十余城，唯莒、即墨不下①。齐田单以即墨破燕，杀骑劫。

—

注释　① 燕攻齐：此章时间不可确考，史实也出入很大，恐为纵横家练习之作。不下：鲍本作"未下"，可供参考。

译文 燕国攻打齐国，夺取了七十多座城池，只有莒地、即墨没有攻下。齐国田单以即墨为据点打胜了燕国军队，杀死了骑劫。

原文 初，燕将攻下聊城①，人或谗之。燕将惧诛，遂保守聊城，不敢归。田单攻之岁余，士卒多死，而聊城不下。

注释 ① 聊城：齐国地名，在今山东省聊城市西。按：上段与本段，历代不少研究者都认为有脱误，但无定论。特指出请学习研究者注意。

译文 起初，燕国将领快要攻下聊城的时候，听说有人向燕王进谗言。燕国将领害怕被杀，于是就死守聊城，不敢返回燕国。田单攻打了一年多，士兵死伤很多，可是聊城还是攻不下来。

原文 鲁连乃书，约之矢以射城中①，遗燕将曰："吾闻之，智者不倍时而弃利，勇士不怯死而灭名②，忠臣不先身而后君。今公行一朝之忿③，不顾燕王之无臣，非忠也；杀身亡聊城，而威不信于齐④，非勇也；功废名灭，后世无称，非知也。故知者不再计，勇士不怯死。今死生荣辱，尊卑贵贱，此其一时也。愿公之详计而无与俗同也。且楚攻南阳，魏攻平陆，齐无南面之心，以为亡南阳之害，不若得济北之利⑤，故定计而坚守之。今秦人下兵，魏不敢东面，横秦之势合⑥，则楚国之形危。且弃南阳，断右壤，存济北⑦，计必为之。今楚、魏交退，燕救不至，齐无天下之规，与聊城共据期年之弊⑧，即臣见公之不能得也。齐必决之于聊城，公无再计。彼燕国大乱，君臣过计，上下迷惑，栗腹以百万之众，五折于外，万乘之国，被围于赵，壤削主困，为天下戮⑨，公闻之乎？今燕王方寒心独立⑩，大臣不足恃，国破祸多，民心无所归。今公又以弊聊之民，距全齐之兵，期年不解，是墨翟之守也⑪；食人炊骨，士无反北之心⑫，是孙膑、吴起之兵也。能以见于天下矣⑬。

注释

① 约之矢以射城中：把信系在箭上射入城中。

② 倍时：错过时机。倍，同"背"，违背，错过。怯死：怕死。

③ 今公行一朝之忿：如今您为发泄一时的愤怒，指守城而不归燕。

④ 信：同"伸"，伸延。

⑤ 南阳：齐国邑名，在今山东省邹县西。平陆：齐国邑名，在今山东省汶上县北。齐无南面之心：齐国没有向南面进攻楚国、魏国之心。济北：即聊城。

⑥ 秦人下兵：犹言秦国人发兵援救齐国。鲍本："此时齐善秦，故下兵救之。"东面：此指进攻齐国。横秦：此指齐秦联合。

⑦ 弃南阳：意谓弃楚所攻之泗上。断右壤：意谓切断魏所攻齐国的平陆。存济北：意谓切断平陆不能救，其意在于进攻聊城，保存济北。

⑧ 交退：俱退。规：犹言图谋。鲍本："规，犹谋也。秦救之而楚、魏退，无谋齐者。"共据：相持；一说，全力据守。

⑨ 过计：犹言谋划错误。过，犹言失。栗腹：燕国大将。戮：羞辱。

⑩ 燕王：即燕王喜。

⑪ 弊聊之民：疲惫的聊城民众。距：同"拒"，抵抗，抗拒。墨翟之守：墨翟的守城办法。墨翟善守城，楚将攻宋，公输般为之造云梯。墨子闻之，见公输般。般九设机变，墨翟九拒之。公输般之械尽，而墨翟守有余。

⑫ 食人炊骨：吃人肉烧人骨头。反北：背叛。北，通"背"。

⑬ 以：通"己"。

译文 鲁仲连就写了一封信，系在箭上射进城中，送给燕国

将领的信是这样写的："我听说，聪明的人不因错过时机而放弃利益，勇敢的人不因怕死而毁坏名誉，忠臣不先考虑自身而后再想到君王。如今您为发泄一时的愤怒，不顾燕王将丧失许多兵将，这不是忠诚；杀伤自身失去聊城，并且威势无法伸延到齐国，这不是勇敢；前功尽弃名声消亡，后世没有人称赞，这不是明智。因此聪明的人做事不三心二意，勇敢的人不会怕死。如今生或死、荣或辱、尊或卑、贵或贱，都得在这一时决定。希望您详细考虑而不要和凡夫俗子的想法相同。再说楚国攻打南阳，魏国攻打平陆，齐国已无意向南进攻楚国、魏国了，因为齐国认为失去南阳的害处，赶不上获得济北的利益，所以定下计谋要坚守它。如今秦国发兵援救齐国，魏国就不敢向东面进攻，齐、秦连横的形势就会形成，那么楚国的形势就危险了。况且齐国将舍弃楚国进攻南阳的忧虑，切断齐国与魏国所攻平陆的联系，去守卫济北，计谋一定这样决定。如今楚国、魏国俱已撤退，燕国的救兵又不到来，天下诸侯又没有在背后谋划齐国的，从你们全力据守聊城这一年的弊病中，我就看出你们不能得胜。齐国一定在聊城与你们决战，您没有第二条妙计了。你们燕国内部大乱，君臣谋划错误，上下迷

惑，栗腹率领百万军队，五次在国外损兵折将，作为
一个拥有万辆兵车的国家，竟然被赵国围困，领土削
减君主困忧，被天下诸侯羞辱，您听到这些事了吗?
如今燕王喜正心灰意冷孤立无援，大臣不值得依靠，
国家破败祸患很多，民心无处归附。如今您又依靠疲
惫的聊城民众，抵抗整个齐国的军队，一年都无法解
围，这是墨翟的守城办法；吃人肉烧人骨头，士兵没
有背叛之心，这是孙膑、吴起的用兵之策。您的才能
已经被天下人看清楚了。

原文

"故为公计者，不如罢兵休士，全车甲，归报燕王，
燕王必喜。士民见公，如见父母，交游攘臂而议于
世①，功业可明矣。上辅孤主，以制群臣；下养百姓，
以资说士②。矫国革俗于天下③，功名可立也。意者，
亦捐燕弃世④，东游于齐乎？请裂地定封，富比陶、
卫⑤，世世称孤寡，与齐久存，此亦一计也。二者显
名厚实也，愿公熟计而审处一也⑥。

注释

① 攘臂：捋袖伸臂很振奋的样子。
② 以资说士：犹言以为说士谈说的资料。鲍本："辩说之士，
资以藉口。"

③矫国革俗：矫正国政变革风俗。

④意者：犹言曰或又。捐燕弃世：犹言抛弃燕国，不管世人的评论。

⑤陶、卫：指魏冉、商鞅。魏冉封陶，商鞅姓卫。

⑥审处：慎重处置。

译文

"因此我为您考虑，不如休战罢兵，保全战车军队，回国报效燕王，燕王一定高兴。百姓见到您，如见父母一样恭敬，交往的朋友将挽袖伸臂地在社会上谈论您，您的功绩就会更加显赫了。向上辅佐孤独的君主，控制群臣；对下可以抚养百姓，您的事迹可以成为说士谈说的资料。然后矫正国政变革风俗于天下，您的功名就可以树立起来了。再说，您不也可以抛弃燕国不管世人的评说，向东投奔到齐国来吗？我可以请求齐王为您分封土地，使您的富贵赶得上魏冉、商鞅，世世代代称孤道寡，和齐国长期共存，这也是一个计策。这两个计策都可以使名声显贵实利丰厚，希望您仔细考虑，慎重处置，选择一个。

原文

"且吾闻，效小节者不能行大威①，恶小耻者不能立荣名。昔管仲射桓公中钩，篡也②；遗公子纠而不能死，怯也；束缚桎梏③，辱身也；此三行者，乡里不通也④，世主不臣也。使管仲终穷抑，幽囚而不出⑤，惭耻而不见，穷年没寿，不免为辱人贱行矣。然而管子并三行之过，据齐国之政，一匡天下，九合诸侯，为五伯首，名高天下，光照邻国。曹沫为鲁君将⑥，三战三北，而丧地千里。使曹子之足不离陈⑦，计不顾后，出必死而不生，则不免为败军禽将。曹子以败军禽将，非勇也；功废名灭，后世无称，非知也。故去三北之耻，退而与鲁君计也⑧，曹子以为遭。齐桓公有天下，朝诸侯。曹子以一剑之任，劫桓公于坛位之上，颜色不变，而辞气不悖⑨。三战之所丧，一朝而反之，天下震动惊骇，威信吴、楚，传名后世。若此二公者，非不能行小节，死小耻也，以为杀身绝世，功名不立，非知也。故去忿恚之心⑩，而成终身之名；除感忿之耻，而立累世之功。故业与三王争流，名与天壤相敝也⑪。公其图之。”

注释　①效：效法。

②钩：指衣带上的钩。篡：篡位。

③桎（zhì）梏（gù）：脚镣手铐，古代拘系罪人手脚的刑具。梏，姚本作"梏"，鲍本作"梏"。从鲍本。

④ 通：交往。

⑤ 终穷抑：始终穷困抑郁。幽囚：犹言幽禁牢中。

⑥ 曹沫：即曹刿。

⑦ 陈：同"阵"。

⑧ 鲁君：指鲁庄公。

⑨ 劫桓公于坛位之上：齐国与鲁国会盟，曹沫执匕首威逼齐桓公，齐桓公退还了侵占的鲁国土地。悖（bèi）：谬误。

⑩ 忿恚（huì）：愤恨。

⑪ 名与天壤相敝：犹言名声可与天地共久长。壤，地。

译文　"再者我听说，效法小节的人不能得到大的威望，讨厌小耻辱的人不能树立美名。从前管仲射中齐桓公的衣带钩，这是篡位；抛弃公子纠而且不能为他而死，这是怯懦；受过捆绑、脚镣手铐的惩罚，这是自身的耻辱；有这三种行为的人，同乡都不跟他交往，君主也不肯把这样的人作为臣子。假如管仲始终穷困抑郁，幽禁牢中不愿出来，惭愧羞耻不肯见人，一直到死，也免不了被认为是污浊的人做了下贱的事。然而管仲虽然连做了三件错事，后来却掌握了齐国政权，一举扶正了天下，九次联合诸侯，使齐国成为五霸之首，名望高于天下，光辉照耀邻国。曹刿作为鲁国国君的将领，三次出战三次败北，并且丧失土地千里。假如曹刿的脚不离开阵地，不考虑将来，出征一定为国而死不肯生还，那么就免不了成为败军被擒获的将领。可是曹刿认为成为败军擒将，不能算做勇敢；功业废弃，声名泯灭，后世无人称赞，不能算做明智。所以他抛弃三次败北的耻辱，退下来和鲁庄公研究，曹刿认为是偶然遭遇失利。齐桓公称霸天下以后，诸侯都去朝拜，曹刿凭借手中的一把宝剑，在坛位上劫持齐桓公，他脸色不变，言辞没有谬误。三次战败所丧失的领土，一天早晨都返回来了，天下人为之震动惊惧，威名延伸到吴国、楚国，美名流传后世。像管仲、曹刿这样两个人，不是不能守住小节，或者为小的耻辱而死，而是认为自己杀身离开人世，功名就不能树立，这是不明智的。所以能去掉愤恨之心，成就终身的名声；除去让人羞恨的耻辱，而建立万世的功劳。所以说他们的功业可以和三王相上下，声名可以与天地共久长。您还是考虑一下我的意见。"

原文 燕将曰："敬闻命矣！"因罢兵倒棳而去①。故解齐国之围，救百姓之死，仲连之说也。

注释

① 倒椟（dú）：倒转弓套。姚本"倒"作"到"，"椟"作"读"。黄丕烈《札记》："'到'即'倒'，又以'读'为'椟'字耳。"从黄说。缪文远本："按：罢兵倒椟，示不抵抗也。"

译文

燕国将领说："恭敬地听到您的命令了！"于是燕军倒背着弓套撤兵而去。所以说解除齐国的包围，救百姓于死难之中，是鲁仲连说辞的作用。

燕攻齐齐破

原文

燕攻齐，齐破。闵王奔莒，淖齿杀闵王。田单守即墨之城，破燕兵，复齐墟①。襄王为太子征②。齐以破燕，田单之立疑③，齐国之众，皆以田单为自立也。襄王立，田单相之。

注释

① 复齐墟：在废墟上重建齐国都城。

② 襄王为太子征：襄王就是太子得到了证实。起初襄王改换姓名为太史敫家的佣人，这时得到了证实。征，犹言证实。

③ 以：通"已"。田单之立疑：对田单立谁为王表示怀疑。

译文 燕人攻打齐国，齐国都城被攻破。齐闵王逃奔到莒地，淖齿杀死了闵王。当时田单守卫即墨城，打败了燕国军队，在废墟上重建齐国都城。襄王就是太子得到了证实。齐国已经打败了燕国，对田单立谁为齐王表示怀疑，齐国的民众，都认为田单将自立为王。最后襄王即位，田单辅佐他。

原文 过菑水①，有老人涉菑而寒，出不能行，坐于沙中。田单见其寒，欲使后车分衣，无可以分者，单解裘而衣之。襄王恶之，曰："田单之施，将欲以取我国乎？不早图，恐后之②。"左右顾无人，岩下有贯殊者③，襄王呼而问之曰："女闻吾言乎？"对曰："闻之。"王曰："女以为何若④？"对曰："王不如因以为己善。王嘉单之善，下令曰：'寡人忧民之饥也，单收而食之；寡人忧民之寒也，单解裘而衣之；寡人忧劳百姓，而单亦忧之，称寡人之意。'单有是善而王嘉之，善单之善，亦王之善已⑤。"王曰："善！"乃赐单牛酒，嘉其行。

注释 ①菑（zī）水：即淄水。菑，通"淄"。
②恐后之：恐怕晚了。后，晚。鲍本："恐单先发。"

③ 岩下：殿岩之下。贯殊：姓贯名殊。鲍本："齐人。"一说，贯殊应是"贯珠"，采珠的人，可供参考。

④ 何若：即若何，如何，怎么样。

⑤ 善单之善：称赞田单的善行。已：矣，了。

一
译文

一次，田单路过淄水岸边，看见一位老人徒步渡过淄水很寒冷，从水里出来就不能走了，坐在沙滩上。田单看见老人冷得厉害，想让后车的人分给他一件衣服，可是没有什么可以分的，田单就脱下自己的皮衣给老人穿上。齐襄王听说后，很厌恶这件事，自言自语地说："田单施小恩小惠，将来可能想要夺取我的国家吗？不早谋划，恐怕晚了。"左右一看没有人，殿岩之下有一个叫贯殊的人，襄王把他召来问道："你听到我的话了吗？"贯殊回答说："听到了。"襄王说："你认为应该怎么办呢？"贯殊回答说："大王不如趁机把它作为自己的善行。大王可以嘉许田单的善行，下令说：'寡人忧虑民众的饥荒，田单就收来粮食给他们吃；寡人忧虑民众寒冷，田单就脱下皮衣给他们穿；寡人忧虑百姓的劳苦，田单也忧虑这些事，他这样做很合我的心意。'田单有这些善行，大王称赞他，称赞田单的善行，也就是大王的善行了。"襄

王说："好！"于是就赏赐给田单牛肉和酒，嘉奖他的
行为。

原文　后数日，贯殊者复见王曰："王至朝日，宜召田单而
揖之于庭，口劳之^①。乃布令求百姓之饥寒者，收谷
之^②。"乃使人听之于闾里，闻丈夫之相与语，举曰^③：
"田单之爱人！嗟，乃王之教泽也^④！"

注释　① 口劳之：亲自慰劳他。
② 布令：发布命令。收谷之：收容起来抚养他们。谷，犹言
抚养。鲍本："谷，犹养也。"一说，谷，食（sì），供参考。
③ 举：皆，都。
④ 教泽：教导的恩泽。

译文　过了几天，贯殊又来拜见襄王说："大王到了群臣朝
见的日子，应该召见田单并在朝廷上给他作揖，亲自
慰劳他。就在当时发布命令，寻找百姓中饥寒的人，
收容抚养他们。"于是又派人到闾里去听反映，听到
男子汉们互相谈论，都说："田单爱护百姓！啊，是
大王教导的恩泽！"

貂勃常恶田单

原文　貂勃常恶田单①，曰："安平君②，小人也。"安平君闻之，故为酒而召貂勃，曰："单何以得罪于先生，故常见誉于朝③？"貂勃曰："跖之狗吠尧，非贵跖而贱尧也，狗固吠非其主也。且今使公孙子贤，而徐子不肖。然而使公孙子与徐子斗，徐子之狗，犹将攫公孙子之腓而噬之也④。若乃得去不肖者，而为贤者狗，岂特攫其腓而噬之耳哉？"安平君曰："敬闻命。"明日，任之于王⑤。

注释　①貂（diāo）勃：齐国人。恶（wù）：说人坏话，中伤。

②安平君：田单的封号。《通鉴·周纪四》赧王三十六年胡注："齐以田单安国平难，又尝保安平，故因以安平封之。"安平，齐国地名，在令山东省益都县西北。

③故：与"乃"同义，竟然。见誉，被赞美，被夸奖。

④将：姚本作"时"，鲍本作"将"，从鲍本。攫（jú）：扑取。腓（féi）：胫后筋肉突出处，俗称腿肚子。噬（shì）：咬。

⑤任：保举，推荐。

译文 貂勃经常中伤田单，说："安平君是个小人。"安平君听到后，故意摆设酒宴召请貂勃，说："我在什么地方得罪了先生，竟然在朝廷上被您赞美？"貂勃说："盗跖的狗对尧狂吠，它并不认为盗跖高贵而尧卑贱，狗本来就对不是它主人的人狂吠。再说，如今假如公孙子贤明，而徐子不成器。然而假如公孙子和徐子打起来，徐子的狗，必将扑上去咬公孙子的腿肚子。如果让这狗离开不成器的人，而成为贤明人的狗，难道只是扑上去咬别人腿肚子就完了吗？"安平君说："恭敬地听到您的命令了。"第二天，就把他推荐给齐襄王。

原文 王有所幸臣九人之属，欲伤安平君①，相与语于王曰："燕之伐齐之时，楚王使将军将万人而佐齐②。今国已定，而社稷已安矣，何不使使者谢于楚王？"王曰："左右孰可？"九人之属曰："貂勃可。"貂勃使楚，楚王受而觞之③，数日不反。九人之属相与语于王曰："夫一人身，而牵留万乘者，岂不以据势也哉④？且安平君之与王也，君臣无礼，而上下无别。且其志欲为不善⑤。内牧百姓，循抚其心⑥，振穷补不足，布德于民；外怀戎翟、天下之贤士⑦，阴结诸侯之雄

俊豪英。其志欲有为也。愿王之察之。"异日，而王
曰："召相单来。"田单免冠徒跣肉袒而进⑧，退而请
死罪。五日，而王曰："子无罪于寡人，子为子之臣
礼，吾为吾之王礼而已矣。"

注释

① 属（zhǔ）：集合，纠合。伤：损害，谋害。

② 楚王：指顷襄王。将军：指淖齿。佐齐：帮助齐国抵抗
燕国。

③ 受：此犹言接见。觞：向人敬酒或自饮，此指一起饮酒。

④ 牵留：犹言滞留。据势：此指仰仗田单的势力。

⑤ 欲为不善：想要干坏事，意指田单想要篡位。

⑥ 牧：治理。循抚：安抚。

⑦ 怀戎翟：安抚戎狄。怀，安抚。翟，同"狄"。

⑧ 肉袒：袒肩露体，即光着上身。

译文

齐襄王有九个宠幸的侍臣纠合在一起，想要谋害安平
君，他们共同对襄王说："燕国攻打齐国的时候，楚
顷襄王派将军淖齿率领万人帮助齐国抵抗燕军。如今
都城已经修复，国家已经安定了，为什么不派使者向
楚王表示谢意？"襄王说："左右的人谁可以呢？"这
九个人都说："貂勃可以。"貂勃出使到楚国，楚王接

受了齐国的谢意并留貂勃饮酒，过了好几天没有回国。九个人又纠合起来去对襄王说："一个普通的貂勃，竟然滞留在拥有万辆兵车的国君那里，难道不是因为仰仗田单的势力吗？再说安平君对大王，没有君臣礼节，上下没有个分别。况且他的心里想要干坏事。他在国内治理百姓，安抚民心，救济穷困补助不足，对人民广施恩惠；对国外安抚戎狄与天下的贤明之士，暗中结交诸侯中的英雄豪杰。他的内心是想要篡位，希望大王详察。"有一天，襄王说："把相国田单召唤来。"田单摘下帽子、光着脚、赤着上身来进见，然后退一步请求死罪。过了五天，襄王对田单说："您对我没有罪过，您尽到您的臣子之礼，我尽到我的君王之礼就行了。"

原文　貂勃从楚来，王赐诸前，酒酣，王曰："召相田单而来。"貂勃避席稽首曰①："王恶得此亡国之言乎②？王上者孰与周文王？"王曰："吾不若也。"貂勃曰："然，臣固知王不若也。下者孰与齐桓公？"王曰："吾不若也。"貂勃曰："然，臣固知王不若也。然则周文王得吕尚以为太公，齐桓公得管夷吾以为仲父③，今王得安平君而独曰'单'。且自天地之辟，民人之治，为人臣之功者，谁有厚于安平君者哉？而王曰'单，单'。恶得此亡国之言乎？且王不能守先王之社稷，燕人兴师而袭齐墟，王走而之城阳之山中④。安平君以惴惴之即墨，三里之城，五里之郭，敝卒七千，禽其司马⑤，而反千里之齐，安平君之功也。当是时也，阖城阳而王，城阳、天下莫之能止⑥。然而计之于道，归之于义，以为不可，故为栈道木阁⑦，而迎王与后于城阳山中，王乃得反，子临百姓。今国已定，民已安矣，王乃曰'单'。且婴儿之计不为此。王不亟杀此九子者以谢安平君，不然，国危矣！"王乃杀九子而逐其家，益封安平君以夜邑万户⑧。

注释

① 避席：古人席地而坐，离座起立，表示敬意，谓之"避席"。

② 恶得：怎么能，哪里能。

③ 太公：即吕尚，又称姜太公、太公望。管夷吾：即管仲。

④ 先王：指齐闵王。城阳，即莒地，在今山东省莒县。

⑤ 惴惴（zhuì）：忧惧，危惧。鲍本："惴惴，忧惧也。"禽：同"擒"。司马：掌兵之官，此指燕将骑劫。

⑥ 阖（hé）：关闭。莫之能止：没有谁能够制止。

⑦ 栈（zhàn）道：架木通路为栈道。木阁：用木架设于悬崖

峭壁间的道路。鲍本："木阁，栈道，皆以通险。"

⑧夜邑：齐国邑名，在今山东省莱州市。

译文 貂勃从楚国回来，齐襄王当面赏赐他饮酒，酒喝得正高兴，襄王说："把相国田单叫来。"貂勃离开座席，向襄王行了九拜之中的最敬之礼说："大王怎么能说出这种亡国的话呢？请大王向上和周文王比一下，谁有才能？"襄王说："我不如周文王。"貂勃说："是的，臣下本来知道不如。请向下和齐桓公比一下，谁有才能？"襄王说："我不如齐桓公。"貂勃说："是的，臣下本来知道不如。既然如此，那么周文王得到吕尚，把他尊为太公，齐桓公得到管仲，把他尊为仲父，如今大王得到安平君却偏偏叫'单'。再说自从开天辟地以来，治理百姓的人，作为臣子而建立功勋的人，有谁的功劳能比安平君更大呢？可是大王却叫他'单，单'。怎么能说出这种亡国的话呢？再说当初大王不能守卫先王遗留下的国家，燕国人发兵来袭击齐国故城，大王逃到城阳的山中。安平君凭借忧惧的即墨城，靠着三里的内城，五里的外城，疲惫的士兵七千，却擒获了燕国的司马骑劫，使千里失地返归齐国，这些都是安平君的功劳。正当这个时候，如果田

单关闭城阳自立为王，城阳、天下的人没有谁能制止
他。然而安平君从道义上谋划，从大义出发，认为不
能那样做，因此修建栈道木阁，到城阳山中去迎接大
王和王后，大王才能返回故国，君临亲附百姓。如今
国家已经安定，民众已经安生了。大王却叫他'单'。
就是小孩如果考虑一下也不会这样做。大王不如赶快
杀掉这九个人，以向安平君谢罪，不这样做的话，国
家就危险了！"襄王于是杀掉这九个人并驱逐了他们
的家眷，又把万户的夜邑加封给安平君。

田单将攻狄

原文　田单将攻狄，往见鲁仲子①。仲子曰："将军攻狄，不
能下也。"田单曰："臣以五里之城，七里之郭，破亡
余卒，破万乘之燕，复齐墟。攻狄而不下，何也？"
上车弗谢而去②。遂攻狄，三月而不克之也。

注释　① 狄：齐国邑名，在今山东省高苑县西北。春秋时长狄所居，
所以叫狄。鲁仲子：即鲁仲连。

②上车弗谢而去：此句的主语是田单。谢，告辞。

译文　田单将要攻打狄地，前去拜见鲁仲连。鲁仲连说："将军攻打狄地，是不能攻克的。"田单说："我凭借五里的内城、七里的外城，率领残兵败将，打败了拥有万辆兵车的燕国，收复了齐国的失地。攻打狄地却不能攻克，为什么？"田单说完上车没告辞就离开了。于是就领兵攻打狄地，果然三个月没有攻克。

原文　齐婴儿谣曰："大冠若箕，修剑拄颐，攻狄不能，下垒枯丘①。"田单乃惧，问鲁仲子曰："先生谓单不能下狄，请闻其说。"鲁仲子曰："将军之在即墨，坐而织蒉，立则丈插，为士卒倡曰②：'可往矣！宗庙亡矣！云白尚矣！归于何党矣③！'当此之时，将军有死之心，而士卒无生之气，闻若言④，莫不挥泣奋臂而欲战，此所以破燕也。当今将军东有夜邑之奉，西有菑上之虞，黄金横带⑤，而驰乎淄、渑之间，有生之乐，无死之心，所以不胜者也。"田单曰："单有心，先生志之矣。"明日，乃厉气循城，立于矢石之所及，援枹鼓之，狄人乃下⑥。

注释

① 箕：簸箕。拄：支着。攻狄不能，下垒枯丘：攻狄没能成功，下望垒垒枯坟；一说，《说苑》此句作"攻狄不能下，垒于梧丘"；一说，一本作"攻狄不能下，垒枯骨成丘"。可供参考。

② 织蒉（kuì）：编织草筐。蒉，草筐。丈插：荷臿（chā），此指用臿挖土。丈，通"仗"，凭，荷。插，同"臿"，挖土器。倡：倡导，犹育鼓劲。

③ 云白尚矣：犹言魂魄飞去了。云白，魂魄的省文。姚本作"云曰"，黄丕烈《札记》："此'曰'字当作'白'。'云白'者，'魂魄'之省文。"从黄说。尚，通"丧"，丧失。党：处所。鲍本："党，犹乡也。育无所归。"

④ 若：如此。

⑤ 夜邑之奉：有夜邑租赋之奉。菑上之虞：淄水上游观之乐。菑，通"淄"，淄水。虞，通"娱"，娱乐。黄金横带：犹言腰带的带钩是用黄金装饰的。

⑥ 厉气循城：犹言勉励士气，在攻城部队中巡视。石：即雷石。及，姚本作"乃"，归于下句。缪文远本："乃"作"及"，归于上句。从缪说。枹（fú）：鼓槌。狄人乃下：犹言狄人才投降。

译文　齐国儿童的歌谣唱道："大帽子像簸箕，长剑支着下巴，攻狄不能下，地上枯坟垒垒。"田单这才感到害怕，询问鲁仲连说："先生说我不能攻下狄地，请让我听听您的看法。"鲁仲连说："将军在即墨的时候，坐下就编织草筐，站起来就用锸挖土，对士兵鼓动说：'可以出征了！宗庙灭亡！魂魄飞了！家在何处啊！'正当这个时候，将军有誓死为国的决心，士兵没有贪生的念头，听到了这样的话，没有一个不挥泪振臂而请求决一死战的，这就是打败燕国的缘故。如今将军东面有封地夜邑的租赋之奉，西面有淄水上游观之乐，腰带的带钩上装饰着黄金，骑马、驾车驰骋在淄水、渑水之间，有活着的欢乐，没有赴死的心情，这就是不能取胜的原因。"田单说："我是有决心的，先生记住我的话。"第二天，就去勉励士气在攻城部队中巡视，站在弓箭和雷石都能打到的地方，亲自操起鼓槌击鼓，狄人这才投降。

濮上之事

原文   濮上之事，赘子死，章子走，盼子谓齐王曰^①："不
如易余粮于宋，宋王必说，梁氏不敢过宋伐齐^②。齐
固弱，是以余粮收宋也。齐国复强，虽复责之宋^③，
可；不偿，因以为辞而攻之，亦可。"

注释   ① 濮上之事：濮水上的战役。指前312年，在濮水上，秦国
帮助魏国攻打齐国的战争。濮：水名在今山东省濮县东南。
赘（zhuì）子：疑为声子，齐国将领。章子：即匡章，齐国将
领。盼子：即田盼，齐国将领。齐王：此指齐宣王。

② 宋王：即宋王偃。梁氏：此指魏国。

③ 责之宋：使宋偿还。鲍本："可责其偿。"

译文   在濮水上的那次战役中，齐国的将领声子阵亡，章子
逃跑，田盼对齐宣王说："不如把我们的余粮送给宋
国，宋王一定很高兴，魏国就不敢越过宋国来进攻齐
国。齐国本来就很衰弱，这是用送余粮的办法收买宋
国。将来齐国再强盛了，即使再去向宋国讨还这笔债
务，是可以的；如果宋国不肯偿还，我们就用这个为

借口去攻打他们，也是可以的。"

齐闵王之遇杀

原文　齐闵王之遇杀，其子法章变姓名，为莒太史家庸夫。太史敫女，奇法章之状貌，以为非常人，怜而常窃衣食之①，与私焉。莒中及齐亡臣相聚，求闵王子，欲立之。法章乃自言于莒，共立法章为襄王。襄王立，以太史氏女为王后，生子建。太史敫曰："女无媒而嫁者，非吾种也，污吾世矣②。"终身不睹③。君王后贤，不以不睹之故，失人子之礼也。

注释　① 常窃衣（yī）食（sì）之：经常私下拿衣服给他穿，拿食物给他吃。

② 媒：姚本作"谋"，姚本曰："一作'媒'。"按："媒"字是，故据改。污我世：玷污了我的世族。

③ 睹：见。

译文　齐闵王被淖齿杀死以后，他儿子法章改变姓名，隐藏在莒地太史家里做佣人。太史敫的女儿，对法章的言谈举止感到很奇怪，认为他不是个普通的人，很怜爱他，并且经常私下里拿衣服给他穿，拿食物给他吃，和他私通。莒地中的民众和齐国逃亡的大臣相聚一起，寻找闵王的儿子，想要立他为王。法章于是就向莒地人谈了自己的身世，臣民们共立法章为襄王。襄王即位，把太史的女儿立为王后，生了太子建。太史敫说："女儿没有媒妁之言就出嫁，这不是我的女儿，她玷污了我的世族。"终生不去见女儿。王后很贤惠，不因为父亲不见她的缘故，而丧失做女儿的礼节。

原文　襄王卒，子建立为齐王。君王后事秦谨，与诸侯信，以故建立四十有余年不受兵①。秦昭王尝使使者遗君王后玉连环②，曰："齐多知，而解此环不③？"君王后以示群臣，群臣不知解。君王后引椎椎破之④，谢秦使曰："谨以解矣。"

注释　① 受兵：遭受兵祸。

② 昭王：姚本作"始皇"，鲍本作"昭王"。从鲍本。

③ 知：同"智"。而：通"能"。不：即否字。

④ 椎（zhuī，又读chuí）：捶击具。前一个"椎"为名词，后一个"椎"为动词。

译文 齐襄王死了，太子建立为齐王。王太后侍奉秦国十分谨慎，与诸侯交往很讲信用，因为这个缘故，太子建即位四十余年，齐国没有遭受兵祸。秦昭王曾经派遣使者赠给王太后玉连环，说："齐国的聪明人很多，能否解开这个玉连环？"王太后把这个玉连环拿给群臣看，群臣不知道怎么解开。王太后就拿起推子把玉连环捶断，向秦国使者谢罪说："就用这种办法解开了。"

原文 及君王后病且卒，诫建曰："群臣之可用者某。"建曰："请书之。"君王后曰："善。"取笔牍受言①。君王后曰："老妇已忘矣②！"君王后死，后后胜相齐，多受秦间金玉，使宾客入秦，皆为变辞③，劝王朝秦，不修攻战之备。

注释 ① 牍（dú）：木简。
② 忘：姚本作"亡"，鲍本作"忘"，从鲍本。鲍本："详其旨，盖怒建之不心受，托以病昏耳。"

③ 后胜：疑为君王后同族。间（jiàn）：间谍。变辞：变诈之
辞。鲍本："变辞，变诈之辞。盖使者还，以恐动王也。"

译文　到王太后病危将死的时候，她告诫齐王建说："群臣
之中可信用的有某某。"太子建说："请您写下他们的
名字。"王太后说："好。"就让人拿来笔和木简准备
记下王太后的话。王太后说："我已经忘了！"王太后
死后，后胜做了齐国的相国，他接受了很多秦国间谍
送的黄金美玉，派宾客到秦国去，归来说的都是一些
变诈之辞，劝说齐王去朝拜秦国，从不修整国内的攻
守战备之具。

齐王建入朝于秦

原文　齐王建入朝于秦，雍门司马前曰①："所为立王者，为
社稷耶？为王立王耶？"王曰："为社稷。"司马曰："为
社稷立王，王何以去社稷而入秦？"齐王还车而反。

即墨大夫以雍门司马谏而听之，则以为可与为谋②，

即入见齐王曰："齐地方数千里，带甲数百万③。夫三晋大夫，皆不便秦，而在阿、鄄之间者百数，王收而与之百万之众，使收三晋之故地，即临晋之关可以入矣④；鄢、郢大夫，不欲为秦，而在城南下者百数⑤，王收而与之百万之师，使收楚故地，即武关可以入矣。如此，则齐威可立，秦国可亡。夫舍南面之称制⑥，乃西面而事秦，为大王不取也。"齐王不听。

注释

① 雍门司马，齐国都城临淄的雍门掌兵之官。雍门，齐都临淄的城门之一。

② 以：认为。姚本"以"作"与"，黄丕烈《札记》认为："与"当作"以"，从黄说。与：和。姚本"与"作"可"，黄丕烈《札记》认为："可"当作"与"，从黄说。

③ 百：鲍本改为"十"，下同。可供参考。

④ 阿：齐国邑名，在今山东省阳谷县东北五十里。鄄（juàn）：齐国邑名，在今山东省鄄城县北二十里。临晋之关：指蒲津关，在今山西省永济市西。

⑤ 城南下：即南城下。南城，齐威王派檀子所守卫的城市。

⑥ 称制：犹言称王。制，指君主的政令。

译文 齐王建将要到秦国去入朝称臣，雍门司马前来劝谏说："我们所立大王的原因，是为国家呢？还是为了立王而立王呢？"齐王说："是为了国家。"雍门司马说："为了国家立王，大王凭什么离开国家到秦国去？"齐王这才调转车头返回都城。

即墨大夫认为齐王接受了雍门司马的劝谏，就认为可以和他商量计谋，立刻去入见齐王说："齐国土地方圆数千里，带甲的士兵数百万。那些三晋的大夫，都不愿意靠近秦国，仅住在阿地、鄄地之间的就有几百人，大王收罗他们，并给他们数百万军队，让他们去收复三晋原来的土地，即使是临晋之关也可以攻打下来，鄢地、郢地的大夫，不想为秦国效劳，而住在南城下的就有几百人，大王收罗他们，并给他们百万军队，让他们去收复楚国原来的土地，即使是武关也可以攻打下来。如果能这样，那么齐国的威信就可以树立起来，秦国就会被灭亡。如果您抛弃面南称王的想法，却要向西去侍奉秦国，这是大王不应该采取的办法。"齐王没有听从他的意见。

原文　秦使陈驰诱齐王内之^①，约与五百里之地，齐王不听即墨大夫而听陈驰，遂入秦。处之共松柏之间^②，饿

而死。先是，齐为之歌曰："松邪！柏邪！住建共者，
客耶③！"

注释　①陈驰：疑为齐国内奸。

②处：处置，此指软禁。共（gōng）：秦国地名，在今河南
省辉县。

③客：齐国入秦之客，指陈驰。

译文　秦国派陈驰诱骗齐王到秦国去，说是订立送给齐国
五百里土地的盟约，齐王不听即墨大夫的劝谏而听信
陈驰的谎言，于是就到秦国去了。秦王把齐王软禁在
共地的松柏林里，饥饿而死。在这件事之前，齐国有
人为这事唱道："松树啊！柏树啊！让王建住在共地
的人，就是那位齐国到秦国去的客人啊！"

齐以淖君之乱

原文　齐以淖君之乱仇楚①。其后秦欲取齐，故使苏涓之
楚，令任固之齐②。齐明谓楚王曰③："秦王欲楚，不

若其欲齐之甚也。其使涓来，以示齐之有楚，以资固于齐④。齐见楚⑤，必受固。是王之听涓也，适为固驱以合齐、秦也⑥。齐、秦合，非楚之利也。且夫涓来之辞，必非固之所以之齐之辞也⑦。王不如令人以涓来之辞谩固于齐⑧，齐、秦必不合。齐、秦不合，则王重矣。王欲收齐以攻秦，汉中可得也。王即欲以秦攻齐，淮、泗之间亦可得也。"

注释

① 淖君：即淖齿。仇楚：仇恨楚国。姚本此句作"齐以淖君之乱秦"。"乱"下，姚宏云：一本添"仇"字。金正炜本曰：《史记·田世家》，"楚使淖齿将兵救齐，因相齐湣王，淖齿遂杀湣王而与燕共分齐之侵地卤（lǔ）器"此《策》疑当作"仇楚"。金说是，从金说。

② 取：此指联合。鲍本："与齐合。"苏涓、任固：两人都是秦国人。

③ 齐明：楚国大臣。

④ 以示齐之有楚：以秦国有楚国的亲近给齐国看，犹言向齐国表示秦国有楚国的亲近。鲍本："以有楚之亲示齐。"以资固于齐：用来资助任固在齐国的游说。鲍本："为任固资。"

⑤ 齐见楚：犹言齐国看到楚国和秦国亲近。

⑥ 是王之听涓也：缪文远本认为："'之听涓也'四字当在'齐

见楚'三字下。"可供参考。驱：逼迫。

⑦ 涓来之辞，必非固之所以之齐之辞：苏涓来楚国的言辞，一定不是任固到齐国的言辞。鲍本："涓之辞必厚楚而薄齐，固之辞必厚齐而薄楚。"

⑧ 谩：欺骗。

译文　齐国因为淖齿造成的动乱仇恨楚国。后来，秦国想要联合齐国，所以派苏涓到楚国去，派任固到齐国去。齐明对楚王说："秦昭王想要联合楚国，不如他想要联合齐国迫切。他派苏涓来楚国，是向齐国表示秦国有楚国的亲近，用这种办法帮助任固在齐国游说。齐国看到楚国和秦国亲近，一定接受任固的游说。这是大王听信苏涓的话，恰巧帮助任固逼迫齐国和秦国联合。如果齐国和秦国联合，对楚国是很不利的。再说苏涓来我国说的话，一定和任固到齐国所说的话完全不一样。大王不如把苏涓来我国说的话告诉齐国，使齐国明白任固是在欺骗他们，齐国、秦国一定不能联合。齐国、秦国不能联合，那么大王的地位就很重要了。大王如果想联合齐国进攻秦国，那么汉水中游的土地就可以得到。大王如果想靠近秦国而进攻齐国，那么淮水、泗水之间的土地也可以得到。"

楚策一

齐楚构难

原文 齐、楚构难①，宋请中立。齐急宋②，宋许之。子象为楚谓宋王曰③："楚以缓失宋④，将法齐之急也。齐以急得宋，后将常急矣。是从齐而攻楚，未必利也。齐战胜楚，势必危宋；不胜，是以弱宋干强楚也。而令两万乘之国，常以急求所欲，国必危矣。"

注释 ① 构难（nàn）：结下怨仇。构，结成。难，怨仇。

② 急：逼迫。

③ 子象：楚人。

④ 缓：宽松，宽厚。

译文 齐国、楚国结下了怨仇，宋国请求中立。齐国逼迫宋国跟随自己，宋国只得答应。子象为了楚国的利益对宋王说："楚国因为宽厚失掉了宋国，准备效法齐国逼迫宋国。齐国因为用逼迫的办法得到了宋国，今后将要经常采用这种办法对待宋国了。再说这是跟随齐国进攻楚国，未必会对宋国有利。如果齐国战胜楚国，势必危害宋国；如果不胜，这是用弱小的宋国冒犯强大的楚国。使两个拥有万辆兵车的大国，经常用逼迫的办法求得它们所要得到的，国家一定危险了。"

五国约以伐齐

原文

五国约以伐秦①。昭阳谓楚王曰②："五国已破秦，必南图楚③。"王曰："然则奈何？"对曰："韩氏辅国也④，好利而恶难⑤。好利，可营也⑥；恶难，可惧也。我厚赂之以利，其心必营。我悉兵以临之⑦，其心必惧我。彼惧吾兵而营我利，五国之事必可败也⑧。约绝之后，虽勿与地可⑨。"

楚王曰："善。"乃命大公事之韩，见公仲曰⑩："夫牛阑之事⑪，马陵之难，王之所亲见也⑫。王苟无以五国用兵，请效列城五，请悉楚国之众也，以图于齐⑬。"

齐之反赵、魏之后，而楚果弗与地，则五国之事困也⑭。

一

注释　① 五国：指楚、韩、魏、燕、赵五国。约：以语言或文字互订共守的条件。此犹言联合。伐秦：姚本作"伐齐"。鲍本"'齐'下有'秦'字，原注'衍齐字'。"从鲍本改。

② 昭阳：楚国将领。楚王：指楚顷襄王，名横，前298—前263年在位。

③ 五国已破秦：姚本作"五国以破齐秦"。鲍本无"齐"字，以作"已"。从鲍本。图：谋取。

④ 韩氏：即韩国。辅国：犹言唇齿相依之国。

⑤ 好利：喜欢好处。利，利益，此犹言好处。恶难（wù nàn）：讨厌危难。

⑥ 可营：可以使它迷惑混乱。营，通"萦（yíng）"，惑乱。一说，鲍本："营，犹求。可使求我。"可供参考。

⑦ 悉兵：尽其全部兵力。临之：面对韩国。因为韩国惧怕危难，所以楚国用强大的兵力威胁它。

⑧ 败：破坏。

⑨ 勿与地：不给它土地。地，指后文中的"城五"。

⑩ 大公事：楚国大臣。公仲：韩国相国。

⑪ 牛阑之事：未详。牛阑：即牛栏山，在今北京市顺义区。

⑫ 王之所亲见也：姚本此句中"亲"字在王字前。吴师道补曰："'亲'字疑当在'见'字上。"从吴补改。

⑬ 以：与，和，跟。请效列城五：请列五城效的倒装。即请

排列出五座城池献给韩国。列，排列。效：献给。图：姚本
"图"作"廥"。鲍本："廥"作"图"，从鲍本改。

⑭困：困境。

译文　楚、韩、魏、燕、赵五国联合起来讨伐秦国。昭阳对
楚王说："五国如果攻下秦国，一定向南谋取楚国。"
楚王说："既然如此，那么怎么办？"昭阳回答说："韩
国是和我国唇齿相依的国家，他们喜欢得到好处而讨
厌危难。喜欢好处，我们可使他们迷惑混乱；讨厌危
难，我们可使他们惧怕。我们用财物贿赂他们，使他
们得到很多好处，他们的内心必然迷惑混乱。我们发
动全国的军队对付他们，他们内心一定惧怕我国。他
们惧怕我国的军队而被我国的好处所迷惑，五国联合
讨伐秦国的事一定可以破坏。盟约断绝之后，即使不
给他土地也是可以的。"

楚王说："好。"于是派大公事到韩国去，大公事拜见
公仲说："牛阑的事件，马陵的祸难，是大王亲自看
见的。大王如果不和五国一起对秦用兵，我们排列出
五座城池献给韩国，楚国的军队全部听从贵国的指
挥，以便谋取齐国。"

齐国在赵国、魏国的背后反对伐秦，楚国最后没有给
韩国土地，五国联合讨伐秦国的事处于困境。

荆宣王问群臣

原文　荆宣王问群臣曰①："吾闻北方之畏昭奚恤也，果诚何
如②？"群臣莫对。江乙对曰③："虎求百兽而食之④，
得狐。狐曰：'子无敢食我也⑤。天帝使我长百兽，今
子食我，是逆天帝命也⑥。子以我为不信⑦，吾为子
先行，子随我后，观百兽之见我而敢不走乎？'虎以
为然，故遂与之行。兽见之皆走。虎不知兽畏己而走
也，以为畏狐也。今王之地方五千里，带甲百万，而
专属之昭奚恤⑧；故北方之畏奚恤也，其实畏王之甲
兵也，犹百兽之畏虎也。"

注释　①荆宣王：楚宣王，肃王子，名良夫，前369—前340年在
位。荆，楚。
②北方：指北方各诸侯国。昭奚恤：楚国相国。果诚：果真。
③江乙：姚本作"江一"，此从鲍本。本魏人，仕于楚。为楚

国大夫。

④ 求：寻找，寻求。

⑤ 无敢：不敢。

⑥ 长百兽：为百兽之长。长：用如动词，做首领。逆：违背，违抗。

⑦ 信：老实，诚实。

⑧ 方：方圆，纵横。属：隶属，归……掌管。

译文 楚宣王问群臣说："我听说北方各国畏惧昭奚恤，果真是这样？"大臣们没有谁回答。江乙回答说："老虎寻找各种野兽吃，捉住了一只狐狸。狐狸说：'您是不敢吃我的。天帝让我做百兽的首领，现在您想吃我，这是违抗天帝的命令。您如果认为我说话不老实，我为您走在前面，您跟随在我的后面，看各种野兽见到我而敢有不逃跑的吗？'老虎认为很对，所以就跟狐狸同行。各种野兽看见他们都逃走了。老虎不知道野兽害怕自己而逃走，认为是害怕狐狸。现在大王的土地方圆五千里，披甲的士兵百万，而专归昭奚恤掌管；所以北方各国害怕昭奚恤，其实是害怕大王的军队，就像各种野兽害怕老虎一样。"

昭奚恤与彭城君议于王前

原文　昭奚恤与彭城君议于王前①，王召江乙而问焉。江乙曰："二人之言皆善也，臣不敢言其后②。此谓虑贤也③。"

注释　① 彭城君：楚人。彭城：地名，春秋战国属宋，后属楚，地在今江苏省铜山县。议于王前：即在楚王面前议论国家大事。
② 不敢言其后：即不敢在他们议论之后再说什么。其实江乙还是有话要说，只是装得谦虚不说而已。
③ 此谓虑贤也：这就叫做不使大王怀疑贤者的言论。虑，怀疑。

译文　昭奚恤和彭城君在楚王面前议论国家大事，楚王召来江乙问昭奚恤和彭城君的议论怎么样。江乙说："两个人的言论都很好，臣下不敢在他们议论之后再说什么。这就叫做不使大王怀疑贤者的言论。"

邯郸之难

原文　邯郸之难①，昭奚恤谓楚王曰："王不如无救赵，而以强魏②。魏强，其割赵必深矣③。赵不能听，则必坚守，是两弊也④。"

景舍曰⑤："不然。昭奚恤不知也。夫魏之攻赵也，恐楚之攻其后。今不救赵，赵有亡形⑥，而魏无楚忧，是楚、魏共赵也⑦，害必深矣！何以两弊也？且魏令兵以深割赵，赵见亡形，而有楚之不救己也⑧，必与魏合而以谋楚。故王不如少出兵，以为赵援。赵恃楚劲⑨，必与魏战。魏怒于赵之劲⑩，而见楚救之不足畏也，必不释赵。赵、魏相弊，而齐、秦应楚⑪，则魏可破也。"

楚因使景舍起兵救赵。邯郸拔，楚取睢、涉之间⑫。

注释　① 邯郸之难：即邯郸之战。周显王十五年，即前354年，赵国进攻卫国，魏国援救卫国，围攻赵都邯郸。邯郸，赵国都城，在今河北省邯郸市。
② 以强魏：来加强魏国的力量，即使魏国的力量加强。

③割赵必深：割取赵国的土地一定很多。深，远，严重。此犹言很多。

④听：顺从，听从。两弊：两败俱伤。弊，败，疲困。

⑤景舍：楚国大臣。

⑥亡形：灭亡的形迹，灭亡的征兆。

⑦楚、魏共赵：楚国、魏国共同攻打赵国。

⑧见（xiàn）：同"现"，显露。有：一本作"知"。有，此犹言内心想到。

⑨劲（jìn）：强大，坚强而有力。

⑩魏怒于赵之劲：魏国被赵国顽强抵抗的精神所激怒。劲（jìn）：积极兴奋的精神或情绪。此犹言顽强抵抗的精神。

⑪齐、秦应楚：齐国、秦国乘楚国援救赵国之机起兵攻打魏国。非与楚联合。应，乘机。

⑫睢：睢水，自河南省陈留县经睢县、宁陵、夏邑、永城入江苏铜山县。涉（wèi）：涉水，即河南、安徽两省境内的古涣水。

译文　邯郸之战，昭奚恤对楚宣王说："君王不如不援救赵国，而使魏国的力量增强。魏国的力量强大，恐怕割取赵国的土地一定很多了。赵国不顺从，那么必定坚守，这是使他们两败俱伤的好办法。"

景舍说："不是这样。昭奚恤的做法是不明智的。魏国攻打赵国，担心楚国从后面进攻它。现在不援救赵国，赵国就有灭亡形迹，而魏国没有楚国攻其后的忧虑，这是楚国、魏国共同攻打赵国，对赵国的危害一定很深重！凭什么说是两败俱伤？况且魏国已经命令士兵割取了赵国很多土地，赵国已经显露出灭亡的征兆，而内心有了楚国不援救自己的想法，必然与魏国联合起来而图谋楚国。所以君主不如少出些军队，作为赵国的援兵。赵国依仗楚国的强大有力，必定与魏国死战。魏国被赵国的顽强抵抗精神所激怒，而且看到楚国的援救不值得畏惧，一定不肯放弃灭亡赵国的机会。赵国、魏国互相拼得两败俱伤，而齐国、秦国乘楚国援救赵国之机起兵攻打魏国，那么魏国是可以打败的。"

楚国因此派景舍领兵援救赵国。赵国的邯郸被魏国攻占以后，楚国占取了睢水、涉水之间的大片土地。

江乙欲恶昭奚恤于楚王

原文 江乙欲恶昭奚恤于楚王，而力不能，故为梁山阳君请封于楚^①。楚王曰："诺。"昭奚恤曰："山阳君无功于楚国，不当封^②。"江乙因得山阳君与之共恶昭奚恤。

注释 ① 江乙：姚本作"江尹"。鲍本："乙也。"从鲍本。欲恶昭奚恤于楚王：想要使楚宣王讨厌昭奚恤。山阳君：魏人。山阳：魏国地名，在今河南省修武县。
② 不当封：不应该加封。

译文 江乙想要使楚宣王讨厌昭奚恤，可是感到自己的力量不够，所以就替魏国山阳君向楚宣王请求封赏。楚宣王说："好。"昭奚恤说："山阳君对楚国没有功劳，不应当加封。"江乙因此取得山阳君的好感，跟他共同讨厌昭奚恤。

魏氏恶昭奚恤于楚王

原文　魏氏恶昭奚恤于楚王，楚王告昭子①。昭子曰："臣朝夕以事听命，而魏入吾君臣之间②，臣大惧。臣非畏魏也！夫泄吾君臣之交，而天下信之，是其为人也近苦矣③。夫苟不难为之外，岂忘为之内乎④？臣之得罪无日矣。"王曰："寡人知之，大夫何患？"

注释　① 魏氏：此指山阳君，因为他是魏国人，所以这样称呼。昭子：即昭奚恤。

② 臣朝夕以事听命：臣下早晚侍奉君王听从命令。言其君臣关系密切，忠于为臣之道。入吾君臣之间：进入我们君臣之间进行挑拨、扰乱。

③ 泄：减。犹言疏远。苦：恶。

④ 夫苟不难为之外：即夫苟外为之不难的倒装。其意为假如一个外国人这样做感到不难。岂忘为之内：即岂内忘为之的倒装。其意为难道国内别有用心的人会忘记这样干吗？

译文　魏国人在楚宣王面前表示讨厌昭奚恤，楚宣王告诉了昭奚恤。昭奚恤说："臣下早晚侍奉君王听从命令，然而一个魏国人在我们君臣之间挑拨扰乱，臣下很害怕。臣下不是害怕这个魏国人！那疏远我们君臣之间感情，而使天下人相信是真的，这样的人为人也太恶了。假如一个外国人这样做感到不难，难道国内别有用心的人会忘记这样干吗？臣下得罪的日子没有几天了。"宣王说："我知道这些事情，大夫担心什么？"

江乙恶昭奚恤

原文 江乙恶昭奚恤[1]，谓楚王曰："人有以其狗为有执而爱之[2]。其狗尝溺井[3]。其邻人见狗之溺井也，欲入言之。狗恶之，当门而噬之[4]。邻人惮之，遂不得入言。邯郸之难，楚进兵大梁，取矣[5]。昭奚恤取魏之宝器，以居魏知之，故昭奚恤常恶臣之见王。

注释 ①江乙：即江一，又称江尹。

②有执：有守。犹言很会看守门户。

③溺：小便。此名词用如动词，撒尿。

④当门：守门。噬（shì）：咬。

⑤取：夺取，攻占。一说，"取"，鲍本作"拔"，可供参考。

译文　江乙讨厌昭奚恤，对楚宣王说："有一个人认为他的狗很会看守门户而宠爱它。他的狗曾经往井里撒尿。他的邻人看见狗往井里撒尿，想要进去告诉它的主人。狗却很讨厌他，守住大门而咬他。邻人惧怕狗的凶恶，于是就不敢进去说话了。邯郸之战，楚国进兵大梁，攻占了它。昭奚恤取得了魏国很多的宝器，因为臣下那时居住在魏国是完全清楚的，所以昭奚恤非常讨厌臣下来进见大王了。

江乙欲恶昭奚恤于楚

原文　江乙欲恶昭奚恤于楚，谓楚王曰："下比周，则上危；下分争，则上安①。王亦知之乎？愿王勿忘也。且人有好扬人之善者，于王何如？"王曰："此君子也，近之。"江乙曰："有人好扬人之恶者，于王何如？"王曰："此小人也，远之。"江乙曰："然则且有子杀其父，臣弑其主者，而王终已不知者②，何也？以王好

闻人之美而恶闻人之恶也。"王曰："善。寡人愿两
闻之③。"

注释 ① 比周：植党营私。比，与坏人勾结；周，与人团结。比周
连用，义同"比"。上危：在上位的人危险。分争：互相争夺。
上安：在上位的人安全。

② 终已：最终。一说，曾修本，"已"作"己"，解为自己，
亦通。

③ 两闻之：犹言好事、坏事都听。

译文 江乙想要在楚国中伤昭奚恤，对楚宣王说："在下位
的人植党营私，那么居上位的人就危险；在下位的人
互相争夺，那么居上位的人就安全。大王知道这个道
理吗？希望大王不要忘记。有人喜欢宣扬别人善良的
地方，大王认为这个人怎么样？"楚宣王说："这人是
君子，接近他。"江乙说："有人喜欢宣扬别人丑恶的
地方，大王认为这个人怎么样？"楚宣王说："这人是
小人，疏远他。"江乙说："虽然这样，那么有一个做
儿子的杀了他父亲，做臣子的杀了他的国君，然而大
王最终还不知道，为什么？因为大王喜欢听别人的好
事而讨厌听别人的坏事。"楚宣王说："好。我愿意别

人的好事坏事都听。"

江乙说于安陵君

原文　江乙说于安陵君曰①："君无咫尺之功，骨肉之亲，处尊位，受厚禄，一国之众，见君莫不敛衽而拜，抚委而服②，何以也?"曰："王过举而已③。不然，无以至此。"

江乙曰："以财交者，财尽而交绝；以色交者，华落而爱渝④。是以嬖女不敝席，宠臣不避轩⑤。今君擅楚国之势，而无以深自结于王，窃为君危之。"安陵君曰："然则奈何?""愿君必请从死，以身为殉，如是必长得重于楚国。"曰："谨受令⑥。"

注释　① 安陵君：名壇（tán，又读 dān），楚宣王的宠臣。安陵：楚国地名，在今河南省鄢城县东南，不是魏国的安陵。

② 无咫尺之功：形容没有一点功劳。咫，古代长度名，咫尺，比喻微小。功，姚本作"地"，鲍本作"功"，从鲍本。敛衽（rèn）：

犹言敛袂，整一整衣袖。抚委：拍打礼服。委，礼服。一
说，抚委，犹言弯腰鞠躬以示恭敬。抚，伛（yǔ）；委，曲。
亦通。

③过举：过分抬举。

④华落：犹言美色衰落。华，同"花"。渝：改变。

⑤嬖（bì）女：受宠幸的美女。不敝席：不等席子破了。言
时间之短。避：退。一说：避，是"敝"字之误，亦通。轩：
古代一种前顶较高而有帷幕的车子，供大夫以上乘坐。

⑥受令：犹言接受教导。

译文 江乙向安陵君游说："您对楚国没有一点功劳，与楚
王没有楚肉之亲，却身居尊贵的地位，享受优厚的俸
禄，整个国家的人，看见您没有一个不整理衣袖参
拜，拍打礼服表示服从的，凭什么？"安陵君说："这
是因为君王过分抬举罢了。不是这样，没有什么原因
能达到这种地步。"

江乙说："用财物交往的人，财物用尽交情就断绝；
用女色交往的人，美色衰减爱心就会改变。因此受宠
幸的美女不等座席破就被疏远了，受宠幸的臣子不等
车破退回就不被信任了。如今您独揽楚国的权势，而

自己不用什么办法与君王深交，我私下里为您感到危
险。"安陵君说："既然如此，那么怎么办？"江乙说：
"希望您一定向君王请求跟他一起死，把自己做君王
的殉葬品。如此一定能在楚国长久得到重用。"安陵
君说："虚心地接受您的教导。"

原文 三年而弗言①。江乙复见曰："臣所为君道②，至今未
效。君不用臣之计，臣请不敢复见矣。"安陵君曰：
"不敢忘先生之言，未得间也③。"

于是，楚王游于云梦，结驷千乘，旌旗蔽日，野火之
起也若云霓，兕虎嗥之声若雷霆，有狂兕牂车依轮而
至，王亲引弓而射，壹发而殪④。王抽旃旄而抑兕
首⑤，仰天而笑曰："乐矣，今日之游也。寡人万岁千
秋之后，谁与乐此矣⑥？"安陵君泣数行而进曰："臣
入则编席，出则陪乘⑦。大王万岁千秋之后，愿得以
身试黄泉，蓐蝼蚁，又何如得此乐而乐之⑧。"王大
说，乃封缠为安陵君⑨。

君子闻之曰："江乙可谓善谋，安陵君可谓知时矣⑩。"

注释 ① 三年而弗言：三年没有说江乙教给他的话。这句话的主语

是安陵君。

② 道：方法，此犹言计谋。

③ 未得间（jiàn）：犹言没有找到机会。间：空隙，犹言机会。

④ 云梦：楚国大泽名，在今湖北省安陆市。结：连接。驷：四马。霓：虹。兕（sì）：犀牛。嗥（háo）：野兽吼叫。跸（xiáng）：快步而行。姚本作"牂"，鲍本作"跸"，从鲍本。殪（yì）：死。

⑤ 旃（zhān）：旗的曲柄。旄（máo）：古时旗杆头上用旄牛尾作的装饰。抑：按着，压住。

⑥ 万岁千秋：犹言死去。谁与：与谁，跟谁。

⑦ 编席：次席，犹言紧坐在楚王的下面。陪乘：陪坐一辆车。

⑧ 身试黄泉：亲身试探黄泉，犹言以身相殉，跟君王一起死。蓐（rù）：本指陈草复生。引申为草垫子、草席。此指作草席。

⑨ 缠：安陵君名。姚本作"壇"，乃"缠"字之误。

⑩ 知时：知道时机，犹言会掌握时机。

译文　安陵君三年没说江乙教的话。江乙又进见安陵君说："我所教您的计谋，时至今日没有见效。您不用我的计谋，我不敢再来见您了。"安陵君说："不敢忘记先生的话，是没有找到有利时机说。"

在这时候，楚宣王到云梦游猎，四马拉的车子上千辆，旌旗遮住了太阳，点燃的大火像云彩霓虹，犀牛老虎嗥叫的声音像雷霆，有一条发狂的犀牛依着车辆快步来到近前，宣王亲自拉弓而射，一箭就射死了。宣王抽出有旄牛尾装饰的旗帜的曲柄而压住犀牛的头，仰天大笑说："真快乐呀，今天的游猎。寡人死去以后，跟谁一起有这样的快乐呢？"安陵君流着眼泪进见说："臣下进入王宫紧坐在大王的下面，外出则与君王同乘一辆车。大王万岁千秋之后，我希望跟随您一起死，给王当草席以防御蝼蛄蚂蚁，又哪里有比这种欢乐更欢乐的事情。"宣王非常高兴，于是就封他为安陵君。

君子听到这件事说："江乙可以说是善于出谋划策，安陵君可以说是会掌握时机。"

江乙为魏使于楚

原文 江乙为魏使于楚①，谓楚王曰："臣入竟，闻楚之俗，

不蔽人之善，不言人之恶②，诚有之乎?"王曰:"诚
有之。"江乙曰:"然则白公之乱，得无遂乎③? 诚如
是，臣等之罪免矣④。"楚王曰:"何也?"江乙曰:"州
侯相楚，贵甚矣而主断，左右俱曰'无有⑤'，如出
一口矣。"

注释　　① 江乙为魏使于楚：江乙为魏国出使到楚国。此事指江乙仕
楚之前，居住在魏国的时候。

② 竟：同"境"，边境。蔽：遮蔽，犹言掩盖。言：用如动词，
说，谈论。

③ 白公之乱：白公胜所制造的祸乱。白公名胜，楚国故太子
建之子。太子建因费无极之谗，逃奔宋国，后又逃奔郑国，
被郑国所杀，胜逃往吴国。楚惠王时召他回国，封为白公。
周敬王四十一年，也就是楚惠王十年，白公请兵伐郑，子西
不从，胜杀子西、子期，劫惠王，白公胜被叶公诸梁所讨伐，
白公上吊自杀。事见《左传·哀公十六年》。白，楚国地名，
在今河南省息县东，后称白公城。得无：莫非，是不是。遂：
成功，顺利。

④ 臣等之罪免矣：臣下们的罪过就可以免除了。其意是说有
罪过不说，就不会有罪了。

⑤ 州侯：受楚王宠信的人，封于州，故称州侯。州，楚国地

名，在今湖北省监利县东，今称州陵城。主断：专断，独断专行。无有：犹言世上没有能赶上他的人。

译文　江乙为魏国出使到楚国，对楚宣王说："臣下进入国境，听说楚国有这样一种风俗，不掩盖别人的善良，不谈论别人的邪恶，果真是这样吗？"楚宣王说："果真是这样。"江乙说："既然这样，那么白公所制造的祸乱，莫非成功了吗？果真像这样，臣下们的罪过就可以免除了。"楚宣王说："为什么？"江乙说："州侯辅佐楚国，尊贵已极并独断专行，可是他左右的人都说'世上没有能赶得上他的人'，像从一张嘴里说出来的一样。"

郢人有狱三年不决

原文　郢人有狱三年不决者，故令人请其宅，以卜其罪①。客因为之谓昭奚恤曰②："郢人某氏之宅，臣愿之③。"昭奚恤曰："郢人某氏，不当服罪，故其宅不得④。"

客辞而去。昭奚恤已而悔之，因谓客曰⑤："奚恤得事公，公何为以故与奚恤⑥？"客曰："非用故也。"曰："谓而不得，有说色，非故如何也⑦？"

注释　① 狱：讼事，罪案。决：判决。令人请其宅：使人请求买他的住宅。因为当时有罪的人住宅入官，官府可以变卖。如果官府不卖，就证明他无罪。人，姚本无"人"字，鲍本"令"下有"人"字，从鲍本。以卜其罪：用这种办法卜测他是否有罪。"以"后省略一个"之"字，"之"指代"令人请其宅"这件事。

② 客：指为别人奔走活动的人。

③ 臣愿之：犹言我希望买下它。

④ 不当服罪：犹言不应当判决有罪。不得：姚本作"不可得"，供参考。

⑤ 已而：旋即，不久。形容时间极其短暂。因：就。

⑥ 故：犹言设事以探己意。即用一件事情探明对方的意见或看法。

⑦ 谓：说。曾补本"谓"作"请"，亦通。说：同"悦"。如：犹而。

译文　郢城一个人有讼事三年没有判决，因此让一个人假装请求买他的住宅，用这件来卜测他是否有罪。受他委托的人因此为他对昭奚恤说："郢城某某人的住宅，我希望买下它。"昭奚恤说："郢城某某人，不应当判罪，所以他的住宅您是得不到的。"

受委托的人辞谢要走。昭奚恤旋即对自己说出的话很后悔，就对受委托的人说："奚恤可以侍奉您，您为什么借买房来试探我的意思？"受委托的人说："不是用事情来探听您的态度看法。"昭奚恤说："请求而没有得到，但却表现出喜悦的脸色，不是用这件事试探是什么。"

城浑出周

原文　城浑出周，三人偶行，南游于楚，至于新城①。

城浑说其令曰："郑、魏者，楚之㜐国②；而秦，楚之强敌也。郑、魏之弱，而楚以上梁应之③；宜阳之大也，楚以弱新城围之④。蒲反、平阳相去百里，秦人一夜而袭之，安邑不知⑤；新城、上梁相去五百里，

秦人一夜而袭之，上梁亦不知也。今边邑之所恃者，
非江南泗上也。故楚王何不以新城为主郡也⑥，边邑
甚利之。"

新城公大说，乃为具驷马乘车五百金之尽⑦。城浑得
之，遂南交于楚，楚王果以新城为主郡。

注释

① 城浑：周人。偶：偶合。《尔雅·释诂》："偶，合也。"新城：
原本韩邑，后入楚，地在今河南省伊川县西南。

② 耎（ruǎn）：软弱，弱小。鲍本："《集韵》，耎，弱也。"

③ 上梁：即南梁，在今河南省临汝西南四十五里。

④ 圉（yǔ）：捍御。姚本作"圉"，金正炜本认为："圉"当
为"圉"。金说是，从金说。

⑤ 蒲反：即蒲坂，魏国邑名，在今山西省永济市蒲州。平
阳：邑名，在今山西省临汾市东南。蒲坂、平阳相去四五十
里，此说"百里"；新城、上梁相去百余里，此说"五百里"。
此处有误。安邑：战国初期魏国都城，在今山西省夏县西北
十五里。

⑥ 主郡：主要郡县。

⑦ 尽："赆（jìn）"的借字，赠给人的路费或礼物。姚本此句
作"乃为具驷马乘车五百金之楚"。鲍本"楚"下有"尽"字。

从鲍本。缪文远本："按：衍'楚'字。"从缪本。

译文　城浑从周国出游，三个人相遇同行，向南到楚国游历，一直到新城。

城浑向新城的县令游说："郑国、魏国，对楚国来说是弱国；然而秦国，却是楚国的强大敌人。郑国、魏国弱，可是楚国却用上梁的兵对付它们；秦国的宜阳强大，楚国却用弱小的新城捍御它。蒲坂、平阳相距百里，秦国人一夜之间偷袭这两座城，安邑不能发觉；新城、上梁相距五百里，秦人一夜偷袭这两座城，上梁也不能发觉。如今边境城邑所依靠的，不是江南泗上。所以楚王为什么不把新城作为楚国的郡县，这对边邑的保卫太有利了。"

新城的县令非常高兴，就为城浑准备四马拉的兵车和五百两黄金的路费。城浑得到这些东西，于是向南到楚国交游，楚王果然把新城改为主要郡县。

韩公叔有齐魏

原文

韩公叔有齐、魏，而太子有楚、秦以争国①。郑申为楚使于韩，矫以新城、阳人予太子②。楚王怒，将罪之③。对曰："臣矫予之，以为国也④。臣为太子得新城、阳人，以与公叔争国而得之。齐、魏必伐韩。韩氏急，必悬命于楚，又何新城、阳人之敢求⑤？太子不胜，幸而不死，令将倒冠而至，又安敢言地⑥？"楚王曰："善。"乃不罪也。

注释

① 公叔：韩国大臣。有齐、魏：犹言有齐国、魏国的支持。鲍本："得二国之援。"太子：即几瑟。以争国：争夺相国的权位。

② 郑申：楚国大臣。矫：假托，诈称。新城：楚国地名，在今河南省伊川县南。新城本属韩国，何时为楚国所有不详。一说，新城虽为韩地，早已为秦国所有，不知何时成为楚国领土。可供参考。阳人：楚国地名，在今河南省临汝县西。予：通"与"，授予，给予。

③ 将罪之：将要惩罚他。

④ 以：而。

⑤急：危急，告急。悬命于楚：即将韩国的生命悬挂在楚国身上，其意是韩国的生死存亡关键在于楚国是否支持。何：怎么。

⑥太子不胜：太子争夺相国的权位没有胜利。鲍本："不胜公叔。"幸：姚本作"然"，鲍本作"幸"，从鲍本。倒冠：倒戴着帽子，形容十分着急。鲍本："言其归楚之疾。"安敢：何敢，哪敢。

译文　韩国公叔有齐国、魏国的支持，韩国太子有楚国、秦国支持，互相争夺相国的权位。郑申为楚国出使到韩国，诈称楚怀王的命令把新城、阳人给予太子。楚王大怒，将要惩罚他。郑申回答说："臣下诈称君王的命令把两座城送给太子，是为了国家。臣下为韩国太子得到新城、阳人，是因为他与公叔争夺而得到了相国的权位。齐国、魏国一定讨伐韩国。韩国危急，一定把存亡悬挂在楚国身上，又哪里敢求取新城、阳人？太子如果不能战胜公叔，幸而不死，现在将要倒戴着帽子急忙来投靠楚国，又哪里敢说土地的事情？楚怀王说："好。"于是就没有惩罚郑申。

楚杜赫说楚王以取赵

原文　楚杜赫说楚王以取赵^①。王且予之五大夫^②，而令私行。

陈轸谓楚王曰：'赫不能得赵，五大夫不可收也，是赏无功也^③。得赵而王无加焉，是无善也^④。王不如以十乘行之^⑤，事成，予之五大夫。"王曰："善。"乃以十乘行之。

杜赫怒而不行。陈轸谓王曰："是不能得赵也。"

注释　① 杜赫：疑为周显王、周赧王时人，东周、齐、楚、韩诸策均载其事。取赵：争取赵国支持。

② 五大夫：为楚国最高爵位名。

③ 是：姚本作"得"，鲍本作"是"，从鲍本。

④ 无善：犹言无赏。

⑤ 以十乘行之：指给杜赫十辆兵车，让他去办争取赵国的事。

译文　楚国的杜赫劝说楚王去争取赵国的支持。楚王将要授给他五大夫的爵位，并且让他私自采取行动。

陈轸对楚王说:"如果杜赫不能取得赵国的支持,赏给他五大夫的爵位就无法收回,这是赏赐没有功劳的人。如果他能得到赵国的支持,可是大王对他的赏赐却没有办法增加了,这就是没有赏赐。大王不如给他十辆兵车,让他去办争取赵国的事,事情成功以后,授给他五大夫的爵位。"楚王说:"好。"于是楚王给杜赫十辆兵车,让他去办争取赵国的事情。

杜赫听后大怒,不肯出行。陈轸对楚王说:"这是他不能争取到赵国的支持。"

楚王问于范环

原文　楚王问于范环曰①:"寡人欲置相于秦,孰可?"对曰:"臣不足以知之。"王曰:"吾相甘茂可乎?"范环对曰:"不可。"王曰:"何也?"曰:"夫史举②,上蔡之监门也。大不知事君,小不知处室,以苟廉闻于世③,甘茂事之顺焉。故惠王之明,武王之察,张仪之好谮④,甘茂事之,取十官而无罪,茂诚贤者也,然而不可相秦。秦之有贤相也，非楚国之利也。且王尝用滑于越而纳句章，昧之难，越乱，故楚南察濑湖而郡江东⑤。计王之功所以能如此者，越乱而楚治也。今王以用之于越矣，而忘之于秦，臣以为王钜速忘矣⑥。王若欲置相于秦乎？若公孙郝者可⑦。夫公孙郝之于秦王，亲也。少与之同衣，长与之同车，被王衣以听事，真大王之相已。王相之，楚国之大利也。"

注释

① 范环：其人身世不详。《史记》作"范蜎（xuān）"，《索隐》引《战国策》作"范蠡（yuán）"，皆因音形相近而误。《韩非子》作"干象"，可供参考。

② 史举：甘茂的老师。

③ 知：姚本作"如"，鲍本作"知"，从鲍本。苛廉：过于廉洁。

④ 谮（zèn）：进谗言，说人坏话。

⑤ 滑：即召滑。召字有的写作昭、卓、淖，都是一声之转。句章：越国地名，在今浙江省余姚市东南。昧：即唐昧，楚国将领。楚怀王二十八年，秦、齐、韩、魏一起攻打楚国，杀死唐昧；一说，昧，越国地名（今地不详）。可供参考。察：犹言治理，掌管。濑湖：地名，今地不详；一说，濑湖，即厉门，今地不详。姚本作"濑胡"，鲍本作"濑湖"，从鲍本。

郡江东：以江东为郡，意谓吴越之地皆为楚国所有。郡，姚
本作"野"，缪文远本作"郡"，从缪说。

⑥钜（jù）速忘：犹言太健忘。钜，大。

⑦公孙郝：楚国大臣。《史记》作"向寿"，可供参考。

译文　楚怀王问范环说："寡人想在秦国安排一个相国，你看谁可以？"范环说："臣下不能知道此事。"楚怀王说："我安排甘茂去做相国可以吗？"范环回答说："不可以。"楚怀王问："为什么？"范环说："史举原来是上蔡的看门人。往大说他不知道如何侍奉君王，往小说他不知道怎样处理好家务事，以过于廉洁闻名于世，甘茂侍奉他却十分顺从。所以，像惠王那样的贤明，武王那样明察，张仪那样喜欢说别人坏话，让甘茂去侍奉他们，获得十个官职也不会有罪过，甘茂的确是一个贤能的人，然而却不可以让他去秦做相国。秦国有贤能的相国，并非对楚国有利。再说大王曾经派召滑到越国为相，接收了句章，引出了唐昧之难，但因越国内乱，所以楚国仍能向南收管濑湖而以江东为郡。算计一下，大王的功业之所以能达到如此程度，是因为越国内乱而楚国得到了治理。如今大王对越已经用过这种策略，却忘记对秦国使用它，臣下

认为大王太健忘了。大王果真想在秦国安排相国吗？
像公孙郝那样的人就可以。公孙郝和秦王的关系很亲
密。年少时他与秦王同穿一件衣服，长大以后与秦王
同坐一辆车，披着秦王的衣服处理公事，他可真是大
王应该派去做相国的人选了。如果大王派他去做相
国，对楚国是非常有利的。"

苏秦为赵合从说楚威王

原文　苏秦为赵合从，说楚威王曰①："楚，天下之强国也。
大王，天下之贤王也。楚地西有黔中、巫郡，东有夏
州、海阳，南有洞庭、苍梧，北有汾陉之塞、郇
阳②。地方五千里，带甲百万，车千乘，骑万匹，粟
支十年，此霸王之资也③。夫以楚之强与大王之贤，
天下莫能当也④。今乃欲西面而事秦，则诸侯莫不西
面而朝于章台之下矣⑤。秦之所害于天下莫如楚⑥，
楚强则秦弱，楚弱则秦强，此其势不两立。故为王至
计，莫如从亲以孤秦⑦。大王不从亲，秦必起两军：
一军出武关⑧；一军下黔中。若此，则鄢、郢动矣⑨。

臣闻治之其未乱，为之其未有也；患至而后忧之，则无及矣⑩。故愿大王之早计之。

注释

① 苏秦为赵合从：苏秦替赵王推行合纵之策。此事发生在楚威王七年，赵肃侯十七年，即前333年。赵：此指赵王，即赵肃侯，前349—前326年，在位二十四年。合从：战国时弱国联合进攻强国，称为合纵。从，通"纵"。说，南北为纵，六国地连南北，故六国联合抗秦谓之合纵。楚威王：名熊商，宣王子，怀王父，前339年—前329年在位十一年。

② 夏州：地名，在今湖北省江陵县，一说，在湖北省旧夏口县北。海阳：地名，今地未详，楚国东部边境。鲍注："海之南耳，非辽西郡也。"一说，在广陵东，今扬州海陵，可供参考。苍梧：地名，在今湖南省零陵县及广西壮族自治区苍梧县一带。汾：即汾丘，在今河南省襄城县东北。陉：即陉山，在今河南省新郑市南。郇阳：即旬关，在今陕西省旬阳县东。郇：通"旬""询"。

③ 粟支十年：粮食可以支持十年。粟，粮食的通称。资：资本，犹言根基。

④ 当：抵敌，抵挡。

⑤ 西：姚本作"南"，鲍本《史记》均作"西"，从鲍本、《史记》。章台：战国时秦国离宫的台名，此代指宫殿名。

⑥害：妒忌。

⑦至计：最好的计策。至，最，极。从亲：即亲纵，亲近合纵，犹言参加合纵。

⑧武关：秦国地名，在今陕西省商县东。

⑨动：动摇。

⑩患：祸患。矣：姚本作"已"，此从鲍本改。

译文　苏秦为赵王推行合纵之策，游说楚威王说："楚国，是天下强大的国家。大王，是天下贤明的君王。楚国的土地西面有黔中、巫郡，东面有夏州、海阳，南面有洞庭、苍梧，北面有汾丘、陉山、郇阳的要塞。土地方圆五千里，甲兵百万，战车千辆，战马万匹，粮食可以支持十年，这真是霸王的资本呀。依凭楚国的强盛和大王的贤明，天下没有一个国家可以抵挡的。可是如今竟想要面向西去侍奉秦国，那么诸侯没有一个不面向西而朝拜在章台之下了。秦国所妒忌的在天下没有谁能赶上楚国，楚国强大那么秦国就弱小了，楚国弱小那么秦国就强大了，这是势不两立的。所以为大王谋划最好的计策，没有什么能赶得上亲近合纵来孤立秦国了。如果大王不亲近合纵，秦国一定派出两支军队来攻打楚国：一支军队从武关出动；一支军队从黔中而下。如果这样，那么鄢、郢就要动摇了。臣下听说治国当在未乱以前，谋事当在事情没发生以前；祸患到来以后方才忧愁，那么就来不及了。所以希望大王趁早谋虑这件事。

原文

"大王诚能听臣，臣请令山东之国，奉四时之献，以承大王之明制，委社稷宗庙，练士厉兵，在大王之所用之①。大王诚能听臣之愚计，则韩、魏、齐、燕、赵、卫之妙音美人，必充后宫矣②。赵、代良马橐驼③，必实于外厩。故从合则楚王④，横成则秦帝。今释霸王之业⑤，而有事人之名，臣窃为大王不取也。

注释

①诚：果真，的确。奉：进献。献：本谓献祭，引申为进物以表敬意。明制：明白的节制。厉兵：磨砺兵器。厉，同"砺"。在：在于，犹言任凭、听凭。

②妙音：美好动听的音乐。充：充满。

③橐（tuó）驼：即骆驼。姚本作"他"，鲍本作"驼"，从鲍本。

④王（wàng）：用如动词，成就王业，君临一国。

⑤释：通"舍"，舍弃，抛弃。

译文　"大王果真能听臣下的话，臣下可以使华山以东的各诸侯国，贡献四时的物品，承受大王明白的节制，委托国家宗庙，训练士卒磨砺兵器，任凭大王使用他们。大王果真能听从臣下的计谋，那么韩国、魏国、齐国、燕国、赵国、卫国的美好动听的音乐漂亮的女子，一定充满后宫了。赵国、代地的良马骆驼，一定会充满外面的棚圈。所以合纵之策成功楚国就成就了王业，连横之策成功秦国就会称帝而治。如今抛弃了霸王的事业，却得到了侍奉别人的名声，臣下私自认为大王是不应该这样做的。

原文　"夫秦，虎狼之国也，有吞天下之心。秦，天下之仇仇也，横人皆欲割诸侯之地以事秦，此所谓养仇而奉仇者也①。夫为人臣而割其主之地，以外交强虎狼之秦，以侵天下，卒有秦患，不顾其祸②。夫外挟强秦之威，以内劫其主③，以求割地，大逆不忠，无过此者。故从亲，则诸侯割地以事楚；横合，则楚割地以事秦。此两策者，相去远矣，有亿兆之数④。两者大王何居焉⑤？故弊邑赵王，使臣效愚计，奉明约，在大王命之⑥。"

注释

① 仇仇：仇敌。横人：主张连横之策的人。养仇：豢养仇敌。
奉仇：侍奉仇敌。

② 外交：在外结交。卒（cù）：同"猝"，突然。不顾其祸：
不顾本国的祸患而离去。

③ 挟（xié，又读xiá）：倚仗。劫：威胁，威逼。

④ 相去：相距。亿兆之数：极言其多，此指相距特别远。

⑤ 何居：即居何，占居什么，犹言占居哪一个。

⑥ 效：献出。命：命令。引申为使用，此犹言选择、选用。

译文

"那秦国，是猛虎恶狼一样的国家，有并吞天下的野
心。秦国，是天下人的仇敌，主张连横的人都想要
割取诸侯的土地来侍奉秦国，这就是所说的豢养仇敌
并侍奉仇敌的人。作为国君的臣子却要割取国君的土
地，到外面去结交强大得像虎狼一样的秦国，帮助它
去侵略天下，突然有了秦国造成的祸患，他们会不顾
本国的祸患而离去。他们在外倚仗强大秦国的威力，
在内去逼迫他们的君主，以求割取土地，这种大逆不
忠，没有什么能再超过它的了。所以亲近合纵，诸侯
就会割取土地来侍奉楚国；连横成功，楚国便会割取
土地侍奉秦国。这两种计策，相距很远，几乎有亿兆
的数目。两者之中大王占居哪一种？所以敝国赵王，

派臣下献出愚计，奉了明约，请大王选择。"

原文 楚王曰："寡人之国，西与秦接境，秦有举巴蜀^①、并汉中之心。秦，虎狼之国，不可亲也。而韩、魏迫于秦患，不可与深谋，恐反人以入于秦，故谋未发而国已危矣^②。寡人自料，以楚当秦，未见胜焉。内与群臣谋，不足恃也^③。寡人卧不安席，食不甘味，心摇摇如悬旌，而无所终薄^④。今君欲一天下，安诸侯，存危国，寡人谨奉社稷以从。"

注释 ① 举：攻取，占领。

② 恐反人以入于秦：犹言恐怕反叛之人把楚国的策谋告诉给秦国。反，背叛，反叛。一说，魏、韩等国恐怕楚国谋害，反要入告于秦。可供参考。未发：犹言没有使用，没有施行。

③ 不足恃：不值得依靠，即不可靠。

④ 摇摇：摇动，摇荡，形容心神不安。如悬旌：像悬挂着的旗帜。薄：附着。

译文 楚威王说："寡人的国家，西部和秦国接界，秦国有攻取巴蜀、吞并汉中的野心。秦国，是猛虎恶狼一样的国家，不可以跟它亲近。韩国、魏国被秦国所制造的祸患而逼迫，不可以跟它们深谋远虑，恐怕反叛之人会把楚国的策谋告诉给秦国，所以策谋还没有施行而国家已经危险了。寡人自己料想，用楚国抵挡秦国，是不见得能够打胜的。在国内与各位臣子谋划，又不可靠。寡人卧睡不安枕席，饮食分辨不出滋味，心神不安得像悬挂在空中的旗帜，始终没有地方附着。如今您要统一天下，安定诸侯，存立危亡的国家，寡人双手捧着国家跟随着您。"

张仪为秦破从连横

原文　张仪为秦破从连横，说楚王曰："秦地半天下，兵敌四国，被山带河，四塞以为固①。虎贲之士百余万，车千乘，骑万匹，粟如丘山。法令既明，士卒安难乐死②。主严以明，将知以武。虽无出兵甲，席卷常山之险，折天下之脊③，天下后服者先亡。且夫为从者，无以异于驱群羊而攻猛虎也。夫虎之与羊，不格明矣④。今大王不与猛虎而与群羊，窃以为大王之计过矣。

注释

① 四国：四方之国，泛指众诸侯国。被山带河：以山为被，以河为带，犹言山绕河围。鲍本："被，寝衣也，喻其亘延。"四塞以为固：犹言四方皆有险阻，可谓牢固。郭希汾本："四方皆有险阻，言牢固也。"

② 安难乐死：安于危难，乐于效死。

③ 折天下之脊：折断天下诸侯的脊梁。因常山与太行山相连，因此说"折天下之脊"。

④ 不格明矣：不用格斗，胜负自明。格，格斗，抵敌。

译文

张仪为秦国破坏合纵推行连横之策，游说楚怀王说："秦国据有天下的一半土地，兵力可以抵挡四方的诸侯国，山绕河围，四面皆有险阻十分牢固。勇猛的士兵百余万人，战车千辆，骑马万匹，粮食堆积如山。法令早已严明，士兵安于危难，乐于效死。君主威严而明察，将领聪敏而勇武。只是不出动军队征战，一旦出动军队，就可以席卷常山天险，折断天下诸侯的脊梁，天下诸侯后臣服的先灭亡。再说推行合纵之策的人，想跟推行连横之策的国家对抗，和驱赶羊群进攻猛虎没有什么区别。猛虎对于绵羊，不用格斗，胜负自明。如今大王不加入猛虎的行列而加入群羊的队伍，我私下认为大王的谋划错了。

原文　"凡天下强国，非秦而楚，非楚而秦。两国敌侔交争①，其势不两立。而大王不与秦，秦下甲兵，据宜阳，韩之上地不通②；下河东③，取成皋，韩必入臣于秦。韩入臣，魏则从风而动④。秦攻楚之西，韩、魏攻其北，社稷岂得无危哉？

注释　①侔（móu）：齐等，相等。

②韩之上地：韩国的上党之地；一说，韩国的上流之地。可洪参考。

③河东：地区名，今山西省西南部。

④则：即，就。《广雅·释言》："则，即也。"

译文　"大概天下的强国，不是秦国就是楚国，不是楚国就是秦国。如果两个国家势均力敌互相交战争夺，那双方就会矛盾尖锐，不能并存。如果大王不结交秦国，秦国军队东下，占据宜阳，韩国上党之地的道路就会不通；如果秦国军队再攻下河东，夺取成皋，韩国一定入秦称臣。韩国入秦称臣，魏国就会闻风而动。秦国从楚国的西面进攻，韩国、魏国从楚国的北面进攻，楚国难道能够没有危险吗？

原文 "且夫约从者，聚群弱而攻至强也①。夫以弱攻强，不料敌而轻战，国贫而骤举兵，此危亡之术也。臣闻之，兵不如者，勿与挑战；粟不如者，勿与持久。夫从人者，饰辩虚辞，高主之节行，言其利而不言其害，卒有楚祸，无及为已②，是故愿大王之熟计之也。

注释 ① 至强：最强。至，最，极。
② 饰辩虚辞：犹言修饰雄辩虚假的言辞。卒有楚祸：犹言结果发生了秦国进攻楚国的祸患。鲍本："秦伐楚之祸。"无及：来不及。

译文 "再说订立合纵盟约的国家，是聚集一群弱小的国家进攻最强大的国家。以弱小之国攻打强大之国，不能预料敌方兵力而轻易交战，国家贫穷又突然发动军队，这是造成国家危亡的办法。臣下听说，军队不如敌方强大的，不要跟人家挑战；粮食不如敌方多的，不要跟人家打持久战。那些主张合纵的人，修饰雄辩虚假的言辞，赞美君主的节操品行，只谈合纵有利的一面，而不说合纵有害的一面，结果发生了秦国进攻楚国的祸患，想要补救已经来不及了，因此希望大王仔细考虑一下这些事。

原文

"秦西有巴蜀，方船积粟，起于汶山①，循江而下，至郢三千余里。舫船载卒，一舫载五十人，与三月之粮，下水而浮②，一日行三百余里；里数虽多，不费马汗之劳，不至十日而距扞关③；扞关惊，则从竟陵已东，尽城守矣④，黔中、巫郡非王之有已。秦举甲出之武关，南面而攻，则北地绝⑤。秦兵之攻楚也，危难在三月之内。而楚恃诸侯之救，在半岁之外，此其势不相及也。夫恃弱国之救，而忘强秦之祸，此臣之所以为大王之患也。且大王尝与吴人五战三胜而亡之，陈卒尽矣⑥；有偏守新城而居民苦矣⑦。臣闻之，攻大者易危，而民弊者怨于上。夫守易危之功，而逆强秦之心，臣窃为大王危之。

注释

①方船：两船并连。汶山：即岷山，在今四川省松潘县北。
②舫船：同"方船"。下水而浮：犹言浮水而下，顺流而下。
③马汗：即汗马。距：至，到达。扞（hàn）关：古关名，在

今湖北省长阳县西。

④ 竟陵：楚国地名，在今湖北省天门市。尽城守矣：所有的城邑都要设兵防守了。

⑤ 北地：指楚国北部边境地带，即今河南省信阳以北地区。

⑥ 陈卒：即阵卒，犹言上阵的士卒。陈，古"阵"字。

⑦ 有：通"又"。新城：新攻取的城市，其地不详。

译文　"秦国向西占领了巴蜀，两船并连装满粮食，从岷山出发，沿长江顺流东下，到达郢都只不过三千多里。两船并连装载士兵，一只这样的船，可以装载五十个士兵和三个月的粮食，顺流而下，一天可前进三百多里，前进的里数虽然很多，但却不费汗马之劳，不到十天就可以到达扞关；扞关惊惧了，那么从竟陵以东，所有的城邑都要设兵防守，黔中、巫郡就不归大王所有了。秦国发动军队从武关出兵，从南面进攻楚国，那么北部边境地带的道路就会被切断。秦兵攻打楚国，在三个月之内正是危险困难的时候。可是楚国依靠的诸侯援救，在半年以后才能来到，从这里看到楚国所处的形势是不如秦国的。依靠弱小国家的援救，却忘记了强大秦国的战祸，这是臣下之所以为大王忧虑的原因。再说大王曾经与吴国人交战，五战三胜终于灭亡了它，可是上阵的士兵死光了；又偏守新夺取的城邑而居民受苦了。臣下听说，进攻强大的国家容易遇到危险，并且民众疲惫怨恨上边。守卫容易发生危险的功业，并且违背强大秦国的心愿，臣下私自为大王感到危险。

原文　"且夫秦之所以不出甲于函谷关十五年以攻诸侯者①，阴谋有吞天下之心也。楚尝与秦构难，战于汉中。楚人不胜，通侯、执珪死者七十余人②，遂亡汉中。楚王大怒，兴师袭秦，战于蓝田③，又却。此所谓两虎相搏者也。夫秦、楚相弊，而韩、魏以全制其后，计无过于此者矣④，是故愿大王熟计之也。

注释　① 不出甲于函谷关十五年以攻诸侯：此说与史实不符。
② 通侯：即彻侯，爵位名，指功德通于王室的侯爵。金正炜本引应劭（shào）《汉书·高帝纪》注："旧曰彻侯，避武帝讳曰通侯，通亦彻也。"执珪：楚国上等爵位名。
③ 蓝田：地名，在今陕西省蓝田县西。
④ 以全制其后：用全力控制后方。过：误，错。

译文　"再说秦国之所以十五年没有从函谷关出兵攻打诸侯，

是因为秘密谋划，有吞并天下的雄心。楚国曾经与秦国结怨，在汉中交战。楚国人没有取胜，通侯、执珪这样爵位的人死了七十多，终于丢失了汉中。楚王大怒，发动军队袭击秦国，在蓝田交战，又被打得大败。这就是所说的两虎相斗。秦国、楚国两败俱伤，而韩国、魏国却用全力控制了后方，计谋没有比这个更错误的了，因此希望大王仔细考虑一下。

原文

"秦下兵攻卫、阳晋，必扃天下之匈①，大王悉起兵以攻宋，不至数月而宋可举。举宋而东指，则泗上十二诸侯②，尽王之有已。

注释

① 阳晋：见《齐策一·苏秦为赵合纵说齐宣王》注。必扃（jiōng）天下之匈：必定关闭了天下的胸膛。《史记正义》："常山为天下脊，阳晋为天下胸。盖其地是秦、晋、齐、楚之交道也，以言秦兵据阳晋，是大关天下胸，则他国不得动也。"扃，关闭，闭锁。匈同"胸"。姚本"扃"前有"开"字。鲍本"开，作'关'"。缪文远本："开、关字皆所记《史记》异文而误入者。关、扃同义。"故缪本作"必扃天下之匈。"从缪本。

② 东指：犹言向东前进。指，向一定的目标前进。泗上十二诸侯：泗水岸边有十二个诸侯小国，如滕、薛、郯、莒、宋、

鲁等国。

译文　"秦国向东进兵攻打卫国、阳晋，一定关闭天下诸侯的胸膛，大王发动全部兵力攻打宋国，用不了几个月就可占领宋国。占领宋国并继续向东前进，那么泗水岸边的十二个诸侯国，就全部归大王所有了。

原文　"凡天下所信约从亲坚者苏秦，封为武安君而相燕，即阴与燕王谋破齐共分其地①。乃佯有罪，出走入齐，齐王因受而相之。居二年而觉，齐王大怒，车裂苏秦于市②。夫以一诈伪反覆之苏秦，而欲经营天下，混一诸侯③，其不可成也亦明矣。

注释　① 阴：暗中，背后。

② 车裂：古代酷刑，俗称五马分尸。

③ 混一：犹言统一。此段张仪的话与史实不符。

译文　"天下最坚定地相信结成合纵联盟，可以使各国亲近的是苏秦，他被赵肃侯封为武安君并做了燕国的相国，于是就暗中与燕王谋划攻破齐国，共分齐国的土地。苏秦就假装犯罪，逃亡到齐国，齐王因此收留了他并委任他做相国。过了两年，阴谋被觉察，齐王大怒，把苏秦在市场上车裂了。凭着一个欺诈虚假反复无常的苏秦，却想要筹划经营天下，统一诸侯，这是不能成功的，也已经很明白了。

原文 "今秦之与楚也，接境壤界，固形亲之国也①。大王诚或能听臣，臣请秦太子入质于楚，楚太子入质于秦，请以秦女为大王箕帚之妾，效万家之都，以为汤沐之邑②，长为昆弟之国，终身无相攻击。臣以为计无便于此者。故敝邑秦王，使使臣献书大王之从车下风，须以决事③。"

注释 ① 固形亲之国：本来地理形势上就是亲近的邻邦。鲍本："其势当亲。"

② 秦太子：名荡，即后来的秦武王。楚太子：名横，即后来的顷襄王。箕帚（zhǒu）之妾：犹言从事洒扫之事的贱妾，这是古人对嫁女的谦虚说法。箕：簸箕。帚，扫除的工具。效万家之都：进献拥有万户人家的城市。

③ 秦王：即秦惠王，名驷。从车下风：谦敬说法，犹言不敢直接献书楚王。郭希汾本："不敢言献楚王，故言从车下风，犹之上书必言执事也。"须：犹言等待。

译文 "如今秦国和楚国，国界相连土地相接，本来地理形势上就是亲近的邻邦。大王果真能听信臣下的话，臣下将请秦国太子到楚国做人质，楚国太子到秦国做人质，请把秦王的女儿做大王的从事洒扫之事的贱妾，进献拥有万户人家的城市，作为供沐浴费用的地方，永远结为兄弟之国，终生不互相进攻。臣下以为计谋没有比这个再好的了。所以敝国秦王，派使者向大王的随从献上书信，等待大王对事情的决定。"

原文 楚王曰："楚国僻陋，托东海之上。寡人年幼，不习国家之长计。今上客幸教以明制①，寡人闻之，敬以国从。"乃遣使车百乘，献骇鸡之犀、夜光之璧于秦王②。

注释 ① 上客：贵客，尊贵的客人。明制：明令制度，指张仪所献之书。

② 骇鸡之犀：犀角名。《抱朴子》："通天犀有自理如綖者，以盛米置群鸡中，鸡欲往啄米，至辄惊却。故南人名为骇鸡。"姚本作"鸡骇之犀"，王念孙曰："鸡骇之犀"当作"骇鸡之犀"，从王说。

译文 楚王说:"楚国偏僻鄙陋,寄身在东海岸边。寡人年轻,不懂得治理国家的长远之计。如今贵客有幸用明令制度教导寡人,寡人听到这些之后,恭敬地以国听从。"于是就派遣使者带领一百辆车子,进献骇鸡之犀、夜光之璧给秦王。

张仪相秦

原文 张仪相秦,谓昭雎曰①:"楚无鄢、郢、汉中,有所更得乎②?"曰:"无有。"曰:"无昭过、陈轸③,有所更得乎?"曰:"无所更得。"张仪曰:"为仪谓楚王逐昭过、陈轸,请复鄢、郢、汉中④。"昭雎归报楚王,楚王说之。

注释 ① 昭雎(jū):楚国大臣。

② 有所更得:犹言有什么地方可以保住。下文中的"有所更得",犹言有什么可以任用。

③ 昭过:楚国良臣。姚本"过"作"雎",鲍本"雎"作"过",从鲍本。下同。

④复：犹言归还。

译文 张仪做秦国相国的时候，曾对昭雎说："假如楚国失掉鄢地、郢都、汉中，还有什么地方能够保住呢？"昭雎说："没有。"张仪说："假如没有昭过、陈轸，还能有什么人可以任用呢？"昭雎说："没有什么人可以任用。"张仪说："请您替我告诉楚王驱逐昭过、陈轸，我们就把鄢地、郢都、汉中归还给楚国。"昭雎回去报告楚王，楚王听后很高兴。

原文 有人谓昭过曰①："甚矣，楚王不察于争名者也②。韩求相工陈籍而周不听③；魏求相綦母恢而周不听④，何以也？周曰是列县畜我也⑤。今楚，万乘之强国也；大王，天下之贤主也。今仪曰逐君与陈轸而王听之，是楚自行不如周，而仪重于韩、魏之王也⑥。且仪之所行，有功名者秦也，所欲贵富者魏也⑦。欲为攻于魏⑧，必南伐楚。故攻有道，外绝其交，内逐其谋臣。陈轸，夏人也⑨，习于三晋之事，故逐之，则楚无谋臣矣。今君能用楚之众⑩，故亦逐之，则楚众不用矣。此所谓内攻之者也，而王不知察。今君何不见臣于王⑪，请为王使齐交不绝。齐交不绝，仪闻之，其效鄢、郢、汉中必缓矣。是昭雎之言不信也，王必薄之⑫。"

注释

① 昭过：姚本作"昭雎"，鲍本作"昭过"，从鲍本。

② 争名者：争名夺利的人。

③ 工陈籍：即东周策中的工师籍。

④ 綦母恢：见《西周策·犀武败于伊阙》注。

⑤ 周曰是：姚本作"周是"，鲍本作"周曰是"，从鲍本。列县畜（xù）我：等县待我，犹言对我们的待遇和他们的县一样。列，等列，犹言相等、一样。畜，待遇。

⑥ 仪重于韩、魏之王：张仪比韩国、魏国的君王高贵。

⑦ 有功名者秦：想要在秦国建立功名。欲贵富者魏：想要在魏国取得富贵。

⑧ 欲为攻于魏：犹言想要帮助魏国攻打其他国家。鲍本："为魏伐人。"

⑨ 夏人：中原人。

⑩ 用：使用，此犹言管理指挥。

⑪ 见（xiàn）：使之见。

⑫ 薄：轻视，此犹言疏远。

译文   有人对昭过说："太过分了，楚王对争名夺利的人竟然不能明察。从前，韩国要求工陈籍做相国而周朝不答应；魏国要求綦母恢做相国周朝也不答应，这是什么原因？周王说，这是把对我们的待遇降低到和他们的县一样了。如今楚国，是拥有万辆兵车的强大国家；大王，是天下的贤明君主。现在张仪说驱逐您和陈轸，而大王听信他的话，这是楚国使自己的行为不如周朝，然而张仪却比韩国、魏国的君王更高贵了。况且张仪的所作所为，是想要在秦国建立功名，又想在魏国取得富贵。如果他想要帮助魏国攻打其他国家，一定向南进攻楚国。所以进攻其他国家的规律，必然对外断绝这个国家的邦交，对内驱逐这个国家的谋臣。陈轸，是中原人，对三晋的事情很熟悉，所以张仪要驱逐他，这样楚国就没有谋臣了。如今您能管理指挥楚国的民众，所以张仪也要驱逐您，这样楚国的民众就没人管理指挥了。这就是所说的从内部进攻的办法，然而大王却不懂得认真考察。现在您为什么不让我去见君王，请让我为大王出使齐国，使齐楚之交不断绝。齐国不断绝和楚国的邦交，张仪听到此事，他们献出鄢地、郢都、汉中的计划一定推迟进行。这样就使昭雎的话不可相信了，楚王一定会疏远他。"

威王问于莫敖子华

原文 威王问于莫敖子华曰[1]:"自从先君文王以至不谷之身,亦有不为爵劝,不为禄勉[2],以忧社稷者乎?"莫敖子华对曰:"如华不足知之矣。"王曰:"不于大夫[3],无所闻之?"莫敖子华对曰:"君王将何问者也? 彼有廉其爵,贫其身,以忧社稷者;有崇其爵,丰其禄,以忧社稷者;有断脰决腹,一瞑而万世不视[4],不知所益,以忧社稷者;有劳其身,愁其志,以忧社稷者;亦有不为爵劝,不为禄勉,以忧社稷者。"王曰:"大夫此言,将何谓也?"

注释 ① 威王:即楚威王,楚怀王父亲。莫敖子华:担任莫敖官职的子华。莫敖,楚国官名,地位仅次于令尹、司马,掌管传达君王命令和接受君王咨询的事务。子华,名章。

② 文王:指楚文王,名熊赀(zī)。劝:勉励。勉:鼓励,劝勉。

③ 不于大夫:犹言不向大夫询问。

④ 断脰(dòu)决腹:砍头剖腹。脰,颈项。鲍本:"脰,项也。"一瞑:一旦闭上眼睛,犹言一旦死去。鲍本:"瞑,不视

也，谓死。"

译文 楚威王向莫敖子华询问说："从先君楚文王一直到我自身，有不因为爵位的勉励，不因为俸禄的鼓励，而为国家忧虑的人吗？"莫敖子华回答说："像我这样的人还不能了解这些。"威王说："不向大夫询问，就没有地方听到这些事了吗？"莫敖子华回答说："君王准备询问一些什么样的人？在那些人中有为官清廉，自身贫困，而忧虑国家的人；有使自己爵位升高，使自己俸禄丰厚，而忧虑国家的人；有甘愿砍头剖腹，一旦闭上眼睛就会永远看不到这个世界，不懂得个人利益，而忧虑国家的人；有情愿使自己身体劳累，为自己的志向所愁苦，而忧虑国家的人；也有不为爵位的勉励，不为俸禄的鼓励，而忧虑国家的人。"威王说："大夫的这些话，说的是哪些人呢？"

原文 莫敖子华对曰："昔令尹子文，缁帛之衣以朝，鹿裘以处①；未明而立于朝，日晦而归食②；朝不谋夕，无一月之积③。故彼廉其爵，贫其身，以忧社稷者，令尹子文是也。

注释　①令尹：楚国百官之长，出领大军，入主政事，相当于丞相。子文：姓斗，名谷（gòu）于（wū）菟（tú），字子文，楚成王时为令尹。缪文远本："子文，春秋时人，即斗伯比之子斗谷于菟。子文初生，弃云梦泽中而虎乳之。楚谓乳为谷，谓虎为于菟，故命之。"缁（zī）帛：黑色的丝织品。鹿裘：用鹿皮缝制的粗劣衣服。处：此指居住在家。

②日晦：天黑。

③积：积存，此指存粮。

译文　莫敖子华回答说："从前令尹子文，穿着黑色绸衣上朝，回家就穿鹿皮缝制的粗衣；天不亮就站在朝廷上等候朝见，天黑才回家吃饭；家里穷得朝不保夕，没有一个月的存粮。所以为官清廉，自身贫困，而忧虑国家的人，令尹子文正是这样。

原文　"昔者叶公子高，身获于表薄，而财于柱国①；定白公之祸②，宁楚国之事；恢先君以揜方城之外，四封不侵，名不挫于诸侯③。当此之时也，天下莫敢以兵南乡，叶公子高食田六百畛④。故彼崇其爵，丰其禄，以忧社稷者，叶公子高是也。

注释　① 叶（yè，旧读shè）公子高：姓沈，名诸梁，字子高，封于叶邑（在今河南省叶县），故称叶公。表薄：犹言草野，野外为表，草木丛生的地方为薄；一说，缪文远本引吴曾祺说："'薄'，疑作'著'，表著，朝臣所立之处也。"缪文远认为："据下文，此句当与'崇其爵'相照应，吴曾祺之说盖是，言叶公子高获列于爵位也。"可供参考。财，同"才"，才干。柱国：楚国最高武官名；一说，财于柱国，即财富可以敌得住一个国家之意，可供参考。

② 白公之祸：楚平王娶太子建的妻为夫人，想杀建，建逃亡，死在国外，建之子名胜，楚惠王二年召胜返楚，封为白公，后胜起兵自立为王，惠王出走，叶公子高领兵击败白公，惠王复位。

③ 恢：扩大。鲍本："恢，大也。"先君：此指楚惠王。撜（yǎn）复取，犹言收复。方城：山名，在今河南省叶县。挫：挫折，屈辱。

④ 南乡：犹言向南进攻。乡，同"向"。食田：指国君封赏给大臣作为食禄的田地。畛（zhěn）：古代计算田地的单位，千亩为一畛。

译文　"从前，叶公子高，从草野中选拔出来，而才干被柱国发现；他平定了白公胜挑起的内乱，稳定了楚国的形势；扩大了先君的领土，收复了方城以北的地方，四境不受侵犯，使楚王没有受到诸侯的屈辱。在这个时候，天下诸侯没有谁敢率兵向南进攻楚国的，楚王封给叶公子高作为食禄的田地六十万亩。所以说那些使自己爵位升高，使俸禄丰厚，而忧虑国家的人，叶公子高正是这样。

原文 "昔者吴与楚战于柏举，两御之间夫卒交①。莫敖大心抚其御之手，顾而大息曰②：'嗟乎子乎，楚国亡之日至矣③！吾将深入吴军，若扑一人，若捽一人，以与大心者也，社稷其为庶几乎④！'故断脰决腹，一瞑而万世不视，不知所益，以忧社稷者，莫敖大心是也。

注释 ①吴与楚战于柏举：吴国与楚国在柏举交战。楚昭王十年（前506），吴王阖闾与楚国在柏举交战，楚军被打得大败，吴军攻占郢都，楚昭王逃走。柏举：楚国地名，在今湖北省麻城市东北。御：御者，驾车的人，此指兵车。夫卒交：犹言士兵交战。夫卒，步兵。交，交战。郭希汾本："成丁受役者曰夫。卒，兵也。谓两军之夫卒相交战也。"

②莫敖大心：即沈尹戌，又称左司马戌，楚庄王曾孙，叶公

子高之父，柏举之战中战死。大息：即太息，长叹。

③嗟乎子乎：犹言"嗟乎嗞（zī）乎"，忧叹声，相当于"唉"。子，通"嗞"。曰：姚本作"月"，鲍本作"日"，从鲍本。

④扑：倒，犹言打倒。捽（zuó）：揪，犹言捉住。与：敌，相当。庶几：犹言差不多。

译文

"从前，吴国与楚国在柏举打仗，双方战车间士兵交战。莫敖大心抚摸着给他驾车人的手，回头长叹一声说：'唉，楚国灭亡的日子到了！我准备深入吴国军队，假如打倒一个，或者捉住一个，就和大心我的命相当了，如果楚国人都能这样，国家差不多不会灭亡！'所以说那些甘愿砍头剖腹，一旦闭上眼睛就会永远看不到这个世界，不懂得个人利益，而忧虑国家的人，莫敖大心正是这样。

原文

"昔吴与楚战于柏举，五战入郢①。君王身出，大夫悉属②，百姓离散。棼冒勃苏③曰：'吾被坚执锐，赴强敌而死，此犹一卒也，不若奔诸侯④。'于是赢粮潜行，上峥山，逾深溪，蹠穿膝暴，七日而薄秦王之朝⑤。崔立不转⑥，昼吟宵哭。七日不得告，水浆无入口，瘨而殚闷，旄不知人⑦。秦王闻而走之，冠带不相及，左奉其首，右濡其口，勃苏乃苏⑧。秦王身问之：'子孰谁也⑨?' 棼冒勃苏对曰：'臣非异，楚使新造蝥棼冒勃苏⑩。吴与楚人战于柏举，五战入郢，寡君身出，大夫悉属，百姓离散。使下臣来告亡⑪，且求救。' 秦王顾令之起⑫：'寡人闻之，万乘之君，得罪一士⑬，社稷其危，今此之谓也。' 遂出革车千乘，卒万人，属之子蒲与子虎，下塞以东，与吴人战于浊水而大败之，亦闻于遂浦⑭。故劳其身，愁其思，以忧社稷者，棼冒勃苏是也。

注释

① 五：姚本作"三"，郭希汾本："《左传》《史记》《通鉴》均作'五战及郢'，'三'字当误。"从郭说。下同。

② 君王身出：楚昭王逃亡国外。君王，即楚昭王。姚本"君王"作"寡君"，王念孙认为："寡君"当为"君王"，此涉下棼冒勃苏之词而误，此是子华述昭王出奔之事，当称"君王"，不当称"寡君"，王说是，从王说。属（zhǔ）：附，连接，犹言跟随。

③ 棼（fén）冒勃苏：即申包胥。棼冒，楚国姓氏，勃苏与"包胥"音近，因封于申，故称申包胥。

④ 被：同"披"。坚：指坚固的铠甲。锐：指锐利的兵器。奔诸侯：犹言到别国求救。

⑤ 嬴（yíng）：装足，装满。峥（zhēng）山：险峻的山。蹢（zhí）：脚掌。暴：犹言损伤。薄：迫近，此指到达。秦王：指秦哀公。

⑥ 崔（hè）立不转：像鹤一样直立不动，崔，同"鹤"，姚本作"雀"，据王念孙《读书杂志》考证："雀"当为"崔"之误，"崔"同"鹤"，王说是。从王说。

⑦ 告：此指秦国救援楚国的回答。瞋，同"颠"跌倒。殚（dān）：竭尽，此指气绝。闵：闷绝，犹言昏迷，晕倒。旄（mào）：同"眊（mào）"，眼睛失神，此指昏迷失去知觉。

⑧ 走之：犹言向他跑去。冠、带：均名词用如动词，戴帽子、系腰带。奉：同"捧"。濡（rú）：沾湿，此指灌水。苏：苏醒。鲍本："苏，死更生也。"

⑨ 孰谁：即谁。

⑩ 非异：犹言不是别人。鲍本："言非它人。"新造蠡：刚刚获罪。蠡，同"整（lì）"，罪。

⑪ 告亡：犹言报告楚王逃亡在外。

⑫ 之：姚本作"不"，鲍本作"之"，从鲍本。

⑬ 得罪：犹言冒犯。

⑭ 属：同"嘱"，嘱托。子蒲、子虎：均为秦国将领。子蒲，姚本作"子满"，鲍本补作"子蒲"，从鲍本补。下塞以东：出了关塞向东进兵。东，名词用如动词，向东进兵。浊水：

水名，位于齐、楚交界处，在今湖北省襄阳市襄州区境内，
今名白河。遂浦：地名，今地不详。

一 **译文** "从前，吴国跟楚国在柏举交战，经过五次战斗，吴
军攻入郢都。楚昭王逃往国外，大夫们也跟随出逃，
百姓妻离子散。棼冒勃苏说：'如果我身披坚固的铠
甲，手握锐利的兵器，去跟强大的敌人拼死，这就像
一个士兵的作用，不如到别的诸侯国去求救。'于是
他装满干粮，偷偷溜出去，攀登险峻的高山，越过深
深的溪谷，脚掌扎破了，膝盖损伤了，经过七天来到
秦王的朝廷。像鹤鸟一样站在那里不动，昼夜不停地
哭诉请求。过了七天也没有得到秦国救援的回音，他
滴水不进，气绝晕倒，失去知觉。秦王听后急忙向
他跑来，都没来得及戴帽子、系腰带，左手捧着他的
头，右手向他嘴里灌水，棼冒勃苏才苏醒过来。秦王
亲自问他：'您是谁呀？'棼冒勃苏回答说：'臣下不是
别人，是楚国使臣，刚刚获罪的棼冒勃苏。吴军跟楚
军在柏举交战，经过五次战斗攻入郢都，我们的国君
逃往国外，大夫们都跟着他，百姓妻离子散。派臣下
来禀告君王逃亡在外，并且请求援救。'秦王回头看
了一下让他起来，说：'我听说，拥有万辆兵车的国

君，冒犯一个义士，国家恐怕就危险了，说的就是今天这样的事吧。'于是秦王就派出一千辆战车，一万名士兵，交给子蒲和子虎指挥，出了关塞向东进兵，与吴国人在浊水交战并把他们打得大败，也听说这次战斗发生在遂浦。所以说使自己身体劳累，心情愁苦，而忧虑国家的人，棼冒勃苏正是这样。

原文

"吴与楚战于柏举，五战入郢。君王身出，大夫悉属，百姓离散。蒙谷结斗于宫唐之上①，舍斗奔郢曰：'若有孤②，楚国社稷其庶几乎！'遂入大宫，负离次之典以浮于江③，逃于云梦之中。昭王反郢，五官失法，百姓昏乱；蒙谷献典，五官得法，而百姓大治。比蒙谷之功④，多与存国相若，封之执圭，田六百畛。蒙谷怒曰：'谷非人臣，社稷之臣，苟社稷血食，余岂患无君乎⑤？'遂自弃于磨山之中，至今无胄⑥。故不为爵劝，不为禄勉，以忧社稷者，蒙谷是也。"

注释

① 蒙谷：楚国将领。结斗：犹言交战。姚本"结斗"作"给斗"，鲍本作"结斗"，从鲍本。宫唐：地名，今地不详。

② 孤：此指嗣君。蒙谷认为楚昭王逃亡在外，生死不知，所以说"若有孤"。

③ 大官：指楚王宫：一说，指太庙。可供参考。负：背。离
次之典：指记载楚国法律的典籍。姚本"离次"作"鸡次"，
鲍本："'鸡，一作'离'。"从鲍本。

④ 比：比较。姚本"比"作"此"，王念孙认为"此"当作
"比"，王说是，从王说。

⑤ 余岂患无君乎：我难道忧虑没有君主吗？姚本作"馀岂悉
无君乎"，鲍本"悉"作"患"，吴师道补曰："馀"当作"余"。
《后汉书·李通传论》注引策文作"余其患无君乎"，今据鲍
本、吴补改。

⑥ 磨山：山名，在今湖北省当阳市东。无胄：犹言子孙没有
显要地位的人。姚本"元胄"作"无冒"，缪文远引王引之说，
认为"冒"当作"胄"，从王说。缪文远又引金正炜说，认为：
"无胄非谓无裔胄。《国语·晋语》：'以定晋国而无后，其子孙
不可不崇也。'注：'无后，子孙无在显位者。'此无胄之义即
与之同。"

译文　　"吴国与楚国在柏举交战，经过五次战斗进入郢都。
楚昭王逃亡，大夫们全部跟随，百姓妻离子散。蒙谷
在宫唐这个地方与吴军交战，他放弃战斗奔回郢都
说：'如果还有嗣君，楚国的社稷就差不多可以保存
下来吧！'于是就进入楚王的宫殿，背起楚国的法律

典籍顺江飘浮而下，逃往云梦泽中。楚昭王返回郢都，五官无法可依，百姓困惑混乱；蒙谷献出法律典籍，五官有法可循，百姓得到了很好的治理。比较一下蒙谷的功劳，可以和保全国家政权相同，楚王封他执珪的爵位，赏赐土地六十万亩。蒙谷很生气地说：'我不只是君王的臣子，也是国家的臣子，如果社稷的神灵受到祭祀，我难道忧虑国家没有君主吗?'于是就隐居到磨山之中，至今他的子孙也没有在显要地位的人。所以说不为爵位的勉励，不为俸禄的鼓励，而忧虑国家的人，蒙谷正是这样。"

原文　王乃大息曰："此古之人也。今之人，焉能有之耶?"

莫敖子华对曰："昔者先君灵王好小要，楚士约食，冯而能立，式而能起①。食之可欲，忍而不入；死之可恶，然而不避。华闻之，其君好发者，其臣抉拾②。君王直不好，若君王诚好贤，此五臣者，皆可得而致之③。"

注释　① 小要：细腰。要，同"腰"。约食：节减饮食。冯：同"凭"，靠，依靠。式，同"轼"，车前横木，供人凭靠，此有"凭靠"

的意思。

②华：即莫敖子华。姚本"华"作"章"，鲍本作"华"，从鲍本。一说，"华"当作"章"，"章"，子华之名。可供参考。发：犹言射箭。鲍本："发，发矢。"抉（jué）拾：古代射箭的用具。抉，用骨或玉制作，套在右手上，用它钩弓弦。拾，古代射箭用的皮制护袖。这里有佩抉拾而习射的意思。

③直：特，只。致之：使之致，犹言都可以使他们到来。

译文 楚王长叹了一口气说："这些都是古代的人，现在的人，哪能有这样的呢？"

莫敖子华回答说："从前，先君灵王喜欢细腰的人，楚国的士人就节减食物，弄得他们靠着东西才能站住，扶着东西才能起来。吃饭是人的正常欲望，但却忍着不吃；死亡是人们所憎恶的事情，然而却不躲避。我听说，那些国君喜欢射箭的，他们的臣子也准备射箭的工具，学习射箭。君王只是不喜欢贤才罢了，如果君王的确喜欢贤明的人，以上说的这五种贤臣，就都可以得到并使他们自己前来。"

楚策二

魏相翟强死

原文　魏相翟强死①。为甘茂谓楚王曰②："魏之几相者，公子劲也③。劲也相魏，魏、秦之交必善。秦、魏之交完④，则楚轻矣。故王不如与齐约，相甘茂于魏。齐王好高人以名，今为其行人请魏之相⑤，齐必喜。魏氏不听，交恶于齐⑥；齐、魏之交恶，必争事楚。魏氏听，甘茂与樗里疾，贸首之仇也⑦；而魏、秦之交必恶，又交重楚也。"

注释　① 翟强：魏襄王的相国，与楚国关系密切。

② 楚王：此指楚怀王。

③ 公子劲：魏国公子，名劲，与秦国关系密切，一说，秦国人。可供参考。

④ 完：牢固。

⑤ 齐王：即齐宣王。好高人以名：喜欢让自己的名字高于他人之上。行人：使者，即外交官。

⑥ 交恶（wù）：指双方交情破裂，互相憎恨仇视。

⑦ 贸首之仇：犹言积仇很深，不共戴天，互欲取其头的仇恨。郭希汾本："谓以首相贸易，示不共生也。"

译文　魏国相国翟强死了。有人替甘茂对楚怀王说："魏国将要做相国的，可能是公子劲。如果公子劲做了魏国的相国，魏国、秦国的交情必定更好。秦国、魏国的邦交牢固，那么楚国就会受到轻视。所以大王不如和齐国相约，共同推举甘茂做魏国的相国。齐宣王喜欢让自己的名字高于他人之上，如今我们为他们的使者请求做魏国的相国，齐国一定高兴。魏国如果不听，就会和齐国交情破裂，互相憎恨仇视；齐国、魏国关系恶化，一定都会争着来侍奉楚国。如果魏国听从，甘茂和樗里疾积仇很深，不共戴天，有互取其头的仇恨；那么魏国、秦国一定关系恶化，又都会重视和楚国友好。"

齐秦约攻楚

原文　齐、秦约攻楚，楚令景翠以六城赂齐，太子为质①。昭雎谓景翠曰："秦恐且因景鲤、苏厉而效地于楚②。公出地以取齐，鲤与厉且以收地取秦，公事必败。公不如令王重赂景鲤、苏厉，使入秦，齐恐③，必不求地而合于楚。若齐不求，是公与约也④。"

注释

① 景翠：楚国将领。太子：名横，即后来的楚顷襄王。

② 景鲤：楚怀王相国。苏厉：洛阳人，苏秦之弟，当时在楚国。

③ 齐恐：齐国恐惧。姚本作"秦恐"，按下文当作"齐恐"。

④ 与约：犹言和好结约。

译文

齐国、秦国相约攻打楚国，楚王派景翠用六座城邑贿赂齐国，并让太子到齐国去做人质。昭雎对景翠说："秦国恐怕将要通过景鲤、苏厉逼迫楚国献出土地。如果您送出土地取悦齐国，那么景鲤和苏厉也将要求楚国献出土地取悦秦国，将来您的事业一定失败。您不如让楚王多多贿赂景鲤、苏厉，让他们出使秦国，齐国一定害怕，必定不再敢要求献出土地并与楚国联合。如果齐国不再索取土地，这是您和两国和好结盟的好时机。"

术视伐楚

原文　术视伐楚，楚令昭鼠以十万军汉中①。昭雎胜秦于重丘②，苏厉谓宛公昭鼠曰："王欲昭雎之乘秦也③，必分公之兵以益之。秦知公兵之分也，必出汉中。请为公令辛戎谓王曰④：'秦兵且出汉中。'则公之兵全矣。"

注释　① 术视：秦国将领。昭鼠：楚国将领。下文言"宛公昭鼠"，宛公是其封号。宛，楚国地名，在今河南南阳市。

② 重丘：楚国地名，在今河南泌（bì）阳县附近。

③ 王：此指楚怀王。乘秦：犹言乘胜进攻秦国。

④ 辛戎：楚国人，与秦关系密切；一说，"辛"当作"芈（mǐ）"。可供参考。

译文　术视率秦兵进攻楚国，楚国派昭鼠率领十万大军进驻汉中。昭雎在重丘打败秦军，苏厉对宛公昭鼠说："楚王想让昭雎乘胜进攻秦国，一定分出您的一部分兵力去增强昭雎的力量。秦国知道您的兵力被分散了，必定进攻汉中。请让我为您派辛戎对楚王说：'秦兵将要进攻汉中。'那么您的兵力就不会被分散了。"

四国伐楚

原文 四国伐楚①，楚令昭雎将以距秦。楚王欲击秦，昭雎不欲②。桓臧为昭雎谓楚王曰③："雎战胜，三国恶楚之强也，恐秦之变而听楚也，必深攻楚以劲秦④。秦王怒于战不胜，必悉起而击楚，是王与秦相罢，而以利三国也⑤。战不胜秦，秦进兵而攻。不如益昭雎之兵，令之示秦必战。秦王恶与楚相弊而令天下，秦可以少割而收害也⑥。秦、楚之合，而燕、赵、魏不敢不听，三国可定也。"

注释 ① 四国：指秦、齐、韩、魏四个国家。

② 昭雎：姚本作"昭侯"，鲍本作"昭雎"，从鲍本。

③ 桓臧：其人身世不详。

④ 恐秦之变：担心秦国改变主意。深：犹言加重，加强。劲：增强。

⑤ 秦王：指秦昭王。罢：同"疲"。

⑥ 令天下：犹言使天下诸侯得利。收：结束。

译文　秦、齐、韩、魏四国联合攻打楚国，楚王命令昭雎率领军队抵抗秦兵。楚王想要进攻秦国，昭雎不想这样做。桓臧替昭雎对楚王说："如果昭雎取得了胜利，其他三国就会憎恨楚国的强大，担心秦国改变主意而听从楚国，三国必定加强对楚国的进攻以便增强秦国的信心。如果秦王被战争不胜所激怒，一定发动全部兵力进攻楚国，这样大王就要跟秦国互相疲劳作战，而使齐、韩、魏三国获得利益。如果我们不能战胜秦国，秦国就会发兵攻打我国。因此不如增强昭雎的兵力，让他做出决战的样子给秦国看。秦王本来就讨厌和楚国进行疲劳战而使天下诸侯得利，这样秦国就可能割让一点土地以结束战争。如果秦国、楚国联合，燕国、赵国、魏国就不敢不听从命令，三国就安定了。"

楚怀王拘张仪

原文　楚怀王拘张仪[1]，将欲杀之。靳尚为仪谓楚王曰[2]："拘张仪，秦王必怒。天下见楚之无秦也[3]，楚必轻矣。"又谓王之幸夫人郑袖曰[4]："子亦自知且贱于王乎[5]？"郑袖曰："何也？"尚曰："张仪者，秦王之忠信有功臣也。今楚拘之，秦王欲出之。秦王有爱女而美，又简择宫中佳丽好玩习音者，以欢从之[6]；资之金玉宝器，奉以上庸六县为汤沐邑[7]，欲因张仪内之楚王。楚王必爱，秦女依强秦以为重，挟宝地以为资，势为王妻以临于楚。王惑于虞乐[8]，必厚尊敬亲爱之而忘子，子益贱而日疏矣。"郑袖曰："愿委之于公，为之奈何？"曰："子何不急言王，出张子。张子得出，德子无已时，秦女必不来，而秦必重子。子内擅楚之贵，外结秦之交，畜张子以为用，子之子孙必为楚太子矣，此非布衣之利也[9]。"郑袖遽说楚王出张子。

注释　① 楚怀王拘张仪：楚怀王拘留张仪。楚怀王十六年，张仪游说怀王与齐国绝交，并佯称秦国愿献商於六百里土地给楚国，楚、齐绝交后，张仪却以六里相欺，怀王大怒，发兵攻秦，先后在丹阳、蓝田被秦国打得大败。怀王十八年，秦、楚讲和，张仪又为秦国出使楚国，怀王恼怒张仪的欺骗，就拘留了他。

②靳（jìn）尚：楚怀王宠臣，与张仪有私交。

③楚之无秦：犹言楚国失去了与秦国的邦交。

④郑袖：亦称南后，楚怀王宠幸的夫人；一说，楚怀王宠幸的美人。

⑤且贱于王：将被大王所轻视。且，将。郭希汾本："且，将也。言将为怀王所贱视也。"

⑥简择：选择。佳丽：美貌的女子。姚本"佳丽"中间有"玩"字，鲍本认为"玩"字是衍文，从鲍本。好玩：犹言善于游戏。习音者：娴于音乐的女子。以欢从之：犹言为了使她高兴而跟随她。缪文远本："言令从之以欢其女，谓媵也。"

⑦上庸：秦国县名，在今湖北省竹山县西南。

⑧虞：通"娱"。

⑨畜（xù）：畜养，收留。布衣之利：犹言一般的利益。

译文　楚怀王拘留张仪，准备杀掉他。靳尚替张仪对楚怀王说："拘留张仪，秦王一定大怒。天下诸侯看到楚国失掉与秦国的邦交，楚国一定会被轻视了。"靳尚又去对楚王宠幸的夫人郑袖说:"您也自己知道将要被大王轻视的原因了吧?"郑袖说:怎么回事呢?"靳尚说:"张仪是秦忠诚可靠有功的大臣。如今楚国拘留了他,秦王一定想让我们放他回去。秦王有个爱女长得很漂亮,又要选择宫中貌美善于游戏娴于音乐的女子,为了使她高兴,跟随她作陪嫁;秦王送给她黄金美玉珠宝名器,再把上庸六县送给她作为汤沐之具的费用,想要通过张仪嫁给楚王为妻。楚王一定很宠爱她,秦王的女儿就会依仗秦国的强大自以为高贵,握有宝器土地自以为资本,势必以大王妻子的身份来到楚国。如果大王被娱乐迷惑,一定会更加尊敬亲近秦女而忘记了您,您就会越来越被轻视,并且楚王和您的关系会一天比一天疏远了。"郑袖说:"愿意把这件事委托给您,您看对这件事该怎么办呢?"靳尚说:"您为什么不赶快去说服大王,放出张仪。如果张仪能够释放,一定会永远感激您的恩德,秦王的女儿也一定不会嫁到楚国来,而且秦国一定会尊重您。这样,您在国内就会独占高贵的地位,在国外与秦国结下深交,畜养张仪为您所用,您的子孙一定为楚国太子了,这可不是一般的利益。"郑袖立刻去说服楚王放出张仪。

楚王将出张子

原文　楚王将出张子，恐其败己也。靳尚谓楚王曰："臣请随之。仪事王不善，臣请杀之。"

楚小臣，靳尚之仇也，谓张旄曰①："以张仪之知，而有秦、楚之用，君必穷矣②。君不如使人微要靳尚而刺之③，楚王必大怒仪也。彼仪穷，则子重矣。楚、秦相难④，则魏无患矣。"

张旄果令人要靳尚刺之。楚王大怒，秦、楚构兵而战⑤。秦、楚争事魏，张旄果大重。

注释　①小臣：宫中伺候的仆隶。张旄（máo）：魏国大臣。

②穷：困窘。

③微要（yāo）：暗中劫持。鲍本："微，不显也，使若仪杀之。"郭希汾本："要，平声。劫也，遮而留之也。"

④秦、楚相难：犹言秦国、楚国互相打起来。

⑤秦、楚构兵：秦、楚交兵。姚本"秦"下无"楚"字，鲍本补"楚"字，从鲍本。

译文 楚王准备放出张仪，可是又担心他败坏自己的名声。靳尚对楚王说："请让臣下跟随他。如果张仪不很好地侍奉大王，请让臣下杀掉他。"

楚王宫中有一个仆隶，是靳尚的仇人，他对张旄说："凭张仪的才智，并且有秦、楚两国的重用，将来您一定处境困窘。您不如派人暗中劫持靳尚并刺杀他，楚王一定大怒张仪。如果张仪处境困窘，那么您就会受到重用了。如果因此秦、楚两国打起仗来，那么魏国就没有后患了。"

张旄果然派人劫持靳尚并刺杀了他。楚王大怒，秦、楚两国互相打起来，战争持续不停。秦国、楚国争着侍奉魏国，张旄果真很受重用。

秦败楚汉中

原文 秦败楚汉中。楚王入秦，秦王留之①。游腾为楚谓秦王曰②："王挟楚王，而与天下攻楚，则伤行矣③。不与天下共攻之，则失利矣。王不如与之盟而归之。

楚王畏，必不敢倍盟，背盟，王因与三国攻之^④，义也。”

注释

① 楚王：指楚怀王。秦王：指秦昭王。

② 游腾：游说之士，曾为周说楚。

③ 伤行：有伤德行。

④ 倍：同“背”。背盟：姚本无“背盟”二字，鲍本补“背盟”二字，从鲍本。按：根据文意，“背盟”二字应补在“王”字上面为妥。三国：指齐、韩、魏三国。

译文

秦军在汉中把楚军打得大败。楚怀王被骗入秦国，秦昭王扣留了他。游腾替楚国对秦王说：“如果大王挟持楚王并和天下诸侯一起攻打楚国，那么就有伤大王的德行了。如果不和天下诸侯共同攻打楚国，那么就会使国家利益受到损失了。大王不如与楚王结盟而放他回国。楚王畏惧秦国，一定不敢背叛盟约，如果背盟，大王趁此联合齐、韩、魏三国攻打它，这才是正义的行动。”

楚襄王为太子之时

原文　楚襄王为太子之时①，质于齐。怀王薨，太子辞于齐王而归②。齐王隘之③："予我东地五百里④，乃归子。子不予我，不得归。"太子曰："臣有傅，请追而问傅。"傅慎子曰⑤："献之地，所以为身也。爱地不送死父，不义。臣故曰，献之便。"太子入，致命齐王曰："敬献地五百里。"齐王归楚太子。

注释　① 楚襄王：即楚顷襄王，名横，楚怀王之子。

② 齐王：指齐闵王。

③ 隘：犹言阻挡。

④ 东地：指楚国淮北靠近齐国边境的地方。

⑤ 傅慎子：太子的老师慎子。

译文　楚顷襄王还是太子的时候，曾在齐国做人质。当得知怀王去世的消息，太子就去向齐闵王辞行请求回国。齐王阻挡他，说："把楚国淮北靠近齐国的五百里土地送给我，就让您回国。如果您不给我，不能回国。"太子说："臣下有位老师，请让我去问问他。"太子的老师慎子说："献给他土地，这是为了保护自身的缘故。爱惜土地不为死去的父亲送葬，那是不仁义的。所以臣下认为，献给他土地为对。"太子进入宫中，向齐王复命说："敬献土地五百里。"齐王才放楚国太子回国。

原文

太子归，即位为王。齐使车五十乘，来取东地于楚。楚王告慎子曰："齐使来求东地，为之奈何？"慎子曰："王明日朝群臣，皆令献其计。"

上柱国子良入见[1]。王曰："寡人之得求反，主坟墓、复群臣、归社稷也[2]，以东地五百里许齐。齐令使来求地，为之奈何？"子良曰："王不可不与也。王身出玉声[3]，许强万乘之齐而不与，则不信，后不可以约结诸侯。请与而复攻之。与之信，攻之武。臣故曰与之。"

注释

① 子良：楚国的上柱国。

② 寡人之得求反：犹言寡人所以能够求得返回国家。主坟墓：犹言主持下葬。姚本作"王坟墓"，鲍本作"主坟墓"，从鲍本。复群臣：再见到群臣。

③ 玉声：形容话的尊贵重要，有不可更改之意。

译文　太子回国以后，就即位为王。齐国派出五十辆战车，到楚国接收淮河以北靠近齐国的土地。楚王告诉慎子说："齐国派人来索取淮河以北的土地，对这件事怎么办？"慎子说："大王明天群臣朝见的时候，都让他们献出自己的计策。"

上柱国子良进宫拜见楚王。楚王说："寡人之所以能够返回，主持埋葬先王、再见到各位大臣、掌握国政，是因为答应把淮北的五百里土地送给齐国。齐国派使者来索取土地，对这件事怎么办？"子良说："大王不可以不给他。大王亲自说出了重要的话，答应了强大的拥有万辆兵车的齐国而不给它，那么就是大王言而无信，今后也无法与诸侯订立盟约。请您给它，然后再攻取它。给它是讲信用，攻取它是显勇武。臣下所以说给它。"

原文　子良出，昭常入见①。王曰："齐使来求东地五百里，为之奈何？"昭常曰："不可与也。万乘者，以地大为万乘。今去东地五百里，是去战国之半也，有万乘之号而无千乘之用也，不可。臣故曰勿与。常请守之。"

昭常出，景鲤入见^②。王曰："齐使来求东地五百里，为之奈何？"景鲤曰："不可与也。虽然，楚不能独守。王身出玉声，许万乘之强齐也而不与，负不义于天下。楚亦不能独守。臣请西索救于秦^③。"

① 昭常：楚国大臣。

② 景鲤：楚国大臣。

③ 索救：求救。

译文　子良退出后，昭常入宫进见楚王。楚王说："齐国派人来索取淮北的五百里土地，对这件事怎么办？"昭常说："不能给它。所谓万辆兵车，是因为国土大而号称万辆兵车。如今割去淮北五百里土地，那是割去了国家的一半，我国只有万辆兵车的空名而没有千辆兵车的实力，不行。臣下所以说不给它。我请求去守卫那里。"

昭常退出后，景鲤入宫进见楚王。楚王说："齐国派人来索取淮北五百里土地，对这件事怎么办？"景鲤说："不能给它。虽然如此，但是楚国也不能独自守住。大王亲自说出了重要的话，如果答应了拥有万辆兵车的强大齐国而不给它，就要在天下诸侯面前背上不讲信义的名声。然而楚国也不能独自守住。臣下请求到西边去向秦国求救。"

原文 景鲤出，慎子入，王以三大夫计告慎子曰："子良见寡人曰：'不可不与也，与而复攻之。'常见寡人曰：'不可与也，常请守之。'鲤见寡人曰：'不可与也，虽然楚不能独守也，臣请索救于秦。'寡人谁用于三子之计①?"慎子对曰："王皆用之。"王怫然作色曰②："何谓也?"慎子曰："臣请效其说③，而王且见其诚然也。王发上柱国子良车五十乘，而北献地五百里于齐。发子良之明日，遣昭常为大司马，令往守东地。遣昭常之明日，遣景鲤车五十乘，西索救于秦。"王曰："善。"乃遣子良北献地于齐。遣子良之明日，立昭常为大司马，使守东地。又遣景鲤西索救于秦。

注释 ① 寡人谁用于三子之计：寡人对这三个人的计谋该用谁的。

② 怫（bó）然：愤怒的样子。怫，通"勃"。

③ 效其说：犹言详细地解释这种说法。

译文　景鲤退出去，慎子入宫进见楚王，楚王把三个大夫的计谋告诉慎子说："子良进见寡人说：'不可不给齐国土地，给它然后再攻取它。'昭常进见寡人说：'不能给齐国土地，请让我去守卫它。'景鲤进见寡人说：'不能给齐国土地，虽是这样，但楚国不能独自守住，我请求向秦国求救。'寡人对这三个人的计谋该用谁的？"慎子回答说："大王全用。"楚王愤怒得变了脸色说："你说的是什么意思？"慎子说："臣下请求详细地解释这种说法，这样大王将会看到这件事的确是这样。大王派上柱国子良率领五十辆兵车，向北到齐国进献五百里土地。派出子良的第二天，派昭常为大司马，命令他前去守卫淮北的土地。派出昭常的第二天，派景鲤带领五十辆兵车，向西到秦国求救。"楚王说："好。"于是派子良向北到齐国去献地。派子良的第二天，委任昭常做大司马，让他守卫淮北的土地。又派景鲤向西到秦国求救。

原文　子良至齐，齐使人以甲受东地。昭常应齐使曰："我典主东地①，且与死生。悉五尺至六十，三十余万，弊甲钝兵，愿承下尘②。"齐王谓子良曰："大夫来献地，今常守之何如？"子良曰："臣身受命弊邑之王，

是常矫也③。王攻之。”齐王大兴兵，攻东地，伐昭
常。未涉疆，秦以五十万临齐右壤④。曰："夫隘楚太
子弗出，不仁；又欲夺之东地五百里，不义。其缩甲
则可，不然，则愿待战⑤。"齐王恐焉。乃请子良南
道楚，西使秦，解齐患。士卒不用，东地复全。

注释　①典主：管理守卫。鲍本："典，犹职。主，犹守。"
②五尺至六十：犹言从小到老。五尺，指儿童。六十，指老
人。愿承下尘：谦辞，犹言愿意对阵一战。鲍本："凡人相趋
则有尘，战亦有尘。不敢与齐抗，故言下。"郭希汾本："谦
词，言愿一战也。"
③是常矫：这是昭常假托楚王的命令。
④未涉疆：犹言没有进入淮北的地界。涉，犹言进入。右壤：
犹言齐国的西部边界。
⑤缩甲：退兵，收兵。缩，退，收。甲，兵。愿待战：愿意
等待战争。

译文　子良到了齐国，齐国派人率领甲兵去接收淮北的土
地。昭常应付齐国使者说："我主管守卫淮北的土地，
准备与它共存亡。年轻到年老的男子全部征发，共有
三十多万，虽然是破弊的铠甲和使钝的兵器，也愿意

对阵一战。"齐王对子良说："大夫前来进献上地，如今昭常为什么在那里守卫?"子良说："臣下亲自从敝大王那里接受的命令，这一定是昭常假托楚王之命。请大王攻打他。"齐王发动很多军队，大举进攻淮北之地，讨伐昭常。军队还没有进入淮北的地界，秦国就以五十万军队逼近齐国的西部边界。秦国的将领说："阻止楚国太子回国奔丧，是不仁的行为；又想夺取楚国淮北的五百里土地，是不义的行为。如果你们退兵就算了，否则，我们愿意等待战争的到来。"齐王对秦国的举动很害怕。于是就请子良向南返回楚国讲和，向西派出使者说服秦国，以便解除齐国的祸患。楚国没有动用军队，却保全了淮北的土地。

女阿谓苏子

原文　女阿谓苏子曰①："秦栖楚王②，危太子者，公也。今楚王归，太子南③，公必危。公不如令人谓太子曰：'苏子知太子之怨己也，必且务不利太子。太子不如善苏子，苏子必且为太子入矣④。'"苏子乃令人谓太子。太子复请善于苏子。

注释

① 女阿：楚国太子的保姆。苏子：指苏秦。此章所言事实与历史极不相符，恐为拟托文字。

② 栖：止息，犹言扣留。

③ 太子南：太子向南回到楚国。太子，指楚怀王太子，即顷襄王。鲍本："自齐归楚为南。"

④ 为太子入：为太子归楚。

译文

楚国太子的保姆对苏秦说："使秦国扣留楚王，使太子受到危害的人，都是您。如果楚王能回国，太子能由齐国南归楚国，您一定危险了。您不如派人对太子说：'如果苏秦知道太子怨恨自己，必将设法使太子不利。太子不如和苏子友善，苏子一定将帮助太子回到楚国。'"苏秦于是就派人去说服太子。太子也再一次请求和苏秦友善。

楚策三

苏子谓楚王

原文　苏子谓楚王曰："仁人之于民也，爱之以心，事之以善言。孝子之于亲也，爱之以心，事之以财。忠臣之于君也，必进贤人以辅之。今王之大臣父兄，好伤贤以为资，厚敛诸百姓，使王见疾于民①，非忠臣也。大臣播王之过于百姓，多赂诸侯以王之地，是故退王之所爱②，亦非忠臣也，是以国危。臣愿无听群臣之相恶也，慎大臣父兄③；用民之所善，节身之嗜欲，以安百姓④。人臣莫难于无妒而进贤。为主死易，垂沙之事⑤，死者以千数。为主辱易，自令尹以下，事王者以千数。至于无妒而进贤，未见一人也。故明主之察其臣也，必知其无妒而进贤也。贤臣之事其主也⑥，亦必无妒而进贤。夫进贤之难者，贤者用且使己废，贵且使己贱，故人难之⑦。"

注释　① 以为资：作为凭借。资，凭借。鲍本："为己资借。"诸百姓：姚本作"诸臣百姓"，缪文远本认为："'诸'，'之于'也。此'臣'字当衍。"从缪本。见，被。疾：恨。

② 播：扩散，散布。退王之所爱：使大主所喜欢的臣子退避。

③ 相恶：互相憎恨，此犹言互相诽谤、倾轧。慎：谨慎。

④ 以安百姓：姚本作"以百姓"，缪文远本："上言大臣之行不当而使国危，则此处缺文当与'危'对文，所缺殆是'安'字。"缪本是，从缪本。

⑤ 垂沙之事：即垂沙之役，据缪文远考证，垂沙之役，即重丘之役，垂沙、重丘当是一地，在今河南省泌阳县之北；一说，垂沙，犹言边陲沙场，可供参考。

⑥ 贤臣：姚本作"贤"，鲍本作"贤臣"从鲍本。

⑦ 难之：以之为难，犹言难以做到这种事。

译文　苏秦对楚怀王说："仁德的人对于民众，真心实意地爱护他们，用好言好语侍奉他们。孝顺的子女对于双亲，用真心爱护他们，用财物侍奉他们。忠臣对于国君，一定推荐贤明的人辅佐他们。如今大王的群臣父兄，喜欢伤害贤明的人作为自己进身的凭借，向贤人和百姓征收厚重的赋税，使大王被民众所憎恨，这些人都不是忠臣。群臣向民众散布大王的过失，又用大王的土地广泛贿赂诸侯，因此使大王所喜欢的臣子退避，这也不是忠臣，所以使国家处于危险之中。臣下希望您不要听信群臣互相诽谤的话，谨慎地任用大臣和父兄；重用民众喜欢的人，节制自身的嗜好和欲望，以安定百姓。作为大臣来说，没有什么比没有嫉妒而推荐贤人更难的事了。为君主去死容易做到，垂沙战役，战死的有数千人。为君主受侮辱容易做到，从令尹以下，忍辱负重侍奉大王的有数千人。至于没有嫉妒并能推荐贤人的，却没有见过一个人。所以贤明的君主考察他的大臣时，必须了解他有没有嫉妒之心，并且能否推荐贤明的人。贤明的人侍奉君主，一定能做到没有嫉妒并推荐贤明的人。推荐贤人困难的原因，就在任用贤人将使自己无用，贤人尊贵将使自己低贱，所以人们难以做到这种事。"

苏秦之楚三日

原文　苏秦之楚，三日乃得见乎王①。谈卒，辞而行。楚王曰："寡人闻先生，若闻古人。今先生乃不远千里而临寡人，曾不肯留②，愿闻其说。"对曰："楚国之食贵于玉，薪贵于桂，谒者难得见如鬼③，王难得见如天帝。今令臣食玉炊桂，因鬼见帝④。"王曰："先生就舍，寡人闻命矣。"

注释　①三日：一说，作"三月"；一说，作"三年"，可供参考。

②临：犹言见。曾：竟然。

③桂：又名木樨，珍贵木材。谒者：官名，掌管为宾客传达的人。

④因：依靠，通过。

译文　苏秦到了楚国，三天才得到被楚王接见的机会。两人谈完话，苏秦告辞准备离开楚国。楚王说："寡人久闻先生大名，如同仰慕古代的贤人一样。如今先生不远千里来会见寡人，竟然不肯停留，希望听到您不肯留下的原因。"苏秦回答说："楚国的食物比美玉还贵，柴火比桂树还贵，传达的官员像鬼一样难以看见，大王像天帝一样难以拜会。如今您是让我吃美玉烧桂树，通过鬼去见天帝。"楚王说："先生到客馆安歇，寡人听到您的命令了。"

楚王逐张仪于魏

原文　楚王逐张仪于魏①。陈轸曰："王何逐张子？"曰："为

臣不忠不信。"曰："不忠，王无以为臣；不信，王勿
与为约。且魏臣不忠不信，于王何伤？忠且信，于王
何益？逐而听则可，若不听，是王令困也^②。且使万
乘之国免其相，是城下之事也^③。"

注释

① 楚王逐张仪于魏：楚怀王让魏国驱逐张仪。当时张仪相魏，
想使魏国与秦国、韩国相联合，进攻齐国、楚国，所以楚王
想要驱逐他。

② 是王令困也：犹言这是大王的命令不能在诸侯中实行，而
使自己处于困境。

③ 城下之事：犹言城下之盟，兵临城下而被迫结盟。此处指
楚国命令魏国免其相并驱逐出境，就像城下结盟一样的耻辱。

译文

楚怀王让魏国驱逐张仪。陈轸说："大王为什么要驱
逐张仪？"楚王说："他作为臣下不忠诚不讲信用。"
陈轸说："不忠诚，大王不要把他作为臣子；不讲信
用，大王不要跟他订立盟约。况且魏国的臣子不忠
不信，对于大王有什么损害？尽忠并且守信，对于大
王又有什么益处呢？您想驱逐张仪，魏王听从，那是
可以的；如果不听，这是大王的命令不能在诸侯中实
行，而使自己处于困境。况且让拥有万辆兵车的魏国

罢免相国，这是让魏国蒙受城下之盟的耻辱。"

张仪之楚贫

原文　张仪之楚，贫。舍人怒而欲归①。张仪曰："子必以衣冠之敝，故欲归。子待我为子见楚王。"当是之时，南后、郑袖贵于楚②。

张仪见楚王，楚王不说。张子曰："王无所用臣，臣请北见晋君③。"楚王曰："诺。"张子曰："王无求于晋国乎？"王曰："黄金珠玑犀象出于楚，寡人无求于晋国。"张子曰："王徒不好色耳？"王曰："何也？"张子曰："彼郑、周之女，粉白墨黑④，立于衢闾，非知而见之者，以为神。"楚王曰："楚，僻陋之国也，未尝见中国之女如此其美也。寡人之独何为不好色也？"乃资之以珠玉⑤。

注释　① 舍人：指张仪的舍人。战国时达官贵人家都有舍人，代替主人接待宾客，处理事务。怒而欲归：姚本作"怒而归"，鲍本作"怒而欲归",从鲍本。

② 南后:楚怀王后。郑袖:怀王宠幸的美人。

③ 晋君:犹言三晋之君;一说,指魏君,战国时常称魏为晋。

④ 郑、周之女:韩国、周国的美女。郑,指韩国,因韩国灭亡了郑国,所以战国时常称韩为郑,郑国女子美丽而善歌舞。周,指东周、西周,因为王城、洛阳等地多美女。粉白墨黑:形容美女面如白粉,发如黑墨。

⑤ 资:送,赠送。

译文 张仪到楚国以后,财物都用光了。舍人们都很生气并想回去。张仪说:"你们一定因为衣帽破了,所以想要回去。你们等着,我为你们去见楚王。"正当这个时候,南后和郑袖很受楚王的宠幸。

张仪去拜见楚王,楚王很不高兴。张仪说:"大王如果没有用得着臣下的地方,臣下请求到北面去拜见三晋的君主。"楚王说:"好吧。"张仪说:"大王对三晋没有什么需求吗?"楚王说:"黄金、珠玑、犀角、象牙都出产在楚国,寡人对三晋国家无所求。"张仪说:"大王竟然不喜欢美色吗?"楚王说:"你说的是什么?"张仪说:"那韩国、周国的女子,面如白粉,发如黑

墨，站在街市，若是不知道的人见了她们，就会认为
是神女下凡了。"楚王说："楚国是偏僻鄙陋的国家，
没有见过中原女子像你说的那么美貌。寡人为什么偏
偏不喜欢美色呢？"于是楚王送给张仪不少珍珠美玉。

原文

南后、郑袖闻之大恐。令人谓张子曰："妾闻将军之
晋国，偶有金千斤，进之左右，以供刍秣①。"郑袖
亦以金五百斤。

张子辞楚王曰："天下关闭不通，未知见日也，愿王
赐之觞②。"王曰："诺。"乃觞之。张子中饮③，再拜
而请曰："非有他人于此也，愿王召所便习而觞之④。"
王曰："诺。"乃召南后、郑袖而觞之。张子再拜而请
曰："仪有死罪于大王。"王曰："何也？"曰："仪行天
下遍矣，未尝见人如此其美也。而仪言得美人，是
欺王也。"王曰："子释之⑤。吾固以为天下莫若是两
人也。"

注释

① 偶：偶然，此犹言赶巧，恰巧。刍秣（mò）：谦辞，犹言
只够供给马料的费用。郭希汾本："供刍秣，谦词。言只足供
马料也。"

② 觞（shāng）：向人敬酒或自饮，此指喝酒。

③ 中（zhòng）饮：犹言喝得半醉半醒。

④ 便（pián）习：即便（pián）嬖，犹言左右亲近宠幸的人。

⑤ 释：放下，此犹言放心。

译文 南后、郑袖听到张仪要为楚王选美人的消息后，非常害怕。派人对张仪说："我们听说将军要到三晋去，恰巧手里有黄金千斤，献给您左右的侍从，以便作为购买马料的费用。"郑袖也以黄金五百斤相赠。

张仪辞别楚王说："天下各国关闭了关塞，无法通行，不知道什么时候见面。希望大王赏给我一杯酒喝。"楚王说："好。"于是就给他酒喝。张仪喝得半醉半醒的时候，再次拜谢楚王而请求说："在这里没有外人，希望大王召来您左右亲近宠幸的人一起饮酒。"楚王说："好。"于是就召来南后、郑袖共同饮酒。张仪再次拜谢而请罪说："我在大王面前犯下了死罪。"楚王说："怎么回事？"张仪说："我走遍了天下，不曾见过有像她俩长得这么漂亮的。可是我还说要为大王找美人，这岂不是欺骗了大王。"楚王说："您放心。我本来认为天下没有谁能赶得上她俩这么漂亮。"

楚王令昭雎之秦重张仪

原文　楚王令昭雎之秦重张仪①。未至，惠王死。武王逐张仪。楚王因收昭雎以取齐②。桓臧为雎谓楚王曰③："横亲之不合也④，仪贵惠王而善雎也。今惠王死，武王立，仪走，公孙郝、甘茂贵⑤。甘茂善魏，公孙郝善韩。二人固不善雎也，必以秦合韩、魏。韩、魏之重仪，仪有秦而雎以楚重之。今仪困秦而雎收楚，韩、魏欲得秦，必善二人者。将收韩、魏轻仪而伐楚，方城必危。王不如复雎⑥，而重仪于韩、魏。仪据楚势，挟魏重，以与秦争。魏不合秦，韩亦不从，则方城无患。"

注释　① 昭雎之秦重张仪：昭雎到秦国去游说使秦国重用张仪。鲍本："说秦，使重之。"

② 收昭雎以取齐：犹言拘捕昭雎以此讨好齐国。收，拘捕。取，取悦，犹言讨好。过去，昭雎与张仪有交情，所以楚国想通过昭雎游说秦国，使秦国重用张仪，以便有利于楚国。如今秦国驱逐张仪，楚王就拘捕了昭雎，以便讨好憎恨张仪的齐国。

③桓臧：楚国人。

④横亲：此指秦、韩、魏三国。

⑤公孙郝：《国策》和《史记》记其名不一。又作"公孙
赫""公孙显"，《甘茂传》作"公孙奭（shì）"疑以音形相近
而讹。吕祖谦《大事记》谓本一人记其名者不同耳。从吕说。
据《甘茂传》记载，公孙郝当是秦国公族。

⑥复雠：恢复昭雎原来的地位。

译文 楚怀王派昭雎到秦国去游说，使秦国重用张仪。昭雎
还没有到秦国，秦惠王就死了。秦武王驱逐了张仪。
楚怀王也因此拘捕了昭雎以讨好齐国。桓臧替昭雎对
楚怀王说："秦、韩、魏三国的联合没有成功，这是
由于张仪得势于秦惠王并且和昭雎关系密切。如今惠
王死了，武王即位，张仪被驱逐，公孙郝、甘茂显贵
起来。甘茂和魏国关系密切，公孙郝和韩国关系密
切。这两个人原本就和昭雎关系不好，所以一定主张
秦国联合韩国、魏国。当年，韩国、魏国重视张仪，
是因为张仪掌握秦国的实权，并且昭雎又依靠楚国的
力量推崇他。如今张仪在秦国遭难而昭雎在楚国被拘
捕，如果韩国、魏国想要得到秦国的支持，它们一定
要亲近甘茂和公孙郝。这两个人也将拉拢韩国、魏国

轻视张仪进攻楚国，那么方城一定危险了。大王不如恢复昭雎的地位，而使张仪在韩国、魏国得到重用。张仪依靠楚国的势力，倚仗魏国的重用，而跟秦国争斗。如果魏国不与秦国联合，韩国也不会顺从秦国，那么方城就没有祸患了。"

张仪逐惠施于魏

原文　张仪逐惠施于魏①。惠子之楚，楚王受之。

冯郝谓楚王曰②："逐惠子者，张仪也。而王亲与约③，是欺仪也，臣为王弗取也。惠子为仪者来，而恶王之交于张仪，惠子必弗行也④。且宋王之贤惠子也⑤，天下莫不闻也。施之不善张仪也⑥，天下莫不知也。今为事之故，弃所贵于仇人，臣以为大王轻矣。且为事耶？王不如举惠子而纳之于宋，而谓张仪曰：'请为子勿纳也。'仪必德王。而惠子穷人，而王奉之⑦，又必德王。此不失为仪之实，而可以德惠子。"楚王曰："善。"乃奉惠子而纳之宋。

注释

① 惠施：即惠子，宋国人，曾做过魏惠王的相国，主张联合齐、楚，也是当时的哲学思想家，名辩学派的代表人物。

② 冯郝：楚人，其身世不详。

③ 亲与约：犹言亲自跟惠施结交。鲍本："与施相结。"

④ 恶王之交于张仪：犹言恶化了大王跟张仪的交情。必弗行：一定不会这样做。

⑤ 宋王：宋王偃。

⑥ 施：指惠施，姚本"施"作"今"，鲍本"今"作"施"，从鲍本。

⑦ 奉：犹送。

译文

张仪从魏国驱逐了惠施。惠施到了楚国，楚怀王收留了他。

冯郝对楚怀王说："驱逐惠子的人是张仪。可是大王亲自与惠施结交，这是欺骗张仪，臣下认为大王不该采取这种办法。惠子因为张仪的缘故来到楚国，然而恶化大王与张仪的交情，惠子一定不会这样做。况且宋王认为惠子是贤能的人，天下没有谁没听到。惠施和张仪关系不好，天下没有谁不知道。如今为了这件事的缘故，就把尊贵的朋友，丢到仇人那里，臣下认

为大王太轻率了。难道真是为了国事吗？大王不如
送惠子而使宋国接纳他，并且对张仪说：'请让我为
您赶走惠施。'张仪一定感激大王。然而惠施是陷入
困境的人，可是大王送他回宋国，他也一定会感激大
王。这样做既不失掉帮助张仪的实际行动，又可以使
惠子感激我们。"楚王说："好。"于是送惠子并使宋
国接纳他。

五国伐秦

原文　五国伐秦①。魏欲和，使惠施之楚。楚将入之秦而使
行和②。

杜赫谓昭阳曰③："凡为伐秦者楚也④。今施以魏来，
而公入之秦，是明楚之伐而信魏之和也⑤。公不如无
听惠施，而阴使人以请听秦⑥。"昭子曰："善。"因谓
惠施曰："凡为攻秦者魏也，今子从楚为和，楚得其
利，魏受其怨。子归，吾将使人因魏而和。"

注释

① 五国伐秦：指楚、赵、魏、韩、燕联合进攻秦国。

② 入之秦：即使之入秦。

③ 昭阳：楚国大臣。

④ 凡为伐秦者楚也：凡是参加讨伐秦国的国家是以楚国为首领的。

⑤ 明楚之伐：犹言表明楚国主战。信魏之和：相信魏国主和。

⑥ 请听秦：请求讲和听从秦国的命令。

译文

楚、赵、魏、韩、燕五国联合进攻秦国。魏国想要讲和，派惠施到楚国去。楚国准备让惠施到秦国去，让他主持讲和。

杜赫对昭阳说："凡是参加讨伐秦国的国家是以楚国为首领的。如今惠施以魏国的名义来到楚国，可是您让他到秦国去讲和，这是向秦国表明楚国主战而使它相信魏国主和。您不如不听惠施的话，而暗中派人去请求讲和，并表示听从秦国的命令。"昭阳说："好。"于是对惠施说："凡是参加进攻秦国的国家是以魏国为首领的，如今您跟随我们去讲和，楚国就会得到秦国的好处，魏国就会受到秦国的怨恨。您先回去，我将派人通过魏国去讲和。"

原文　惠子反，魏王不悦①。杜赫谓昭阳曰："魏为子先战，折兵之半，谒病不听②，请和不得，魏折而入齐、秦，子何以救之？东有越累，北无晋③，而交未定于齐、秦，是楚孤也。不如速和④。"昭子曰："善。"因令人谒和于魏⑤。

注释　① 魏王：魏襄王；一说，魏哀王。可供参考。

② 折：减损，损失。后文中的"折"，是调转之意。病：困，军队处于困境之中。郭希汾本："病，困也。折兵不能战也。"

③ 累：麻烦。北无晋：犹言北面又没有魏国的援助。晋，此指魏国；一说，指三晋。可供参考。

④ 不如速和：不如迅速与秦国讲和。缪文远本："指速和于秦。"

⑤ 因令人谒和于魏：于是派人告诉魏国与秦讲和。缪文远本："告魏请与秦和也。"

译文　惠施返回魏国，魏襄王很不高兴。杜赫对昭阳说："魏国为您首先投入战斗，损失了一半兵力，向您报告军队处于困境之中，我们不听，请求讲和又没能办到，如果魏国调头去投靠齐国、秦国，您用什么办法挽救？东面有越国造成的麻烦，北面没有魏国的援助，并且与齐国、秦国的邦交还没有确立，这样楚国就孤立了。不如迅速与秦国讲和。"昭子说："好。"于是派人告诉魏国与秦国讲和。

陈轸告楚之魏

原文 陈轸告楚之魏①。张仪恶之于魏王曰：②："轸犹善楚，为求地甚力。"左爽谓陈轸曰③："仪善于魏王，魏王甚信之，公虽百说之，犹不听也。公不如以仪之言为资④，而得复楚。"陈轸曰："善。"因使人以仪之言闻于楚。楚王喜，欲复之。

注释 ① 告：古者官吏休假曰告；一说，"告"应作"去"，离开。可供参考。

② 恶：说人坏话，中伤。魏王：指魏惠王。

③ 左爽：又作"左华"，魏国人。

④ 资：根据。鲍本"仪言己为楚，因以其言闻之楚。"

译文 陈轸向楚王告假到了魏国。张仪在魏惠王面前中伤陈轸说："陈轸还是对楚国好，为楚国求得土地很卖力气。"左爽对陈轸说："张仪跟魏王关系很密切，魏王非常信任他，您即使百般游说，魏王还是不能听您的话。您不如把张仪说您的话作为根据，还能重新回到楚国。"陈轸说："好。"于是派人把张仪的话宣扬出去，让楚国人听到。楚王听了很高兴，想让陈轸再回到楚国。

秦伐宜阳

原文　秦伐宜阳。楚王谓陈轸曰："寡人闻韩侈巧士也①，习诸侯事，殆能自免也。为其必免，吾欲先据之以加德焉②。"陈轸对曰："舍之，王勿据也。以韩侈之知，于此困矣。今山泽之兽，无黠于麋③。麋知猎者张罔，前而驱己也，因还走而冒人，至数④。猎者知其诈，伪举罔而进之，麋因得矣。今诸侯明知此多诈，伪举罔而进者必众矣。舍之，王勿据也。韩侈之知，于此困矣。"楚王听之，宜阳果拔。陈轸先知之也。

注释　①韩侈（chǐ）：即公仲侈，韩国相国。

②据：据守。

③黠（xiá）：聪慧，此指狡猾。麋（mí）即麋鹿。

④罔：同"网"。冒人：犯人，犹言顶撞人。数（shuò）：屡次。

译文　秦军攻打韩国的宜阳。楚怀王对陈轸说："寡人听说韩侈是个聪明能干的人，熟习诸侯间的事情，大约能够避免宜阳的危亡。因为他一定能避免宜阳的危亡，所以我想先替他据守宜阳，以此使他们更加感激我们。"陈轸回答说："放弃这种想法，大王不要据守宜阳。凭韩侈的智慧，在宜阳都陷入了困境。如今山泽中的野兽，没有比麋鹿更狡猾的。麋鹿知道猎人张开大网，要前来把它赶到网里去，于是它调过头跑来顶人，这样经过许多次，猎人了解了它的狡诈习性，举着网伪装前进，麋鹿因此被捕获了。如今诸侯明知道这里有许多狡诈的伎俩，举着网伪装前进的人一定很多。放弃这种打算，大王不要据守宜阳。韩侈的聪明才智，在这里陷入困境了。"楚怀王听了他的话，宜阳果然被秦军占领。陈轸预先已经料到这个结果了。

唐且见春申君

原文　唐且见春申君曰①："齐人饰身修行得为益②，然臣羞而不学也。不避绝江河，行千余里来，窃慕大君之义，而善君之业③。臣闻之，贲、诸怀锥刃而天下为勇，西施衣褐而天下称美④。今君相万乘之楚，御中国之难，所欲者不成，所求者不得，臣等少也⑤。夫枭棋之所以能为者，以散棋佐之也⑥。夫一枭之不胜五散，亦明矣⑦。今君何不为天下枭，而令臣等为散乎？"

注释　① 唐且（jū）：即唐雎，魏国人。春申君：即黄歇，楚考烈王的相国。春申，是黄歇的封号。

② 益：利益，此指获得禄位。

③ 大君：犹言高君，即仰慕您高尚的情操。善君之业：以君之业为善，犹言认为您的事业是可以成功的；一说，犹言想帮助您管理好政事。可供参考。

④ 贲、诸：指孟贲、专诸。褐：粗毛布衣。

⑤ 臣等少：犹言其他大臣帮助您的少。

⑥ 枭（xiāo）：六博彩名，棋子上刻枭鸟形，枭就是么（yāo），

博头；六博得枭者胜。散：六博彩名，枭之外，其他五个棋子为散，即五白，博得五白可以胜枭。

⑦ 夫一枭之不胜五散，亦明矣：一个枭子不能战胜五个散子，也是很明了的了。姚本作"夫一枭之不如不胜五散，亦明矣"，其中"不如"二字为衍文，删掉。

译文 唐且拜见春申君说："齐国人装扮自己修炼言行是为了获得禄位，然而臣下对他们的做法感到羞耻，不想学习。我不躲避横渡江河的危险，行程千余里来到这里，是因为仰慕您高尚的情操，并认为您的事业是可以成功的。臣下听说，孟贲、专诸即使怀里揣着锥子和短刀，而天下人都认为他们是勇士，西施即使穿着粗毛布衣，而天下人也称她为美女。如今您做了拥有万辆兵车的楚国相国，驾驭中原各国的战事，所要干的事情不能成功，所要追求的目标不能达到，这是因为帮助您的大臣太少了。枭子所以能有所作所为，是因为有五个散子的辅助。一个枭子却不能战胜对方五个散子也是很明了的。如今您为什么不做天下的枭子，而让其他大臣做那五个散子呢？"

或谓楚王

原文 或谓楚王曰^①："臣闻从者欲合天下以朝大王，臣愿大王听之也。夫因诎为信，奋患有成，勇者义之^②。摄祸为福，裁少为多，知者官之^③。夫报报之反，墨墨之化^④，唯大君能之。祸与福相贯，生与亡为邻，不偏于死，不偏于生，不足以载大名^⑤。无所寇艾^⑥，不足以横世。夫秦捐德绝命之日久矣，而天下不知。今夫横人嗑口利机，上干主心，下牟百姓^⑦，公举而私取利，是以国权轻于鸿毛，而积祸重于丘山。"

注释 ① 楚王：即楚考烈王熊完。

② 诎（qū）：同"屈"，委屈。信：同"伸"，犹言伸张正义。奋患有成：在患难中奋进有所建树。姚本"奋"作"旧"，鲍本作"奋"，从鲍本。鲍本："奋于患难，以能有成。"勇者义之：勇敢的人把它作为义。

③ 摄：收取，此处有预见之意。裁：控制，此处有掌握的意思。官：通"管"。吴正曰："官之，谓主其事也。"

④ 报报之反：犹言反反复复地变化，屈伸祸福相反不已。缪文远本："此言使之与原来情势相反，包上文'因诎为信'，

‘摄祸为福’等而言。”墨墨之化：无声无息的变化。墨，同“默”。吴正曰：“墨墨之化，言变化无形。”

⑤ 相贯：犹言相通。贯，贯通。偏：犹言专一。载：犹言承载，获得。

⑥ 寇艾（yì）：犹言用兵侵犯别的国家。寇，侵暴。艾，通“刈”，斩割。

⑦ 嚂（làn，又读 lán）口利机：犹言巧言利舌。干：求得。牟：指加倍谋取。

译文 有人对楚考烈王说：“臣下听说主张合纵的人想要联合天下诸侯来朝见大王，臣下希望大王听听我的看法。在委屈的环境里伸张正义，在患难中奋进有所建树，这是勇敢者义不容辞的事。预见到祸患能把它转变为福事，控制少数能把它变成多数，这是聪明人管理事情的办法。反反复复地变化，屈伸祸福相反不已，都在无声无息地演进中，只有品德高尚的人能驾驭它。祸与福相通，生与死为邻，不专一于致死，不专一于求生，就不能获得大的名声。没有经过贼寇的侵犯，就不能无敌于天下。秦国抛弃道德违背天命的时间很长了，可是天下人并不知道。如今主张连横的人巧言利舌，向上求得君主的欢心，向下加倍谋取百

姓的利益，表面为公家谋划，实际暗中私自取利，因
此使得国家的政权像鸿毛一样轻，而积累的祸患像丘
山一样高。"

魏王遗楚王美人

原文　魏王遗楚王美人[1]，楚王说之。夫人郑袖知王之说新
人也，甚爱新人。衣服玩好，择其所喜而为之；宫室
卧具[2]，择其所善而为之。爱之甚于王。王曰："妇人
所以事夫者，色也；而妒者，其情也[3]。今郑袖知寡
人之说新人也，其爱之甚于寡人，此孝子之所以事
亲，忠臣之所以事君也。"

注释　[1] 魏王：即魏哀王；一说，魏襄王。可供参考。楚王：指楚
怀王。

　　[2] 卧具：泛指室内家具。

　　[3] 情：常情。

译文　魏哀王赠给楚怀王一个美人，楚王非常喜欢她。夫人

郑袖知道楚王喜欢这个新娶的美人，所以也很爱护这个新人。凡是穿的衣服、玩的东西，都选择这位美人喜欢的做；房屋、家具，都挑选美人喜欢的给她使用。爱护美人超过了楚王。楚王说："妻子所用来侍奉丈夫的东西，是自己的美色；然而嫉妒不过是女人的常情。如今郑袖知道我喜欢这个新人，她爱护这个新人超过了我，这是孝子用来侍奉双亲，忠臣用来侍奉国君的一种感情。"

原文　郑袖知王以己为不妒也，因谓新人曰："王爱子美矣。虽然，恶子之鼻。子为见王，则必掩子鼻①。"新人见王，因掩其鼻。王谓郑袖曰："夫新人见寡人，则掩其鼻，何也?"郑袖曰："妾知也。"王曰："虽恶必言之②。"郑袖曰："其似恶闻君王之臭也③。"王曰："悍哉④!"令劓之，无使逆命。

注释　①为：若，如果。掩：遮掩，捂住。

②恶：丑恶，此犹言不中听。

③臭（xiù）：气味。

④悍：凶暴蛮横，此犹言刁蛮。

译文　郑袖知道楚王认为自己没有嫉妒心，就对新人说："大王喜爱您的美貌。虽然这样，但他讨厌您的鼻子。您如果见到大王，就一定要捂住您的鼻子。"美人见到楚王，就捂住自己的鼻子。楚王对郑袖说："那位新人见到我，就捂住她的鼻子，这是为什么呢？"郑袖说："我知道是怎么回事。"楚王说："即使是再不中听的话，也一定要说。"郑袖说："她好像是讨厌闻到君王身上的气味吧。"楚王说："太刁蛮了！"于是下令割去这位美人的鼻子，不准违抗命令。

楚王后死

原文　楚王后死，未立后也。谓昭鱼曰①："公何以不请立后也？"昭鱼曰："王不听，是知困而交绝于后也②。""然则何不买五双珥，令其一善而献之王③，明日视善珥所在，因请立之。"

注释　① 昭鱼：楚国大臣。

② 知困：犹言主意不得实现处于困境。郭希汾本："所度不中，

故曰知困。"交绝于后：犹言与新王后断绝了交情。

③ 然则何不买：姚本无"何"字，鲍本补认为"然则"后面脱"何"字，从鲍本补。

译文

楚国王后死了，还没有继立王后。有人对昭鱼说："您为什么不请求大王继立王后呢？"昭鱼说："如果大王不听从我的意见，这将使我的主意不得实现，处于困境，反而会与新王后断绝了交情。"那人说："虽然如此，那么为什么不买五双耳环，让其中一双最漂亮，并把这些耳环都献给大王，明天看那双漂亮的耳环谁戴着，就请大王立她为王后。"

庄辛谓楚襄王

原文

庄辛谓楚襄王曰①："君王左州侯，右夏侯，辇从鄢陵君与寿陵君，专淫逸侈靡②，不顾国政，郢都必危矣。"襄王曰："先生老悖乎③？将以为楚国祆祥乎④？"庄辛曰："臣诚见其必然者也，非敢以为国祆祥也。君王卒幸四子者不衰⑤，楚国必亡矣。臣请辟于赵，淹留以观之⑥。"庄辛去之赵，留五月，秦果举鄢、郢、巫、上蔡、陈之地，襄王流掩于城阳⑦。于是使人发驺，征庄辛于赵⑧。庄辛曰："诺。"庄辛至，襄王曰："寡人不能用先生之言，今事至于此，为之奈何？"

注释

①庄辛：楚国大臣，楚庄王的后代，故以庄为姓。

②州侯、夏侯：均为楚襄王宠臣，分别封在州邑（在今湖北省监利县）、夏邑（在今湖北省武汉市），称侯，姓名不详。鄢陵君、寿陵君：均为襄王宠臣，封于鄢陵（今在河南省鄢陵县西南四十里）、寿陵（在今安徽省寿县），称君，姓名不详。专：专意。

③老悖（bèi）：犹言老糊涂。悖，昏乱，犹言糊涂。

④将：抑或，还是。祆（yāo）祥：犹言不祥的预兆。祆，同"妖"。缪文远本按："祆祥为吉凶祸福之先见征兆，此为偏义复词，其义侧重于祆。"

⑤卒：最终。四子：指州侯、夏侯、鄢陵君和寿陵君。

⑥辟："同"避"，躲避。淹留：滞留，犹言居留。

⑦举：攻取。鄢：楚国地名，在今湖北省宜城市南。巫：楚国地名，在今四川省巫山县。上蔡：楚国地名，在今河南省上蔡县西南。陈：楚国地名，在今河南省淮阳县。流掩：犹

言流亡躲藏。城阳：即成阳，在今河南省息县西北。

⑧驺（zōu）：骑马的侍从。征：召，召回。

译文　庄辛对楚襄王说："君王左边有州侯，右边有夏侯，车后跟随着鄢陵君和寿陵君，一味地过着淫乱、放荡、奢侈、靡乱的生活，不过问国家大事，郢都一定危险了。"楚襄王说："先生老糊涂了吗？还是把我看成楚国的不祥之兆？"庄辛说："臣下确实看到您这种行为的必然结果，不敢把您看成是楚国的不祥之兆。如果大王始终宠幸这四个人不变，楚国一定要灭亡了。臣下请求到赵国躲避，居留在那里观看事情的变化。"庄辛离开楚国到了赵国，在赵国住了五个月，秦国果然攻取了楚国的鄢、郢、巫、上蔡、陈等地，襄王流亡躲藏在城阳。这时候襄王才让人派出骑士到赵国召回庄辛。庄辛说："好。"庄辛回到楚国，襄王说："我不能听先生的话，如今事情到了这种地步，对这事怎么办呢？"

原文　庄辛对曰："臣闻鄙语曰①：'见兔而顾犬，未为晚也；亡羊而补牢，未为迟也。'臣闻昔汤、武以百里昌，桀、纣以天下亡。今楚国虽小，绝长续短，犹以数千里，岂特百里哉^②？

注释

① 鄙语：俗话。

② 绝长续短：截长补短。犹；尚，还。以：犹言有。岂待：
岂止。

译文

庄辛回答说："臣下听俗话说：'看到兔子再回头唤狗，
还不算晚；跑了羊再修补羊圈，还不算迟。'臣下听
说，从前，商汤、周武王凭借方圆百里的地方昌盛起
来，夏桀、商纣王凭借着天下却灭亡了。如今楚国虽
然小了，截长补短，方圆还有几千里，难道只是百
里吗？

原文

"王独不见夫蜻蛉乎^①？六足四翼，飞翔乎天地之间，
俯啄蚊虻而食之，仰承甘露而饮之^②，自以为无患，
与人无争也。不知夫五尺童子，方将调饴胶丝，加己
乎四仞之上^③，而下为蝼蚁食也。蜻蛉其小者也，黄
雀因是以^④。俯噣白粒^⑤仰栖茂树，鼓翅奋翼，自以
为无患，与人无争也。不知夫公子王孙，左挟弹，右
摄丸，将加己乎十仞之上，以其颈为招，昼游于茂
树，夕调乎酸咸，倏忽之间，坠于公子之手^⑥。

注释

① 蜻蛉（líng）：即蜻蜓。

② 俯：犹言向下。啄：啄食，此指捕捉。甘露：甜美的露水。

③ 五尺：战国时一尺约合今七寸，五尺合一点一六米。方将：正要。调饴（yí）胶丝：调和粘汁，涂在丝上。姚本作"调铋"，鲍本作"调饴"，从鲍本。仞：古代长度单位，一仞合七尺。

④ 因是以：犹言也是这样，如同这样。因，如同。以，同"已"，语气词。

⑤ 噣（zhuó）：同"啄"。白粒：米粒。

⑥ 弹：弹弓。摄：捏取。颈：姚本作"类"，鲍本补作"颈"，从鲍本补。招：的，目标。倏忽之间，坠于公子之手：金正炜认为这两句应在"昼游"句之前，可供参考。

译文

"大王难道没有看见蜻蜓吗？它有六只脚四只翅膀，飞翔在天地之间，向下捕捉蚊虻吃，向上承接甜美的露水喝，自己认为没有祸患，与人没有什么争端。哪里想到那三尺高的孩子，正要调和粘汁，涂在丝上，将要在二十八尺的空中加在自己身上，而向下成为蝼蛄、蚂蚁的食物。蜻蜓恐怕是小东西，黄雀的下场也是这样。它向下啄食米粒，向上栖息在茂盛的树上，鼓动翅膀奋力飞翔，自己认为没有祸患，与人没有什么争端。不知道那公子王孙，左手握着弹弓，右手捏取弹丸，正要在七十尺的高空中加在自己身上，把它的脖颈作为射击的目标，白天在茂密的树林中游玩，晚上就和酸咸调和在一起了，刹那之间，就落在公子王孙的手中。

原文 "夫黄雀其小者也，黄鹄因是以①。游于江海，淹乎大沼，俯喝鳝鲤，仰啮蓤衡，奋起六翮，而凌清风，飘摇乎高翔②，自以为无患，与人无争也。不知夫射者，方将修其碆卢，治其矰缴，将加己乎百仞之上，被磻礛，引微缴，折清风而抎矣③。故昼游乎江河，夕调乎鼎鼐。

注释 ①夫黄雀：姚本作"夫雀"，姚一本作"夫黄雀"，从姚一本。黄鹄（hú）：即天鹅。

②淹：滞留，此犹言栖息。大沼：犹言大湖。鳝：当作'鳊（yǎn）"，即鲇（nián）鱼。鳝，字书无此字。蓤（líng）衡：菱角、香草。蓤，同"菱"。衡，杜衡，香草。六翮（hé）：鸟翅的六根大羽毛，俗称大翎，此指鸟翅。飘摇乎：飞翔的样子。

③碆（bō）：石制的箭头。姚本"碆"作"萆"，字书无此字，鲍本作"碆"，从鲍。卢：黑色的弓。矰缴（zēng zhuó）：

系有丝线的箭。姚本作"缯"，鲍本作"矰"，从鲍本。被：受到。姚本"被"作"彼"，鲍本作"被"，从鲍本。礛（lán）：磨玉的石头，用来磨箭头，使之锐利。此犹言锐利。礴（bō）：缴石所系的石块。引：拖着。折：折断，形容从空中掉下来的样子。抎（yǔn）：同"陨"，坠落。鼐（nài）：大鼎，古代烧煮食物的炊具。

译文　"那黄雀的事情恐怕是小事情，天鹅也是这样。它在大江大海里浮游，栖息在大湖里，低头啄食鲇鱼鲤鱼，仰头啄咬菱角杜衡，鼓起翅膀，驾着清风，飘飘摇摇地在高空中自由飞翔，自己认为不会有什么祸患，与人没有什么争端。不知道那射箭的人，正在修整石箭头和黑弓，制造带有丝绳的箭，将要在七百尺的天空中射在自己身上，它将带着锐利的箭，拖着细微的丝绳，从清风中坠落下来。因此天鹅白天在江河中浮游，晚上就在鼎里烹调成菜肴。

原文　"夫黄鹄其小者也，蔡圣侯之事因是以①。南游乎高陂，北陵乎巫山，饮茹溪之流，食湘波之鱼，左抱幼妾，右拥嬖女，与之驰骋乎高蔡之中②，而不以国家为事。不知夫子发方受命乎宣王，系己以朱丝而见之也③。

注释 ① 蔡圣侯：高蔡的国君。此蔡国不是蔡仲的后代迁往州来的蔡国，而是另一个蔡国，即下文中的"高蔡"。

② 高陂（pí）：即高阪。楚地名，今地不详。陵：登。茹溪：巫山之溪，在今四川省巫山县城北。按："饮茹溪流"，应作"饮茹溪之流"。湘波：即湘水，发源于广西壮族自治区灵川县海阳山，入今湖南省，注入洞庭湖。高蔡：国名，在今湖北省巴东、建始一带。

③ 子发：楚国将领。宣王：即楚宣王。朱丝：红色的绳索。见（xiàn）之：使之见。之，指蔡圣侯。

译文 "那天鹅的事情是小事，蔡圣侯的事情也是这样。他南游高陂，北登巫山，喝茹溪的水，吃湘水的鱼，左手抱着年轻的美妾，右手搂着宠爱的美女，同她们驱车在国内尽情游乐，却不把国家放在心上。哪里想到那子发正接受楚宣王的命令，将用红色的绳索捆上他去见楚宣王。

原文 "蔡圣侯之事其小者也，君王之事因是以。左州侯，右夏侯，辇从鄢陵君与寿陵君，饭封禄之粟，而载方府之金①，与之驰骋乎云梦之中，而不以天下国家为事。不知夫穰侯方受命乎秦王，填黾塞之内，而投己乎黾塞之外②。"

襄王闻之，颜色变作，身体战栗。于是乃以执珪而授之为阳陵君，举淮北之地也③。

注释

① 辇：姚本作"辈"，鲍本作"辇"，从鲍本。饭：名词用如动词，此指吃。封禄：从封地取得的俸禄。鲍本："封禄，所封之禄。"载：装载。姚本作"戴"，鲍本作"载"，从鲍本。方府：楚国财库名。

② 穰（ráng）侯：即魏冉，秦昭王的相国。填：阻塞；一说，填，同"镇"，镇守，可供参考。黾（méng）塞之内：即黾塞之南。黾塞，地名，即平靖关（在今河南省信阳市东南）。此地属鄢郢地区，已被秦军占领，鄢郢在邑塞之南，所以说"内"。投：丢弃，此犹言驱赶。邑塞之外：楚襄王逃奔城阳，城阳在邑塞北，所以说"外"。

③ 阳陵君：庄辛的封号。举：此指收复。姚本、鲍本"举"皆作"与"，此"举"字根据《新序》校改。

译文

"蔡圣侯的事恐怕还是小事，君王的事也是这样。您左边是州侯，右边是夏侯，车后跟随着鄢陵君和寿陵君，吃着封地里的粮食，并装载着国库里的钱财，跟他们驾车在云梦中尽情游乐，可是却不把天下国家的事放在心上。哪里知道穰侯正接受秦昭王的命令，率领军队阻塞了黾塞之南，而把您驱赶到黾塞之北。"

楚襄王听到这些，吓得脸色大变，身上哆嗦。于是就把执珪的爵位授予庄辛，封他为阳陵君，不久，庄辛帮助楚王收复了淮北的土地。

齐明说卓滑以伐秦

原文　齐明说卓滑以伐秦①，滑不听也。齐明谓卓滑曰："明之来也，为樗里疾卜交也②。明说楚大夫以伐秦，皆受明之说也，唯公弗受也，臣有辞以报樗里子矣。"卓滑因重之。

注释　① 齐明：东周大臣，后来到秦、楚和韩做官。卓滑：即邵滑，卓、邵声近通用，楚国谋臣。

②卜交：占卜交情，此犹言试探交情。

译文　齐明游说卓滑攻打秦国，卓滑不听他的话。齐明对卓滑说："我这次来到楚国，是替樗里疾来试探秦国、楚国交情的。我游说楚国大夫攻打秦国，他们都接受我的意见，只有您不接受，这次我可有话回报樗里疾了。"卓滑因此很重视齐明。

或谓黄齐

原文　或谓黄齐曰①："人皆以谓公不善于富挚②。公不闻老莱子之教孔子事君乎③？示之其齿之坚也，六十而尽相靡也④。今富挚能，而公重不相善也，是两尽也⑤。谚曰：'见君之乘，下之；见杖，起之。'今也王爱富挚而公不善也，是不臣也。"

注释　①黄齐：楚国大臣，身世不详。
②以谓：即以为。谓，犹为。《经传释词》："为、谓一声之转，故为可训谓，谓亦可训为。"富挚：楚国大臣，身世不详。

③ 老莱子：春秋时楚国人。

④ 相靡：相摩，相磨。靡，同"摩""磨"。鲍本"靡，摩同，研也。"吴曾祺曰："以齿之坚，因相摩而至于尽，比喻二人之相害也。"

⑤ 能：犹言有才能。重：很。鲍本："重，犹甚。"两尽：犹言两败俱伤。

译文　有人对黄齐说："人们都认为您和富挚的关系不好。您没有听过老莱子教孔子侍奉国君的事吗？先让孔子看自己的牙齿原先何等坚固，又说六十岁就光了，是因为互相研磨的结果。如今富挚有才能，可是您跟他关系很不好，这如同牙齿相磨，会两败俱伤的。谚语说：'看见君王的马车，就从自己车上下来；看见君王的手杖，坐着也要站起来。'如今大王很喜欢富挚，可是您却和他关系不好，这不是臣下应有的行为。"

长沙之难

原文　长沙之难，楚太子横为质于齐①。楚王死，薛公归太子横，因与韩、魏之兵，随而攻东国。太子惧。昭盖曰②："不若令屈署以东国为和于齐以动秦③。秦恐齐之取东国④，而令行于天下也，必将救我。"太子曰："善。"遂令屈署以东国为和于齐。秦王闻之惧，令芈戎告楚曰⑤："毋与齐东国，吾与子出兵矣。"

注释

① 长沙之难：其事不详，其地点难定。太子横：楚怀王太子，名横。据《楚世家》记载：楚怀王二十九年，"秦复攻楚，大破楚，楚军死者二万。杀我将军景缺，怀王恐，乃使太子为质于齐以求平。"

② 昭盖：楚国大臣。

③ 屈署：楚国将领。以东国：姚本作"以新东国"，鲍本认为"新"字为衍文，从鲍本。

④ 取东国：姚本作"败东国"，金正炜本："'败'当为'取'，字形相近而误。"从金说。

⑤ 秦王：即秦昭王。芈戎：秦宣太后的同父弟，号华阳君，又号新成君，当时为秦国将领。芈，姚本作"辛"，鲍本作"芈"，从鲍本。

译文

长沙祸难以后，楚国太子横到齐国去做人质。楚怀王死后，薛公才让太子横回国，随后齐国又联合韩国、魏国的军队，紧跟着进攻楚国淮北靠近齐国的地区。太子横很害怕。昭盖说："不如让屈署用淮北的土地向齐国求和，以此牵动秦国。秦园害怕齐国取得淮北的土地，在天下发号施令，一定会来援救我们。"太子说："好。"立刻命令屈署用淮北的土地向齐国求和。秦昭王听到此事很害怕，命令芈戎告诉楚国说："不要把淮北的土地送给齐国，我们和你们一起出兵了。"

有献不死之药于荆王者

原文 有献不死之药于荆王者，谒者操以入①。中射之士问曰②："可食乎？"曰："可"。因夺而食之。王怒，使人杀中射之士。中射之士使人说王曰："臣问谒者，谒者曰可食，臣故食之。是臣无罪，而罪在谒者也。且客献不死之药，臣食之而王杀臣，是死药也③。王杀无罪之臣，而明人之欺王④。"王乃不杀。

注释 ①操：拿着。

②中射之士：即中射士，负责宫中保卫的官员。

③ 死药：能使人死的药。

④ 明：表明，证明。

译文

有人向楚王献上长生不死之药，传达官拿着药进入王宫。有一个负责保卫的官员问道："这药可以吃吗？"传达官说："可以吃。"于是他就把药夺下来吃了。楚王大怒，派人去杀那个负责保卫的官员。负责保卫的官员派人向楚王转达自己的话说："臣下询问传达官，传达官说可以吃，臣下所以把药吃了。这件事臣下没有罪过，罪过在传达官身上。再说客人进献的是长生不死之药。因为臣下吃了药，大王就杀我，这是催人死的药。大王杀了无罪的臣下，却表明有人欺骗大王。"于是楚王没有杀他。

客说春申君

原文

客说春申君说①："汤以亳，武王以鄗②，皆不过百里以有天下。今孙子天下贤人也，君籍之以百里势③，臣窃以为不便于君，何如？"春申君曰："善。"于是使人谢孙子，孙子去之赵，赵以为上卿。

客又说春申君曰："昔伊尹去夏入殷，殷王而夏亡④。管仲去鲁入齐，鲁弱而齐强。夫贤者之所在，其君未尝不尊，国未尝不荣也。今孙子天下贤人也。君何辞之？"春申君又曰："善。"于是使人请孙子于赵。

注释　①春申君：即黄歇，战国时四公子之一，当时为楚国相国。
②亳（bó）：地名，共有三处，都是商汤建国之地。南亳，相传汤曾居于此地，在今河南省商丘市东南。北亳，相传诸侯拥戴汤为盟主于此，地在今河南省商丘市北。西亳，相传汤攻克夏时所居，地在今河南省偃师县西。鄗（hào）：镐京。鄗，通"镐"。
③孙子：即荀子，赵人。汉代为避宣帝讳，称之为孙卿。籍，通"藉"，古借字，犹言借助；一说，凭借。可供参考。
④伊尹：名挚，号阿衡。力牧的后代，生于空桑。他曾五次向夏桀谈论尧舜之道，夏桀不听，他返回亳地，成为商汤相国。王（wàng）：名词用如动词，犹言统一。

译文　有个客人向春申君游说说："商汤凭借亳京兴起，周武王凭借镐京兴起，两地都不超过方圆百里，却拥有了天下。如今，荀子是天下贤能的人，您竟把方圆百里的势力借助给他，臣下私自认为对您不利。您认为怎么样？"春申君说："好。"于是派人辞谢荀子，荀子离开楚国到了赵国，赵国把他作为上卿对待。

客人又游说春申君说："从前伊尹离开夏国到了殷国，殷王统一了天下，夏朝却灭亡了。管仲离开鲁国到了齐国，鲁国削弱了，齐国却强盛起来。那贤明人所在的国家，他的君主没有不尊贵的，国家没有不昌盛的。如今荀子是天下贤能的人。您为什么辞谢他呢？"春申君又说："好。"于是派人到赵国去请荀子。

原文　孙子为书谢曰："疠人怜王^①，此不恭之语也。虽然，不可不审察也。此为劫弑死亡之主言也^②。夫人主年少而矜材，无法术以知奸，则大臣主断图私以禁诛于己也，故弑贤长而立幼弱，废正適而立不义^③。《春秋》戒之曰：'楚王子围聘于郑，未出竟^④，闻王病，反问疾，遂以冠缨绞王，杀之，因自立也。齐崔抒之妻美，庄公通之^⑤。崔抒帅其群党而攻^⑥。庄公请与分国，崔杼不许；欲自刃于庙^⑦，崔杼不许。庄公走出，踰于外墙，射中其股，遂杀之，而立其弟景

公^⑧。'近代所见：李兑用赵，饿主父于沙丘，百日
而杀之；淖齿用齐，擢闵王之筋^⑨，悬于其庙梁，宿
夕而死。夫疠虽痈肿胞疾^⑩，上比前世，未至绞缨射
股；下比近代，未至擢筋而饿死也。夫劫弑死亡之主
也，心之忧劳，形之困苦，必甚于疠矣。由此观之，
疠虽怜王可也。"因为赋曰："宝珍隋珠，不知佩兮。
杂布与锦^⑪，不知异兮。闲妹子奢，莫知媒兮^⑫。嫫
母求之^⑬，又甚喜之兮。以瞽为明，以聋为聪，以是
为非，以吉为凶。呜呼上天，曷惟其同！"《诗》曰^⑭：
"上天甚神，无自瘵也^⑮。"

注释

① 疠（lì）人怜王：犹言得麻风病的人还可怜被臣下杀死的君
王。疠，即癞病，麻风病。鲍本："疠虽恶疾，犹愈于劫弑，
故反怜王。"

② 此为劫弑死亡之主言也：这是指被劫持被杀死的君王说的。
弑，以下杀上为弑。

③ 矜（jīn）材：自己以为有才能。大臣主断图私以禁诛于
己：大臣独断专行图谋私利，禁绝对自己的诛杀。图：姚本
作"国"，金正炜本认为"'国'盖'图'字之讹。"从金说。
正适（dí）：正妻所生之子。适：通"嫡"，嫡子。

④ 楚王子围：即楚灵王，原名围。竟：同"境"，边境，国境。

⑤ 崔杼（zhù）：齐惠公的宠臣，拥立齐庄公有功，掌齐国国政。庄公：即齐庄公。

⑥ 群党：犹言同党。姚本"群"作"君"，金正炜本认为："'君'当为'群'。"从金说。

⑦ 自刃：犹言自杀。

⑧ 景公：名杵（chǔ）臼，楚灵王之子。

⑨ 淖（zhuó）齿用齐，擢（zhuó）闵王之筋：见《秦策三·范睢曰臣居山东》注。

⑩ 胞疾：在胞胎中得病。胞，衣胞，胎衣。

⑪ 杂布与锦：杂布与锦绣。姚本作"祎布"，据王念孙考证"祎"应作"杂"，从王说。缪文远本："杂布与锦，不知别异，言美恶不分也。"

⑫ 间姝：又作"间娵（jū）"，梁惠王的美女。子奢：郑国的美女；一说，子奢即子都，郑国的美男子。可供参考。莫知媒：犹言无人给他们做谋。

⑬ 嫫（mó）母：古代丑妇，传说为黄帝的妻子。

⑭《诗》：指《诗经·小雅·苑柳》篇。

⑮ 瘵（zhài）：病，此犹言灾祸。

译文　荀子写信辞谢说："得麻风病的人还可怜被臣下杀死的君王，这是一句不恭敬的话，虽然这样说，但是不可不慎重考察。这是指被劫持被杀死的君王说的。如果那君王年轻又自认为有才能，没有办法和权术识别奸邪的人，那么大臣为了独断专行图谋私利，禁绝对自己的诛杀，所以就要杀害贤能年长的王子，立年幼软弱的王子，废弃嫡长子而立不仁义的人。《春秋》告诫说：'楚国的王子叫围的到郑国聘问，还没有走出国境，听说父王有病，返回来探问病情，就用帽子的缨带勒住父王，杀死了他，于是自立为王。齐国崔杼的妻子长得很漂亮，齐庄公和她私通。崔杼就率领他的同党攻打庄公。齐庄公请求和他平分齐国，崔杼不答应；齐庄公想要到宗庙去自杀，崔杼也不允许。庄公逃跑，正要跳过外墙，崔杼就用箭射中他的大腿，于是就杀了他，而立庄公的弟弟景公为君。'近代所看到的事实：李兑在赵国执政，让赵主父在沙丘挨饿，百天以后饿死了他；淖齿在齐国掌权，他抽出齐闵王的筋，悬挂在宗庙的房梁上，齐闵王隔了一夜就死了。那得麻风病的人即使是从胞胎里带来的肿毒，如果和古代的君主相比，还达不到'绞缨射股'的下场；如果和近代的君主相比，还达不到'擢筋饿死'的地步。那些被劫持被杀死的君主，在要死的时候，心里何等忧伤，身体何等痛苦，一定比得了麻风病还厉害。由此看来，得麻风病的人，即使可怜被臣下杀死的君主也是有道理的。"于是荀子写了一首赋说："珍贵的隋侯珠，不知道佩戴。杂布和锦绣，不知道差异。闾姝子奢，没人给他们做媒。黄帝的丑妻嫫母来求婚，又很喜爱。把瞎子说成眼睛明亮，把聋子说成听觉很灵，把是当作非，把吉利当作灾祸。哎呀老天爷，什么时候才能有公理呢！"《诗经》说："老天爷的神通广大，不要自招灾祸。"

天下合从

原文　天下合从，赵使魏加见楚春申君曰①："君有将乎？"曰："有矣，仆欲将临武君②。"魏加曰："臣少之时好射，臣愿以射譬之，可乎？"春申君曰："可。"加曰："异日者，更羸与魏王处京台之下③，仰见飞鸟。更羸谓魏王曰：'臣为王引弓虚发而下鸟④。'魏王曰：'然则射可至此乎⑤？'更羸曰：'可。'有间，雁从东方来，更羸以虚发而下之。魏王曰：'然则射可至此乎？'更羸曰：'此孽也⑥。'王曰：'先生何以知之？'

对曰:'其飞徐而鸣悲。飞徐者,故疮痛也⑦;鸣悲者,久失群也,故疮未息,而惊心未去也⑧。闻弦音,引而高飞⑨,故疮陨也。'今临武君尝为秦孽⑩,不可为拒秦之将也。"

注释

① 魏加:赵国大臣。

② 临武君:楚国将领。

③ 更羸(léi):假托的人名。京台:高台。

④ 引弓虚发:拉弓空发,即只拉弓,不射箭。下鸟:使鸟掉下来。

⑤ 射:指射技。

⑥ 孽(niè),病,此犹言有隐伤。

⑦ 故疮:原来的创口。疮,同"创"。

⑧ 去:去掉,犹言消除。去,姚本作"至",鲍本作"去",从鲍本。

⑨ 引而高飞:犹言鼓动翅膀向高飞翔。引,牵,此处有鼓动翅膀之意。

⑩ 尝为秦孽:犹言曾经被秦军打败,犹如惊弓之鸟。

译文

天下诸侯联合抗击秦国,赵国派魏加去见楚国的春申君说:"您定下大将的人选了吗?"春申君说:"定下来了，我准备委任临武君为主将。"魏加说："我年轻的时候喜欢射箭，我愿意用射箭的事打个比方，可以吗？"春申君说："可以。"魏加说："从前，更羸和魏王一同站在一个高台的下面，抬头看见了一只飞鸟。更羸对魏王说：'臣下为大王表演一个只拉弓虚射箭就能使鸟掉下来的技术。'魏王问：'那么射技能达到这种程度吗？'更羸说：'可以。'过了一会儿，有只大雁从东方飞来，更羸一拉弓弦，虚放一箭，那大雁就应声而落。魏王说：'射技真可以达到这种程度吗？'更羸说：'这是一只有箭伤的鸟。'魏王说：'先生怎么知道的呢？'更羸回答说：'它飞得很慢，并且叫声悲哀。飞得缓慢的原因，是原先的伤口疼；叫声悲哀的原因，是长久失群，旧的伤口没有痊愈，并且惊慌的心理没有消除。听到弓弦的声音，鼓动翅膀向高处飞翔，结果原先的伤口破裂，使它掉下来了。'如今临武君是个曾经被秦国打败的将领，犹如惊弓之鸟，不可以委任他为抵抗秦军的主将。"

汗明见春申君

原文 汗明见春申君，候问三月，而后得见①。谈卒，春申君大说之。汗明欲复谈，春申君曰："仆已知先生，先生大息矣②。"汗明愀焉曰③："明愿有问君而恐固。不审君之圣孰与尧也④？"春申君曰："先生过矣，臣何足以当尧⑤？"汗明曰："然则君料臣孰与舜？"春申君曰："先生即舜也。"汗明曰："不然，臣请为君终言之⑥。君之贤实不如尧，臣之能不及舜。夫以贤舜事圣尧，三年而后乃相知也。今君一时而知臣，是君圣于尧而臣贤于舜也。"春申君曰："善。"召门吏为汗先生著客籍⑦，五日一见。

注释 ① 汗明：春申君的客人，身世不详。候问：犹言等待接见。

② 大息：犹言休息。

③ 愀（cù）：不安的样子。愀，同"蹴"。

④ 固：固陋，浅陋。鲍本："固，陋也。"审：详知。圣：圣明。

⑤ 当：相当，相等。

⑥ 终言：尽言，完全说出来。

⑦ 门吏：守门的官吏；一说，家臣。可供参考。著客籍：在

簿子上登记宾客的名字。

译文　汗明去拜见春申君，等候了三个月，然后才得到接见。谈完话后，春申君对汗明非常喜欢。汗明想要再和春申君交谈，春申君说："我已经了解先生了，先生先去休息吧。"汗明不安地说："我愿意向您请教，可是害怕问得浅陋。不知您和尧比谁圣明？"春申君说："先生错了，我怎么能同尧相比？"汗明说："那么您估量一下我比舜谁更有才能？"春申君说："先生就是舜一样的人。"汗明说："不是这样，请您让我把话都说出来。您的贤能的确不如尧，我的才能更赶不上舜。凭着贤能的舜侍奉圣明的尧，三年以后尧才了解舜。如今您在很短时间内就了解了我，这是说您比尧圣明而我比舜贤能。"春申君说："讲得好。"于是叫来守门的官吏把汗明的名字登记在宾客簿上，每五天接见一次。

原文　汗明曰："君亦闻骥乎①？夫骥之齿至矣，服盐车而上太行②。蹄申膝折，尾湛胕溃，漉汁洒地，白汗交流，中阪迁延③，负辕不能上。伯乐遭之，下车攀而哭之，解纻衣以幂之④。骥于是俯而喷，仰而鸣，声达于天，若出金石声者⑤，何也？彼见伯乐之知己也。今仆之不肖，阨于州部，堀穴穷巷，沈洿鄙俗之日久矣，君独无意湔拔仆也，使得为君高鸣屈于梁乎⑥？"

注释

① 骥：千里马。

② 齿至：指到可以役使的年龄。齿，指马的年龄。服：驾。

③ 申：同"伸"，伸展。此处有用力蹬之意。膝折：弯曲膝盖，指弓着腿使劲拉。尾湛（chén）：尾巴下垂。湛，同"沉"。胕（fū）溃：脚掌溃烂。胕，同"跗（fū）"，此指脚掌。漉（lù）汁：渗流出的口水。白汗：即汗水。中阪迁延：犹言在太行的坡道上不能前进。迁延，不能前进的样子。

④ 伯乐：姓孙名阳，春秋时人，善于相马、驭马。遭：遇到。攀：拉，此犹言拉着马缰绳。紵（zhù）衣：苎（zhù）麻布的衣服。幂（mì）：覆盖。

⑤ 金石声：指钟、磬之类的乐器发出的优美声音。

⑥ 阨于州部：犹言困在基层行政机构。阨，同"厄"，困。州部，缪文远本按："州部指地方基层行政机构。"从缪说。堀（kū）穴穷巷：犹言把穷巷里的土屋作为居住的地方。堀，同"窟"，土屋。沈洿（wū）：同"沈污"，埋没。湔（jiān）拔：洗刷提拔；一说，拔，应作被，洗刷去掉。梁：魏国；一说，梁，

山，犹言太行之坂。可供参考。

译文　汗明说："您也听说过千里马的故事吗？千里马长到了驾车的年龄，驾着盐车上太行山。四蹄伸展膝盖弯曲，尾巴下垂脚掌溃烂，流出的口水洒了一地，全身汗水交流，走到太行的坡道上就不能前进，驾着车辕拉不上去。伯乐遇到了它，跳下车来拉着缰绳为它哭泣，脱下自己的苧麻衣服给它盖上。千里马于是低头而喷气，仰头而长鸣，叫声直冲云霄，真像从金石乐器上发出的声音，为什么这样？因为它看到伯乐是了解自己的。如今我这个不成器的人，困在基层的行政机构，住在穷巷的土屋里，埋没在鄙风陋习之中已经很长时间了，您难道无意洗刷我的污浊提拔我，让我为您在太行之坂高声长鸣吗？"

楚考烈王无子

原文　楚考烈王无子，春申君患之，求妇人宜子者进之①，甚众，卒无子。

赵人李园，持其女弟②，欲进之楚王，闻其不宜子，
恐又无宠。李园求事春申君为舍人，已而谒归，故失
期③。还谒，春申君问状④。对曰："齐王遣使求臣女
弟，与其使者饮，故失期。"春申君曰："聘入乎⑤?"
对曰："未也。"春申君曰："可得见乎?"曰："可。"
于是园乃进其女弟，即幸于春申君。知其有身，园乃
与其女弟谋。

注释

① 楚考烈王：顷襄王之子，名完。前262 — 前238年在位。
子：用如动词，生育。

② 女弟：妹妹。

③ 谒归：犹言请假回家。故失期：故意误了期限。

④ 状：情状，此犹言超假的原因。

⑤ 聘入：犹言送过聘礼。

译文

楚国考烈王没有儿子，春申君对这件事很忧虑，寻求
能生育的妇女献给他，虽然进献了很多妇女，可是始
终没有儿子。

赵国人李园，带来他的妹妹，想把她献给楚王，听人
说楚王没有生子之相，又担心得不到楚王的宠爱。李

园要求侍奉春申君在他门下做舍人，不久请假回家，故意耽误了期限。回来后去拜见春申君，春申君询问他超过期限的原因。李园回答说："齐王派遣使者来聘娶我的妹妹，我跟他的使者喝酒，所以耽误了限期。"春申君说："送过聘礼了吗？"李园回答说："没有。"春申君说："可以见见她吗？"李园说："可以。"于是李园就把他的妹妹献给春申君，很快就在春申君那里得到宠幸。李园得知妹妹怀孕了，就和他妹妹商量好一个计谋。

原文　园女弟承间说春申君曰①："楚王之贵幸君，虽兄弟不如。今君相楚王二十余年，而王无子，即百岁后将更立兄弟②。即楚王更立，彼亦各贵其故所亲，君又安得长有宠乎？非徒然也，君用事久，多失礼于王兄弟，兄弟诚立，祸且及身，奈何乡保相印、江东之封乎③？今妾自知有身矣，而人莫知。妾之幸君未久，诚以君之重而进妾于楚王④，王必幸妾。妾赖天而有男，则是君之子为王也，楚国封尽可得⑤，孰与其临不测之罪乎？"春申君大然之⑥。乃出园女弟谨舍⑦，而言之楚王。楚王召入，幸之。遂生子男，立为太子⑧，以李园女弟立为王后。楚王贵李园，李园用事。

注释 ①承间（jiàn）：趁空，犹言乘机。承，同"乘"。

②更（gēng）立：改立。

③徒：只是。江东之封：指长江以南地区的封地，春申君在此有十二个县的封地。

④重：指春申君的高贵地位。

⑤赖天：依靠上天，有托上天之福的意思。楚国封：楚国的全境，犹言整个楚国。封，四封，全境。

⑥大然之：犹言认为很对。然，动词，认为对。

⑦谨舍：谨慎地安排在别的馆舍居住。

⑧太子：名悍，即后来的楚幽王。

译文 李园的妹妹乘机劝春申君说："楚王宠信您，即使亲兄弟也赶不上。如今您做楚王的相国已经二十多年了，可是大王没有儿子，楚王一旦去世，将要改立他的兄弟为王。假如改立兄弟为楚王，他们就会各自提拔重用他们所亲近的人，您又怎么能长期得到宠信呢？不只是这样，您执政的时间长，对大王的兄弟有很多失礼的地方，如果楚王兄弟果真立为王，祸患将要临到您身上，怎么样才能保住相国的职位、江东的封地呢？如今我自己知道有身孕了，而别人没有谁知道。我得到您的宠爱时间还不长，如果凭借您的高贵地位，把我献给楚王，楚王一定宠爱我。如果我托上天之福而生下男孩，那么，这就是您的儿子做楚王了，整个楚国都可以得到，这与您面临无法预测的罪过相比怎么样呢？"春申君认为她的话对极了。于是就把李园的妹妹迁出，谨慎地安排在别的馆舍居住，然后报告给楚王，楚王召她入宫，与她同床。后来就生了个男孩，立为太子，把李园的妹妹立为王后。楚王重用李园，李园执掌了朝政。

原文　李园既入其女弟为王后，子为太子，恐春申君语泄而益骄，阴养死士，欲杀春申君以灭口，而国人颇有知之者。

春申君相楚二十五年，考烈王病。朱英谓春申君曰①："世有无妄之福②，又有无妄之祸。今君处无妄之世，以事无妄之主，安不有无妄之人乎？"春申君曰："何谓无妄之福？"曰："君相楚二十余年矣，虽名为相国，实楚王也。五子皆相诸侯。今王疾甚，旦暮且崩，太子衰弱，疾而不起，而君相少主，因而代立当国，如伊尹、周公。王长而反政，不③，即遂南面称孤，因而有楚国。此所谓无妄之福也。"春申君曰："何谓无妄之祸?"曰："李园不治国，王之舅也④。不为兵将，而阴养死士之日久矣。楚王崩，李园必先入，据本议制断君命，秉权而杀君以灭口⑤。此所谓无妄之祸也。"春申君曰："何谓无妄之人?"曰："君先仕臣为郎中，君王崩，李园先入，臣请为君劃其胸杀之⑥。此所谓无妄之人也。"春申君曰："先生置之，勿复言也⑦。李园，软弱人也，仆又善之，又何至此?"朱英恐，乃亡去。

注释

①朱英：赵国人，春申君门客；一说，楚人。

②无妄：也作"毋望"，不期望而忽然自来，出人预料。

③反：同"返"，归还。不：同"否"，否则。

④李园不治国：指李园不是管理国政的相国。王之舅：楚王的大舅子。

⑤据本议：按照原先的谋划。制断：专断，此指假托。秉权：握有重权。

⑥仕：动词，此指任命为官。郎中：官名，管理宫内侍卫与车、骑、门户。劃（chōng）：刺。

⑦也：姚本作"已"，鲍本作"也"，从鲍本。

译文   李园使自己的妹妹进宫做了王后，孩子成了太子以后，他害怕春申君把这件事泄露出去而更加骄横，就暗中收养敢死之士，想要杀死春申君以灭口，可是国内许多人都知道这件事。

春申君在楚国做相国第二十五年的时候，考烈王得了重病。朱英对春申君说："世上有无法预料的福分，又有无法预料的灾祸。如今您处在无法预料的社会，而侍奉无法预料的君主，怎么能没有无法预料的人呢？"春申君说："什么是无法预料的福分？"朱英说："您做楚国的相国二十多年了，虽然名叫相国，实际上是楚王。您的五个儿子都做了诸侯的辅佐之臣。现在大王病得很重，早晚将会驾崩，太子年小体弱，大王重病不起，您辅佐年幼的君主，因此就得代替年幼的君主掌管国政，这就像伊尹、周公一样。等少主长大后您再归还政权，否则，您就可以南面称王，趁此据有楚国。这就是所说的无法预料的福分。"春申君说："什么是无法预料的灾祸？"朱英说："李园不是治理国家的相国，而是君王的妻舅。他不能统管兵将，却早已暗中收养敢死之士了。楚王驾崩，李园一定抢先入宫，按照原先的谋划，假托楚王的命令，凭借手中握有的重权而杀您灭口。这就是所说的无法预料的灾祸。"春申君说："什么是无法预料的人?"朱英说："您先任命我为郎中,如果君王驾崩,李园先进入宫中,请让我为您刺他的胸膛,把他杀死。这就是所说的无法预料的人。"春申君说："先生放弃这种想法,不要再说了。李园是个软弱的人,我又对他很好,又怎么能到这种地步?"朱英害怕了,于是就逃离楚国。

原文　后十七日,楚考烈王崩,李园果先入,置死士,止于棘门之内①。春申君后入,止棘门。园死士夹刺春申君,斩其头,投之棘门外。于是使吏尽灭春申君之家。而李园女弟,初幸春申君有身,而入之王所生子者,遂立为楚幽王也。

是岁,秦始皇立九年矣,缪毒亦为乱于秦②。觉,夷三族③,而吕不韦废。

注释　①棘(jí)门:有持戟卫兵把守的宫门。棘,同"戟"。一说,《史记正义》作寿州城门。

②是岁,这一年,指前238年。嫪(lào)毐(ǎi):秦宦官。由吕不韦献给始皇母,始皇九年与太后谋划发动叛乱,被发

觉，遭车裂。

③夷：诛灭。三族：指父族、母族、妻族。

译文

过了十七天，楚考烈王驾崩，李园果然首先进入皇宫，安排敢死之士，把他们埋伏在宫门之内。春申君后入宫，被扣留在宫门里，李园的敢死之士从两边刺杀春申君，砍下他的头，扔到宫门之外。这时李园又派官吏把春申君的家族全部杀光。当初，李园的妹妹和春申君有了身孕，而后入宫在楚王那里生的孩子，就做了楚幽王。

这一年，是秦始皇即位的第九年。嫪毐也在秦宫淫乱并想发动叛乱。被发觉，诛灭三族，吕不韦也因此被革职。

虞卿谓春申君

原文

虞卿谓春申君曰①："臣闻之《春秋》，于安思危，危则虑安。今楚王之春秋高矣②，而君之封地，不可不早定也。为主君虑封者，莫如远楚。秦孝公封商君，孝公死，而后王不免杀之③。秦惠王封冉子④，惠王死，而后王夺之。公孙鞅，功臣也；冉子，亲姻也。然而不免夺死者，封近故也。太公望封于齐，邵公奭封于燕⑤，为其远王室矣。今燕之罪大而赵怨深，故君不如北兵以德赵，践乱燕⑥，以定身封，此百代之一时也。"

注释

① 虞卿：游说之士，赵孝成王时为赵国上卿，封在虞地，故号为虞卿，著有《虞氏春秋》十五卷。

② 春秋高：指年龄大。

③ 后王：姚本无"王"字，鲍本补"王"字，从鲍本。

④ 秦惠王：应作"秦昭王"，下同。冉子：即穰侯魏冉。鲍本："穰侯也，宣太后弟。"

⑤ 太公望：即吕尚。邵公奭（shì）：周王支族，封在邵地。

⑥ 燕之罪大：指燕国犯有很大的伐赵之罪。赵怨深：赵国的积怨很深。怨，姚本作"怒"，鲍本作"怨"，从鲍本。北兵：犹言向北进军。践：践踏；一说，践，通"翦"，翦灭。

译文 虞卿对春申君说："臣下听《春秋》上说，在安定的时候要考虑到危险，在危险的时候要思虑如何安定。

如今楚王的年龄很大了，您的封地，是不可不及早确
定的。替您考虑封地，莫如远离楚国的都城更好些。
秦孝公封公孙鞅于商地，秦孝公死后，他没有免掉后
王的杀害。秦昭王封冉子于穰，昭王死后，后王剥夺
了他的封地。公孙鞅是秦国的功臣，冉子是秦王的姻
亲。然而却没有免掉被夺去封地、遭杀害的命运，这
是由于封地太靠近都城的缘故。太公望封在齐地，邵
公奭封在燕地，之所以能够寿终正寝，是因为他们的
封地远离王室的缘故。如今燕国犯有很大的伐赵之
罪，赵国对它积怨很深，所以，您不如向北进军，既
可以使赵国感激您，又可以翦灭残破的燕国，以此来
确定自己的封地，这是百代难遇的一个好时机。"

原文

君曰："所道攻燕①，非齐则魏。魏、齐新怨楚，楚君
虽欲攻燕，将道何哉？"对曰："请令魏王可。"君曰：
"何如？"对曰："臣请到魏，而便所以言之②。"

乃谓魏王曰："夫楚亦强大矣，天下无敌，乃且攻
燕。"魏王曰："乡也③，子云天下无敌；今也，子云
乃且攻燕者，何也？"对曰："今谓马多力则有矣④，
若曰胜千钧则不然者，何也？夫千钧非马之任也⑤。

今谓楚强大则有矣，若越赵、魏而斗兵于燕，则岂楚
之任也哉⑥？非楚之任而楚为之，是敝楚也。敝楚是
强魏也⑦，其于王孰便也⑧？"

注释

①道：名词用如动词，所经过的道路。郭希汾本："道，从也。
言所由攻燕之道。"

②而便所以言之：指顺便向他们说明借道的道理。姚本作"而
使所以信之"，帛书作"而便所以言之"，从帛书。

③乡：向，从前。

④谓：说。姚本"谓"作"为"，鲍本"为"作"谓"，从鲍本。

⑤钧：三十斤。任：犹言承担。

⑥哉：姚本作"我"，鲍本作"哉"，从鲍本。

⑦是：姚本作"见"，鲍本作"是"，从鲍本。

⑧其于王孰便：姚本："曾云，此下恐欠。"

译文

春申君说："进攻燕国所经过的道路，不在齐国就在
魏国。魏国、齐国刚刚与楚国结下怨仇，楚王虽然想
要攻打燕国，将从什么地方通过呢？"虞卿回答说：
"请使魏王答应借道。"春申君说："怎么办？"虞卿回
答说："臣下请求到魏国去，并顺便向他们说明借道
的道理。"

于是虞卿到魏国对魏王说:"楚国也够强大了,天下无敌,就要攻打燕国。"魏王说:"先前,您说楚国天下无敌;如今,您又说将要攻打燕国,这是为什么?"虞卿回答说:"如今说马有很大力气,那是对的,如果说马的力量能驮千钧,那是不对的,为什么呢?因为千钧不是马所能承担得了的。如今说楚国强大,那是真的,如果跨越赵国、魏国而跟燕国交战,难道楚国能承担得了吗?不是楚国该承担的事,楚国偏要去做,这是破坏楚国的强大。破坏楚国是强大魏国,这对大王来说,哪种情况更有利?"

本书获 2022 年贵州省出版传媒事业发展专项资金资助

中国历代
名著全译·丛书

[汉]刘向 辑录
王守谦 喻芳葵 王凤春 李烨 译注

战国策全译 下

贵州出版集团
贵州人民出版社

目录

韩策一

韩策二

中山策

赵策一

知伯从韩魏兵以攻赵

原文　知伯从韩、魏兵以攻赵，围晋阳而水之，城之不沉者三板①。郄疵谓知伯曰②："韩、魏之君必反矣③。"知伯曰："何以知之?"郄疵曰："以其人事知之④。夫从韩、魏之兵而攻赵，赵亡，难必及韩、魏矣⑤。今约胜赵而三分其地⑥。今城不没者三板，臼灶生蛙，人马相食，城降有日，而韩、魏之君无憙志而有忧色，是非反如何也⑦?"

明日，知伯以告韩、魏之君曰："郄疵言君之且反也⑧。"韩、魏之君曰："夫胜赵而三分其地，城今且将拔矣。夫二家虽愚，不弃美利于前，背信盟之约，而为危难不可成之事，其势可见也⑨。是疵为赵计矣，使君疑二主之心，而解于攻赵也⑩。今君听谗臣之言，而离二主之交⑪，为君惜之。"趋而出。郄疵谓知伯曰："君又何以疵言告韩、魏之君为⑫?"知伯曰："子安知之?"对曰："韩、魏之君视疵端而趋疾⑬。"

郄疵知其言之不听，请使于齐，知伯遣之。韩、魏之君果反矣。

注释

① 城之不沉者三板：之：姚本作"下"，鲍本作"之"，从鲍本。沉：淹没。《广雅·释诂》曰："沉，没也。"三板：二丈四尺。板，同"版"，八尺曰版。

② 郄（xì）疵：己姓，青阳氏之后，赵国人，智伯谋臣。

③ 韩、魏之君：指韩康子虎，魏桓子驹。按：韩、魏、赵、智伯，此时都是大夫，但实有权力是诸侯，为了便于理解，翻译时均以诸侯称之。

④ 以其人事知之：根据他们所做的事情知道是这样的。

⑤ 难（nàn）：危难，祸难，此指亡国之祸。

⑥ 约：约定。

⑦ 臼灶生蛙：舂米器和灶坑里都生了蛤蟆，形容城中水之多。臼，舂米的器具。人马相食：犹言围城缺粮人们只得杀战马吃。相：表示一方对另一方的动作之词，不能理解为互相。如：犹而。

⑧ 且：将要。

⑨ 二家：姚本作"三家"，鲍本"三"作"二"，从鲍本。美利：犹言大利。信诚信。见：显而易见。

⑩ 二主：鲍本："二主自称曰'主'，亦非当时语。"金正炜本："鲍说非也。上句就郄疵言，固得称主。"从金说。解：同"懈"，放松，松懈。

⑪ 谗臣：说别人坏话的臣子。离二主之交：犹言离间两国君

主与智伯的交情。

⑫ 为：表示疑问的语气助词。

⑬ 疵：指郤疵。端：详审。鲍本："视端，畏之；趋疾，避之。恐疵要之与见智伯而辞屈也。"

译文　智伯使韩国、魏国的军队跟自己一起攻打赵国，围攻晋阳并用水灌城，城中二丈四尺以下的地方都被淹没。郤疵对智伯说："韩国、魏国的国君一定会背叛您。"智伯说："根据什么知道他们会这样？"郤疵说："根据他们所做的事情知道的。韩国、魏国的军队跟您一起攻打赵国，赵国灭亡，亡国之祸一定会牵涉到韩国、魏国。现在约定战胜赵国后，三国分割它的土地。如今晋阳城二丈四尺以下的地方没有不被淹没的，舂米器和灶坑里都生了蛤蟆，人们只得杀战马食用，晋阳投降没有几天了，可是韩国、魏国的君主没有喜悦的心情反而面有忧色，这不是背叛的征兆是什么呢？"

第二天，智伯把郤疵的话告诉韩国、魏国的国君说："郤疵说您二位将要背叛我。"韩国、魏国的国君说："战胜赵国以后三家分割它的土地，围城现在就要占领了。我们两家即使愚蠢，也不会把摆在面前的大利抛弃，违背诚信的盟约，而去干那危险艰难不可能成功的事情，这形势是显而易见的。这是郄疵为赵国谋划，使您怀疑我们两国的忠心，而松懈对赵国的进攻。现在您听信了说别人坏话臣子的言论，而离间了您与我们两国的交情，我们为您感到可惜。"说完快步走了出去。郄疵对智伯说："您为什么把我说的话告诉韩国、魏国的君主呢？"智伯说："您怎么知道这件事情呢？"郄疵说："韩国、魏国的君主看我仔细地审察他们，就迅速地避开我。"

郄疵知道自己的话不被听信，请求出使到齐国去，智伯就派他去了。韩国、魏国的君主果然背叛了智伯。

知伯帅赵韩魏而伐范中行氏

原文　知伯帅赵、韩、魏而伐范中行氏，灭之①。休数年，使人请地于韩②。韩康子欲勿与，段规谏曰③："不可。夫知伯之为人也，好利而骜复，来请地不与，必加兵于韩矣④。君其与之。与之，彼狃，又将请地于他国，他国不听，必乡之以兵⑤；然则韩可以免于患难，而待事之变。"康子曰："善。"使使者致万家之邑一于知伯⑥。知伯说⑦，又使人请地于魏，魏宣子欲勿与。赵葭谏曰⑧："彼请地于韩，韩与之。请地于魏，魏弗与，则是魏内自强⑨，而外怒知伯也。然则其错兵于魏必矣⑩！不如与之。"宣子曰："诺。"因使人致万家之邑一于知伯。知伯说，又使人之赵，请蔺、皋狼之地，赵襄子弗与⑪。知伯因阴结韩、魏⑫，将以伐赵。

注释

① 范：范氏，此指范吉射，士会的后代。自士会食采邑于范，便以封邑为氏，故称范氏。中行（háng）氏：即中行文子荀寅，又称中行寅。自从荀林父将中行后，因以官为氏。灭之：指周定王十一年（前458），智伯与赵氏、韩氏瓜分范氏、中行氏的土地作为己邑。

② 请：请求，此处有索取之义。请，不过是索取的委婉说法。缪文远本："知伯请地于韩、魏及围赵襄子于晋阳均在周定王十四年（前455）。"

③ 勿与：不给。段规：韩康子谋臣。鲍本："韩人，晋旧姓，故魏亦有。"吴补："《姓谱》，段，郑共叔段之后。"

④ 鸷（zhì）复：凶狠暴戾。鸷，本指凶猛的鸟，此指凶猛、凶狠。鲍本："鸷，杀鸟也，喻其残忍。"复，"愎"的借字，杜预注："愎，很也。"很，通"狠"。加兵：派兵侵凌。加，侵凌。

⑤ 狃（niǔ）：习以为常。吴补："狃，习也。"必乡之以兵：一定以兵向之，犹言一定用兵侵略它。乡，同"向"，向着，面对。

⑥ 致万家之邑一：送给一个万家的城邑。

⑦ 说：同"悦"。

⑧ 赵葭（jiā）：魏宣子谋臣。

⑨ 魏内自强：魏内自以为强。

⑩ 错（cù）兵：安置兵，安排兵，犹言加兵、用兵。错，通"措"，安置。

⑪ 蔺：赵国地名，在今山西省吕梁市离石区。姚本"蔺"作"蔡"，鲍本："蔡"作"蔺"，从鲍本。皋（gāo）狼：赵国地名，在今山西省吕梁市离石区西北；一说，在今山西省武乡县西北。赵襄子：赵简子之子，名无恤。

⑫ 阴结：暗中勾结，暗中结盟。

译文　智伯率领赵国、韩国、魏国的军队进攻范氏、中行氏，灭亡了他们。休息了几年，派人向韩国索取土

地。韩康子想要不给他，段规劝谏说："不可以。智
伯的为人，贪图货利而又凶狠暴戾，他派人来索取土
地不给，一定派兵侵凌我们韩国。君王您还是给他。
给了他，他就会习以为常，又将会向其他国家索取土
地，其他国不听从，智伯一定用兵侵略它；这样一
来，韩国可以免除患难，坐待事情的发展变化。"韩
康子说："好。"派使者送一个万家城邑给智伯。智伯
很高兴，又派人向魏国索取土地，魏宣子想要不给
他。赵葭劝谏说："他向韩国索取土地，韩国给了他。
他向魏国索取土地，魏国不给，那么这是魏国内中自
以为强盛，而对外却激怒了智伯。这样一来，那么智
伯一定要对魏国用兵了！不如给他土地。"魏宣子说：
"好。"因此派人送一个万家的城邑给智伯。智伯非常
高兴，又派人到赵国去，索取蔺城、皋狼两个地方，
赵襄子不给他。智伯因此暗中勾结韩国、魏国，准备
领兵进攻赵国。

原文　赵襄子召张孟谈而告之曰①："夫知伯之为人，阳亲而
　　　阴疏，三使韩、魏，而寡人弗与焉②，其移兵寡人必
　　　矣。今吾安居而可③？"张孟谈曰："夫董安于简主之
　　　才臣也，世治晋阳，而尹铎循之，其余政教犹存，君

其定居晋阳④。"君曰："诺。"乃使延陵生将车骑先之晋阳⑤，君因从之。至，行城郭，案府库，视仓廪⑥，召张孟谈曰："吾城郭已完，府库足用，仓廪实矣，无矢奈何⑦?"张孟谈曰："臣闻董子之治晋阳也，公宫之垣，皆以荻蒿楛楚墙之，其高至丈余，君发而用之⑧。"于是发而试之，其坚则箘簬之劲不能过也⑨。君曰："足矣，吾铜少若何?"张孟谈曰："臣闻董子之治晋阳也，公宫之室，皆以炼铜为柱质⑩，请发而用之，则有余铜矣。"君曰："善。"号令以定，备守以具。⑪

注释

① 张孟谈：赵襄子的谋臣。

② 阳亲阴疏：表面上亲昵暗地里疏远。一说，表面上亲近内心里疏远。缪文远本："佯为亲善，实则忌刻。"与：参加，参与。

③ 今吾安居而可：现在我住在什么地方才好？一说，现在我居住在何地以为守御呢？

④ 董安于：又作"董阏于"，赵简子家臣。"阏"与"安"本是一个字，今作"董阏安于"，是后人把这二字误合在一起造成的。简主：即赵简子。主，春秋以来，大夫的家臣称大夫为主。世治晋阳：治理晋阳一世。尹铎：赵简子家臣。姚本

赵策一   757

作"尹泽",《大事记》谓"泽"字误,《韩子》《国语》作"尹铎",从《韩子》《国语》。循:遵循。君:指赵襄子。

⑤延陵生:赵襄子的大臣。姚本"生"作"王",鲍本"王"作"君",《韩子》"王"作"生",从《韩子》。

⑥行:巡察。案、视:犹言察看。仓廪(lǐn):贮藏米谷的仓库。

⑦已完:姚本作"之完",《韩子》作"已完",从《韩子》。矢:箭。

⑧垣(yuán):矮墙,泛指墙。荻:姚本作"狄",鲍本"狄"作"荻",从鲍本。荻,荻芦类,叶比芦苇宽,小而中实。蒿:艾类,有青蒿、白蒿等多种。楛(hù):木名,似荆而小。姚本作"苦",黄丕烈《札记》:"此'苦'字当作'苦',即《韩子》之'楛'字。"从《韩子》。楚:即荆,木名。荻、蒿、楛、楚,皆可做箭杆。发:打开,开发。

⑨箘(jùn)簬(lù):皆美竹名,可做箭。簬,同"簵"。

⑩炼铜:经过冶炼的铜。

⑪以:通"已",下句同。

译文　赵襄子召来张孟谈告诉他说:"那个智伯的为人,表面上跟你亲近内心里却很疏远,他三次派人到韩、魏去,可是我都没有参加,他要移兵攻打我是一定的

了。现在我驻扎在什么地方防御他才好？"张孟谈说：
"董安于是先主简子的能干之臣，一辈子治理晋阳，
而且尹铎也遵循他治理的方法，他们政治教化的遗绩
还存在，您还是定居在晋阳。"赵襄子说："好。"于
是就派延陵生率领车骑先到晋阳，赵襄子随后也跟了
去。到晋阳以后，巡视城郭，察看府库，检查粮仓，
召见张孟谈说："我看城郭已经很完善，府库的物资
足够使用，粮仓已经装满，可是没有箭怎么办？"张
孟谈说："我听说董子治理晋阳的时候，凡是公宫的
墙壁，都是用荻蒿楛楚筑的，墙壁的高度达一丈多，
您可以打开使用这些东西。"于是打开一试，它们的
坚硬程度就是美竹也不能超过。赵襄子说："足够了，
但是我们缺少铜怎么办？"张孟谈说："我听说董子治
理晋阳的时候，凡是公宫的室中，都是用冶炼的铜做
柱质的，请您打开使用它，那么就有剩余的铜了。"
赵襄子说："好。"号令已经定好，防御的物资已经完
全具备。

原文　三国之兵乘晋阳城，遂战①。三月不能拔，因舒军而
围之，决晋水而灌之②。围晋阳三年，城中巢居而
处，悬釜而炊，财食将尽，士卒病羸③。襄子谓张孟

谈曰："粮食匮，财力尽④，士大夫病，吾不能守矣。欲以城下⑤，何如？"张孟谈曰："臣闻之，亡不能存，危不能安，则无为贵知士也⑥。君释此计，勿复言也。臣请见韩、魏之君。"襄子曰："诺。"

张孟谈于是阴见韩、魏之君曰："臣闻唇亡则齿寒，今知伯帅二国之君伐赵，赵将亡矣，亡则二君为之次矣⑦。"二君曰："我知其然。夫知伯为人也，粗中而少亲，我谋未遂而知⑧，则其祸必至，为之奈何？"张孟谈曰："谋出二君之口，入臣之耳，人莫之知也。"二君即与张孟谈阴约三军，与之期日⑨，夜，遣入晋阳。张孟谈以报襄子，襄子再拜之。

注释

①乘：登。

②舒：展开。晋水：源出山西省太原市西南悬瓮（wèng）山，分三渠，东流入汾河，今称为晋渠。《水经注》说，智伯遏此水以灌晋阳，水分为二流，北渎即智氏故渠也；南渎经晋阳城南，又东南流水于汾。"

③赢（léi）：瘦弱。

④匮（kuì）：缺乏，不足。财：姚本作"城"，鲍本作"财"，从鲍本。

⑤下：犹言投降。鲍本："谓将降。"

⑥无为贵知士：不用以智士为尊贵了，不用看重智士。

⑦次：依次。

⑧粗中而少亲：犹言内心严厉很少亲近别人。粗，粗心；一说，《汉书·礼乐志》注："粗，抗厉也。"中，内心。未遂：没有成功。遂，成功。

⑨期日：日期。姚本"日"作"曰"，鲍本无"日"字，补"日"字，从鲍本。

译文　三国的军队登晋阳城，双方就开始交战。三个月没能攻克，因此展开军队包围了它，掘开晋水堤岸而灌晋阳。包围晋阳三年，城中的人在高处搭了巢住着，悬挂着锅做饭，财物食品将要用光，士兵有病身体瘦弱。赵襄子对张孟谈说："粮食缺乏，财力将尽，士大夫生病，我不能坚守了。想要率领城中的人马投降，怎么样？"张孟谈说："臣下听说这样的话，国家灭亡不能使它复存，国家危险不能使它安定，那么就不用看重智士了。请您放弃这个计划，不要再说了。臣下请求进见韩国、韩国之君。"赵襄子说："好。"

张孟谈于是暗中进见韩、魏之君说："臣下听说嘴唇没有了，那么牙齿就要受寒，现在智伯率领二国之君进攻赵国，赵国将要灭亡了，赵国灭亡那么二君也要依次跟着灭亡。"两位国君说："我们知道是这样的。那智伯的为人，内心严厉而很少亲近别人，我们的计谋没有成功而被他知道，那么大祸一定来到，对这件事怎么办？"张孟谈说："计谋从两位国君的口里说出，进入臣下的耳朵，没有什么人知道。"二君就和张孟谈私下约定三军的行动，决定日期，夜晚，便把他送回晋阳。张孟谈把情况报告给赵襄子，赵襄子再次拜谢了他。

原文

张孟谈因朝知伯而出，遇知过辕门之外①。知过入见知伯曰："二主殆将有变②。"君曰："何如？"对曰："臣遇张孟谈于辕门之外，其志矜，其行高③。"知伯曰："不然。吾与二主约谨矣，破赵三分其地，寡人所亲之④，必不欺也。子释之，勿出于口。"知过出见二主，入说知伯曰："二主色动而意变，必背君，不如今杀之⑤。"知伯曰："兵箸晋阳三年矣，旦暮当拔之而飨其利⑥，乃有他心？不可，子慎勿复言。"知过曰："不杀则遂亲之。"知伯曰："亲之奈何？"知过曰："魏宣子之谋臣曰赵葭，康子之谋臣曰段规，是皆能移其君之计⑦。君其与二君约，破赵则封二子者各万家之县一，如是则二主之心可不变，而君得其所欲矣。"知伯曰："破赵而三分其地，又封二子者各万家之县一，则吾所得者少，不可。"知过见君之不用也，言之不听，出，更其姓为辅氏，遂去不见。

注释

① 知过：即智果，智伯的谋臣。鲍本："'过'，一作'果'，智伯之族。"辕门：鲍本："以车为门，而辕外向。"郭希汾本："古王者出行于外，次车为藩，其出入之处，仰车以辕相向表门，谓之辕门。"

② 殆：大约，恐怕。变：突然发生的事件，此指兵变。

③ 志矜（jīn）：神情很傲慢；一说，犹言神情很庄重。行高：犹言行路脚步很高。

④ 约谨：即谨约，结约，犹言订立盟约。谨，通"结"。寡人所亲之：鲍本："言亲与二国约。"一说，"寡人所亲之"，《韩子》作"寡人所以亲之"。二说均通。

⑤ 今：姚本作"令"，缪文远本"令"作"今"，从缪本。

⑥ 箸：附，犹言包围。鲍本："箸，言附其城。"飨：通"享"，享受。

⑦ 移：改变，动摇。

译文 张孟谈为了不使智伯疑心朝见出来，在辕门外遇见了智过。智过进去见智伯说："韩魏之君恐怕要发动兵变。"智伯说："为什么?"智过回答说："臣下在辕门之外遇到张孟谈，看见他神情很傲慢，走路脚抬得很高。"智伯说："不会这样的。我和韩魏之君已经订立盟约了，破赵之后三家平分它的土地，这是我亲口说的，他们一定不会欺骗我。请您放弃不应有的想法，这种话不要从您嘴里说出来。"智过出来拜见了韩魏之君，又进去游说智伯说："二君神色两样意志改变，一定会背叛您，不如现在杀了他们。"智伯说："军队包围晋阳三年了，早晚便可占领而享受它的利益，却在这时有了别的心思? 这是不可能的，您千万不要再说什么了。"智过说："不杀那么就要亲近他们。"智伯说："怎么样亲近他们?"智过说："魏宣子的谋臣叫赵葭，韩康子的谋臣叫段规，这都是能改变他们君主计策的人。您还是跟这两位约定，攻破赵国各封给二位一个万家的县，如果这样韩魏之君的心意就会不改变，而您也可以得到自己所想要的土地了。"智伯说："攻破赵国三家平分它的土地，可是又封给他们二位各一个万家的县，那么我们所得到的土地就少了，不能这样做。"智过见君王不能用他的计谋，不听他的话，出来以后，改他的姓为辅氏，于是就自动离开不去见智伯了。

原文　张孟谈闻之，入见襄子曰："臣遇知过于辕门外，其视有疑臣之心①，入见知伯，出更其姓。今暮不击，必后之矣②。"襄子曰："诺。"使张孟谈见韩、魏之君，以夜期，杀守堤之吏③，而决水灌知伯军。知伯军救水而乱，韩、魏翼而击之，襄子将卒犯其前，大败知伯军而禽知伯④。

知伯身死，国亡地分⑤，为天下笑，此贪欲无厌也。夫不听知过，亦所以亡也。知氏尽灭，唯辅氏存焉。

注释　① 疑臣之心：有怀疑臣下之心。

② 必后之矣：犹言智伯一定后悔，事情就来不及了。一说，一定晚了。供参考。

③ 以夜期：以夜为期。姚本："以"作"曰"，《韩子》作"至于期日之夜"。金正炜本："曰"当作"以"以夜为期，正应正文"今暮不击，必后之矣。"故从金说。

④ 翼而击之：军队像张开的翅膀一样左右夹击。犯其前：犹言正面进攻。禽：同"擒"。

⑤ 国亡地分：韩、赵、魏三家灭智氏在周定王十六年（前453）。

译文 张孟谈听到这件事，进去拜见赵襄子说："臣下在辕门之外遇到知过，他看我的样子，是对臣下有怀疑之心，进去拜见智伯，出来以后更改了自己的姓氏。今晚不进攻智伯，智伯一定后悔，事情就来不及了。"赵襄子说："好。"派张孟谈去见韩国、魏国之君，约定今天夜晚杀死把守堤岸的吏卒，并掘开晋水的堤岸淹智伯的军队。智伯的军队因为救水大乱，韩国、魏国的军队像张开的翅膀一样左右夹击，赵襄子率领队正面进攻，把智伯的军队打得大败并活捉了智伯。

智伯身死，国亡地分，被天下人所讥笑，这是他贪得无厌的缘故。那不听智过的计谋，也是他所以灭亡的原因之一。智氏被全部灭掉，唯独辅氏存在。

张孟谈既固赵宗

原文 张孟谈既固赵宗①，广封疆，发五百，乃称简之迹以告襄子曰②："昔者，简主君国之御有之曰③：'五百之所以致天下者约，令主势能制臣④，无令臣能制主。故贵为列侯者，不令在相位，自将军以上，不为近大夫。'今臣之名显而身尊，权重而众服，臣愿捐功名，去权势以离众。"襄子恨然曰⑤："何哉？吾闻辅主者名显，功大者身尊，任国者权重，信忠在己而众服焉⑥。此先圣之所以集国家，安社稷乎⑦！子何为然？"张孟谈对曰："君之所言，成功之美也。臣之所谓，持国之道也⑧。臣观成事，闻往古，天下之美同，臣主之权均之能美，未之有也。前事之不忘，后事之师⑨。君若弗图，则臣力不足。"怆然有决色⑩。襄子去之⑪。

卧三日，使人谓之曰："晋阳之政，臣下不使者何如⑫？"对曰："死僇⑬。"张孟谈曰："左司马见使于国家，安社稷，不避其死，以成其忠，君其行之⑭。"君曰："子从事⑮。"乃许之。张孟谈便厚以便名，纳地释事以去权尊，而耕于负亲之丘⑯。故曰，贤人之行，明主之政也。

注释 ①宗：宗社，宗庙社稷，古代用以指国家。金正炜本："宗，谓宗社。"

②广封疆：扩大边境。发五百：发扬五霸的精神。百，通

"伯"，伯，通"霸"。称简之迹：援引赵简子的事迹。称，称引，犹援引，指援引古义或古事以暗示或证实自己的主张。迹，姚本作"涂"，金正炜本认为："涂"当为"迹"，"迹"误为"途"，因复传写作"涂"，从金本。

③ 简主君国之御：犹言简子君临赵国的遗训。姚本作"前国地君之御"，金正炜本认为："前"当为"简"，隶书简与前字形相近，因以致误。"地"当作"主"。"国"字当在"君"字之下，混淆于上。御，通"语"。从金本。

④ 致，求得。约，约束，犹言约束得当。令：姚本作"两"，缪文远本认为"两"当为"令"之误。从缪本。

⑤ 悢（liàng）然：惆怅的样子。姚本"悢"作"恨"，金正炜本怀疑"恨"应作"悢"，金说有理。从金本。

⑥ 忠信在己：犹言自己忠诚讲信用。

⑦ 集：同"辑"，犹言协调驾驭。乎：犹也。

⑧ 道：犹言方法。

⑨ 前事之不忘，后事之师：犹言记住过去的经验教训，可作以后行事的借鉴。

⑩ 怆然：悲伤的样子。决：通"诀"，诀别。鲍本："虽欲决去，而犹怆然，明不得已也。"

⑪ 去之：使之去，犹言同意他离开。

⑫ 不使：犹言不从命。使，从。

⑬死僇（lù）：即僇死，杀掉。僇，同"戮"，杀戮。

⑭左司马：官名，指张孟谈。见使于国家：被国家使用。君其行之：犹言君王您还是动手吧。行，用，指使用杀戮的办法。

⑮子从事：犹言您去做自己想要做的事情。鲍本："使谈自从所欲之事。"

⑯便厚以便名：犹言心安理得地去掉重权和美名，更加巩固了自己的名声。便，安，犹言安然，心安理得。厚，重，犹言重权、美名。鲍本："便，安。厚，重也。去权所以安其重，损名所以安其名。"纳地：交纳封地。释事：放弃政事。负亲之丘：赵国地名，今地不详。

译文　张孟谈巩固了赵国的地位以后，扩大边境，发扬五霸的精神，向赵襄子称赞赵简子的遗训说："从前，简子统治赵国时有这样的话：'五霸之所以得到天下诸侯拥护的原因是约束得当，使君主的权势能控制臣下，不使臣下的权势能控制君主。所以尊贵为列侯的人，不让他任相国，有将军以上地位的武官，不让他担任近大夫。'如今臣下名声显赫而身份尊贵，权力重大而众人服从，臣下愿意捐弃功名，抛弃权势而离开众人。"赵襄子悲伤地说："这是为什么呢？我听说辅佐君主的人名声显赫，功劳大的人身份尊贵，担任相国的人权力重要，自己忠诚讲信用众人就会服从。这是古代圣贤协调驾驭国家，安定国家的办法呀！您为什么不这样做？"张孟谈回答说："君王所说的，是成就功名的美好。臣下所说的，是保守国家的方法。臣下观察成功的事业，听古代的传说，天下美好的事情是相同的，但是臣下君主的权力平均起来都能美好，是没有这种事的。记住过去的经验教训，可作以后行事的借鉴。君王如果不考虑，那么臣下是没有这个力量的。"张孟谈的面容显出悲伤诀别的样子。赵襄子让他离开。张孟谈躺了三天，派人对襄子说："晋阳的政事，臣下不从命怎么办？"赵襄子手下人回答说："杀掉。"张孟谈说："左司马被国家使用，安定了国家，不躲避死亡，以成就他的忠诚，君王还是动手吧。"赵襄子说："您还是去做您想做的事情。"于是就答应了他。张孟谈心安理得地去掉重权和美名而更加巩固了自己的名声，他交纳封地，放弃政事离开尊贵的权位，而耕种在负亲之丘。所以说，张孟谈的行为是贤明人的行为，赵襄子的政治是英明君主的政治。

原文

耕三年，韩、魏、齐、楚负亲以谋赵^①，襄子往见张孟谈而告之曰："昔者知氏之地，赵氏分则多十城，复来，而今诸侯孰谋我^②，为之奈何？"张孟谈曰："君其负剑而御臣以之国，舍臣于庙，授吏大夫^③，臣试计之。"君曰："诺。"张孟谈乃行，其妻之楚，长子之韩，次子之魏，少子之齐。四国疑而谋败。

注释

① 楚：姚本作"燕"，鲍本作"楚"，下文有楚无燕，鲍本是。从鲍本。负亲：犹言背叛了过去的联盟。鲍本："言五国昔约亲，今背之。"

② 诸侯孰谋我：此句中"孰"字是衍文。

③ 负剑：背着剑。御臣：为臣下驾驭车辆。舍臣于庙：让臣下住在宗庙。授吏大夫：犹言把任命官吏大夫的权力交给张孟谈。

译文

张孟谈种了三年地，韩国、魏国、齐国、楚国背叛了过去的联盟而谋划进攻赵国，赵襄子前来会见张孟谈并告诉他说："从前智伯的土地，赵氏分得多到十个城邑，他们再来，如今诸侯是谋划进攻我们，对这件事怎么办？"张孟谈说："君王还是背着剑为臣下驾驶车辆回到都城，让臣下住在宗庙里，把任命官吏大夫的权力交给我，臣下为您试着谋划对策。"赵襄子说："好。"张孟谈才上路，他的妻子到楚国去，长子到韩国去，次子到魏国去，少子到齐国去。四国产生疑心而计谋失败。

晋毕阳之孙豫让

原文　晋毕阳之孙豫让①，始事范中行氏而不说，去而就知伯，知伯宠之。及三晋分知氏，赵襄子最怨知伯，而将其头以为饮器②。豫让遁逃山中，曰："嗟乎！士为知己者死，女为悦己者容③。吾其报知氏之仇矣。"乃变姓名，为刑人，入宫涂厕④，欲以刺襄子。襄子如厕，心动，执问涂者⑤，则豫让也。刃其圬⑥，曰："欲为知伯报仇！"左右欲杀之。赵襄子曰："彼义士也，吾谨避之耳⑦。且知伯已死，无后，而其臣至为报仇，此天下之贤人也。"卒释之。豫让又漆身为厉，灭须去眉，自刑以变其容⑧，为乞人而往乞，其妻不识，曰："状貌不似吾夫，其音何类吾夫之甚也⑨。"又吞炭为哑，变其音⑩。其友谓之曰："子之道甚难而无功⑪，谓子有志则然矣，谓子智则否。以子之才，而善事襄子，襄子必近幸子；子之得近而行所欲，此甚易而功必成。"豫让乃笑而应之曰："是为先知报后知，为故君贼新君，大乱君臣之义者无此矣⑫。凡吾所谓为此者，以明君臣之义，非从易也。且夫委质而事人⑬，而求弑之，是怀二心以事君也。吾所为难，亦将以愧天下后世人臣怀二心者⑭。"

注释

① 毕阳：晋国毕万的后人，侠义之士。豫让：毕阳的孙子，晋国的侠义之士。

② 三晋：指韩、魏、赵三家大夫。赵襄子最怨智伯：初智伯与襄子饮酒，而灌襄子之首，后又率韩、魏之兵水灌晋阳，所以襄子对智伯怨恨很深。饮器：饮酒的器皿。

③ 悦己：喜欢自己的人。容：用如动词，修容，容饰，犹言今天的打扮。鲍本："修其容色。"

④ 刑人：刑余之人，本指受过肉刑、形体亏损的人，此指伪装成刑余之人。涂厕：粉刷厕所的墙壁。涂，涂饰，粉刷。

⑤ 执问：捉住审问。

⑥ 刃其圬，就是把瓦刀磨出锋利的刃。圬（wū），涂饰墙壁的工具，俗称瓦刀、泥板子。圬，姚本作"扜"，金正炜本认为"扜"当为"朽"之讹。从金说。

⑦ 谨避：谨慎躲避，小心躲避。

⑧ 漆身为厉：用漆涂在身上，好像生癞一样。鲍本补曰："《索隐》曰，癞，恶疮。凡漆有毒，近之多患疥肿，若癞病然。故让以漆涂身，令若癞。'厉''癞'声近假借。"灭须去眉：犹言根除胡须和眉毛。不是一般地剃掉胡须眉毛。刑：用如动词，本指割、杀，此处含有毁坏之义。

⑨ 类：类似，像。

⑩ 吞炭为哑，变其音：吞炭使声音沙哑，改变了原来的声音。陈其猷《吕氏春秋校释》认为："哑"本系形容喀喀之音。然则"吞炭为哑"者，乃含炭于口中吞根之处，使言语阻滞而带喀喀之音，故言"变其音"。可供参考。

⑪ 子之道甚难：您的方法太艰难。

⑫ 先知：先前的知己。故君：犹言原来的主人。贼：用如动词，杀害。无此：没有这种做法，犹言没有超过这种做法的。

⑬ 委质：古代臣下向君主献礼，表示献身。胡三省注："委质，委其体以事君也。"

⑭ 愧：使之惭愧。

译文 晋国毕阳的孙子豫让，起初侍奉范民、中行氏有些不高兴，离开他们而去侍奉智伯，智伯很宠爱他。等到韩、魏、赵分了智氏的土地以后，赵襄子最怨恨智伯，竟把他的头颅做为饮酒的器皿。豫让逃跑到山中，说："唉！义士应当为知己者效死，女子当为喜欢自己的人修容。我一定要为智氏报仇。"于是就改名换姓，伪装成刑余之人，进入襄子宫中给他粉刷厕所的墙壁，想要趁机刺杀襄子。襄子到厕所解手，忽然心中一动，捉住审问粉饰厕所的人，知道是豫让。豫让指着磨得锋利的瓦刀，说："我想要为智伯报仇！"襄子左右的人想要杀掉他。赵襄子说："他是一个侠义之士，我小心躲避他就是了。况且智伯已死，没有后代，然而他的臣子却来为他报仇，这是天下的贤人。"最后放了豫让。豫让又用漆涂在身上好像生癞一样，根除胡须和眉毛，自己毁坏了容貌，装扮成一个乞丐而回家去乞讨，他的妻子都不认识他，说："他的形貌不像我丈夫，他的声音为什么很像我丈夫。"豫让又吞炭使声音沙哑，改变了原来说话的声音。他的朋友对他说："您采用的方法很艰难并且不容易成功，说您有志气那是对的，说您有智谋那是不对的。凭借您的才干，并且很好地侍奉赵襄子，襄子一定亲近宠爱您；您就会靠近他干您所想干的事情，这很容易做到而且一定成功。"豫让竟笑着回答他说："这是替先前的知己报复后来的知己，替原来的主人杀害新的主人。大乱君臣之义的人也没有超过这种做法的了。凡是和我一样做这种事的原因，是为了表明君臣之义，不是专找容易的办法做。再说向主人献上礼物并表示誓死侍奉他，然而又设法杀死他，这就是怀有二心侍奉主人。我之所以要做这种难以办到的事情，也是为了使天下后世为人臣而对主人怀有二心的人惭愧。"

原文 居顷之，襄子当出，豫让伏所当过桥下①。襄子至桥而马惊。襄子曰："此必豫让也。"使人问之，果豫让。于是赵襄子面数豫让曰②："子不尝事范、中行氏乎？知伯灭范、中行氏，而子不为报仇，反委质事知伯。知伯已死，子独何为报仇之深也？"豫让曰："臣事范、中行氏，范、中行氏以众人遇臣，臣故众人报之；知伯以国士遇臣③，臣故国士报之。"襄子乃喟然叹泣曰："嗟乎，豫子！子之为知伯，名既成矣，寡人舍子，亦已足矣④。子自为计⑤，寡人不舍子。"使兵环之⑥。豫让曰："臣闻明主不掩人之义，忠臣不爱死以成名。君前已宽舍臣，天下莫不称君之贤。今日之事，臣固伏诛⑦，然愿请君之衣而击之，虽死不恨。非所望也，敢布腹心⑧。"于是襄子义之，乃使

使者持衣与豫让。豫让拔剑三跃，呼天击之曰⑨："而
可以报知伯矣。"遂伏剑而死。死之日，赵国之士闻
之，皆为涕泣。

注释

① 襄子当出：即当襄子出。伏所当过桥下：埋伏在赵襄子所
应当路过的桥下。

② 面数（shǔ）：当面列举罪状；一说，当面责备。郭希汾本：
"数，责之也。"亦通。

③ 众人遇臣：犹言像对待一般人那样对待臣下。国士：国内
出名的士人。鲍本："国士，名盖一国者。"

④ 子之为知伯：姚本"子"字前有"豫"字，鲍本无"像"字，
从鲍本；鲍本："衍'子'字。"《史记》有"子"字，从《史记》。
亦已足矣："已"，姚本作"以"，鲍本作"已"，从鲍本。

⑤ 子自为计：犹言您自己考虑怎么办。

⑥ 使兵环之：让士兵四面包围了他。

⑦ 固：本来。姚本"固"作"故"，《史记》作"固"，从《史
记》；一说，"固"，通"故"。伏诛：受死刑。

⑧ 非所望也：犹言不应该是我所希望办到的事情。鲍本："言
有此心，望不及此。"布：宣布，陈述。

⑨ 呼天：仰天大呼。

译文 过了不久，当赵襄子有事外出的时候，豫让埋伏在襄子所应当路过的桥下。襄子来到桥边马忽然惊了。襄子说："一定是豫让在这里。"派人去询问，果然是豫让。于是赵襄子当面责备豫让说："您不是曾经侍奉过范氏、中行氏吗？智伯灭亡了范氏、中行氏，可是您不去为他们报仇，反而委身侍奉智伯。智伯已经死了，您为什么唯独给智伯报仇念念不忘？"豫让说："臣下侍奉范氏、中行氏，范氏、中行氏像对待一般人那样对待臣下，臣下所以像一般人那样报答他；智伯像对待国家名士那样对待臣下，臣下所以像国家名士那样报答他。"襄子便长叹一声哭着说："哎呀，豫子！您为智伯报仇，已经成就名声了，我释放了您一次，也已经足够了。您自己考虑怎么办，我不能再放您。"襄子就让士兵把豫让四面围住。豫让说："臣下听说贤明的君主不掩盖别人的大义，忠臣不爱惜一死而成就名声。您以前已经宽恕释放过臣下，天下没有一个人不称赞您的贤明。今天的事情，臣本来应该立即受死刑，然而希望请得您的衣服击杀一下，即使死了也没有什么怨恨。这不应该是我所希望办到的，冒昧地向您陈述我的心事。"于是襄子认为他很有义气，就派人拿着衣服交给豫让。豫让拔剑在手跳了三跳，仰天大呼向衣服击刺说："你可以报答智伯的恩惠了。"于是就自杀而死。豫让死的那天，赵国的士人听了，都为他哭泣。

魏文侯借道于赵攻中山

原文　魏文侯借道于赵攻中山。赵侯将不许①。赵利曰②："过矣。魏攻中山而不能取，则魏必罢，罢则赵重③。魏拔中山，必不能越赵而有中山矣。是用兵者，魏也；而得地者，赵也。君不如许之，许之大劝，彼将知赵利之也，必辍④。君不如借之道，而示之不得已。"

注释　① 赵侯：赵烈侯，名籍，前408—前387年在位。
② 赵利：赵氏之族，策士。
③ 罢（pí）：通"疲"，疲劳。重：威重，此犹言强大，占有优势。
④ 许之大劝：即大劝许之的倒装，意为尽力许之，指答应得很痛快。劝，力。郭希汾本："劝，犹力也。"赵：姚本作

"矣"，鲍本作"赵"，从鲍本。辍（chuò）：中止，停止。

译文 魏文侯向赵国借道攻打中山。赵烈侯将要不答应。赵利说："您错了。如果魏国攻打中山不能占领，那么魏国一定很疲劳，魏国疲劳赵国就威重。如果魏国占领中山，一定不能超越赵国而拥有中山的土地。这就是说，用兵的是魏国，可是取得土地的是赵国。君王不如答应他，但如果答应得很痛快，他们就会明白赵国利用他们的用心，就一定会停止对中山的进攻。君王不如借给他们路，而表示出不得已的样子给他们看。"

秦韩围梁燕赵救之

原文 秦、韩围梁，燕、赵救之。谓山阳君曰①："秦战而胜三国②，秦必过周、韩而有梁。三国而胜秦，三国之力虽不足以攻秦，足以拔郑③。计者不如构三国攻秦④。"

注释

① 山阳君：见《楚策一·江乙欲恶昭奚恤于楚王》注。

② 而：犹如，如果。下句中的而义同。三国：指梁、燕、赵。

③ 足以拔郑：完全可以攻占郑国。郑，即韩，因为韩哀侯二
年韩已灭郑。一说，郑，韩国都城，在今河南省新郑市。可
作参考。

④ 计者：犹言为韩国考虑。构三国：犹言联合三国。

译文

秦国、韩国围攻梁国，燕国、赵国援救它。派人对
山阳君说："秦国如果战胜三国，秦国一定越过周国、
韩国而据有梁国的土地。三国如果战胜秦国，三国的
力量即使不足以攻破秦国，但完全可以攻占郑国的土
地。为韩国考虑不如联合三国攻打秦国。"

腹击为室而钜

原文

腹击为室而钜，荆敢言之主①。谓腹子曰："何故为室
之钜也?"腹击曰："臣羁旅也，爵高而禄轻，宫室小
而帑不众②。主虽信臣，百姓皆曰：'国有大事，击必
不为用③。'今击之钜宫，将以取信于百姓也。"主君

赵策一

曰："善。"

注释

① 腹击：赵国大臣。鲍本："他国人，仕赵。"为室而钜：建造巨大的宫室。荆敢：赵国大臣。鲍本："楚人，仕赵。"可供参考。主：即主君，大夫之称，因三晋以大夫为诸侯，所以这样称呼。实际上三晋已是未经册封的诸侯了。

② 羁（jī）旅：作客他乡。杜预注："羁，寄也，旅，客也。"帑（nú）不众：犹言家属不多。帑：通"孥"，妻子儿女。

③ 击必不为用：腹击一定不被重用。

译文

腹击建造巨大的宫室，荆敢把这件事告诉了主君。主君对腹击说："建造这么巨大的宫室是什么缘故？"腹击说："臣下是作客他乡的人，爵位高而俸禄低，宫室狭小而家属不多。主君虽然信任臣下，可是百姓都说：'国家有什么大事，腹击一定不被重用。'如今我建造巨大的宫室，将用它来取得百姓的信任。"主君说："好。"

苏秦说李兑

原文　苏秦说李兑曰①："雒阳乘轩里苏秦，家贫亲老，无罢车驽马，桑轮蓬箧嬴縢，负书担囊，触尘埃，蒙霜露，越漳、河，足重茧，日百而舍，造外阙②，愿见于前，口道天下之事。"李兑曰："先生以鬼之言见我则可，若以人之事，兑尽知之矣。"苏秦对曰："臣固以鬼之言见君，非以人之言也。"李兑见之。苏秦曰："今日臣之来也暮，后郭门，藉席无所得，寄宿人田中，旁有大丛③。夜半，土梗与木梗斗曰④：'汝不如我，我者乃土也。使我逢疾风淋雨，坏沮⑤，乃复归土。今汝非木之根，则木之枝耳。汝逢疾风淋雨，漂入漳、河，东流至海，氾滥无所止⑥。'臣窃以为土梗胜也。今君杀主父而族之⑦，君之立于天下，危于累卵。君听臣计则生，不听臣计则死。"李兑曰："先生就舍，明日复来见兑也。"苏秦出。

注释　① 李兑：即奉阳君。
　　② 雒阳：即洛阳。雒，通"洛"。乘轩里：姚本作"乘轩车"，鲍本补曰："一本'乘轩里'。"《史记正义》引《战国策》："苏

秦，洛阳轩里之人也"。故从鲍本补。罢车：犹言敝车，破车。罢同"疲"，犹言敝。桑轮：桑木做的车轮。蓬箧（qiè）：蓬草编织的小箱子。赢縢、担橐：并见《秦策一·苏秦始将连横》注。重茧：即老茧。手足上因劳动或走路等摩擦而生的硬皮。舍：休息。住下。造：往，到。

③后郭门：郭门关闭以后才到。藉：同"借"，犹言坐卧其上。大丛：大的树丛，即大的树林。

④土梗：即土偶，泥塑的偶像。木梗：即木偶，木刻的偶像。斗：斗争，争斗，此指争辩。

⑤淋雨：接连阴雨。淋，通"霖"，《左传·隐公九年》："凡雨自三日以往为霖。"坏沮：坏败，毁坏，此指被水泡坏了。

⑥泛滥：大水漫延，此犹言漂泊。

⑦杀主父而族之：缪文远本："《秦策三·范雎曰臣居山东》云：'李兑用赵，减食主父，百日而饿死。'此言'杀主父而族之，乃策士之妄谈也。赵惠文王岂非主父之族乎？'缪说是。

译文 苏秦游说李兑说："洛阳轩里人苏秦，家境贫寒双亲年迈，没有破车劣马，推着桑木为轮的小车，装着茅草编织的箱子，打着裹腿，背着书挑着口袋，冒着尘土，蒙受霜露，越过漳、河，脚上磨出了老茧，日行百里以后才休息，如今来到了您的宫门之外，希望拜见您，谈论一下天下的事情。"李兑说："先生用有关鬼的话见我是可以的，如果用谈论人世间的事情来见我，我完全都知道了。"苏秦说："我本来就是用有关鬼的话来拜见您的，不是用有关人的话。"李兑接见了他。苏秦说："今日臣下到来很晚了，郭门已经关闭，想坐在席子上也办不到，只得寄宿在别人的田地之中，田旁有一片大树林。半夜的时候，听见土偶和木偶争辩说："你赶不上我，我是土做的。假如我遭受大风连阴雨的侵袭，身体损坏了，但是还可以再回到土中去。如今你不是树木的根，而是树的枝干罢了。你遭受大风连阴雨的侵袭，漂入漳、河，向东流到大海里，漂泊起来没有停止的地方。'臣下认为是土偶胜利了。如今您杀死主父灭了他的族人，您立于天下，就像叠起来的蛋那样危险。您听臣下的计策就生存，不听臣下的计策就会死去。"李兑说："先生回馆舍休息，明天再来见我。"苏秦就退出来。

原文　李兑舍人谓李兑曰："臣窃观君与苏公谈也，其辩过君，其博过君①，君能听苏公之计乎？"李兑曰："不能。"舍人曰："君即不能，愿君坚塞两耳②，无听其谈也。"明日复见，终日谈而去，舍人出送苏君，苏秦谓舍人曰："昨日我谈粗而君动③，今日精而君不动，何也？"舍人曰："先生之计大而规高④，吾君不能用也。乃我请君塞两耳，无听谈者。虽然，先生明日复来，吾请资先生厚用⑤。"明日来，抵掌而谈。李兑送苏秦明月之珠、和氏之璧、黑貂之裘、黄金百镒⑥，苏秦得以为用，西入于秦。

注释

① 苏公：对苏秦的尊称。辩：犹言能言善辩。博：此指知识渊博。

② 即：犹言若，如果。坚塞：紧紧地堵塞。

③ 谈粗：即粗谈，大概地谈一下。

④ 计大而规高：计谋大而规划高。

⑤ 厚用：优厚的财费。

⑥ 和氏之璧：缪文远本："和氏之璧，天下重宝，秦昭王欲以十五城易之而不得者，此乃谓以之送苏秦为入秦之资，其妄甚矣。"

译文

李兑家臣对李兑说："臣下暗中看您与苏公谈话，他能言善辩超过您，他知识渊博超过您，您能听从苏公的计谋吗？"李兑说："不能。"家臣说："您假如不能听从他的计谋，希望您紧紧地堵塞两只耳朵，不要听他的谈话。"第二天苏秦再一次拜见李兑，谈了一天才离去。家臣出来送苏秦，苏秦对家臣说："昨天我粗略地谈一下而他有所动，我今天谈得很精细可他无所动，这是为什么呢？"家臣说："先生的计谋大而规划高，我的主人是不能采用的，是我请他堵塞两只耳朵，不要听您谈话。虽然如此，先生明天再来时，我还是要请求他资助先生优厚的财费。"第二天来，两个人击掌而谈很投机。李兑送给苏秦明月之珠、和氏之璧、黑貂皮的大衣、金子两千两，苏秦把它作为费用，向西进入秦国。

赵收天下且以伐齐

原文　赵收天下①，且以伐齐。苏秦为齐上书说赵王曰②："臣闻古之贤君，德行非施于海内也，教顺慈爱非布于万民也，祭祀时享非当于鬼神也③。甘露降，风雨时至，农夫登，年谷丰盈，众人喜之，而贤主恶之④。今足下功力非数痛加于秦国，而怨毒积怒非素深于齐也⑤。臣窃外闻大臣及下吏之议，皆言主前专据以秦为爱赵而憎齐⑥。臣窃以事观之，秦岂得爱赵而憎齐哉！欲亡韩吞两周之地，故以齐为饵，先出声于天下，欲邻国闻而观之也⑦。恐其事不成，故出兵以佯示赵、魏⑧。恐天下之惊觉，故微韩以贰之⑨。恐天下疑己，故出质以为信。声德于与国，而实伐郑韩⑩。臣窃观其图之也，议秦之谋计必出于是⑪。

注释

① 收：犹言合，此指联合。按：本文文字错讹较多，据帛书第二十一章及《史记·赵世家》进行了校正。

② 秦：鲍本："秦"作"厉"，缪文远本："'秦'，《史记》作'厉'，鲍本亦据《史记》改，非是。赵王，赵惠文王，此在其十四年。"从缪本。

③ 时享：宗庙四时的祭祀，古代帝王及臣民都行时享之礼。

④ 甘露：即甜美的露水，古人迷信，以为天下太平，则天降甘露。时至：按时而至，按时到来。登：成熟，完成，此犹言丰收。丰盈：富足，充足。恶，犹言心神不安。按：贤君认为天下丰足，不是自己给予百姓的，故心神不安。

⑤ 非数（shuò）痛加于秦国：并没有屡次给秦国增加痛苦，犹言没有多次与秦国交战或攻伐。鲍本："谓战伐。"怨毒：极端怨恨。积怒：积久而成的愤怒。非素深于齐：一向没有齐国深。此句姚本作"而怨毒积恶，非曾深凌于韩也"。据帛

书、《史记》改为"而怨毒积怒非素深于齐也"。

⑥ 专据：据郭希汾本："专据：犹独断也。"憎齐：此句的"憎齐"与下句的"憎齐""以齐"，姚本作"憎韩""以韩"，据帛书与《史记》改。

⑦ 先出声于天下：先在天下声言。观之：指观秦国爱赵之事。鲍注："观其爱赵。"

⑧ 伴示：指假装给赵国、魏国看。

⑨ 微韩以贰之：犹言微伐韩国来消除诸侯的怀疑。贰，犹言怀疑。郭希汾本："贰，犹疑也。"

⑩ 声德于与国：声言对盟国友好。德，好处，此犹言友好。与国，盟国。伐郑韩：进攻郑国韩国。郑，姚本作"空"，帛书作"郑"，从帛书。

⑪ 议：鲍本："议，犹意。"料想。秦之谋计必出于是：犹言秦国的计谋一定从这里表现出来。之，姚本作"以"，缪文远本作"之"，从缪本。

译文　赵国联合天下诸侯，准备依靠他们的力量进攻齐国。苏秦为齐国上书游说赵惠文王说："臣下听说古代贤明的君主，他的道德品行不一定在天下施行，教育训化慈祥仁爱不一定施予万民，祭祀天地宗庙不一定面对鬼神。天上降下的甜美的露水，风雨按时来到，农夫丰收，当年的谷物非常充足，人们对此都很高兴，然而贤明的君主却因为没有给予百姓什么心神不安。如今凭足下的功力，并没有多次与秦国交战或攻伐，而且与秦国之间的怨恨、积久而成的愤怒一向不比齐国深。臣下在外面暗中听到大臣和下级官吏的议论，都说君王以前独自专断地认为秦国爱护赵国而憎恨齐国。臣下根据事实私下观察，秦国哪里能爱护赵国而憎恨齐国呀！这是秦国想要灭亡韩国吞并两周的土地，所以把齐国作为钓饵，先在天下声言憎恨齐国，想使邻国听到并看到此事。秦国担心此事不能成功，所以假装出兵韩国给赵国、魏国看。秦国担心天下诸侯醒悟，所以稍微进攻一下韩国来消除诸侯的怀疑。秦国担心天下诸侯对自己怀有疑心，所以放出各国在秦国的人质表示信用。秦国声言对盟国友好，而实际却进攻郑国韩国。臣下暗中观察秦国的谋划，料想秦国的计谋一定从这里表现出来。

原文 "且夫说士之计皆曰：'韩亡三川，魏灭晋国，市朝未罢而祸及于赵①。且物固有势异而患同者②，又有势同而患异者。昔者楚人久伐而中山亡③。今燕尽齐之北地，距沙丘而至钜鹿之界三百里，距于扞关，至于榆中千五百里④。秦尽韩、魏之上党，则地与国都邦属而壤界者七百里⑤。秦以三军强弩坐羊肠之上，即地去邯郸百二十里⑥。且秦以三军攻王之上党而危其北，则句注之西非王之有也⑦。今逾句注、禁常山而守，三百里通于燕之唐、曲逆⑧，此代马、胡驹不东，而昆山之玉不出也，此三宝者，又非王之有也。今从于强秦久伐齐⑨，臣恐其祸出于是矣。昔者，五国之王尝合横而谋伐赵，参分赵国壤地，著之盘盂，属之仇柞⑩。五国之兵出有日矣，齐乃西师以禁秦国，使秦废令素服而听，反温、枳、高平于魏，反三公、什清于赵⑪，此王之明知也。夫齐事赵，宜为上交，今乃以抵罪取伐⑫，臣恐其后事王者之不敢自必也。今王收齐，天下必以王为义⑬。齐抱社稷以事王⑭，天下必重王。然则齐义，王以天下就之；下至齐暴，王以天下禁之，是一世之命制于王已⑮。臣愿大主深与左右群臣详计某言⑯，先事成虑而熟图之也。"

注释　①三川：见《西周策·韩魏易地》注。晋国：指原晋国的绛邑、安邑（在今山西省夏县）之地。市朝未罢：即朝市未罢，此言时间极短。姚本作"恃韩为穷"，帛书作"市朝未罢，"从帛书。

② 物：事物，事情。

③ 楚人久伐而中山亡：犹言楚国连年为诸国所伐，赵国乘机
灭亡了中山。缪文远本："楚怀王末年至顷襄王初年，楚连年
为诸国所伐，赵乃乘间灭中山。据《史记》，周赧王十二年
（前303），齐、韩、魏伐楚。赵攻中山。周赧王十四年（前
301），秦、齐、韩、魏攻楚，败楚于重丘，斩首二万。赵攻
中山，中山君奔齐。周赧王十五年（前300），秦伐楚，取襄
城。周赧王十七年（前298），秦伐楚，大破楚军，取十六城。
周赧王十九年（前296），魏伐楚。周赧王二十年（前295），
赵主父与齐、燕共灭中山。"

④ 燕尽齐之北地：燕国尽数得到了齐国北部黄河以北的土地。
尽，鲍本："尽，言得其地。"姚本作"今燕尽韩之河南"，《史
记》作"燕尽齐之北地"。从《史记》。距：犹自，起。沙丘：
地名，在今河北省广宗西北大平台。钜鹿：地名，在今河北
省平乡县。扞关：地名，在今湖北省长阳西。榆中：地名，
在今陕西省榆林县东北。

⑤ 国都：指赵国的都城。邦属：犹言国都所管辖的地区。壤
界：边境接壤。界，姚本作"犟"，帛书作"芥"，与"界"通。
从帛书。

⑥ 强弩：强有力的弩箭。坐：据守。羊肠：地名，因其坂长

三里，盘曲如羊肠，故名。其地在今山西省壶关县东南。羊肠，姚本作"羊唐"，帛书及《史记》并作"羊肠"，从帛书、《史记》。即：犹则。地去邯郸百二十里：姚本无"百"字，帛书作"地去邯郸百二十里"，从帛书。

⑦句注：山名，又名陉岭，在今山西省代县西北。

⑧逾：越过。姚本"逾"作"鲁"，鲍本"鲁"作"逾"，从鲍本。禁：禁止通行。常山：即恒山。守：犹言关闭。唐：燕国地名，在今河北省唐县东北。曲逆：燕国地名，在今河北省顺平县东南。姚本"曲逆"作"曲吾"，缪文远本"曲吾"作"曲逆"，从缪本。

⑨今从于强秦久伐齐：姚本作"今从于强秦国之伐齐"，帛书作"今从强秦久伐齐"，缪文远本作"今从于强秦久伐齐"，从缪本。

⑩五国：指秦、齐、魏、韩、燕。著之盘盂：犹言盟约铸刻于盘盂之类的青铜器。仇柞：同"酬酢"，饮酒时主客互相敬酒，主敬客曰酬，客还敬曰酢。鲍本："言其相属伐赵于酬酢之间。"一说，"属之仇柞"，犹言把五国的誓约书写在彝器和册籍上。可供参考。

⑪西师：向西出兵。废令：废除称帝之令。姚本作"发令"，帛书作"废令"，从帛书。素服：白色的凶服，表示服罪。温：地名，在今河南省温县西南。枳（zhǐ）：通"轵"，地名，

在今河南省济源市南。高平：地名，在今河南省济源市西南。
三公、什清：原赵国地名，今地不详。

⑫夫齐事赵：姚本作"夫韩事赵"，帛书作"夫齐之事赵"，
鲍本"韩"作"齐"，从鲍本。宜为上交：姚本作"正为上交"，
缪文远本作"宜为上交"，从缪本。抵罪：抵偿其应负的罪责。
抵，当，犹言使各当其罪。

⑬今王收齐：姚本作"今王收天下"，鲍本"收"下补"齐"字，
缪文远本作"今王收齐"，把"天下"归下句，从缪本。以王
为义：姚本作"以王为得"，帛书及《史记》并作"以王为义"，
从帛书、《史记》。

⑭齐抱：姚本作"韩危"，帛书及《史记》并作"齐抱"，从
帛书、《史记》。

⑮齐义：齐国认为赵国仁义。鲍本："赵得天下之交而屈就齐，
故齐以为义。"齐，姚本作"韩"，鲍本作"齐"，从鲍本。齐
暴：姚本作"韩慕"，帛书作"齐逆"；"慕"，《史记》作"暴"；
"韩"改"齐"，从帛书；"慕"改暴"，从《史记》。一世之
命：一个时代的命运。

⑯详计某言：姚本作"卒计重谋"，帛书作"羊（详）计某言"，
从帛书。

译文 "再说游说之士的计谋都说：'韩国灭亡了三川之地，

魏国灭亡了晋国的绛邑之地，早市没有停止赵国已经遭受灾祸。再说事情本来有形势不同而祸患相同的，又有形势相同而祸患不同的。从前楚国人连年被诸国进攻，而赵国乘机灭亡了中山。如今燕国全部占领了齐国北部的土地，从沙丘到钜鹿的边界三百里，从北部边境到扞关，直到榆中一千五百里。秦国全部占领了韩国、魏国的上党，那么秦国的土地就和赵国的都城及所管辖的地方有七百里边境接壤。秦国用三军中的弩箭手据守在羊肠险要的地方，那么此地距离邯郸只有一百二十里。况且秦国率领三军进攻君王的上党地区并危害它的北部，那么句注以西的土地就不是君王的了。如令越过句注、关闭常山禁止通行，此地到达燕国的唐地、曲逆有三百里，这样代地、胡地的马匹就不能向东来，昆山的宝玉也不能运出，这三样宝物，也不是君王所有的了。如今顺从强大的秦国长时间地进攻齐国，臣下害怕祸患就从这里产生。从前，五国的君主曾经采用连横之策谋划进攻赵国，把赵国的土地分成三份，盟约刻在盘盂一类的青铜器上，互相联合起来就在主客敬酒之间。正当五国即将出兵的日子里，齐国却向西出兵制止秦国，使秦国废除称帝之令，穿上白色的凶服谢罪听令，把温地、枳地、高

平归还给魏国，把三公、什清归还给赵国，这是君王
清楚知道的。齐国侍奉赵国，应该说是向上交往，如
今却把这种交往抵偿罪责对它进攻，臣下害怕这以后
侍奉君王的人一定不敢与您交往了。如今君王联合齐
国，天下诸侯一定认为君王仁义。齐国就会拿整个国
家来侍奉君王，天下诸侯一定尊重君王。这样一来，
齐国就会认为赵国仁义，君王凭借天下诸侯的拥护屈
就齐国；处在下位的齐国一旦凶暴，君王就率领天下
诸侯制止它，这就是一个时代的命运控制在君王手里
了。臣下希望大王和左右群臣一起深入详细地按我说
的话谋划一下，在事情成功之前深思熟虑一下是否有
道理。"

齐攻宋奉阳君不欲

原文 齐攻宋，奉阳君不欲[1]。客请奉阳君曰："君之春秋高
矣[2]，而封地不定，不可不熟图也。秦人贪，韩、魏
危，燕、楚僻，中山之地薄，宋罪重，齐怒深，残伐
乱宋，定身封，德强齐，此百代之一时也[3]。"

注释
① 奉阳君：即李兑。按：此章似乎为重出之简，本文又见《赵策四·齐将攻宋》，只是个别文字略有不同。

② 春秋：指年龄。

③ 秦人贪：姚本作"秦之贪"，缪文远本作"秦人贪"，从缪本。燕、楚僻：燕国、楚国偏僻。姚本"燕"作"卫"，鲍本"卫"作"燕"；姚本"僻"作"正"，鲍本"正"作"僻"。均从鲍本。残伐乱宋：即伐残乱宋，进攻残暴混乱的宋国。德强齐：使强齐德，犹言使强大的齐国对您感恩戴德。百代之一时，犹言百代以来最好的时机。

译文
齐国进攻宋国，奉阳君不想帮助齐国一起攻打。说客请求奉阳君说："您的年龄已经很大了，可是封地还没有确定，不可不仔细考虑。秦国贪婪，韩国、魏国险恶，燕国、楚国偏僻，中山的土地瘠薄，宋国罪孽深重，齐国非常愤怒，攻打残暴混乱的宋国，确定自身的封地，使强大的齐国对您感恩戴德，这是百代以来最好的时机。"

秦王谓公子他

原文

秦王谓公子他曰[1]:"昔岁殽下之事[2],韩为中军,以与诸侯攻秦。韩与秦接境壤界,其地不能千里,展转不可约[3]。日者秦、楚战于蓝田,韩出锐师以佐秦,秦战不利,因转与楚,不固信盟,唯便是从[4]。韩之在我,心腹之疾[5]。吾将伐之,何如?"公子他曰:"王出兵韩,韩必惧,惧则可以不战而深取割。"王曰:"善。"乃起兵,一军临荥阳,一军临太行[6]。

注释

① 秦王:指秦昭王,名稷。前306 — 前251年在位。公子他:又作"公子池",秦惠文王之子,秦昭王之兄。

② 昔岁:昨岁,去年。殽下之事:殽下的战争。事,事情,此犹言战事,战争。

③ 接境壤界:犹言边境接壤。能:犹言及,达到。展转不可约:犹言翻覆不可以盟约取信。展转,犹言翻覆。约,约结。

④ 日者:往日,从前。蓝田:秦国地名,在今陕西省蓝田县。出锐师以佐秦:派出精锐部队来帮助秦军。佐,佐助,犹言帮助。固:坚守。便(pián):利益,好处。

⑤ 心腹之疾:犹言心腹之患,此比喻劲敌。

⑥荥阳：地名，在今河南省郑州市西。

译文　秦昭王对公子他说："去年殽下的战争，韩国作为中军主力，而与诸侯联合起来进攻秦国。韩国与秦国边境接壤，他们的土地方圆不到千里，反复无常不遵守盟约。从前秦国、楚国在蓝田交战，韩国派出精锐部队帮助秦军，可是秦军战斗不利，韩国因此反与楚国联合，不坚守盟约，只追求利益。韩国对于我国来说，是心腹之患。我准备进攻他们，怎么样?"公子他说："君王出兵韩国，韩国一定恐惧，恐惧就可以不用战争而多割取土地。"昭王说："好。"于是就出动军队，一支军队逼近荥阳，一支军队逼近太行。

原文　韩恐，使阳城君入谢于秦，请效上党之地以为和①。令韩阳告上党之守靳䵣曰②："秦起二军以临韩，韩不能有③。今王令韩兴兵以上党入和于秦④，使阳言之太守，太守其效之。"靳䵣曰："人有言：'挈瓶之知，不失守器⑤。'王则有令，而臣太守，虽王与子亦其猜焉。臣请悉发守以应秦，若不能卒⑥，则死之。"韩阳趋以报王。王曰："吾始已诺于应侯矣⑦，今不与，是欺之也。"乃使冯亭代靳䵣⑧。

注释

① 阳城君：韩国大臣，韩桓惠王时封君。效：献出。

② 韩阳：即阳城君。守（shǒu，旧读shòu）：秦代一郡的长官，后世用为刺史、太守等的简称。靳䵮：上党太守。䵮，字书无此字。

③ 韩不能有：即韩不能存在，犹言韩国就会灭亡。

④ 王：指韩桓惠王。韩兴兵：犹言韩国发兵应战。而缪文远本认为："'韩兴兵'三字疑衍。"可供参考。

⑤ 挈瓶之知，不失守器：犹言即使有小智小慧，守着器物就不能出借。挈瓶，垂瓶者，汲水者，此指小事。知，同"智"。

⑥ 悉发守：发动全部守备的兵力。若不能卒：犹言如果最后不能守住。

⑦ 应侯：即范雎。

⑧ 冯亭：韩国大臣，毕公之后，食采邑于冯，因以为氏。

译文

韩国十分恐惧，派阳城君到秦国谢罪，请求献出上党的土地作为讲和的条件。韩桓惠王又派阳城君告诉上党太守靳䵮说："秦国出动两支军队来进攻韩国，韩国就会灭亡。现在君王一面命令韩国出兵，一面又把上党献给秦国求和，派我把情况告诉太守，太守还是献给他。"靳䵮说："人们有这样的话：'即使是小智小慧，守着的器物就不能出借。'君王有兴兵的命令，而臣下又是太守，即使是君王和您也大概会对我猜疑的。臣下请求发动全部守军对付秦兵，如果最后不能守住，那么我就为国战死。"韩阳迅速把情况报告给韩王。韩王说："我开始对应侯就答应了这件事，现在不给，这是欺骗他。"于是就派冯亭取代靳黈。

一 原文

冯亭守三十日，阴使人请赵王曰①："韩不能守上党，且以与秦，其民皆不欲为秦而愿为赵。今有城市之邑十七，愿拜内之于王，唯王才之②。"赵王喜，召平阳君而告之曰③："韩不能守上党，且以与秦，其吏民不欲为秦而皆愿为赵。今冯亭令使者以与寡人，何如？"赵豹对曰："臣闻圣人甚祸无故之利④。"王曰："人怀吾义，何谓无故乎？"对曰："秦蚕食韩氏之地，中绝不令相通⑤，故自以为坐受上党也。且夫韩之所以内赵者，欲嫁其祸也⑥。秦被其劳，而赵受其利，虽强大不能得之于小弱，而小弱顾能得之强大乎⑦？今王取之，可谓有故乎？且秦以牛田，水通粮，其死士皆列之于上地，令严政行⑧，不可与战。王自图之！"王大怒曰："夫用百万之众，攻战逾年历岁，未见一城⑨。今不用兵而得城十七，何故不为？"赵豹出。

一

注释　① 赵王：即赵孝成王，名丹，赵惠王之子。前265—前245年在位。

② 韩不能守上党：韩国不能坚守上党。郭希汾本："时秦白起伐韩，拔野王，上党路绝，故不能守。"城市之邑：犹言邑之有城市。邑，此指大邑。十七：姚本作"七十"，《史记》作"十七"，《秦策》："上党十七县皆王之有也"，可作证，故从《秦策》《史记》。内：同"纳"，纳入，此犹言献给。才：通"裁"，裁决，裁夺。

③ 平阳君：即赵豹，惠文王同母弟。姚本平阳君作"平原君"，鲍本作"平阳君"，从鲍本。

④ 甚祸无故之利：即无故获利是最大的祸患。鲍本："无故得利，圣人以为祸。"

⑤ 蚕食：比喻逐渐略占。中绝不令相通：犹言中间断绝使他们不能互相援救。中绝，郭希汾本："使上党至韩之道不通也。"

⑥ 欲嫁其祸：想转嫁祸患给赵国。胡三省注："毛晃曰：'推恶与人曰嫁怨、嫁祸'。"

⑦ 被：犹言遭受。顾：犹言乃，竟，却，反而。

⑧ 牛田：用牛耕种田地，内含粮多之义。水通粮：犹言从水道运送军粮，内含军队给养充足之义。列之于上地：犹言排列在上党地区。一说，列于地之上者。可供参考。令严政行：

法令严格政务推行顺利。

⑨ 逾年历岁：经年累岁。未见：没有看到，此犹言没有得到。

一

译文　冯亭坚守三十天，暗中派人请求赵孝成王说："韩国不能守住上党，将要把它献给秦国，可是上党的民众都不想做秦国的臣民而愿意做赵国的臣民。现在上党作为大邑拥有十七个县，愿意拜献给大王，希望君王裁决这件事。"赵王大喜过望，召来平阳君并告诉他说："韩国不能坚守上党，将要把它献给秦国，上党的吏民不想做秦国的臣民而都愿意做赵国的臣民。如今冯亭派使者把上党献给寡人，你看怎么样？"赵豹回答说："臣下听说圣人认为无故获利是最大的祸患。"赵王说："人们怀恋我的恩义，怎么说是无故？"赵豹说："秦国逐渐侵占韩国的土地，中间断绝了上党通韩国的道路，使他们不能互相援救，所以自认为可以坐得上党。再说韩国之所以把上党献给赵国的原因，是想要把祸患转嫁给赵国。秦国遭受了攻打上党的辛劳，而赵国却享受了它的利益，即使是强大的国家也不能从弱小的国家得到这种好处，而弱小的国家却能从强大的国家手中得到吗？如今君王得到上党，可以说是有缘故吗？况且秦国用牛耕种，从水道运送军粮，那些勇敢不怕死的将士列阵在上党，法令严格政务推行顺利，不可以和他们交战。君王还是自己认真考虑一下！"赵王大怒说："使用上百万军队，攻战经年累岁，没有得到一座城池。如今不用兵反而会得到十七座城，为什么不干？"赵豹退出去。

原文

王召赵胜、赵禹而告之曰①："韩不能守上党，今其守以与寡人，有城市之邑十七。"二人对曰："用兵逾年，未见一城，今坐而得城，此大利也。"乃使赵胜往受地。

赵胜至曰："敝邑之王，使使者臣胜，太守有诏②，使臣胜谓曰：'请以三万户之都封太守，千户封县令，诸吏皆益爵三级，民能相集者，赐家六金③。'"冯亭垂涕而勉曰④："是吾处三不义也：为主守地而不能死，而以与人，不义一也；主内之秦，不顺主命，不义二也；卖主之地而食之⑤，不义三也。"辞封而入韩，谓韩王曰："赵闻韩不能守上党，今发兵已取之矣。"

韩告秦曰："赵起兵取上党。"秦王怒，令公孙起、王龁以兵遇赵于长平⑥。

注释

① 赵胜：即平原君。赵禹：赵国大臣。

② 太守有诏：即太守有告，此指冯亭告诉赵国上党不能守，愿意献给赵国之事。鲍本："诏，告也，谓太守有告。"

③ 赐家六金：每家赏赐一百二十两金子。金，古代重量单位，一镒为一金；一镒为二十两，六金为一百二十两。

④ 勉：通"俛"，"俛"，同"俯"，此指低头；一说，勉，通"免"，推辞，拒绝。可供参考。

⑤ 食：犹言食封户。

⑥ 公孙起：即白起。王齮（yǐ）：即王龁（hé），秦国将领。长平：赵国邑名，在今山西省高平市西北二十里王报村。

译文

赵王召赵胜、赵禹告诉他们说："韩国不能守卫上党，现在上党太守把它献给寡人，有十七座城邑。"二人回答说："用兵经年，没看见得到一座城市，现在安坐而得到城邑，这是大吉大利的事。"于是就派遣赵胜前去接受土地。

赵胜到上党说："敝国的君王，委派使者臣下赵胜，听到了太守的转告，派臣下赵胜对您说：'请把三万户的城邑封赏给太守，千户的封赏给县令，各官吏的爵位都连升三级，民众能把人聚集到一起的，每家赏赐金子一百二十两。'"冯亭流泪并低头说："这是我使自己处在三不义的境地了：为君主守卫土地而不能战死，并且把它送给别人，这是第一不义；君王把土地献给秦国，我没有听从君主的命令，这是第二不义；出卖君主的地反而食封户，这是第三不义。"辞谢了赵国的封赏而回到韩国，对韩王说："赵国听说韩国不能坚守上党，现在已发兵占领上党了。"

韩国报告秦国说："赵国发兵占领了上党。"秦王大怒，命令白起、王龁率领军队与赵国的军队在长平交战。

苏秦为赵王使于秦

原文 苏秦为赵王使于秦，反①，三日不得见。谓赵王曰："秦乃者过柱山②，有两木焉。一盖呼侣③，一盖哭。问其故，对曰：'吾已大矣，年已长矣，吾苦夫匠人，且以绳墨案规矩刻镂我④。'一盖曰：'此非吾所苦也，是故吾事也⑤。吾所苦夫铁钻然，自入而出夫人者⑥。'今臣使于秦，而三日不见，无有为臣为铁钻者乎⑦?"

注释

① 反：同"返"。

② 乃者：往者，此犹言曩者，从前，以往。乃，往。柱山：疑即底柱山，在今山西省平陆县东五十里大河中流；一说，山名今地不详。

③ 一盖呼侣：一棵树大约是招呼它的同伴。盖，约略之辞，犹言大概，大约，一说，盖，即树盖，此代指树。两说均通。

④ 苦：痛苦。案：通"按"，按照。刻镂：刻木称刻，刻金称镂，后通称雕刻为刻镂。

⑤ 故：通"固"，本来。事：犹分。分，本分。

⑥ 铁钻：铁楔。自入而出夫人者：自己进去而使别人出来，比喻铁楔进入而使木屑出。

⑦ 无有：犹言得无有，恐怕有。为：以为，认为。姚本作"谓"，鲍本："谓"作"为"，从鲍本。

译文

苏秦为赵王出使到秦国，返回来，三天没能得到赵王的接见。苏秦对赵王说："我从前经过柱山，看见那里有两棵树。一棵树在呼唤自己的伙伴，一棵树在哭泣。我问它们其中的缘故，一棵树回答说：'我已经长得很高大，年纪已经很老了，我痛苦的是那些匠人，将用绳墨量我按着规矩雕刻我。'一棵树说：'这不是我所痛苦的事情，这本来是我分内的事。我所痛苦的是那铁钻一样的东西，自己钻进去而使木屑出来。'如今臣下出使到秦国，归来后三天不得进见，恐怕有人认为臣下是铁钻一类的东西吧？"

甘茂为秦约魏以攻韩宜阳

原文　甘茂为秦约魏以攻韩宜阳，又北之赵，冷向谓强国曰①："不如令赵拘甘茂，勿出，以与齐、韩、秦市②。齐王欲求救宜阳，必效县狐氏③。韩欲有宜阳，必以路、涉、端氏赂赵④。秦王欲得宜阳，不爱名宝⑤。且拘茂也，且以置公孙赫、樗里疾⑥。"

注释　① 宜阳：韩国地名（在今河南省宜阳县西五十里）。冷向：见《秦策一·冷向为秦王曰》注。强国：赵国大臣。

② 勿出：指扣押甘茂，不放他出来。市：犹言做交易，即指下文之得地于齐、韩，得宝于秦。

③ 齐王欲求救宜阳：即齐王欲求宜阳救，齐王想要求宜阳得救。狐氏：齐国地名，今地不详。

④ 路：韩国地名，属上党郡，地在今山西省潞城县东北。涉：

韩国地名，属魏郡，地在今河北省涉县西北。端氏：邑名，韩、赵、魏分晋，封晋君端氏，其后被赵夺得，此时端氏又为韩所有，地在今山西省沁水县东。

⑤　秦王：指秦武王。名宝：世上出名的宝物。鲍本："宝之名世者。齐、韩之赂，欲拘茂，败其约也，秦赂，则欲出之。"

⑥　且：表转折，犹言然而。下文中的"且"是将要之义。公孙赫：秦国大臣。樗（chū）：秦国贵族，秦惠王异母弟，名疾，居于樗里（一作褚里），因称樗里子，初任庶长，秦武王时曾为右丞相。

译文　甘茂为秦国联合魏国而进攻韩国的宜阳，又向北到赵国去，冷向对强国说："不如使赵国扣押甘茂，不放他出来，以此与齐国、韩国、秦国进行交易。齐王想要求宜阳得救，一定要献出狐氏县。韩国想要据有宜阳，一定用路县、涉县、端氏贿赂赵国。秦武王想要得到宜阳，一定会不爱惜世上出名的宝物。然而赵国扣押了甘茂，秦国将因此安置公孙赫、樗里疾。"

谓皮相国

原文 谓皮相国曰①："以赵之弱而据之建信君、涉孟之仇，然者何也②？以从为有功也③。齐不从④，建信君知从之无功。建信者安能以无功恶秦哉⑤？不能以无功恶秦，则且出兵助秦攻魏，以楚分齐，则是强毕矣⑥。建信、春申从，则无功而恶秦。分齐亡魏⑦，则有功而善秦。故两君者，奚择有功之无功为知哉⑧？"

注释 ①皮相国：鲍本："皮相国，赵相。"

②以：在。据：凭依，依靠，此犹言任用。建信君、涉孟：赵国大臣。仇：《广雅·释诂》云："仇，辈也。"犹言类。然者何也：犹言如是者何也，像这样做是为什么？

③以从为有功：因为推行合纵之策有功劳。从，同"纵"。

④齐不从：犹言齐国不听从，不同意。从，鲍本："此'从'如字。"一说，"从"同"纵"，亦通。

⑤建信者：姚本："一作君。"恶秦：犹言危害秦国。鲍本："恶，犹害也。从有功乃能害秦尔。"

⑥以楚分齐：与楚国一起瓜分齐国的土地。以，犹与。此句姚本作"以楚、赵分齐"，金正炜本："'赵'字涉下而衍，'助"

秦攻魏'‘与楚分齐’盖对举之词"。从金说。强毕：犹言图强之计尽于此，图强的计谋全部用完。

⑦分齐亡魏：姚本作"秦分齐，齐亡魏"，金正炜本："‘分齐’上之‘秦’字，‘亡魏’上之‘齐’字并误复，‘分齐亡魏’承上而言也。"从金说。

⑧两君：指建信君、涉孟；一说，指皮相国、建信君。可供参考。为知：犹言表现出智慧；一说，知通"之"，指代有功、无功之事。可供参考。

译文　有人对皮相国说："在赵国弱小的形势下任用建信君、涉孟之类的人，这样做是为什么呢？这是因为他推行合纵之策有功。齐国不同意合纵，建信君已经知道合纵是不能成功的。建信君怎么能用不成功的合纵之策危害秦国呢？不能用不成功的合纵之策危害秦国，那么将出兵帮助秦国攻打魏国，跟楚国一起瓜分齐国的土地，这是建信君图强计谋全部用完的结果。建信君、春申君推行合纵，那么不成功却可以形成危害秦国之势。分裂齐国土地灭亡魏国，那么成功却亲善了秦国。所以建信君、涉孟这两个人，哪里能选择成功与不成功来表现他们的智谋呢？"

或谓皮相国

原文　或谓皮相国曰："魏杀吕辽而卫兵，亡其比阳而梁危，河间封不定而赵危①。文信不得志，三晋倍之忧也②。今魏耻未灭，赵患又起，文信侯之忧大矣。齐不从，三晋之心疑矣③。忧大者不计而构，心疑者事秦急④。秦、魏之构，不待割而成。秦从楚、魏攻齐，独吞赵⑤，齐、赵必俱亡矣。"

注释　① 吕辽：魏国将领。鲍本："魏臣，秦所重者。"按：后章作吕遗，不知孰是。卫兵：犹言卫国遭受兵祸，即卫国遭到进攻。比阳：姚本："一作'比'。"鲍本："北"作"比"。"比"字是，故从。比阳：地名，在今河南省唐县。河间封不定而赵危：河间的疆界不确定赵国就危险了。河间：地名，在今河北省河间市一带。赵，姚本作"齐"，鲍本"齐"作"赵"，从鲍本。按：当时秦国把河间封给吕不韦，吕不韦想进攻赵国扩大河间的土地；当时赵国正与诸侯合纵，想收回河间的土地，所以说封不定。

② 文信不得志：指上文"河间封不定"，犹言文信侯的愿望没有满足。文信：即文信侯吕不韦。

③ 三晋倍之忧：三晋的忧患。倍，疑衍；一说，倍，犹背也，背后，亦通。

④ 齐不从：齐国不参加约纵。从，同"纵"。鲍本："不与山东约纵。"三晋之心疑：韩、赵、魏产生合纵不能成功的疑心。

⑤ 忧大者：忧虑大的国家。据下文看，指魏国。不计而构：没有很好谋划就构和。构，构和。事秦急：急于侍奉秦国。

⑤ 独吞赵：指秦国独自吞并赵国。鲍本："赵近秦，秦攻之，不待楚、魏。"

译文

有人对皮相国说："魏国杀吕辽而卫国遭到了秦兵的进攻，失掉了比阳而魏国危急，河间的疆界不确定赵国就危险了。文信侯的愿望没有满足，这是韩、赵、魏的忧患。如今魏国的耻辱没消，赵国的祸患又发生了，对文信侯的忧虑就更大了。齐国不参加合纵，韩、赵、魏就产生了合纵不能成功的疑心。忧虑大的国家没有很好谋划就与秦国媾和，心中怀疑合纵不成的国家急于侍奉秦国。秦国、魏国的媾和，没等割地就成功了。秦国跟楚国、魏国一起进攻齐国，独自吞并赵国，齐国、赵国一定一起灭亡了。"

赵王封孟尝君以武城

原文　赵王封孟尝君以武城①。孟尝君择舍人以为武城吏②，而遣之曰："鄙语岂不曰，借车者驰之，借衣者被之哉③？"皆对曰："有之。"孟尝君曰："文甚不取也④。夫所借衣车者，非亲友则兄弟也。夫驰亲友之车，被兄弟之衣，文以为不可。今赵王不知文不肖，而封之以武城，愿大夫之往也，毋伐树木，毋发屋室，訾然使赵王悟而知文也⑤。谨使可全而归之⑥。

注释　① 赵王：即赵惠文王。武城：赵国邑名（在今山东省武城县西）。

② 舍人：近侍之人，同于家臣。

③ 鄙语：俗语，俗话。驰：车马疾行。被：同"披"。此处的驰、被含有不知爱惜之义。鲍本："借车与衣，固将驰且被也。今云然，盖常常驰被而弗爱也。"

④ 文：田文，即孟尝君，下文中的文义同。

⑤ 不肖：不贤。毋发屋室：犹言不要破坏房屋。訾（zǐ）然：訾省，省量，犹言察看，衡量。

⑥ 谨使可全而归之：犹言谨慎行事使所封之地原封不变地归还给他。

译文 赵惠文王把武城封给孟尝君。孟尝君从家臣中挑选人去做武城的官吏，在派遣的时候说："俗话难道不是说，借别人车子的人驾车快跑，借别人衣服的人披在身上吗？"家臣都回答说："有这样的话。"孟尝君说："我认为这话太不可取了。那些借别人衣服车辆的人，不是亲友就是兄弟。驾亲友的车快跑，披着兄弟的衣服不知爱惜，我认为是不可以的。如今赵王不知道我是个不贤的人，而把武城封给我，希望大夫这次前往，不要砍伐树木，不要破坏房屋，使赵王察看衡量后醒悟过来，真正领会我的用心。你们谨慎行事使封地原封不变地归还给他。"

谓赵王曰三晋合而秦弱

原文 谓赵王曰①："三晋合而秦弱，三晋离而秦强②，此天下之所明也。秦之有燕而伐赵③，有赵而伐燕；有梁而伐赵，有赵而伐梁；有楚而伐韩，有韩而伐楚；此天下之所明见也。然山东不能易其路④，兵弱也。弱而不能相壹，是何秦之知⑤，山东之愚也。是臣所为山东之忧也。虎将即禽，禽不知虎之即己也，而相斗两罢，而归其死于虎⑥。故使禽知虎之即己，决不相斗矣。今山东之主不知秦之即己也，而尚相斗两敝⑦，而归其国于秦，知不如禽远矣，愿王熟虑之也。

注释 ① 赵王：即赵武灵王，名雍，前325 — 前299年在位共二十七年。

② 离：分开，分离，此犹言疏远。

③ 有燕：犹言与燕国亲善。下文中诸"有"字句同。

④ 山东：指华山以东的六个国家。易其路：改变秦国与山东六国连横之路。

⑤ 秦：姚本作"楚"，鲍本"楚"作"秦"，从鲍本。知：同"智"。

⑥ 即：靠近，接近。禽：鸟兽总名。鲍本："走兽总名。"此指野兽。罢：同"疲"。归：结局，此犹言最终，最后。

⑦ 两敝：两破，两败，犹言两败俱伤。

译文 有人对赵武灵王说："三晋联合秦国就弱小，三晋疏远秦国就强大，这是天下人看得明明白白的事情。秦国与燕国亲善则进攻赵国，与赵国亲善则进攻燕国；秦国与梁国亲善则进攻赵国，与赵国亲善就进攻魏国；秦国与楚国亲善则进攻韩国，与韩国亲善则进攻楚国；这是天下人看得明明白白的事情。然而华山以东的六个国家不能改变秦国的连横之路，是因为兵力弱小。兵力弱小的国家又不能团结一致，这是秦国何等明智，山东六国是何等愚蠢。这是臣下为山东六国忧虑的地方。老虎将要靠近野兽，野兽不知道老虎靠近自己，而两个野兽互相斗得很疲劳，可是最终它们都死在老虎口里。所以使野兽知道老虎靠近自己，决不互相争斗了。如今山东六国的君主不知道秦国正在靠近自己，而且互相争斗两败俱伤，最终使自己的国家归于秦国，智慧比野兽差远了，希望君王仔细考虑一下这些事。

原文

"今事有可急者，秦之欲伐韩、梁，东窥于周室甚，惟寐亡之①。今南攻楚者，恶三晋之大合也②。今攻楚休而复之，已五年矣，攘地千余里③。今谓楚王④：'苟来举玉趾而见寡人，必与楚为兄弟之国，必为楚攻韩、梁，反楚之故地⑤。'楚王美秦之语⑥，怒韩、梁之不救己，必入于秦。秦有谋发使之赵，以燕饵赵⑦，而离三晋。今王美秦之言而欲攻燕，攻燕，食未饱而祸已及矣⑧。楚王入秦，秦、楚为一，东面而攻韩。韩南无楚，北无赵，韩不待伐，割挈马兔而西走⑨。秦与韩为上交，秦祸安移于梁矣⑩。以秦之强，有楚、韩之用，梁不待伐矣，割挈马兔而西走。秦与梁为上交，秦祸案环中赵矣⑪。以强秦之有韩、梁、楚，与燕之怒⑫，割必深矣。国之举此，臣之所为来⑬。臣故曰：事有可急为者。

注释

① 窥：从小孔、缝隙或隐僻处察看，含有窥伺可乘之机、不怀好意之义。亡：同"忘"。

② 恶：憎恶，憎恨讨厌。大合：互相联合。

③ 休：罢兵，指停止进攻。复：免除赋役；一说，复，复攻。可供参考。攘：侵夺、侵犯。

④ 楚王：指楚怀王。

⑤ 玉趾：尊敬之辞，犹言贵步。寡人：指秦昭王。故地：原来的土地。

⑥ 美秦之语：认为秦王的话很美好，即认为秦王的话很友好。

⑦ 秦有谋发使之赵：姚本作"有谋故杀使之赵"，鲍本："'有谋'上补'秦'字，'杀'作'发'。"从鲍本。此句意为秦国又谋划派使者到赵国去。有，通"又"。饵：用如动词，作为钓饵，可引申为利诱。鲍本："言欲与赵攻燕。"

⑧ 食未饱：没有吃饱饭，此犹言还没有从燕国得到多少利益。

⑨ 割挈马兔而西走：犹言拿着割让的土地向西跑到秦国去如

同马和兔一样迅疾，一说，《广雅·释诂》："挈，提也。""挈马"义同"提马"；"兔"当作"免"，免通"俛"。此句言韩不待伐割即将挈马而俛入于秦。可供参考。

⑩秦祸：秦国的兵祸。安：犹言于是。

⑪案环中赵：案，同"安"。姚本作"攘于赵"，鲍本作"环中赵"，从鲍本改。郭希汾本："案环中赵：案，同安，言秦视赵在度内，如物在环中。"

⑫与燕之怒：和燕国对赵国的恼怒。

⑬国：指赵国。举：犹言行。臣之所为来：臣下就是为这件事来的。

译文　"如今有十分危急的事情，是秦国想要进攻韩国、魏国，向东很注意窥伺周王室，只有在睡觉的时候它才能忘。如今秦国向南进攻楚国的原因，是憎恶三晋的互相联合。如今秦国对楚国罢兵并免除它的赋役，已经五年了，侵夺了千余里土地。如今秦王对楚王说：'您如果迈动贵步来会见寡人，一定和楚国结为兄弟之国，一定为楚国进攻韩国、魏国，返还楚国原来的土地。'楚王认为秦王的话很友好，恼怒韩国、魏国不援救自己，一定到秦国去朝见。秦国又谋划派使者到赵国去，用共同进攻燕国利诱赵国，而离间三晋。如今君王认为秦国的话很友好而想要进攻燕国，进攻燕国，还没有从燕国得到多少利益而祸患就已经来到了。楚王进入秦国朝见，秦国、楚国联合一致，向东面的韩国进攻。韩国南面没有楚国的援助，北面没有赵国的援助，韩国没有等到秦楚进攻，就会拿着割让的土地向西跑到秦国去如同马和兔一样迅疾。秦国与韩国有了好交情，秦国的兵祸于是就会移到魏国。凭借秦国的强大，有楚国、韩国可以利用，魏国没有等秦国进攻就会拿着割让的土地向西跑到秦国去如同马和兔一样迅疾。秦国与魏国有了好交情，秦国看赵国就像自己环中的物。凭借秦国的强大并有韩、魏、楚的支持，加上燕国对赵国恼怒，他们共同对付赵国，赵国一定要被割取很多土地了。国家走到这种地步，臣下就是为此而来。臣下因此说：事情有急于要做的。

原文 "及楚王之未入也，三晋相亲相坚，出锐师以戍韩、梁西边，楚王闻之，必不入秦，秦必怒而循攻楚①，是秦祸不离楚也，便于三晋。若楚王入，秦见三晋之大合而坚也，必不出楚王，即多割②，是秦祸不离楚也，有利于三晋。愿王之熟计之也急！"

赵王因起兵南戍韩、梁之西边。秦见三晋之坚也，果
不出楚王而多求地③。

注释

① 相亲相坚：互相亲近坚定盟约。鲍本："坚其约。"循攻楚：
循前而攻楚国，犹言像以前一样进攻楚国。

② 必不出楚王：一定不放楚王回国。鲍本："恐其合晋。"多
割：即要求楚国多割让土地。

③ 果：果然。姚本此句"楚王"后有"印"字，鲍本认为"印"
字是衍文，从鲍本删。

译文

"趁楚王没有入秦的时候，三晋互相亲近坚定盟约，
派出精锐军队戍守韩国、魏国的西部边境，楚王听
到，一定不会到秦国去，秦国一定恼怒并像以前一样
进攻楚国，这样秦国的兵祸不会离开楚国，有利于三
晋。如果楚王进入秦国，秦国看到三晋联合并坚定盟
约，一定不放楚王回国，就要求楚国多割让土地，这
样秦国兵祸不离开楚国，有利于三晋。希望君王迅速
谋划这些事！"

赵王因此向南发兵戍守韩国、魏国的西部边境。秦国
看到三晋坚定盟约，果然不放楚王回国而要求多割让
土地。

赵策二

苏秦从燕之赵始合从

原文　苏秦从燕之赵，始合从，说赵王曰①："天下之卿相人臣，乃至布衣之士，莫不高贤大王之行义，皆愿奉教陈忠于前之日久矣②。虽然，奉阳君妒，大王不得任事，是以外客游谈之士无敢尽忠于前者③。今奉阳君捐馆舍，大王乃今然后得与士民相亲，臣故敢献其愚，效愚忠④。为大王计，莫若安民无事，请无庸有为也⑤。安民之本，在于择交⑥。择交而得则民安⑦，择交不得则民终身不得安。请言外患：齐、秦为两敌⑧，而民不得安；倚秦攻齐⑨，而民不得安；倚齐攻秦，而民不得安。故夫谋人之主，伐人之国，常苦出辞断绝人之交⑩，愿大王慎无出于口也。

注释　① 始合从：开始推行合纵之策。从，同"纵"。赵王：指赵肃侯。

② 高贤：推重，称许。奉教：犹言奉献政治教化的办法。陈忠：陈述忠诚。

③ 妒：此犹言嫉妒贤士。任事：任政。外客：外来的宾客。此句客后姚本有"宾"字，据姚宏注："钱、刘去'宾'字"，

故删。

④ 捐馆舍：亦作"捐馆"，捐弃馆舍，旧时对死亡的避讳之
辞。献其愚，效愚忠：互文见义，即奉献自己的忠心；一说，
疑此句当作"献其愚忠"，可供参考。

⑤ 无庸有为：不用有所作为。庸，用。

⑥ 择交：选择邦交，选择亲近的国家。交，邦交。

⑦ 得：适宜，恰当。

⑧ 齐、秦为两敌：如果齐、秦两国同时为赵国的敌人，这是
设想推断之辞。下文"倚齐攻秦"，与此同。

⑨ 倚：依附，倚仗。

⑩ 谋人之主：谋划别人国家的君主。常苦出辞：常常焦思苦
想造出动听的言辞。

译文　苏秦从燕国到赵国去，开始推行合纵之策，游说赵
肃侯说："天下的卿相臣子，一直到普通百姓出身的
士，没有谁不称许大王推行仁义的，从很久以来就都
希望在大王的面前奉献政治教化陈述忠诚了。虽然如
此，奉阳君嫉贤妒能，大王不能亲自管理政事，因此
外来的宾客游说之士没有谁敢在大王面前尽忠了。如
今奉阳君已死，大王从今以后才得和士民相亲，臣下
所以才敢奉献自己的忠心。我为大王谋划，没有什么

能赶得上使百姓安定国家无事了，请您不用有所作为。安定百姓的根本，在于选择邦交。选择邦交得当百姓就安定，选择邦交不得当百姓就终身不得安定。请让我谈一下外面的祸患：如果齐国、秦国做了赵国的两个敌人，那么百姓就不得安定；倚仗秦国攻打齐国，百姓就不得安定；倚仗齐国攻打秦国，百姓也不得安定。所以那谋划别人国家的君主，进攻别人国家的人，常常焦思苦想造出动听的言辞来断绝别人的邦交，希望大王谨慎，这些话不要从您嘴里说出来。

原文 "请屏左右，白言所以异，阴阳而已矣①。大王诚能听臣，燕必致毡裘狗马之地，齐必致海隅鱼盐之地，楚必致橘柚云梦之地，韩、魏皆可使致封地汤沐之邑②，贵戚父兄皆可以受封侯。夫割地效实，五伯之所以覆军禽将而求也③；封侯贵戚，汤、武之所以放杀而争也④。今大王垂拱而两有之⑤，是臣之所以为大王愿也。大王与秦⑥，则秦必弱韩、魏；与齐，则齐必弱楚、魏。魏弱则割河外⑦，韩弱则效宜阳。宜阳效则上郡绝⑧，河外割则道不通，楚弱则无援。此三策者，不可不熟计也。夫秦下轵道则南阳动，劫韩、包周则赵自销铄，据卫、取淇则齐必入朝⑨。秦欲已得行于山东，则必举甲而向赵⑩。秦甲涉河逾漳，据番吾⑪，则兵必战于邯郸之下矣。此臣之所以为大王患也。

注释

① 请屏（bǐng）左右：请让左右的人退避。白言所以异，阴阳而已矣：大意是，说明择交得失利害不同的原因，就像阴阳截然对立罢了。白言，辩白，说明。白，姚本作"曰"，鲍本作"白"，从鲍本。阴阳，此指纵横。鲍本："阴阳，言事只有两端，指谓纵横。"

② 毡裘狗马之地：盛产毡裘狗马的土地。汤沐之邑：指供封君收取赋税的私邑。汤沐，沐浴，言其收入以供沐浴。

③ 效实：进献财货。实，指实物，财货。禽：同"擒"。

④ 放杀：指商汤放逐夏桀、武王诛杀商纣。

⑤ 垂拱：垂衣拱手，原意是无为而治，此指不费心力而得到。

⑥ 与：亲附。下文中"与齐"之"与"同。

⑦ 河外：魏国地区名，此处当指西河之外，即今陕西省大荔县至澄城县以北之地。

⑧ 上郡：郡名，包括今陕西省东北部，黄河以西地区；一说，上郡，疑是"上党"，可供参考。

⑨ 轵（zhǐ）道：道路名，在今河南省济源市东南。原属魏国轵邑，后被秦国夺取，为冀北平原进入山西高原的孔道，自

古为兵家必争之地。南阳：郡名，在今河南省南阳地区嵩山
之南。销铄（shuò）：金属熔化，此比喻国家削弱。淇：淇水，
在今河南省北部，为古黄河支流。

⑩举甲：举兵，兴兵。

⑪番（pó）吾：赵国地名，在今河北省磁县。

译文 "请大王让左右的人退避，臣下说明择交得失利害的
原因，就像纵横截然对立罢了。大王果真能听信臣下
的话，燕国一定进献盛产毡裘狗马的土地，齐国一定
进献盛产鱼盐的海隅之地，楚国一定进献盛产橘柚的
云梦之地，韩国、魏国都可以让他们进献封地租税收
入作为沐浴的费用，您的外戚父兄都可以得到封侯的
尊贵。那割取土地、进献财货，是五霸不惜军队覆
灭、将领被擒所追求的东西；封赏王侯使外戚尊贵，
这是商汤流放夏桀、周武王诛杀纣王所争取的东西。
如今大王可以垂衣拱手得到两个好处，这是臣下希望
大王得到的利益。大王如果亲附秦国，那么秦国一定
削弱韩国、魏国；大王如果亲附齐国，那么齐国一定
削弱楚国、魏国。魏国削弱那么就会割让河外的土
地，韩国削弱那么就会进献宜阳的土地。宜阳进献出
来那么与上郡的交通就会隔绝，河外割让那么道路就

会不通，楚国削弱赵国就会没有救援。以上这三条计策，不可不认真仔细地谋划一下。再说秦国从轵道下攻那么南阳就会动摇，劫持韩国、包围周朝那么赵国就会自己削弱自己，秦国如果占据卫地、夺取淇水，那么齐国必定去朝见秦国。秦国的想法在华山以东得以施行，那么一定举兵向赵国进攻。秦兵渡过黄河跨过漳水，占据了番吾，那么两国的军队一定会在邯郸城下交战了。这是臣下替大王忧虑的事情。

原文

"当今之时，山东之建国，莫如赵强。赵地方二千里，带甲数十万，车千乘，骑万匹，粟支十年；西有常山，南有河、漳，东有清河①，北有燕国。燕固弱国，不足畏也。且秦之所畏害于天下者莫如赵②。然而秦不敢举兵甲而伐赵者，何也？畏韩、魏之议其后也。然则韩、魏，赵之南蔽也③。秦之攻韩、魏也，则不然。无有名山大川之限，稍稍蚕食之，傅之国都而止矣④。韩、魏不能支秦，必入臣于秦，秦无韩、魏之隔，祸必中于赵矣⑤。此臣之所以为大王患也。

注释

① 常山：本名恒山，汉时避文帝刘恒之讳改名常山。在今河北省曲阳县西北。清河：古河名，上源称洹水，经今河南省

安阳东流，再东北流至今河北省东南部，约在今山东省平原
县北入古黄河。

② 畏害：畏忌，畏惧害怕。

③ 蔽：屏蔽，屏障。

④ 稍稍：渐渐，逐渐。傅：附，靠近。

⑤ 入臣：归顺称臣。姚本"入臣"之后有"韩魏臣"三字，
鲍本无，从鲍本。必：姚本无"必"字，鲍本有，从鲍本。
中（zhòng）：中的，此处是落在……之上的意思。鲍本："犹
射中的。"

译文 "如今之时，华山以东的各个国家，没有再比赵国强
大的了。赵国土地方圆两千里，军队几十万，战车千
辆，骑马万匹，粮食可以支持十年；西面有常山，南
面有黄河、漳水，东面有清河，北面有燕国。燕国本
来是弱小的国家，不值得害怕。但是秦国在天下最畏
惧害怕的莫过于赵国。然而秦国不敢发动军队进攻赵
国，为什么？这是害怕韩国、魏国在后面算计它。这
样看来，那么韩国、魏国就是赵国南面屏障了。如果
秦国攻打韩国、魏国，那情况就不是这样了。韩国、
魏国没有名山大川的限制，逐渐蚕食它的领土，就会
靠近国都再停止。韩国、魏国支持不住秦国的进攻，

一定向秦国归顺称臣，秦国没有韩国、魏国的阻隔，祸患一定要落在赵国身上了。这是臣下为大王忧虑的事情。

原文

"臣闻尧无三夫之分①，舜无咫尺之地，以有天下。禹无百人之聚，以王诸侯②。汤、武之卒不过三千人，车不过三百乘，立为天子。诚得其道也③。是故明主外料其敌国之强弱，内度其士卒之众寡、贤与不肖，不待两军相当，而胜败存亡之机节，固已见于胸中矣，岂掩于众人之言，而以冥冥决事哉④!

注释

① 三夫之分：三个农夫所耕的土地。周代井田制，一夫受地百亩，"九夫为井"。按：此句与下文"舜无咫尺之地""禹无百人之聚"，均为说士夸张之辞，不一定是史实。

② 百人之聚：百人的居民点。聚，聚落，居民点。王（wàng）：用如动词，做王，统治。

③ 道：正道，正确的主张、措施。

④ 度（duó）：揣度，估量。不肖：不贤。相当：相对。机节：要领，事理的关键。掩：蔽，受蒙蔽。冥冥：昏暗貌，比喻糊涂。

译文　　"臣下听说尧没有三个农夫耕种的土地，舜没有一点土地，可是却拥有了天下。大禹没有百人居住的居民点，而统治了天下诸侯。商汤、周武王的士兵都不超过三千人，战车不超过三百辆，却立为天子。这的确是由于他们实行了治理民众的正确主张。所以贤明的君主对外能预料敌国的强弱，对内能估量士兵的多少、贤能与愚笨，不等两军相对，而胜负存亡的关键，早已在心中明白了，哪里会受众人的言语蒙蔽，而凭一时的糊涂决断事情呢！

原文　　"臣窃以天下地图案之①。诸侯之地五倍于秦，料诸侯之卒，十倍于秦。六国并力为一，西面而攻秦，秦破必矣。今见破于秦，西面而事之，见臣于秦②。夫破人之与破于人也，臣人之与臣于人也，岂可同日而言之哉③？夫横人者，皆欲割诸侯之地以与秦成④。与秦成，则高台榭，美宫室，听竽瑟之音，察五味之和，前有轩辕，后有长姣，美人巧笑，卒有秦患，而不与其忧⑤。是故横人日夜务以秦权恐猲诸侯⑥，以求割地。愿大王之熟计之也。

注释　　①案：同"按"，查看。

② 见破于秦：被秦所攻破。见臣于秦：被秦所臣服。

③ 破人：攻破敌人。破于人：被敌人攻破。臣人：使别人臣服。臣于人：被他人所臣服。同日而语：犹言相提并论。

④ 横人：即连横家，游说连横的人。成：讲和。

⑤ 高台榭：高筑台榭。高，用如动词，使……高。榭，姚本无"榭"字，鲍本有，从鲍本。竽瑟之音：此处泛指音乐。竽，簧管乐器，形似笙稍大。瑟，弦乐器，二十五弦。五味：甜、酸、辛、苦、咸，此泛指美味。和：调和。轩辕：指车辀（zhōu），此泛指车辆。长姣：指美女。姚本"姣"原作"庭"，《史记》作"姣"，从《史记》。巧笑：美好的笑。卒（cù）：同"猝"，突然，出其不意。不与（yù）其忧：犹言主张连横的人不分担受害国的忧患。与，参与，犹言负担。

⑥ 权：权力，此指威势。恐猲（hè）：恐吓。猲，通"喝"，吓唬。

译文　"臣下暗中查看天下的地图。诸侯的土地是秦国的五倍，料想诸侯的军队，是秦国的十倍。六国如果合力一致，向西进攻秦国，秦国被攻破是一定的了。如今却被秦国攻破，而向西侍奉它，被秦国所臣服。那攻破敌人和被敌人攻破，使别人臣服和臣服于人，难道可以相提并论吗？那些游说连横的人，都想要割取诸

侯的土地送给秦国与它讲和。与秦国讲和，他就可以高筑台榭，美化宫室，听竽瑟演奏动听的音乐，品尝调和适宜的美味，前面摆着车辆，后面排列着体态修长的美人，美人发出美好的笑声，突然有秦国制造的祸患，而游说连横的人却不分担受害国的忧患。所以游说连横的人日夜务必用秦国的威势恐吓诸侯，来求得割取诸侯的土地。希望大王仔细地谋划这些事。

原文 "臣闻明王绝疑去谗，屏流言之迹，塞朋党之门①，故尊主广地强兵之计，臣得陈忠于前矣。故窃为大王计，莫如一韩、魏、齐、楚、燕、赵，六国从亲，以傧畔秦②。令天下之将相，相与会于洹水之上，通质刑白马以盟之③。约曰：秦攻楚，齐、魏各出锐师以佐之，韩绝食道，赵涉河、漳，燕守常山之北。秦攻韩、魏，则楚绝其后，齐出锐师以佐之，赵涉河、漳，燕守云中④。秦攻齐，则楚绝其后，韩守成皋，魏塞午道，赵涉河、漳、博关⑤，燕出锐师以佐之。秦攻燕，则赵守常山，楚军武关，齐涉渤海⑥，韩、魏出锐师以佐之。秦攻赵，则韩军宜阳，楚军武关，魏军河外，齐涉清河⑦，燕出锐师以佐之。诸侯有先背约者，五国共伐之。六国从亲以摈秦，秦必不敢出兵于函谷关以害山东矣！如是则伯业成矣！"

赵王曰："寡人年少，莅国之日浅⑧，未尝得闻社稷之长计。几今上客有意存天下⑨，安诸侯，寡人敬以国从。"乃封苏秦为武安君，饰车百乘，黄金千镒，白璧百双，锦绣千纯，以约诸侯⑩。

注释

① 朋党：此处指同类的人为自私目的互相勾结。

② 一：统一，联合。傧（bìn）畔秦：犹言抗拒秦国。傧，同"摈"，排斥。畔，通"叛"，反抗，背叛。

③ 洹（huán）水：古水名，在今河南省北部，今名安阳河，下流即古清河。通质：交质，互换人质。刑：杀。

④ 云中：地区名，约在今山西、陕西两省北沿至内蒙古自治区黄河南岸鄂尔多斯市一带。

⑤ 成皋：古代军事要地，在今河南省荥阳市汜水镇西。午道：地名，在今山东省聊城市西。博关：地名，在今山东省茌（chí）平县博平镇东北。

⑥ 涉渤海：由渤海渡过黄河。渤海，疑指地区而言，即后来的渤海郡，在今河北省沧县一带。

⑦ 清河：姚本作"渤海"，《史记》作"清河"，从《史记》。

⑧ 莅国：在位，当国。

⑨上客：尊贵的客人，指苏秦。上，敬辞。

⑩饰车：有文饰的车辆。纯（tún）：布帛的计量单位，即匹。

约：约结，此指用合纵之策约结。

译文　"臣下听说贤明的君主排除疑惑消除谗言，屏退流言的痕迹，堵塞为私利互相勾结的门径，这本来是君主扩大土地强盛军队的计策，臣下才能在您面前陈述忠心。所以我私下为大王谋划，没有什么能赶得上联合韩国、魏国、齐国、楚国、燕国、赵国，六国合纵互相亲近，来抗拒秦国。使天下各国的将相，都在洹水之上相会，交换人质，杀白马而结盟。立下誓言说：如果秦国攻打楚国，齐国、魏国各自派出精锐的军队帮助楚国，韩国断绝秦兵的粮道，赵国渡过黄河、漳水逼近秦军，燕国固守常山之北。如果秦国进攻韩国、魏国，那么楚国断绝秦兵的后路，齐国派出精锐的部队帮助韩、魏，赵国渡过黄河、漳水进逼秦军，燕国固守云中。如果秦国进攻齐国，那么楚国断绝秦兵的后路，韩国固守成皋，魏国堵塞午道，赵国渡过黄河、漳水，兵出博关，燕国派出精锐部队帮助齐国。如果秦国进攻燕国，那么赵国固守常山，楚军进驻武关，齐军由渤海渡过黄河进逼秦军，韩国、魏国派出精锐部队帮助燕国。如果秦国进攻赵国，那么韩军进驻宜阳，楚军进驻武关，魏军进驻河外，齐军渡过清河，燕国派出精锐部队帮助赵国。如果诸侯有谁先违背盟约，五国共同讨伐它。六国合纵互相亲近而排斥秦国，秦国一定不敢从函谷关出兵来危害山东六国了！如果能做到这样那么霸业就成功了！”

赵肃侯说："寡人年轻，在位的日子很短，没能听到治理国家的长远计谋。如今尊贵的客人有意保存天下，安定诸侯，寡人的整个国家听从您的指示。"于是就封苏秦为武安君，赐给他有纹饰的车子百辆，金子两千两，玉璧一百双，锦绣一千匹，教他去用合纵之策遍结诸侯。

秦攻赵

原文　秦攻赵，苏子谓秦王曰①："臣闻明王之于其民也，博论而技艺之，是故官无乏事而力不困②；于其言也，多听而时用之，是故事无败业而恶不章③。臣愿王察臣之所谒，而效之于一时之用也④。臣闻怀重宝者，不以夜行；任大功者，不以轻敌。是以贤者任重而行恭，知者功大而辞顺。故民不恶其尊，而世不妒其业。臣闻之：百倍之国者，民不乐后也⑤；功业高世者，人主不再行也⑥；力尽之民，仁者不用也；求得而反静⑦，圣主之制也；功大而息民，用兵之道也。今用兵终身不休，力尽不罢，赵怒必于其己邑，赵仅存哉⑧！然而四输之国也⑨，今虽得邯郸，非国之长利也。意者，地广而不耕，民羸而不休，又严之以刑罚，则虽从而不止矣⑩。语曰：'战胜而国危者，物不断也⑪。功大而权轻者，地不入也。'故过任之事，父不得于子；无已之求，君不得于臣。故微之为著者强，察乎息民之为用者伯⑫，明乎轻之为重者王。"

注释

① 苏子谓秦王曰：姚本原在苏子后有"为"字，鲍本无，从鲍本。

② 博论：犹言普遍地教导民众。技艺：本领，此用如动词，教给本领。官无乏事：指官吏不会耽误国家大事。乏，耽误。力不困：指民力不困乏。

③ 章：同"彰"，显露。

④ 谒：说明，陈述，此指陈述的意见或主张。效：实现。

⑤ 百倍之国：指土地广大的国家。鲍本："谓地广也。"民不乐后：犹言民众争先归附。鲍本："争先附之。"一说，民众不喜欢以后再发生战争。吴正曰："地既广矣，民不乐其后之复有事也。"可供参考。

⑥ 高世：犹言盖世。行：犹言使用。

⑦ 求得而反静：犹言想要得到反而不去硬求。

⑧ 赵怒必于其己邑：犹言激怒赵国，一定战服，使它成为秦国的一个邑。赵仅存哉：指赵国的领土就会所存无几。鲍本："言所存无几。"

⑨ 四输之国：四面输泻通达的国家。

⑩ 赢（léi）：疲弱。从而不止：犹言服从而不能久居。止，留止，此指长久居住。

⑪ 物：此指战事。断：止，停止。

⑫ 著：明显。察：详审，此指了解。

译文　秦国攻打赵国，苏秦对秦王说："臣下听说贤明的君王对待他的臣民，普遍地进行教导并教给他们各种本领，因此官吏不耽误国家大事，民力不困乏；对于他们的言论，广泛听取而随时采用，因此国家的事业就不会衰败，丑恶的东西就不会显露出来。臣下希望大王详察我所陈述的主张，而实现它在一定时机的效用。臣下听说握有贵重宝器的人，不在夜间走路；承担大事的人，不应该轻敌。因此贤明的人责任重大而行为恭谨，聪明的人功劳很大而言辞和顺。所以民众不憎恨他们的尊贵，世人不嫉妒他们的功业。臣下还听说：土地广大的国家，民众争先归附；功业盖世的人，国君不再重用他；力量耗尽的民众，仁义的人不使用他们；想要得到什么反而不去强求，这是圣明君主一贯的做法；建立大的功业以后，使百姓休养生息，这是用兵的法则。如今长久用兵不知停止，民众力量用尽也不罢手，激怒赵国，一定要战服它，使它成为自己的一个邑，赵国的领土就会所存无几呀！然而赵国是个四面输泻通达的国家，如今即使得到邯郸，也不是国家的长远利益。料想，土地广大而不耕种，民众疲弱而不使他们休息，又用刑罚严格地约束他们，那么虽然服从了也不会长久地居住在这里。俗话说：'打了胜仗而使国家处于危险境地，战事就会不断。功劳大而权力小，就不会取得土地。'所以超过承担能力的事情，父亲不会从儿子那里得到什么；不停止地索取，君王也不会从臣子那里得到什么。因此使微小变为显著的人力量强大，了解使民休养生息是为了更好使用他们的人可以做霸主，明白使小权变为重权的人可以称王。"

原文

秦王曰："寡人案兵息民，则天下必为从，将以逆秦①。"

苏子曰："臣有以知天下之不能为从以逆秦也。臣以田单、如耳为大过也②。岂独田单、如耳为大过哉？天下之主亦尽过矣！夫虑收亡齐、罢楚、敝魏与不可知之赵，欲以穷秦折韩③，臣以为至愚也。夫齐威、宣，世之贤主也，德博而地广，国富而用民，将武而兵强。宣王用之，后逼韩威魏，以南伐楚，西攻秦，秦为齐兵困于殽函之上，十年攘地，秦人远迹不服④，而齐为虚戾。夫齐兵之所以破，韩、魏之所以仅存者，何也？是则伐楚攻秦，而后受其殃也。今富非有齐威、宣之余也，精兵非有逼韩、劲魏之军也，而将非有田单、司马之虑也⑤。收破齐、罢楚、弊魏、不可知之赵，欲以穷秦折韩，臣以为至误。臣以从一不可成也⑥。客有难者，今臣有患于世。夫刑名之家，皆曰'白马非马'也⑦。亡如白马实马，乃使有白马之为也⑧，此臣之所患也。

一

注释 ① 案兵：止兵。从：同"纵"，合纵。逆秦：迎秦，此指对付秦国。

② 如耳：姓如名耳，魏国大夫。

③ 亡齐：指齐国曾被燕国灭亡而言。不可知之赵：犹言存亡不可知的赵国。折韩：折服韩国。

④ 逼：逼近。姚本"逼"作"富"，缪文远本引吴说认为当作"逼"，从缪说改。西攻秦：姚本"秦"下无"秦"字，鲍本补"秦"字，从鲍本。函：姚本作"塞"，鲍本作"函"，从鲍本。远迹不服：畏惧远避而不服。鲍本："远迹，畏而避之也，然终不服。"

⑤ 今：指世主。逼：姚本作"富"，吴增祺曰："此'富'字亦宜从上作'逼'。"从吴说。军：姚本作"库"，吴增祺认为："库"字疑"军"之误，从吴说。司马：指司马穰苴。

⑥ 从一：合纵为一。

⑦ 刑名之家：刑，通"形"，此指公孙龙子的言论。白马非马：白马不是马。公孙龙有《白马》一篇，其言曰："白马非马，可乎？曰：可。曰：何哉？曰：马者，所以命形也；白者，所以命色也。命色者非命形也。故曰：白马非马。"

⑧ 亡如：不如。姚本"亡"作"已"，金正炜本认为"已"当作"亡"，金说是，从金说。使有白马之为：假如有白马非马之说。为，谓。此句意指合纵本来不能成功，而主张合纵的

人却都说能成功，就如"白马非马"一样。

译文

秦王说："如果寡人按兵不动，使民众休养生息，那么天下各国一定推行合纵之策，将用来对付秦国。

苏秦说："臣下有根据知道天下各国不能实现合纵来对付秦国。臣下认为田单、如耳的作为是特别错误的。难道唯独田单、如耳的作为是特别错误的吗？天下各国的君主也完全错了！他们谋划收罗破亡的齐国、疲惫的楚国、破败的魏国与存亡不可知的赵国，想用他们的力量使秦国处境困难、折服韩国，臣下认为他们已经愚蠢到极点了。齐国的威王、宣王，是当代的贤明的君主，他们德高地广，国家富强而民众乐于被使用，将军勇武军队强大。齐宣王使用他们，后来逼近韩国威胁魏国，向南讨伐楚国，向西进攻秦国，秦兵被齐兵围困在殽山、函谷关之上，十年间经常侵夺秦国土地，秦国人畏惧远避而始终不服，然而齐国却弄得国空人绝。齐兵之所以被打败，韩国、魏国之所以所存无几，为什么？这都是因为讨伐楚国进攻秦国，然后自己遭受了战争的祸殃。当今各国没有齐威王、宣王富有，军队也没有齐国逼近韩国、威胁魏国时精锐强大，并且将军也没有田单、司马穰苴的谋略。所以收罗破亡的齐国、疲惫的楚国、破败的魏国、存亡不可知的赵国，想用他们的力量使秦国处于困境、折服韩国，臣下认为是最大的失误。臣下认为合纵为一是不能成功的。有人责难我的看法，这是臣下如今最忧虑的。形名家们，都说'白马不是马。'不如说白马的确是马，假如有白马非马之说，这就是臣下所忧虑的事情。

原文 "昔者秦人下兵攻怀，服其人，三国从之①。赵奢、鲍佞将②，楚有四人起而从之。临怀而不救，秦人去而不从。不识三国之憎秦而爱怀邪③？亡其憎怀而爱秦邪④？夫攻而不救，去而不从，是以三国之兵困，而赵奢、鲍佞之能也⑤。故裂地以败于齐⑥。田单将齐之良，以兵横行于中十四年，终身不敢设兵以攻秦折韩也，而驰于封内，不识从之一成恶存也⑦。"

于是秦王解兵不出于境，诸侯休，天下安，二十九年不相攻⑧。

注释 ① 下兵：犹言发兵。怀：魏国城邑，在今河南省武陟县西南。

三国：指赵国、齐国、楚国。从：迫击，迫近攻打。

② 鲍佞：又作"鲍接"，齐国将领，身世不详。

③ 识：知道。

④ 亡其：转语词，犹言还是。姚本作"忘其"，鲍本作"亡其"，从鲍本。

⑤ 是以三国之兵困：因此三国的军队处于困境；一说，此句后似有缺文，可供参考。而赵奢、鲍佞之能也：可是却认为赵奢、鲍佞是有才能的。鲍本："以不救不从为能，知秦之不可当也。"一说，怀疑"之"字下脱"无"字，作"无能也"，可供参考。

⑥ 故裂地以败于齐：犹言从前五国联合起来打败齐国，瓜分它的土地。此句当指五国伐齐之事。意思是说合纵之策不能成功。

⑦ 以兵横行于中：犹言率兵在国内横行而不出战。鲍本："言不出战，所谓横行于中。"从之一成恶在：合纵为一成功的希望哪里会存在。之，助词，无实义。

⑧ 二十九年不相攻：此说与史实不符，虽是辩士增饰之辞，但也恐怕文字有误。

译文　"从前秦国人发兵攻占怀地，使那里的人屈服，赵国、齐国、楚国本应该迫近攻打秦军。可是由于赵奢、鲍佞为将，只有楚国四个人起而攻击秦军。面临怀地陷落而不援救，秦人退兵而不迫近攻击。不知道三国是憎恨秦国而爱惜怀地呢？还是憎恨怀地而爱惜秦国呢？敌国攻打而不援救，敌兵撤退而不追击，因此三国的军队处境困难，但也可见赵奢、鲍佞料敌的才能。从前五国联合起来打败齐国，瓜分它的土地。田单率领齐国精良的军队，在国内横行，十四年不出战，始终不敢率兵攻打秦国折服韩国，而驰骋在国内，不知道合纵为一成功的希望哪里存在。"

在这种情况下，秦王息兵，不出国境，诸侯休战，天下安定，二十九年没有互相攻战。

张仪为秦连横说赵王

原文 张仪为秦连横，说赵王曰："弊邑秦王使臣敢献书于大王御史①。大王收率天下以傧秦②，秦兵不敢出函谷关十五年矣。大王之威，行于天下山东③。弊邑恐惧慑伏，缮甲厉兵，饰车骑，习驰射，力田积粟，守四封之内，愁居慑处，不敢动摇，唯大王有意督过之也④。今秦以大王之力，西举巴蜀，并汉中，东收两周而西迁九鼎，守白马之津⑤。秦虽辟远，然而心忿悁含怒之日久矣⑥。今寡君有敝甲钝兵，军于渑池，愿渡河逾漳，据番吾⑦，迎战邯郸之下。愿以甲子之日合战，以正殷纣之事⑧。敬使臣先以闻于左右。

注释　① 秦王：指秦惠王。御史：秦以前为史官，此句说献书于大王御史，实际是献书于赵王的委婉言辞。鲍本："周宗伯属官，秦因之，而赵亦有。言此者，不斥王也。"

② 收率：联合率领。傧（bīn，旧读 bìn）：通"摈"，摈弃，排斥。

③ 行于天下山东：传布在天下和山东六国。一本无"山东"，《史记》有"山东"，无"天下"二字。一本与《史记》说可供参考。

④ 慑伏：亦作"慑服"，因畏惧而屈服。慑，恐惧，害怕。饰：治，有整备之意。不敢动摇：犹言不敢有所动作。督过：深责其过。

⑤ 白马之津：即白马津，黄河渡口，在今河南省滑县北。

⑥ 辟远：偏僻遥远。辟，同"僻"。忿悁（juàn）：怨怒，愤恨。

⑦ 寡：姚本作"宣"，鲍本作"寡"，从鲍本。敝：姚本作"微"，鲍本作"敝"，从鲍本。渑（miǎn）池：邑名，战国时郑地，后入韩，又入秦，在今河南省渑池县西。番（pó）吾：番，亦作播或鄱，赵国地名，在今河北省磁县。

⑧ 甲子日合战，以正殷纣之事：《尚书·牧誓》言周武王伐殷，以甲子日战于牧野，灭殷，杀殷纣王。此处张仪引此语之意是威胁赵国，意思是秦王要像周武王灭纣一样灭亡赵国。

译文　张仪为秦国推行连横之策，游说赵惠文王说："敝邑秦王派臣下冒昧地献书给大王约御史。大王联合率领天下诸侯排斥秦国，秦兵不敢出函谷关已经十五年了。大王的威风传布在天下及华山以东。敝邑恐惧而屈服，修缮铠甲磨利兵器，整备战车骑兵，学习骑马射箭，努力耕种积聚粮食，守卫国家四方边境，处在愁苦恐惧之中，不敢有所动作，只怕大王有意深责敝邑的过错。如今秦国凭借大王的威力，向西攻占了巴蜀，兼并了汉中，向东收取了东周、西周，并把九鼎迁移到秦国，扼守白马津渡口。秦国虽然偏僻遥远，然而内心愤恨含怒的时间很长了。现在寡君有破旧的铠甲不锋利的兵器，军队驻扎在渑池，希望渡过黄河越过漳水，据有番吾，在邯郸城下迎战赵国军队。愿意在甲子日交战，来纠正殷纣王的暴政。恭敬地派臣下先把这事告诉大王的左右。

原文

"凡大王之所信以为从者，恃苏秦之计。荧惑诸侯，以是为非，以非为是，欲反覆齐国而不能，自令车裂于齐之市①。夫天下之不可一亦明矣。今楚与秦为昆弟之国，而韩、魏称为东蕃之臣②，齐献鱼盐之地，此断赵之右臂也。夫断右臂而求与人斗，失其党而孤居，求欲无危，岂可得哉？今秦发三将军，一军塞午道③，告齐使兴师度清河，军于邯郸之东；一军军于成皋，驱韩、魏而军于河外④；一军军于渑池。约曰：'四国为一以攻赵，破赵而四分其地。'是故不敢匿意隐情，先以闻于左右。臣窃为大王计⑤，莫如与秦遇于渑池，面相见而身相结也。臣请案兵无攻，愿大王之定计。"

注释

①荧惑：亦作"营惑"，犹言迷惑，炫惑。反覆：翻覆，犹言推翻。自令：自己使自己。车裂于齐之市：见《楚策一·张仪为秦破从连横》注。

②东蕃之臣：东方护卫的臣服之国。按：此说与史实不符。

③午道：地名，今地不详。郭希汾本："午道，地名，在赵东

齐西。"

④ 河外：即黄河之南。郭希汾本："河外，对河内而言，凡河之南皆日河外，此似指今河南省滑县。"

⑤ 窃：姚本作"切"，鲍本作"窃"，从鲍本。

译文　张仪说："凡是大王所相信并实行的事情，都是依靠苏秦的计谋。苏秦迷惑诸侯，把对的说成是错的，把错的说成是对的，他想要推翻齐国而没能得逞，却使自己被车裂在齐国的市上。天下不能统一是明了的了。如今楚国与秦国为兄弟之国，而韩国、魏国已自称为秦国东方的护卫臣服之国，齐国向秦国奉献盛产鱼盐的土地，这就是斩断了赵国的右臂。斩断右臂而寻求与人战斗，失掉他的同党而孤独地居住，想要求得没有危险，难道是可以得到的吗？如今秦王派出三位将军，一位大将领兵堵塞午道，告诉齐国让他们发兵渡过清河，驻扎在邯郸的东面；一位将军领兵驻扎在成皋，驱使韩国、魏国的军队让他们驻扎在黄河之南；一位将军领兵驻扎在渑池。约定说：'四国联合起来攻打赵国，攻破赵国四国瓜分它的土地。'因此不敢隐匿事情的真相，先把这事告诉大王的左右。臣下私下为大王谋划，不如您与秦王在渑池相会，互相见面亲自结盟。臣下请求秦王按兵不动，希望大王考虑决定。"

原文　赵王曰："先王之时，奉阳君相，专权擅势，蔽晦先王，独制官事①。寡人宫居，属于师傅，不能与国谋。先王弃群臣，寡人年少，奉祠祭之日浅，私心固窃疑焉②。以为一从不事秦③，非国之长利也。乃且愿变心易虑，剖地谢前过以事秦。方将约车趋行，而适闻使者之明诏④。"于是乃以车三百乘入朝渑池，割河间以事秦。

注释　① 蔽晦：遮蔽隐藏，犹言蒙蔽。独制：独断控制。

② 私心固窃疑焉：对合纵本来私下心里就怀疑。焉，兼词，于之，指对合纵之策。之，指代合纵之策。

③ 一从：联合合纵。一，指六国联合。

④ 趋（cù）：同"趣（cù）"，催促，急促。诏：告诉。

译文　赵惠文王说："先王执政的时候，奉阳君为相国，专权独断，蒙蔽先王，独自控制国家大事。寡人住在宫里，归师傅教导，不能参与国家大事的谋划。先王去世的时候，寡人年纪小，侍奉祭祀祖庙的日子不长，本来私下里对合纵之策就怀疑。认为六国联合不侍奉秦国，不符合国家的长远利益。于是就想要改变原来的想法，割让土地，承认以前的过错，侍奉秦国。正准备驾车催促使者前往，恰好听到了您的明告。"于是就率领三百辆车到渑池去朝拜秦王，割让河间的土地以侍奉秦国。

武灵王平昼闲居

原文

武灵王平昼闲居，肥义侍坐①，曰："王虑世事之变，权甲兵之用，念简、襄之迹，计胡、狄之利乎②?"王曰："嗣立不忘先德③，君之道也；错质务明主之长，臣之论也④。是以贤君静而有道民便事之教，动有明古先世之功⑤。为人臣者，穷有弟长辞让之节，通有补民益主之业⑥。此两者，君臣之分也⑦。今吾欲继襄主之业，启胡、翟之乡，而卒世不见也⑧。敌弱者，用力少而功多，可以无尽百姓之劳，而享往古之勋⑨。夫有高世之功者，必负遗俗之累⑩；有独知之虑者，必被庶人之怨⑪。今吾将胡服骑射以教百姓⑫，而世必议寡人矣。"

注释

① 武灵王：赵国国君，名雍，赵肃侯之子，前325—前299年在位，后传位于王子何，即赵惠文王，自号"主父"。平昼：平日。鲍本："无事之日，犹平日。"肥义：赵国大臣。鲍本："赵相也。"侍坐：陪坐，陪从左右，侍奉应对。侍，陪从尊长身旁。

② 世事：当世事情。权，权衡，衡量。念简、襄之迹：追思简子、襄子的功业。胡狄：亦作胡翟，我国古代北方少数民族名。

③ 嗣立：继位为君。先德：祖先的功德。

④ 错质务明主之长：犹言委身从政一定要显扬君主的长处。错，犹言委。论（lún）：通"伦"，道理。

⑤ 道民便事之教：诱导民众便利行事的教化。道，通"导"。明古先世之功：明于往古超越当世的功劳。先，犹言高出。鲍本："先，犹高。"

⑥ 穷：穷困，此指未能显达。弟（tì）长：顺从尊长。弟，通"悌"，顺从。鲍本："弟，顺也。"通：处境顺利，做官显达。

⑦ 分（fèn）：本分。

⑧ 襄主：即赵襄子。启：开发。卒世：犹言举世。鲍本："卒世，犹举世，言举世充能察此。"

⑨ 敌弱者：此指与弱者为敌。享：享受，得到。往古之勋：指简子、襄子的勋业。

⑩ 高世：高出当世。必负遗俗之累：犹言一定遭到背离世俗的指责。负，遭受，遭到。累：牵累。

⑪ 独知之虑：犹言独到的见解。被：遭到。怨，姚本作"恐"，《史记》作"怨"，从《史记》。

⑫ 胡服：胡人的衣服。此指穿胡人的衣服。

译文 赵武灵王白日闲坐，肥义陪坐，说："大王在考虑当代事情的变化，衡量军队的效用，追思简子、襄子的功业，谋划抗击胡、狄的利益吗？"赵武灵王说："继位为君不忘祖先的功德，这是做国君的道理；委身从政一定要显扬君主的长处，这是做臣子的道理。所似贤明君主安静时有诱导民众便利行事的教化，行动时就有明于往古超越当世的功劳。作为臣下的人，穷困时有顺从尊长谦恭逊让的节操，显达时就有补充民众不足扩大君王领土的功业。这两种作为，都是君王臣下的本分。如今我想要继承襄主的功业，开发胡、狄的土地，举世的人都还没能看到这一点。与弱者为敌，用的力量小而功劳大，可以使百姓不用竭尽辛劳，而得到简子、襄子的勋业。具有高出当世功劳的人，一定遭到背离世俗的指责；有独到见解的人，一定遭到一般人的怨恨。如今我将要穿上胡人的衣服，学习骑马射箭，来教导百姓，然而世人一定要议论寡人了。"

原文　肥义曰："臣闻之，疑事无功，疑行无名①。今王即定负遗俗之虑，殆毋顾天下之议矣②。夫论至德者，不和于俗③，成大功者，不谋于众。昔舜舞有苗，而禹袒入裸国，非以养欲而乐志也，欲以论德而要功也④。愚者暗于成事，智者见于未萌⑤，王其遂行之。"王曰："寡人非疑胡服也，吾恐天下笑之。狂夫之乐，知者哀焉；愚者之笑，贤者戚焉⑥。世有顺我者，则胡服之功未可知也。虽驱世以笑我⑦，胡地、中山吾必有之。"

注释　①疑事：办事犹疑不决。疑行：行动犹疑不决。

②即定负遗俗之虑：犹言立即确定这种违离世俗的决心。殆：大概，恐怕。

③至德：最高的道德。不和于俗：不附和旧的风俗。

④舜舞有苗：即"舜舞干戚，有苗乃服"的省文，舜拿着盾牌大斧跳舞，有苗才归服了。有苗：即三苗，上古南方少数民族。

鲍本："不用兵而舞干羽，欲以服人，亦异于俗。"袒（tǎn）：
脱衣露体。裸国：尚未开化，还不懂得穿衣裳的原始部落。
郭希汾本："相传在侏儒国东南，国人均裸体而处，故名。"非
以养欲而乐志：并非以此来满足欲望娱乐心志。要（yāo）功：
追求功名。要，同"邀"。

⑤暗于成事：对已成之事还看不明白。见于未萌：在事态尚
未露出苗头之际就能觉察。

⑥戚：忧虑，忧伤。

⑦驱世：犹言举世，所有的人。

译文　　肥义说："臣下听说过这样的话，办事犹疑不决就不
会成功，行动犹疑不决就不会立名。如今君王立即确
定这种违离世俗的决心，恐怕就要不顾天下的议论
了。那些谈论最高道德的人，是不附和旧风俗的，成
就大功业的人，是不和众人在一起谋划的。从前舜拿
着盾牌、斧子跳舞，有苗才归服，大禹脱衣露体进入
裸体国，并非以此来满足欲望娱乐心志，想要用谈论
道德来追求功名。愚蠢的人对于已成的事尚看不明
白，聪明的人在事态尚未露出苗头之际就能觉察，君
王还是赶快施行胡服骑射。"赵武灵王说："寡人不是
怀疑胡服骑射，我担心天下人讥笑这件事。狂妄无知

的人的欢乐，聪明的人感到悲哀；愚蠢的人的高兴，贤明的人就感到忧伤。世上如果有人归顺我，那么胡服骑射的功劳是不可估量的。即使是举世的人都来讥笑我，胡地、中山我一定要据有它。”

原文　王遂胡服①。使王孙绁告公子成曰②："寡人胡服且将以朝，亦欲叔之服之也。家听于亲，国听于君，古今之公行也③；子不反亲，臣不逆主，先王之通谊也④。今寡人作教易服而叔不服⑤，吾恐天下议之也。夫制国有常，而利民为本；从政有经，而令行为上⑥。故明德在于论贱，行政在于信贵⑦。今胡服之意，非以养欲而乐志也。事有所出，功有所止。事成功立，然后德且见也⑧。今寡人恐叔逆从政之经，以辅公族之议⑨。且寡人闻之，事利国者行无邪，因贵戚者名不累⑩。故寡人愿慕公叔之义⑪，以成胡服之功。使绁谒之叔，请服焉。"

注释　①遂胡服：于是就穿了胡人的服装。
②王孙绁（xiè）、公子成：赵国公族。下文中赵文、赵造也是赵国公族。公子成是武灵王叔父。
③亲：双亲，父母。公行：公认的正确行为。

④ 通谊：普遍适用的道理。谊，通"义"。

⑤ 作教易服：犹言作出教育人们改穿胡服的榜样。

⑥ 制国有常：管理国家有常规。经：此指准则。令行为上：以命令能够执行为最好。

⑦ 明德：修明德政。论贱：犹言考虑到卑贱者。论，议论，计议，此处犹言考虑。信贵：使尊贵的人信守。

⑧ 出：此犹言开始。止：犹言成。见（xiàn）：通"现"，显现。

⑨ 辅公族之议：犹言附和公族反对胡服的议论。辅，犹言附合。公族：姚本作"公叔"，金正炜本作"公族"，从金本。

⑩ 因：倚靠，根据。名不累：犹言名声不受损害。

⑪ 慕公叔之义：犹言仰慕公叔的义行。慕，仰慕，借重，此犹言仰仗。姚本作"募"，鲍本、《史记》均作"慕"，从鲍本、《史记》。

译文　赵武灵王于是就改穿胡人服装。派王孙绁告诉公子成说："寡人改穿胡服并且将要穿这种衣服坐朝，也想要让叔父穿上这种服装。家庭中的事情听从父母的吩咐，国家的事情听从君王的命令，这是从古至今公认的正确行为；做儿子的不能违背父母的意愿，做臣子的不能违背国君的命令，这是先王以来普遍适用的道理。如今寡人作出改穿胡服的榜样而叔父不穿，我担心天下人议论这件事。管理国家是有常规的，而把有利于民众作为根本；施政有一定的准则，而以能够执行命令为最好。所以要修明朝廷的德政在于考虑地位卑贱的民众，施政在于使地位尊贵的人信守。如今改穿胡服的意思。并不是以此来满足欲望娱乐心志。事业应有所始，功绩必有所成。事业成就功名树立，然后德政就将会显现出来。如今寡人担心叔父违背施政的准则，而附和公族反对改穿胡服的议论。况且寡人听到这样的话，事情有利于国家就要坚决执行没有邪念，倚靠贵戚办事名声不会受到损害。所以寡人希望仰仗公叔的义行，以成就改穿胡服的功业。派缀去拜见叔父，请叔父改穿胡服吧。"

原文　公子成再拜曰："臣固闻王之胡服也，不佞寝疾，不能趋走，是以不先进①。王今命之，臣固敢竭其愚忠。臣闻之，中国者，聪明睿知之所居也，万物财用之所聚也，贤圣之所教也，仁义之所施也，诗书礼乐之所用也，异敏技艺之所试也，远方之所观赴也，蛮夷之所义行也②。今王释此，而袭远方之服，变古之教，易古之道，逆人之心，畔学者，离中国③，臣愿大王图之。"

注释　① 不佞（nìng）：不才，自谦之词。寝疾：卧病，实际是假装有病。先进：及早进言。

② 中国：此指中原一带地区。睿（ruì）：英明，有远见。异敏技艺：奇异精巧的技能。试：试行，应用。观赴：观摩，向往。赴，奔赴，趋向。蛮夷：泛指中原以外四方的少数民族。义行：效法遵行。义，通"仪"，取法。

③ 释此：放弃这些。此，指上文中中原固有的东西。畔学者，离中国：违反学者之教，背离中国的传统。畔，通"叛"。

译文　公子成再一次拜谢说："臣下本来听说君王改穿胡服了，可是不才因为卧病在床，不能快跑去拜见君王，所以没有及早进言。君王如今下了命令，臣下坚决对君王竭尽忠诚。臣下听说，中原地方，是聪明有远见的人居住的地方，是万物财用聚积的地方，是贤圣实行教化的地方，是仁义施行的地方，是诗书礼乐运用的地方，是奇异精巧技能试行的地方，是远方国家观摩向往的地方，是四方少数民族效法的地方。如今君王放弃这些固有的东西，而袭用远方的服装，改变古人的教导，更改古代的主张，违背人们的心意，背叛学者的教诲，背离中国的传统，臣下希望大王考虑这些事。"

中国历代
名著全译·丛书

原文

使者报王。王曰："吾固闻叔之病也。"即之公叔成家，自请之曰①："夫服者，所以便用也；礼者，所以便事也。是以圣人观其乡而顺宜，因其事而制礼，所以利其民而厚其国也②。被发文身，错臂左衽，瓯越之民也③。黑齿雕题，鳀冠秫缝，大吴之国也④。礼服不同，其便一也⑤。是以乡异而用变⑥，事异而礼易。是故圣人苟可以利其民，不一其用；果可以便其事，不同其礼。儒者一师而礼异，中国同俗而教离，又况山谷之便乎⑦！故去就之变，知者不能一；远近之服，圣贤不能同。穷乡多异，曲学多辨，不知而不疑，异于己而不非者，公于求善也⑧。今卿之所言者，俗也。吾之所言者，所以制俗也⑨。今吾国东有河、薄洛之水，与齐、中山同之，而无舟楫之用⑩。自常山以至代、上党，东有燕、东胡之境⑪，西有楼烦、秦、韩之边⑫，而无骑射之备。故寡人且聚舟楫之用，求水居之民，以守河、薄洛之水；变服骑射，以备燕、三胡、秦、韩之边⑬。且昔者简主不塞晋阳，以及上党，而襄主兼戎取代，以攘诸胡⑭，此愚知之所明也。先时中山负齐之强兵，侵掠吾地，系累吾民，引水围鄗，非社稷之神灵，即鄗几不守⑮。先王忿之⑯，其怨未能报也。今骑射之服，近可以备上党之形⑰，远可以报中山之怨。而叔也顺中国之俗以逆简、襄之意，恶变服之名，而忘国事之耻，非寡人所望于子⑱！"

注释

① 自请：亲自告诉。请，犹言告诉。

② 观其乡而顺宜：犹言考察当地的风俗而因地制宜。乡，周制以一万二千五百家为乡。厚：雄厚，增强。

③ 被（pī）发：披散着头发。被，通"披"。文身：在身上刺花纹。越人常居水中，以为文身可避蛟龙之害。错臂：站立时两臂交叉，指没有礼貌。左衽（rèn）：衣襟向左掩。衽，衣襟。瓯（ōu）越：我国古代民族名，"百越"的一支，又称东瓯，居住在浙江省南部及福建一带；又指瓯越族居住的地区。

④ 黑齿：用草汁染黑牙齿。雕题：在额上刺画花卉，涂以青丹。题，额。鳀（tí）冠：用鲇（nián）鱼皮做帽子。鳀，即鲇鱼。鲍本："鳀，大鲇，以其皮为冠。"秫（shù）缝：指缝纫粗拙。秫通"鉥"，长针。大吴：即吴国，在今江苏省南部。

⑤ 礼服不同，其便一也：犹言礼仪、服饰虽各一样，但它便于做事为原则却是一致的。

⑥ 用：指用的衣服器物。

⑦ 教离：政教法令分歧。离，离异，分歧。又况山谷之便：

犹言又何况地处偏僻山区就更应该考虑便于行事了。

⑧ 去就：犹言对礼俗的舍弃和采用。去，离开，引申为舍弃。就，靠近，引申为采用。穷乡多异：穷乡僻壤多异俗。鲍本："异，异俗。"曲学：邪僻学说。不知而不疑：不知道异俗就不怀疑。异于己而不非：跟自己不同的并不轻易非议它。公于求善：出于公心追求美好的东西。

⑨ 制俗：控制风俗，驾驭风俗。

⑩ 薄洛之水：指古漳水流经今河北省巨鹿、平乡两县东境的一段。舟檝（jí）：指船只。檝，同"楫"，划船的短桨。

⑪ 东胡：我国古代东北部的一个少数民族，因在匈奴之东，故称东胡。

⑫ 楼烦：少数民族名，战国时居住在今山西省西北部宁武、岚县一带。

⑬ 燕：姚本作"其"，《史记》作"燕"，从《史记》。三胡：我国古代的北方少数民族林胡、楼烦、东胡，称为三胡。姚本在三胡后有"楼烦"，《史记》无，从《史记》。

⑭ 晋阳：地名，在今山西省太原市西南。襄主：姚本作"襄王"，《史记》及鲍本均作"襄主"，从《史记》、鲍本。兼戎取代：兼并西戎取得代郡。攘（rǎng）：排斥，抗击。

⑮ 负：恃，倚仗。系累（léi）：同义词连用，本捆缚之义，此犹言掳掠，俘获。即：则。鄗（hào）：赵邑名，在今河北

省高邑县东。

⑯怨：同"愤"，愤怒。

⑰备上党之形：戒备上党这样地形险要之处。

⑱望：期望。

译文

使者把公子成的情况报告赵武灵王。武灵王说："我本来听说叔父生病了。"立刻前往公叔成家，亲自告诉公叔成说："衣服，是便于应用的东西；礼义，是便于行事的礼节。因此圣人考察当地的风俗而因地制宜地制作服装，根据行事的便利而制定礼仪，这是为了有利民众增强国家实力的措施。披散着头发，身刺花纹，站立时两臂交叉并向左掩衣襟，这是瓯越民族的风俗礼仪，用草汁染黑牙齿，在额上刺画花卉涂以青丹，用鲇鱼皮做帽子，缝纫粗拙，这是吴国的风俗和礼仪。他们的礼节服饰虽然是不一样的，但是以便于做事的原则却是一致的。所以乡里不同用的衣服器物就改变，事情不同礼节就改变。因此圣人治理国家，如果可以有利于民众，就不强行统一他们的衣服和器物；果真可以便于行事，就不统一他们的礼节。儒家学者都以孔子为先师而礼节不同，中原各国风俗相同而政教法令有分歧，又何况地处偏僻山区，更应该考虑便于行事了！所以对礼俗的舍弃或采用，就是很聪明的人也不能把它统一；边远和中原地区的服饰，就是圣贤也不能使它相同。穷乡僻壤多异俗，邪僻学说喜欢辩论，不知道的东西就不怀疑，和自己意愿不符合的东西并不非议它，这才是出于公心追求美好的办法。如今您所讲的是风俗。我所讲的是驾驭风俗。现在我国东部有黄河、薄洛之水，是与齐国、中山国共有的水域，可是我们并没有把船只利用起来。从常山到代郡、上党，东有燕国、东胡的边境，西有楼烦、秦国、韩国的边境，而没有骑射的防备。所以寡人聚集船只所用的物品，寻找会水的居民，以便守卫黄河、薄洛之水；改变服装学习骑马射箭，来防守燕国、三胡、秦国、韩国的边境。况且从前简主不堵塞晋阳，使它直通上党，襄主兼并西戎夺取代地，以抗击各个胡人部族，这是我知道得明明白白的事情。前些时候中山倚仗齐国强大的军队，侵略我国领土，俘获我国民众，引水围困鄗邑，不是社稷神灵的保佑，那么鄗邑几乎不能坚守。先王对此很愤怒，他的怨恨一直没有报。如今改穿骑马射箭的胡服，近处可以戒备上党这样险要的地方，远处可以报复对中山的怨恨。可是叔父却要顺应中原的风俗而违反简主、襄主的心意，讨厌改穿胡服的名声，而忘记了国事的羞耻，这不是寡人期望您做的事情！"

原文 公子成再拜稽首曰①："臣愚不达于王之议，敢道世俗之闻②。今欲继简、襄之意，以顺先王之志，臣敢不听令③。"再拜，乃赐胡服。

注释 ① 稽（qǐ）首：古代九拜之中的最敬之礼，叩头至地并作较长时间的停留。

② 达：通晓，明白。敢：竟敢。道：陈述。闻：姚本作"间"，《史记》、鲍本均作"闻"，从《史记》、鲍本。

③ 令：姚本作"今"，《史记》、鲍本均作"令"，从《史记》、鲍本。

译文 公子成再拜叩头至地多时说："臣下愚昧不明白大王的谋划，冒昧地向您陈述世俗的见闻。如今大王想要继续简、襄二主的心意，顺应先王的志向，臣下岂敢不听从命令。"赵武灵王再一次拜谢公子成，于是就把胡服赏赐给他。

原文 赵文进谏曰："农夫劳而君子养焉，政之经也①。愚者陈意而知者论焉②，教之道也。臣无隐忠，君无蔽言，国之禄也③。臣虽愚，愿竭其忠。"王曰："虑无恶扰，忠无过罪④，子其言乎。"赵文曰："当世辅俗⑤，古之道也。衣服有常，礼之制也。循法无愆⑥，民之职也。三者，先圣之所以教。今君释此，而袭远方之服，变古之教，易古之道，故臣愿王之图之。"王曰："子言世俗之闻。常民溺于习俗⑦，学者沉于所闻。此两者，所以成官而顺政也，非所以观远而论始也⑧。且夫三代不同服而王，五伯不同教而政⑨。知者作教，而愚者制焉。贤者议俗，不肖者拘焉⑩。夫制于服之民，不足与论心⑪；拘于俗之众，不足与致意。故势与俗化，而礼与变俱⑫，圣人之道也。承教而动⑬，循法无私，民之职也。知学之人，能与闻迁⑭；达于礼之变，能与时化⑮。故为己者不待人，制今者不法古，子其释之⑯。"

注释

① 劳：指从事劳作。养：指受供养。经：常道，常规。

② 陈意：陈述自己的意愿。论：此指评定。

③ 隐忠：隐匿的忠心。蔽言：阻塞言路。禄：幸福。

④ 虑无恶（wù）扰：考虑问题不要讨厌不同意见的干扰。忠无过罪：犹言臣下尽忠，不应当责备他失当之罪。过，过失，

引申为责备。

⑤当世辅俗：犹言顺应时代附和风俗。当，犹言顺应。鲍本："当，犹顺。"

⑥循法：遵循法度。循，姚本作"修"，鲍本作"循"，从鲍本。愆（qiān）：过失。

⑦常民：一般百姓。溺：沉迷不悟。

⑧成官：成就官职。顺政：犹言依从政令条文办事。观远：犹言高瞻远瞩。论始：讨论事物的本源，此指治国的根本原则。

⑨三代：指夏、商、周。王（wàng）：用如动词，为王，统治天下。五伯（bà）：即五霸。政：行政，执掌政务，犹言推行政令。鲍本："政，言治行于下。"

⑩议俗：犹言议论改革的风俗。拘：拘守，拘泥。

⑪制于服：被衣服的样式所制约，指不敢改变服饰。论心：犹言说心里话。下文中的"致意"，意同。

⑫势与俗化，而礼与变俱：时势与风俗一起变化，而礼法也随着一起改变。

⑬承教：秉承教令。

⑭迁：变迁，改变。

⑮与时化：随着时势的发展一起变化。

⑯为己者：此犹言志在修身的人。待：等待，依靠，犹言仰

赖。制今者：犹言治理当世的人。子其释之：您还是放下那种不必要的担心。其，表示祈使的语气词，可译成"还是"。

译文

赵文进谏说："农夫从事劳作而供养君子，这是政事的常道。愚笨的人陈述自己的意愿而由聪明的人来评定，这是教化的正道。臣下不隐匿忠心，君王不阻塞言路，这是国家的幸福。臣下虽然愚笨，愿意竭尽忠心。"赵武灵王说："考虑问题不要讨厌不同意见的干扰，臣下尽忠不应责备他失当之罪，您还是说吧。"赵文说："顺应时代附和风俗，这是从古以来的道理。衣服有一定的规格，这是礼仪上制定的。遵循法度没有过失，这是民众的职守。这三种道理，是先代圣明君主用来教导后王的。如今君王放弃这些，而袭用远方的服饰，改变古代的教化，变换古代的道理，所以臣下希望君王考虑这些事。"武灵王说："您说的话都是世俗的见闻。一般百姓沉迷于习惯风俗，有学问的人沉迷于所见所闻。这两种人，都是成就官职而依从政令条文办事的人，不是高瞻远瞩讨论治国根本原则的人。再说夏、商、周服饰虽然不同，可是却都统治天下，五霸虽然教化不同，可是却在天下推行政令。聪明的人制作教化，而愚笨的人却把它看成定制。贤

明的人议论改革风俗，不贤明的人却拘守成法。那些
被衣服的样式所制约的人，不值得跟他们谈心里话；
被风俗所拘泥的众人，不值得跟他们交心。所以时势
与风俗一起变化，而礼法也随着一起改变，这是圣人
的道理。秉承教令而行动，遵守法令而没有私心，这
是民众的职分。聪明有才学的人，能够随着见闻改
变；通达礼仪变化的人，能够随着时势的发展一起变
化。所以真正志在修身的人不仰赖别人的赞许，治理
当世的人不效法古人，您还是放下不必要的担心吧。"

原文　赵造谏曰："隐忠不竭，奸之属也①。以私诬国，贼之
类也②。犯奸者身死，贼国者族宗③。有此两者④，先
圣之明刑，臣下之大罪也。臣虽愚，愿尽其忠，无
遁其死⑤。"王曰："竭意不讳⑥，忠也。上无蔽言，明
也。忠不辟危，明不距人⑦。子其言乎！"

注释　①奸之属也：奸佞（nìng）一类的行为。

②诬国：欺骗国家，贼之类也：就是蟊（máo）贼一类的行为。

③族宗：灭族，杀戮宗族。族，用如动词，指一人有罪戮及
父母、兄弟、妻子。

④有此两者：指"犯奸"与"贼国"。有，姚本作"反"字，

鲍本作"有"字，从鲍本。

⑤ 无遁：不避，不逃避。

⑥ 竭意不讳：竭尽忠心无所隐讳。

⑦ 忠不辟危，明不距人：犹言臣下尽忠就不避危险，国君英明就不拒绝别人进言。辟，同"避"。距，同"拒"。

译文　赵造进谏说："臣下隐匿忠心不竭尽全力，是奸佞一类的行为。因为私心欺骗国家，是蟊贼一类的行为。触犯法令的臣子要杀掉他本人，欺骗国家的臣子要杀戮他的宗族。有以上两种情况的人，先代圣明的君主有明白的刑法，是为人臣的最大罪过。臣下虽然愚笨，愿意竭尽忠心，不逃避死亡。"武灵王说："竭尽忠心无所隐讳，这是忠臣。君王不阻塞言路，这是贤明。臣下尽忠就不躲避危险，国君英明就不拒绝别人进言。您还是说吧！"

原文　赵造曰："臣闻之，圣人不易民而教①，知者不变俗而动。因民而教者，不劳而成功②；据俗而动者，虑径而易见也③。今王易初不循俗，胡服不顾世④，非所以教民而成礼也。且服奇者志淫，俗辟者乱民⑤。是以莅国者不袭奇辟之服，中国不近蛮夷之行，非所以教民而成礼者也。且循法无过，修礼无邪，臣愿王之图之。"

——

注释

① 易民而教：改换民众进行教化。

② 因民：犹言依据民众的实际情况。不劳：犹言不费很大力量。劳，费。

③ 据：依据，根据。虑径：犹言谋划起来简捷便当。鲍本："径以步道，喻其省便。"易见：容易见功效。

④ 易初：指改变原来的风俗、礼法。胡服：此指改穿胡服。不顾世：指不顾世人的反对。

⑤ 志淫：心志不正。淫，邪恶。辟：同"僻"，性僻。乱民：使民众迷惑。

——

译文

赵造说："臣下听说这样的话，圣人不改换民众进行教化，聪明人不为改变风俗而行动。依据民众的实际情况进行教化，不费很大力量就会成功；依据风俗而行动的人，谋划起来简捷便当并容易见功效。如今君王改变了原来的风俗、礼法，不遵守中原的风俗，改穿胡服不顾世人的反对，这不是教化民众而成就礼仪的办法。况且穿奇异服装的人心志不正，风俗怪僻使民众迷惑。因此君临一国的人不袭用奇异怪僻的服装，中原人不接近蛮夷的行为，这不是教化民众成就礼仪的办法。况且遵守礼法没有过错，学习礼法没有邪恶。臣下希望君王考虑这些事。"

原文　王曰："古今不同俗，何古之法①？帝王不相袭②，何礼之循？宓戏、神农教而不诛，黄帝、尧、舜诛而不怒③。及至三王，观时而制法，因事而制礼，法度制令，各顺其宜；衣服器械，各便其用。故治世不必一其道④，便国不必法古。圣人之兴也，不相袭而王。夏、殷之衰也，不易礼而灭。然则反古未可非，而循礼未足多也⑤。且服奇而志淫，是邹、鲁无奇行也⑥；俗辟而民易，是吴、越无俊民也⑦。是以圣人利身之谓服，便事之谓教，进退之谓节，衣服之制，所以齐常民，非所以论贤者也⑧。故圣与俗流，贤与变俱。谚曰：'以书为御者，不尽于马之情⑨。以古制今者，不达于事之变。'故循法之功，不足以高世；法古之学，不足以制今。子其勿反也！"

注释　①何古之法：效法什么古代？下文"何礼之循"句法相同。

②不相袭：指礼法制度不相承袭。

③宓（fú）戏（xī）：即伏羲，是原始社会的部落酋长，始

作网罟（gǔ），教民渔猎。教而不诛：只进行教化而不诛杀。

诛而不怒：犹言虽用刑杀，但不意气用事；一说怒，当作

"孥"，全句的意思是虽用刑杀，但不株连妻、子。亦通。

④ 治世：原作"礼世"，姚本作"理世"，金正炜本作"治世"，

从金本。

⑤ 多：称许，赞扬。

⑥ 邹、鲁无奇行：邹、鲁两国不会有奇异不正的违礼行为。

⑦ 俗辟民易，是吴、越无俊民也：如果风俗僻异民众就会轻

浮散漫，这就意味着吴、越不会有杰出之士。言外之意是吴、

越虽俗僻，却有俊民。易，轻浮，不庄重。

⑧ 进退之节：进退举止一类的仪节。制：指衣服的型制。姚

本"进退"下有"谓"字，《史记》无，从《史记》。齐常民：

指使一般民众整齐划一的措施。论：此犹言衡量。

⑨ 不尽于马之情：不能完全了解马的性情。

译文　　赵武灵王说："古代和今天风俗不相同，效法什么古

代？由五帝至三王礼法制度不相承袭，遵循什么礼

法？宓戏、神农教导民众而不加诛罚，黄帝、唐尧、

虞舜诛罚民众而不意气用事。等到夏禹、商汤、周文

王，观看时势而制定法令，根据事实而制定礼仪，制

定的法度政令，各个都顺应时宜；服饰器械，各个都

便于使用。所以治理当世不一定使法度礼仪一致，便利国家不一定要效法古人。圣人的兴起，不是互相袭用旧俗而统治天下。夏朝、商朝的衰败，不是因为改变了礼仪而灭亡。既然这样，那么反对古代的法度礼仪不可非难，而遵循古代的礼法不值得称赞。况且如果服饰新奇就会心志不正，这就是说邹、鲁两国不会有奇异不正的违礼行为；如果风俗僻异而民众就会轻浮散漫，这就是说吴、越两国不会有杰出之士。所以圣人把有利于身体的东西就叫衣服，便利于行事的就叫做教化，进退举止一类的仪节，衣服方面的制式，是用来使一般民众整齐划一的措施，不是用来衡量贤者的标准。所以圣人跟随风俗一起迁流，贤明的人跟随时代一起变化。俗话说：'凭借书本条文赶车的人，不能完全了解马的性情。根据古代礼法制定当今制度的人，是不懂得时事变化的。'所以遵循古法成就的功业，不完全高于今世；效法古人的学问，不能够制定今天的制度。请您还是不要反对胡服骑射了！"

王立周绍为傅

原文 王立周绍为傅①，曰："寡人始行县，过番吾，当子为子之时，践石以上者皆道子之孝②。故寡人问子以璧，遗子以酒食③，而求见子。子谒病而辞④。人有言子者曰：'父之孝子，君之忠臣也。'故寡人以子知虑为辨足以道人，危足以持难，忠可以写意，信可以远期⑤。诗云⑥：'服难以勇⑦，治乱以知，事之计也。立傅以行，教少以学，义之经也⑧。循计之事，失而不累，访议之行，穷而不忧⑨。'故寡人欲子之胡服以傅王子⑩。"

注释 ① 周绍：赵国人。傅：辅佐的官。下文中"以傅王子"的傅，用如动词，辅佐。

② 行县：视察县邑。为子之时：指很年轻的时候。践石：乘马石。

③ 问：馈赠。鲍本："问，以礼遗之。"遗（wèi）：赠予，致送。

④ 谒病：告病，犹言托病。

⑤ 知虑：智慧谋划。知，同"智"。辨：通"辩"，辩论，引申为巧言。道：通"导"，引导，启发。危：正，纯正。持难：

扶助危难。写意：表露心意。鲍本："写，犹宣。"远期：长久
不变。鲍本："久而不渝。"

⑥ 诗：指逸诗。

⑦ 服难：征服困难。

⑧ 经：规范。

⑨ 累：负担。鲍本累上补"不"字，姚本无"不"字。从鲍本。
访议之行：咨询议论的行动。穷：困，此指处于困难。

⑩ 子：姚本作"乎"，鲍本改作"子"。从鲍本。

译文　赵武灵王立周绍为王子的傅佐之官，说："寡人起初
视察县邑，路过番吾，当时您还很年轻，比乘马石高
的人都称道您的孝心。所以寡人把玉璧馈赠给您，把
酒食赠予您，而要求拜见您。可是您托病推辞了。有
人谈论您说：'父亲的孝子，是君王的忠臣。'所以寡
人认为您的智谋巧言完全可以引导别人，纯正的为人
完全可以扶助危难，忠诚可以表露心意，守信可以长
久不变。逸诗说：'用勇气征服困难，用智慧治理动
乱，这是对事情谋划的结果。设立辅佐之官根据品
行，教导年轻人依靠学问，这是仁义的规范。遵循计
谋办的事情，失败了而没有负担，经过咨询议论的行
动，处于困境而不忧愁。'所以寡人想让您穿上胡服

辅佐王子。"

原文 周绍曰:"王失论矣①,非贱臣所敢任也。"王曰:"选子莫若父,论臣莫若君。君,寡人也。"周绍曰:"立傅之道六。"王曰:"六者何也?"周绍曰:"知虑不躁达于变,身行宽惠达于礼,威严不足以易其位,重利不足以变其心,恭于教而不快,和于下而不危②。六者,傅之才,而臣无一焉。隐中不竭③,臣之罪也。傅命仆官④,以烦有司,吏之耻也。王请更论⑤。"

注释 ①论(lún):通"抡",选择。

②躁:狡猾。达:通晓,明白。宽惠:宽厚仁慈。惠,仁慈。易其位:改变他所处的职位,犹言改变他按照职位行使权力。鲍本:"素位而行,不为威严所移。"恭于教:对于教化恭谨。快:放纵。危:同"诡",虚伪。

③隐中:隐藏实情。鲍本:"隐,自匿也。中,谓情实。"

④傅:同"附",顺从。仆:犹辱,玷污,辜负。

⑤更:改变。

译文 周绍说:"大王选择有失,不是臣下所敢担任的职务。"赵武灵王说:"挑选儿子没有谁能赶得上父亲,选择臣子没有谁能赶得上国君。国君就是我。"周绍说："设立辅佐之官的标准有六条。"赵武灵王说："六条标准是什么?"周绍说："有智谋不狡猾通晓事物的变化，自身行为宽厚仁慈明白礼仪，威严不能改变他按照职位行使权力，重利不能够改变他的心意，对于教化恭谨而不放纵，对属下和蔼而不虚伪。具有这六条，才是辅佐的人才，可是臣下不具备一条。隐瞒实情不竭尽全力，是臣下的罪过。顺从君命玷污官职，而麻烦官吏，是官吏的耻辱。请君王改变选择。"

原文　王曰："知此六者，所以使子①。"周绍曰："今国未通于王胡服②。虽然，臣王之臣也，而王重命之，臣敢不听令乎?"再拜，赐胡服。

注释　①使：委派。

②乃：缪文远本认为"乃"疑"今"字之误。缪说是，从缪说。

通：达，犹言明白。

译文　赵武灵王说："了解六条标准，所以委派您担任这个职位。"周绍说："如今国内的民众还没有明白君王穿胡服的意思。即使这样，臣下是君王的臣子，而君王又任命我重要职位，臣下敢不听从命令吗?"周绍再次拜谢了君王的信任，赵武灵王赏赐给他胡服。

原文 王曰："寡人以王子为子任，欲子之厚爱之，无所见丑①。御道之以行义，勿令溺苦于学②。事君者，顺其意，不逆其志③。事先者，明其高，不倍其孤④。故有臣可命，其国之禄也⑤。子能行是，以事寡人者毕矣。《书》云⑥：'去邪无疑，任贤勿贰。'寡人与子⑦，不用人矣。"遂赐周绍胡服衣冠，具带、黄金师比⑧，以傅王子也。

注释 ①丑：丑恶。

②御道之以行义：用实行仁义驾驭引导他。溺苦：沉溺困苦。学：指诵习之事。

③不逆其志：不违背他的意志。

④明其高：彰明先君的高尚。不倍其孤：不背叛先君的遗孤。倍，通"背"，背叛。

⑤禄：福气，福分。

⑥《书》：即《尚书》。

⑦与：犹用，任用。

⑧具带：有装饰的革带；一说，具，应作"贝"，贝带，腰

中大带，以贝为饰。师比：胡带之钩。《汉书》作"犀比"，《史记》作"胥纰"。师、犀、胥同声，说的是一个东西。可作参考。

译文　赵武灵王说："寡人把辅佐王子的事作为您的职责，想让您很好地爱护他，不要让他露出什么丑恶的地方。驾驭引导他实行仁义，不要让他因为沉溺于诵习之事而困苦。侍奉国君的人，应该顺从君王的心意，不违背君王的意志。侍奉先君的人，彰明先君的高尚，不背叛先君的遗孤。所以有这样的臣子可以任命，大概是国家的福气。您能做到这样，侍奉寡人的职责就完成了。《尚书》说：'去掉邪恶没有疑心，任用贤能没有二心。'寡人用您，就不用别人了。"于是赏赐周绍胡人的衣服帽子、有装饰的革带、用黄金做成的胡带之钩，来辅佐王子。

赵燕后胡服

原文　赵燕后胡服，王令让之曰①："事主之行，竭意尽力，微谏而不哗，应对而不怨，不逆上以自伐②，不立私以为名。子道顺而不拂③，臣行让而不争。子用私道者家必乱，臣用私义者国必危。反亲以为行，慈父不子；逆主以自成，惠主不臣也④。寡人胡服，子独弗服，逆主罪莫大焉。以从政为累⑤，以逆主为高，行私莫大焉。故寡人恐亲犯刑戮之罪，以明有司之法。"赵燕再拜稽首曰："前吏命胡服，施及贱臣，臣以失令过期，更不用侵辱教⑥，王之惠也。臣敬循衣服，以待令日⑦。"

注释

① 赵燕：赵国大臣。让：责备。

② 微谏：用含义深远的言辞纳谏。哗：喧哗。逆上：指违背君王的意愿。自伐：自我夸耀功绩。

③ 道顺：顺道，犹言遵循教导。拂：违反，违背。

④ 惠主：犹言慈主。惠，犹慈。

⑤ 以从政为累：犹言把改穿胡服的政事作为负担。政，指胡服之政。

⑥ 失令过期：指违反穿胡服的命令超过限期。更：改。侵辱：指刑罚。

⑦ 令日：下命令的日子。姚本作"今日"，鲍本作"令日"，从鲍本。

译文　赵燕迟迟不穿胡服，赵武灵王派人责备他说："侍奉君王的言行，应该竭心尽力，用含义深远的言辞纳谏而不喧哗，回答君王提出的问题而没有怨言，不违背君王的意愿而自夸功绩，不树立私人的威信借此扬名。做儿子的应该遵循教导，不违背父亲的心意，做臣子的应该行为谦让，不与君王争执。做儿子的使用不正当之道，家庭必定混乱，做臣子的使用不正当之义，国家必定危险。有反对父母的行为，慈爱的父亲也不把他当儿子看待；违背君王的意愿成就自己的事情，慈祥的君主也不把他当臣子。寡人改穿胡服，你唯独不穿，罪过没有比违背君王意愿更大的了。你把改穿胡服的政事作为负担，把违背君王的意愿作为高尚，推行私欲没有比这个更大的了。所以寡人担心你犯下遭受杀头的罪过，用以表明有司的法律严明。"赵燕再拜叩头至地多时说："前些日子，官吏命令我改穿胡服，君王的恩惠已经赐给臣下，臣下认为自己违反穿胡服的命令并超过了限期，可是君主不用刑罚而改用教诲，这是君王的恩惠。臣下敬请遵循改穿胡服，正等待君王下命令的日子。"

王破原阳

原文 王破原阳，以为骑邑①。牛赞进谏曰②："国有固籍，兵有常经③。变籍则乱，失经则弱。今王破原阳，以为骑邑，是变籍而弃经也。且习其兵者轻其敌，便其用者易其难④。今民便其用而王变之，是损君而弱国也。故利不百者不变俗，功不什者不易器⑤。今王破卒散兵，以奉骑射，臣恐其攻获之利，不如所失之费也。"

注释 ① 王破原阳，以为骑邑：犹言赵武灵王撤销原阳军队的旧编制，建立骑兵，以原阳为训练骑射基地。破，撤销，撤除。原阳，赵邑名，在今山西省大同市西北，一说在今内蒙古自治区呼和浩特市东南。以为骑邑，作为骑兵训练的居邑。鲍本："居骑士于此。"

② 牛赞：赵国大臣。

③ 固籍：固定的法令。籍，文书典册，此指记载在书册上的法令。鲍本："固，言不变。籍，犹令甲。"常经：犹言长久不变的准则。

④ 习其兵者轻其敌：熟习他们原来兵器装备的将士才能轻敌

敢战。便其用者易其难：对器用感到便于使用的人，难事也

觉得很容易。

⑤功不什者不易器：功效不能增加十倍就不更换器具。

译文　赵武灵王撤销原阳军队的旧编制，建立骑兵，把原阳

作为训练骑射的基地。牛赞进谏说："国家有固定的

法令，军队有长久不变的准则。改变法令国家就会混

乱，失去准则军队就会削弱。如令君王撤销原阳军队

的旧编制，建立骑兵，把原阳作为训练骑射的基地，

这是改变法令并抛弃准则的做法。况且熟习他们原来

兵器装备的将士才能轻敌敢战，对器用感到方便的

人，难事也会觉得很容易。如今民众对器用感到便于

使用而君王却改变了它，这是损害君王声誉并削弱国

家力量的做法。所以利益不到百倍不能改变风俗，功

效不能增加十倍就不更换器具。如今君王拆散原来军

队的编制，而奉行骑马射箭，臣下害怕它攻战获得的

利益，赶不上所损失的费用。"

原文　王曰："古今异利，远近易用①。阴阳不同道，四时不

一宜②。故贤人观时而不观于时③；制兵而不制于兵。

子知官府之籍，不知器械之利；知兵甲之用，不知阴

阳之宜④。故兵不当于用⑤，何兵之不可易？教不便
于事，何俗之不可变？昔者先君襄主与代交地，城境
封之，名曰无穷之门，所以昭后而期远也⑥。今重甲
修兵，不可以逾险⑦；仁义道德，不可以来朝⑧。吾
闻信不弃功，知不遗时⑨。今子以官府之籍，乱寡人
之事⑩，非子所知。"

注释

① 古今异利：犹言古代和今天的利害不一致。远近：犹言边
远和中原，此处远，指胡地；近，指赵国。易用：改换器用。

② 阴阳不同道：阴阳的变化有不同的规律。四时不一宜：四
季的推移各有所宜。

③ 观时而不观于时：观察时俗而不被时俗牵制。

④ 阴阳之宜：阴阳相适宜，犹言天时人事的变化中所适宜采
取的措施。

⑤ 当：适合。

⑥ 交地：接地，接壤。城境：在边境筑城。无穷之门：隘口
名，在今河北省张北县南。昭后而期远：昭示后代希望他们
开拓远地。

⑦ 修：原作"循"，姚本："一作'修'。"从姚本。逾险：越
过险要的地形。

⑧ 来朝：使胡人来朝见，犹言使胡人来臣服。

⑨弃功：抛弃功利。知：同"智"。遗时：犹言放弃机会。

⑩事：此指变服骑射、强兵拓地之事。

译文　武灵王说："古代和今天的利害不一致，边远和中原地区可以改换器用。阴阳的变化有不同的规律，四季的推移各有所宜。所以贤明的人观察时俗而不被时俗所牵制，制造兵器而不被兵器所制约。您知道官府的法令，不知道改换器用的利益；您知道兵器铠甲的用途，不知道天时人事变化中所适宜采取的措施。所以兵器不适合应用，什么兵器不可以改换？教化不便于行事，什么风俗不可以改变？从前先君襄主的边境与代国接壤，就在边境筑城表示封疆的范围，名叫无穷之门，这是用来昭示后代希望他们开拓远地的意思。如今厚重的铠甲长长的兵器，是不能越过险要地形的；讲究仁义道德，是不能使胡人来臣服的。我听说讲信用不能抛弃功利，聪明的人不会放弃机会。如今您以官府的法令，扰乱寡人变服骑射、强兵拓地的大事，这些不是您能够了解的。"

原文　牛赞再拜稽首曰："臣敢不听令乎？"王遂胡服，率骑入胡，出于遗遗之门，逾九限之固，绝五径之险，至榆中，辟地千里①。

注释 ① 王：姚本作"至"，鲍本作"王"，从鲍本。遗遗之门：即挺关，要塞名，在今陕西省榆林县西北。九限：疑应作九阮，即九原，赵邑名，在今内蒙古自治区包头市西。径：姚本作"陉"，鲍本作"径"，从鲍本。径，当是"陉"的假借。五径，郭希汾本："五径，或即指井陉关。"井陉在今河北省石家庄市鹿泉区西。辟地：开拓疆土。

译文 牛赞再一次拜见武灵王叩头至地多时说："臣下怎么敢不听从您的命令呢？"武灵王于是就让他穿上胡服，率领骑兵攻入胡地，从挺关出发，越过了九原坚固的要塞，跨过了井陉关的险地，到达榆中，开拓了千里疆土。

赵策三

赵惠文王三十年

原文　赵惠文王三十年，相都平君田单问赵奢曰①："吾非不说将军之兵法也，所以不服者，独将军之用众②。用众者，使民不得耕作，粮食挽赁不可给也③。此坐而自破之道也④，非单之所为也。单闻之，帝王之兵，所用者不过三万，而天下服矣。今将军必负十万、二十万之众乃用之⑤，此单之所不服也。"

注释　① 赵惠文王三十年：即前269年。按：根据史实，此年田单尚未入赵为相，田单与赵奢论兵应该在赵孝成王二年。此误。都平君：即安平君，田单封号。田单：原为齐国将领，曾大破燕军，复兴齐国，封安平君。赵孝成王元年（前265），赵国割地求田单为将，次年为赵国相国。赵奢：赵国名将。

② 说：同"悦"。用众：使用大量兵员作战。

③ 挽：拉车，此指运输。赁（rèn）：通"任"，承担，担负。给（jǐ）：供应。

④ 自破之道：不攻自破的方法。

⑤ 负：倚恃，依靠。

译文 赵惠文王三十年的时候，赵国相国安平君田单对赵奢说："我不是不喜欢将军的用兵之法，我不佩服将军的原因，是唯独将军使用大量兵员作战。使用大量兵员作战，就会使民众不能耕作，军粮的负担运输就会供不应求。这是安坐而不攻自破的方法，不是我田单采用的办法。我听说，帝王的士兵，使用作战的人不超过三万，而天下臣服了。如今将军一定要倚恃十万、二十万的士兵才能作战，这就是我田单不佩服的地方。"

原文 马服曰①："君非徒不达于兵也，又不明其时势②。夫吴干之剑，肉试则断牛马，金试则截盘匜③；薄之柱上而击之，则折为三，质之石上而击之④，则碎为百。今以三万之众而应强国之兵⑤，是薄柱击石之类也。且夫吴干之剑材难，夫毋脊之厚，而锋不入⑥；无脾之薄，而刃不断⑦。兼有是两者，无钩甲镡蒙须之便⑧，操其刃而刺，则未入而手断。君无十万、二十万之众，为此钩甲镡蒙须之便，而徒以三万行于天下，君焉能乎？且古者，四海之内，分为万国。城虽大，无过三百丈者；人虽众，无过三千家者。而以集兵三万，距此奚难哉⑨！今取古之为万国者，分以为战国七，能具数十万之兵，旷日持久，数岁，即君之齐已⑩。齐以二十万之众攻荆，五年乃罢。赵以二十万之众攻中山，五年乃归。今者，齐、韩相方，两国围攻焉⑪，岂有敢曰，我其以三万救是者乎哉？今千丈之城，万家之邑相望也，而索以三万之众，围千丈之城，不存其一角，而野战不足用也，君将以此何之？"都平君喟然太息曰："单不至也⑫！"

注释

①马服：即马服君，赵奢的封号。

②徒：只。不达于兵：不通晓用兵之道。不明其时势：不明白时代的形势。鲍本："时势，则万国、七国之异。"

③吴干之剑：吴国、干国的利剑；吴国、干国所制的剑十分锋利，著称于世。干，同"邗"，古国名，后为吴邑（在今江苏省扬州市）；一说，吴干之剑：即吴国干将之剑。可供参考。肉试：以肉试之，犹言用剑砍肉。盘匜（yí），是古代用青铜制作的两种盥（guàn）洗器，用匜倒水，以盘承之。

④薄：靠近，迫近。质之石上：用石礅子垫着。质，同"锧"，古代腰斩用的垫座。

⑤应：对，对付。

⑥剑材：制剑的材料。难：难以得到。难，姚本在"难"字上断句，金正炜本在"难"字下断句，从金本。脊：脊背，

剑两面有刃，中间隆起的部分是脊。锋：剑锋。

⑦　脾：近刃的剑面。鲍本："脾，近刃处。"刃不断，指剑刃不能断物。

⑧　钧珝（è）：剑环和剑刃。钧，姚本作"钧"，鲍本作"钧"。从鲍本。珝，即"咢"，同"锷"，刃锋。镡（xín，又读tán）：剑鼻，剑口也称镡。蒙须：剑绳。

⑨　距：通"拒"，抗拒。

⑩　具：备办。已：同"矣"。

⑪　相方：相比，犹言互相为敌。两：姚本作"而"，鲍本作"两"。从鲍本。

⑫　至：及，赶上。

译文　马服君赵奢说："您不只是不通晓兵法，而且又不了解现在的形势。吴国、干国的利剑，用肉试，可以砍断牛马的身体；用金属试，可以砍断青铜制作的盘和匜。靠近柱子而砍它，利剑就会折为三段，砍在石制的垫座上，利剑就会碎为百块。如今用三万多士兵去对付强国的军队，这就像是用利剑砍柱击石一类的结果。再说吴国、干国利剑的剑材难以寻找，如果没有合适厚度的剑脊，剑锋就不能刺入物体；没有合适薄度的剑面，剑刃就不能砍断东西。如果利剑兼有这两种性能，没有剑环、剑刃、剑鼻、剑绳的适度，操起利剑刺东西，那么还没有刺入而手已经断了。您如果没有十万、二十万军队，如同没有适度的剑环、剑刃、剑鼻、剑绳一样，而只用三万人马奔走天下，您哪里能取胜呢？再说古时候，四海之内，分成上万个国家。城墙虽然很大，但也不超过三百丈；人口虽然众多，但也不超过三千家。用集结起来的三万军队，抗拒这样的国家会有什么困难呀！如今拿来古时的万国，把它分成七个能战斗的国家，每个国家就能备办几十万军队，如果用三万军队旷日持久地战斗下去，几年以后，就像您齐国惨败一样了。齐国用二十万军队攻打楚国，五年以后才停战。赵国用二十万军队攻打中山，五年之后才返回。现在，齐国、韩国互相为敌，两国都要用全国的兵力包围进攻对方。难道有人敢说，我用三万军队去救援它吗？如今千丈长的城墙，万家的城邑相望，如果招募三万士兵，去包围千丈的城墙，还站不满一个城角，而野战的兵力就更不够用了，您将要把这些士兵派到什么地方去？"安平君长叹一声说："我田单的看法赶不上您高明啊！"

赵使仇郝之秦

原文　赵使仇郝之秦，请相魏冉①。宋突谓仇郝曰②："秦不听，楼缓必怨公③。公不若阴辞楼子曰④：'请无急秦王⑤。'秦王见赵之相魏冉之不急也，且不听公言也，是事而不成⑥，魏冉固德公矣。"

注释　① 仇郝：赵国大臣。姚本作"机郝"，缪文远本作"仇郝"，从缪本。请相魏冉：请求秦昭王任命魏冉做相国。

② 宋突：赵国大臣。

③ 楼缓：本赵国人，此时为秦国相国。

④ 辞：告诉。

⑤ 请无急秦王：犹言请秦王不要急于委派魏冉为相国。

⑥ 而：如果。

译文　赵国派仇郝到秦国去，准备请求秦昭王任命魏冉为相国。宋突对仇郝说："如果秦国不听，楼缓一定怨恨您。您不如暗中告诉楼缓说：'赵国请秦王不要急于委派魏冉为相国。'秦昭王见赵国并不急于请求任命魏冉为相国，将不听您的话，这事如果不成功，魏冉也必定感激您了。"

齐破燕赵欲存之

原文　齐破燕，赵欲存之。乐毅谓赵王曰："今无约而攻齐①，齐必仇赵。不如请以河东易燕地于齐②。赵有河北，齐有河东，燕、赵必不争矣。是二国亲也。以河东之地强齐，以燕以赵辅之，天下憎之，必皆事王以伐齐。是因天下以破齐也③。"王曰："善。"乃以河东易齐，楚、魏憎之，令淖滑、惠施之赵④，请伐齐而存燕。

注释　①无约：没有约结盟国。

②以河东易燕地于齐：用河东向齐国换取燕国被占领的土地。燕国被占领的土地指下文中的河北之地。河东，今河北省清河县一带，靠近齐国。河北，今河北省密县一带，靠近赵国。

③以：犹与。

④淖（zhuó）滑：楚国大臣。惠施：魏国相国。

译文 齐军攻破燕国，赵国想让燕国存在下去。乐毅对赵武灵王说："如今没有约结盟国就去攻打齐国，齐国一定仇恨赵国。不如向齐国请求用河东换取燕国被占领的土地。赵国拥有河北的土地，齐国拥有河东的土地，燕国、赵国一定不会发生争执。这是两国互相亲近的办法。用河东的土地增强齐国的力量，而燕国与赵国辅助它，天下诸侯憎恨它的强大，一定都来侍奉大王而讨伐齐国。这是依据天下诸侯力量击破齐国的时机。"赵武灵王说："好。"于是就用河东的土地和齐国对换，楚国、魏国憎恨这件事，就派淖滑、惠施来到赵国，请求讨伐齐国保住燕国。

秦攻赵蔺离石祁拔

原文 秦攻赵，蔺、离石、祁拔①。赵以公子郚为质于秦，而请内焦、黎、牛狐之城②，以易蔺、离石、祁于赵。赵背秦，不予焦、黎、牛狐。秦王怒，令公子缯请地③。赵王乃令郑朱对曰④："夫蔺、离石、祁之地，旷远于赵⑤，而近于大国，有先王之明与先臣之力，故能有之。今寡人不逮⑥，其社稷之不能恤，安能收恤蔺、离石、祁乎？寡人有不令之臣⑦，实为此事也，非寡人之所敢知。"卒倍秦⑧。

注释

① 蔺、离石、祁：见《西周策·苏厉为周君》注。

② 公子郚（wú）：赵国公子。内：同"纳"。焦：地名，在今河南省三门峡市。按：据史实焦本秦地，不知何时归赵所有。黎：赵国地名，在今河南省浚县西。牛狐：赵国地名，今地不详。

③ 秦王：即秦昭王。公子缯（zēng）：秦国公子。

④ 赵王：即赵惠文王。郑朱：赵国大臣。

⑤ 旷远：犹言遥远。

⑥ 寡人不逮：犹言寡人不及先王。逮，及。

⑦ 不令之臣：不善的臣子，不好的臣子。

⑧ 倍：通"背"，背弃。

译文

秦国进攻赵国，攻克了蔺地、离石、祁地。赵国把公子郚送到秦国作人质，并请求献出焦、黎、牛狐等城邑给秦国，用来交换蔺地、离石、祁地，归还给赵国。秦国把蔺地、离石、祁地归还给赵国以后，赵国背叛了秦国，不给秦国焦、黎、牛狐等城邑。秦昭王大怒，派公子缯向赵国请求割让土地。赵惠文王就派大臣郑朱回答说："那蔺地、离石、祁地，距离赵国遥远，并接近大国，因为有了先王的贤明和先臣的力量，所以才能拥有它。如今寡人不及先王，恐怕国家都不能顾及，哪里能顾及收复蔺地、离石、祁地呢？寡人有不好的臣子，实际上是他们干的这些事，不是寡人敢知道的事情。"赵国终于背弃了秦国。

原文　秦王大怒，令卫胡昜伐赵，攻阏与①。赵奢将救之。魏令公子咎以锐师居安邑②，以挟秦。秦败于阏与，反攻魏几③。廉颇救几，大败秦师。

注释　① 胡昜（shāng）：原卫人，当时为秦国将领。昜，姚本作"昜"，黄丕烈《札记》作"昜"，认为"昜"同"伤"。从黄本。阏（yān）与：古邑名，先属韩，后属赵，在今山西省和顺县。
② 公子咎（jiù）：魏国将领。安邑：魏国邑名，在今山西省夏县北。
③ 几：魏国地名，在今河北省大名县。

译文　秦昭王大怒，命令大将胡昜讨伐赵国，进攻阏与。赵国大将赵奢率兵援救。魏国派公子咎率领精锐部队驻扎在安邑，以牵制秦军。秦军在阏与大败，返回来进攻魏国几地。廉颇救援几地，把秦国的军队打得大败。

富丁欲以赵合齐魏

原文　富丁欲以赵合齐、魏，楼缓欲以赵合秦、楚①。富丁恐主父之听楼缓而合秦、楚也。

司马浅为富丁谓主父曰②："不如以国顺齐③。今我不顺齐伐秦，秦、楚必合而攻韩、魏。韩、魏告急于齐，齐不欲伐秦，必以赵为辞，则不伐秦者赵也④，韩、魏必怨赵。齐之兵不西，韩必听秦违齐。违齐而亲，兵必归于赵矣。今我顺而齐不西，韩、魏必绝齐，绝齐则皆事我。且我顺齐，齐无不西⑤。日者，楼缓坐魏三月，不能散齐、魏之交。今我顺而齐、魏果西，是罢齐敝秦也，赵必为天下重国。"主父曰："我与三国攻秦，是俱敝也。"曰："不然。我约三国而告之，以未构中山也⑥。三国欲伐秦之果也，必听我，欲和我⑦。中山听之，是我以三国挠中山而取地也⑧。中山不听，三国必绝之，是中山孤也。三国不能和我，虽少出兵可也。我分兵而孤烁中山⑨，中山必亡。我已亡中山⑩，而以余兵与三国攻秦，是我一举而两取地于秦、中山也。"

注释

① 富丁：赵国大臣。楼缓：赵国人，当时在秦为相国。

② 司马浅：赵国大臣。

③ 不如以国顺齐：金正炜本认为"以"下脱"国"字，金说是。从金说。此句意为不如以国家的名义顺从齐国。鲍本："齐本欲伐秦，今顺之。"

④ 以赵为辞：用赵国作为推辞的借口。鲍本："以赵不顺齐伐秦告二国。"则不伐秦者赵：鲍本"则"下补"不"字，姚本无"不"字。从鲍本。

⑤ 齐无不西：姚本作"齐无而西"，鲍本改"而"为"不"。从鲍本。

⑥ 我约三国而告之：姚本"之"字后有"秦"字，鲍本："衍'秦'字。"从鲍本。构：讲和，媾和。

⑦ 欲和我：想要让我和中山讲和。

⑧ 三国挠中山：姚本"三国"作"王因"，鲍本改为"三国"。从鲍本。挠：姚本作"饶"，缪文远本认为"饶"当为"挠"

字之误。缪说是，从缪说。挠，阻挠；一说，屈服。可供

参考。

⑨ 烁：消烁，犹言削弱。姚本作"乐"，金正炜本认为"乐"

即"烁"之缺损。金说是，从金说。

⑩ 我已亡中山：设想之辞。赵国灭亡中山在两年之后。

译文　富丁想要以赵国的名义联合齐国、魏国，楼缓想要以

赵国的名义联合秦国、楚国。富丁害怕灵王听信楼缓

的话和秦国、楚国联合。

司马浅替富丁对赵武灵王说："不如以国家的名义顺

从齐国。如今我国不顺从齐国讨伐秦国，秦国、楚国

必定联合起来进攻韩国、魏国。韩国、魏国向齐国

求救，齐国不讨伐秦国，必定用赵国作为推辞的借

口，那么不讨伐秦国的就是赵国了，韩国、魏国必定

怨恨赵国。齐国的军队不向西进攻，韩国一定听从秦

国的指挥背叛齐国。背叛齐国而亲近秦国，兵祸一定

归到赵国头上了。如今我们顺从齐国而齐国不向西进

攻，韩国、魏国必定断绝与齐国的邦交，断绝与齐国

的邦交那就都会侍奉我国。况且我们顺从齐国，齐

国不会不向西进攻的。从前，楼缓在魏国住了三个

月，没能拆散齐国、魏国的邦交。如今我们顺从齐国，并且齐国、魏国果真向西进攻，这是疲倦齐国破坏秦国的好办法，赵国一定会成为天下诸侯重视的国家。"赵武灵王说："我跟三国一起进攻秦国，这是都会遭到破坏的。"司马浅说："不是这样。我们约结三国把情况告诉它们，用没有和中山讲和为借口不参与进攻秦国。三国想要进攻秦国是真心，必定听信我们的话，想让我们和中山讲和。中山如果听从，这是我们依靠三国力量阻挠中山而取得土地的时机。如果中山不听从，三国一定和它断绝邦交，这是孤立中山的好办法。三国不能使我们和中山讲和，即使少出兵也是可以的。我们分兵孤立中山使它削弱，中山一定灭亡。我们灭亡中山以后，用剩余兵力与三国一起攻打秦国，这是我们一举从秦国、中山两处割取土地的好办法。"

魏因富丁且合于秦

原文　魏因富丁且合于秦，赵恐，请效地于魏而听薛公①。

李欸谓李兑曰②："赵畏横之合也，故欲效地于魏而听薛公。公不如令主父以地资周最③，而请相之于魏。周最以天下辱秦者也，今相魏，魏、秦必虚矣④。齐、魏虽劲⑤，无秦不能伤赵。魏不听⑥，是轻齐也；秦、魏虽劲，无齐不能得赵。此利于赵而便于周最也。"

注释

① 赵恐：赵国恐惧。上篇富丁本欲以赵联合齐、魏，因富丁将与秦国联合，故赵恐。薛公：田文，当时在魏国为臣。

② 李欸（ké）：赵国大臣。姚本作"教子欸"，金正炜本："《吕览·无义篇》：'赵急求李欸'，疑'子欸'即'李欸'之讹。"金说是，从金说。"教"字疑衍。

③ 周最：周公子，主张重齐轻秦。

④ 辱：恶，犹言憎恨。虚：虚假，此指不合。鲍本："言其不合也。"

⑤ 劲：强大。

⑥ 魏不听：金正炜本认为"王"当为"不"之讹。因为文中谈的都是国家，没谈哪国之王，故金说是。从金说。

译文

魏国因为富丁的缘故将要跟秦国联合，赵国恐惧，请求向魏国进献土地并听从薛公的指挥。李欸对李兑说："赵国害怕连横之策成功，所以想要向魏国进献土地并听从薛公的指挥。您不如让君王用土地资助周最，而请他到魏国为相。周最是个率领天下诸侯憎恨秦国的人，如今做魏国相国，魏国、秦国一定会不联合。齐国、魏国虽然强大，没有秦国的帮助就不能伤害赵国。魏国不听从齐国指挥，就是轻视齐国。秦国、魏国虽然强大，没有齐国帮助就不能得到赵国。这是对赵国有利并便于周最行事的时机。"

魏使人因平原君请从于赵

原文　魏使人因平原君请从于赵①。三言之，赵王不听。出遇虞卿曰②："为人必语从③。"虞卿入，王曰："今者平原君为魏请从，寡人不听。其于子何如④?"虞卿曰："魏过矣。"王曰："然，故寡人不听。"虞卿曰："王亦过矣。"王曰："何也?"曰："凡强弱之举事⑤，强受其利，弱受其害。今魏求从，而王不听，是魏求害，而王辞利也。臣故曰，魏过，王亦过矣。"

注释　①平原君：即赵胜，当时正为赵国相国。从：同"纵"，合纵。

② 虞卿：赵国人，原本是游说之士，当时为赵国上卿。

③ 为入必语从：如果入见赵王一定谈论合纵的主张。为，犹
言如果。

④ 其于子何如：犹言对于这件事您的看法怎么样。

⑤ 举事：犹言行事。

译文 魏国派人依靠平原君向赵国请求参加合纵。向赵王谈
了多次，赵王不听。平原君出来遇到虞卿说："如果
入见君王一定谈论合纵的主张。"虞卿入见赵王，赵
王说："现在平原君为魏国请求合纵，寡人没有听从，
对于这件事您的看法怎么样？"虞卿说："魏国错了。"
赵王说："是的，所以寡人没有听从。"虞卿说："大王
也错了。"赵王说："为什么？"虞卿说："凡是强国与
弱国办什么事情，强国得到的是利益，弱国得到的是
危害。如今魏国请求合纵，然而大王不听，其实这是
魏国自求祸害，可是大王却是拒绝利益。臣下所以
说，魏国错了，大王也错了。"

平原君谓冯忌

原文　平原君谓冯忌曰①："吾欲北伐上党②，出兵攻燕，何如？"冯忌对曰："不可。夫以秦将武安君公孙起乘七胜之威，而与马服之子战于长平之下③，大败赵师，因以其余兵，围邯郸之城。赵以七败之余，收破军之敝守，而秦罢于邯郸之下④，赵守而不可拔者，以攻难而守者易也。今赵非有七克之威也，而燕非有长平之祸也。今七败之祸未复⑤，而欲以罢赵攻强燕，是使弱赵为强秦之所以攻，而使强燕为弱赵之所以守。而强秦以休兵承赵之敝，此乃强吴之所以亡，而弱越之所以霸。故臣未见燕之可以攻也。"平原君曰："善哉！"

注释　① 谓：姚本作"请"，鲍本作"谓"。从鲍本。冯忌：游说之士，事迹不详。

② 上党：可能为上谷之误，供参考。

③ 公孙起：即白起。马服之子：即马服子，赵奢之子，赵括；一说，"马服之子"本无"之"字，后人以赵括为赵奢之子，因此加"之"字。其实当时人称赵括为马服子。两说均通。

④ 七败：姚作"亡败"，据王念孙说，"亡败"当作"七败"，与上文"七胜"相对，"亡""七"字相近，故"七"讹为"亡"。"众"，衍文。收破军之散守：收合了破散的败兵守卫邯郸。罢：同"疲"。

⑤ 未复：没有报复，犹言没有复仇。

译文 平原君对冯忌说："我想要向北进攻上党，出兵攻打燕国，怎么样?"冯忌回答说："不可以。那秦将武安君白起趁七次战胜赵兵的威势，和马服君之子赵括在长平之下大战，把赵国的军队打得大败，趁机用他的剩余兵力包围了邯郸城。赵国用七败的余兵，收合了破散的败兵守卫邯郸城，然而秦国的攻城部队却在邯郸城下弄得疲倦不堪，赵国坚守不可攻破的缘故，是因为攻城困难防守容易。如今赵国没有七胜的威武，然而燕国也没有长平之战的祸患。现在七败的祸患还没有报复，却想要用疲倦的赵国去攻打强大的燕国，这是使弱小的赵国做强秦那种攻打邯郸一样的事情，而使强大的燕国做弱赵那种守卫邯郸一样的事情。而强大的秦国用休整的士兵趁着赵国破败疲倦突然打过来，这就是强大的吴国之所以灭亡，而弱小的越国之所以称霸的原因。所以臣下没有看见燕国有什么可以进攻的理由。"平原君说:"太好了!"

平原君谓平阳君

原文　平原君谓平阳君曰①:"公子牟游于秦,且东②,而辞
应侯。应侯曰:'公子将行矣,独无以教之乎?'曰:
'且微君之命命之也③,臣固且有效于君。夫贵不与
富期,而富至④;富不与梁肉期,而梁肉至;梁肉不
与骄奢期,而骄奢至;骄奢不与死亡期,而死亡至。
累世以前,坐此者多矣⑤。'应侯曰:'公子之所以教
之者厚矣。'仆得闻此⑥,不忘于心,愿君之亦勿忘
也。"平阳君曰:"敬诺。"

注释　① 平阳君:赵惠文王的母弟赵豹,封为平阳君。

② 公子牟:即魏公子牟,因封于中山,又称中山公子牟。

且东:将要东归魏国,即将要向东回到魏国去。鲍本:"东
归魏。"

③ 且微君之命命之:假如没有您的命令命令我。且:且如,
犹言如果。

④ 期：约会，期望。

⑤ 坐：指定罪，此犹言犯。

⑥ 仆：自谦之辞。

译文 平原君对平阳君说："公子牟到秦国游历，将要向东回到魏国的时候，去向应侯辞行。应侯说：'公子快要走了，难道没有什么教导我的吗?'公子牟说：'假如没有您的命令命令我，臣下本来也将有话献给您。尊贵的人不跟财富约会，而财富自然到来；财富不跟精美的食物约会，而精美的食物自然到来；精美的食物不跟骄傲奢侈约会，而骄傲奢侈自然到来；骄傲奢侈不跟死亡约会，而死亡自然到来。数世以前，犯这种毛病的人很多。'应侯说：'公子用来教导我的道理太深刻了。'我能听到这样的话，牢牢地记在心里，希望您也不要忘记。"平阳君说："好吧。"

秦攻赵于长平

原文 秦攻赵于长平①，大破之，引兵而归。因使人索六城于赵而讲②。赵计未定。楼缓新从秦来，赵王与楼缓计之曰："与秦城何如？不与何如？"楼缓辞让曰："此非人臣之所能知也。"王曰："虽然，试言公之私③。"楼缓曰："王亦闻夫公甫文伯母乎④？公甫文伯官于鲁，病死。妇人为之自杀于房中者二八⑤。其母闻之，不肯哭也。相室曰⑥：'焉有子死而不哭者乎？'其母曰：'孔子，贤人也，逐于鲁，是人不随⑦。今死，而妇人为死者十六人。若是者，其于长者薄，而于妇人厚！'故从母言之，之为贤母也⑧；从妇言之，必不免为妒妇也。故其言一也，言者异，则人心变矣。今臣新从秦来，而言勿与，则非计也；言与之，则恐王以臣之为秦也。故不敢对⑨。使臣得为王计之，不如予之。"王曰："诺。"

注释

① 秦攻赵于长平：指长平之战。周赧王五十五年（前260），秦将白起大破赵军于长平，坑杀降卒四十万，后因秦相范雎不愿白起成大功，从中阻挠，秦撤兵西归。

② 讲：讲和。

③ 私：私见，犹言个人见解。

④ 公甫文伯：春秋时鲁国大夫，名歜（chù），季康子的从兄弟，其母名敬姜。

⑤二八：指十六人。

⑥相（xiàng）室：随嫁的妇女。

⑦是人：此人，指公甫文伯。敬姜称文伯为"是人"，是不把他当儿子看待。鲍本："称是人，不子之也。"

⑧之：此。

⑨对：对答，回答。

译文　秦军在长平进攻赵军，把赵军打得大败，率兵回国。于是秦国派人向赵国索取六座城邑并讲和。赵国的主意还没有拿定。楼缓刚从秦国前来，赵孝成王与楼缓谋划说："给秦国城邑怎么样？不给怎么样？"楼缓辞谢说："这不是臣下能够知道的事情。"赵王说："即使这样，请试谈一下您个人的见解。"楼缓说："君王听说过公甫文伯母亲的事情吗？公甫文伯在鲁国做官，病死了。妇人为他在房中自杀的有十六人。他母亲听说后，不肯哭。随嫁的妇女说：'哪里有儿子死了而不哭的人呢？'他的母亲说：'孔子是个贤明的人，被鲁国驱逐在外，这个人不去跟随。如今他死了，然而却有十六个妇人为他而死。像这样的人，说明他对长者情薄，而对妇人情厚！'所以从他母亲说的话来看，她是一位贤良的母亲，如果从妇人嘴里说出这话，一定免不了被人称为嫉妒的妇人。因此说出同样的话，由于说话的人不同，那么人们心中的看法就变化了。如今臣下刚从秦国来，如果我说不割城给秦国，那不是好计谋，如果说割城给秦国，那么恐怕大王认为臣下是为秦国说话。所以不敢回答。假如让臣下为大王谋划此事，不如给它。"赵王说："好吧。"

原文

虞卿闻之，入见王，王以楼缓言告之。虞卿曰："此饰说也①。"王曰："何谓也？"虞卿曰："秦之攻赵也，倦而归乎？王以其力尚能进，爱王而不攻乎？"王曰："秦之攻我也，不遗余力矣，必以倦而归也。"虞卿曰："秦以其力攻其所不能取，倦而归。王又以其力之所不能攻以资之②，是助秦自攻也。来年秦复攻王，王无以救矣。"

注释

① 饰说：装饰的游说之辞，犹言装饰的诈伪游说之辞。"此饰说也"之后有"秦既解邯郸之围，而赵王入朝，使赵郝约事于秦，割六县而讲"，鲍本认为此二十四字为衍文。从鲍本。故删掉。

② 资：资助。

译文 虞卿听到这件事后，入宫拜见赵王，赵王把楼缓的话告诉他。虞卿说："这是伪装的游说之辞。"赵王说："为什么这样说呢？"虞卿说："秦国攻打赵国，是他们疲倦退兵的呢？大王还是认为他们还有进攻能力，只是因为爱护大王才不进攻呢？"赵王说："秦国攻打我国，可以说是不遗余力了，一定是因为疲倦了才退兵的。"虞卿说："秦国因为用它的力量进攻它所不能夺取的城邑，疲倦之后退兵。大王又把它力量所不能攻占的城邑割让出去资助它，这是帮助秦国攻打自己。明年秦国再来攻打大王，大王就没有什么办法挽救自己了。"

原文 王又以虞卿之言告楼缓。楼缓曰："虞卿能尽知秦力之所至乎①？诚知秦力之不至，此弹丸之地犹不予也，令秦来年复攻王，得无割其内而媾乎②？"王曰："诚听子割矣，子能必来年秦之不复攻我乎？"楼缓对曰："此非臣之所敢任也③。昔者三晋之交于秦，相善也。今秦释韩、魏而独攻王，王之所以事秦必不如韩、魏也。今臣为足下解负秦之攻，启关通币，齐交韩、魏。至来年而王独不取于秦④，王之所以事秦者，必在韩、魏之后也。此非臣之所敢任也。"

注释

① 所至：犹言所达到的限度。至，犹及。鲍本："至，犹及也。虞卿言秦力倦而归，谓秦力所及止是耳。秦力岂此是而已乎？"

② 令：假如。内：内地。媾：同"讲"，讲和。

③ 任：承担。

④ 负秦之攻：辜负秦国亲善招致的进攻。通币：犹言互通使节。姚本作"敝"，《新序》作"币"，从《新序》。齐交韩、魏：赶上秦国和韩、韩的交情。独不取于秦：偏偏不能取得秦国的欢心。

译文

赵王又把虞卿的话转告楼缓。楼缓说："虞卿能够全部了解秦国军力的最大限度吗？如果的确知道秦国兵力达不到它所要达到的目的，那么弹丸那么大的地方也还是不能给它，假如明年秦国再来攻打赵国，大王恐怕会割让赵国内地的城邑去讲和吧？"赵王说："果真听您的话割让了城邑，您一定能够保证明年秦国不再来攻打我吗？"楼缓回答说："这可不是我敢承担的事情。从前韩、魏、赵三国和秦国结交，互相亲善。如今秦国放下韩、魏偏偏攻打大王，大王用来侍奉秦王的礼仪一定不如韩国、魏国。如今臣下为您解除由于辜负秦国亲善招致的进攻，开放边关，互通使节，赶上韩国、魏国同秦国的交情。假如到了明年大王偏偏不能取得秦王的欢心，那么大王所用来侍奉秦国的礼仪，一定是落在了韩国、魏国的后面。这可不是臣下所敢承担的事情。"

原文

王以楼缓之言告。虞卿曰："楼缓言不媾，来年秦复攻王，得无更割其内而媾。今媾，楼缓又不能必秦之不复攻也，虽割何益？来年复攻，又割其力之所不能取而媾也，此自尽之术也①。不如无媾。秦虽善攻，不能取六城；赵虽不能守，而不至失六城。秦倦而归，兵必罢。我以五城收天下以攻罢秦，是我失之于天下，而取偿于秦也。吾国尚利，孰与坐而割地，自弱以强秦？今楼缓曰：'秦善韩、魏而攻赵者，必王之事秦不如韩、魏也。'是使王岁以六城事秦也，即坐而地尽矣。来年秦复求割地，王将予之乎？不与，则是弃前功而挑秦祸也②；与之，则无地而给之③。语曰：'强者善攻，而弱者不能自守。'今坐而听秦，秦兵不敝而多得地，是强秦而弱赵也。以益愈强之秦，而割愈弱之赵，其计固不止矣④。且秦虎狼之国也，无礼义之心。其求无已，而王之地有尽。以有尽之地，给无已之求，其势必无赵矣。故曰：此饰说也。

王必勿与。"王曰："诺。"

注释

① 自尽之术：自取灭亡的办法。

② 前功：犹言以前付出的代价。姚本作"前贵"，《史记》《新序》均作"前功"。从《史记》《新序》。

③ 给（jǐ）：供给。

④ 其计固不止：秦国侵略的计谋一定不会停止。

译文

赵王把楼缓讲的话告诉虞卿。虞卿说："楼缓说如果不与秦国讲和，明年秦国又来攻打赵国，恐怕大王会再割让国内的土地去讲和。如果现在讲和，楼缓又不能一定保证秦国不再来进攻赵国，即使割让土地又有什么好处？如果明年秦国再来进攻赵国，又割让它力量无法夺取的土地去讲和，这是自取灭亡的办法。不如不讲和。秦国即使善于进攻，也不能夺取六座城邑；赵国即使不善于防守，也不至于丢失六座城邑。秦国由于劳累退兵，秦兵一定疲惫不堪。我们用五座城邑收买天下诸侯而去攻打疲惫的秦国，这样，我们虽然在天下有所失，但却从秦国得到了补偿。我国还是有利的，这与白白地割让土地，自己削弱自己反而使秦国强大比起来，哪个好？如今楼缓说：'秦国与韩国、魏国友善而攻打赵国的原因，一定是大王侍奉秦国不如韩国、魏国。'这是让大王每年都用六座城邑去侍奉秦国，也就是平白地把国土丢光。明年秦国再要求割让土地，大王准备给它吗？如果不给，那么这是抛弃以前已付出的代价并挑起秦军带来的战祸；如果给它，那么却没有土地供给了。俗话说：'强大的善于进攻，而弱小的不能自卫防守。'如今平白地听从秦国的要求，秦兵不受任何损伤却多占了土地，这是使秦国强大而使赵国衰弱的做法。以此增强越发强大的秦国，宰割越发衰弱的赵国，秦国侵夺赵国的计谋一定不会停止了。再说秦国是猛虎恶狼一样的国家，没有一点礼仪之心。它的追求没有止境，可是大王的土地是有送尽的时候。用有限的土地，供给无止境的贪求，那形势发展的结果必然灭亡赵国了。因此说：这是装饰诈伪的游说之辞。大王一定不要割让土地给秦国。"赵王说："好吧。"

原文 楼缓闻之，入见于王，王又以虞卿言告之。楼缓说："不然，虞卿得其一①，未知其二也。夫秦、赵构难，而天下皆说②，何也？曰'我将因强而乘弱③。'今赵兵困于秦，天下之贺战者，则必尽在于秦矣。故不若

亟割地求和，以疑天下④，慰秦心。不然，天下将因
秦之怒，乘赵之敝而瓜分之⑤。赵且亡，何秦之图？
王以此断之⑥，勿复计也。"

注释　①得：获得，此犹言知道。

②说：同"悦"。

③乘：犹言欺凌。

④以疑天下：以此使天下诸侯心生疑虑。

⑤乘：姚本作"秦"，鲍本作"乘"。从鲍本。

⑥断：决断。

译文　楼缓听说后，入宫拜见赵王，赵王又把虞卿讲的话告
诉了他。楼缓说："不是这样。虞卿只知其一，不知
其二。如果秦国、赵国结为怨仇造成祸乱，天下诸侯
都会高兴，为什么呢？他们说：'我将要依靠强大的
秦国而欺凌弱小的赵国。'如今赵兵被秦国所困，天
下祝贺战胜的人，必定都在秦国一方了。所以大王不
如赶快割地求和，以此使天下诸侯心生疑虑，安慰秦
王的心。不这样做，天下诸侯将借着秦国的愤怒，趁
着赵国的破败而将它瓜分。赵国将要灭亡了，还图
谋什么秦国？大王就此作出决断，不要再打其他主

意了。”

原文　虞卿闻之，又入见王曰：“危矣，楼子之为秦也^①！夫赵兵困于秦，又割地为和，是愈疑天下，而何慰秦心哉？是不亦大示天下弱乎？且臣曰勿予者，非固勿予而已也。秦索六城于王，王以五城赂齐。齐、秦之深仇也，得王五城，并力而西击秦也，齐之听王，不待辞之毕也^②。是王失于齐而取偿于秦，一举结三国之亲，而与秦易道也^③。”赵王曰：“善。”因发虞卿东见齐王^④，与之谋秦。虞卿未反，秦之使者已在赵矣。楼缓闻之，逃去。

注释　① 楼子之为秦也：楼缓是为秦国服务啊！

② 不待辞之毕：不等把话说完。

③ 三国：指韩、魏、齐三国。易道：犹言交换了处境。

④ 发：派遣。

译文　虞卿听到后，又入宫拜见赵王说：“危险了，楼缓是为秦国服务啊！赵兵被秦国所困，又去向秦国割地求和，这是越发使天下诸侯对我们产生疑心，又怎么能安慰秦王的心呢？这不也是大肆地向天下诸侯显示了赵国的弱小吗？再说臣下说不给土地，不是一定不拿出土地。秦国向大王索要六座城邑，大王用五座城邑贿赂齐国。齐国、秦国是有深仇大恨的国家，齐国得到大王五座城邑，就会与我们合力向西进攻秦国，齐国听从大王的旨意，用不着等到把话说完。这就是大王虽在齐国有所失，却在秦国取得了补偿，这一举动可以使我们与韩、魏、齐三国结成亲密友邦，而与秦国交换了处境。"赵王说："好。"因此派遣虞卿向东去谒见齐王，与齐王谋划攻打秦国。虞卿还没有从齐国回来，秦国的使者已来到赵围讲和了。楼缓听说后，就从赵国逃走了。

秦攻赵平原君使人请救于魏

原文

秦攻赵，平原君使人请救于魏。信陵君发兵至邯郸城下，秦兵罢。虞卿为平原君请益地，谓赵王曰①："夫不斗一卒，不顿一戟②，而解二国患者，平原君之力也。用人之力，而忘人之功，不可。"赵王曰："善。"将益之地，公孙龙闻之③，见平原君曰："君无覆军杀将之功，而封以东武城④。赵国豪杰之士，多在君之右⑤，而君为相国者以亲故。夫君封以东武城不让无功，佩赵国相印不辞无能，一解国患，欲求益地，是亲戚受封，而国人计功也⑥。为君计者，不如勿受便。"平原君曰："谨受令。"乃不受封。

注释

①请益地：请求增加封地。赵王：指赵孝成王。

②顿：借为"钝"，坏。

③公孙龙：赵人，平原君门客。

④东武城：赵国城邑，在今山东省武城县。

⑤多在君之右：多在君之上。

⑥是亲戚受封，而国人计功：这是以亲戚的身份接受封地，以国人的身份计功受赏。

译文

秦国进攻赵国，平原君派人向魏国请求援救。信陵君发兵到邯郸城下，秦国罢兵。虞卿为平原君请求增加封地，对赵孝成王说："不使一个士卒战斗，不使一只戟毁坏，而解救了两个国家的患难，这是平原君的力量。使用别人的力量，却忘了别人的功劳，是不可以的。"赵孝成王说："好。"将要给平原君增加封地，公孙龙听到了这件事，拜见平原君说："您没有消灭

敌人军队杀伤敌人将领的功劳，而赵王把东武城封给
您。赵国的英雄豪杰，才能多在您之上，然而您却因
为是赵王亲属的缘故做了相国。您接受东武城的封地
没有功劳不谦让，佩戴赵国相印没有才能不推辞，一
旦为国家解除患难，就想要追加封地，这是以亲戚的
身份无功受封，而且以国人的身份计功受赏。我替
您考虑，不如不接受合适。"平原君说："接受您的命
令。"于是就没有接受封赏。

秦赵战于长平

原文　秦、赵战于长平，赵不胜，亡一都尉①。赵王召楼
昌与虞卿曰②："军战不胜，尉复死，寡人使卷甲而
趋之③，何如？"楼昌曰："无益也，不如发重使而为
媾。"虞卿曰："夫言媾者，以为不媾者军必破，而制
媾者在秦。且王之论秦也，欲破王之军乎？其不邪④？"
王曰："秦不遗余力矣，必且破赵军。"虞卿曰："王聊
听臣，发使出重宝以附楚、魏⑤。楚、魏欲得王之重
宝，必入吾使。赵使入楚、魏，秦必疑天下合从也，

且必恐。如此，则媾乃可为也。"

注释

①都尉：军队中的中级军官，统领一部。

②赵王：即赵孝成王。楼昌：赵国大臣。

③卷甲而趋之：所有的甲兵袭击秦国的军队。趋，袭击。姚本作"趍"，鲍本作"趋"。从鲍本。

④其不邪：还是不是这样。不，即"否"。

⑤附：依附，归附。

译文

秦国、赵国在长平交战，赵国没有胜利，死了一个都尉。赵孝成王召见楼昌和虞卿说："军队没有打胜，都尉又战死了一个，寡人派全部甲兵袭击秦军，怎么样？"楼昌说："没有好处，不如派出一个重要使者和秦国讲和。"虞卿说："那些谈论讲和的人，认为不讲和军队一定失败。可是控制讲和的权力在秦国手中。再说大王就秦国而论，是想要打败大王的军队呢？还是不是这样？"赵孝成王说："秦国是不遗余力了，一定准备打败赵国的军队。"虞卿说："大王姑且听从臣下的话，派使者拿出重要宝器去归附楚国、魏国。楚国、魏国想要得到大王的贵重宝物，一定让我国的使者进入他们的国家。赵国使者进入楚国、魏国，秦国一定怀疑天下诸侯在搞合纵，必定恐惧。如此，那么讲和的事才可以去做。"

原文　赵王不听，与平阳君为媾，发郑朱入秦①，秦内之。赵王召虞卿曰："寡人使平阳君媾秦，秦已内郑朱矣，子以为奚如②？"虞卿曰："王必不得媾，军必破矣，天下之贺战者皆在秦矣。郑朱，赵之贵人也，而入于秦，秦王与应侯必显重以示天下③。楚、魏以赵为媾，必不救王。秦知天下不救王，则媾不可得成也。"赵卒不得媾，军果大败。王入秦，秦留赵王而后许之媾④。

注释　① 与：以，用。郑朱：赵国地位尊贵的人。

② 奚如：怎么样。

③ 秦王：指秦昭王。

④ 留：扣留。

译文　赵孝成王不听，用平阳君赵豹办理讲和事宜，派郑朱到秦国去，秦国接纳了郑朱。赵孝成王召见虞卿说："寡人派平阳君与秦国讲和，秦国已经接纳郑朱了，您认为怎么样？"虞卿说："大王与秦国一定不能讲和，赵国的军队一定被打败了，天下诸侯祝贺战争胜利的人都已经到秦国了。郑朱，是赵国尊贵的人，而进入秦国去讲和，秦昭王和应侯一定把这个显贵重要的使者给天下诸侯看。楚国、魏国认为赵国讲和，一定不会援救大王。秦国知道天下诸侯不援助大王，那么讲和是不能成功的。"赵国最终没能与秦国讲和，军队果然被打得大败。赵王入秦朝拜，秦国扣留赵王后答应赵国讲和。

秦围赵之邯郸

原文 秦围赵之邯郸。魏安釐王使将军晋鄙救赵①。畏秦，止于荡阴②，不进。魏王使客将军辛垣衍间入邯郸，因平原君谓赵王曰③："秦所以急围赵者，前与齐湣王争强为帝，已而复归帝④，以齐故。今齐已益弱⑤。方今唯秦雄天下，此非必贪邯郸，其意欲求为帝。赵诚发使尊秦昭王为帝，秦必喜，罢兵去。"平原君犹豫未有所决。

注释

① 魏安釐王：魏昭王之子，名围（yǔ），信陵君无忌的异母兄。晋鄙：魏国大将。

② 荡阴：即汤阴，当时为赵、魏两国交界处（在今河南省汤阴县）。

③ 客将军：别国人而仕于此国为将军，故称客将军。辛垣衍：人名。姓辛垣，名衍。辛，姚本作"新"，鲍本作"辛"，从鲍本。间入：乘围困不紧时潜入。赵王：指赵孝成王，名丹，前265 — 前245年在位。

④ 前与齐湣王争强为帝，已而复归帝：秦昭王十九年，昭王与齐湣王相约同时称帝。昭王称西帝，湣王称东帝。后齐湣王接受苏代劝告，废去帝号。秦昭王也除去西帝的称号。复归帝，即指废去帝号

⑤ 今齐已益弱：姚本"齐"一下有"湣王"，鲍本认为"湣王"为衍文。秦围邯郸时，齐湣王已死，齐襄王在位，故从鲍本。

译文

秦军包围了赵国的都城邯郸。魏国安釐王派将军晋鄙领兵救援赵国。晋鄙惧怕秦军，驻扎荡阴，不敢再前进。魏王派客籍将军辛垣衍乘围困不紧时潜入邯郸，通过平原君对赵孝成王说："秦国所以急于围困赵国的原因，是从前秦昭王和齐湣王互相争胜称帝，不久秦昭王取消了帝号，就是由于齐湣王废去帝号的缘

故。如今齐国已经日益衰弱。当今只有秦王能称雄天下了，这次秦国的行动不一定是贪图攻占邯郸，它的用意是想要称帝。赵国果真派出使者尊奉秦昭王为帝，秦王一定高兴，就会撤兵离邯郸而去。"平原君心里犹豫没有作出什么决断。

原文 　此时鲁仲连适游赵，会秦围赵①。闻魏将欲令赵尊秦为帝，乃见平原君曰："事将奈何矣？"平原君曰："胜也何敢言事？百万之众折于外，今又内围邯郸而不能去②。魏王使将军辛垣衍令赵帝秦。今其人在是，胜也何敢言事？"鲁连曰："始吾以君为天下之贤公子也，吾乃今然后知君非天下之贤公子也。梁客辛垣衍安在？吾请为君责而归之③。"平原君曰："胜请召而见之于先生。"平原君遂见辛垣衍曰："东国有鲁连先生④，其人在此，胜请为绍介而见之于将军。"辛垣衍曰："吾闻鲁连先生，齐国之高士也。衍，人臣也，使事有职⑤。吾不愿见鲁连先生也。"平原君曰："胜已泄之矣。"辛垣衍许诺。

注释 　① 鲁仲连：又称鲁连，齐国高士，一生不做官，好为人排难解纷。适：恰巧。会：遇到。

②百万之众折于外：在外面百万军队遭到损失。此事指前260年，秦将白起大破赵军于长平，坑赵降卒四十万。"百万"是夸张说法。不能去：不肯撤离；一说，犹言无法使他们撤离；一说，不能击退秦兵。去，驱逐。

③梁客：即魏客，指辛垣衍。魏国建都大梁，所以也称为梁。

④东国：指齐国。齐在赵东，故称。

⑤使事有职：因事做使节，有职务在身。

译文　这时候鲁仲连恰巧在赵国游历，正遇到秦军围困邯郸。听说魏国打算使赵国尊奉秦王为帝，就去拜见平原君说："您对这件事准备怎么办？"平原君说："赵胜怎么敢谈论这件事情？百万军队在外面遭到损失，如今秦兵又深入国内围困邯郸而不能使他们撤离。魏王派将军辛垣衍使赵国称秦王为帝。现在这个人还在这里，赵胜还怎么敢谈论这件事？"鲁仲连说："最初我把您当作天下的贤明公子，我从今以后才知道您不是天下的贤明公子。梁客辛垣衍在哪里？我要替您责备他并让他回去。"平原君说："让我叫他来见先生。"平原君于是会见辛垣衍说："齐国有位鲁仲连先生，这个人正在这里，让我介绍他会见将军。"辛垣衍说："我听说鲁仲连先生，是齐国道德高尚的人。我呢，只是人主的一个臣子，因事做使节，有职务在身。我不愿意会见鲁仲连先生。"平原君说："赵胜已经把您的情况透露给他了。"辛垣衍这才答应会见。

原文 鲁连见辛垣衍而无言。辛垣衍曰："吾视居此围城之中者①，皆有求于平原君者也。今吾视先生之玉貌②，非有求于平原君者，曷为久居此围城之中而不去也？"鲁连曰："世以鲍焦无从容而死者③，皆非也。今众人不知，则为一身。彼秦者，弃礼义而上首功之国也④。权使其士，虏使其民⑤。彼则肆然而为帝，过而遂正于天下⑥，则连有赴东海而死矣。吾不忍为之民也！所为见将军者⑦，欲以助赵也。"辛垣衍曰："先生助之奈何？"鲁连曰："吾将使梁及燕助之。齐、楚则固助之矣。"辛垣衍曰："燕则吾请以从矣⑧。若乃梁，则吾乃梁人也，先生恶能使梁助之耶⑨？"鲁连曰："梁未睹秦称帝之害故也，使梁睹秦称帝之害，则必助赵矣。"辛垣衍曰："秦称帝之害将奈何？"鲁仲连曰："昔齐威王尝为仁义矣，率天下诸侯而朝周。周贫且微，诸侯莫朝，而齐独朝之。居岁余，周烈王崩，诸侯皆吊，齐后往。周怒，赴于齐曰⑩：'天崩地坼，天子下席⑪。东藩之臣田婴齐后至，则斮之⑫。'

威王勃然怒曰：'叱嗟，而母婢也⑬。'卒为天下笑。故生则朝周，死则叱之，诚不忍其求也。彼天子固然，其无足怪。"辛垣衍曰："先生独未见夫仆乎？十人而从一人者，宁力不胜，智不若耶？畏之也。"鲁仲连曰："然梁之比于秦若仆耶？"辛垣衍曰："然。"鲁仲连曰："然吾将使秦王烹醢梁王⑭。"辛垣衍怏然不悦曰⑮："嘻，亦太甚矣，先生之言也！先生又恶能使秦王烹醢梁王？"

注释

① 此：姚本作"北"，鲍本作"此"，从鲍本。

② 玉貌：对别人容貌的敬称。

③ 鲍焦：周时隐士，不满时政，廉洁自守，以打柴及拾橡实为生，后抱树而死。从容：举动，犹言作为。

④ 上首功之国：崇尚斩首之功的国家，犹言根据杀敌的多少，作为计功晋级标准的国家。上，通"尚"，崇尚。

⑤ 权：权诈。士：战士；一说，卿士。供参考。虏使其民：指秦国把民众当作奴隶使用。虏，俘虏，古代把俘虏作为奴隶。

⑥ 肆然而为帝：肆无忌惮地自称为帝。过：甚，进一步。正于天下：以政令统治天下各国。正，通"政"，政令。

⑦ 所为：犹所以。

⑧ 燕则吾请以从矣：犹言燕国已听从魏国约请，尊秦为帝了。以，同"已"。

⑨ 恶（wū）：疑问词，怎么，哪里。

⑩ 周：指周显王。赴：通"讣"，报丧。

⑪ 天崩地坼（chè）：喻指周天子死亡。崩，塌。坼，裂。下席：此指离开原来的宫室，寝于草席上守丧。

⑫ 田婴齐：即齐威王，姓田，名因齐。婴，与"因"古音同。斮（zhuó）同"斫"，斩首。

⑬ 叱嗟：怒斥声，相当于"呸"。而：通"尔"，你的。

⑭ 烹醢（hǎi）：古代的酷刑。烹，烹煮。醢，剁成肉酱。

⑮ 怏然：心中不服而怨怼的样子。

译文　鲁仲连见到辛垣衍后却不说话。辛垣衍说："我看住在这围城里的人，都是有求于平原君的。现在我观察先生的容貌，不像是有求于平原君的人，为什么长期住在这个围城之中而不离开呢？"鲁仲连说："社会上那些认为鲍焦无所作为乏困而自杀的人，都是不对的。现在有很多人不了解他，还认为他仅是为了个人而死。那个秦国，是一个废弃礼义而崇尚斩首之功的国家。用权诈的手段役使它的士兵，用对待俘虏的办法役使它的民众。如果秦王将要肆无忌惮地自称为帝，进一步以政令统治天下各国，那么我鲁仲连只有跳进东海自杀了。我不忍心做他的百姓！我所以会见将军的目的，是想借此机会帮助赵国。"辛垣衍说："先生怎么样帮助它呢？"鲁仲连说："我打算让魏国和燕国帮助它。齐国、楚国早已帮助它了。"辛垣衍说："燕国已听从魏国约请尊秦为帝了。至于说到魏国，那么我就是魏国人，先生怎么能使魏国帮助赵国呢？"鲁仲连说："这是魏国没有看到秦王称帝危害的缘故，如果使魏国看到秦王称帝的危害，那么它就必定会帮助赵国了。"辛垣衍说："秦王称帝的危害将会怎么样？"鲁仲连说："从前齐威王曾经实行仁义，率领天下诸侯去朝见周天子。当时周王室贫困并且弱小，诸侯没有谁去朝见，可是唯独齐威王去朝见他。过了一年多，周烈王驾崩，诸侯们都去吊唁，齐威王后到。周显王大怒，向齐国报丧说：'天子去世如同天塌地裂一样，新即位的天子也睡在草席上守丧。可是东方的藩臣田婴齐竟然最后才到，那么就斩首他。'齐威王勃然大怒说'呸，你妈不过是个奴婢。'他终于被天下人所讥笑。为什么周烈王活着的时候就去朝见他，死后则骂他，实在是由于不堪忍受周显王的苛求。那天子本来是这样的，那是不足为怪的。"辛垣衍说:"先生难道没有看见那奴仆吗? 他们十个人跟从一个主人,难道是他们的力量敌不过他,智慧赶不上他吗? 是因为惧怕主人。"鲁仲连说:"如此说来,魏国和秦国相比就像奴仆吗?"辛垣衍说:"是的。"鲁仲连说:"既然如此,那么,我将让秦王烹煮魏王把他剁成肉酱。"辛垣衍气恨不服,很不高兴地说:"嘻,也太过分了,先生的言论! 先生又怎么能让秦王烹煮梁王把他剁成肉酱呢?"

原文　　鲁仲连曰:"固也,待吾言之。昔者,鬼侯、鄂侯、文王,纣之三公也①。鬼侯有子而好,故入之于纣②,纣以为恶,醢鬼侯。鄂侯争之急,辨之疾,故脯鄂侯③。文王闻之,喟然而叹,故拘之于牖里之库百日,而欲舍之死④。曷为与人俱称帝王,卒就脯醢之地也? 齐闵王将之鲁,夷维子执策而从⑤,谓鲁人曰:'子将何以待吾君?'鲁人曰:'吾将以十太牢待子之君⑥。'夷维子曰:'子安取礼而来待吾君? 彼吾君者,天子也。天子巡狩,诸侯辟舍,纳筦键,摄衽抱几,视膳于堂下,天子已食,退而听朝也⑦。'鲁人投其籥,不果纳⑧。不得入于鲁,将之薛,假涂于邹⑨。当是时,邹君死,闵王欲入吊。夷维子谓邹之孤曰⑩：'天子吊，主人必将倍殡枢⑪，设北面于南方，然后天子南面吊也。'邹之群臣曰：'必若此，吾将伏剑而死。'故不敢入于邹。邹、鲁之臣，生则不得事养，死则不得饭含⑫。然且欲行天子之礼于邹、鲁之臣，不果纳。今秦万乘之国，梁亦万乘之国。俱据万乘之国，交有称王之名，睹其一战而胜，欲从而帝之，是使三晋之大臣不如邹、鲁之仆妾也⑬。且秦无已而帝⑭，则且变易诸侯之大臣。彼将夺其所谓不肖，而予其所谓贤；夺其所憎，而与其所爱。彼又将使其子女谗妾其诸侯妃姬，处梁之宫，梁王安得晏然而已乎⑮？而将军又何以得故宠乎？"

注释

① 鬼侯、鄂侯：皆当时诸侯。鬼侯之国在今河北省临漳县，鄂侯之国在今河南省沁阳市西北。姚本作"鬼侯之鄂侯"，鲍本无"之"字，从鲍本。三公：犹言三个诸侯。

② 子：此处指女儿。好：美丽。入：进献。

③ 辨：通"辩"，争论。疾：急，激烈。脯（fǔ）鄂侯：把鄂侯杀死后做成肉干。脯，古代一种酷刑，把人杀死后做成肉干，这里脯用如动词；一说，肉熟为脯，脯，烹煮。可供参考。

④ 牖（yǒu）里：亦作"羑（yǒu）里"，地名，在今河南省

汤阴县北。库：监狱。库，姚本作"车"，鲍本作"库"，从
鲍本。舍：犹置。郭希汾本："舍，犹置也。"

⑤ 齐闵王：即齐湣王。夷维子：齐国人。夷维，本为齐国地
名（在今山东省潍坊市）。其人以邑为姓。子，古时男子的
美称；一说，其人为子爵。供参考。策：马鞭子。

⑥ 太牢：牛羊猪各一口称太牢。古时款待诸侯用十太牢。

⑦ 巡狩：亦作"巡守"，天子视察诸侯守卫的地方，每五年一
次。辟舍：避开正殿不居，表示不敢以国家最高统治者自居。
辟，通"避"。纳筦键：指把钥匙交给天子。筦键，钥匙。姚
本作"纳于筦键"，鲍本无"于"字，从鲍本。摄衽：提起衣
襟。抱几：搬设几案。视膳堂下：犹言在堂下伺候天子用饭。
退而听朝：犹言退出去处理政务。

⑧ 投其籥（yuè）：指闭门下锁。籥，同"钥"。不果纳：即
果不纳，终于不让他入境。

⑨ 假涂：借道。涂，通"途"。

⑩ 孤：指邹国的新君，父死称孤。

⑪ 倍殡枢：把灵枢换到相反的方位。古代以坐北朝南为正位，
故国君的灵枢放在北面。天子来吊丧，天子要面向南，这样
就得把灵枢移到坐南朝北的方位。倍，通"背"。

⑫ 饭含：古代殡礼，在死者口中安放一些粮食，称为饭；在
死者口中安放玉石称为含。

⑬ 交有：互有。睹：姚本作"赌"，鲍本作"睹"，从鲍本。

三晋：指韩、赵、魏三国。晋国本是春秋时的强国，后来分裂成韩、赵、魏。这里称"三晋"，含有讥讽之意。

⑭ 无已而帝：犹言若不加制止而终于使秦为帝。无已，犹言欲为之而不止。鲍本："言无止之者。"

⑮ 子女：这里专指女。谗妾：爱说别人坏话的妾妇。晏然：安逸，犹言平安快乐。

译文　鲁仲连说："本来能这样，待我说明这个道理。从前，鬼侯、鄂侯、文王，是商纣王的三公。鬼侯有个女儿长得很美，所以进献给纣王，纣王却认为她长得丑，把鬼侯剁成肉酱。鄂侯为这事急忙力争，辩护激烈，所以把鄂侯杀死后做成肉干。周文王听到这件事后，长叹了一口气，因此又把文王拘留在牖里的监狱里一百天，并且想要把他置于死地。为什么和别人同样号称帝王，却终于落到被人晒成肉干、剁成肉酱的地步？齐闵王将要到鲁国去，夷维子执鞭驾车随行，对鲁国人说：'您打算用什么礼节接待我们的国君？'鲁国人说：'我们准备用牛羊猪各十头的礼节款待您的国君。'夷维子说：'您是从哪里择取了这样的礼节来款待我们的君王？我们的国君是天子。天子到诸侯国

视察，诸侯要避开正殿不居，交纳钥匙，提起衣襟搬
设几案，在堂下伺候天子用饭，等天子吃过饭，诸侯
才能退出去处理政务。'鲁国人闭门下锁，终于不让
他入境。闵王没有进入鲁国都城，将要到薛国去，向
邹国借道。正当这个时候，邹国国君去世，闵王想要
入境吊唁。夷维子对邹国国君的遗孤说：'天子前来
吊唁，主人一定要把灵柩移到相反的方位，从朝南的
方位移到朝北的方位，然后天子才能面向南方吊唁。'
邹国的大臣们说：'一定要这样做的话，我们就伏剑
自杀。'所以闵王不敢进入邹国。邹国、鲁国的臣子
们，在国君活着的时候不能侍奉供养，在他们死后也
不能举行把米和玉放入口中的殡礼，然而当闵王想要
把对待天子的礼节强加给邹、鲁两国大臣时，他们最
终却不肯接受。如今秦国是拥有万辆兵车的大国，魏
国也是拥有万辆兵车的大国。都是据有万辆兵车的大
国，互有称王的名分，看见秦王打了一次胜仗，就想
要服从并尊他为帝，这是使三晋的大臣不如邹、鲁两
国的奴仆和姬妾。而且若不加制止终于使秦昭王为
帝，那么他就会撤换诸侯的大臣。他将要剥夺他认为
不贤的人的权力，而给予他所谓贤明的人；剥夺他所
憎恶的人，而把职位给他所喜欢的人。他还要把他的

女儿和说坏话的姬妾充当诸侯的嫔妃姬妾，住在魏国的后宫里，魏王哪里能够平安快乐呢？而且将军您又凭什么能得到往日的恩宠呢？"

原文　于是，辛垣衍起，再拜谢曰："始以先生为庸人，吾乃今日而知先生为天下之士也。吾请去，不敢复言帝秦。"秦将闻之，为却军五十里①。

适会魏公子无忌夺晋鄙军以救赵击秦，秦军引而去②。于是平原君欲封鲁仲连。鲁仲连辞让者三，终不肯受。平原君乃置酒，酒酣，起前以千金为鲁连寿③。鲁连笑曰："所贵于天下之士者，为人排患、释难、解纷乱而无所取也。即有所取者④，是商贾之人也，仲连不忍为也。"遂辞平原君而去，终身不复见。

注释　① 却：退却。

② 魏公子无忌：即信陵君。引：退却。

③ 寿：犹言祝福长寿。

④ 即：如，如果。

译文　于是，辛垣衍起身，对鲁仲连拜了两拜谢罪说："最初我把先生当作平庸的人，我现在才认识到先生是天下的贤士。我请求离开这里，不敢再谈尊秦为帝的事了。"秦国将领听到这个消息，为此退兵五十里。

恰巧遇上魏国信陵君夺得了晋鄙的军队来援救赵国，袭击秦军，秦军撤离了邯郸。于是平原君想要加封鲁钟连。鲁仲连辞谢推让多次，始终不肯接堂。平原君就设置酒席宴请他，酒兴正浓的时候，平原君起身，走到鲁仲连面前，拿出千金厚礼为鲁仲连祝寿。鲁仲连笑着说："对于天下之士来说，所宝贵的东西，是为人排除忧患、解除苦难、消除纷乱而不要什么报酬。如是果要什么酬劳，这就是做买卖的商人了，仲连我不忍心做这种人。"于是辞别平原君走了，终生没有再来见他。

说张相国

原文 说张相国曰①："君安能少赵人，而令赵人多君②？君安能憎赵人，而令赵人爱君乎？夫胶漆，至韧也，而不能合远③；鸿毛，至轻也，而不能自举。夫飘于清风，则横行四海。故事有简而功成者，因也。今赵万乘之强国也，前漳、滏④，右常山，左河间，北有代，带甲百万，尝抑强齐，四十余年而秦不能得所欲。由是观之，赵之于天下也不轻。今君易万乘之强赵⑤，而慕思不可得之小梁，臣窃为君不取也。"君曰："善。"自是之后，众人广坐之中，未尝不言赵人之长者也，未尝不言赵俗之善者也。

注释

① 张相国：魏国人，相赵，常怀念魏国，轻视赵国。鲍本："盖梁人相赵，尝怀梁而鄙赵者。"

② 少：轻视。多：尊重。

③ 靭（nì，又读 rèn）：黏。合远：犹言把两个相距很远的东西黏合在一起。

④ 滏（fǔ）：水名，发源于今河北省磁县西北石鼓山，两岸山岭高深，形势险峻。

⑤ 易：轻视。

译文

有人游说张相国说："您哪里能轻视赵国人，反而使赵国人尊重您？您哪里能憎恶赵国人，反而使赵国人爱戴您呢？胶漆是最黏的东西，可是不能把两个相距很远的东西黏合在一起；鸿毛是最轻的东西，可是不能自己举起自己。飘浮在清风之中，那么才能在四海横行。所以事情有用简单办法就能成功的原因，是有所依凭。如今赵国是拥有万辆兵车的强国，它前面有天堑漳河、滏水，右面有险峻的常山，左面有河间那样的粮仓，北面有代地的丰富物产，有甲兵百万，曾经抑制过强大的齐国，四十多年来秦国不能得到它所想要得到的东西。由此看来，赵国在天下是不容轻视的。如今您轻视拥有万辆兵车的强大赵国，而爱慕思念不可能得到的小小魏国，臣下私下认为您的想法是不可取的。"张相国说："好。"从此以后，在大庭广众之中，张相国没有不谈论赵国人长处的，没有不谈论赵国美好风俗的。

郑同北见赵王

原文 郑同北见赵王①。赵王曰："子南方之博士也②，何以教之？"郑同曰："臣南方草鄙之人也③，何足问？虽然，王致之于前，安敢不对乎？臣少之时，亲尝教以兵④。"赵王曰："寡人不好兵。"郑同因抚手仰天而笑之曰："兵固天下之狙喜也，臣固意大王不好也⑤。臣亦尝以兵说魏昭王⑥，昭王亦曰：'寡人不喜。'臣曰：'王之行能如许由乎？许由无天下之累，故不受也。今王既受先王之传，欲宗庙之安，壤地不削，社稷之血食乎⑦?'王曰：'然。'今人操随侯之珠，持百丘之环，万金之财，特宿于野，内无孟贲之威，荆庆之断，外无弓弩之御，不出宿夕⑧，人必危之矣。今有强贪之国，临王之境，索王之地，告以理则不可，说以义则不听。王非战国守围之具⑨，其将何以当之？王若无兵，邻国得志矣。"赵王曰："寡人请奉教。"

注释 ① 郑同：郑国游说之士，事迹不详。北：用如动词，犹言到北方去。赵王：赵惠文王。

② 博：姚本作"传"，鲍本作"博"，从鲍本。

③ 草鄙之人：犹言草野之人。鄙，犹野。

④ 亲：父母，此指父亲。

⑤ 狙（jū）喜：犹言奸诈的人喜欢。狙，奸诈。固意：本来料到。

⑥ 魏昭王：魏襄王之子，名遫（sù）。

⑦ 血食：受祭祀，因祭祀时有牲牢，故称血食。

⑧持百丘之环：姚本无"百"字，鲍本有，从鲍本。百丘之环：未详。特宿：独宿。特，独。特，姚本作"时"，鲍本补作"特"，从鲍本补。荆：成荆，古代勇士。庆：指庆忌，吴王僚之子，能足蹴麋鹿，手搏兕虎，行走如飞，战国时勇捷之士。宿夕：犹旦夕，形容时间很短。

⑨守围：守卫防御。围，借为"御"。

译文 郑同到北方去拜见赵王。赵王说："您是南方博古通今的人，用什么来教导我？"郑同说："臣下是南方草野之人，哪里值得君王垂问？虽然如此，大王已经把问题提到了臣下的面前，哪里敢不回答呢？臣下年少的时候，父亲曾经教给我兵法。"赵王说："寡人不喜欢兵法。"郑同于是抚手仰天大笑说："兵法本来是天下狡诈的人喜欢的东西，臣下料到大王不会喜欢的。臣下也曾经用兵法游说魏昭王，魏昭王也说：'寡人不喜欢。'臣下说：'大王的行为能像许由吗？许由没有为天下忧虑的思想，所以不接受尧让出的天下。如今君王已经接受了先王传给的君位，想让宗庙平安，土地不被削减，社神谷神长受祭祀吗？'魏王说：'是的。'现在有人拿着随侯之珠，握有百丘之环，价值万金的财物，在野地里独宿，内无孟贲的威风，成荆、庆忌的决断，外没有硬弓强弩的防御，过不了很长时间，这个人一定是危险了。如今有强大贪婪的国家，兵临君王的边境，索取君王的土地，以理说明他则不同意，用义游说他则不听从。君王不是交战的国家，缺少防御守卫的器具，那将用什么来抵敌？君王如果没有军队，邻国就要得志了。"赵王说："寡人请求接受教益。"

建信君贵于赵

原文　建信君贵于赵①。公子魏牟过赵，赵王迎之，顾反至坐，前有尺帛，且令工以为冠②。工见客来也，因辟③。赵王曰："公子乃驱后车，幸以临寡人，愿闻所以为天下④。"魏牟曰："王能重王之国若此尺帛，则王之国大治矣。"赵王不说，形于颜色⑤，曰："先王不知寡人不肖，使奉社稷⑥，岂敢轻国若此！"魏牟曰："王无怒，请为王说之。"曰："王有此尺帛，何不令前郎中以为冠⑦？"王曰："郎中不知为冠。"魏牟曰："为冠而败之，奚亏于王之国⑧？而王必待工而后乃使之。今为天下之工，或非也，社稷为虚戻，先王不血食，而王不以予工，乃与幼艾⑨。且王之先帝，驾犀首而骖马服，以与秦角逐⑩。秦当时避其锋⑪。今王憧憧，乃辇建信以与强秦角逐，臣恐秦折王之椅也⑫。"

注释

① 建信君：赵王幸臣，其名不详。

② 公子魏牟：即魏公子牟，战国时哲学家、思想家。赵王：指赵孝成王。顾反至坐：还反至坐，即回到自己座位上。顾，还。尺帛：短缯，小块丝织物。且令工以为冠：准备让工匠用它做成帽子。

③ 辟：同"避"，回避。

④ 乃：却，竟然。后车：侍从者所乘的车子。为天下：治理天下。

⑤ 说：同"悦"。形：表现，显露。

⑥ 先王：姚本作"先生"，鲍本作"先王"，从鲍本。奉社稷：侍奉社神谷神，此犹言享有国家。

⑦ 郎中：官名，左右近侍之臣。

⑧ 亏：犹言损害。

⑨ 虚戻：也作"虚厉"，犹言国空人绝。幼艾：年少美好的人。艾，美好，犹言漂亮。

⑩ 驾犀首而骖马服：用犀首驾御马车，让马服君做车右。犀首：官名，指公孙衍；一说，郭希汾本认为史未载公孙衍仕赵事，此指何人，不详。马服，即马服君赵奢。角逐：争相取胜。

⑪ 避：姚本作"适"，鲍本作"避"，从鲍本。

⑫ 憧憧（chōng）：摇曳不定的样子；一说，昏愚的样子。椅：也作"輢"，车厢两旁人可凭倚的木板，引申为凭依、靠近。

译文

建信君在赵国很显贵。魏国公子牟经过赵国，赵孝成王迎接他，回来以后，坐到自己位置上，面前摆着一小块丝织物，准备让工匠用它做帽子。工匠看见客人到来，因此回避了。赵孝成王说："公子竟然驱赶侍从者的车子，有幸光临寡人的国家，希望听到治理天下的道理。"魏国公子牟说："君王重视国家如果能像重视这块小小的丝织物一样，那么君王的国家就会大治了。"赵孝成王很不高兴，在脸色上已经表现出来了，说："先王不知道寡人不成器，让我享有国家，怎么敢轻视国家像您说的这样！"魏国公子牟说："君王不要发怒，请让我为您解释。"又接着说："君王有这么一块小小丝织物，为什么不让伺候在面前的郎中用它做成帽子？"赵孝成王说："郎中不知道怎么做帽子。"魏国公子牟说："做帽子做坏了，对于君王的国家哪里会有损害？可是君王必定等工匠来了以后才让他们做。如今治理天下的工匠，也许不是这样，国家成为国空人绝的废墟，先王得不到祭祀，然而君王不把它交给工匠，竟然交给年幼漂亮的人。再说君王的先帝，用犀首驾御马车，让马服君做车右，而与秦国争相取胜。秦国当时也要躲避它的锋芒。现在君王犹豫不决，竟然让建信君坐着辇车与强大的秦国争夺胜负，臣下担心秦国折断大王车上的依靠。"

卫灵公近雍疽弥子瑕

原文 卫灵公近雍疽、弥子瑕①。二人者，专君之势以蔽左右。复涂侦谓君曰②："昔日臣梦见君。"君曰："子何梦？"曰："梦见灶君③。"君忿然作色曰④："吾闻梦见人君者，梦见日。今子曰梦见灶君而言君也，有说则可，无说则死。"对曰："日，并烛天下者也⑤，一物不能蔽也。若灶则不然，前之人炀⑥，则后之人无从见也。今臣疑人之有炀于君者也，是以梦见灶君。"君曰："善。"于是，因废雍疽、弥子瑕，而立司空狗[7]。

注释

① 卫灵公近雍疽、弥子瑕：按鲍本将卫灵公以上作为一章，编在《赵策》。卫灵公以下另为一章，编在《卫策》。本来不该分为两章，因本章是公子魏牟引春秋时卫国事以告赵王，故而应当与上文接连为一章。卫灵公，春秋时卫国君主，名元，卫襄公之子，出公之父。雍疽，卫国的疡医，很受卫灵公宠幸。疽，姚本作"疸"，鲍本作"疽"，从鲍本。弥子瑕，卫灵公宠幸之臣。

② 复涂侦：卫国人，身世不详。吴补曰："《韩非子》亦有此文而稍异，云侏儒善假梦以见主道。恐此'复涂侦'字，或'侏儒'之讹。"可供参考。

③ 灶君：亦称灶神或灶王。旧时迷信者供奉于灶头，认为灶君掌管一家祸福。《礼记·礼器》孔颖达疏："颛顼氏世子曰黎，为祝融，祀以为灶神。"

④ 愆然：愤怒的样子。愆，同"愤"。作色：改变了脸色。

⑤ 并烛：犹言全面照耀，普照。并，兼，全面，犹言普遍。烛，照耀。

⑥ 炀（yáng，旧读 yàng）：即炀灶，在灶前烤火。

⑦ 司空狗：即史狗，史朝之子。司空，官名。

译文　卫灵公宠幸雍疽、弥子瑕。这两个人，依靠国君的势力独断专行并蒙蔽君王的近臣。复涂侦对卫灵公说："前些日子臣下梦见了君王。"卫灵公说："您梦见了我什么？"复涂侦说："梦见了灶神。"卫灵公愤怒得改变了脸色说："我听说梦见国君的人，也梦见太阳。如今您说梦见灶君竟然说是梦见国君，能够解释那是可以的，不能解释那么就赐您一死。"复涂侦说："太阳，是普照天下的，没有一个东西能遮蔽它。假如是灶神则不是这样，前面的人在灶前烤火，那么后面的人就没有办法见到它。如今臣下怀疑有人在君王面前烤火，因此我梦见了灶君。"卫灵公说："好。"于是，趁机废弃了雍疽、弥子瑕，而立了司空狗。

或谓建信君之所以事王者

原文　或谓建信："君之所以事王者，色也。胥之所以事王者①，知也。色老而衰，知老而多。以日多之知，而逐衰恶之色②，君必困矣。"建信君曰："奈何？"曰："并骥而走者，五里而罢③；乘骥而御之④，不倦而取道多。君令莕乘独断之车，御独断之势，以居邯郸；令之内治国事，外刺诸侯，则莕之事有不言者矣⑤。君因言王而重责之，莕之轴今折矣。"建信君再拜受命⑥，入言于王，厚任莕以事能重责之⑦。未期年而莕亡走矣。

注释

① 莕（róng）：同"茸"，赵国人名，其身世不详。

② 衰恶之色：衰减丑陋的容貌。

③ 并骥而走：犹言两匹马赛跑。罢：同"疲"。

④ 御：驾驶。下句中的"御"为运用。

⑤ 外刺诸侯：向外刺探诸侯的情报。事有不言：犹言所管理的事情很多，无暇全部向君王报告。

⑥ 受命：接受教导。

⑦ 能：犹而。能与而古声相近，故义亦相通。

译文

有人对建信君说："您所以能侍奉君王，是因为您容貌长得漂亮。茸所以能侍奉君王，是因为他有智谋。容貌年老就要衰减，智谋年老反而会增多。用一天比一天多的智谋，而与衰减丑陋的容貌竞争，您一定会处于困境。"建信君说："怎么办？"那人说："两匹马一起赛跑，五里以后就都疲倦了；单独骑马而驾驶它，不疲倦是因为可供选取的道路很多。您让茸乘坐独自决断的车子，运用独自决断的权势，而在邯郸任职；让他在内治理国家大事，向外刺探诸侯的情报，那么茸管理的事情就无暇全部向君王报告。您依据向君王报告，君王一定会重重地责备他，茸的车轴就折断了。"建信君向那人再次拜谢接受教导，向赵王进言，赵王重任茸，把事情交给他办，而且也重重地责备他。没到一年茸就逃走了。

苦成常谓建信君

原文 苦成常谓建信君曰[①]："天下合从，而独以赵恶秦[②]，何也？魏杀吕辽而天下笑之[③]。今收河间，是与杀吕辽何以异[④]？君唯释虚伪疾，文信犹且知之也[⑤]。从而有功乎，何患不得收河间！从而无功乎，收河间何益也？"

注释 ① 苦成常：复姓苦成，名常。春秋时晋大夫郤犨为苦成氏，常，当是其后人。

② 天下合从，而独以赵恶（wù）秦：指天下合纵，天下都憎恨秦国，可是当世唯独认为赵国最憎恨秦国。恶，憎恨。

③ 吕辽：姚本作"吕遗"，鲍本作"吕辽"，从鲍本。笑：姚本作"交"，金正炜本："'交'当为'笑'。"从金本。

④ 是与杀吕辽何以异：姚本此句首有"于"字，姚本一无"于"字。从一本。

⑤ 君唯释虚伪疾：犹言您只有舍弃河间虚与秦国，假装有病，表示不再有收复之心。释，舍弃。虚，犹言与秦国。伪疾，托病。一说，金正炜本："'释虚'疑当作'释虑'。释，舍也。虑者，计虑。伪疾，犹言托疾，以示不复有收河间之志。"一说，缪文远本："'释虚'疑为'释位'之误。释位伪疾，言托疾不治事也。"可供参考。文信犹且知之：文信侯犹将知道合纵不能缓行。

译文　苦成常对建信君说："天下各国都参加合纵，可是当世唯独认为赵国最憎恨秦国，为什么？魏国杀了吕辽而天下人讥笑它。如今收复河间，这跟魏国杀吕辽有什么不同？您只有舍弃河间，虚与秦国，假装有病，表示不再有收复之心，文信侯犹将知道合纵不能缓行。合纵如果有可能成功的话，还忧虑什么不能收复河间！合纵如果不成功的话，收复河间又有什么益处？"

希写见建信君

原文　希写见建信君①。建信君曰："文信侯之于仆也②，甚无礼。秦使人来仕，仆官之丞相，爵五大夫③。文信侯之于仆也，甚矣其无礼也。"希写曰："臣以为今世用事者④，不如商贾。"建信君悖然曰⑤："足下卑用事者而高商贾乎？"曰："不然。夫良商不与人争买卖之贾，而谨司时⑥。时贱而买，虽贵已贱矣；时贵而卖，虽贱已贵矣。昔者，文王之拘于牖里，而武王羁于玉门，卒断纣之头而县于太白者⑦，是武王之功也。今君不能与文信侯相伉以权⑧，而责文信侯少礼，臣窃为君不取也。"

注释　① 希写：赵国人。

② 仆：自称谦辞。

③ 官之丞相：使为丞相官属。爵五大夫：得爵五大夫。

④ 用事者：执政的人。

⑤ 悖（bó）然：犹言发怒变色的样子。悖，同"勃"。

⑥ 争买卖之贾（jià）：争论买卖的价钱。贾，通"价"。司：同"伺"，犹言等待。

⑦ 武王羁于玉门：武王被羁押在玉门。玉门，成皋北门。县：
同"悬"。太白：旗名。

⑧ 伉：通"抗"，对抗。

译文　希写拜见建信君。建信君说："文信侯对待我，太没
有礼仪了。秦国派人来赵国做官，我让他做丞相的属
官，赐爵五大夫。文信侯对待我，太过分了，他没
有礼仪。"希写说："臣下认为今世执政的人，不如商
人。"建信君发怒变色地说："足下小看执政的人而抬
高商人吗?"希写说："不是这样。那好的商人不跟别
人争论买卖的价钱，而是谨慎地等待时机。贱的时候
买进来，即使价贵也已经贱了；贵的时候卖出，即使
价贱已经贵了。从前周文王被拘留在牖里，而周武王
被羁押在玉门，终于砍下殷纣王的头悬挂在太白旗
上，这是周武王的功劳。如今您不能跟文信侯以权相
对抗，反而责备文信侯缺少礼仪，臣下私下认为您的
想法是不可取的。"

魏勉谓建信君

原文 魏勉谓建信君曰①："人有置系蹄者而得虎，虎怒，决蹯而去②。虎之情，非不爱其蹯也。然而不以环寸之蹯，害七尺之躯者，权也③。今有国，非直七尺躯也④。而君之身于王，非环寸之蹯也。愿公之熟图之也。"

注释 ①魏勉（jiè）：人名。一说，勉作"魁"；一说，勉作"勘（qí）"。可供参考。

②置系蹄：设置绳索为机以系兽蹄而得兽。鲍本："用绳索以系兽蹄。"蹯（fán）：兽足。

③环寸：犹言周围只有一寸。权：衡量是非轻重，以因事制宜。

④直：特，但，犹言只或仅仅。

译文 魏勉对建信君说："有人设置绳索为机以捕捉野兽，可是却捉住了老虎，虎大怒，挣断脚掌逃跑了。老虎的心情，不是不爱惜自己的脚掌。然而它不因为这一寸大小的脚掌，去伤害七尺大小的身体，这是衡量利害轻重的结果。如今拥有一个国家，不只是七尺大小的身躯。而您的身体对于君王来说，并不是一寸大小的脚掌。希望您认真考虑这些事。"

秦攻赵鼓铎之音闻于北堂

原文

秦攻赵，鼓铎之音闻于北堂①。希卑曰②："夫秦之攻赵，不宜急如此。此召兵也③。必有大臣欲衡者耳④。王欲知其人，旦日赞群臣而访之⑤，先言横者，则其人也。"建信君果先言横。

注释

① 铎（duó）：古代乐器，形如铙、钲（zhēng）而有舌，是大铃的一种。《说文》："铎，大铃也。"北堂：古代士大夫家主妇常居留之处。

② 希卑：赵国人。

③ 此召兵也：犹言这是赵兵为内应，以鼓铎为信号以召外兵。金正炜本："此为内应召外兵耳。"

④ 衡：同"横"，连横。

⑤ 赞：进，见。

译文 秦国进攻赵国，摇动大铃的声音在北堂都能听到。希卑说："秦国攻打赵国，不应该紧急到如此程度。这是当内应的赵兵招引外兵的信号。一定有大臣想要和秦国连横。君王想要知道那个人是谁，明天会见大臣们探访一下，先主张连横的人，那就是摇动大铃的人。"建信君果然首先主张连横。

齐人李伯见孝成王

原文 齐人李伯见孝成王，成王说之，以为代郡守。而居无几何，人告之反。孝成王方馈，不堕食①。无几何，告者复至，孝成王不应。已，乃使使者言②："齐举兵击燕，恐其以击燕为名，而以兵袭赵，故发兵自备③。今燕、齐已合，臣请要其敝④，而地可多割。"自是之后，为孝成王从事于外者，无自疑于中者⑤。

注释 ① 方馈：正要进食，犹言正要吃饭。馈，进食。不堕食：犹言没有停止吃饭。堕：废止。

② 已：随后，旋即。乃使使者言：指李伯派使者向孝成王

报告。

③自备：自己做好交战的准备。

④合：指合战，即交战。要其敝：指两国交战，必有一国疲敝，因以兵邀击之。要（yāo），通"邀"，中途拦截；一说，要，劫。可供参考。

⑤中：内心。

译文　齐国人李伯拜见赵孝成王，孝成王很喜欢他，把他封为代郡太守。才担任太守不长时间，有人向孝成王告发他谋反。当时孝成王正在吃饭，听到消息后，没有停止吃饭。没多久，告发的人又来到孝成王面前，孝成王不理他。随后，李伯派使者向孝成王报告："齐国发兵攻打燕国，我担心他们以攻打燕国为名，而率兵偷袭赵国，所以发兵自己做好交战的准备。如今燕国、齐国已经交战，臣下请求率兵中途拦截疲敝的一方，可以多割取土地。"从此之后，为孝成王在外面办事的人，没有在心中怀疑孝成王不信任自己的。

赵策四

为齐献书赵王

原文　为齐献书赵王，曰①："臣一见，而能令王坐而天下致名宝②。而臣窃怪王之不试见臣，而穷臣也③。群臣必多以臣为不能者，故王重见臣也④。以臣为不能者非他，欲用王之兵，成其私者也⑤。非然，则交有所偏者也⑥；非然，则知不足者也；非然，则欲以天下之重恐王，而取行于王者也⑦。臣以齐循事王⑧，王能亡燕，能亡韩、魏，能攻秦，能孤秦。臣以齐致尊名于王⑨，天下孰敢不致尊名于王？臣以齐致地于王，天下孰敢不致地于王？臣以齐为王求名于燕及韩、魏，孰敢辞之？臣之能也，其前可见已⑩。齐先重王，故天下尽重王；无齐，天下必尽轻王也。秦之强，以无齐之故重王，燕、魏自以无齐故重王。今王无齐独安得重天下⑪？故劝王无齐者，非知不足也，则不忠者也。非然，则欲用王之兵成其私者也；非然，则欲轻王以天下之重，取行于王者也；非然，则位尊而能卑者也⑫。愿王之熟虑无齐之利害也。"

注释　① 赵王：此指赵惠文王。姚本"为齐献书赵王"下有"使臣与复丑"五字，曾本、鲍本无此五字，从曾本、鲍本，此五字为衍文，删掉。

② 名宝：名器重宝，或尊名宝器。

③ 穷臣：困臣，犹言使臣下处于窘迫境地，不得召见。鲍本："穷，犹困也。困于不得见。"

④ 重：难。

⑤ 非他：没有别的原因。成其私：成就他私人的意愿。

⑥ 交有所偏：犹言结交外国有偏颇之心。鲍本："言卖赵，与诸国为私。"

⑦ 取行于王：犹言使王相信推行他的学说。

⑧ 循事：顺从侍奉。

⑨ 臣以：姚本作"臣以为"，鲍本："衍'为'字。"从鲍本。

⑩ 其前可见已：犹言大概目前就可以显现出来。其，大概。前，目前，当前。见，显现。

⑪ 今王无齐独安得重天下：此句姚本"重天下"前有"无"字，当为衍文，否则不通，上下文之义不合，故删掉。

⑫ 能卑：能力低下。

译文　有人为齐国向赵惠文王呈献书信，说："臣下拜见一次君王，能使君王安坐而天下各国致送尊名宝器。可是臣下奇怪大王不试着会见一下臣下，而使臣下处于

窘迫境地。这一定是大臣们认为臣下不能做到，所以
大王难以召见。认为臣下不能做到没有别的原因，这
是有人想要利用大王的兵力，成就他自己的心愿。假
如不是这样，那就是结交外国有偏颇之心；假如不是
这样，那就是智慧不足；假如不是这样，那就是想要
用天下重大的事情恐吓大王，而使大王相信推行他的
学说。臣下以齐国名义顺从侍奉大王，大王就能灭亡
燕国，就能灭亡韩国、魏国，就能进攻秦国，就能孤
立秦国。臣下以齐国名义向大王致送尊名，天下谁敢
不向大王致送尊名？臣以齐国名义送给大王土地，天
下谁敢不送给大王土地？臣下以齐国名义为大王向燕
国和韩国、魏国求取尊名，谁敢推辞？臣下的能力，
大概目前就可以显现出来了。齐国首先尊重大王，所
以天下各国都会尊重大王；没有齐国尊重大王，天下
各国一定都会轻视大王。秦国如此强大，因为没有齐
国帮助的缘故，所以尊重大王，燕国、魏国自以为得
不到齐国的帮助，所以重视大王。如今大王如果没有
齐国的帮助怎么能不去讨好天下诸侯？因此劝说大王
不要齐国帮助的人，不是智力不足，那就是对大王不
忠诚的人。如果不是这样，那就是想要借重大王的兵
力成就他自己的心愿；如果不是这样，那就是想要用

天下的重大事情使大王受到轻视，而使大王推行他的主张；如果不是这样，那就是因为他们地位尊贵能力低下。希望大王仔细考虑没有齐国帮助的利害关系。"

齐欲攻宋

原文　齐欲攻宋，秦令起贾禁之①。齐乃收赵以伐宋②。秦王怒，属怨于赵③。李兑约五国以伐秦，无功，留天下之兵于成皋，而阴构于秦④。又欲与秦攻魏，以解其怨而取封焉⑤。

注释　①起贾：秦国御史。

②收：取，联合。收，姚本作"捄"，鲍本作"援"，姚本一作"收"，从姚一本。

③属怨：结下仇怨。属，结下。

④五国：指赵、韩、魏、燕、齐。阴构：暗中勾结。构，结成，此犹言勾结。

⑤以解其怨而取封焉：用这种办法来解除秦国的怨恨讨取齐国的封地。齐闵王联合赵国攻打宋国，把定陶许给李兑为封

地，所以说取封。

译文

齐国想要攻打宋国，秦国派起贾制止。齐国就联合赵国来攻打宋国。秦昭王大怒，就跟赵国结下了仇怨。李兑联合五国来攻打秦国，没有功劳，把各国的军队挽留在成皋，却暗中与秦国勾结。又想要与秦国一起攻打魏国，用这种办法来解除秦国的怨恨讨取齐国的封地。

原文

魏王不说。苏秦之齐①，谓齐王曰："臣为足下谓魏王曰：'三晋皆有秦患。今之攻秦也，为赵也。五国伐赵，赵必亡矣。秦逐李兑，李兑必死。今之伐秦也，以救李子之死也。今赵留天下之甲于成皋，而阴鬻之于秦②，已讲，则令秦攻魏以成其私封，王之事赵也何得矣？且王尝济于漳，而身朝于邯郸，抱阴、成，负葛、薛，以为赵蔽③，而赵无为王行也。今又以河阳、姑密封其子④，而乃令秦攻王，以便取阴。人比而后知贤不如，王若用所以事赵之半收齐⑤，天下有敢谋王者乎？王之事齐也，无入朝之辱，无割地之费。齐为王之故，虚国于燕、赵之前，用兵于二千里之外，故攻城野战，未尝不为王先被矢石也⑥。得二都，割河东⑦，尽效之于王。自是之后，秦攻魏，齐甲未尝不岁至于主之境也。请问王之所以报齐者可乎？韩珉处于赵⑧，去齐三千里，王以此疑齐，曰有秦阴。今王又挟故薛公以为相，善韩徐以为上交，尊虞商以为大客，王固可以反疑于齐乎⑨？'魏王听此言也甚诎，其欲事王也甚循⑩。甚怨于赵⑪。臣愿王之日闻魏而无庸见恶也，臣请为王推其怨于赵⑫，愿王之阴重赵，而无使秦之见王之重赵也。秦见之且亦重赵。齐、秦交重赵，臣必见燕与韩、魏亦且重赵也，皆且无敢与赵治⑬。五国事赵，赵从亲以合于秦，必为王高矣⑭。臣故欲王之遍劫天下，而皆私甘之也⑮。王使臣以韩、魏与燕劫赵，使丹也甘之⑯；以赵劫韩、魏，使臣也甘之；以三晋劫秦，使顺也甘之⑰，以天下劫楚，使珉也甘之⑱。则天下皆偪秦以事王，而不敢相私也。交定，然后王择焉。"

注释

① 之齐：吴补曰："之齐"上有缺文，当是人名。杨宽认为："之齐"上应补"苏秦"，今据杨说补。

② 阴鬻（yù）：暗中出卖。

③ 抱：怀抱。阴：魏国地名，在今河南省卢氏县东北。成：魏国地名，在今山东省菏泽市东北。负：背负。姚本"负"

字下的"蒿"字为衍文，删掉。葛：即古葛国，此时属魏国，在今河南省宁陵县西。薛：即孟尝君的封地，在今山东省薛城。薛，姚本作"薛"，鲍本作"薛"，从鲍本。一说，葛薛，亦作"葛孽"，魏国地名，在今山西省翼城县东南。可供参考。蔽：遮挡，遮蔽，此犹言屏障。

④ 河阳：魏国地名，在今河南省孟州市西南。河：姚本作"何"，鲍本作"河"，从鲍本。故密：即姑蔑，在今山东省泗水县。其子：即奉阳君李兑之子。

⑤ 人比而后知贤不如：人经过比较之后，才知道是否贤明。姚本作"人比然而后如贤不"，鲍本"如"作"知"，从鲍本。"然"字为衍文，从鲍本删掉。按句意应从"如"字后断句。王若用事赵之半收齐：犹言大王用侍奉赵国的一半力量联合齐国。收，犹言联合。

⑥ 虚国：犹言出动全国的兵力。鲍本："虚国，谓悉出兵。"被：遭受。

⑦ 得二都：指五国伐秦，秦返温、轵、高平于魏之事。割河东：指秦返王公、符逾两地于赵之事。王公、符逾：皆地名，今地不详。

⑧ 韩岷（wěn）：曾为齐国相国，主张亲附秦国。

⑨ 故薛公：即孟尝君。孟尝君在齐闵王八年罢相，被魏昭王聘而相魏。韩徐：帛书作"徐为"或"韩徐为"，赵国将领，

曾经与魏相孟尝君暗约攻打齐国。虞商：人名，身世不详。于：姚本"于"在"乎"字下，鲍本"于"在"疑"字下，从鲍本。

⑩ 甚诎：辞塞，理屈。甚循：很顺从。循，顺人。

⑪ 甚：姚本作"其"，黄丕烈《札记》认为："此'其'字乃'甚'字之误。"从黄说。

⑫ 王：指齐王。日：每天。姚本作"曰"，金正炜本认为"曰"乃"日"字之误，金说是，从金说。无庸：不要。推：犹言移动。怨：指魏国的怨恨。

⑬ 治：犹言校量。校，通"较"。鲍本："治，犹校。"

⑭ 必为王高：指赵国一定居于齐国之上。鲍本："言赵居齐上。"

⑮ 遍劫天下：犹言以天下诸侯的力量威胁诸侯。私甘之：暗中用美言说服诸侯。甘，美，此指美言。

⑯ 丹：指齐国大臣公玉丹。

⑰ 顺：当指顺子，齐国大臣。

⑱ 呡：指韩呡。

译文　魏昭王很不高兴。苏秦到了齐国，对齐王说："臣下为您对魏王说：'韩、赵、魏三国都有秦国带来的忧患。如今进攻秦国，是为了挽救赵国。五国如果进攻赵国，赵国一定灭亡了。如果秦国驱逐李兑，李兑只有死路一条。如今攻打秦国，是为了挽救李兑的死亡。如今赵国把天下诸侯的军队挽留在成皋，而暗中却把它出卖给秦国，已经讲好条件，李兑让秦国攻打魏国以成就他自己私人的封地。大王侍奉赵国得到了什么呢？再说，大王曾经渡过漳河，亲自到邯郸朝见赵王，怀抱阴、成，背负葛、薛，作为赵国的屏障，可是赵国没有一点为了大王的行为。如今您又把河阳、姑密封给李兑的儿子，可是李兑却让秦国进攻大王，以便夺取阴地。人经过比较之后，才知道是否贤明，大王如果用侍奉赵国的一半力量联合齐国，天下诸侯有敢算计大王的人吗？大王侍奉齐国，没有前往朝见的耻辱，没有割让土地的花费。齐国为了大王的缘故，可以在燕国、赵国的面前出动全国的军队，在两千里之外用兵，所以攻城野战，没有不在大王前面首先遭受箭石的。得到的两座城市，割让河东的土地，完全献给大王。从此以后，秦国如果攻打魏国，齐国军队每年没有不到大王边境的。请问大王用来报答齐国恩情的办法可以吗？韩珉居住在赵国，距离齐国三千里，大王因此怀疑齐国，说齐国与秦国有阴谋。如今大王又挟持原来的薛公做相国，与韩徐友善具有很好的交情，尊敬虞商把他当作上等客人，大王怎么可以反过来对齐国产生怀疑呢？'魏王听了这些话，自己感到理屈，想让他侍奉大王，他也很顺从。魏王对赵国很怨恨。臣下希望大王每天听到魏国的不友好也不要表现出怨恨，请臣下为大王把魏国的怨恨转移给赵国，希望大王暗中尊重赵国，而不要让秦国发现大王尊重赵国。如果秦国发现齐国尊重赵国也将会尊重赵国。齐国、秦国都尊重赵国，臣下一定会看到燕国和韩国、魏国也将会尊重赵国，都将不敢与赵国较量。五个国家侍奉赵国，赵国就会率领合纵亲近的国家与秦国联合，赵国一定会居于齐国之上。所以臣下想让大王用天下诸侯的力量威胁诸侯，暗中用美言说服诸侯。大王派臣下率领韩国、魏国和燕国的军队威胁赵国，派公玉丹用美言说服赵国；用赵国的军队威胁韩国、魏国，派臣下用美言说服他们；用赵、韩、魏三国的军队威胁秦国，派顺子用美言说服秦国；用天下诸侯的军队威胁楚国，派韩眠用美言说服它。那么天下诸侯都逼迫秦国而侍奉大王，而不敢私下互相交往。邦交已定，然后大王再选择取舍。"

齐将攻宋而秦阴禁之

原文 齐将攻宋，而秦阴禁之①。齐因欲与赵，赵不听。齐乃令苏秦说李兑以攻宋而定封焉②。苏秦乃谓齐王曰："臣之所以坚三晋以攻秦者，非以为齐得利秦之毁也，欲以便攻宋也③。而宋置太子以为王，下亲其上而守坚，臣是以欲足下之速归休士民也。今太子走，诸善太子者，皆有死心。若复攻之，其国必有乱，而太子在外，此亦举宋之时也。

注释 ① 阴：暗中。阴，姚本作"楚"，姚一本作"阴"，从一本。
② 苏秦：姚本作"公孙衍"，缪文远本认为："此'公孙衍'当为'苏秦'之讹。"从缪本。下句中的"苏秦"，姚本作"李兑"，杨宽说："此'李兑'当为'苏秦'之讹。"从杨宽说。
③ 非以为齐得到秦之毁：不是以毁坏秦国作为齐国之利。便：姚本作"使"，金正炜本作"便"。从金本。

译文 齐国将要攻打宋国，而秦国暗中阻止。齐国因此想要联合赵国，赵国不听从。齐国就派苏秦游说李兑一起进攻宋国并决定李兑的封地。苏秦就对齐闵王说：

"臣下之所以坚持用三晋的兵力攻打秦国的原因，并不是以毁坏秦国作为齐国之利，而是想以此便于攻打宋国。可是宋国安排太子做了国君，臣下亲近他们的国君并防守坚固，臣下因此想让您迅速撤兵回国使士兵民众得到休息。如今宋国太子逃亡，那些和太子要好的人，都有战死的决心。如果再一次攻打它，宋国一定发生动乱，然而太子却在国外，这也是占领宋国的最好时机。

原文 "臣为足下说奉阳君曰①：'君之身老矣，封不可不早定也。为君虑封，莫若于宋，他国莫可。夫秦人贪，韩、魏危，燕、楚辟，中山之地薄，莫如于陶②。失今之时，不可复得已。宋之罪重，齐之怒深，践乱宋，德大齐③，定身封，此百代之一时也。'以奉阳君甚贪之，唯得大封，齐无大异④。臣愿足下之大发攻宋之举，而无庸致兵⑤，以观奉阳君之应足下也。县陶以甘之，循有燕以临之，而臣待忠之封⑥，事必大成。臣又愿足下有地效于襄安君以资臣也⑦。足下果残宋，此两地之封也，足下何爱焉⑧？若足下不得志于宋，与国何敢望也⑨。足下以此资臣也，臣循燕观赵，则足下击溃而决天下矣⑩。"

注释

① 臣为足下说奉阳君：姚本作"臣为足下使公孙衍说奉阳君"，缪文远本认为"'使公孙衍'四字为衍文"，从缪说，故删掉。

② 韩、魏危：指韩国、魏国靠近秦国，所以说危险。鲍本："近秦故。"中山之地薄：中山的土地贫瘠。当时中山国已灭亡，此说中山，是指原来中山国的地方。陶：即定陶。姚本"陶"作"阴"，帛书作"陶"，从帛书。

③ 践：践伐，犹言进攻。姚本"践"作"残"，《楚策四》作"践"，从《楚策四》。德大齐：使强大的齐国感激你。德，姚本作"得"，鲍本作"德"，从鲍本。

④ 贪：贪婪。姚本"贪"作"食"，鲍本作"贪"，从鲍本。唯得大封，齐无大异：犹言奉阳君虽然得到了大的封地，同齐国攻占宋国的利益没有大的差异。

⑤ 无庸致兵：犹言不用等待赵国军队的到来。姚本此句下有"姑待已耕"四字，鲍本无，据鲍本删掉。

⑥ 县陶以甘之：指答应封给陶地又不给，用来引诱奉阳君。县，同"悬"，悬挂。鲍本："许之而未与，故曰县。"陶，姚本作"阴"，鲍本作"陶"，从鲍本。甘，美味，此犹言引诱。循有燕以临之：犹言军队沿着燕国的边境行动，挟持赵国。缪文远本按："此言有循事齐国之燕，可挟以临赵也。"待忠之封：将忠实地给他封地。鲍本："待，犹将。忠，犹实也。王

待之封而己实之。

⑦ 襄安君：赵国人，身世不详。

⑧ 两地之封：即两块封地，指上文县陶以甘奉阳君和效地于襄安君。封，姚本作"时"，金正炜本认为："时"当为"封"，从金说。爱：吝啬。

⑨ 与国：指燕国、赵国。

⑩ 击溃而决天下：犹言打败残破的宋国而决定天下的命运。

译文　"臣下为您游说奉阳君说：'您年纪很大了，封地不可不早日确定。为您考虑封地，没有什么地方能赶上宋国，其他国家没有一个可以的。秦国人贪婪，韩国、魏国因为靠近秦国就很危险，燕国、楚国偏僻，中山国的土地贫瘠，没有什么地方能赶得上陶地。如果失掉当今的时机，就不可能再得到了。宋国的罪孽深重，齐国对它的恼怒仇恨很深，进攻混乱的宋国，使强大的齐国感激您，决定自身的封地，这是千百年来最好的一个时机。'因为奉阳君很贪婪，虽然得到了大的封地，同齐国攻占宋国没有大的差异。臣下希望您大肆发动对宋国的进攻，而不用等待赵国军队的到来，以此来观看奉阳君如何对待您的举动。您用答应封给陶地又不给的办法引诱他，使军队沿着燕国的边境行动，挟持赵国，而我还像将要忠实地给他封地，事情一定会取得很大成功。臣下希望您拿出一块土地献给襄安君用来资助臣下事情的成功。您果然能攻占宋国，这是两块封地，您何必吝啬呢？如果您不能攻占宋国，燕国、赵国怎么敢有奢望。您用这两块土地资助臣下，臣下沿着燕国率兵行动，观察赵国的动静，那么您就可以打败残破的宋国，而决定天下的命运了。"

五国伐秦无功

原文 五国伐秦无功①，罢于成皋。赵欲构于秦，楚与魏、韩将应之，齐弗欲②。苏秦谓齐王曰③："臣已为足下见奉阳君矣④。臣谓奉阳君曰：'天下散而事秦，秦必据宋，魏冉必妒君之有陶也⑤。秦王贪，魏冉妒，则陶不可得已矣。君无构，齐必攻宋。齐攻宋，则楚必攻宋，魏必攻宋，燕、赵助之。五国据宋⑥，不至一二月，陶必得矣。得陶而构，秦虽有变，则君无患矣。若不得已而必构，则愿五国复坚约。五国愿得赵，足下雄飞，与韩氏大吏东免齐王，必无召呡也⑦。使臣守约⑧，若与国有倍约者，以四国攻之。无倍约者，而秦侵约，五国复坚而宾之⑨。今韩、魏与齐相疑也，若复不坚约而讲，臣恐与国之大乱也。齐、秦非复合也，必有踦重者矣⑩。复合与踦重者⑪，皆非赵之利也。且天下散而事秦，是秦制天下也。秦制天下，将何以天下为？臣愿君之蚤计也⑫。

注释

① 五国：指赵、燕、韩、魏、齐五国。无功：因各国彼此观望，互相猜疑，所以无功。

② 齐：姚本作"秦"，鲍本作"齐"，从鲍本。

③ 苏秦：姚本作"苏代"，缪文远《战国策新校注》认为："当作'苏秦'。"从缪说。齐王：即齐闵王。

④ 已：姚本作"以"，鲍本作"已"，从鲍本。

⑤ 陶：姚本作"阴"，帛书作"陶"，从帛书，下同。

⑥ 据宋：犹言临宋。

⑦ 雄飞：比喻奋发有为。东免齐王：指向东勉励齐王共同推行合纵之策。免，通"勉"。呡（wěn）：即韩呡。

⑧ 使臣守约：犹言派臣下作盟约的监督人。

⑨ 宾：通"摈（bìn）"，排斥。

⑩ 踦（yǐ）重：偏重。踦，通"倚"。

⑪复合：姚本作"后合"，黄丕烈《札记》认为应作"复合"，据前后文义，黄说是，从黄说。

⑫蚤：通"早"。

译文　五国攻打秦国没有建立功业，在成皋罢兵。赵国想要跟秦国讲和，楚国和魏国、韩国也准备响应赵国的做法，齐国不想这样做。苏秦对齐闵王说："臣下已为您拜会奉阳君了。臣下对奉阳君说：'天下诸侯分裂而侍奉秦国，秦国一定占据宋国，魏冉一定嫉妒您据有陶地。秦王贪婪，魏冉嫉妒，那么陶地就不可能得到了。如果您不跟秦国讲和，齐国一定攻打宋国。齐国攻打宋国，那么楚国必定攻打宋国，魏国必定攻打宋国，燕国、赵国帮助攻打。五国兵临宋国，不到一二个月，陶地一定得到了。得到陶地而跟秦国讲和，秦国即使发生变化，那么您也没有什么忧虑的了。如果不得已，而一定要与秦国讲和，那么还希望五国再坚定盟约。如果五国希望联合赵国，您就会奋发有为，与韩国的官吏向东勉励齐王共同推行合纵之策，那么齐国一定不会召回韩珉。派臣下作盟约的监督人，如果盟国有背叛盟约的，就率领四国的军队攻打它。没有背叛盟约的，而秦国破坏盟约，五国再坚

定盟约共同排斥它。如今韩国、魏国与齐国互相猜
疑，如果不再坚定盟约而与秦国讲和，臣下担心盟国
就会大乱。齐国、秦国不是不能再联合了，一定有所
偏重。齐国与秦国的再联合或有所偏重，都对赵国不
利。再说，天下诸侯分裂而侍奉秦国，这是秦国控制
天下了。秦国控制天下，将用什么治理天下呢？臣下
希望您早做打算。

原文

"‘天下争秦，秦有六举①，皆不利赵矣。天下争秦，
秦王受负海之国，合负亲之交②，以据中国，而求利
于三晋，是秦之一举也。秦行是计，不利于赵，而君
终不得陶，一矣。天下争秦，秦王内韩珉于齐，内成
阳君于韩，相魏怀于魏，复合衡交，而王贲、韩他之
曹，皆起而行事③，是秦之一举也。秦行是计也，不
利于赵，而君又不得陶，二矣。天下争秦，秦王受
齐受赵，三强已亲，以据魏而求安邑④，是秦之一举
也。秦行是计，齐、赵应之，魏不待伐，抱安邑而倍
秦，秦得安邑之饶，魏为上交，韩必入朝秦，据赵已
安邑矣⑤，是秦之一举也。秦行是计，不利于赵，而
君必不得陶，三矣。天下争秦，秦坚燕、赵之交，以
伐齐收楚，与韩而攻魏⑥，是秦之一举也。秦行是

计，而燕、赵应之。燕、赵伐齐，兵始用，秦因收楚而攻魏，不至一二月，魏必破矣。秦举安邑而塞女戟，韩之太行绝，下轵道、南阳而伐魏⑦，绝韩，包二周，即赵自消烁矣。国燥于秦，兵分于齐⑧，非赵之利也，而君终身不得陶，四矣。天下争秦，秦坚三晋之交攻齐，国破财屈，而兵东分于齐，秦按攻魏⑨，取安邑，是秦之一举也。秦行是计也，君按救魏，是以攻齐之已弊与秦争战也⑩。君不救也，韩、魏焉免西合⑪？国在谋之中，而君有终身不得陶⑫，五矣。天下争秦，秦按为义，存亡继绝，固危扶弱，定无罪之君，必起中山与滕焉⑬，秦起中山与滕，而赵、宋同命，何暇言陶？六矣。故曰君必无讲，则陶必得矣。'奉阳君曰：'善。'乃绝和于秦，而收齐、魏以成取陶。"

注释

① 争秦：犹言争先侍奉秦国。秦有六举，秦国有六种举动。姚本无"秦"，缪文远本引钟凤年说认为"有"上脱一"秦"字，据上下文义，钟说是，从钟说。

② 秦王：秦昭王。受负海之国：接受背靠大海的国家，指齐国。姚本作"受负海内之国"，鲍本作"受负海之国"，认为"衍'内'字"，从鲍本。合负亲之交：犹言恢复了背叛秦国

的邦交。鲍本："天下尝横而亲秦矣。已而负之，今复合之。"
③内：同"纳"，接纳。成阳君：韩厘王时封君，主张联合秦、魏。五国合纵攻秦时，由韩奔齐，不久又奔周。魏怀：身世不详，当是魏国亲近秦国的人。复合衡交：恢复连横的邦交。姚本作"复合衍交两王"，缪文远本引金正炜说认为："'衍'是'衡'因'形似而误'，'衡与横同，言复合横亲之交也'"。金说是，从金说。又"两"是"而"字之误。"王"是衍文。王贲：秦国将领王翦之子。韩他：秦国大臣，与魏国、韩国友善。之曹：犹言等辈。皆起而行事：犹言都起来推行连横之策。
④三强已亲：三个强国已经亲近。三强，指秦、齐、赵三国。姚本作"三疆三亲"，鲍本"疆"作"强"，从鲍本。"三亲"之"三"，金正炜认为是"已"字误，金说是，从金说。安邑：魏国都城，在今山西省夏县北。
⑤抱安邑而倍秦：奉献安邑而增加秦国的力量。抱，奉献。倍，益，增加。姚本"倍"作"信"，鲍本作"倍"，从鲍本。据赵已安邑：犹言秦国挟安邑以临赵国。据，姚本作"过"，缪文远《战国策新校注》认为："'过'当为'据'之讹。"从缪本。已：通"以"。
⑥与韩而攻魏：联合韩国进攻魏国。姚本作"与韩呡而攻魏"，金正炜本认为："'呡'字涉上文'内韩呡于齐'而衍。"按：上下文都谈的是国家之事，此不应独插入"韩呡"，金说

是，从金说。

⑦女戟：魏国靠近韩国的地名，在今太行山西面。韩之太行绝：韩国通往太行山的道路就断绝了。姚本作"韩之太原绝"，《史记正义》："太原"作"太行"，从《史记正义》改。南阳而伐魏：姚本作"南阳高伐魏"，鲍本"高"作"而"，从鲍本。

⑧燥：犹烁，烁，通"铄"，削弱。兵分于齐：兵力被齐国分散。

⑨国破财屈：国家破亡，财力用尽。姚本"财屈"作"曹屈"，鲍本作"财屈"，从鲍本。按：语气词，犹言于是。下同。姚本作"桉"，鲍本作"按"，从鲍本。姚本"按"后有一"兵"字，疑是后人误加，故删掉。

⑩是以攻齐之已弊与秦争战：这是用进攻齐国已经疲惫的军队与秦国战斗。姚本"弊"下有"救"字，一本无"救"字，从一本删去。

⑪韩、魏焉免西合：韩国、魏国哪里能够免除向西联合秦国。郭希汾本："韩、魏不支，必合于秦。"

⑫有：犹言又。

⑬定：安定，安置。起：立，建立。滕：国名，被宋所灭。姚本"滕"作"胜"，"胜"当是"滕"字之讹，下同。

译文 "'如果天下各国诸侯争着侍奉秦国，秦国就会有六种举动，都会对赵国不利。天下诸侯如果争着侍奉秦国，秦王就会接受背靠大海的齐国，恢复以前背叛秦国国家的邦交，以兵临中原，向三晋国家寻求好处，这是秦国的一个举动。如果秦国推行这种计谋，对赵国不利，而您最终也不能得到陶地，这是秦国第一个举动的结果。如果天下诸侯争着侍奉秦国，秦王从齐国接纳韩珉，从韩国接纳成阳君，安排魏怀在魏国做相国，恢复连横的邦交，王贲、韩他等辈，都起来推行连横之策，这是秦国的一个举动。秦国推行这种计谋，对赵不利，而您又不能得到陶地，这是秦国第二个举动的结果。如果天下诸侯争着侍奉秦国，秦王接受齐国接受赵国，三个强国亲近起来，率兵临魏而索取安邑，这是秦国的一个举动。秦国推行这种计谋，齐国、赵国呼应它，魏国不等秦国进攻，就会奉献安邑而增加秦国的实力，秦国得到安邑的富饶物产，与魏国结成亲密的邦交，韩国一定到秦国朝拜，秦国就会挟安邑以兵临赵国，这是秦国的一种举动。秦国推行这种计谋，对赵国不利，而您也一定得不到陶地，这是秦国第三个举动的结果。如果天下诸侯争着侍奉秦国，秦国巩固与燕国、赵国的邦交，率兵进攻齐国联合楚国，联合韩国而进攻魏国，这是秦国的一种举动。秦国推行这种计谋，并且燕国、赵国呼应它。燕国、赵国进攻齐国，军队刚刚动用，秦国因为联合楚国而进攻魏国，不到一二个月，魏国一定会被攻破了。秦国占领安邑而堵塞女戟，韩国通往太行山的道路就断绝了，秦兵沿轵道、南阳而进攻魏国，断绝韩国的对外联系，包围东周、西周，就使赵国自行削弱了。赵国被秦国削弱了力量，兵力被齐国分散，这对赵国是不利的，而您终生也不能得到陶地，这是秦国第四个举动的结果。如果天下诸侯争着侍奉秦国，秦国巩固与三晋的邦交进攻齐国，赵国就会国家破亡，财力用尽，而兵力在东部被齐国分散，秦国于是进攻魏国，夺取安邑，这是秦国的一种举动。秦国推行这种计谋，您于是救援魏国，这是用进攻齐国已经疲惫的军队与秦国战斗。如果您不去援救，韩国、魏国哪里能免得了向西联合秦国？国家在秦国的谋划之中，而您又终生不能得到陶地，这是秦国第五个举动的结果。如果天下诸侯争着侍奉秦国，秦国于是实行仁义，使灭亡的国家继续存在，使危险弱小的国家得到扶持巩固，安定没有罪过的君主，一定建立中山和滕国，秦国建立中山和滕国，而赵国、宋国就会同等命运，哪里还有工夫谈论陶地？这是秦国第六个举动的结果。所以说您一定不要和秦讲和，那么陶地就一定能够得到了。'奉阳君说：'好。'于是就打消了跟秦国讲和的念头，而联合齐国、魏国，率领成地的军队，夺取陶地。"

楼缓将使伏事辞行

原文　楼缓将使，伏事辞行①，谓赵王曰："臣虽尽力竭知，死不复见于王矣。"王曰："是何言也？固且为书而厚寄卿。"楼子曰："王不闻公子牟夷之于宋乎②？非肉不食③，文张善宋，恶公子牟夷，寅然④。今臣之于王非宋之于公子牟夷也，而恶臣者过文张，故臣死不复见于王矣。"王曰："子勉行矣⑤，寡人与子有誓言矣。"楼子遂行。

后以中牟反⑥，入梁。候者来言⑦，而王弗听，曰："吾已与楼子有言矣。"

注释　①伏事：领受任务。伏，通"服"，行。

②公子牟夷：春秋时，宋襄公的庶兄，名牟夷。

③非肉不食：没有肉不吃饭，表明地位尊贵。

④文张：人名，事迹不详。寅然：犹言摈斥，排斥。

⑤勉行：尽力去做。勉：尽力。

⑥中牟：赵国地名，在今河南省鹤壁市西。

⑦候者：侦察敌人的士兵，犹言侦探。

译文 楼缓将要出使，领受任务辞行，对赵惠文王说："臣下虽然竭尽力量和智慧，但是死了也不能再见到大王了。"赵惠文王说："这说的是什么话呢？本来准备写个文书并对您寄予厚望。"楼缓说："大王没有听说公子牟夷在宋国的情形吗？没有肉不吃饭，文张和宋君很要好，讨厌公子牟夷，结果宋君摈斥了公子牟夷。如令臣下对于大王不如宋君对公子牟夷，并且讨厌臣下的人超过讨厌文张的人，所以臣下死了也不能再见到大王了。"赵惠文王说："您尽力去做吧，寡人和您已立下誓言了。"楼缓就出发了。

后来楼缓凭借中牟造反，进入魏国。侦探向赵王报告，赵王不听，说："我已经和楼缓立下誓言了。"

虞卿谓赵王

原文　虞卿谓赵王曰①："人之情，宁朝人乎②？宁朝于人也③？"赵王曰："人亦宁朝人耳，何故宁朝于人？"虞卿曰："夫魏为从主，而成者范座也④。今王能以百里之地，若万户之都⑤，请杀范座于魏。范座死，则从事可移于赵⑥。"赵王曰："善。"乃使人以百里之地，请杀范座于魏。魏王许诺，使司徒执范座，而未杀也。

注释　① 此篇鲍本在《魏策》。谓：姚本作"请"，姚本一作"谓"，鲍本作"谓"，从一本、鲍本。赵王：赵惠文王。

② 宁：犹将。朝人：使人来朝见。

③ 宁朝于人：犹言还是将去朝见别人。

④ 从：同"纵"，合纵。主：长，犹言领袖。成：姚本作"违"，缪文远本认为"违"是"成"字之讹。从缪本。范座：曾任魏国相国。

⑤ 若：犹言或者。

⑥ 从事可移于赵：犹言主持合纵的事可转移到赵国，即赵国可做推行合纵之策的领袖。

译文 虞卿对赵王说："人的心情，是将使人来朝见自己呢？还是愿意将去朝见别人？"赵惠文王说："人们都将想使别人来朝见自己，什么缘故愿意去朝见别人？"虞卿说："那魏国作为合纵的领袖，而是范座使它成功的。如今大王能够用方圆百里的土地，或者拥有万户的城邑，就能请求魏国杀掉范座。范座一死，赵国就可以做推行合纵之策的领袖。"赵惠文王说："好。"于是就派人以割给魏国方圆百里的土地为条件，向魏国请求杀掉范座。魏王答应了，派司徒逮捕了范座，可是却没有杀他。

原文 范座献书魏王曰："臣闻赵王以百里之地，请杀座之身。夫杀无罪范座，薄故也①；而得百里之地，大利也。臣窃为大王美之。虽然，而有一焉，百里之地不可得，而死者不可复生也，则王必为天下笑矣②！臣窃认为与其以死人市，不若以生人市也③。"

注释 ①薄故：犹言细事，小事。薄故，姚本作"座薄故"，鲍本认为"座"是衍文，从鲍本。

②王：姚本作"主"，鲍本作"王"，从鲍本。

③市：交易。不若以生人市也：姚本作"不若以生人市使也"，

鲍本改"使"为"便"，缪文远本认为"'使'字当删，鲍本改'使'为'便'，非。"从缪本。

译文　范座向魏王呈献书信说："臣下听说赵王用方圆百里的土地，请求杀掉我范座。杀死无罪的范座，这是小事；而得到方圆百里的土地，是很大的利益。臣下私下为大王赞美这件事。虽然这样，可是有一个问题，方圆百里的土地不能得到，而死去的人却不能复生了，那么大王一定被天下讥笑了！臣下私下认为与其用死人做交易，不如用生人做交易。"

原文　又遗其后相信陵君书曰①："夫赵、魏，敌战之国也。赵王以咫尺之书来，而魏王轻为之杀无罪之座，座虽不肖，故魏之免相也②。尝以魏之故，得罪于赵。夫国内无用臣，外虽得地，势不能守。然今能守魏者，莫如君矣。王听赵杀座之后，强秦袭赵之欲，倍赵之割③，则君将何以止之？此君之累也。"信陵君曰："善。"遽言之王而出之④。

注释　① 后相：指信陵君在范座免相之后，继范座为相。
② 故魏之免相：姚本免相后有"望"字，鲍本："衍'望'字。"

从鲍本。

③倍赵之割：犹言就要比赵国要求割让的土地加倍。

④遽（jù）：急忙，犹言立刻。

译文　范座又给继他之后的相国信陵君写信说："赵国、魏国是敌对交战的国家。赵王把微小的一封书信送来，而魏王就要轻率地为他杀掉无罪的范座，范座我虽然不成器，却是魏国原来免去的相国。我曾经因为魏国的缘故，得罪了赵国。国内不能任用臣下，在国外虽然得到土地，势必不能守卫。然而如今能守卫魏国的，没有谁能赶得上您了。君王听信赵王杀了我以后，强大的秦国就会袭用赵国的想法，就会比赵国加倍地要求割让土地，那么您将用什么办法阻止它？这就是您的麻烦。"信陵君说："好。"立刻报告魏王并释放了范座。

燕封宋人荣蚠为高阳君

原文　燕封宋人荣蚠为高阳君，使将而攻赵①。赵王因割济东三城卢、高唐、平原陵地城市邑五十七，命以与齐，而以求安平君而将之②。马服君谓平原君曰："国奚无人甚哉！君致安平君而将之③，乃割济东三城市邑五十七以与齐，此与敌国战④，复军杀将之所取、割地与敌国者也。今君以此与齐，而求安平君而将之，国奚无人甚也！且君奚不将奢也？奢尝抵罪居燕，燕以奢为上谷守，燕之通谷要塞，奢习知之。百日之内，天下之兵未聚，奢已举燕矣。然则君奚求安平君而为将乎？"平原君曰："将军释之矣，仆已言之仆主矣⑤。仆主幸以听仆也⑥。将军无言已。"马服君曰："君过矣！君之所以求安平君者，以齐之于燕也，茹肝涉血之仇耶⑦。其于奢不然。使安平君愚，固不能当荣蚠；使安平君知，又不肯与燕人战。此两言者，安平君必处一焉。虽然，两者有一也。使安平君知，则奚以赵之强为⑧？赵强则齐不复霸矣。今得强赵之兵，以杜燕将，旷日持久数岁，令士大夫余子之力，尽于沟垒，车甲羽毛裂敝，府库仓廪虚，两国交敝⑨，乃引其兵而归。夫尽两国之兵无明此者矣。"已而得三城也，城大无能过百雉者⑩，果如马服之言也。

注释

① 荣蚠（fén），宋国人，身世不详。高阳君：荣蚠的封号。高阳，地名，在今河北省高阳县东北。使将（jiàng）：即使之将，派他领兵或率兵。将，用如动词。

② 卢：赵国地名，在今山东省济南市长清区西南二十五里。姚本"卢"前有"令"字，缪文远本："'令'字当为衍文"，从缪本。高唐：赵国地名，在今山东省禹城市西南四十里。平原：赵国地名，在今山东省平原县西南五十里。陵地：高地。城市邑：城镇和居民点。姚本作"城邑市"，鲍本作"城市邑"，从鲍本。安平君：齐国将领田单的封号。

③ 致：求得。将：用如动词，此指任命为大将。

④ 此与敌国战：姚本"此"后有"夫子"二字，《大事记》无。从《大事记》删。

⑤ 仆主：奴仆的主人。仆，平原君自称的谦辞。主，此指赵王。

⑥ 以：通"已"。

⑦ 茹肝涉血：食肝喋血，食肝踏血。形容杀人很多。

⑧ 奚以赵之强为：犹言凭什么为赵国的强大进攻燕国。

⑨ 杜：犹言抗拒。佘子：大臣的庶子，多担任下级军官。羽毛：即羽旄（máo），此指用旄牛尾装饰的旗帜。两国交敝：犹言赵国、燕国的实力由于互相交战都受到了很大的破坏。姚本作"两国交以习之"，姚本引刘本、曾本作"交敝"，从

刘本、曾本。

⑩ 已而得三城：不久得到了三座城市。姚本作"夏，军也县
釜而炊，得三城也"，《大事记》无"夏"至"炊"七字，作
"已而得三城也"，从《大事记》。百雉：方丈曰堵，三堵为雉，
即三百方丈。

译文

燕国封宋国人荣蚠为高阳君，让他率兵攻打赵国。赵
王因此割让济东高地上的三座城市卢、高唐、平原和
五十七个居民点给齐国，而要求得安平君任命他为大
将，以便抵抗燕国的进攻。赵奢对平原君说："国家
没有人才，哪里厉害到这种程度呀！您求得安平君并
任命他为大将，割让济东高地上的三座城市和居民点
给齐国，这些地方，是跟敌对国家打仗，打败敌军杀
死敌将，从敌国手里夺取、割让的土地。如今您把它
给了齐国，而为了得到安平君并任命他为大将，国家
哪里没有人才这样厉害呀！再说，您为什么不任命我
为大将？我曾经因抵偿罪责住在燕国，燕国任命我为
上谷太守，燕国通往上谷的要塞，我完全了解，百天
之内，天下诸侯的兵还没集合起来，我已经攻占燕国
全境了。这样看来，那么您为什么要求得安平君而任
命他为大将呢？"平原君说："将军放弃这种想法吧，

我已经对君王说过了，幸亏君王听了我的话。将军不要说了。"赵奢说："您错了！您之所以要求得安平君，是认为齐国跟燕国有食肝踏血的仇恨。这件事我认为不是这样。假如安平君愚蠢，本来就不能抵挡荣盆；假如安平君聪明，又不肯与燕国人交战。我说的这两种情况，安平君必居其一。虽然，二者必居其一。假如安平君聪明，那么凭什么为赵国的强大进攻燕国呢？如果赵国强大，齐国就不能再称霸了。如今安平君得到强大的赵国军队，用来抗拒燕国将领，一定旷日持久需要几年，使士大夫庶子的力量，完全用在战壕营垒之中，战车铠甲羽毛装饰的旗帜破裂了，府库粮仓空虚了，两国由于互相交战实力削弱了，安平君就会率兵回国了。他的做法，一定是使两国军队耗尽力量，没有比这个再明了的了。"不久安平君攻占三座城市，可是没有一个能超过三百方丈的，果然像赵奢说的那样。

三国攻秦赵攻中山

原文　三国攻秦，赵攻中山，取扶柳，五年以擅呼沲①。齐人戎郭、宋突谓仇郝曰②："不如尽归中山之新地。中山案此言于齐曰，四国将假道于卫，以遏章子之路，齐闻之，必效鼓③。"

注释　① 三国：指韩、齐、魏。扶柳：中山国地名，在今河北省衡水市冀州区西南。擅：专有。呼沲（tuó）：水名，即今滹沲河。

② 仇郝：赵国大臣。鲍本："郝"作"赫"。见《西周策·谓周最曰仇赫之相宋》注。

③ 案：犹据。遏：姚本作"过"，金正炜本作"遏"。从金说。章子：齐将匡章。路：指匡章由齐伐燕经过的道路。鼓：齐国邑名，本春秋时鼓子国，白狄别种，在今河北省晋州市；一说，在今山东省淄博市西。

译文　韩、齐、魏三国进攻秦国，赵国攻打中山，夺取了扶柳，五年以后专有了滹沱河。齐国人戎郭、宋突对仇郝说："不如把新占领的土地全部归还给中山。中山

国据此向齐国说，四国将要向卫国借道，以阻断章子
进攻燕国经过的道路，齐国听到这件事，一定会献出
鼓地。"

赵使赵庄合从

原文 赵使赵庄合从①，欲伐齐。齐请效地，赵因贱赵庄。
齐明为谓赵王曰②："齐畏从之合也③，故效地。今闻
赵庄贱，张勤贵④，齐必不效地矣。"赵王曰："善。"
乃召赵庄而贵之。

注释 ① 赵庄：赵国大臣。

② 齐明：东周大臣。

③ 齐畏从之合：齐国害怕诸侯合纵。姚本从后有"人"字，
姚引刘本无"人"字。从刘本。

④ 张勤（qín）：破坏合纵的人。鲍本："勤，盖败从者。"

译文 赵国派赵庄率领合纵国的军队，想要讨伐齐国。齐国
请求献出土地，赵国因此轻视赵庄。齐明为赵庄对赵

王说："齐国害怕各国合纵，所以献出土地。如今听说赵庄被轻视，破坏合纵的张懃显贵，齐国一定不献出土地了。"赵王说："好。"于是召见赵庄并使他显贵起来。

翟章从梁来

原文　翟章从梁来①，甚善赵王。赵王三延之以相②，翟章辞不受。田驷谓柱国韩向曰③："臣请为卿刺之。客若死，则王必怒而诛建信君④。建信君死，则卿必为相矣。建信君不死，以为交，终身不敝，卿因以德建信君矣⑤。"

注释　① 翟章：魏国人。

② 延：聘请，邀请。

③ 田驷：赵国大臣。柱国：官名，赵设此官时间、职权均不详。

④ 客：指翟章。王必怒而诛建信君：建信君有宠于赵悼襄王，翟章被刺而死，赵王疑建信君畏翟章为相，与之争宠而刺杀

了他。故怒建信君。

⑤ 交：交好，此指朋友。散：坏，弃，此犹言变化。德：感德。

译文　翟章从魏国来，和赵悼襄王很要好。赵悼襄王三次聘请他为相国，翟章推辞不接受。田驷对柱国韩向说："我请求为您刺杀他。翟章如果死了，那么大王一定怒杀建信君。建信君死后，那么您一定会升任相国了。如果建信君不死，一定把您作为好朋友，终生不变，您因此也会感德建信君了。"

冯忌为庐陵君谓赵王

原文　冯忌为庐陵君谓赵王曰[1]："王之逐庐陵君，为燕也。"王曰："吾所以重者，无燕、秦也[2]。"对曰："秦三以虞卿为言，而王不逐也。今燕一以庐陵君为言，而王逐之，是王轻强秦而重弱燕也。"王曰："吾非为燕也，吾固将逐之。""然则王逐庐陵君，又不为燕也。行逐爱弟，又兼无燕[3]，臣窃为大王不取也。"

注释

① 冯忌：身世不详。庐陵君：赵孝成王母弟。赵王：赵孝
成王。

② 无燕、秦：无视燕、秦，犹言不畏惧燕国、秦国。

③ 行：且，再说。又兼无燕：又加上无视燕国。姚本燕后有
"秦"字，金正炜本认为"秦"字是涉上文而衍，从金说。

译文

冯忌为庐陵君对赵孝成王说："大王驱逐庐陵君，这
是为了燕国。"赵孝成王说："我所看重的是事情，并
不是畏惧燕国、秦国。"冯忌说："秦国三次用虞卿为
它说话，可是大王没有驱逐他。如今燕国用庐陵君为
它说一次话，大王却驱逐了他，这是大王轻视强大的
秦国而重视弱小的燕国。"赵孝成王说："我不是为了
燕国，我本来就想驱逐他。"冯忌说："这样说来，那
么大王驱逐庐陵君，不是因为燕国。再说驱逐亲爱的
弟弟，又加上无视燕国，臣下私下认为大王的做法是
不可取的。"

冯忌请见赵王

原文　冯忌请见赵王，行人见之①。冯忌接手免首②，欲言而不敢。王问其故，对曰："客有见人于服子者③，已而请其罪。服子曰：'公之客独有三罪：望我而笑，是狎也④；谈语而不称师，是倍也⑤；交浅而言深，是乱也⑥。'客曰：'不然。夫望人而笑，是和也；言而不称师，是庸说也⑦；交浅而言深，是忠也。昔者尧见舜于草茅之中，席陇亩而荫庇桑，阴移而受天下传⑧。伊尹负鼎俎而干汤，姓名未著而受三公⑨。使夫交浅者不可以深谈，则天下不传，而三公不得也。'"赵王曰："甚善。"冯忌曰："今外臣交浅而欲深谈可乎？"王曰："请奉教。"于是冯忌乃谈。

注释　①赵王：赵孝成王。行人：掌管外交、聘问的官员。

②接手：即交手，犹言拱手。免首：低着头。免，通"俛"，即今"俯"字。

③见（xiàn）：引见，推荐。服子：即宓（fú）子。"服"与"宓"古同音通假。

④狎（xiá）：轻视。

⑤倍：通"背"，背叛。

⑥乱：迷惑。

⑦庸说：平常的说法。鲍本："言之常者，人所同称，非必师矣。"

⑧席：设席。陇亩：田野。荫庇桑：即桑荫庇，桑树树阴的遮蔽。受：接受。姚本作"授"，鲍本作"受"，从鲍本。传：禅让。黄丕烈《札记》曰："'传''禅'同字。"

⑨干：谒见。三公：朝廷重臣。

译文　　冯忌请求拜见赵王，掌管外交事务的官员使他拜见了赵王。冯忌拱手低头，想要说话而不敢。赵王问他是什么缘故。冯忌回答说："有个客人向宓子推荐一个人，不久他问宓子这人有什么过错。宓子说：'您的客人有三条过错：望着我并发笑，这是轻视我；谈话不称我为老师，这是背叛我；交情浅而言语深，这是迷惑我。'客人说：'不是这样。望见人笑，这是和蔼，言谈不称呼老师，因为老师是平常的称呼；交情浅而言语深，这是忠诚。从前尧在草茅之中会见舜，在田野设席坐在桑树的阴凉下，树阴移动舜接受了尧禅让的天下。伊尹背着鼎俎谒见商汤，姓名还不清楚就接受了三公的职位。如果交情浅就不可以深谈，那么天下就无法禅让，并且三公的职位也不可能得到。'"赵王说："太好了。"冯忌说："如今外来的臣子交情浅而想深谈，可以吗?"赵王说："请您教导。"于是冯忌才谈了自己的意见。

客见赵王

原文 客见赵王曰："臣闻王之使人买马也，有之乎?"王曰："有之。""何故至今不遣?"王曰："未得相马之工也①。"对曰："王何不遣建信君乎?"王曰："建信君有国事，又不知相马。"曰："王何不遣纪姬乎②?"王曰："纪姬妇人也，不知相马。"对曰："买马而善，何补于国?"王曰："无补于国。""买马而恶，何危于国?"王曰："无危于国。"对曰："然则买马善而若恶③，皆无危补于国。然而王之买马也，必将待工。今治天下，举错非也④，国家为虚戾，而社稷不血食，然而王不待工，而与建信君，何也?"赵王未之应也。客曰："郭偃之法，有所谓柔痈者⑤，王知之乎?"王曰："未之闻也。""所谓柔痈者，便辟左右之近者，及夫人优爱孺子也⑥。此皆能乘王之醉昏，而求所欲于王者也。是能得之乎内，则大臣为之枉法于外矣。故日月晖于外，其贼在于内⑦，谨备其所憎，而祸在于所爱。"

注释

① 工：指善于相马的人，犹言相马的行家。

② 纪姬：赵王宠姬。

③ 若：犹或。

④ 举错：亦作"举措"，选拔废弃。

⑤ 郭燕之法：姚本作"燕郭之法"，王念孙曰："燕"字当在"郭"字下，燕、偃声相近，郭燕之法即郭偃之法，从王说。

柔痈：姚本作"桑雍"，姚引刘作"柔痈"。王念孙认为：作"柔痈"是也。痈即痈疽之痈。便辞左右、夫人孺子皆柔媚其君以为患于内，故曰柔痈。

⑥ 优爱孺子：宠爱的少年美女；一说，优，倡优。

⑦ 贼：害，毛病。

译文

有位客人拜见赵王说："臣下听说大王要派人购买马匹，有这件事吗？"赵王说："有这件事。"客人说："什么缘故至今不派人去？"赵王说："还没有找到相马的行家。"客人说："大王为什么不派遣建信君去呢？"

赵王说:"建信君有国家大事,又不懂得相马。"客人说:"大王为什么不派遣纪姬去呢?"赵王说:"纪姬是个妇人,不懂得相马。"客人说:"如果买马买的是良马,对国家有什么补益?"赵王说:"对国家没有什么补益。"客人说:"买马如果买了劣马,对国家有什么危害?"赵王说:"对国家没有什么危害。"客人说:"既然这样,那么买良马或是买劣马,都对国家没有危害或补益。然而大王买马的时候,一定要等待相马的行家。如今治理天下,选拔废弃却不是这样,国家将成为荒野,社稷灭亡,祖宗不能享用血食,然而大王却不等待善治国的行家,而把它交给建信君,为什么?"赵王没有回答。客人说:"郭偃的治国之法,有人把它叫'柔痈'的,大王听说过吗?"赵王说:"没有听说过。"客人说:"所谓柔痈,是指那些献媚的人和左右亲幸的大臣,以及夫人、宠爱的少年美女。这些人都能乘大王昏醉之机,对大王寻求所想要的东西。这些人如果在宫廷内得手,那么大臣就在外面为他们贪赃枉法。所以日月在外面放出光辉,但毛病却藏在里面,谨慎防备他所憎恶的人,可是祸患却出自他所亲爱的人身上。"

秦攻魏取宁邑

原文　秦攻魏，取宁邑①，诸侯皆贺。赵王使往贺②，三反不得通。赵王忧之，谓左右曰："以秦之强，得宁邑，以制齐、赵。诸侯皆贺，吾往贺而独不得通，此必加兵我，为之奈何？"左右曰："使者三往不得通者，必所使者非其人也。曰谅毅者，辨士也③，大王可试使之。"

注释　① 宁邑：战国魏邑（在今河南省修武县东）；一说，即安邑（在今山西省夏县）。

② 赵王：赵惠文王。

③ 谅毅：赵国辩士。辨，通"辩"。

译文　秦国攻打魏国，夺取宁邑，诸侯都去祝贺。赵惠文王也派使者前去祝贺。使者往返三次没有通报接见。赵惠文王很忧愁，对左右的人说："凭借秦国的强大，夺取宁邑以后，就将制裁齐国、赵国。诸侯都去祝贺，我们前往祝贺却不能通报接见，这一定是要攻打我们，对这件事怎么办？"左右的人说："使者多次往返不能得到通报接见，一定是所派出的人不是适当的人选。有一个叫谅毅的，是能言善辩的人，大王可以派他去试试。"

原文 谅毅亲受命而往。至秦，献书秦王曰[1]："大王广地宁邑，诸侯皆贺，敝邑寡君亦窃嘉之[2]，不敢宁居，使下臣奉其币物三至王廷[3]，而使不得通。使若无罪，愿大王无绝其欢；若使有罪，愿得请之。"秦王使使者报曰："吾所使赵国者，小大皆听吾言，则受书币。若不从吾言，则使者归矣。"谅毅对曰："下臣之来，固愿承大国之意也，岂敢有难？大王若有以令之，请奉而行之[4]，无所敢疑。"

注释 ①秦王：秦昭王。

②嘉：赞许。

③币物：礼物。

④请奉而行之：犹言请允许我们奉命实行。姚本在"奉而"后有"西"字，鲍本谓"衍'西'字。"从鲍本。

译文 谅毅亲自接受赵王的命令前往。到了秦国，向秦王献上书信说："大王扩大土地到安邑，诸侯都来祝贺，敝国君王也私下赞许大王，不敢安闲住着，派臣下捧着礼物三次来到大王的宫廷，可是使者没能得到通报召见。使臣如果没有罪过，希望大王不要断绝我们承欢的机会。如果使臣有罪，愿意得到大王的惩处。"秦王派使者告诉谅毅说："我所要求赵国的，大事小情都要听我的话，那么我就接受送来的书信财物。如果不听从我的话，那么使者就回去吧。"谅毅回答说："臣下这次来，本来希望接受大国的旨意，怎么敢难为大王？大王如果有什么命令，请允许我们奉命实行，不敢有什么怀疑的地方。"

一

原文　于是秦王乃见使者，曰："赵豹、平原君①，数欺弄寡人。赵能杀此二人，则可。若不能杀，请令率诸侯受命邯郸城下②。"谅毅曰："赵豹、平原君，亲寡君之母弟也，犹大王之有叶阳、泾阳君也③。大王以孝治闻于天下，衣服使之便于体，膳啖使之嗛于口④，未尝不分于叶阳、泾阳君。叶阳君、泾阳君之车马衣服，无非大王之服御者。臣闻之'有覆巢毁卵，而凤皇不翔；刳胎焚夭，而麒麟不至⑤。'今使臣受大王之令以还报，敝邑之君畏惧不敢不行，无乃伤叶阳君、泾阳君之心乎？"

注释

① 赵豹：即平阳君。

② 请今率诸侯受命邯郸城下：请让我现在率领诸侯在邯郸城下接受你们的命令。本意是进攻赵国，却说受命，实际是外交辞令。

③ 叶（shè）阳：指叶阳君，名悝（lǐ），又号高陵君。泾阳君：名市。二人均为昭王同母弟。

④ 膳啖：膳食。嗛（qiè）：通"慊"，惬意，满意。

⑤ 刳（kū）：剖开。胎：腹中未生的幼体。夭：此指小兽，出胎者为夭。麒麟：姚本作"骐骥"，鲍本作"麒麟"，从鲍本。

译文

这时秦昭王才接见赵国使者说："赵豹、平原君，几次欺骗愚弄寡人。如果赵国能杀掉这两个人，那是可以的。如果不能杀，请让我现在率领诸侯在邯郸城下接受你们的命令。"谅毅说："赵豹、平原君，是我们君王的亲兄弟，就像大王有叶阳君、泾阳君两个弟弟一样。大王用孝友之情治国闻名天下，穿的衣服使兄弟合身，膳食使兄弟满意合口，未曾有什么不分给叶阳君、泾阳君的。叶阳君、泾阳君的车马衣服，没有不和大王相同的。臣下听说这样的话：'鸟巢倾覆毁坏了鸟蛋，凤凰就不再飞到这里；剖开兽胎焚烧小兽，麒麟就不再来到这里。'如今使臣接受大王的命令回国向敝国君主报告，敝国君主害怕不敢不执行，不过恐怕要伤叶阳君、泾阳君的心吧？"

原文　秦王曰："诺。勿使从政。"谅毅曰："敝邑之君，有母弟不能教诲，以恶大国，请黜之，勿使与政事，以称大国①。"秦王乃喜，受其币②而厚遇之。

注释　① 恶（wù）：中伤，此犹言惹恼。黜：贬斥，贬黜。称（chèn）：适合心愿。

② 币：姚本作"弊"，鲍本作"币"，从鲍本。

译文　秦昭王说："好。不要让他们从事国家政事。"谅毅说："敝国的君主，有亲弟不能教诲，惹恼了大国，请让我们贬黜他们，不让他们参与国家政事，以称大国的心愿。"秦王这才高兴，接受了谅毅带来的礼物，并且用优厚的礼节接待了他。

赵使姚贾约韩魏

原文　赵使姚贾约韩、魏，韩、魏以而反之①。举茅为姚贾谓赵王曰②："贾也，王之忠臣也。韩、魏欲得之，故反之，将使王逐之，而己因受之。今王逐之，是韩、魏之欲得，而王之忠臣有罪也。故王不如勿逐，以明王之贤，而折韩、魏之招③。"

注释　①姚贾：见《秦策五·四国为一》注。以：通"已"。缪文远本认为：以下脱"而"字。缪说是，从缪本。反：背叛。姚本、鲍本皆作"友"，刘本作"反"。刘本是，从刘本。下文中的"反"亦同。

②举茅：举姓，茅名。其身世不详。

③之招：姚本作"招之"，姚引曾本作"之招"，从曾本。招，指招收姚贾。

译文　赵国派姚贾约结韩国、魏国，韩国、魏国不久又背叛了赵国。举茅为姚贾对赵王说："姚贾是大王的忠臣。韩国、魏国都想要得到他，所以背叛赵国，准备让大王驱逐他，而自己趁机接纳他。如今大王如果驱逐姚贾，这是韩国、魏国想要得到的结果，然而大王的忠臣却有了罪名。所以大王不如不驱逐姚贾，以表明大王的贤明，并挫败韩国、魏国招收姚贾的企图。"

魏败楚于陉山

原文　魏败楚于陉山，禽唐明①。楚王惧，令昭应奉太子以委和于薛公②。主父欲败之，乃结秦连宋之交③，令仇郝相宋④，楼缓相秦。楚王离赵、宋，齐、楚之和卒败⑤。

注释　① 陉山：楚国地名，在今河南省新郑市西南三十里。禽：同"擒"，捉，此指击溃之意。唐明：楚国将领，或作"唐昧""唐蔑"。

② 楚王：楚怀王。昭应：楚国大臣。委和于薛公：到薛公那里做人质以求讲和。

③ 结秦连宋之交：犹言与秦国结盟和宋国联络感情。姚本秦后有"楚"字，曾本去"楚"字。曾本是，从曾本。

④ 鲍本："郝"作"赫"，见《东周策·谓周最曰仇赫之相

宋》注。

⑤ 楚王离赵、宋：楚王离间赵国、宋国的感情。离，姚本作"禽"，缪文远本认为："'禽'当为'离'之讹。"从缪本。齐、楚之和卒败：齐国、楚国的讲和最终失败。齐、楚，姚本作"魏"，缪文远本认为："据上文当为'齐、楚'。"这样上下文义"正相应也"，从缪本。

译文　魏国在陉山打败了楚国，击溃了唐明率领的军队。楚怀王害怕，命令昭应侍奉太子到孟尝君那里做人质以求得讲和。赵武灵王想要破坏这件事，于是就与秦国结盟和宋国联络感情，派仇郝辅佐宋国，楼缓辅佐秦国。楚怀王离间赵国、宋国没有成功，齐国、楚国的讲和最终失败。

秦召春平侯

原文　秦召春平侯，因留之①。世钧为之谓文信侯曰②："春平侯者，赵王之所甚爱也，而郎中甚妒之③，故相与谋曰：'春平侯入秦，秦必留之。'故谋而入之秦。今君留之，是空绝赵，而郎中之计中也。故君不如遣春平侯而留平都侯④。春平侯者言行于赵王⑤，必厚割赵以事君，而赎平都侯。"文信侯曰："善。"因与接意而遣之⑥。

注释

① 春平侯：赵国太子。留：扣留，犹言软禁。

② 世钧：即泄钧，秦国人。

③ 郎中：君王的近侍之官。

④ 平都侯：赵国大臣。

⑤ 赵王：赵悼襄王，名偃。

⑥ 接意：以礼相接待。

译文

秦国把春平侯召去，趁机扣留了他。世钧为春平侯对文信侯说："春平侯是赵悼襄王最喜爱的人，可是近侍之官却很嫉妒他，所以互相谋划说：'春平侯到秦国去，秦国一定扣留他。'所以设计谋使他到了秦国。如今您扣留他，这是白白地断绝了和赵国的关系，而且中了近侍之官的计策。所以您不如让春平侯回去，而扣留平都侯。春平侯的话在赵悼襄王那里一说就实行，一定多割让赵国的土地侍奉您，而赎回平都侯。"文信侯说："好。"因此趁机盛情招待春平侯并让他返回赵国。

赵太后新用事

原文　赵太后新用事①，秦急攻之。赵氏求救于齐。齐曰："必以长安君为质②，兵乃出。"太后不肯，大臣强谏③。太后明谓左右④："有复言令长安君为质者，老妇必唾其面。"

注释　①赵太后：即赵威后。新用事：刚执政。
②长安君：赵太后之少子，封于长安，所以称长安君。
③强谏：竭力劝谏。
④明谓左右：明白地告诉身边的近臣。

译文　赵太后刚执政，秦国急速前来攻打。赵国向齐国求救。齐国说："一定要用长安君来作人质，才出兵。"赵太后不同意，大臣们竭力劝谏。太后明白地对身边的臣下说："有再说让长安君去作人质的，我一定要唾他一脸唾沫。"

原文

左师触龙言愿见太后，太后盛气而胥之①。入而徐趋，至而自谢②，曰："老臣病足，曾不能疾走③，不得见久矣。窃自恕，而恐太后玉体之有所郄也④，故愿望见太后。"太后曰："老妇恃辇而行。"曰："日食饮得无衰乎⑤?"曰："恃粥耳。"曰："老臣今者殊不欲食，乃自强步，日三四里，少益耆食，和于身也⑥。"太后曰："老妇不能。"太后之色少解⑦。

注释

① 左师：官名，是优待老臣的荣誉官职。一说，左师为掌权大臣。可供参考。触龙：人名，赵国大臣。姚本作"触詟"，是将龙言二字误合，长沙马王堆三号汉墓出土的《战国策》残本及《史记》皆作"触龙言愿见太后"，故从《战国策》残本及《史记》。盛气：怒气很盛，犹言盛气凌人。胥：等待。姚本"胥"作"揖"，《战国策纵横家书》《史记》均作"胥"。从《战国策纵横家书》《史记》。

② 入而徐趋：犹言触龙进了宫门，做出快步走的姿态来，但动作缓慢。趋，小步快走，是古代下见上、臣见君的走路姿态。触龙脚有病，所以只能"徐趋"。自谢：自己谢罪。

③ 病足：即足病，脚有毛病。曾（zēng）不能疾走：竟然不能快跑。曾，副词，乃，竟然。

④ 窃自恕：私下原谅自己。有所郄（xì）：有什么不舒服的

地方。郤，通"隙"，欠，缺，不舒服。

⑤得无：该不会。衰：减少。

⑥今者：近来。殊：很，特别。乃一自强步：就自己勉强走走。步，此指慢走。少（shāo）益耆食：稍微增加一点食欲。耆，通"嗜"，喜爱。和于身：使身体舒适。

⑦色稍解：脸上的怒色稍微缓解。

译文 左师触龙说他希望谒见太后，太后盛气凌人地等待着他。触龙进宫以后做出快步急行的姿态来，到了太后面前自己谢罪，说："老臣脚有毛病，竟然不能快跑，很久不能谒见太后了。我私下自己原谅自己，但是我担心太后的贵体有什么不舒服的地方，所以希望谒见太后。"太后说："我靠车子行动。"触龙问："每天的饮食该不会减少吧?"太后说："靠喝点粥罢了。"触龙说："老臣近来很不想吃东西，就自己勉强走走，每天走个三四里，才稍微增加了一点食欲，身体也感到舒适了。"太后说："我可不能够做到。"太后脸上的怒色稍微有所缓解。

原文 左师公曰："老臣贱息舒祺，最少，不肖①。而臣衰，窃爱怜之。愿令得补黑衣之数，以卫王宫，没死以闻②。"太后曰:"敬诺。年几何矣?"对曰:"十五岁矣。虽少,愿及未填沟壑而托之③。"太后曰:"丈夫亦爱怜其少子乎④?"对曰:"甚于妇人⑤。"太后笑曰:"妇人异甚⑥。"对曰:"老臣窃以为媪之爱燕后贤于长安君⑦。"曰:"君过矣,不若长安君之甚。"左师公曰:"父母之爱子,则为之计深远⑧。媪之送燕后也,持其踵为之泣,念悲其远也,亦哀之矣⑨。已行,非弗思也,祭祀必祝之,祝曰:'必勿使反⑩。'岂非计久长,有子孙相继为王也哉⑪?"太后曰:"然。"左师公曰:"今三世以前,至于赵之为赵,赵主之子孙侯者,其继有在者乎⑫?"曰:"无有。"曰:"微独赵,诸侯有在者乎⑬?"曰:"老妇不闻也。""此其近者祸及身,远者及其子孙⑭。岂人主之子孙则必不善哉?位尊而无功,奉厚而无劳,而挟重器多也⑮。今媪尊长安君之位,而封之以膏腴之地⑯,多予之重器,而不及今令有功于国。一旦山陵崩,长安君何以自托于赵⑰?老臣以媪为长安君计短也,故以为其爱不若燕后。"太后曰:"诺,恣君之所使之⑱。"于是,为长安君约车百乘质于齐⑲,齐兵乃出。

注释　①贱息:指自己的儿子。贱,自谦之辞。息,子。不肖:犹言不贤，没有出息，也是谦辞。

②黑衣：当时赵国王宫卫士的制服，这里代指卫士。没（mò）死：冒死，表示敬畏之辞。

③及：趁。填沟壑：原指死后无人埋葬，尸体填塞在山沟里，这里用来谦指死去。

④丈夫：指男人。

⑤甚于妇人：比妇人还厉害。

⑥异甚：特别厉害。

⑦媪（yǎo）：对老年妇女的尊称。燕后：赵太后女儿，嫁给燕国国君为王后。贤：胜过，超过。

⑧计深远：考虑长远利益，犹言作长远打算。计，考虑，谋划。

⑨持其踵：握住燕后的脚后跟。因为燕后是坐车子走的，所以送别时赵太后站在车下握住燕后的脚跟，不忍她走，表示依依惜别之意。念悲：惦念悲伤。哀：爱之兼有思念之意；一说，哀，哀怜。亦通。

⑩必勿使反：一定不要让她回来啊！古代远嫁他国的诸侯之女一般不回娘家，除非她被休弃或者所嫁之国覆灭时，才能回来。赵太后的祝愿是希望女儿幸福，千万不要遭到灾祸。

⑪岂非两句：难道不是从长远打算，希望她有子孙后代世世为王吗？

⑫ 三世：三代。赵之为赵：指赵氏建立赵国的时侯。赵氏本是晋国大夫，后与韩、魏共分晋国。在前403年，即赵烈侯六年，被周天子封为诸侯。从烈侯至孝成王，已有七代（烈侯、敬侯、成侯、肃侯、武灵王、惠文王、孝成王）。侯者：封侯的。侯，用如动词，封侯。继：指后嗣继其封爵者。

⑬ 微独：不仅，非但。微，非。诸侯：指其他诸侯国。

⑭ 近：犹言封侯者在位时间短。远：指封侯者在位时间长。

⑮ 奉厚：俸禄丰厚。奉，通"俸"。挟（xié）：掌握，拥有。重器：金玉珍宝和钟鼎等器物，泛指贵重的财宝。

⑯ 尊长安君之位：使长安君之位尊显起来。尊，使动用法。膏腴之地：肥美的土地。

⑰ 山陵崩：比喻国君死亡，此指赵太后去世。自托：托身，立足。

⑱ 恣：纵，此处有听任，任凭之意。

⑲ 约：犹言治，准备。

译文　左师公说："我的儿子舒祺，年龄最小，不成器。可是老臣已经衰老了，心里很疼爱他。希望能让他做一名宫中卫士，来保卫王宫，因此我冒着死罪来禀告太后。"太后说："好吧。他年龄多大了？"左师公回答说："十五岁了。虽然年纪小，但是我希望没死之前

把他托付给您。"太后说："男人也疼爱自己的小儿子
吗?"回答说："比女人家疼爱得还厉害。"太后笑着
说："女人疼爱自己的小儿子特别厉害。"左师公说:
"老臣私下里认为您疼爱燕后胜过疼爱长安君。"太后
说："您错了,不像疼爱长安君那么厉害。"左师公说:
"父母疼爱儿女,那就是替他们作长远打算。您老人
家送燕后出嫁的时候,握住她的脚后跟为她哭泣,这
是因为想到她离家远嫁心中悲伤、惦念,也真是可怜
她了。燕后走了以后,不是不想念她,但是每当祭祀
的时候总要为她祝福,祈祷说:'一定别让她回来。'
这难道不是为她作长远打算,希望她有子孙后代世世
为王吗?"太后说："是的。"左师公说："从现在起上
推到三代以前,一直上推到赵氏建立赵国的时候,赵
国君主的子孙封侯的,他们的继承人还有在侯位的
吗?"太后说："没有。"左师公说："不仅是赵国,其
他诸侯的子孙封侯的,他们的继承人还有在侯位的
吗?"太后说："我没有听说过。"左师公说："这大概
就是封侯者在位时间短的祸患就落在他们自己身上,
封侯者在位时间长的祸患就落在他们子孙身上。难道
国君的子孙就一定都不好吗?只是因为他们地位尊贵
而没有功勋,俸禄丰厚而没有劳绩,可是却拥有大量

的贵重财宝。如今您使长安君的地位尊显起来，并且分封给他肥美的土地，又多给他贵重的财宝，可是赶不上趁现在让他为国家建立功劳。有朝一日您百年之后，长安君凭什么能在赵国立足？老臣认为您老人家为长安君考虑得太短浅了，所以我认为您对他的疼爱不如对燕后。"太后说："好吧，任凭您派他到什么地方去。"于是，为长安君准备了一百辆车到齐国去做人质，齐国的军队才出动。

原文　子义闻之曰①："人主之子也，骨肉之亲也，犹不得恃无功之尊，无劳之奉，而守金玉之重也②，而况人臣乎？"

注释　① 子义：赵国的贤士。
② 重：重器的省称。

译文　子义听到这件事后说："国君的儿子，也是骨肉之亲，尚且不能依靠没有功勋的高贵地位，没有劳绩的丰厚俸禄，来保住他的黄金美玉那些贵重的财宝，更何况是做臣子的呢？"

秦使王翦攻赵

原文　秦使王翦攻赵，赵使李牧、司马尚御之①。李牧数破走秦军，杀秦将桓齮②。王翦恶之。乃多与赵王宠臣郭开等金③，使为反间，曰："李牧、司马尚欲与秦反赵，以多取封于秦。"赵王疑之，使赵葱及颜最代将④，斩李牧，废司马尚。后三月，王翦因急击，大破赵，杀赵葱⑤，虏赵王迁及其将颜最，遂灭赵。

注释　① 王翦：秦国大将。李牧、司马尚：赵国大将。

② 桓齮（yǐ）：秦国将领。

③ 郭开：赵王宠臣。

④ 赵葱：赵国将领。葱，姚本作"苍"，鲍本作"葱"，从鲍本。颜最：本是齐国将领，后到赵国为将。

⑤ 赵葱：姚本作"赵军"，《史记》作"赵葱"，从《史记》。

译文　秦国派王翦进攻赵国，赵国派李牧、司马尚率兵抵抗。李牧多次把秦军打得大败而逃，杀掉了秦国将领桓齮。王翦憎恨李牧。于是多给赵王宠臣郭开等人金钱，让他在赵王面前挑拨离间，说："李牧、司马尚想要和秦国一起反对赵国，以便从秦国多取得封地。"赵王怀疑李牧、司马尚，派赵葱和颜最代替他们为将，杀了李牧，废弃司马尚。三个月以后，王翦趁机加紧进攻赵国，大破赵军，杀了赵葱，俘虏了赵王迁及其将领颜最，于是灭亡了赵国。

魏策一

智伯索地于魏桓子

原文 知伯索地于魏桓子，魏桓子弗予①。任章曰②："何故弗予？"桓子曰："无故索地，故弗予。"任章曰："无故索地，邻国必恐；重欲无厌，天下必惧③。君予之地，知伯必憍④。憍而轻敌，邻国惧而相亲。以相亲之兵，待轻敌之国，知氏之命不长矣！《周书》曰：'将欲败之，必姑辅之；将欲取之，必姑与之。'君不如与之，以骄知伯。君何释以天下图知氏，而独以吾国为知氏质乎⑤？"君曰："善。"乃与之万家之邑一。知伯大说⑥。因索蔡、皋梁于赵，赵弗予，因围晋阳。韩、魏反于外，赵氏应于内，知氏遂亡。

注释 ① 魏桓子：晋国大夫，名驹，同晋大夫赵襄子、韩康子共灭智伯后，三家分晋，成为魏国的最高统治者。予：通"与"，给予。

② 任章：魏桓子的相国。《淮南子·人间》作"任登"，《说苑·权谋》作"任增"。《通鉴·周纪一》威烈王二十三年胡三省注："任章，魏桓子之相也。"

③ 重：犹言多。厌：满足。

④ 侨：同"骄"，骄傲，放纵。

⑤ 质：椹（shēn）质。古代杀人所用的椹垫。此言智伯为刀斧，而自己国家为椹质。

⑥ 说：同"悦"。

译文　智伯向魏桓子索要土地，魏桓子没有给。任章说："什么缘故不给？"魏桓子说："无缘无故地向我要土地，所以没给。"任章说："无缘无故地索要土地，它的邻国必定恐慌；欲望增多而不满足，天下人必定恐惧。您给智伯土地，他必然更加放纵，放纵而轻敌，邻国间就会因为惧怕它而彼此亲近。用相互亲近的军队，对付轻敌的国家，智伯的命不会长了！《周书》说：'将要败坏他，一定要暂且辅助他；将要取得些什么，一定要给他什么。'您不如给他土地，使智伯放纵。您为什么放弃依靠天下人去图谋智伯的做法，而独自把我国变成了听任智伯刀劈斧砍的椹质呢？"魏桓子说："对。"于是就给了智伯一座万户人家的城邑。智伯大喜。就又向赵国索要蔡、皋梁两个地方，赵国没有给，智伯便围困了晋阳。韩康子、魏桓子在晋阳城外反叛了智伯，赵国在城里做内应，智伯就被杀掉了。

韩赵相难

原文 韩赵相难①。韩索兵于魏曰："愿得师以伐赵②。"魏文侯曰③："寡人与赵兄弟，不敢从。"赵又索兵以攻韩，文侯曰："寡人与韩兄弟，不敢从。"二国不得兵，怒而反。已乃知文侯以讲于己也④，皆朝魏⑤。

注释 ① 相难：彼此产生仇怨。难，怨仇。

② 得师：得到军队，此指借军队。

③ 魏文侯：名斯，魏国的建立者。

④ 已：完毕，此指事情结束以后。

⑤ 皆朝魏：都来朝见魏国。《通鉴》在此后有"魏于是始大于三晋，诸侯莫能与之争"。

译文 韩国、赵国彼此产生了仇怨。韩国向魏国借兵说："希望能够借些军队来讨伐赵国。"魏文侯说："我与赵国国君是兄弟，不敢从命。"赵国又向魏国借兵进攻韩国，魏文侯说："我与韩国国君是兄弟，不敢从命。"两个国家都没有借到军队，生气回国了。这件事过去后，两国才知道魏文侯是以此来替自己讲和，都来朝见魏国。

乐羊为魏将而攻中山

原文　乐羊为魏将而攻中山①，其子在中山，中山之君烹其子而遗之羹，乐羊坐于幕下而啜之②，尽一杯。文侯谓睹师赞曰③："乐羊以我之故，食其子之肉。"赞对曰："其子之肉尚食之，其谁不食！"乐羊既罢中山④，文侯赏其功而疑其心。

注释　① 乐羊：宋国乐喜的后代子孙。梁玉绳《汉书人表考》："乐羊，宋乐喜裔孙。"

② 啜（chuò）：喝。鲍本："啜，饮也。"

③ 睹师赞：睹师为复姓，名赞，魏国人。而《韩子·说林上》及《春秋后语》"睹"作"堵"。黄丕烈按："《左传》，褚师段，宋共公子石，食采于褚。其后可师号褚师，后因氏焉。又有褚师比。'堵'亦姓也，郑有堵汝父。但此作'堵师'，则恐字有讹。"

④ 罢中山：攻下中山。前408年，魏国派乐羊进攻中山，前

406年攻取中山。罢，解除，除掉，此指攻取，攻下。一说，
罢，归也，指乐羊从中山归来。

译文　乐羊做魏国的将领攻打中山国，他的儿子就在中山
国，中山国的国君把他的儿子煮了，还把肉羹送给乐
羊。乐羊坐在大帐下喝儿子的肉羹，喝尽了一杯。魏
文侯对睹师赞说：“乐羊因为我的缘故，吃了自己儿
子的肉。”睹师赞回答说：“他儿子的肉尚且能吃，难
道还有谁的肉不能吃呢！”乐羊攻下中山国，魏文侯
奖赏了他的功劳，却怀疑他的忠心。

西门豹为邺令

原文　西门豹为邺令①，而辞乎魏文侯。文侯曰：“子往矣，
必就子之功，而成子之名。”西门豹曰：“敢问就功成
名，亦有术乎？”文侯曰：“有之。夫乡邑老者而先受
坐之士②，子入而问其贤良之士而师事之③，求其好
掩人之美而扬人之丑者而参验之。夫物多相类而非
也，幽莠之幼也似禾，骊牛之黄也似虎，白骨疑象，

武夫类玉，此皆似之而非者也④。

注释

① 西门豹：西门为复姓，名豹，魏文侯时邺令。《韩子·难言》："西门豹不斗而死人手"，疑后被人暗杀。邺：魏国邑名，在今河北省临漳西南邺镇。

② 先受坐：指年老的人在众人之前先坐，故言"先受坐之士"。鲍本："老者坐先于众。"

③ 师事之：用对待师长的礼节来对待他们。

④ 幽莠（yǒu）：深色的狗尾草。《说文》："莠，禾粟下扬生莠也。"段玉裁注："莠，今之狗尾草。"黧牛：黑黄色的牛。姚本作"骊牛"，鲍本作"黧牛"，从鲍本。吴正曰："骊牛，犹言犛牛、狸牛，不必拘以色论。"金正炜本："牛之似虎以黄，则不得不以色论。"后说较合理。象：指象牙。武夫：亦作碔砆，似玉的美石。

译文

西门豹被任命为邺令，他向魏文侯辞谢。魏文侯说："您去吧，一定能成就您的功业，成就您的美名。"西门豹说："冒昧地问一下，成就功名也有方法吗？"魏文侯说："有方法。那些乡邑里先于众人而坐的老者，您进去访求其中贤良之士并以礼相待，再找一些喜欢掩盖别人优点而喜欢张扬别人缺点的人来参照检验他们。事物多似是而非，深色的狗尾草幼小的时候像禾苗，黑黄色的牛因有黄色而像虎，白骨往往被疑作象牙，碔砆与美玉相类似，这些都是似是而非的。"

文侯与虞人期猎

原文 文侯与虞人期猎①。是日，饮酒乐，天雨。文侯将出，左右曰："今日饮酒乐，天又雨，公将焉之？"文侯曰："吾与虞人期猎，虽乐，岂可不一会期哉②！"乃往，身自罢之③。魏于是乎始强。

注释 ①虞人：掌管山泽的官。《通鉴·周纪一》威烈王二十三年胡三省注："《周礼》有山虞、泽虞以掌山泽。"期猎：约定时间打猎。期，约会。
②会期：相会赴约。鲍本："昔与之期，今往会之。"
③罢：通"疲"。

译文 魏文侯和管山泽的人约好一同去打猎。这天，魏文侯喝酒喝得很高兴，天又下着雨。魏文侯准备出去，左右的大臣说："今天饮酒很快乐，天又下着雨，您准备到哪里去呢？"魏文侯说："我同管山泽的人约好一同去打猎，虽然现在很快乐，难道就可以不去赴约吗！"于是就去了，路上身体弄得很疲劳。魏国从此强盛起来。

魏文侯与田子方饮酒而称乐

原文　魏文侯与田子方饮酒而称乐①。文侯曰："钟声不比乎②？左高③。"田子方笑。文侯曰："奚笑？"子方曰："臣闻之，君明则乐官④，不明则乐音。今君审于声，臣恐聋于官也。"文侯曰："善，敬闻命。"

注释　① 田子方：名无择，学于子贡，为魏文侯师。称乐：谈论音乐。称，说，谈论。

② 不比：不和，不和谐，不协调。

③ 左高：左面的声音高。鲍本："言左方之声高。"《通鉴·周纪一》威烈王二十三年胡三省注："此盖编钟之悬，左高，故其声不和。"

④乐官：以治官之事为乐。鲍本："乐，音洛，以治官为乐。"

译文 魏文侯和田子方一起饮酒谈论音乐的事。魏文侯说："钟声不协调了吧？左面的声音高。"田子方笑了起来。魏文侯说："为什么笑？"田子方说："臣下听说，做国君的明理就喜欢治官之道，不明理就偏爱音乐。现在您对音乐辨别得很清楚，臣下恐怕您在治官方面有些聋了。"魏文侯说："对，敬听您的教诲。"

魏武侯与诸大夫浮于西河

原文 魏武侯与诸大夫浮于西河①，称曰："河山之险岂不亦信固哉②！"王错侍坐曰③："此晋之所以强也。若善修之，则霸王之业具矣。"吴起对曰④："吾君之言，危国之道也；而子又附之，是重危也⑤。"武侯忿然曰："子之言有说乎？"吴起对曰："河山之险，信不足保也⑥；且伯王之业⑦，不从此也。昔者，三苗之居⑧，左彭蠡之波⑨，右洞庭之水⑩，汶山在其北，而衡山在其南⑪，恃此险也，为政不善，而禹放逐之。夫夏桀之国，左天门之阴，而右天溪之阳⑫，庐、睪在其北，伊、洛出其南⑬，有此险也，然为政不善，而汤伐之。殷纣之国，左孟门而右漳、釜⑭，前带河，后被山⑮，有此险也，然为政不善，而武王伐之。且君亲从臣而胜降城，城非不高也，人民非不众也，然而可得并者，政恶故也。从是观之，地形险阻奚足以霸王矣！”武侯曰：“善。吾乃今日闻圣人之言也！西河之政，专委之子矣⑯。”

注释

① 魏武侯：魏文侯之子，名击。西河：指今山西、陕西两省界上自北而南一段的黄河，因在冀州之西，故称西河。

② 称：称赞，犹言夸耀。固：坚固，犹言险固的边塞。

③ 王错：姚本作“王钟”，金正炜本：“‘钟’，作‘错’者当是。……《吕览·长见篇》：‘吴起治西河之外，王错谮之于魏武侯。’盖即是人。”钱穆《先秦诸子系年》：“魏武自矜河山之险而错附之，为吴起所折。”作“王错”为是。坐：姚本作“王”，鲍本作“坐”，魏武侯未称王，故鲍本为是，从鲍本。

④ 吴起：见《秦策三·蔡泽见逐于赵》注。

⑤ 附：附和。重：姚本无“重”字，鲍本有，从鲍本。

⑥ 保：保障，犹言凭借、依靠。

⑦ 且：姚本作“是”，一本无“是”字。金正炜本：“‘是’当

作'且'，《策》文'是''且'字多误。"金说为是，从金说。

⑧ 三苗之居：三苗族的住所，指三苗族生活的地方。三苗，见《秦策一·苏秦始将连横》注。

⑨ 彭蠡（lǐ）：古泽名，旧释即今江西省的鄱阳湖。一说，彭蠡应在长江北岸，大约在今鄂东、皖西一带滨江诸湖。

⑩ 姚本"右"下有"有"字，注曰："一本无'有'字。"上句"左彭蠡之波"无"有"字，而下文"左天门之阴"二句亦无"有"字，故从姚一本。洞庭：指洞庭湖，在今湖南省北部、长江南岸。

⑪ 汶山：即岷山，在今四川省松潘县北，绵延于川、甘两省边境。汶，读若"岷"。姚本作"文山"，鲍本作"汶山"，从鲍本。黄丕烈《札记》："文山即汶山，见《管子》《国语》。"一说，汶山即岐山，在今陕西省岐山县东北，亦称天桂山。衡山，即南岳，五岳之一，在今湖南省衡山县西北。

⑫ 天门：即天井关，在今山西省晋城县城南四十五里太行山上。天溪：地名，今地不详。一说，天溪即河、济。河，指黄河。济，指济水，包括黄河南北两部分，河北部分源出河南省济源市西王屋山，注入黄河。河南部分本系黄河分出来的一条支流，因分流处与河北济口隔岸相对，古人遂视为济水的下游。一说，天溪即天池，在今山西省宁武县西南六十里管涔山上。

⑬ 庐、睪（gāo，又读hào）：疑是山名。一说，庐、睪当是
太原、交城等处山名。一说，疑即庐山、峄山，此说恐有误。
伊、洛：二水名。伊水出于今河南省卢氏县东南，至偃师县
入洛水；洛水出于今陕西省洛南县北冢岭山，东流河南省，
至巩义市入河。

⑭ 孟门：太行山的险隘，在今河南省修武县北。漳、釜：二
水名。漳，漳水，在今河北、河南两省边界。釜，见《赵策
三·说张相国》注。

⑮ 前带河：指朝歌之南有黄河流过。后被山：指朝歌之后有
太行山为屏障。

⑯ 西河：指魏国境内黄河附近地区，在今陕西省韩城市或山
西省汾阳市境内。一说，在今河南省安阳县境内。

译文　魏武侯与大夫们同在西河游泳，夸耀说，"河山的险
要难道不也的确如同险要的边塞吗！"王错陪坐说：
"这就是晋国强大的原因。如果好好地修筑它们，那
么成就霸王之业的条件就具备了。"吴起回答说："我
们国君的话，是危及国家的策略；而您又附和他，这
是加重危险啊。"魏武侯生气地说："您的话有什么解
释吗？"吴起回答说："河山的险要，确实不能作为依
靠，况且成就霸王的事业，也不是从这里产生的。从

前，三苗族居住的地方，左有彭蠡湖的波涛，右有洞庭湖的湖水，岷山在它的北面，衡山在它的南面，凭借这些险塞，却不能很好地治理政事，大禹放逐了他们。夏桀的国家，左靠天井关的北坡，右达天溪的北岸，庐山、峄山在它的北面，伊水、洛水在它的南部流过，有这样的险塞，然而不能很好地治理政事，商汤征伐了它。殷纣王的国家，左有孟门险隘右有漳水、滏水，黄河绕南而过，后有太行山为屏障，有这样的险塞，然而不能很好地治理政事，周武王征伐了它。况且君主亲近臣民听取臣下意见胜过取得一座城邑，他们的城墙并非不高，百姓并非不多，然而却被兼并了，是为政不良的缘故。从这些来看，地形的险要阻塞怎么能够用来成就霸王之业呢！"魏武侯说："对。我今天听到圣人的话了！西河地方的政事，特委派给您了。"

魏公叔痤为魏将

原文 魏公叔痤为魏将①，而与韩、赵战浍北②，禽乐祚③。

魏王说④，迎郊，以赏田百万禄之⑤。公叔痤反走，再拜辞曰"夫使士卒不崩⑥，直而不倚⑦，栋挠而不辟者⑧，此吴起余教也。臣不能为也。前脉形地之险阻⑨，决利害之备，使三军之士不迷惑者，巴宁、爨襄之力也⑩。县赏罚于前⑪，使民昭然信之于后者，王之明法也。见敌之可也，鼓之不敢怠倦者，臣也。王特为臣之右手不倦赏臣，何也？若以臣之有功⑫，臣何力之有乎⑬？"王曰："善。"于是索吴起之后，赐之田二十万。巴宁、爨襄田各十万。王曰："公叔岂非长者哉！既为寡人胜强敌矣，又不遗贤者之后⑭，不掩能士之迹，公叔何可无益乎！"故又与田四十万，加之百万之上，使百四十万。故《老子》曰："圣人无积，既以为人己愈有，既以与人己愈多⑮。"公叔当之矣。

注释

① 公叔痤：公叔为氏，名痤，魏国相国。一说，"公叔痤"应为"公叔座"，《吕览》毕沅校本："《御览》两引皆作'座'，与《史记·商君列传》合。"陈奇猷《吕氏春秋校释》："公叔痤疑即为魏武侯相之公叔，亦即《自知》之任座。……此盖任其姓，公叔其氏，痤其名，故一人而有三不同之称也。痤，座音同，自可通假，何者为正，已不可考，当各从本书为是。

毕改'痤'为'座'，失之。"陈说较中肯。

② 浍（kuài）北：浍水北岸。浍水，源出今山西省翼城县东南浍山下，西流经曲沃至新绛南王泽入汾河。

③ 乐祚（zuò）：赵国将领。

④ 魏王：指魏惠王，名䓨（yīng）。

⑤ 赏田：赏赐土地。鲍本："闲田以待赏有功者。"百万：百万亩。先秦时"顷""亩"等单位都有，但与今不同，此处应是赏田百万亩为宜。

⑥ 不崩：不溃散。郭希汾本："崩，坏散也。"

⑦ 直而不倚：勇往直前不邪行。鲍本："直，直前。倚，邪行。"

⑧ 栋挠而不辟：栋梁折断而不逃避，意为强敌压己而不退却。栋，即栋梁。挠，折，折断，鲍本："挠，折也，喻敌之压己。"姚本作"挠拣而不辟"，鲍本作"栋挠而不辟"，从鲍本。

⑨ 脉：犹言察看。

⑩ 巴宁、爨（cuàn）襄：均为人名。鲍本："二人，乃所谓能士。"

⑪ 县：同"悬"。

⑫ 之：犹言为。金正炜本："之，犹为也。"

⑬ 力：犹言功。金正炜本："力，功也。"

⑭ 遗：犹言遗忘。

⑮积：积蓄。为人：助人。

译文　公叔痤做魏国的将领，同魏国、赵国在浍水北岸交战，擒获了赵将乐祚。魏惠王大喜，到城郊迎接公叔痤，并赐田百万亩作为他的食禄。公叔痤反身退走，然后拜了两拜辞谢说："能使士兵不溃散，勇往直前不躲避邪行，强敌压己而不退却的，是吴起留下的教导，臣下做不到。在军队前踏察地形的险阻艰难，判断有利有害加以防备，使三军士卒不迷惑的，是巴宁、爨襄的功劳。在战前悬赏罚，战后使百姓明白无疑而信任的，是大王圣明的法度。看见可以进攻敌人了，击鼓进军不敢懈怠的，那才是臣下。大王只是因为臣下的右手不懈怠而赏踢臣下，为什么呢？假如认为臣下有功，臣下何功之有呢？"魏惠王说："好。"因此寻找吴起的后人，赏赐土地二十万亩。巴宁、爨襄受赏土地各十万亩。魏惠王说："公叔痤难道不是一个有德行的人吗！已经替我战胜了强大的敌人，又不遗忘贤者的后代，不掩盖能士的功劳，公叔痤怎么能不得到好处呢！"所以又赏赐给他土地四十万亩，加上起初赏赐的土地一百万亩，使他拥有土地一百四十万亩。所以《老子》上说："圣人没有积蓄，认为已经替别人做了，自己才更富有，认为已经给予别人了，自己的财富才更多。"公叔痤当是这样的人啊。

魏公叔痤病

原文 魏公叔痤病，惠王往问之。曰："公叔病，即不可讳①，将奈社稷何？"公叔痤对曰："痤有御庶子公叔鞅②，愿王以国事听之也；为弗能听，勿使出竟③。"王弗应，出而谓左右曰："岂不悲哉！以公叔之贤，而谓寡人必以国事听鞅，不亦悖乎！"公叔痤死，公孙鞅闻之，已葬④，西之秦，孝公受而用之⑤，秦果日以强，魏日以削。此非公叔之悖也⑥，惠王之悖也。悖者之患，固以不悖者为悖。

注释 ① 即不可讳：这已是无法避讳的。即，这。不可讳，鲍本："死者，人之所不能避，故云。"
② 御庶子：犹言庶子，指公叔痤妾所生的儿子。一说，是家臣。一说，官名，郭希汾本："御庶子，《史记》作'中庶子'，

官名也。"

③ 勿使出竟：不要让他出边境，即不要让他离开魏国。竟，同"境"。《吕览》高注："言不能用鞅者，必杀之，无令他国得用之也，故曰：'勿使出境'。"

④ 已葬：指埋葬完公叔痤后。鲍本补："《大事记》，显王八年，公孙痤卒。《解题》，痤去年为秦所获，寻归之，而终于相位也。今年卫鞅自魏适秦，则痤死必在今年。"

⑤ 孝公受而用之：秦孝公收留了他并且任用他，指卫鞅西入秦，被秦孝公所重用，任他为左庶长，定变法之令。

⑥ 悖（bèi）：谬误，犹言荒谬。

译文　魏国的公叔痤病重，魏惠王前去问候他。说："您病重，这已是无法避讳的了，国家将怎么办呢？"公叔痤回答说："我有一个儿子叫公孙鞅，希望大王在国事上听从他，假如不能听从，一定不要让他离开魏国。"魏惠王没有答应，出来后对左右大臣说："难道不可悲吗！凭公叔痤的贤能，却对我说在国事上一定要听从公孙鞅的，不也是荒谬的吗！"公叔痤死了，公孙鞅听到后，埋葬完公叔痤，就向西去到了秦国。秦孝公接纳并重用了他。秦国果然一天比一天强盛，魏国一天比一天削弱。这不是公叔痤的荒谬，而是魏惠王的荒谬。荒谬者的祸患，本来就是把不荒谬的看成是荒谬的。

苏子为赵合纵说魏王

原文 苏子为赵合从①，说魏王曰："大王之地，南有鸿沟、陈、汝南、许、鄢、昆阳、邵陵、舞阳、新郪②，东有淮、颍、沂、黄、煮枣、海盐、无疏③，西有长城之界④，北有河外、卷、衍、燕、酸枣⑤，地方千里。地名虽小，然而庐田庑舍⑥，曾无所刍牧牛马之地⑦。人民之众，车马之多，日夜行不休已，无以异于三军之众⑧，臣窃料之，大王之国，不下于楚。然横人谋王⑨，外交强虎狼之秦，以侵天下，卒有国患⑩，不被其祸⑪。夫挟强秦之势，以内劫其主，罪无过此者。且魏，天下之强国也；大王，天下之贤主也。今乃有意西面而事秦，称东藩⑫，筑帝宫⑬，受冠带⑭，祠春秋⑮，臣窃为大王愧之。

注释 ①苏子：即苏秦，字季子，东周洛阳人。

② 鸿沟：古运河名，约于战国魏惠王十年（前360）开通，故道自河南省荥阳北引黄河水，东流经中牟北，又东经开封北，折而南经通许东、太康西，至淮阳东南入颍水。陈：古县名，在今河南省淮阳县。郭希汾本："魏地不至陈，盖夸言之。"汝南：郡名，在今河南省南部汝水中游一带。黄丕烈《札记》："'汝'恐连下'南'字，汝南郡也，而下衍'有'字者是也，《史记》正作'陈、汝南、许'可证。"黄说为是，故删"汝南"下面的"有"字。许：邑名，在今河南省许昌市东。鄢：邑名，在今河南鄢陵县。昆阳：邑名，在今河南省叶县北二十五里。邵陵：邑名，在今河南省郾城县东。舞阳：邑名，在今河南省中部偏南、洪河上游。新郪（qī）：邑名，在今安徽省阜阳市北。

③ 淮：淮水。郭希汾本："魏地不至淮，盖夸言之。"颍：指颍水，源出于河南省登封市嵩山西南，至安徽省寿县正阳关入淮河。姚本作"颖"，《史记》作"颍"，从《史记》。沂、黄：即沂河、外黄。沂河源出于山东省沂源县鲁山。外黄，魏邑名，鲍本："即陈留外黄。"一说，"沂、黄"二字，《史记》无，疑衍。煮枣：邑名，在今山东省菏泽市西南。海盐：鲍本、《史记》均无"海盐"二字，疑衍。无疏：《史记》作"无胥"，或疑即宿胥口，是古黄河的决口处，在今河南省滑县西南。

④ 西有长城之界：指魏国西面有长城作为边界。郭希汾本：

"自郑滨洛以北至固阳，秦、魏之界也。今陕西华县西，鄜西南有故长城，即六国时遗址。"

⑤ 河外：指魏国境内黄河以南的地方。鲍本补："《正义》云，河外谓河南地。"一说，在今河南省开封市附近。缪文远本："河外，秦、汉之东郡地，在大梁之东北者。"卷（quān）：邑名，在今河南省原阳县旧原武西北。衍、燕、酸枣：见《秦策四·顷襄王二十年》注。

⑥ 庐田庑（wú）舍：犹言田舍相间，房舍很多。庐，本指乡村一户人家所占的房地，引申为村房或小屋的通称。庑，堂周的廊屋。鲍本："庐，田间屋。庑，廊下周屋。"

⑦ 曾无所刍牧牛马之地：竟没有可以割草放牧牛马的地方。鲍本："居人多故。"刍，割草。

⑧ 无以异于三军之众：不能不同于三军之众，即与三军士卒的行军没什么不同。鲍本："行人多故，如军阵。"

⑨ 横人：主张连横的人。

⑩ 国：指魏国。鲍本："国，谓魏。"

⑪ 不被其祸：指主张连横的人不能遭到祸患。被，遭。

⑫ 藩：藩国，古代称臣服的国家叫藩国。

⑬ 筑帝宫：修筑帝王的行宫，此指为秦王修行宫。鲍本："为秦筑宫，备其巡幸。"

⑭ 受冠带：指接受秦国的冠带制度。鲍本："受服于秦。"《史

记索隐》："谓冠带制度皆受秦法。"

⑮ 祠春秋：举行四季祭祀。鲍本："助秦祭。"《史记索隐》：
"言春秋贡奉，以助秦祭祀。"

译文　苏秦替赵国合纵，游说魏王说："大王的土地，南有
鸿沟、陈、汝南、许、鄢、昆阳、邵陵、舞阳、新
郪，东有淮河、颍水、沂水、外黄、煮枣、海盐、无
疏，西有长城为边界，北有河外、卷、衍、燕、酸
枣，土地方圆千里。国土名义上虽小，然而田舍相
间，竟没有可以割草放牧牛马的地方。百姓之众，车
马之多，昼夜往来无休止，同三军士卒行军没什么两
样，臣下私下揣度，大王的国家，不在楚国之下。然
而主张连横的人为大王谋划，外交强大的虎狼一样的
秦国，来侵夺天下，最终产生了国家的祸患，他们自
己却遭受不到祸害。他们倚仗强秦的势力，在国内胁
迫他们的君主，罪过没有比这再大的了。况且魏国是
天下的强国；大王是天下贤明的君主。现在竟然有意
面向西而侍奉秦国，被称为秦国东面的藩国，为秦王
修筑行宫，接受秦国的冠带制度，贡奉秦国举行四季
祭祀，臣下私自替大王感到惭愧。

原文　"臣闻越王勾践以散卒三千①，禽夫差于干遂②；武王卒三千人，革车三百乘③，斩纣于牧之野④。岂其士卒众哉？诚能振其威也。今窃闻大王之卒，武力二十余万⑤，苍头二十万⑥，奋击二十万⑦，厮徒十万⑧，车六百乘，骑五千匹。此其过越王勾践、武王远矣！今乃劫于辟臣之说⑨，而欲臣事秦。夫事秦必割地效实⑩，故兵未用而国已亏矣。凡群臣之言事秦者，皆奸臣，非忠臣也。夫为人臣，割其主之地以求外交，偷一旦之功而不顾其后⑪，破公家而成私门⑫，外挟强秦之势以内劫其主，以求割地，愿大王之熟察之也。

注释　① 勾践：春秋末年越国国君，越王允常之子，又称菼（tǎn）执，前497 — 前465年在位。他曾被吴国大败，屈服求和，后卧薪尝胆，任用范蠡、文种等人整顿国政，十年生聚，十年教训，终于使越国转弱为强，灭亡吴国，接着在徐州（今山东省滕县南）大会诸侯，成为霸主。散卒：懒散的士卒，指战斗力不强的士卒。鲍本："散，非枭勇。"

② 夫差：春秋末年吴国国君，吴王阖（hé）闾（lú）之子，前495 — 前473年在位。他曾打败越国，迫使越国屈服，接着开凿邗（hán）沟运河，以图向北扩展，在艾陵（今山东省

莱芜市东北）大败齐国。前482年，在黄池（今河南省封丘县西南）和诸侯会盟，与晋国争霸，越国乘虚攻入吴都。后来越国再度兴兵攻灭吴国，夫差自杀。干遂：见《秦第四·顷襄王二十年》注。

③ 革车：古代一种战车。

④ 牧之野：即牧野，在今河南省淇县西南。

⑤ 武力：即武卒、武士。

⑥ 苍头：指用青巾裹头的士兵。鲍本："盖以青帕首。"郭希汾本："苍头，谓以青巾裹头，以异于众。"

⑦ 奋击：见《秦策一·苏秦始将连横》注。

⑧ 厮徒：杂役。郭希汾本："谓炊烹供养杂役。"一说，为供杂役者及无武艺者。缪文远本："厮徒盖厮舆、白徒之省。《吕氏春秋·决胜》：'虽厮舆白徒，方数百里，皆来会战。'厮舆谓供杂役者，白徒谓不练之卒，无武艺者。"

⑨ 辟臣：邪僻的臣子。辟，通"僻"，邪僻、不诚实。

⑩ 效实：献上名器重宝。效，献。实，指名器重宝之类的东西。

⑪ 偷：苟且。

⑫ 公家：指国家。私门：犹言家门，指权臣的家宅，此处犹言权臣自己的小家。

译文

"臣下听说越王勾践靠三千没有战斗力的士卒,在干遂擒获了吴王夫差;周武王率领三千名士卒,兵车三百辆,在牧野斩杀了殷纣王。难道是他们的士卒多吗?他们的确是能够振奋自己的威势。现在私下听说大王的士卒,有武士二十多万,青巾裹头的士卒二十万,英勇进击的勇士二十万,干杂役的士卒十万,战车六百辆,坐骑五千匹。这些已经远远地超过了越王勾践、周武王!现在竟然被邪僻之臣的说教所胁迫,而要像做臣子那样侍奉秦国。侍奉秦国一定会割让土地进献名器重宝,所以没等打仗国家已经受到了损害。凡是群臣之中说侍奉秦国的,都是奸臣,而不是忠臣。做人臣子的,割让他们国君的土地来求得与外国交好,苟且一朝的享乐而不考虑以后的结果,损害国家而去成就自己的小家,凭借国外强秦的势力在国内胁迫自己的君王,来求得割地苟安,希望大王仔细审察他们。

原文

"《周书》曰:'绵绵不绝,缦缦奈何①?毫毛不拔,将成斧柯②。'前虑不定,后有大患,将奈之何?大王诚能听臣,六国从亲,专心并力,则必无强秦之患。故敝邑赵王使使臣献愚计,奉明约,在大王诏之。"

魏王曰：“寡人不肖，未尝得闻明教。今主君以赵王之诏诏之③，敬以国从。”

注释

① 绵绵：软弱，薄弱，此指细细的藤蔓；一说，绵绵，不绝貌。缦：通“蔓”，蔓延。

② 毫无：细毛，此指初生的小树苗。鲍本：“喻树之萌。”斧柯：斧柄。

③ 主君：对卿大夫的一种敬称。缪文远本：“此主君为对卿大夫之称。”

译文

“《周书》上说：‘蔓藤细细不断，蔓延起来对它又能怎么办呢？刚刚萌芽的小树如不被拔掉，就将成为制作斧柄的材料。’事前疑虑拿不定主意，以后必有大的祸患，将对出现的祸患怎么办呢？大王如果真能听从臣下的，六国合纵亲近，齐心合力，那么就一定不会有强秦的祸患。所以敝邑的赵国国君派臣下献上不高明的计策，进献明确的合纵盟约，全系于大王下诏实现它。”魏王说：“寡人不贤，不曾听到明智的教诲。现在您用赵王的诏令来开导我，请让我恭敬地率领国家跟从合纵。”

张仪为秦连横说魏王

原文　张仪为秦连横，说魏王曰："魏地方不至千里，卒不过三十万人，地四平，诸侯四通，条达辐凑^①，无有名山大川之阻。从郑至梁^②，不过百里；从陈至梁，二百余里；马驰人趋，不待倦而至梁。南与楚境，西与韩境，北与赵境，东与齐境，卒戍四方^③，守亭障者参列^④，粟粮漕庾^⑤，不下十万。魏之地势，故战场也。魏南与楚而不与齐，则齐攻其东；东与齐而不与赵，则赵攻其北；不合于韩，则韩攻其西；不亲于楚，则楚攻其南，此所谓四分五裂之道也。

注释　① 条达辐凑：犹言各诸侯国像树枝一样分布在魏国的周围，到魏国去就像车辐连接车毂（gǔ）一样直接。鲍本："如木枝分布，而四方凑之，如辐于毂。"

② 郑：邑名，在今河南省新郑市。梁：即魏国。

③ 卒戍四方：士卒要戍守四方的边界。鲍本："他国境或有山川关塞，惟梁无之，皆以卒戍守。"

④ 亭障：古时在边境险要处供防守用的堡垒。参列：排列。

⑤ 漕：水道运粮。庾：露天的积谷处，此处指水道运粮的

粮仓。

译文　张仪为秦国连横，游说魏王说："魏国土地，方圆不到千里，士卒不超过三十万人，地势四面平坦，四方与诸侯通达，各诸侯国像树枝一样分布在魏国周围，到魏国去就像车辐连接车毂一样直接，没有名山大川的阻挡。从郑国到魏国，不超过百里；从陈国到魏国，仅二百多里，马驰人跑，不等疲倦就到了魏国。魏国南面与楚国接境，西面与韩国接境，北面与赵国接境，东面与齐国接境，士卒要戍守四方的边界，守卫边境堡垒的人排成了队列，军粮水运运进水漕仓，不少于十万石。魏国的地理形势，本来就是一个战场。魏国向南联合楚国而不联合齐国，那么齐国进攻它的东面；东面联合齐国而不联合赵国，那么赵国进攻它的北面；不同韩国联合，那么韩国就进攻它的西面；不亲近楚国，楚国就进攻它的南面，这就是所说的四分五裂的道路。

原文　"且夫诸侯之为从者，以安社稷、尊主、强兵、显名也。合从者，一天下，约为兄弟，刑白马以盟于洹水之上①，以相坚也②。夫亲昆弟、同父母尚有争钱财，而欲恃诈伪反覆苏秦之余谋③，其不可成亦明矣。大王不事秦，秦下兵攻河外，拔卷、衍、燕、酸枣，劫卫取晋阳，则赵不南；赵不南则魏不北，魏不北则从道绝，从道绝，则大王之国欲求无危不可得也。秦挟韩而攻魏，韩劫于秦，不敢不听。秦、韩为一国，魏之亡可立而须也，此臣之所以为大王患也。为大王计，莫如事秦，事秦则楚、韩必不敢动；无楚、韩之患，则大王高枕而卧，国必无忧矣。

注释

① 刑：杀。洹（huán）水：又名安阳河，源出河南省林县隆虑山，东流经安阳市到内黄县北入卫河。

② 坚：坚守。

③ 苏秦之余谋：苏秦留下的策谋，此指苏秦留下的合纵主张。

译文

"况且诸侯之中进行合纵的，是为了安定国家、使国君尊贵、使军队强大、使名声显赫。合纵，就是要统一天下诸侯步伐，订立盟约诸侯彼此成为兄弟，在洹水之上杀一匹白马盟誓，来表示彼此坚守盟约。亲兄弟、同父母尚且有争夺钱财的，而要凭借欺骗诡诈重复苏秦留下的策谋，那不可能成功也已经很清楚了。大王不侍奉秦国，秦国发兵进攻河外，攻取卷、衍、燕、酸枣，威胁卫国攻取晋阳，那么赵国就不会向南援助；赵国不向南援助魏国就不会向北联合，魏国不向北联合，合纵的道路就断绝了，合纵的道路断绝，那么大王的国家想要求得没有危险是不可能得到的了。秦国胁迫韩国进攻魏国，韩国被秦国所逼迫，不敢不听从。秦国、韩国成为一个国家，魏国的灭亡就可马上到来了，这就是臣下所以替大王担心的原因。替大王考虑，不如侍奉秦国，侍奉秦国，楚国、韩国一定不敢轻举妄动；没有楚国、韩国的祸患，大王就可高枕而卧，国家一定没有忧虑了。

原文　"且夫秦之所欲弱莫如楚，而能弱楚者莫若魏。楚虽有富大之名，其实空虚；其卒虽众，多然而轻走①，易北，不敢坚战。魏之兵南面而伐，胜楚必矣。夫亏楚而益魏，攻楚而适秦②，嫁祸安国③，此善事也。大王不听臣，秦甲出而东，虽欲事秦而不可得也。

注释　① 然：姚本作"言"，鲍本作"然"，从鲍本。

② 适秦：归附秦国。适，犹言归附。鲍本："适，犹归。"一说，适，取悦。王念孙曰："适者，悦也，言攻楚而悦秦也。"

③ 嫁祸安国：转嫁祸患安定国家，此指损害楚国来安定魏国。

安国，指安定魏国。一说，指归附秦国，金正炜本："安国谓适秦也。"

译文 "况且秦国要削弱的没有比得上楚国的，而能够削弱楚国的没有比得上魏国的。楚国虽然有富足强大的名声，它的实际却很空虚；它的士卒虽然很多，但是多容易逃跑，容易败北，不敢打硬仗。魏国的军队向南面征伐，战胜楚国是一定的，使楚国亏损而让魏国获益，进攻楚国而取悦秦国，转嫁祸患安定国家，这是一件好事。大王不听臣下的，秦国出兵向东进攻，即使想要侍奉秦国也不能够做到了。"

原文 "且夫从人多奋辞而寡可信①，说一诸侯之王，出而乘其车；约一国而反，而成封侯之基②。是故天下之游士，莫不日夜扼腕、瞋目、切齿以言从之便，以说人主。人主览其辞，牵其说，恶得无眩哉③？臣闻积羽沉舟，群轻折轴，众口铄金④，故愿大王之熟计之也。"

注释 ① 从人：主张合纵的人。郭希汾本："从人，主合从之人。"奋辞：大话。鲍本："奋辞，犹大言。"

② 而成：姚本作"成而"，《史记》作"而成"，从《史记》。

③ 眩（xuàn）：眼花，看不清楚，引申为迷乱，迷惑。

④ 群轻折轴：即使很多轻的东西，堆积起来，也能把车轴压断，此指坏的说教不断加强，就将造成大的恶果。众口铄（shuò）金：众口一词，足可以使金属熔化，此指众口一词，可以混淆是非。铄，熔化金属。

译文
"况且主张合纵的人大多能说大话而很少可以信任的，说通一个诸侯国的国君，外出就能乘坐他们的车子；同一个国家订了盟约返回本国，就成就了封侯的基业。所以天下的游说之士，没有不日夜把持手腕、瞪着眼睛、咬牙切齿来谈论合纵的便利的，以此来游说国君。国君察看他们的言辞，被他们的说教所牵制，怎么能不迷乱呢？臣下听说羽毛积累起来能够使船沉没，很轻的东西，堆积起来，也能够把车轴压断，众口一词，足可以使金属熔化，所以希望大王仔细考虑这件事。"

原文
魏王曰："寡人蠢愚，前计失之。请称东藩，筑帝宫，受冠带，祠春秋，效河外。"

译文 魏王说:"寡人愚蠢,以前的策略失算了。请允许我们自称为秦国东面的藩国,为秦王修筑行宫,接受秦国的冠带制度,进贡秦国举行春秋祭祀,进献河外的土地。"

齐魏约而伐楚

原文 齐、魏约而伐楚,魏以董庆为质于齐①。楚攻齐,大败之,而魏弗救②。田婴怒③,将杀董庆。盱夷为董庆谓田婴曰④:"楚攻齐,大败之,而不敢深入者,以魏为将内之于齐而击其后⑤。今杀董庆,是示楚无魏也。魏怒合于楚,齐必危矣。不如贵董庆以善魏,而疑之于楚也。"

注释 ①董庆:魏国人。

②楚攻齐,大败之:当指《齐策一》"楚威王战胜于徐州"一战。魏弗救:指魏国暗地与楚国结盟,而不去援救齐国。

③田婴:齐国相国,齐威王少子,孟尝君之父。齐威王三十五年(前322)受封于薛,又称薛公,号靖郭君。

④旰（gàn）夷：魏国人。

⑤内之于齐：使楚军深入到齐军腹地。郭希汾本：“内之于齐，纵楚使深入也。”

译文　齐国、魏国约定一同讨伐楚国，魏国把董庆送到齐国作为人质。楚国进攻齐国，大败了齐国，而魏国却不来援救。田婴大怒，将要杀死董庆。旰夷为救董庆对田婴说：“楚国进攻齐国，大败了齐国，而不敢深入的原因，是认为魏国将要使楚军深入到齐军腹地然后攻击它的后方，现在杀死董庆，是向楚表示齐国没有魏国的联合了。魏国恼怒而去和楚国联合，齐国一定危险了。不如使董庆地位尊贵来求好于魏国，而又迷惑了楚国。”

苏秦拘于魏

原文　苏秦拘于魏，欲走而之韩，魏氏闭关而不通。齐使苏厉为之谓魏王曰①：“齐请以宋地封泾阳君②，而秦不受也。夫秦非不利有齐而得宋地也，然其所以不受者，不信齐王与苏秦也③。今秦见齐、魏之不合也，如此其甚也，则齐必不欺秦，而秦信齐矣。齐、秦合而泾阳君有宋地，则非魏之利也。故王不如复东苏秦④，秦必疑齐而不听也。夫齐、秦不合，天下无忧，伐齐成，则地广矣。”

注释

① 苏厉：苏秦之弟。

② 泾阳君：见《秦策三·范雎至秦》注。

③ 齐王：指齐湣王。

④ 复东苏秦：指让苏秦回到东面的齐国。鲍本："使得之齐。"

译文

苏秦被扣押在魏国，想要离开逃到韩国去，魏国关闭城门而出不去。齐王派苏厉替他对魏王说："齐国请求把宋国的土地分封给泾阳君，而秦国没有采纳。有齐国的帮助而得到宋国的土地对秦国并非不利，然而秦国之所以没有采纳齐国请求的原因，是不相信齐王和苏秦。现在秦国看到齐国、魏国不和，达到如此厉害的地步，那么齐国一定不欺骗秦国，而秦国也会信任齐国了。齐、秦联合而泾阳君享有宋国土地，就不是对魏国有利了。所以大王不如让苏秦回到东面的齐国，秦国一定怀疑齐国而不听从它。齐、秦不和，天下便没有忧虑，讨伐齐国成功了，那么您的土地就扩大了。"

陈轸为秦使于齐

原文 陈轸为秦使于齐①，过魏，求见犀首②。犀首谢陈轸。陈轸曰："轸之所以来者，事也。公不见轸，轸且行，不得待异日矣。"犀首乃见之。陈轸曰："公恶事乎？何为饮食而无事③？"犀首曰："衍不肖，不能得事焉，何敢恶事？"陈轸曰："请移天下之事于公。"犀首曰："奈何？"陈轸曰："魏王使李从以车百乘使于楚④，公可以居其中而疑之。公谓魏王曰：'臣与燕、赵故矣，数令人召臣也，曰无事必来。今臣无事，请谒而往。无久，旬五之期。'王必无辞以止公。公得行，因自言于廷曰：'臣急使燕、赵，急约车为行具。'"犀首曰："诺。"谒魏王，王许之，即明言使燕、赵。

注释 ① 陈轸：楚国人，善于辞令，先后在秦国和楚国做官。
② 犀首：即公孙衍。

③ 事：指政事。姚本此句后有"无事必来"四字，鲍本："衍
'无事必来'四字。"从鲍本。

④ 魏王：指魏惠王。李从：即田需，后为魏国相国。吴师道
补鲍本："《轸传》以李从为田需。"

译文 陈轸为秦国出使去齐国，路过魏国，求见公孙衍。公
孙衍辞谢了陈轸。陈轸说："我之所以来的原因，是
因为有事情。公不见我，我就要走了，不能等到他
日。"公孙衍才会见了他。陈轸说："您讨厌政事吗？
为什么只是吃吃喝喝而没有政事做呢？"公孙衍说：
"衍不贤，不能得到事情做，怎么敢厌恶政事呢？"陈
轸说："请允许把天下的政事移交给您。"公孙衍说：
"怎么办呢？"陈轸说："魏王派李从率车百辆到楚国
出使，您可以坐在其中的车上来使魏王疑惑。公对
魏王说：'臣下与燕国国君、赵国国君是故交，他们
屡次派人邀请臣下，说没事时一定要来。现在臣下
没事，请允许我前去拜见他们。不会去很久，十天、
五天就是期限。'魏王一定没有话来阻止您。您能够
出行了，就在朝廷上自己说：'臣下有急事出使燕国、
赵国，急需准备车辆整治行装。'"公孙衍说："好
吧。"就去拜见了魏王，魏王答应了他，立即明确声

明要出使燕国、赵国。

—

原文　诸侯客闻之①，皆使人告其王曰："李从以车百乘使楚，犀首又以车三十乘使燕、赵。"齐王闻之②，恐后天下得魏③，以事属犀首④，犀首受齐事。魏王止其行使⑤。燕、赵闻之，亦以事属犀首。楚王闻之⑥，曰："李从约寡人，今燕、齐、赵皆以事因犀首⑦，犀首必欲寡人，寡人欲之。"乃倍李从⑧，而以事因犀首。魏王曰："所以不使犀首者，以为不可⑨。令四国属以事，寡人亦以事因焉。"犀首遂主天下之事，复相魏⑩。

—

注释　① 诸侯客：指客居在魏国的各诸侯国的人。

② 齐王：当为齐威王。缪文远本："齐王，当为威王。"

③ 恐后天下得魏：唯恐结交魏国后于其他诸侯。鲍本："恐得魏后于诸侯。"

④ 属：委托，交付。

⑤ 行使：去出使。使，出使。一说，行使即行李，使者。缪文远本："行使即行李，使臣通聘问者。"

⑥ 楚王：当为楚怀王。

⑦ 因：随顺，此指委托、交付。

⑧ 倍：通"背"。

⑨ 以为不可：认为他不能胜任政事。郭希汾本："以为不可，不可任以事。"

⑩ 复相魏：又得到了魏国相国的官位。复，又。鲍本："复，言得四国又相魏也，非己相罢而又复。"

译文 各诸侯国客居在魏国的人听说了这件事，都派人告诉他们的国君说："李从率车百辆出使楚国，公孙衍又率车三十辆出使燕国、赵国。"齐王听说后，唯恐结交魏国后于其他诸侯，就把齐国的政事委托给公孙衍，公孙衍接受了齐国的政事。魏王停止了公孙衍去出使。燕国、赵国听说后，也把政事交给了公孙衍。楚王听说后，说："李从同寡人订了约，现在燕国、齐国、赵国都把政事交给了公孙衍，公孙衍一定想为寡人做事，寡人也想任用他。"于是背弃了李从，而把政事交给了公孙衍。魏王说："寡人之所以不使用公孙衍的原因，是以为他不能胜任政事。现在能使四个国家把政事交给他，寡人也把政事交给他吧。"公孙衍于是掌管天下的政事，又得到了魏国相国的官位。

张仪恶陈轸于魏王

原文　张仪恶陈轸于魏王曰："轸善事楚，为求壤地也，甚力①。"左华谓陈轸曰："仪善于魏王，魏王甚爱之。公虽百说之，犹不听也。公不如以仪之言为资②，而反于楚王③。"陈轸曰："善。"因使人先言于楚王。

注释　① 甚力：很卖力。姚本"甚力"之后有"之"字，鲍本："衍'之'字。"从鲍本。

② 资：凭借。姚本此句无"以"字，鲍本补："'如'下宜有'以'字。"从鲍本。

③ 反：此处犹言报告，反映。王：指楚怀王。

译文　张仪在魏王面前中伤陈轸说："陈轸尽心侍奉楚国，为楚国求取土地，很卖力。"左华对陈轸说："张仪同魏王很好，魏王特别偏爱他。您即使百般解释这件事，魏王还是不会听从的。您不如把张仪的话作为凭借，而报告给楚王。"陈轸说："太好了。"于是派人先向楚王说了这番话。

张仪欲穷陈轸

原文　张仪欲穷陈轸①，令魏王召而相之，来将圄之②。将行，其子陈应止其公之行③，曰："物之湛者④，不可不察也。郑强出秦曰⑤，应为知。夫魏欲绝楚、齐，必重迎公。郢中不善公者，欲公之去也，必劝王多公之车。公至宋，道称疾而毋行，使人谓齐王曰：'魏之所以迎我者，欲以绝齐、楚也。'"齐王曰："子果无之魏而见寡人也，请封子。"因以鲁侯之车迎之。

注释　① 穷：阻塞不通，此处犹言使人处于困境。

② 圄：囚禁。姚本作"悟"，黄丕烈《札记》："此以'悟'为'圄'字耳。"从黄说，改"悟"为"圄"。

③ 陈应：陈轸之子，名应。公：父亲。鲍本："公，翁同。《项羽纪》注，谓父。"

④ 物之湛：事情谋划得很深。郭希汾本："物，事也。湛，深也。言谋事之深者也。"

⑤ 郑强出秦曰：郑强离开秦国说的话。

译文　张仪想使陈轸陷入困境，就让魏王召他来做相国，准

备在陈轸来到之后囚禁他。陈轸要去的时候，他的儿
子陈应阻止自己的父亲出行，说："此事谋划得很深，
不可以不详察。郑强离开秦国说的话，我是知道的。
魏国想断绝楚国、齐国的联盟，一定会隆重地迎接
您。郢都中同您不友好的人，想要让您离开，一定会
劝说楚王多给您出使的车辆。您到了宋国，途中称病
不再前行，派人对齐王说：'魏国迎请我的原因，是
想要断绝齐、楚联盟。'"齐王说："先生果然没有去
魏国而来看望寡人，请让我封赏您。"于是用鲁侯之
车迎接陈轸。

张仪走之魏

原文　张仪走之魏①，魏将迎之。张丑谏于王②，欲勿内，
不得于王。张丑退，复谏于王曰："王亦闻老妾事其
主妇者乎③？子长色衰，重嫁而已④。今臣之事王，
若老妾之事其主妇者。"魏王因不纳张仪。

注释　① 张仪走之魏：张仪离开秦国到魏国去。走，此指离开。

② 张丑：齐国大臣。缪文远本："张丑，曾为齐臣。"

③ 主妇：正妻。

④ 重：再。姚本："嫁"作"家"，鲍本作"嫁"，从鲍本。

译文　张仪离开秦国到魏国去，魏国将要迎接他。张丑向魏王进谏，想不接纳张仪，没能得到魏王的同意。张丑退下，再次向魏王进谏说："大王也听说过老妾侍奉正妻的事吧？女人年长色衰，再嫁罢了。现在臣下侍奉大王，就像老妾侍奉正妻一样。"魏王于是没有接纳张仪。

张仪欲以魏合于秦韩

原文　张仪欲以魏合于秦、韩而攻齐、楚。惠施欲以魏合于齐、楚以案兵①。人多为张子于王所②。惠子谓王曰："小事也，谓可者谓不可者正半，况大事乎？以魏合于秦、韩而攻齐、楚，大事也，而王之群臣皆以为可。不知是其可也，如是其明耶？亡群臣之知术也③，如是其同耶？是其可也，未如是其明也；而群

臣之知术也，又非皆同也，是有其半塞也。所谓劫主
者，失其半者也。"

注释

① 惠施：宋国人，任魏惠王的相国。案兵：按兵不动。案，
止住。

② 人多为张子于王所：人们大多都到魏王那里替张仪说话。
郭希汾本："人于王处，多为仪计。"王，指魏惠王。

③ 亡：同"无"，即得无，莫非。鲍本："亡，得无也。"姚本
作"而"，鲍本作"亡"，从鲍本。

译文

张仪想把魏国和秦国、韩国联合起来攻打齐国、楚
国。惠施想把魏国同齐国、楚国联合起来而按兵不
动。人们大多都到魏王那里替张仪说话。惠施对魏王
说："小事，说可以做的、说不可以做的人恰好各占
一半，何况是大事呢？把魏国与秦国、韩国联合起来
去进攻齐国、楚国，是件大事，而大王的群臣都认为
可以做。不知这件事是否可行，如此难道不是很清楚
了吗？莫非群臣知道的治国之术，如此相同吗？这件
事是否可行，没达到如此清楚的程度；而群臣知道的
治国之术，又并非完全相同，这其中有一半人是糊涂
不明的。所说的能够威胁君王的，就是君王将失策于

这一半糊涂人的说教上。"

张仪以秦相魏

原文 张仪以秦相魏①，齐、楚怒而欲攻魏。雍沮谓张子曰②："魏之所以相公者，以公相则国家安，而百姓无患。今公相而魏受兵，是魏计过也。齐、楚攻魏，公必危矣。"张子曰："然则奈何？"雍沮曰："请令齐、楚解攻。"雍沮谓齐、楚之君曰③："王亦闻张仪之约秦王乎④？曰：'王若相仪于魏，齐、楚恶仪，必攻魏。魏战而胜，是齐、楚之兵折，而仪固得魏矣；若不胜⑤，魏必事秦以持其国，必割地以赂王。若欲复攻，其敝不足以应秦⑥。'此仪之所以与秦王阴相结也。今仪相魏而攻之，是使仪之计当于秦也，非所以穷仪之道也。"齐、楚之王曰："善。"乃遽解攻于魏。

注释 ① 姚本作"张子仪"，鲍本："衍'子'字。"从鲍本删。

② 雍沮（jǔ）：魏国人。

③ 齐、楚之君：当指齐宣王、楚怀王。

④ 秦王：此指秦武王。

⑤ 若不胜：姚本作"若不胜魏"，鲍本："衍'魏'字。"从鲍本，删掉"魏"字。

⑥ 敝：坏，损害，此处犹言力量受损。

译文

张仪以秦国臣子的身份做了魏国的相国，齐国、楚国很生气要攻打魏国。雍沮对张仪说："魏国任命您为相国的原因，是认为您做了相国魏国就会安定，百姓也会没有祸患。现在您做了相国而魏国却受到了战争的威胁，这是魏国计策的过失。齐国、楚国进攻魏国，您一定危险了。"张仪说："那么怎么办呢？"雍沮说："请让我设法使齐国、楚国解除进攻。"雍沮对齐国、楚国的国君说："大王听说过张仪同秦王定约的事吗？张仪说：'大王如果使张仪到魏国做相国，齐国、楚国厌恶我，一定进攻魏国。魏国打仗打胜了，这将使齐国、楚国损失兵力，而我一定能够得到魏国的信任；如果打不胜，魏国一定会侍奉秦国来保持自己的国家，一定会割让土地贿赂大王。如果齐国、楚国想再次进攻，它们的力量受损不足以抵抗秦国。'这就是张仪与秦王暗中结盟的原因。现在张仪做了魏国的相国而大王想去进攻魏国，这是使张仪的计策适合于秦国，并非是使张仪陷入困境的策略。"齐、楚的国君说："对。"于是很快解除了对于魏国的进攻。

张仪欲并相秦魏

原文 张仪欲并相秦、魏，故谓魏王曰："仪请以秦攻三川①，王以其间约南阳②，韩氏亡。"史厌谓赵献曰③："公何不以楚佐仪求相之于魏，韩恐亡，必南走楚。仪兼相秦、魏，则公亦并相楚、韩也。"

注释 ①三川：见《西周策·犀武败于伊阙》注。

②约南阳：约定要南阳。约，约定，此处犹言约定要土地，鲍本："约，谓使韩以此与魏。"南阳，见《秦策一·司马错与张仪争论于秦惠王前》注。

③史厌：即"史鰌"，郭希汾本："史厌，即史鰌。"金正炜本："《周策》有史鰌，一作'史厌'，似即一人。"赵献：人名，疑即昭献。金正炜本："'赵献'亦疑'昭献'，一声之讹。"

译文　张仪想兼做秦国、魏国的相国，因此对魏王说："我请求用秦兵攻打三川郡，大王趁这个时候向韩国索要南阳，韩国就会灭亡了。"史厌对赵献说："您为什么依靠楚国来帮助张仪从魏国取得相位，韩国害怕灭亡，一定向南投奔楚国。张仪兼做秦国、魏国的相国，那么您也会兼做楚国、韩国的相国了。"

魏王将相张仪

原文　魏王将相张仪，犀首弗利，故令人谓韩公叔曰①："张仪以合秦魏矣②。其言曰：'魏攻南阳，秦攻三川，韩氏必亡。'且魏王所以贵张子者，欲得地也③，则韩之南阳举矣。子盍少委焉④，以为衍功，则秦、魏之交可废矣。如此，则魏必图秦而弃仪，收韩而相衍。"公叔以为便⑤，因而委之，犀首以为功，果相魏。

注释　① 韩公叔：韩国人，当时韩国的执政者。

② 以：通"已"。

③ 欲得地也：姚本此句"地"下无"也"字，鲍本及《史记》

均有，从鲍本。

④ 子盍少委焉：您何不将政事稍委派给我一些。鲍本："请以事委衍。"

⑤ 公叔以为便：缪文远本："此公叔以说者之言为便于韩也。"便，便利，姚本作"信"，《史记》作"便"，从《史记》。

译文　魏王将要任命张仪为相国，对公孙衍很不利，因此公孙衍派人对韩国的公叔说："张仪已经使秦国和魏国联合了。他声称：'魏国进攻南阳，秦国进攻三川，韩国一定会灭亡。'况且魏王使张仪显贵的原因，是想要得到土地，那么韩国的南阳就要被攻下了。您何不将政事稍派给我一些，把这作为我的功劳，那么秦、魏之间的联合就可以废除了。如此，魏国就会图谋秦国抛弃张仪，拉拢韩国任命我为相国。"公叔认为他说的话对韩国有利，因而将一些政事委派给公孙衍，公孙衍以此作为功劳，果真做了魏国的相国。

楚许魏六城

原文　楚许魏六城，与之伐齐而存燕。张仪欲败之，谓魏王曰："齐畏三国之合也①，必反燕地以下楚，楚必听之②，而不与魏六城。是王失谋于楚③，而树怨于齐、秦也④。齐遂伐赵，取乘丘⑤，收侵地，虚、顿丘危⑥。楚破南阳九夷⑦，内沛⑧，许、鄢陵危。王之所得者，新观也⑨。而道涂宋、卫为制⑩，事败为赵驱⑪，事成功悬宋、卫⑫。"魏王弗听。

注释　① 三国：指楚国、魏国、赵国。

② 楚必听之：姚本此句"楚"字下有"赵"字，鲍本："衍'赵'字。"从鲍本。

③ 是王失谋于楚：姚本此句"楚"字下有"赵"字，鲍本："无'赵'字。"从鲍本。

④ 树怨于齐、秦也：姚本此句"怨"字下有"而"字，鲍本："衍'而'字。"从鲍本。

⑤ 乘丘：疑即斥丘，地名，在今河北省邱县北；一说，在今山东省济宁市兖州区西北。鲍本补："《正义》云，乘丘故城在兖州瑕丘县西北。"

⑥ 虚：见《秦策四·顷襄王二十年》注。顿丘：地名，在今河南省浚县西。

⑦ 南阳：齐国地名，相当于今山东省泰山以南，汶河以北一带。九夷：地名，在淮河和泗水之间。

⑧ 沛：齐国地名，在今江苏省沛县。

⑨ 新观：地名，在今河南省清丰县南。

⑩ 道涂宋、卫为制：道路上要受到宋国、卫国的挟制。涂，通"途"。鲍本："言虽得新观，路所从出，又限二国。"

⑪ 事败为赵驱：伐齐的事失败了。就要被赵国所驱遣。此言伐齐的事失败了，齐国就会攻打赵国，魏国也将面临灭亡的危险。所以要奔走援赵，被赵国所驱使。

⑫ 悬：挂，系于。鲍本："悬，言轻重系之。"

译文 楚国答应给魏国六座城邑，同它一起攻打齐国保存燕国。张仪要破坏这件事，对魏王说："齐国害怕三国的联合，一定退还燕国土地来表示屈服于楚国，楚国一定会听从齐国，因而不会给魏国六座城邑。这是大王失策于楚国，而又同齐国、秦国结仇。齐国于是会攻打赵国，攻下乘丘，收复被侵占的土地，虚、顿丘就危险了。楚国攻取南阳九夷，进入沛地，许、鄢陵就危险了。大王所能得到的，只有新观了。而去往新观的道路上又要受到宋国、卫国的挟制，伐齐的事失败了，就要被赵国所驱遣，伐齐的事成功了，能否得到新观全系于宋国、卫国。"魏王没有听从。

张仪告公仲

原文　张仪告公仲①，令以饥故，赏韩王以移河外②。魏王惧，问张子。张子曰："秦欲救齐，韩欲攻南阳③，秦、韩合而欲攻南阳，无异也。且以遇卜王④，王不遇秦，韩之卜也决矣。"魏王遂尚遇秦⑤，信韩、广魏、救赵，斥楚人遽于草下⑥。伐齐之事遂败。

注释　① 公仲：即韩国相国公仲倗（péng），又称公仲朋。

② 移河外：即移粟于河外，运粮到河外。移，迁移，姚本作"近"，金正炜本："'近'当为'遂'。"从金说。"遂"为"移"的异体字。河外，见《齐策一·张仪为秦连横齐王》注。

③ 南阳：地名，在今河南省修武县一带。

④ 遇：相遇，此处犹言交好，鲍本："两君相遇，则讲信修睦，故遇者，相好也。"卜：估计，判断。

⑤尚：犹言很想……特别想……鲍本："尚，言欲之甚。"

⑥遽：驿车。草下：地名，今地不详；一说，在今山东省南部。缪文远本："其地在今山东南部。"

译文 张仪告诉公仲朋，让他以韩国出现饥荒为理由，劝说韩王运粮到河外。魏王很害怕，去询问张仪。张仪说："秦国要救齐国，韩国要攻取南阳，秦国、韩国合起来要攻取南阳，这都没什么区别。况且韩国要用魏国是否与秦国交好来判断大王的态度，大王不与秦国交好，韩国的判断就会做出了。"于是魏王很想与秦国交好，取信于韩国、扩大魏国、挽救赵国，在草下斥责了乘驿车赶来告诉许地消息的楚国人。攻打齐国的事于是就被破坏了。

徐州之役

原文 徐州之役①，犀首谓梁王曰②："何不阳与齐而阴结于楚③？二国恃王，齐、楚必战。齐战胜楚，而与乘之，必取方城之外④；楚战胜齐⑤，而与乘之，是太子之仇报矣⑥。”

注释

① 徐州：见《齐策一·楚威王战胜于徐州》注。

② 梁王：指魏惠王。

③ 与：犹言帮助，郭希汾本："与，犹助也。"

④ 方城：见《西周策·楚请道于二周之间》注。

⑤ 楚战胜齐：姚本"齐"字下有"败"字，一本无"败"字，从后者，删掉"败"字。

⑥ 太子之仇：指前341年，齐、魏战于马陵，魏太子申被杀的事。

译文

徐州之战就要开始了，公孙衍对魏王说："何不明里帮助齐国而暗里与楚国结盟呢？两个国家都要依靠大王，齐国、楚国一定会打起来。齐国能战胜楚国，魏国与它一起取胜，一定会取得方城以外的土地；楚国战胜了齐国，魏国和它一起取胜，这就将报了太子被杀之仇。"

秦败东周

原文　秦败东周,与魏战于伊阙①,杀犀武②,乘胜而留于境,魏令公孙衍请卑辞割地③,以讲于秦。为窦屡谓魏王曰④:"臣不知衍之所以听于秦之多少,然臣能半衍之割,而令秦讲于王。"王曰:"奈何?"对曰:"王不若与窦屡关内侯⑤,而令之赵⑥。王重其行而厚奉之。因扬言曰:'闻周、魏令窦屡以割魏于奉阳君⑦,而听秦矣。'夫周君、窦屡、奉阳君之与穰侯⑧,贸首之仇也⑨。今行和者,窦屡也,制割者,奉阳君也。太后恐其不因穰侯也⑩,而欲败之,必以少割请合于王,而和于东周与魏也。"

注释　①伊阙:见《西周策·秦攻魏将犀武军于伊阙》注。

②犀武:见《西周策·秦攻魏将犀武军于伊阙》注。

③乘胜而留于境,魏令公孙衍请卑辞割地:姚本"乘胜而留于境"在"魏令公孙衍"之后,与文义不合,恐有误。金正炜本:"'乘胜而留于境'六字当在'杀犀武'句下。"从金说。

④窦屡:魏国人。

⑤关内侯:在关内做侯,鲍本:"侯于关内耳。"

⑥ 令之赵："姚"本作"令赵"，鲍本："'令'下有'之'字。"
从鲍本。

⑦ 奉阳君：即赵国司寇李兑。郭希汾本："奉阳君，赵司寇李
兑封号。"

⑧ 穰侯：见《秦策一·张仪说秦王》注。

⑨ 贸首之仇：指以死相争的仇敌。郭希汾本："以首相贸易，
谓抵死相争也。"

⑩ 太后：穰侯的姐姐，即秦昭王的母亲宣太后。鲍本："后，
穰侯之姊。"

译文

秦国打败了东周，在伊阙同魏国交战，杀死了魏将犀
武，乘胜驻扎在魏国境内，魏国派公孙衍用卑下的言
辞请求割让土地，来同秦国讲和。有人替窦屡对魏
王说："臣下不知道公孙衍所说的，秦国能听从多少，
然而臣下能够用公孙衍答应割让土地的一半，让秦国
同大王讲和。"秦王说："怎么办呢?"回答说："大王
不如让他做关内侯，命他出使赵国，大王重视他的
出行而且给他丰厚的俸禄。于是扬言说：'听说东周、
魏国已叫窦屡割让魏国土地给奉阳君，听凭秦国怎么
办了。'东周君主、窦屡、奉阳君同穰侯，是以死相
争的仇人。现在进行讲和的，是窦屡；制止向秦国割

地的，是奉阳君。秦国太后害怕他们不肯依附穰侯，就会想破坏这件事，一定会用少要魏国割让土地的办法同大王讲和，因而秦国就会同东周和魏国讲和了。"

齐王将见燕赵楚之相于卫

原文　齐王将见燕、赵、楚之相于卫，约外魏①。魏王惧，恐其谋伐魏也，告公孙衍。公孙衍曰："王与臣百金，臣请败之。"王为约车，载百金。犀首期齐王至之日②，先以车五十乘至卫间齐，行以百金③，以请先见齐王，乃得见。因久坐，安从容谈④，三国之相怨。谓齐王曰："王与三国约外魏，魏使公孙衍来，今久与之谈，是王谋三国也已⑤。"齐王曰："魏王闻寡人来，使公孙子劳寡人，寡人无与之语也。"三国之相不信齐王之遇⑥，遇事遂败。

注释　①齐王：指齐闵主。鲍本："闵。"外魏：排斥魏国，鲍本："不亲之。"

②齐王至之日：指齐王到达卫国的那天。姚本作"齐王至之

日"，鲍本作"齐王至之日"，从鲍本。

③ 间齐：私下会见齐国使者。行：给予。

④ 从容：不慌不忙的样子。郭希汾本："从容，舒缓貌。"

⑤ 谋三国也巳：姚本作"谋三国也也"，黄丕烈《札记》："下'也'字当是'巳'字之误。"从黄说。

⑥ 三国之相不信：此句"不信"二字，姚本作"信不"，鲍本作"不信"，从鲍本。

译文　齐王将要在卫国会见燕国、赵国、楚国的相国，准备相约排斥魏国。魏王很恐惧，害怕他们谋划进攻魏国，把这件事告诉了公孙衍。公孙衍说："大王给臣下百金，臣下请破坏他们的合约。"魏王给他准备车辆，装载百金。公孙衍约定好齐王到达卫国的日期，先率车五十辆到达卫国私下会见齐国人，给齐国的使者百金，来请求先拜见齐王，于是见到了齐王。由于坐了很长时间，不紧不慢地闲谈，那三个国家的相国就产生了怨恨。对齐王说："大王同我们三国相约排斥魏国，魏国派公孙衍来出使，今天您长时间同他交谈，这是大王谋划我们三国呀。"齐王说："魏王听说寡人来到卫国，派公孙先生慰劳寡人，寡人没有同他密谈。"三个国家的相国不相信齐王的联合，联合的事就被破坏了。

魏令公孙衍请和于秦

原文　魏令公孙衍请和于秦，綦母恢教之语曰①："无多割。曰，和成。固有秦重②，以与王遇；和不成，则后必莫能以魏合于秦者矣。"

注释　① 綦（qí）母恢：东周大臣。

② 固有秦重：姚本此句"重"字下有"和"字，鲍本补："一本标孙本无'和'字。"黄丕烈《札记》："无者是也。"从黄说。

译文　魏国派公孙衍向秦国求和，綦母恢教导他讲和的事，嘱咐说："不要多割让土地。就说，讲和成功，魏国必然会受到秦国的重视，因此我代表魏国来见大王；讲和不成，那么以后一定没有谁能够让魏国依附于秦国了。"

公孙衍为魏将

原文　公孙衍为魏将，与其相田需不善①。季子为衍谓梁王曰②："王独不见夫服牛骖骥乎③？不可以行百步。今王以衍为可使将，故用之也；而听相之计，是服牛骖骥也。牛马俱死，而不能成其功，王之国必伤矣！愿王察之。"

注释　① 田需：姚本作"田缮"，鲍本作"田需"，从鲍本，魏国相国。

② 梁王：指梁襄王。

③ 服牛骖骥：牛驾辕，马为骖，犹言牛马并驾。郭希汾本："古者一车四马，夹辕为服，两旁为骖。服牛骖骥，言牛与骥并驾也。"

译文　公孙衍做了魏将，与魏国相国田需不和。季子替公孙衍对魏王说："大王难道没见过牛马同驾一车的吗？走不了百步。现在大王认为公孙衍是可用的大将，所以任用他，却听从相国的计策，这是牛马一同驾车。牛和马一起死掉，不能成就他们的功业，大王的国家一定会受到损伤！希望大王审察一下这件事。"

魏策二

犀首田盼欲得齐魏之兵以伐赵

原文 犀首、田盼欲得齐、魏之兵以伐赵①，梁君与田侯不欲②。犀首曰："请国出五万人，不过五月而赵破。"田盼曰："夫轻用其兵者，其国易危；易用其计者，其身易穷。公今言破赵大易，恐有后咎③。"犀首曰："公之不慧也。夫二君者，固已不欲矣，今公又言难以惧之，是赵不伐而二士之谋困也。且公直言易，而事已去矣。夫难构而兵结，田侯、梁君见其危，又安敢释卒不我予乎？"田盼曰："善。"遂劝两君听犀首。犀首、田盼遂得齐、魏之兵。兵未出境，梁君、田侯恐其至而战败也，悉起兵从之，大败赵氏。

注释 ① 田盼：即盼子，齐国大臣。

② 梁君：即魏王，魏都大梁，故称魏王为梁君，此当指魏惠王。田侯：即齐王，齐王为田氏，故称其为田侯，此当指齐威王。

③ 后咎：后患，后灾。

译文 公孙衍、田盼想得到齐国、魏国的军队进攻赵国，魏王和齐王却不想发兵。公孙衍说："请求国家出兵五万人，不过五月就可攻破赵国。"田盼说："轻率用兵的人，他的国家容易出现危险；轻率用计谋的人，他自身容易陷入困境。先生现在说攻破赵国容易，恐怕要有后患。"公孙衍说："先生真不聪明。那两位国君，本来就已经不想发兵了，现在先生又说有什么灾难来吓唬他们，这样还没有攻伐赵国，我们两人的计谋就已经陷入困境了。况且先生又直言指责我的轻率，而该发生的事已经发生了。战事构成，两兵相交，齐王、魏王见到国家危险，又怎么敢把军队放置一边而不交给我们呢？"田盼说："对。"于是劝两国国君听从公孙衍的。公孙衍、田盼就得到了齐国、魏国的军队。他们率领的军队还没有出边境，魏王、齐王唯恐他们到了以后打败仗，都起兵跟从他们，大败了赵国。

犀首见梁君

原文　犀首见梁君曰①："臣尽力竭知，欲以为王广土取尊名，田需从中败臣②，王又听之，是臣终无成功也。需亡，臣将侍；需侍，臣请亡。"王曰："需，寡人之股掌之臣也③。为子之不便也，杀之亡之，外之毋谓天下何，内之无若群臣何也④！今吾为子外之，令毋敢入子之事⑤。入子事者，吾为子杀之亡之，胡如？"犀首许诺。于是东见田婴⑥，与之约结；召文子而相于魏⑦，身相于韩。

注释

① 梁君：此指魏襄王。

② 败臣：败坏臣下，犹言中伤臣下。姚本"臣"作"君"，黄丕烈《札记》："今本'君'作'臣'。"从黄说。

③ 股掌之臣：犹言宠臣，弄臣。金正炜本："股掌之臣，言可玩于股掌之上者。"

④ 外之毋谓天下何，内之无若群臣何：疏远他不会对天下人如何，亲近他也不会对群臣怎么样，犹言疏远或亲近田需对天下人及魏国大臣都不会有什么影响。外之，疏远他。内之，亲近他。谓、若，均犹奈。王引之《经传释词》："谓，犹奈也。若，亦奈也。"姚本无"外之"二字，鲍本补曰："一本标云，有'外之'字。"从鲍本。

⑤ 入：犹言参与，干预。姚本："入，犹与也。"

⑥ 田婴：即薛公，号靖郭君，当时正执掌齐国政事。

⑦ 文子：即田文。

译文　公孙衍拜见魏王说："臣下尽智尽力，想以此替大王扩张土地取得至高的名分，田需却从中败坏臣下，而大王又听从他，这使得臣下始终没有成就功业。田需离开，臣下将侍奉您；田需侍奉您，臣下请求离开。"魏王说："田需，是寡人的宠臣。怎能因为对您的不利，就杀了他或让他离开呢？况且疏远他不会对天下人如何，亲近他也不会对群臣怎么样！现在我为您疏远他，让他不敢干预您的事。干预您的事的人，我为您杀了他或让他离开，怎么样？"公孙衍答应了。因此向东去会见了田婴，和他缔结了盟约，召来文子做魏国相国，自己做了韩国的相国。

苏代为田需说魏王

原文　苏代为田需说魏王曰："臣请问文之为魏①，孰与其为齐也？"王曰："不如其为齐也。""衍之为魏，孰与其为韩也？"王曰："不如其为韩也。"而苏代曰："衍将右韩而左魏②，文将右齐而左魏。二人者，将用王之国举事于世，中道而不可③，王且无所闻之矣。王之国虽操药而从之可也④。王不如舍需于侧⑤，以稽二人者之所为。二人者曰：'需非吾人也，吾举事而不利于魏，需必挫我于王。'二人者，必不敢有外心矣。二人者之所为，利于魏与不利于魏，王厝需于侧以稽之⑥，臣以便于事。"王曰："善。"果厝需于侧。

注释

① 为：帮助。姚本："为，助也。"

② 右：犹言亲近。左，犹言疏远。姚本："右，近；左，远。"

③ 中道：即中立。

④ 操药：指国力衰弱。姚本作"渗乐"，黄丕烈《札记》："此当作'操药'，形近之讹也。言国病甚。"从黄说。

⑤ 舍：放置，安置。

⑥ 厝（cuò）：安置。

译文

苏代为田需游说魏王说："臣下冒昧地问一下，田文帮助魏国、帮助齐国，为哪个更尽力呢？"魏王说："他帮助魏国赶不上他帮助齐国。""公孙衍帮助魏国、帮助韩国，为哪个更尽力呢？"魏王说："他帮助魏国不如他帮助韩国。"苏代说："公孙衍将会亲近韩国而

疏远魏国，田文也会亲近齐国而疏远魏国。这两个
人，将要运用大王的国家在世间行事，保持中立是做
不到的，大王却没有听说这些。大王的国家虽然衰弱
但合纵是可以的。大王不如安置田需在您的身边，考
查这两个人的所作所为。这个两人就会说：'田需不
是我的同伙，我办事不利于魏国，田需一定会在大王
面前指责我。'这两个人一定不敢有外心了。他二人
的所作所为，有利于魏国与不利于魏国，大王安置田
需在身边考察他们，臣下认为对国事有利。"魏王说：
"好吧。"果真把田需安置在自己身边。

史举非犀首于王

原文　史举非犀首于王①，犀首欲穷之，谓张仪曰："请令王
让先生以国，王为尧、舜矣，而先生弗受，亦许由
也②。衍请因令王致万户邑于先生。"张仪说，因令
史举数见犀首。王闻之而弗任也③，史举不辞而去。

注释　①史举：下蔡（今安徽省凤台县）人，做过上蔡的监门。

②许由：相传是尧时的隐士，尧曾让位给他，他不接受，隐居箕山。

③任：信任。鲍本："任，犹信也。"

译文　史举在魏王面前指责公孙衍，公孙衍要使史举陷于困境，就对张仪说："请让我使魏王把魏国让给先生，魏王就成了尧、舜一样的君主了；而先生您又不接受，也成了许由一样的贤人。我因此再使魏王给先生一座万户人家的城邑。"张仪大为高兴，于是让史举多次去拜见公孙衍。魏王听说后就不信任他了，史举没有告别就离开了魏国。

楚王攻梁南

原文　楚王攻梁南①，韩氏因围蔷②。成恢为犀首谓韩王曰③："疾攻蔷，楚师必进矣。魏不能支，交臂而听楚④，韩氏必危，故王不如释蔷。魏无韩患，必与楚战，战而不胜，大梁不能守，而又况存蔷乎？若战而胜，兵罢敝，大王之攻蔷易矣。"

注释

①梁南：大梁的南面。

②蔷：魏国地名。

③成恢：魏国人。

④交臂：拱手，表示恭敬之意。

译文

楚王进攻大梁的南面，韩国乘机围困了蔷地。成恢替公孙衍对韩王说："猛攻蔷地，楚国军队就会深入进攻。魏国支持不住了，拱手而听命于楚国，韩国一定危险了，所以大王不如放弃蔷地。魏国没有韩国之患，一定会同楚国决战，打不胜，大梁就守不住，而又何况保存蔷地呢？如果打胜了，士兵疲惫不堪，大王攻打蔷地就容易了。"

魏惠王死

原文

魏惠王死，葬有日矣。天大雨雪，至于牛目①，坏城郭，且为栈道而葬。群臣多谏太子者②，曰："雪甚如此而丧行，民必甚病之③。官费又恐不给，请弛期更日④。"太子曰："为人子而以民劳与官费之故，而不行先王之丧，不义也，子勿复言。"群臣皆不敢言，而以告犀首。犀首曰："吾未有以言之也，是其唯惠子乎⑤！请告惠子。"惠子曰："诺。"

注释　①　至于牛目：此指雪深及牛眼。郭希汾本："至于牛目，深及驾车之牛目。"一说，指雪下了半月之久。金正炜本："'牛目'疑是'半月'之讹。"

②　太子：即魏襄王。

③　病：不满。

④　弛期：缓期、延期。

⑤　惠子：即惠施。

译文　魏惠王死了，埋葬的日期已定下来了。天下起了大雪，雪深达到驾车的牛眼，毁坏了城墙，将要修栈道来安葬惠王。群臣之中大多是劝谏太子的，说："雪下得这样大而去下葬，百姓一定会对此事不满。官家的费用又恐怕不够，请延期换个日子吧。"太子说："作为人子的因为百姓劳苦和官家费用的缘故，而不进行先王的葬礼，这是不义的。你们不要再说了。"群臣都不敢进言，把这件事告诉了公孙衍。公孙衍说："我没有话可劝谏的，这事恐怕只有惠子能办！

请告诉惠子。"惠子说:"行。"

原文　驾而见太子曰:"葬有日矣。"太子曰:"然。"惠公曰:"昔王季历葬于楚山之尾①,栾水啮其墓②,见棺之前和③。文王曰:'嘻!先君必欲一见群臣百姓也夫,故使栾水见之。'于是出而为之张于朝④,百姓皆见之,三日而后更葬,此文王之义也。今葬有日矣,而雪甚及牛目,难以行,太子为及日之故,得毋嫌于欲亟葬乎?愿太子更日。先王必欲少留而扶社稷、安黔首也,故使雪甚。因弛期而更为日,此文王之义也,若此而弗为,意者羞法文王乎?"太子曰:"甚善。敬弛期,更择日。"惠子非徒行其说也,又令魏太子未葬其先王而因又说文王之义。说文王之义以示天下,岂小功也哉!

注释　① 王季历:即公季,周文王之父。楚山:即陕西省中部户县的南山。

② 栾(luán)水:即漏水。《说文解字》:"漏流也,一曰渍也。"

③ 棺之前和:棺材的前头。和,棺材两头的木头。

④ 张:犹言设帐。

译文 　驾车拜见太子说:"下葬定日子了吧。"太子说:"是的。"惠子说:"从前王季历埋葬在楚山的末端,漏水渍泡了他的坟墓,露出了棺材的前头。文王说:'嘻!先君一定想见一见群臣和百姓了,所以让漏水冲露出他的棺材。'因此起出棺材在朝廷上为他设立大帐,百姓都拜见他,三天后另行安葬,这就是文王的大义。现在下葬定了日子,而雪大到了深及牛眼的程度,难以外出,太子因为赶日子的缘故,是不是会在急于下葬上有嫌疑呢?希望太子换个日子。先王一定是想稍留几日扶助社稷、安定百姓,所以让雪下得这么大。因故使安葬延期改日,这是文王的大义,如此而不去做,您的意思是羞于取法文王吗?"太子说:"太好了。敬请延期下葬,另选吉日。"惠子并非空洞地进行他的说教,又让魏国太子在没安葬他的先王之前就又说明了文王的大义。说明文王的大义来昭示天下,难道是小的功绩吗!

五国伐秦

原文　五国伐秦，无功而还①。其后，齐欲伐宋，而秦禁之。齐令宋郭之秦②，请合而以伐宋。秦王许之。魏王畏齐、秦之合也，欲讲于秦。谓魏王曰③："秦王谓宋郭曰④：'分宋之城，服宋之强者⑤，六国也。乘宋之敝，而与王争得者，楚、魏也。请为王毋禁楚之伐魏也，而王独举宋。王之伐宋也，请刚柔而皆用之。如宋者，欺之不为逆⑥，杀之不为仇者也。王无与之讲以取地，既已得地矣，又以力攻之，期于啖宋而已矣⑦。'"

注释　① 五国伐秦，无功而还：指前287年，燕、齐、魏、赵、韩五国伐秦，没有取得战功而还。

② 宋郭：宋国人，在齐国做官。

③ 谓魏王曰：当是苏秦对魏王说。缪文远本："此章说秦王者当是苏秦。"

④ 秦王：即秦昭王。

⑤ 服：降服，此处犹言击败。

⑥ 欺之不为逆：欺侮它不能算大逆不道。此句"逆"字后，

姚本有"者"字，鲍本无，从鲍本。

⑦啖：吃，引申为消灭。

译文　五国讨伐秦国，没有战功而还。在这之后，齐国要讨伐宋国，秦国制止了它。齐国派宋郭去秦国，请求联合来进攻宋国。秦王答应了。魏王害怕齐国、秦国的联合，也要同秦国讲和。苏秦对魏王说："秦王对宋郭说：'分割宋国的城邑，击败宋国强大势力的，是六国。趁宋国衰弱，而同大王争利的，是楚国、魏国。请允许我们为了大王而不去阻止楚国进攻魏国，大王就独自攻取宋国了。大王进攻宋国，刚柔两手请一齐使用。像宋国这样的国家，欺侮它不能算大逆不道，攻灭它不能算结仇。大王不要和宋国讲和来得到土地，已经得到土地了，再加强兵力进攻它，寄期望于齐国灭掉宋国。'

原文　"臣闻此言，而窃为王悲，秦必且用此于王矣，又必且困王以求地①，既已得地，又且以力攻王。又必讲王②，因使王轻齐③，齐、魏之交已丑④，又且收齐更索于王。秦尝用此于楚矣，又尝用此于韩矣，愿王之深计之也。秦善魏不可知也已⑤。故为王计，太上伐秦，其次宾秦，其次坚约而详讲⑥，与国无相仇也⑦。秦、齐合，国不可为也已。王其听臣也，必无与讲。

注释

① 困：姚本作"日"，缪文远本引：钟凤年曰："……疑乃为'困'字之讹。"从钟说。

② 讲：姚本作"谓"，黄丕烈《札记》："'谓'当作'讲'。"从黄说。

③ 因：姚本作"日"，黄丕烈《札记》："'日'当作'因'。"从黄说。

④ 丑：此指恶化。

⑤ 不可知：犹言用心难测。

⑥ 宾：通"摈"，摒弃。详：通"佯"，假装。

⑦ 仇：姚本作"离"，鲍本作"仇"，从鲍本。

译文

"臣下听了这些话，私下替大王悲哀，秦国一定会用这种方法对待大王，也一定将会使大王陷入困境来索求土地，已经获得土地，又将用武力进攻大王。又一定会同大王讲和，于是使大王轻视齐国，齐国、魏国的邦交恶化了，又将拉拢齐国更加向大王勒索。秦国曾经对楚国用过这种策略，也曾对韩国用过这种策略，希望大王深入考虑这件事。秦对魏友好用心深不可测。所以替大王考虑，最上策是进攻秦国，其次是摒弃秦国，再次是同盟国坚守信约而同秦国假装讲和，同其他国家彼此不结仇。秦国、齐国联合，国家就不可能保持下去了。大王还是听从臣下的，一定不要同秦国讲和。

原文 "秦权重①，魏冉明孰②，是故又为足下伤秦者，不敢显也。天下可令伐秦，则阴劝而弗敢图也。见天下之伤秦也，则先嚣与国而以自解也③。天下可令宾秦，则为劫于与国而不得已者。天下不可，则先去④，而以秦为上交以自重也。如是人者，嚣王以为资者也，而焉能免国于患？免国于患者，必穷三节而行其上⑤，上不可则行其中，中不可则行其下，下不可则明不与秦两生以残秦，使秦皆无百怨百利，唯已之曾安⑥。令足下嚣之以合于秦，是免国于患者之计也，臣何足以当之⑦？虽然，愿足下之论臣之计也。

注释 ①秦权重：姚本此句"重"字下有"魏"字，缪文远本："'魏'字误复。"从缪说。

②冉：姚本作"再"，鲍本："'再'作'冉'。"从鲍本。明孰：即明习。

③ 先嬻与国而以自解：先出卖盟国来自我解脱，郭希汾本："言与国为之，非我也，是卖与国矣。"

④ 先去：指背叛盟国。鲍本："先去，背诸国也。"

⑤ 三节：即指上文"太上伐秦，其次宾秦，其次坚约而详讲，与国无相仇也。"

⑥ 唯已之曾安：只有阻止魏国两败俱伤的举动才能保证自己的安宁。已，阻止，停止。曾，则，就。

⑦ 臣何足以当之：臣下怎么知道这样计策的可取之处呢？缪文远本："即不知此计何所取？即不以为然之意。"

译文　"秦国权势过大，魏冉明习于诸侯之事，因此即使有为您损伤秦国的，也不敢明显地表现出来。天下诸侯可以号令攻伐秦国，就会有人暗中劝告而不敢图谋伐秦了。看到天下诸侯损伤秦国，就先出卖盟国来自我解脱。天下诸侯能够号令摒弃秦国，受到盟国的胁迫而不得已相应。天下诸侯无法做到，自己就会首先背叛诸侯，而把秦国作为上等的邦交来保全自己。像这样的人，把出卖大王作为资本，怎能免除国家的祸患呢？免除国家祸患的人，一定用尽三等策略而首先推行上等的，上等策略行不通就推行中等的，中等策略行不通就推行下等的。下等策略行不通就明确表示不同秦国俱存来损伤秦国，使秦国不择利害的多少，只有阻止魏国两败俱伤的举动才能得到自己的安宁。让您出卖盟国来向秦国求和，这样免除国家祸患的计策，臣下怎么知道它的可取之处呢？既然如此，希望您能研究臣下的计策。

原文　"燕、齐仇国也①，秦，兄弟之交也②，合仇国以伐婚姻③，臣为之苦矣。黄帝战于涿鹿之野④，而西戎之兵不至⑤，禹攻三苗⑥，而东夷之民不起⑦。以燕伐秦，黄帝之所难也，而臣以致燕甲而起齐兵矣。臣又偏事三晋之吏，奉阳君、孟尝君、韩珉、周最、韩余为从而下之⑧，恐其伐秦之疑也，又身自丑于秦。初之请焚天下秦符者⑨，臣也；次传焚符之约者，臣也；欲使五国约闭秦关者，臣也。奉阳君、韩余为既和矣，苏修、朱婴既皆阴在邯郸⑩，臣又说齐王而往败之⑪。天下共讲，因使苏修游天下之语⑫，而以齐为上交，兵请伐魏，臣又争之以死，而果西因苏修重报⑬。臣非不知秦权之重也⑭，然而所以为之者，为足下也。"

注释　① 燕、齐仇国也：指燕易王、燕昭王、齐宣王、齐闵王以来，

燕国与齐国结成仇怨。鲍本："两国自宣闵、易昭再世相仇。"

② 秦兄弟之交也：指燕国、齐国同秦国为兄弟之国。

③ 婚姻：指秦国、燕国曾结为婚姻。见《燕策一》："燕文公时，秦惠王以其女为燕太子妇。"

④ 黄帝、涿鹿：并见《秦策一·苏秦始将连横》注。

⑤ 西戎：我国古代西北戎族的总称。

⑥ 三苗：见《秦策一·苏秦始将连横》注。

⑦ 东夷：我国古代对东方各族泛称东夷。

⑧ 奉阳君：即赵国的司寇李兑，奉阳君是他的封号。孟尝君：即田文。韩珉：人名，做过齐国相国。姚本作"韩呡"，鲍本作"韩珉"，从鲍本。韩余为：赵国大臣。姚本"韩"字前有"周"字，"为"字后有"徒"字，缪文远本："'周''徒'俱为衍文。韩余为，帛书作'韩徐为'，赵国大臣。"从缪说。

⑨ 初：姚本作"扮"，黄丕烈《札记》："'扮'当作'初'，形近之讹也。"从黄说。

⑩ 苏修、朱婴：疑皆为楚国使者。缪文远本："苏修亦见帛书第三章，乃楚使。朱婴与之并举，或亦楚使。"一说，为魏、赵、韩某国官吏。郭希汾本："苏修、朱婴皆三晋之吏。"

⑪ 败之：指败宋郭合秦之约，鲍本："败宋郭合秦之约。"一说，是败楚、赵之交，缪文远本："疑为败楚、赵之交。"

⑫ 游：揄（yú）扬、宣扬。鲍本："游，揄扬之。"

⑬ 果西因苏修重报：果真从西面由苏修传来齐不伐魏的消息。
鲍本："修在邯郸，齐之西也，报以齐不伐魏。"

⑭ 权：姚本作"劝"，鲍本作"权"。从鲍本。

—

译文 "燕国、齐国是仇国，燕国、齐国同秦国是兄弟之国，
让燕国、齐国这样的仇国联合起来，去攻打燕国的婚
姻之国秦国，臣下感到为难。黄帝在涿鹿之野作战，
而西戎的军队没有赶到；大禹攻打三苗，而东夷的百
姓没有起来响应。使燕国进攻秦国，是黄帝也为难的
事，而臣下召来燕国军队并使齐国起兵响应。臣下又
辅佐侍奉三晋的大臣，跟从奉阳君、孟尝君、韩呡、
周最、韩余为并且列在他们之下，唯恐他们攻伐秦国
疑虑不定，自身又同秦国决裂。一开始请求诸侯焚烧
天下秦符的，是臣下；再次传告诸侯焚烧秦符的，是
臣下；要使五国相约关闭通往秦国关隘的，是臣下。
奉阳君、韩余为已经和睦了，苏修、朱婴已经都暗中
留在了邯郸，臣下又游说齐王前去败坏宋郭的合秦之
约。诸侯一同讲和，于是派苏修宣扬诸侯的言论，而
把齐国作为最好的邦交，请求发兵攻魏，臣下又以死
相争，果真从西面由苏修传来齐不伐魏的消息，臣下
不是不知道秦国权势之大，然而我之所以这样做的原

因，是为了您啊。"

文子田需周宵相善

原文　文子、田需、周宵相善①，欲罪犀首。犀首患之，谓魏王曰②："今所患者，齐也。婴子言行于齐王③，王欲得齐，则胡不召文子而相之？彼务以齐事王。"王曰："善。"因召文子而相之。犀首以倍田需、周宵④。

注释　① 文子：田文。姚本"文子"前有"魏"字，鲍本："衍'魏'字。"从鲍本删掉。周宵：魏国人。

② 魏王：即魏襄王。

③ 婴子：田婴。齐王：即齐宣王。

④ 倍：通"背"。

译文　田文、田需、周宵彼此很友好，想要加罪于公孙衍。公孙衍担心这事，对魏王说："现在所担忧的，是齐国。田婴的话，齐王很听从，大王想得到齐国，那么为什么不召来田文任他为相国呢？他一定会用齐国来

侍奉大王。"魏王说："太好了。"于是召来田文任命
他为相国。公孙衍因此使田文背弃了田需、周宵。

魏王令惠施之楚

原文 魏王令惠施之楚①，令犀首之齐。钧二子者乘数②，
钧将测交也③。施因令人先之楚④，言曰："魏王令犀
首之齐，惠施之楚，钧二子者乘数⑤，将测交也。"
楚王闻之，因郊迎惠施。

注释 ① 惠施：宋国人，当时做魏国相国。

② 钧：同"均"。

③ 测交：推想交情的深浅，鲍本："视何国厚吾使，因知其
厚我。"

④ 施因令人先之楚：姚本此句前有"楚王闻之"四字，鲍本
以为衍文，从鲍本删。

⑤ 钧二子者乘数：姚本此句无"乘数"二字，金正炜本："'钧
二子者'下当有'乘数'二字而误脱。"从金说。

译文　魏王命惠施去楚国出使，命公孙衍去齐国出使。使两人出使的车辆数相等，平均他们出使的车辆数，是要推测两国与魏国交情的深浅。惠施于是派人先去楚国，声言说："魏王命公孙衍出使齐国，惠施出使楚国，平均二人随从的车辆数，将要以此来推测两国与魏国交情的浅。"楚王听说后，于是到郊外迎接惠施。

魏惠王起境内众

原文　魏惠王起境内众，将太子申而攻齐。客谓公子理之傅曰①："何不令公子泣王太后②，止太子之行？事成则树德，不成则为王矣。太子年少，不习于兵。田盼宿将也③，而孙子善用兵④。战必不胜，不胜必禽。公子争之于王，王听公子，公子必封⑤；不听公子，太子必败；败，公子必立；立，必为王也。"

注释　① 公子理：太子申之弟。傅：姚本作"传"，鲍本作"傅"，从鲍本。

② 泣王太后：到太后那里哭诉以阻止太子出兵。郭希汾本：

"泣告太后，使太子勿行。"

③ 田盼：即盼子，齐国大将。姚本作"田盼"，鲍本作"田盼"，从鲍本。

④ 孙子：即孙膑。

⑤ 必：姚本作"不"，鲍本作"必"，从鲍本。

译文 魏王起国内之兵，任命太子申为将进攻齐国。一个外来人对公子理的老师说："为什么不让公子到王太后那里去哭诉，阻止太子出征？阻止成功了就树立了美德，不成就会做国君。太子年少，不熟悉用兵。齐国的田盼是老将，而孙子又善于用兵。太子出战一定不能取胜，不能取胜一定会被擒获。公子到大王那里去争执，大王听从公子建议，公子一定会受封赏；不听从公子，太子一定会战败；战败了，公子一定会被立为太子；立为太子，一定会成为国君的。"

齐魏战于马陵

原文 齐、魏战于马陵，齐大胜魏，杀太子申，覆十万之军。魏王召惠施而告之曰①："夫齐，寡人之仇也，怨之至死不忘，国虽小，吾常欲悉起兵而攻之，何如？"对曰："不可。臣闻之，王者得度②，而霸者知计。今王所以告臣者，疏于度而远于计。王固先属怨于赵③，而后与齐战④。今战不胜，国无守战之备，王又欲悉起而攻齐，此非臣之所谓也。王若欲报齐乎，则不如因变服折节而朝齐⑤，楚王必怒矣⑥。王游人而合其斗⑦，则楚必伐齐，以休楚而伐罢齐，则必为楚禽矣，是王以楚毁齐也。"魏王曰："善。"乃使人报于齐，愿臣畜而朝⑧，田婴许诺。张丑曰⑨："不可。战不胜魏，而得朝礼，与魏和而下楚，此可以大胜也。今战胜魏，覆十万之军，而禽太子申，臣万乘之魏而卑秦、楚，此其暴戾定矣⑩。且楚王之为人也，好用兵而甚务名，终为齐患者，必楚也。"田婴不听，遂内魏王，而与之并朝齐侯再三。赵氏丑之⑪。楚王怒，自将而伐齐，赵应之，大败齐于徐州⑫。

注释

① 魏王：指魏惠王。

② 度：法度。

③ 属怨于赵：同赵国结下仇怨。指魏惠王二十八年（前342）魏国同宋国、韩国兴兵伐赵，围困邯郸。

④ 与齐战：是指魏惠王二十九年（前341），齐国为救赵国，派孙膑、田忌领兵败魏于桂陵。

⑤ 变服：更换君主的服装。缪文远本："变服，指改变王服。"

⑥ 楚王：指楚威王。

⑦ 游：犹言游说，鲍本："游，使人游二国之间也。"

⑧ 臣畜：犹称臣，缪文远本："畜，养也。臣畜，犹称臣也。"一说，臣下如犬马，鲍本："自比犬马也。"

⑨ 张丑：见《齐策一·楚威王战胜于徐州》注。

⑩ 此其暴戾定矣：这将使齐王暴戾是一定的了。缪文远本："言齐王定将因胜魏而行为暴戾，引起秦、楚嫉视。"

⑪ 丑：犹言羞耻。

⑫ 徐州：见《齐策一·楚威王战胜于徐州》注。

译文　齐国、魏国在马陵交战，齐国把魏国打得大败，杀死了魏国太子申，消灭魏军十万人。魏王召来惠施告诉他说："齐国是寡人的仇敌，仇怨至死也不会忘记，魏国虽然很小，我常想调全部兵力进攻它，怎么样？"惠施回答说："不可以这样做。臣下听说，为王者要适合法度，称霸者要懂得计谋。现在大王告诉臣下的，离法度和计谋太远了。大王本来先同赵国结下了仇怨，而后又同齐国作战。现在没打胜，国家没有守卫作战的后备，大王又要调全部兵力进攻齐国，这不是臣下主张的做法。大王如果想报复齐国，不如就更换君主的服装屈己下人去朝拜齐国，楚王一定会发怒。大王派人到齐、楚两国游说，促成它们的争斗，那么楚国一定会进攻齐国，以强大的楚国去进攻疲敝的齐国，齐国就一定会被楚国击败，这是大王用楚国来毁掉齐国。"魏王说："太好了。"就派人向齐国报告，魏王愿意称臣朝拜，田婴答应了。张丑说："不行。打不赢魏国，而能够让魏国行朝见之礼，与魏国联合而降服楚国，这可以获得大胜。现在战胜了魏国，消灭十万魏军，而且擒获了太子申，使拥有万辆兵车的魏国臣服，轻视秦国、楚国，齐王暴戾是一定的了。况且楚王的为人，喜欢用兵而且很图虚名，最终成为齐国祸患的，一定是楚国了。"田婴不听从，于是接纳了魏王，并同他多次朝见齐侯。赵国感到羞耻。楚王大怒，自己率兵进攻齐国，赵国响应，在徐州把齐国打得大败。

惠施为韩魏交

原文 惠施为韩、魏交①，令太子鸣为质于齐②。王欲见之③，朱仓谓王曰④："何不称病？臣请说婴子曰：'魏王之年长矣，今有疾，公不如归太子以德之。不然，公子高在楚⑤，楚将内而立之，是齐抱空质而行不义也。'"

注释 ① 为韩、魏交：指替韩国、魏国结交齐国，缪文远本："此当指为韩、魏交于齐。"

② 太子鸣：魏惠王的太子，名鸣。

③ 王：指魏惠王。

④ 朱仓：魏国大臣。

⑤ 公子高：魏国公子，名高。

译文 惠施为韩国、魏国结交齐国，让太子鸣在齐国做人质。魏王想见太子鸣，朱仓对魏王说："为什么您不声称自己有病？请让臣下游说田婴说：'魏王年岁很大，现在有病，您不如放太子回去，让魏王感激您的恩德。不这样做，公子高在楚国，楚国将会送回他，立他为太子，这是让齐国守着一个无用的人质，做不义之事。'"

田需贵于魏王

原文　田需贵于魏王，惠子曰："子必善左右①。今夫杨，横树之则生②，倒树之则生，折而树之又生。然使十人树杨，一人拔之，则无生杨矣。故以十人之众，树易生之物，然而不胜一人者，何也？树之难而去之易也。今子虽自树于王，而欲去子者众，则子必危矣。"

注释　① 善左右：对魏王左右的人亲善。
② 树：栽，种植。

译文　田需在魏王那里很显贵，惠施说："您对大王左右的人一定要亲善。您看那杨树，横着栽能活，倒着栽能活，折一枝栽上也能活。然而让十个人来栽杨树，一个人来拔掉它们，那么就没有活着的杨树了。所以用十个人来栽植容易成活的东西，然而敌不过一个人的毁坏，为什么呢？栽种艰难而除掉容易啊！现在您自己虽然在大王那里得到了信任，而要除掉您的人却很多，那么您一定危险了。”

田需死

原文 田需死，昭鱼谓苏代曰[1]："田需死，吾恐张仪、薛公、犀首之有一人相魏者。"代曰："然则相者以谁而君便之也？"昭鱼曰："吾欲太子之自相也[2]。"代曰："请为君北见梁王，必相之矣。"昭鱼曰："奈何？"代曰："君其为梁王，代请说君。"昭鱼曰："奈何？"对曰："代也从楚来，昭鱼甚忧。代曰：'君何忧？'曰：'田需死，吾恐张仪、薛公、犀首有一人相魏者。'代曰：'勿忧也。梁王，长主也，必不相张仪。张仪相魏，必右秦而左魏。薛公相魏，必右齐而左魏。犀首相魏，必右韩而左魏。梁王，长主也，必不使相也。'代曰：'莫如太子之自相。是三人皆以太子为非固相也，皆将务以其国事魏，而欲丞相之玺[3]。以魏之强，而持三万乘之国辅之[4]，魏必安矣。故曰，不如太子之自相也。'"遂北见梁王，以此语告之，太子果自相。

注释

① 昭鱼：楚国相国。

② 太子：魏太子，名遬（sù），即魏昭王。

③ 玺：印章。

④ 三万乘之国：指秦国、韩国、齐国。缪文远本："三万乘之国，谓秦、韩、齐。"

译文

田需死了，昭鱼对苏代说："田需死了，我担心张仪、薛公、公孙衍之中有一个人做魏国相国。"苏代说："那么用谁做相国对您有利呢？"昭鱼说："我想让魏国太子自己做相国。"苏代说："请让我为您北上见魏王，一定让魏太子做相国。"昭鱼说："怎么办呢？"苏代说："您大概是为魏王着想，请允许我去为您游说。"昭鱼说："那又能怎么办呢？"苏代回答说："就说我从楚国来，昭鱼很担心。我问：'您有什么担忧的？'昭鱼回答说：'田需死了，我担心张仪、薛公、公孙衍之中有一个人做魏国相国。'我说：'不用担忧。魏王，是位年长成熟的君主，一定不会任命张仪为相国。张仪如做了魏国相国，一定亲近秦国而疏远魏国。薛公做了魏国相国，一定亲近齐国而疏远魏国。公孙衍做了魏国相国，一定亲近韩国而疏远魏国。魏王，是位年长成熟的君主，一定不会让他们做相国。'我说：'不如让太子自己做相国。这三个人都会认为太子本来不该做相国，都将尽力用他们的国家来侍奉魏国，想得到魏国的丞相大印。凭魏国的强大，有三个拥有万辆兵车的国家的辅助，一定很安全了。所以说不如太子自己做相国。'"苏代于是北上去拜见魏王，把这番话告诉了魏王，魏国太子果真自己做了相国。

秦召魏相信安君

原文 秦召魏相信安君①，信安君不欲往。苏代为说秦王曰："臣闻之，忠不必当②，当不必忠③。今臣愿为大王陈臣之愚意④，恐其不忠于下吏，自使有要领之罪⑤，愿大王察之。今大王令人执事于魏⑥，以完其交，臣恐魏交之益疑也。将以塞赵也，臣又恐赵之益劲也。夫魏王之爱习魏信也，甚矣；其智能而任用之也，厚矣；其畏恶严尊秦也⑦，明矣。今王之使人入魏而不用⑧，则王之使人入魏无益也。若用，魏必舍所爱习而用所畏恶，此魏王之所以不安也。夫舍万乘之事而退⑨，此魏信之所难行也。夫令人之君处所不安，令人之相行所不能，以此为亲，则难久矣。臣故恐魏交之益疑也。且魏信舍事，则赵之谋者必曰：'舍于秦，秦必令其所爱信者用赵，是赵存而我亡也，赵安而我危也。'则上有野战之气，下有坚守之心，臣故恐赵之益劲也。

注释

① 信安君：魏国相国，郭人民本："魏相。当是魏之公族。"

② 当：通"党"。

③ 不必：姚本作"必不"，缪文远本认为"必不"二字应当互换，从缪说。

④ 愿为大王陈臣之愚意：姚本此句无"为"字，鲍本："'愿'下补'为'字。"从鲍本。

⑤ 要领之罪：指斩刑。要，同"腰"。领，脖项。

⑥ 令人执事于魏：派别人到魏国执掌政事。鲍本："谓别置相，以代信安。"

⑦ 恶：犹言惮，畏惧。鲍本："恶，犹惮。"

⑧ 今：犹若，如果。金正炜本："今，犹若也。"

⑨舍万乘之事：犹言舍弃相国职位。鲍本："谓去相位。"

译文

秦国召见魏国相国信安君，信安君不想前往。苏代为他游说秦王说："臣下听说，忠心不二不一定是同党，是同党不一定就忠心耿耿。现在臣下愿意为大王谈一下臣下的愚见，臣下担心信安君不忠于大王属下的官吏，使自己犯下杀头之罪，希望大王明察。现在大王派人到魏国执掌政事，来保全与魏国的邦交，臣下担忧与魏国的邦交更加难以建立。将要以此来遏止赵国，臣下又担忧赵国更加强大。魏王爱惜信安君，很厉害；他选拔任用有才能的人，礼遇丰厚；他畏惧尊敬秦国，是很清楚的。如果大王派人进入魏国而不被任用，那么大王派人入魏就徒劳无益。如果被任用，魏国一定是舍弃爱惜的而任用所畏惧的，这就是魏王会感到不安的原因。放弃治理拥有万辆兵车国家的政事而退隐，这是魏国信安君所难做到的。使人家的国君坐卧不安，使人家的相国行止受到约束，以此来亲善，就很难持久了。所以臣下担忧与魏国的邦交难以建立。况且信安君舍弃魏国的政事，那么赵国的谋臣一定会说：'信安君被秦国除去了相位，秦国一定会派秦王宠爱信任的人来执掌赵国，这是使赵国虽在而

我们已经灭亡了，赵国平安而我们却危险了。'就会
使在上位者有在外作战的士气，下面的人也会有坚守
国土的决心，所以臣下担心赵国更加强大起来。

原文　"大王欲完魏之交，而使赵小心乎？不如用魏信而尊
之以名。魏信事王，国安而名尊；离王①，国危而权
轻。然则魏信之事王也②，上所以为其主者忠矣，下
所以自为者厚矣，彼其事王必完矣。赵之用事者必
曰：'魏氏之名族不高于我，土地之实不厚于我。魏
信以魏事秦③，秦甚善之，国得安焉，身取尊焉。今
我构难于秦④，兵为招质⑤，国处削危之形，非得计
也。结怨于外，生患于中⑥，身处死亡之地，非完事
也。'彼将伤其前事，而悔其过行；冀其利，必多割
地以深下王⑦，则是大王垂拱多割地以为利重，尧、
舜之所求而不能得也。臣愿大王察之。"

注释　①离王：背离大王，鲍本："不事之。"
②王：姚本作"主"，鲍本："'主'作'王'。"黄丕烈《札记》：
"'王'字是也。"从鲍本及黄说。
③以魏事秦：姚本此句"魏"字前有"韩"字，鲍本："衍'韩'
字。"从鲍本。

④ 构：姚本作"讲"，鲍本作"构"，从鲍本。

⑤ 招质：箭靶。

⑥ 生：姚本作"主"，鲍本作"生"，从鲍本。

⑦ 下：此处犹言侍奉。鲍本："下，亦事也。"

译文 "大王想保全与魏国的邦交，而使赵国不敢轻举妄动吗？不如任用信安君，用相国的名声使他尊贵。信安君侍奉大王，就能使魏国平安并能使自己名声尊贵；他背离大王，魏国就会出现危险而自己的权力就会减轻。那么信安君就会侍奉大王，在上位的人之所以为他们的国君办事是为了尽忠，下面的人之所以为自己奔波是因为俸禄优厚，信安君侍奉大王一定会尽心尽力。赵国的当权者一定会说：'魏国的名门望族并不比我们高贵，土地上的出产并不比我们丰厚。信安君用魏国侍奉秦国，秦国对他很友善，魏国得到了平安，信安君自己也取得尊贵的地位。现在我们同秦国结怨，士兵成为人家射箭的靶子，国家处在被削弱的危险形势当中，这并非是合理的策略。在外面结仇，祸患在国内产生，我们身处绝境，这并非完好地处理了政事。'他们将痛惜自己以前做的事，后悔自己以前的行动；希望自己能得到好处，一定多割让土地来

侍奉大王，那么就是大王垂衣拱手，得到割让的土地也会更加多起来，尧、舜想求得也不能得到。臣下愿大王明察臣下所说的。"

秦楚攻魏围皮氏

原文　秦、楚攻魏，围皮氏①。为魏谓楚王曰②："秦、楚胜魏，魏王之恐也见亡矣③，必合于秦，王何不倍秦而与魏王？魏王喜，必内太子④。秦恐失楚，必效城地于王⑤，王虽复与之攻魏可也。"楚王曰："善。"乃倍秦而与魏，魏内太子于楚。秦恐，许楚城地，欲与之复攻魏。樗里疾怒⑥，欲与魏攻楚，恐魏之以太子在楚不肯也。为疾谓楚王曰："外臣疾使臣谒之曰：'敝邑之王欲效城地⑦，而为魏太子之尚在楚也，是以未敢。王出魏质，臣请效之，而复固秦、楚之交，以疾攻魏。'"楚王曰："诺。"乃出魏太子。秦因合魏以攻楚。

注释　①皮氏：魏国邑名，在今山西省河津市。

② 楚王：指楚怀王。

③ 魏王：指魏襄王。

④ 内太子：把太子送来，指送太子到楚国为人质。内，同"纳"。太子：魏太子遫（sù），即魏昭王。

⑤ 效：犹言献上，献出。

⑥ 樗里疾：见《西周策·秦令樗里疾以车百乘入周》注。

⑦ 王：指秦昭王。缪文远本："王，秦昭王。"

译文 秦国、楚国进攻魏国，围困了皮氏。有人替魏国对楚王说："秦国、楚国将要战胜魏国，魏王害怕魏国被灭掉，一定归附秦国，大王为什么不背叛秦国而同魏王讲和呢？魏王高兴了，一定会把太子送来楚国做人质。秦国害怕失去楚国的联合，一定会向大王献上城邑和土地，大王即使再同秦国攻打魏国也还是可以的。"楚王说："好。"于是就背叛秦国而同魏国讲和，魏国把太子送到楚国做人质。秦国恐慌，答应给楚国城邑和土地，想同楚国再次攻打魏国。樗里疾大怒，想同魏国攻打楚国，又担心魏国会因为太子被扣在楚国而不肯出兵。有人为樗里疾对楚王说："外臣樗里疾派臣下拜见您说：'敝邑的国君想献上城邑和土地，因为魏太子还在楚国，所以没敢。大王放出魏国的人质，臣下请求献上城邑和土地，恢复原来的秦、楚邦交，来加紧进攻魏国。'"楚王说："好吧。"于是放回了魏国太子。秦国于是就联合魏国来进攻楚国。

庞葱与太子质于邯郸

原文　庞葱与太子质于邯郸①，谓魏王曰："今一人言市有虎，王信之乎？"王曰："否。""二人言市有虎，王信之乎？"王曰："寡人疑之矣。""三人言市有虎，王信之乎？"王曰："寡人信之矣。"庞葱曰："夫市之无虎明矣，然而三人言而成虎。今邯郸去大梁也远于市，而议臣者过于三人矣。愿大王察之矣。"王曰："寡人自为知②。"于是辞行，而谗言先至，后太子罢质，果不得见。

注释　① 太子：指魏太子。
② 自为知：自己知道分辨。

译文　庞葱和魏国太子要到赵国做人质。他对魏王说："现

在有一个人说市上有老虎，大王相信吗?"魏王说:
"不信。""有两个人说市上有老虎，大王相信吗?"魏
王说:"寡人有些怀疑了。""有三个人说市上有老虎，
大王相信吗?"魏王说:"寡人相信了。"庞葱说:"市
上没有老虎是明明白白的，可是三个人说有老虎，就
像真的有老虎了。现在邯郸离大梁比街市远得多，而
议论臣下的人要远远超过三个人，希望大王能对此明
察。"魏王说:"寡人自己知道分辨。"于是庞葱辞别
上路，而毁谤他的话很快传到魏王那里，后来太子不
做人质了，庞葱果然没能得到召见。

梁王魏婴觞诸侯于范台

原文　梁王魏婴觞诸侯于范台①。酒酣，请鲁君举觞②。鲁
君兴，避席择言曰③:"昔者，帝女令仪狄作酒而美④，
进之禹，禹饮而甘之，遂疏仪狄，绝旨酒。曰:'后
世必有以酒亡其国者。'齐桓公夜半不嗛⑤，易牙乃
煎敖燔炙⑥，和调五味而进之，桓公食之而饱，至旦
不觉⑦，曰:'后世必有以味亡其国者。'晋文公得南

之威⑧，三日不听朝，遂推南之威而远之，曰：'后世必有以色亡其国者。'楚王登强台而望崩山⑨，左江而右湖，以临彷徨⑩，其乐忘死，遂盟强台而弗登，曰：'后世必有以高台陂池亡其国者。'今主君之尊，仪狄之酒也；主君之味，易牙之调也；左白台而右闾须⑪，南威之美也；前夹林而后兰台⑫，强台之乐也。有一于此，足以亡其国。今主君兼此四者，可无戒与！"梁王称善相属。

注释

① 梁王魏婴：即魏惠王，名罃。此处作"婴"是同音假借。鲍本："《史记》作'罃'，音相近。"郭人民本："史载魏惠王名罃，此作'婴'，乃同音之假借字。"觞（shāng）：古代饮酒器，引申为向人敬酒。

② 鲁君：鲁共公，鲍本："鲁共公。"

③ 择言：此指选择好的祝酒词。鲍本："择善而言。"郭人民本："择善言而祝酒。"缪文远本按："此避席择言盖有类于春秋之盟会赋诗也。"

④ 帝女：尧或舜的女儿。鲍本："盖尧、舜女。"仪狄：人名，鲍本："《博物志》言禹时人。"

⑤ 噙（xián）：衔在口中，此处犹言厌食。鲍本："噙，口有所衔也，言不善食。"

⑥ 易牙：齐桓公的幸臣雍巫的字。鲍本："《太公世家》注，雍巫字。补曰：知味者。"敖：同"熬"。

⑦ 觉：醒来。

⑧ 南之威：即南威，美女名。

⑨ 强台：即章华台（在今湖北省潜江县西南）。崩山：即巫山。缪文远本按："据边让《游章华台赋》，崩山即巫山。"

⑩ 彷徨：即徘徊。

⑪ 白台、闾须：均为美人名。鲍本："皆美人。"

⑫ 夹林：游观处。兰台：台名，今地不详。

译文 魏王魏莹在范台上向诸侯敬酒，饮酒尽兴，请鲁共公举杯进酒。鲁共公站了起来，离开座位选择好的祝酒词说："从前，帝女派仪狄造酒造得甘美异常，进献给禹，禹喝了认为味道甜美，就疏远了仪狄，拒不喝美酒。说：'后世一定有因为饮酒亡掉他的国家的。'齐桓公夜半厌食，易牙就煎熬燔烤，调和五味做成吃的进献给齐桓公，齐桓公吃得很饱，睡到了天明也没有醒来，就说：'后世一定有因为美味亡掉他的国家的。'晋文公得到美人南威，三日不听朝政，于是将南威推到一边并远远离开她，说：'后世一定有因为女色而亡掉他的国家的。'楚王登上强台而望巫山，左有长江右有洞庭湖，居高临下徘徊难去，快乐得忘记了生死，于是发誓不再登临强台，说：'后世一定有因为高台水池亡掉他的国家的。'现在凭主君您的尊贵，杯中是仪狄的美酒；您的食物，是易牙调出的美味；左有白台而右有闾须，都是南威一样的美女；前有夹林后有兰台，如同登临强台一样快乐。四种快乐有一种，足可以灭亡国家。现在主君您兼有这四种，可以不戒备吗！"魏王连声称好。

魏策三

秦赵约而伐魏

原文　秦、赵约而伐魏，魏王患之^①。芒卯曰^②："王勿忧也，臣请发张倚使谓赵王曰^③，夫邺，寡人固刑弗有也^④。今大王收秦而攻魏，寡人请以邺事大王。"赵王喜，召相国而命之曰："魏王请以邺事寡人，使寡人绝秦。"相国曰："收秦攻魏，利不过邺；今不用兵而得邺，请许魏。"张倚因谓赵王曰："敝邑之吏效城者已在邺矣^⑤，大王且何以报魏？"赵王因令闭关绝秦，秦、赵大恶。芒卯应赵使曰："敝邑所以事大王者，为完邺也。今效邺者，使者之罪也，卯不知也。"赵王恐魏承秦之怒，遽割五城合于魏而支秦^⑥。

注释　① 魏王：指魏昭王。

② 芒卯：齐国人。姚本："《淮南子》注，孟卯，齐人也,《战国策》作'芒卯'。"

③ 张倚：魏国人。赵王：即赵惠文王。

④ 刑：通"形"。

⑤ 敝邑：自谦之词，犹言敝国。

⑥ 支秦：犹言抗拒秦国。支，犹言抗拒。

译文　秦国、赵国约定进攻魏国，魏王很担忧。芒卯说："大王不要忧虑，臣下请求派张倚出使，对赵王说，邺地，寡人依照本来的情形就不该再占有了。现在大王收拢秦国进攻魏国，寡人请求用邺地来侍奉大王。"赵王很高兴，召来赵国相国命令他说："魏王请求用邺地来侍奉寡人，使寡人同秦国绝交。"赵国相国说："收拢秦国进攻魏国，好处也超不过得到邺地；现在不用出兵而得到邺地，请您答应魏国。"张倚于是对赵王说："敝国献城的官吏已经在邺地了，大王将要用什么来回报魏国呢？"赵王就下令关闭通往秦国的关隘同秦国断交。芒卯应付赵国的使者说："敝国侍奉大王的原因，是为了保全邺地。现在献出邺地，是使者的罪过，我不知道。"赵王担心魏国趁着秦国恼怒联合攻打赵国，马上割让五座城邑给魏国，联合抵抗秦国。

芒卯谓秦王

原文　芒卯谓秦王曰[①]："王之士未有为之中者也[②]，臣闻明王不胥中而行③，王之所欲于魏者，长羊、王屋、洛林地也④。王能使臣为魏之司徒⑤，则臣能使魏献之。"秦王曰："善。"因任之以为魏之司徒。

注释

① 秦王：指秦昭王。鲍本："秦王，昭。"

② 为之中者：做内应的人。中，犹言内应，鲍本："中，谓用事于诸国中，犹内应云。"

③ 胥（xū）：同"胥"，等待。

④ 长羊、王屋、洛林：均为地名。王屋，在今河南省济源市。长羊，洛林在王屋周围，今地不详。郭希汾本："王屋故城，在今河南济源县。长羊、洛林与王屋并言，地必相近，应在今济源西北，山西垣曲、阳城之间。"

⑤ 司徒：官名，执掌土地及民政之职。

译文

芒卯对秦王说："大王的属下没有在诸侯国中做内应的，臣下听说大王不等有内应就要行动，大王想向魏国要的，是长羊、王屋、洛林的土地。大王能让臣下做魏国的司徒，那么臣下就能让魏国献出它们。"秦王说："好。"于是就设法任命他为魏国的司徒。

原文

谓魏王曰："王所患者上地也①。秦之所欲于魏者，长羊、王屋、洛林之地也。王献之秦，则上地无忧患。因请以下兵东击齐，攘地必远矣。"魏王曰："善。"因献之秦。地入数月，而秦兵不下。魏王谓芒卯曰："地已入数月，而秦兵不下，何也?"芒卯曰："臣有死罪。虽然，臣死则契折于秦②，王无以责秦。王因赦其罪，臣为王责约于秦。"乃之秦，谓秦王曰："魏之所以献长羊、王屋、洛林之地者，有意欲以下大王之兵东击齐也。今地已入，而秦兵不可下③，臣则死人也。虽然，后山东之士无以利事王者矣。"秦王懼然曰："国有事，未澹下兵也④，今以兵从。"后十日，秦兵下。芒卯并将秦、魏之兵以东击齐，启地二十二县。

注释　①上地：指魏国国都西、北的土地，此指长羊、王屋、洛林以西的土地。郭人民本："春秋战国时，皆以国都西、北为上，南、东为下。魏之上地，即上文长羊、王屋、洛林以西之地。"

②臣死则契折于秦：臣下死了对于秦国就像讨债的自己毁坏了契约，没有凭证。郭希汾本："谓臣死则事无佐证，犹索债者先自折其契也。"

③可：肯。许慎《说文解字》："可，肯也。"

④ 未澹（shàn）下兵：没能供给东征的军队，即没有来得及
供给向东出征的军队。缪文远本："句言未遑下兵也。"澹：通
"赡"，供给。下兵：出兵东下的军队，金正炜本："下兵，谓
出兵东也。顺河东行，故曰下。"

一 **译文** 芒卯对魏王说："大王所担忧的是上郡的土地。秦国
想从魏国得到的，是长羊、王屋、洛林的土地。大王
把它们献给秦国，那么上郡的土地就没有忧患了。于
是就请求秦国出兵向东进攻齐国，侵夺扩张的土地一
定很远。"魏王说："好。"就把长羊、王屋、洛林之
地献给了秦国。土地已经归属秦国几个月了，而秦国
军队没有出兵东下。魏王对芒卯说："土地已经归属
秦国几个月了，而秦国军队没有出兵东下，这是为什
么呢？"芒卯说："臣下犯下了死罪，即使如此，臣下
死了对于秦国就像讨债的自己折了契约，大王没有什
么可以责难秦国的。大王就赦免了臣下的罪过，臣下
替大王到秦国责难他们的负约。"芒卯就去了秦国，
对秦王说："魏国之所以献出长羊、王屋、洛林的土
地，是有意想依靠大王的军队向东进攻齐国。现在土
地已被秦国接受，而秦国军队不肯东下，臣下就将成
为一具死尸了。即使如此，以后山东的士人不会有用

好处来侍奉大王了。"秦王惊恐地说:"国家有事,没有来得及出兵东下,现在派军队跟从您。"此后十天,秦国派兵东下。芒卯同时率领秦国、魏国军队向东进攻齐国,扩展了二十二个县的土地。

秦败魏于华走芒卯而围大梁

原文　秦败魏于华①,走芒卯而围大梁。须贾为魏谓穰侯曰②:"臣闻魏氏大臣父兄皆谓魏王曰③:'初时惠王伐赵,战胜乎三梁④,十万之军拔邯郸,赵氏不割而邯郸复归。齐人攻燕,杀子之⑤,破故国,燕不割而燕国复归。燕、赵之所以国全兵劲而地不并乎诸侯者,以其能忍难而重出地也。宋、中山数伐数割,而随以亡。臣以为燕、赵可法,而宋、中山可无为也。夫秦贪戾之国而无亲,蚕食魏,尽晋国⑥,战胜暴子⑦,割八县,地未毕入而兵复出矣。夫秦何厌之有哉!今又走芒卯,入北宅⑧,此非但攻梁也,且劫王以多割也,王必勿听也。今王循楚、赵而讲⑨,楚、赵怒而与王争事秦,秦必受之。秦挟楚、赵之兵以复攻,则国求无亡^⑩，不可得也已。愿王之必无讲也。王若欲讲，必少割而有质^⑪，不然必欺。'是臣所闻于魏也。愿君之以是虑事也。

注释

① 华：指华阳，在今河南省密县。缪文远本："华，地名，即华阳，在今河南密县东南。"一说，华阳在今河南省新郑市，郭人民本："华，华阳，春秋郑邑。战国属韩。在今河南新郑市北五十里，故城犹在。"

② 须贾：魏国大夫，鲍本："魏人。"郭希汾本："须，须句之后，以国为氏，贾为魏中大夫。"

③ 魏王：指魏安釐王。

④ 三梁：赵国地名，在今河北省肥乡县。

⑤ 子之：见《齐策二·韩齐为与国》注。

⑥ 蚕食魏，尽晋国：秦国蚕食魏国，魏国从晋国分得的土地将要被吞并尽了，郭希汾本："言魏国所得晋国之地，为秦蚕食且尽。"

⑦ 暴子：指韩国大将暴鸢（yuān）。姚本作"睾（gāo）子"，《史记》作"暴子"，从《史记》。

⑧ 北宅：即宅阳。缪文远本："宅阳故城在今河南郑州市原荥泽县北。"姚本作"北地"，《史记》作"北宅"，从《史记》。

⑨ 循：犹"遁"，回避。

⑩ 国求无亡：姚本作"国救亡"，《史记》作"国求无亡"，从
《史记》。

⑪ 少割而有质：少割让土地而要秦国出人质。郭希汾本："谓
欲与秦讲和，少割地而求秦质子。"质，质子，人质。

译文　秦国在华阳大败魏国，打跑了芒卯并且围困了大梁。
须贾替魏国对穰侯说："臣下听说魏国大臣、父老兄
弟都对魏王说：'当初惠王讨伐赵国，在三梁打了胜
仗，十万大军攻克邯郸，赵国没有割让土地而邯郸仍
然重新得到归还。齐国人进攻燕国，杀死了子之，攻
破了燕国，燕国没有割让土地而重新恢复了国家。燕
国、赵国之所以保全了国家、拥有强有力的军队而土
地没有并入其他诸侯，是因为它们能够忍受艰难而重
视土地的外流。宋国、中山国几次被攻伐几次割让土
地，而它们也就随着土地的割让而灭亡了。臣下认为
燕国、赵国可以效法，而宋国、中山国的举动可以不
去做。秦国是贪婪凶暴的国家，没有它所亲近的国
家，蚕食魏国，魏国从晋国分得的土地将要被吞并尽
了，战胜韩将暴鸢，魏国割让八县土地，土地还没有
完全接收而秦国军队又出兵了。秦国的贪心哪有满足
的时候呢！现在又败走了芒卯，攻进了宅阳，这不只

是要进攻大梁，而要胁迫大王多割让土地，大王一定
不要听从。现在大王避开楚国、赵国去讲和，楚国、
赵国恼怒而同大王争着侍奉秦国，秦国一定接受它
们。秦国携同楚国、赵国的军队再来进攻，那么魏国
想要不被灭亡，也不能做到了。希望大王一定不要与
秦讲和。大王如果要讲和，一定少割让土地而得到秦
国的人质，不这样一定会被欺骗。'这是臣下在魏国
听到的。希望您以此来考虑国事。

原文　"《周书》曰：'维命不于常①'，此言幸之不可数也②。
夫战胜暴子而割八县，此非兵力之精，非计之工也，
天幸为多矣。今又走芒卯，入北地，以攻大梁，是以
天幸自为常也，知者不然。臣闻魏氏悉其百县胜兵，
以止戍大梁，臣以为不下三十万。以三十万之众，守
十仞之城，臣以为虽汤、武复生，弗易攻也。夫轻
背楚、赵之兵③，陵十仞之城，战三十万之众④，而
志必举之，臣以为自天下之始分以至于今，未尝有
之也。攻而不能拔，秦兵必罢，陶必亡⑤，则前必弃
矣。今魏方疑，可以少割收也。愿君及楚、赵之兵
未至于大梁也⑥，亟以少割收。魏方疑而得以少割为
和，必欲之，则君得所欲矣。楚、赵怒于魏之先己讲

也，必争事秦。从是以散，而君后择焉⑦。且君之尝割晋国取地也，何必以兵哉。夫兵不用而魏效绛、安邑⑧，又为陶启两道，几尽故宋⑨，卫效单父⑩，秦兵可全⑪，而君制之，何求而不得？何为而不成？臣愿君之熟计而无行危也。"穰侯曰："善。"乃罢梁围。

一 注释

① 维命不于常：此语出自《尚书·康诰篇》，是说天命不定。缪文远本："句言天命不常，佑助之情难测。"

② 幸：上天的宠幸。数：屡次。

③ 背：姚本作"信"，《史记》作"背"，从《史记》。

④ 战：姚本作"戴"，《史记》作"战"，从《史记》。

⑤ 陶：穰侯封邑，在今山东省定陶县。姚本作"阴"，《史记》作"陶"，从《史记》。

⑥ 君：姚本作"之"，《史记》作"君"，从《史记》。至：姚本作"任"，《史记》作"至"，从《史记》。

⑦ 君后择焉：您在这之后就可以从楚、赵、魏之中从容选择盟国了。

⑧ 绛：指晋国故都新田，在今山西省侯马市。安邑：邑名。缪文远本："安邑，魏早期都城，在今山西夏县西北。"

⑨ 启两道，几尽故宋：姚本作"启两机，尽故宋"，《史记》作"启两道，几尽故宋"，从《史记》。

⑩ 单父：邑名。缪文远本："单父，卫地，与陶邑邻，地在今山东单县东。"姚本作"尤惮"，《史记》作"单父"，从《史记》。

⑪ 秦兵可全：秦国军队可以保全，犹言秦军不用，使其不受任何损失。缪文远本："'兵可全'即上文'兵不用'。"姚本作"秦兵已令"，《史记》作"秦兵可全"，从《史记》。

译文 "《周书》说：'天命没有常规'，这句话是说上天的宠幸不可能屡次降临。战胜暴鸢割得了八县土地，这不是由于兵力精锐，也不是由于计谋的精细，是上天的宠幸太多了。现在又败走了芒卯，进入了宅阳，围攻大梁，因此认为上天的宠幸是正常的，聪明人却不这么看。臣下听说魏国召集它近百个县的所有精兵，来留戍大梁，臣下认为不下三十万人。以三十万之众，守十仞高的城墙，臣下认为即使是商汤、周武王复生，也不容易攻下。轻率背离楚国、赵国的军队，越过十仞高的城墙，去攻打三十万的军队，而且志在必得，臣下认为从天下初分的时候到现在，不曾有过。进攻了却不能攻克，秦国军队一定疲惫，陶邑一定会被灭掉，那么就前功尽弃了。现在魏国刚刚有所疑惑，可以让魏国少割一些土地收拢魏国。希望您趁楚国、赵国的军队还没有赶到大梁，赶快用少割得土地的办法拉拢魏国。魏国刚刚产生疑虑而能够用少割让土地来讲和，一定很想这样做，那么您就得到了您想得到的。楚国、赵国恼怒魏国先于自己与秦讲和，一定争相侍奉秦国。合纵就这样被拆散了，而您在这之后就可以从楚、赵、魏之中从容地选择盟国了。况且您曾经割取过晋国土地，何必用兵呢。不用军队而魏国献上绛、安邑，又替陶邑开辟了两条道路，几乎尽得了昔日宋国之地，卫国献上单父，秦国军队不受损失，而您就控制了这些地方，想求得的东西什么没得到呢？想要做的什么没做到呢？我希望您仔细考虑而不要冒险。"穰侯说："好。"就解去了对大梁的围困。

秦败魏于华魏王且入朝于秦

原文　秦败魏于华，魏王且入朝于秦①。周䜣谓魏王曰②："宋人有学者，三年反而名其母③。其母曰：'子学三年，反而名我者，何也？'其子曰：'吾所贤者无过尧、舜，尧、舜名。吾所大者无大天地，天地名。今母贤不过尧、舜，母大不过天地，是以名母也。'其母曰：'子之于学者，将尽行之乎？愿子之有以易名母也。子之于学也，将有所不行乎？愿子之且以名母为后也。'今王之事秦，尚有可以易入朝者乎？愿王之有以易之，而以入朝为后。"魏王曰："子患寡人入而不出邪？许绾为我祝曰④：'入而不出，请殉寡人以头。'"周诉对曰："如臣之贱也，今人有谓臣曰：'入不测之渊而必出，不出，请以一鼠首为女殉者。'臣必不为也。今秦不可知之国也，犹不测之渊也；而许绾之首，犹鼠首也。内王于不可知之秦，而殉王以鼠首，臣窃为王不取也。且无梁孰与无河内急⑤？"王曰；"梁急。""无梁孰与无身急？"王曰："身急。"曰："以三者，身，上也；河内，其下也。秦未索其下，而王效其上，可乎？"

注释

①魏王：指魏安釐王。

②周诉：魏国大臣。

③名其母：称呼他母亲的名字。

④祝：犹言发誓。

⑤河内：见《秦策四·顷襄王二十年》注。

译文　秦国在华阳打败了魏国。魏王将要到秦国去朝见秦王。周䜣对魏王说:"宋国有个求学的人,出门在外三年回来后直呼母亲的名字。他的母亲说:'你求学三年,回来后反而直呼我的名字,为什么?'她的儿子说:'我所知道贤明的人,没有超过尧、舜的,尧、舜称呼名字,我所知道大的事物,没有超过天地的,天地称呼名字。现在母亲贤不过尧、舜,母亲大不过天地,因此称呼母亲名字。'他的母亲说:'你对自己所学的,准备全部实行吗?希望你改过不要称呼我的名字。你对于自己所学的,准备有些地方暂且不实行吗?希望你姑且把称呼母亲名字的事放在后边。'现在大王侍奉秦国,还有改换入秦朝见的办法吗?希望大王用别的办法改换它,把入秦朝见放在后边考虑。"魏王说:"您是担忧寡人进入秦国而出不来吗?许绾对我发誓说:'如果进去了出不来,请用我的头为您殉葬。'"周䜣回答说:"像臣下这样地位低下,如果现在有人对臣下说:'进入不可测的深渊一定能出来,出不来用一个老鼠脑袋为你殉葬。'臣下一定不去做。如今秦国是个不可了解的国家,犹如不可测的深渊;而许绾的脑袋,犹如老鼠的脑袋。使大王陷入不可知的秦国,而用一个老鼠脑袋来为大王殉葬,臣下私下替大王不取这种方式。况且失去大梁与失去河内哪个更紧急呢?"魏王说:"失去大梁更紧急。""失去大梁和失去自己的生命,哪个更紧急呢?"魏王说:"丢掉性命更紧急。"周䜣说:"从这三者看,身家性命是最主要的;失去河内是最次要的。秦国还没有索取最次要的,而大王却献上最主要的,可以这样做吗?"

原文　王尚未听也。支期曰①:"王视楚王②。楚王入秦,王以三乘先之;楚王不入,楚、魏为一,尚足以捍秦。"王乃止。王谓支期曰:"吾始已诺于应侯矣③,今不行者欺之矣。"支期曰:"王勿忧也。臣使长信侯请无内王④,王待臣也。"

支期说于长信侯曰:"王命召相国。"长信侯曰:"王何以臣为?"支期曰:"臣不知也,王急召君。"长信侯曰:"吾内王于秦者,宁以为秦邪?吾以为魏也。"支期曰:"君无为魏计,君其自为计。且安死乎?安生乎?安穷乎?安贵乎?君其先自为计,后为魏计。"长信侯曰:"楼公将入矣⑤,臣今从。"支期曰:"王急召君,君不行,血溅君襟矣。"长信侯行,支期随其后,且见王,支期先入谓王曰:"伪病乎而见之,臣已恐之矣。"长信侯入见王，王曰："病甚奈何？吾始已诺应侯矣，意虽道死，行乎？"长信侯曰："王毋行矣！臣能得之于应侯，愿王无忧。"

注释

① 支期：魏国人。

② 楚王：指楚考烈王。一说，指顷襄王。

③ 应侯：即秦国相国范雎。

④ 长信侯：亲秦的魏国相国，鲍本："魏相之善应侯者。"郭人民本："魏相亲秦者。"

⑤ 楼公：即楼缓，赵国人。

译文

魏王还是不听。支期说："大王先看楚王。如果楚王去秦国，大王用三辆车抢在他的前面；楚王不去秦国，楚、魏联合为一，还足可以抵抗秦国。"魏王才没有出发。魏王对支期说："我开始已经答应秦国应侯了，现在不去是欺骗人家。"支期说："大王不要忧虑。臣下让长信侯请求不让大王去秦国，大王请等待臣下。"

支期对长信侯说："大王下命令召见相国。"长信侯说："大王为什么召见我呢？"支期说："臣下不知道，大

王召您速去。"长信侯说:"我送大王去秦国,难道是
为了秦国吗? 我是为了魏国。"支期说:"您不要为魏
国打算了,您还是为自己考虑一下吧。您想怎样死
呢? 怎样活呢? 怎样穷困? 怎样富贵? 您还是先为
自己打算,然后再为魏国打算吧。"长信侯说:"楼缓
要来了,让臣下随他同去。"支期说:"大王紧急召见
您,您不去,血就要溅到你的衣襟上了。"长信侯才
走了,支期跟在他的后面,将要见到魏王,支期先走
进去对魏王说:"您伪装得了重病接见他,臣下已经
恐吓他一番了。"长信侯进来拜见魏王,魏王说:"病
得这么厉害,怎么办呢? 我开始已经答应应侯了,心
想即使死在道上,还走吗?"长信侯说:"大王不要去
了! 臣下能得到应侯的许可免召您入秦,希望大王不
要忧虑。"

华阳之战

原文　　华阳之战,魏不胜秦。明年,将使段
干崇割地而讲①。孙臣谓魏王曰②:"魏不以败之上割③,可谓善用不胜

矣；而秦不以胜之上割，可谓不能用胜矣。今处期年乃欲割，是群臣之私而王不知也。且夫欲玺者段干子也，王因使之割地；欲地者秦也，而王因使之受玺。夫欲玺者制地，而欲地者制玺，其势必无魏矣。且夫奸臣固皆欲以地事秦。以地事秦，譬犹抱薪而救火也，薪不尽则火不止。今王之地有尽，而秦之求无穷，是薪火之说也。"魏王曰："善。虽然，吾已许秦矣，不可以革也④。"对曰："王独不见夫博者之用枭邪⑤？欲食则食，欲握则握。今君劫于群臣而许秦，因曰不可革，何用智之不若枭也？"魏王曰："善。"乃按其行⑥。

注释

① 段干崇：魏国人。

② 孙臣：魏国人。魏王：指魏安釐王。

③ 上：犹言当时，鲍本："上，谓当其时。"

④ 革：更改。鲍本："革，更也。"

⑤ 枭：古人赌博用五个骰（tóu）子，即枭、卢、雉、犊、塞。枭骰的骰头上刻有枭鸟的形状。郭人民本："以五方木为骰，刻枭、卢、雉、犊、塞五种形而涂以采。掷得枭者为胜。"

⑥ 按：犹言阻止，停止。鲍本："按，犹止。"

译文 在华阳两军交战时，魏国没有战胜秦国。第二年，魏王派段干崇去向秦国割地讲和。孙臣对魏王说："魏国不因战败而在当时割地，可以说善于应付失败的局面；而秦国不因为取得胜利而在当时要求割地，可以说不善于利用取胜的时机。现在过了一年又想割地，这是群臣怀有私心而大王却没有发现。况且想得到秦国印玺的是段干崇，大王却派他去割让土地；想要得到土地的是秦国，而大王却让秦国授予段干崇印玺。想要得到印玺的掌管土地，想要得到土地的掌管印玺，这种形势发展下去魏国一定要灭亡了。再说奸臣本来都想用土地去侍奉秦国。用土地去侍奉秦国，犹如抱薪柴去救火，薪柴不烧尽火就不会熄灭。现在大王的土地有割尽的时候，而秦国的贪求没有止境，这同抱薪救火的说法是一致的。"魏王说："对。虽然如此，我已经答应秦国了，不可以更改了。"孙臣回答说："大王难道没见过赌博的人使用枭子吗？想吃子就吃子，想握在手里就握在手里。现在您受到群臣的胁迫而答应了秦国，就说不可更改，为什么您运用智谋还不如赌博时运用枭骰呢？"魏王说："好吧。"于是阻止了段干崇出使秦国。

齐欲伐魏

原文　齐欲伐魏，魏使人谓淳于髡曰①："齐欲伐魏，能解魏患唯先生也。敝邑有宝璧二双、文马二驷，请致之先生。"淳于髡曰："诺。"入说齐王曰："楚，齐之仇敌也；魏，齐之与国也。夫伐与国，使仇敌制其余敝，名丑而实危，为王弗取也。"齐王曰："善。"乃不伐魏。客谓齐王曰："淳于髡言不伐魏者，受魏之璧、马也。"王以谓淳于髡曰："闻先生受魏之璧、马，有诸?"曰："有之。""然则先生之为寡人计之何如?"淳于髡曰："伐魏之事便②，魏虽刺髡，于王何益? 若诚不便，魏虽封髡，于王何损? 且夫王无伐与国之诽③，魏无见亡之危，百姓无被兵之患，髡有璧、马之宝，于王何伤乎?"

注释　① 淳于髡：见《齐策三·孟尝君在薛》注。

② 伐魏之事便：姚本此句作"伐魏之事不便"，吴师道补鲍本曰："当无'不'字，义乃通。"从吴说。

③ 诽：非议。

译文 齐国要讨伐魏国，魏国派人对淳于髡说："齐国要讨伐魏国，能够解除魏国祸患的，只有先生了。敝国有两对宝贵的璧玉，两辆四马拉的有纹彩的马车，请允许我把这些送给先生。"淳于髡说："好吧。"就入宫对齐王说："楚国，是齐国的仇敌；魏国，是齐国的盟国。进攻盟国，让仇敌乘自己疲惫来挟制自己，名声很坏实质上也很危险，我替大王感到不可取。"齐王说："好。"于是就没讨伐魏国。一位客人对齐王说："淳于髡劝说不攻打魏国，是因为他收受了魏国的璧玉、宝马。"齐王因此对淳于髡说："听说先生收受了魏国的璧玉、宝马，有这事吗？"淳于髡回答说："有这事。""既然如此那么先生替寡人怎么考虑的呢？"淳于髡说："如果讨伐魏国的事是有利的，魏国即使刺杀我，对于大王来说，有什么好处呢？如果讨伐魏国确实不利，魏国即使封赏我淳于髡，对大王又有什么损害呢？况且大王不会遭到讨伐盟国的非议，魏国没有被灭亡的危险，百姓没有兵灾的祸患，我淳于髡得到璧玉，马匹这些宝物，对于大王有什么损伤呢？"

秦将伐魏

原文　秦将伐魏。魏王闻之^①，夜见孟尝君^②，告之曰："秦且攻魏，子为寡人谋，奈何？"孟尝君曰："有诸侯之救则国可存也。"王曰："寡人愿子之行也。"重为之约车百乘。孟尝君之赵，谓赵王曰^③："文愿借兵以救魏。"王曰："寡人不能。"孟尝君曰："夫敢借兵者，以忠王也。"王曰："可得闻乎？"孟尝君曰："夫赵之兵非能强于魏之兵，魏之兵非能弱于赵也。然而赵之地不岁危，而民不岁死；而魏之地岁危，而民岁死者，何也？以其西为赵蔽也。今赵不救魏，魏歃盟于秦^④，是赵与强秦为界也，地亦且岁危，民亦且岁死矣。此文之所以忠于大王也。"赵王许诺，为起兵十万，车三百乘。

注释　①魏王：指魏昭王。

②孟尝君：即田文，此时为魏国相国。缪文远本："孟尝君，田文，时已去齐相魏。"

③赵王：指赵惠文王。

④歃（shà）盟：即歃血为盟，古代订盟的一种仪式，杀牲饮

血，表示诚意。

秦国将要讨伐魏国。魏王听说，夜里去见孟尝君，告诉他说："秦国将要进攻魏国了，您替寡人谋划一下，怎么办？"孟尝君说："有诸侯援救的国家就可以保存下来。"魏王说："寡人希望您能出行游说。"郑重地为孟尝君准备了百辆马车。孟尝君来到赵国，对赵王说："我希望从赵国借些军队去救魏国。"赵王说："寡人不能借。"孟尝君说："我冒昧地借兵的原因，是为了以此效忠大王啊。"赵王说："可以说给我听听吗？"孟尝君说："赵国的军队并非比魏国的军队战斗力强，魏国的军队也并非比赵国的军队战斗力弱。然而赵国的土地没有一年一年地受到威胁，百姓也没有年年遭到死亡的厄运；魏国的土地一年一年受到威胁，百姓年年遭到死亡的厄运，为什么？因为魏国在西面为赵国作了遮蔽。现在赵国不援救魏国，魏国同秦国歃血结盟，这样就如同赵国与强大的秦相邻了，赵国土地也将年年受到威胁，百姓也将一年一年地死去。这就是我忠于大王的表现。"赵王答应了，为魏国发兵十万，战车三百辆。

原文　又北见燕王曰①："先日公子常约两王之交矣②，今秦且攻魏，愿大王救之。"燕王曰："吾岁不熟二年矣，今又行数千里而以助魏，且奈何？"田文曰："夫行数千里而救人者，此国之利也。今魏王出国门而望见军，虽欲行数千里而助人，可得乎？"燕王尚未许也。田文曰："臣效便计于王，王不用臣之忠计，文请行矣，恐天下之将有大变也。"王曰："大变可得闻乎？"曰："秦攻魏，未能克也，而台已燔③，游已夺矣④。而燕不救魏，魏王折节割地，以国之半与秦，秦必去矣。秦已去魏，魏王悉韩、魏之兵，又西借秦兵，以因赵之众，以四国攻燕，王且何利？利行数千里而助人乎？利出燕南门而望见军乎？则道里近而输又易矣，王何利？"燕王曰："子行矣，寡人听子。"乃为之起兵八万，车二百乘，以从田文。魏王大说曰："君得燕、赵之兵甚众且亟矣。"秦王大恐⑤，割地请讲于魏。因归燕、赵之兵而封田文。

注释　① 燕王：指燕昭王。

② 公子：此为孟尝君对自己父亲的敬称，鲍本："称其父婴。"一说，为燕国或魏国的公子，缪文远本："此当指魏或燕之公子。"后说恐误。

③燔（fán）：焚烧。

④游已夺：犹言游观的乐趣已被夺走。

⑤秦王：指秦昭王。

译文 孟尝君又北上拜见了燕王，说："从前家父经常为燕、魏两王的交往约会，现在秦国将要进攻魏国了，希望大王救救魏国。"燕王说："我国已经连续两年收成不好，现在又要跋涉几千里去援助魏国，这将怎么办呢？"孟尝君说："跋涉几千里去拯救别人，这将给国家带来好处。现在魏王出城门盼望燕军，其他诸侯即使想跋涉几千里来帮助，可以做到吗？"燕王还是没有答应。孟尝君说："臣下献上好的计策给大王，大王却不采用臣下忠诚的计策，我请求离开了，恐怕天下将有大的变化了。"燕王说："您说的大的变化，可以让我听听吗？"孟尝君说："秦国攻打魏国，不能攻克，但是游观的台榭已被烧毁，游观的乐趣已被夺走了。然而燕国却不去援救魏国，魏王屈节割地，把国土的一半送给秦国，秦国一定会撤兵。秦兵撤离魏国后，魏王倾韩国、魏国的全部军队，又西借秦国军队，再依靠赵国军队，用四个国家的力量攻打燕国，大王将会得到什么好处呢？好处自己会跋涉几千里来帮助人吗？好处会出燕国的南门而盼望援军吗？
那么对于四国军队来说道路与乡里很近，补给给养又
很容易，大王还能得到什么好处呢？"燕王说："您走
吧，寡人听从您的了。"于是为孟尝君发兵八万，战
车二百辆，跟从孟尝君。魏王大喜，说："您借燕国、
赵国的军队多而且快。"秦王很害怕，割让土地同魏
国讲和。魏国于是归还了燕国、赵国的军队并且封赏
了孟尝君。

魏将与秦攻韩

原文　魏将与秦攻韩，无忌谓魏王曰①："秦与戎翟同俗，有
虎狼之心，贪戾好利而无信，不识礼义德行，苟有利
焉，不顾亲戚兄弟，若禽兽耳。此天下之所同知也，
非所施厚积德也②。故太后母也，而以忧死；穰侯舅
也，功莫大焉，而竟逐之；两弟无罪，而再夺之国③。
此于其亲戚兄弟若此，而又况于仇仇之敌国也④？今
大王与秦伐韩益近秦，臣甚或之⑤，而王弗识也，则
不明矣。群臣知之，而莫以此谏，则不忠矣。

注释

① 无忌：即信陵君。姚本作"朱己"，《史记》作"无忌"，从《史记》。

② 施厚：即施恩惠。

③ 故太后母也，而以忧死，穰侯舅也，功莫大焉，而竟逐之，两弟无罪，而再夺之国：此指周赧王四十九年（前266）秦王听从范雎之说，废掉太后，放逐了舅父穰侯及两个弟弟。太后，即秦宣太后。两弟：指高陵君、泾阳君。

④ 也：犹言乎。王引之《经传释词》："也，犹'乎'也。"

⑤ 或：同"惑"。

译文

魏国将要同秦国一同去攻打韩国，无忌对魏王说："秦国与戎狄习俗相同，有虎狼一样的心肠，贪暴好利不守信用，不知道礼义德行，假如有利可图，就不管亲戚兄弟，像禽兽一般。这是天下人所共知的，根本不是施恩惠、积德行的国家。因此秦太后虽然是秦昭王的母亲，却因为忧愁而死，穰侯是秦昭王的舅舅，没有谁的功劳比他大，竟然被放逐了；高陵君、泾阳君两个弟弟没有罪过，却两次剥夺他们的封地。这样看来他自己的亲戚兄弟都如此，更何况对于结仇的敌国呢！现在大王同秦国讨伐韩国，这就更加接近秦国，臣下很不理解。而大王还是不明白这个道理，那就是不明智了。群臣对此事很清楚，却没有谁劝谏，那就是没尽忠心。

原文　"今夫韩氏以一女子承一弱主①，内有大乱，外安能支强秦、魏之兵，王以为不破乎？韩亡，秦尽有郑地，与大梁邻，王以为安乎？王欲得故地，而今负强秦之祸也，王以为利乎？秦非无事之国也，韩亡之后，必且更事②，更事必就易与利，就易与利，必不伐楚与赵矣。是何也？夫越山逾河，绝韩之上党而攻强赵③，则是复阏与之事也④，秦必不为也。若道河内⑤，倍邺、朝歌⑥，绝漳、滏之水⑦，而以与赵兵决胜于邯郸之郊，是受智伯之祸也⑧，秦又不敢。伐楚，道涉谷行三千里而攻黾隘之塞⑨，所行者甚远，而所攻者甚难，秦又弗为也。若道河外，背大梁，而右上蔡、召陵⑩，以与楚兵决于陈郊⑪，秦又不敢也。故曰，秦必不伐楚与赵矣，又不攻燕与齐矣⑫。韩亡之后，兵出之日，非魏无攻矣。秦故有怀、茅、刑丘⑬，城垝津⑭，以临河内，河内之共、汲莫不危矣⑮。秦有郑地，得垣雍⑯，决荥泽而水大梁⑰，大梁必亡矣。王之使者大过矣，乃恶安陵氏于秦⑱，秦之欲许之久矣⑲。然而秦之叶阳、昆阳与舞阳、高陵邻^㉒，听使者之恶也，随安陵氏而欲亡之。秦绕舞阳之北以东临许，则南国必危矣。南国虽无危，则魏国岂得安哉？且夫憎韩不爱安陵氏可也^㉑，夫不患秦之不爱南国，非也。

注释

① 一女子：指韩桓惠王之母，即韩太后。弱主：指韩桓惠王，此时年少。

② 更事：再生事端。缪文远本："更事，犹云再兴事端。"姚本、鲍本均作"便事"，《史记》、帛书皆作"更事"，从后者，下句亦同。

③ 上党：见《东周策·或为周最谓金投》注。

④ 阏（yān）与之事：指前270年秦国派胡阳攻打赵国的阏与，赵将赵奢大破秦军。《史记·赵世家》："惠文王二十九年，秦、韩相攻而围阏与，赵使赵奢将击秦，大破秦军阏与下。"

⑤ 河内：见《秦策四·顷襄王二十年》注。

⑥ 邺：见《魏策一·西门豹为邺令》注。朝歌：见《秦策五·四国为一将以攻秦》注。

⑦ 漳、滏：见《赵策三·说张相国》注。

⑧ 智伯之祸：指前455年，智伯率领韩、魏的军队围困赵襄子于晋阳，围困三年没有攻下。前453年，赵、韩、魏共反智伯，杀死智伯，三分其地。

⑨ 涉谷：地名，通往楚国的险路。姚本、鲍本均作"涉而谷"，衍"而"字，删掉。三千：姚本作"三十"，《史记》作"三千"，从《史记》。黾隘：亦作"冥厄"，楚国北方险塞，在今河南省信阳市与湖北应山县之间。姚本作"危隘"，"危"是"黾"字之形讹，改"危"为"黾"。

⑩ 上蔡：地名，在今河南省上蔡县。召陵：地名，在今河南省郾城县。

⑪ 陈：地名，在今河南省淮阳县。

⑫ 燕：姚本、《史记》均作"卫"，帛书作"燕"，从帛书。

⑬ 怀：地名，在今河南省武陟县。茅：地名，在今河南省获嘉县。姚本作"地"，《史记》、帛书均作"茅"，从《史记》及帛书。刑丘：即邢丘，在今河南省温县。

⑭ 城垝（guǐ）津：在垝津筑城。垝津，地名，在今河南省滑县。姚本此句"城"字前有"之"字，《史记》无，从《史记》。

⑮ 共：地名，在今河南省辉县。汲：地名，在今河南省汲县西南。

⑯ 垣雍：地名，在今河南省原阳县西北。

⑰ 荥泽：即荥泽，古泽名，在今河南省郑州市西北古荥镇北。荥泽在大梁上游，引水可灌大梁城。

⑱ 安陵：是魏国的一个附属小国，魏襄王时封，在今河南省鄢陵西北。

⑲ 许：地名，在今河南省许昌市。

⑳ 叶阳：地名，在今河南省叶县。昆阳：地名，在今河南省
叶县北二十五里。舞阳：地名，在今河南省舞阳县。

㉑ 爱：姚本作"受"，《史记》作"爱"，从《史记》。

译文

"现在韩国靠一个女子辅佐一个幼主，国内出现大的
混乱，对外又怎能抵抗强大的秦、魏军队，大王还认
为攻不破韩国吗？韩国灭亡了，秦国全部占有了原属
于郑国的土地，就将与大梁为邻了，大王认为能安全
吗？大王想要收回原来失去的土地，而今却遭受上强
秦的祸患，大王认为这样有利吗？秦国绝非不爱滋事
的国家，韩国灭亡以后，必定将会再生事端，再生事
端一定索取容易占领和有利可图之地，索取容易占领
和有利可图之地，一定不会进攻楚国和赵国。这是为
什么呢？越过高山大河，横穿韩国的上党而去攻打强
大的赵国，那么就将重演阏与败北的旧事，秦国一定
不会去做。如果取道河内，背朝邺邑、朝歌，渡过漳
水、滏水，在邯郸的郊外同赵国军队决一胜负，这将
遭到智伯遭到的大祸，秦国又不敢。去进攻楚国，取
道跋涉三千里去攻打黾隘的边塞，要走的路太远，要
进攻的目标又太难，秦国不会去做。假如取道河外，

背朝大梁，右靠上蔡、召陵，在陈地郊外同楚军决战，秦国又不敢。所以说，秦国一定不会进攻楚国和赵国，又不会进攻燕国和齐国。韩国灭亡之后，秦国出兵的时候，除了魏国再没有可以进攻的了。秦国本来有怀、茅、刑丘，再在垝津筑城，来进逼河内，河内的共、汲等地没有不危急的了。秦国占领郑地，取得垣雍，掘开荥泽水淹大梁，大梁一定会失守。大王的使者犯了一个大错，竟向秦国中伤安陵氏，秦国很久就想占领许地了。然而秦国的叶阳、昆阳与魏国的舞阳、高陵为邻，秦国听了使者的中伤之言，随后就将灭亡安陵氏了。秦军绕过舞阳的北面向东逼近许地，那么魏国的南方就危险了。南方即使没有危险，魏国难道就能得到安宁吗？再说憎恨韩国、不爱惜安陵氏，还算可以，而不担心秦国占领南方土地，就不对了。

原文 "异日者，秦乃在河西①，晋国之去梁也②，千里有余，有河山以兰之③，有周、韩而间之。从林军以至于今④，秦十攻魏，五入国中，边城尽拔，文台堕⑤，垂都焚⑥，林木伐，麋鹿尽，而国继以围。又长驱梁北，东至陶、卫之郊⑦，北至乎阚⑧，所亡乎秦者，山南、山北、河外、河内⑨，大县数百，名都数十。秦乃在河西，晋国之去大梁也尚千里，而祸若是矣，又况于使秦无韩而有郑地，无河山以兰之，无周、韩以间之，去大梁百里，祸必百此矣。异日者，从之不成也⑩，楚、魏疑而韩不可得而约也。今韩受兵三年矣⑪，秦挠之以讲，韩知亡，犹弗听，投质于赵，而请为天下雁行顿刃。以臣之观之，则楚、赵必与之攻矣。此何也？则皆知秦之欲无穷也⑫，非尽亡天下之兵而臣海内之民，必不休矣。是故臣愿以从事乎王，王速受楚、赵之约而挟韩之质⑬，以存韩为务，因求故地于韩，韩必效之。故此则士民不劳而故地得，其功多于与秦共伐韩，然而无与强秦邻之祸。

注释

① 河西：即西河之外，指今山西、陕西两省间黄河南段以西的地方。

② 晋国：指晋国故都绛、魏国故都安邑一带。

③ 有：姚本无"有"字，《史记》有，从《史记》。兰：通"拦"。

④ 林军：即军于林，指林乡之战。缪文远本："此役在魏昭王十三年（前283）。"林乡，在今河南省新郑市东。

⑤ 文台：地名，在今山东省菏泽市西北。

⑥ 垂都：地名，在今山东省曹县北。

⑦ 陶：地名，在今山东省定陶县。卫：地名，在今河南省滑县东。缪文远本："卫，即楚丘，卫文公都之，故城在今河南省滑县东。"

⑧ 乎阖：地名，在今山东省汶上县西南。

⑨ 山南：姚本无"山南"二字，《史记》、帛书有，从《史记》及帛书。山，指中条山。

⑩ 也：姚本作"矣"，鲍本作"也"，从鲍本。

⑪ 受兵：遭受兵祸。鲍本："受秦兵。"

⑫ 欲：姚本无"欲"字，《史记》有，从《史记》。

⑬ 挟韩之质：姚本此句"韩"字下有"魏"字，鲍本："衍'魏'字。"从鲍本。

译文　"以前，秦国还在河西之外，晋国旧都绛与安邑一带距离大梁有千余里，靠有河山遮挡，又有周、韩在中间隔开。从林乡之战一直到现在，秦国十次进攻魏国，五次攻入国中。边境的城邑都被攻破，文台被毁坏，垂都被焚烧，林木遭砍伐，麋鹿被杀尽。接着国都被围困。秦军又长驱直入魏国北部，东面到了陶、魏两地的郊外，北面到了乎阖，被秦国侵占的地方，有中条山南、中条山北、黄河以南、黄河以北，大的县邑有数百个，有名的都邑数十个。秦国还在河西之

外，晋国故都绛与安邑一带距大梁还有千里之遥，而
祸患达到如此程度，更何况让秦国没有韩国的阻隔而
据有郑地，失去了河山的遮挡，失去了周、韩的阻
隔，距离大梁只有百里的路程，祸患一定超过这百倍
了。等到他日，即使想合纵也不能成功了，楚国、魏
国就会互相猜疑而韩国更不可能来缔结盟约。现在韩
国遭受兵祸已有三年，秦国想使它屈服求和，韩国知
道要被灭亡了依然不听命，给赵国送去人质，请求联
合天下诸侯如雁阵前行，杀钝士兵的兵刃。以臣下看
来，楚国、赵国一定会同韩国一道攻击秦国。这是为
什么呢？因为都知道秦国的贪欲无休无止，不全部消
灭天下的军队而使海内的百姓臣服，一定不会罢休。
因此臣下愿意用合纵的力量来侍奉大王，大王赶快接
受楚、赵的盟约挟持韩国的人质，把保存韩国作为急
务，凭这些向韩国索要原来失去的土地，韩国一定会
献上这些土地。像这样，士兵、百姓不付辛劳就得到
了原来失去的土地，这个功绩要比同秦国一起讨伐韩
国大得多，而且能避免同强秦为邻的祸患。

原文　　"夫存韩、安魏而利夫下，此亦王之大时已①。通韩
之上党于共、宁②，使道已通，因而关之，出入者赋

之③，是魏重质韩以其上党也。共有其赋，足以富国，韩必德魏、爱魏、重魏、畏魏，韩必不敢反魏，韩是魏之县也。魏得韩以为县，则卫、大梁、河外必安矣。今不存韩，则二周必危，安陵必易。楚、赵大破，燕、齐甚畏，天下之西向而驰秦，入朝为臣之日不久矣④。"

注释

① 已：同"也"。

② 通韩之上党于共、宁：沟通韩国的上党到共、宁两地的交通。宁，宁邑，在今河南省淇县，姚本作"莫"，《史记》作"宁"，从《史记》。

③ 赋之：征收来往商人的赋税。缪文远本："言征取商贾之赋。"

④ 矣：姚本无"矣"字，《史记》、帛书均有，从《史记》及帛书。

译文

"再说能够保存韩国、安定魏国而对天下有利，这也是大王施展抱负的大好时机。沟通韩国上党到共、宁两地的交通，使道路畅通后，随之而设立关卡，出入的人交纳赋税，这是因为韩国把它的上党交给了魏国作为重要的抵押。魏国同韩国共分赋税，足可以使国家富强，韩国一定感激魏国、爱戴魏国、尊重魏国、惧怕魏国，韩国一定不敢反对魏国，韩国将是魏国的一个县了。魏国得到韩国作为自己的一个县，那么卫地、大梁、河外一定安全了。现在不保存韩国，东西周一定危险，安陵必被秦军夺走。楚、赵两国如再被秦军大败，燕国、齐国会更加惧怕，天下诸侯会面向西方争着奔向秦国，入朝称臣的日子不会太远了。"

奉阳君约魏

原文 奉阳君约魏①，魏王将封其子。谓魏王曰②："王尝身济漳③，朝邯郸，抱葛、薛、阴、成以为赵养邑④，而赵无为王有也。王能又封其子河阳、姑密乎⑤？臣为王不取也。"魏王乃止。

注释 ① 奉阳君：即李兑。姚本作"叶阳君"，恐误，改"叶"为"奉"。原标题亦误。郭希汾本："叶阳君：或云，叶乃奉之伪。奉阳君，李兑也。"

② 谓魏王：有人对魏王说。一说，苏秦对魏王说，缪文远本：

"'谓'上脱'苏秦'二字。"魏王，指魏昭王。

③漳：见《赵策三·说张相国》注。

④葛、薛：见《赵策四·齐欲攻宋》，姚本作"薛"，鲍本："'薛'作'薛'，又改作'薛'。"从鲍本，改"薛"为"薛"。

阴：见《齐策四·苏秦自燕之齐》注。养邑：供养的城邑。

郭人民本："以其地之赋税收入为奉养。"

⑤河阳、姑密：见《赵策四·齐欲攻宋》注。姚本作"问阳、姑衣"，鲍本："'问'作'河'。""'衣'作'密'。"从鲍本。

译文　赵国的奉阳君同魏国缔结了盟约，魏王将要封赏奉阳君的儿子。有人对魏王说："大王曾经亲自渡过漳水，到邯郸去拜见赵王，奉上葛、薛、阴、成四地作为赵国的供养之邑，而赵国却没有为大王做到这些。大王能够再把河阳、姑密封赏给奉阳君的儿子吗？臣下认为大王不该这样做。"魏王才没有封赏。

秦使赵攻魏

原文　秦使赵攻魏，魏谓赵王曰："攻魏者，亡赵之始也。

昔者，晋人欲亡虞而伐虢①，伐虢者，亡虞之始也。故荀息以马与璧假道于虞②，宫之奇谏而不听③，卒假晋道。晋人伐虢，反而取虞。故《春秋》书之，以罪虞公。今国莫强于赵，而并齐、秦④，王贤而有声者相之，所以为腹心之疾者，赵也。魏者，赵之虢也。赵者，魏之虞也。听秦而攻魏者，虞之为也。愿王之熟计之也。"

注释

① 虞、虢：见《秦策一·田莘之为陈轸说秦惠王》注。

② 荀息：见《秦策一·田莘之为陈轸说秦惠王》注。

③ 宫之奇：虞国大夫。

④ 而：读作能，强盛，此处犹言国力之强。

译文

秦国让赵国攻打魏国，魏国派人对赵王说："攻打魏国，是灭亡赵国的开始。从前，晋国人想灭亡虞国而去讨伐虢国，讨伐虢国，是灭亡虞国的开始。因此荀息用良马和璧玉向虞国借道，宫之奇劝谏而虞国国君不听，最终借道给晋国。晋国人讨伐虢国，回来的时候攻取了虞国。所以《春秋》记载这件事，谴责虞国国君。现在没有哪个国家比赵国强大，国力可以同齐国、秦国并论，大王贤明并用有声望的人做相国，秦国认为是心腹之患的，只有赵国。魏国，就如同赵国的虢国。赵国，就如同魏国的虞国。听从秦国而去进攻魏，这是同虞国借道一样的行为，希望大王仔细考虑这件事。"

魏太子在楚

原文 魏太子在楚。谓楼子于鄢陵曰①："公必且待齐、楚之合也，以救皮氏②。今齐、楚之理必不合矣。彼翟子之所恶于国者③，无公矣。其人皆欲合齐、秦外楚以轻公，公必谓齐王曰：'魏之受兵，非秦实首伐之也，楚恶魏之事王也，故劝秦攻魏。'齐王故欲伐楚，而又怒其不己善也，必令魏以地听秦而为和。以张子之强④，有秦、韩之重，齐王恶之，而魏王不敢据也⑤。今以齐、秦之重，外楚以轻公，臣为公患之。钧之出地，以为和于秦也，岂若由楚乎？秦疾攻楚，楚还兵，魏王必惧，公因寄汾北以予秦而为和⑥，合亲以孤齐。秦、楚重公，公必为相矣。臣意秦王与樗里疾之欲之也⑦，臣请为公说之。"

注释 ① 楼子：即楼鼻，魏国大臣。

② 皮氏：见《秦策一·楚攻魏张仪谓秦王》注。

③ 翟子：魏国相国翟强。

④ 张子：即张仪。

⑤ 魏王：指魏襄王。

⑥ 汾北：汾水之北，指皮氏。郭希汾本："汾北、汾水之北，今山西新绛、河津等县地，即谓皮氏也。"

⑦ 樗里疾：见《西周策·秦令樗里疾以车百乘入周》注。

译文 魏国太子在楚国做人质。派人到鄢陵对楼鼻说："先生一定要等待齐国、楚国联合起来，来拯救皮氏。现在看齐国、楚国的形势一定不会联合。况且那翟强在魏国所厌恶的，没有超过先生的了。他的人都想联合齐国、秦国疏远楚国来轻视先生，先生一定会对齐王说：'魏国遭到兵祸，并非秦国首先攻打它，楚国憎恨魏国侍奉大王，所以劝说秦国攻打魏国的。'齐王因此要讨伐楚国，并且恼怒楚国对自己不亲善，一定会让魏国用土地服从秦国来求和。凭着张仪的本事，拥有秦国、韩国雄厚的实力，齐王憎恶他，而魏王也不敢仗恃张仪。现在翟强等人以齐国、秦国雄厚的实力，疏远楚国来轻视先生，臣下为先生担忧。齐国与

楚国割让土地用来同秦国讲和，难道会听凭楚国任意
而为吗？秦国猛攻楚国，楚国收兵，魏王一定害怕，
先生于是就可献出汾水以北之地送给秦国求和，同秦
国合亲来孤立齐国。秦国、楚国重视先生，先生一定
能做相国。臣下意料秦王和樗里疾想要的就是这些，
臣下请求替先生去游说。"

原文　乃谓樗里子曰①："攻皮氏，此王之首事也，而不能
拔，天下且以此轻秦。且有皮氏，于以攻韩、魏，利
也。"樗里子曰："吾已合魏矣，无所用之。"对曰：
"臣愿以鄙心意公②，公无以为罪。有皮氏，国之大
利也，而以与魏，公终自以为不能守也，故以与魏。
今公之力有余守之，何故而弗有也？"樗里子曰："奈
何？"曰："魏王之所恃者，齐、楚也；所用者，楼
鼻、翟强也。今齐王谓魏王曰：'欲讲攻于齐③，王兵
之辞也。'是弗救矣。楚王怒于魏之不用楼子，而使
翟强为和也，怨颜已绝之矣。魏王之惧也见亡，翟强
欲合齐、秦外楚，以轻楼鼻；楼鼻欲合秦、楚外齐，
以轻翟强。公不如按魏之和，使人谓楼子曰：'子能
以汾北与我乎？请合于楚外齐，以重公也，此吾事
也。'楼子与楚王必疾矣。又谓翟子：'子能以汾北与

我乎？必合于齐，外于楚，以重公也。'翟强与齐王
必疾矣。是公外得齐、楚以为用，内得楼鼻、翟强以
为佐，何故不能有地于河东乎？"

注释 ① 谓：姚本作"请"，鲍本作"谓"，从鲍本。

② 意：犹言揣度，推测。鲍本："意，犹度。"

③ 讲攻：犹言构兵，交战。

译文 于是使者对樗里疾说："攻下皮氏，这是秦王要做的
第一位要事，而不能攻下，天下诸侯将因此轻视秦
国。况且占据皮氏，从那里来进攻韩国、魏国，是非
常便利的。"樗里疾说："我已同魏国讲和，没有借用
皮氏的必要了。"使者回答说："臣下愿意用自己鄙俗
的心理来揣度一下先生，先生不要因此怪罪。据有皮
氏，对国家是非常有利的，而把它送还给魏国，先生
始终自认为不能守住它，所以给了魏国。现在先生
有余力来据守皮氏，为什么不去占有它呢？"樗里疾
说："那将怎么办呢？"使者说："魏王所依靠的，是齐
国、楚国；所重用的，是楼鼻、翟强。现在齐王对
魏王说：'魏国想要同齐国交战，这是大王兵士所说
的。'这样齐国是不会救援魏国的。楚王恼怒魏国不

重用楼鼻，而派翟强去同秦国讲和，怨恨魏国要同它断交，已经看得出来了。魏王惧怕魏国被灭掉，翟强要联合齐国、秦国排斥楚国，来轻视楼鼻；楼鼻要联合秦国、楚国排斥齐国，来轻视翟强。先生不如停止同魏国讲和，派人对楼鼻说："您能把汾水之北送给我吗？就请同楚国联合疏远齐国，使先生受到重用，是我的事。"楼鼻和楚王一定急于行事，再派人对翟强说："您能把汾水之北送给我吗？一定同齐国联合，疏远楚国，来使先生受到重用。'翟强同齐王一定急于这样做。这样先生外得齐国、楚国可以驱使，内得楼鼻、翟强作为辅佐，有什么原因不能在河东拥有土地呢？"

魏策四

献书秦王

原文　（阙文）①献书秦王曰："臣窃闻大王之谋出事于梁②，谋恐不出于计矣③，愿大王之熟计之也。梁者，山东之要也④，有蛇于此，击其尾，其首救；击其首，其尾救；击其中身，首尾皆救。今梁王，天下之中身也。秦攻梁者，是示天下要断山东之脊也⑤，是山东首尾皆救中身之时也。山东见亡必恐，恐必大合，山东尚强，臣见秦之必大忧可立而待也。臣窃为大王计，不如南出。事于南方⑥，其兵弱，天下必不能救⑦。地可广大，国可富，兵可强，主可尊。王不闻汤之伐桀乎？试之弱密须氏以为武教⑧，得密须氏而汤知服桀矣⑨。今秦欲与山东为仇⑩，不先以弱为武教，兵必大挫，国必大忧。"秦果南攻蓝田、鄢、郢⑪。

注释　① 阙文：指脱漏文字。下同。

② 臣：姚本作"昔"，鲍本作"臣"，从鲍本。

③ 谋恐不出于计：这样的计谋恐怕没出于仔细的考虑，即这样的计谋恐怕不妥当。鲍本："非得计也。"

④ 要：同"腰"。

⑤ 要：犹言欲，想要。鲍本："要，犹欲。"

⑥ 南方：指楚国。

⑦ 天下必不能救：姚本作"天下必能救"，"必"下恐脱"不"字，据文意，增"不"字。

⑧ 密须氏：商朝时小国，姞（jí）姓，在今甘肃省灵台县西部。据《史记·周本纪》："西伯伐密须，商汤伐昆吾。"而文中此处言商汤伐密须氏，当误，恐为策士妄言。

⑨ 知：姚本作"之"，鲍本作"知"，从鲍本。

⑩ 欲：姚本作"国"，鲍本作"欲"，从鲍本。

⑪ 蓝田：见《秦策四·秦取楚汉中》注。郢：见《秦策三·谓应侯曰君禽马服乎》注。郢：见《秦策一·张仪说秦王》注。

译文　（脱漏文字）有人向秦王上书说："臣下私下听说大王谋划攻打魏国，这样的计谋恐怕不妥当，希望大王仔细考虑一下。魏国，犹如山东六国的腰部，好像一条蛇在这里，你打它的尾巴，它的头来救护；你打它的头，它的尾巴来救护；打它的腰身，首尾都来救护。现在魏王就像是天下诸侯的腰身。秦国要攻打魏国，这是向天下人表示要斩断山东六国的脊梁，这也将是山东六国'首尾皆救中身'的时刻。山东六国看

到要被消灭，一定很恐惧，恐惧一定会广泛联合在一起。山东六国的力量还很强大，臣下预见秦国巨大的忧患马上就会到来了。臣下私下替大王考虑，不如向南出兵。在南方同楚国交战，他们的兵力弱，天下诸侯一定不能去援救。秦国土地就可扩大，国家就能富足，兵力就能加强，主上就能受到尊崇。大王没有听说商汤讨伐夏桀的事吗？先用攻打弱小的密须氏作为尝试，以此作为战斗训练，攻下了密须氏后，商汤就征服了夏桀。如今秦国与山东六国结仇，不先用弱国进行战斗训练，军队一定会受到大的挫伤，国家一定会面临大的忧患。"秦军果然向南进攻蓝田、鄢、郢等地。

六年谓魏王

原文 六年①，（阙文）谓魏王曰："昔曹恃齐而轻晋②，齐伐釐、莒而晋人亡曹③。缯恃齐以悍越④，齐和子乱而越人亡缯⑤。郑恃魏以轻韩，伐榆关而韩氏亡郑⑥。原恃秦、翟以轻晋⑦，秦、翟年谷大凶而晋人亡原。

中山恃齐、魏以轻赵，齐、魏伐楚而赵亡中山。此五国所以亡者，皆其所恃也。非独此五国为然而已也，天下之亡国皆然矣。夫国之所以不可恃者多，其变不可胜数也。或以政教不修，上下不辑⑧，而不可恃者；或有诸侯邻国之虞⑨，而不可恃者；或以年谷不登⑩，稸积竭尽⑪，而不可恃者，或化于利，比于患。臣以此知国之不可必恃也。今王恃楚之强，而信春申君之言，以是质秦，而久不可知。即春申君有变，是王独受秦患也。即王有万乘之国，而以一人之心为命也。臣以此为不完，愿王之熟计之也。”

注释

① 六年：姚本作“八年”，缪文远本：“‘八’或‘六’字之残损，指秦始皇六年（前241）。”从缪说。

② 曹：小国名，姬姓，文王之子振铎的封地，在今山东省定陶一带。郭希汾本：“曹，姬姓，伯爵，文王子振铎封此。国于陶邱，今山东定陶县。”

③ 釐：即莱，小国名，姜姓，在今山东省黄县东南。郭希汾本：“釐，即莱字。莱，姜姓，子爵，今山东黄县东南有莱子城。”莒：见《西周策·官他谓周君》注。晋人亡曹：此处当指僖公二十八年（前632）晋侯伐曹，分割其地，曹君出奔。曹国于前487年，被宋国所灭。

④缯：即鄫，小国名，姒姓，在今山东省峰县东。郭希汾本："缯，当即鄫，姒姓，子爵，禹后。今山东峄县东有缯城。"越：国名，又称于越，姒姓，相传始祖为夏代少康的庶子无余，都会稽（今浙江省绍兴市）。

⑤和子：即田齐太公田和。鲍本："太公田和。"越人亡缯：当指越人攻取鄫国城邑。鄫国为莒国所灭，《左传·襄公六年》："莒人灭鄫，鄫恃赂也。"

⑥榆关：地名，在今河南省临汝县。

⑦原：文王子封地，在今河南省济源市西北。

⑧辑：聚集。

⑨虞：欺诈，诈骗。

⑩登：谷熟。郭希汾本："登，成也，熟也。"

⑪稸：通"蓄"。

译文　秦始皇六年，（脱漏文字）有人对魏王说："从前曹国依仗齐国而轻视晋国，在齐国去讨伐莱、莒两国的时候，晋国人借机攻破了曹国。缯国依仗齐国就抗拒越国，在齐国和子作乱的时候，越国人就攻占缯国的城邑。郑国依仗魏国，轻视韩国，在魏国攻打榆关的时候，韩国就攻下了郑国。原国依仗秦人、狄人，轻视晋国，在秦、狄出现凶灾的时候，晋人攻占了原

国。中山依仗齐国、魏国，轻视赵国，在齐国、魏国讨伐楚国的时候，赵国攻取了中山。这五个国家之所以破亡，都因为认为自己有所依靠。不但这五个国家是这样，天下所有破亡的国家都如此。对别的国家不可依靠的原因是多方面的，其中的变故不可胜数。有的因为政治教化没有修治，上下不团结，而不可以依靠；有的因为邻国诸侯狡诈，而不可以依靠；有的因为年成不好谷物不收，蓄积用尽，而不可以依靠；有的国家在利益面前改变立场，有的国家自己已接近了祸患。臣下因此知道别的国家是不可以依仗的。现在大王依仗楚国的强大，而听信春申君的话，因此对抗秦国，久后结果不可预料。假如春申君有变故，这将由大王独自承受秦国的祸患了。虽然大王拥有万乘之国，却依赖一个人的想法唯命是听。臣下认为这样做法是不完美的。希望大王仔细考虑这件事。”

魏王问张旄

原文　魏王问张旄曰①：“吾欲与秦攻韩，何如？”张旄对曰：

"韩且坐而胥亡乎②？且割而从天下乎？"王曰："韩且割而从天下。"张旄曰："韩怨魏乎？怨秦乎？"王曰："怨魏。"张旄曰："韩强秦乎？强魏乎？"王曰："强秦。"张旄曰："韩且割而从其所强，与所不怨乎？且割而从其所不强，与其所怨乎？"王曰："韩将割而从其所强，与其所不怨。"张旄曰："攻韩之事，王自知矣。"

注释 ① 魏王：指魏安釐王。张旄：见《楚策二·楚王将出张子》注。
② 胥：等待。鲍本："胥，待也。"

译文 魏王问张旄说："我想同秦国一起攻打韩国，怎么样？"张旄回答说："韩国将要坐而待亡呢？还是将要割让土地来顺从天下诸侯呢？"魏王说："韩国将会割让土地顺从天下诸侯。"张旄说："韩国怨恨魏国呢？还是怨恨秦国呢？"魏王说："怨恨魏国。"张旄说："韩国认为秦国强大？还是魏国强大？"魏王说："认为秦国强大。"张旄说："韩国将会割让土地，听从它认为强大的国家，联合不怨恨的国家呢？还是将割让土地，听从它认为不强大的国家，联合所怨恨的国家呢？"魏王说："韩国将会割让土地，听从它认为强大

的国家，联合不怨恨的国家。"张旄说："进攻韩国的

事，大王自己知道如何去做了。"

客谓司马食其

原文   客谓司马食其曰①："虑以天下为可一者，是不知天下

者也。欲独以魏支秦者，是又不知魏者。谓兹公不

知此两者②，又不知兹公者也。然而兹公为从，其说

何也？从则兹公重，不从则兹公轻，兹公之处重也，

不实为期③。子何不疾及三国方坚也，自卖于秦④，秦

必受子。不然，横者将图子以合于秦，是取子之资⑤，

而以资子之仇也。"

注释   ① 司马食（yì）其（jī）：魏国大臣，鲍本："魏人，音异基。"

② 兹公：此公，此人，此指合纵之人。缪文远本："兹公犹言

此人，乃假托人物，本无其人。"一说，指鲁国公孙兹之后。

郭希汾本："兹公，鲁公孙兹之后，主合纵者。"

③ 不实为期：不会切实地订立期约。鲍本："言期约不实。"

④ 自卖于秦：自己背叛合纵，从秦国得到好处。鲍本："谓阴

倍从，以收秦利。"

⑤资：资本。此指合纵之事。鲍本："资，谓纵。食其所资者，纵也。"

译文　客人对司马食其说："考虑把天下合而为一的人，是不了解天下形势的人。想单独用魏国抗拒秦国的人，这又是不了解魏国的人。说合纵之人不了解这两种情况的人，又是不了解合纵之人的人。但是合纵的人主张合纵，如何来评价他们呢？合纵，他们就重要，不合纵，他们就无关紧要。合纵的人位置重要，不会切实地订立期约。先生何不赶快趁三国正坚持攻秦，自己背弃合纵，从秦国得到好处，秦国一定会接受您。不这样做，连横的人将要图谋您，去同秦国联合，这是拿您的资本，而去资助您的仇敌。"

魏秦伐楚

原文　魏、秦伐楚①，魏王不欲。楼缓谓魏王曰："王不与秦攻楚，楚且与秦攻王。王不如令秦、楚战②，王交制之也③。"

注释　① 魏、秦伐楚：指周赧王十四年（前301）秦与韩、魏共伐楚之事。

② 令：使，让。

③ 交：犹言并，同时。

译文　魏国、秦国一同讨伐楚国，魏王不想参加。楼缓对魏王说："大王不同秦国攻打楚国，楚国就将和秦国攻打大王。大王不如让秦国、楚国交战，大王同时控制它们。"

穰侯攻大梁

原文　穰侯攻大梁，入北宅①，魏王且从②。谓穰侯曰："君攻楚，得宛、穰以广陶③；攻齐，得刚、寿以广陶④；攻魏⑤，得许、鄢陵以广陶⑥，秦王不问者，何也？以大梁之未亡也。今日大梁亡，许、鄢陵必议⑦，议则君必穷。为君计者，勿攻便。"

注释

① 入北宅：姚本作"乘北郢"，《史记·魏冉列传》："入北宅，遂围大梁。"从《史记》。北宅，见《魏策三·秦败魏于华走芒卯而围大梁》注。

② 从：顺服。鲍本："从，顺服也。"

③ 宛：见《西周策·薛公以齐为韩魏攻楚》注。

④ 刚：地名，今山东省宁阳县。寿：地名，在今山东寿张县。姚本作"博"，郭希汾本："博一本作寿，即今山东寿张县。"从郭说。

⑤ 攻魏：姚本无"攻魏"二字，鲍本补："'得许'上当有'攻魏'字，缺脱。"补"攻魏"二字。

⑥ 许、鄢陵：并见《秦策四·顷襄王二十年》注。

⑦ 许、鄢陵必议：犹言私占许地、鄢陵必定遭到非议，鲍本："议其不当得。"

译文

秦穰侯攻打大梁，攻进了北宅，魏王将要顺服穰侯。对穰侯说："您攻打楚国，得宛地、穰地来扩大陶地；攻打齐国，得刚地、寿地来扩大陶地；进攻魏国，得许地、鄢陵来扩大陶地，秦王不过问，为什么？是因为大梁还没有被灭亡。现在大梁如被灭亡，私占许地、鄢陵一定遭到非议，遭到非议您就一定会陷入困境。替您考虑，不攻打大梁对您有利。"

白珪谓新城君

原文 白珪谓新城君曰①："夜行者能无为奸，不能禁狗使无吠己也。故臣能无议君于王②，不能禁人议臣于君也。"

注释 ① 白珪（guī）：人名，又作"白圭"，或以为魏人，或以为周人，此时在秦国为官。新城君：即芈戎，楚国人，秦昭王舅父，秦昭王封之为新城君。缪文远本："新城君，芈戎，楚人，秦昭王之舅。初封华阳，号华阳君。周赧王十六年（前299），秦取楚新城后，又封新城，号新城君。"
② 王：指秦昭王。

译文 白珪对新城君说："夜行的人能不做奸邪的事情，却不能禁止狗对自己的狂叫。所以我能够做到在秦王那里不议论您，却不能禁止别人在您这里议论我。"

秦攻韩之管

原文 秦攻韩之管①，魏王发兵救之。昭忌曰②："夫秦强国也，而韩、魏壤挈③，不出攻则已，若出攻，非于韩也，必于魏也④。今幸而于韩，此魏之福也。王若救之，夫解攻者，必韩之管也；致攻者，必魏之梁也。"魏王不听，曰："若不因救韩，韩怨魏，西合于秦，秦、韩为一，则魏危。"遂求之。

注释 ① 管：韩国城邑，在今河南省郑州市北。郭人民本："管，西周管叔所封地。战国属韩。在今郑州市管城区。"

② 昭忌：人名。疑为楚国人，在魏国做官。

③ 壤挈：姚本作"壤梁"，金正炜本："'梁'当作'挈'之讹。挈与挈通。"犹言土地接壤。缪文远本："壤挈，犹言壤土相接也。"

④ 于：姚本无"于"字，鲍本："'必'下有'于'字。"从鲍本。

译文 秦国进攻韩国的管邑，魏王发兵援救韩国。昭忌说："秦国是一个强国，而韩、魏两国与之接壤，秦国不进攻就罢了，如果要向外进攻，不会向韩国进攻，一定会向魏国进攻。现在幸而进攻韩国，这是魏国的福气。大王如果去援救，解除围攻的，一定是韩国的管邑；招致围攻的，一定是魏国的大梁。"魏王不听，说："如果不趁此援救韩国，韩国就会怨恨魏国，它向西与秦国联合，秦、韩一体，那么魏国就危险了。"于是出兵救韩。

原文　秦果释管而攻魏。魏王大恐，谓昭忌曰："不用子之计而祸至，为之奈何？"昭忌乃为之见秦王曰："臣闻明主之听也，不以挟私为政，是参行也①。愿大王无攻魏，听臣也。"秦王曰："何也？"昭忌曰："山东之从，时合时离，何也②？"秦王曰："不识也。"曰："天下之合也，以王之不必也③；其离也，以王之必也。今攻韩之管，国危矣，未卒而移兵于梁，合天下之从，无精于此者矣。以为秦之求索，必不可支也。故为王计者，不如制赵④。秦已制赵，则燕不敢不事秦，荆、齐不能独从。天下争敌于秦，则弱矣。"秦王乃止。

注释　① 参行：参考众人之说而行事。郭希汾本："参行，谓参之众说而行也。"一说，参考诸国而行事，鲍本："以诸国参考而行，言参彼己也。"

② 何也：姚本此句"也"字下有"哉"字，鲍本无"哉"字，
从鲍本。

③ 不必：犹言没有决定，指没有确定进攻的目标。

④ 制：姚本"制"作"齐"，鲍本："'齐'作'制'。"金正炜本：
"鲍改是也，'齐'字涉下而误。"从鲍本及金说。

译文

秦国果然放弃了管邑来攻打魏国。魏王大为恐惧，对昭忌说："没有听从您的计策而灾祸临头了，对这事可怎么办呢？"昭忌这才为此事去见秦王说："臣下听说贤明的君主听政，不带私心处理政事，这就要参考众人的意见而行动。希望大王不要进攻魏国，听从我的意见。"秦王说："为什么？"昭忌说："崤山以东六国的合纵，时而联合，时而分离，为什么？"秦王说："不清楚。"昭忌说："天下诸侯联合，是因为大王的进攻目标没确定；它们分裂，是因为大王的攻击目标已经确定。现在进攻韩国的管邑，韩国已经危险了，没有结果就把军队向魏国转移，使天下诸侯合纵，没有比这更适宜的时机了。各国都会认为秦国的贪婪求索，自己一定无法抗拒。所以替大王考虑，不如去制服赵国。秦国一旦控制了赵国，那么燕国就不敢不侍

奉秦国，楚国、齐国不能单独合纵。如果天下诸侯争着与秦国为敌，那么秦国就会衰弱了。"秦王这才停止攻打魏国。秦王这才停止攻打魏国。

秦赵构难而战

原文　秦、赵构难而战。谓魏王曰："不如收赵而构之秦①。王不构赵，赵不以毁构矣②；而构之秦，赵必复斗，必重魏，是并制秦、赵之事也。王欲焉而收齐、赵攻荆，欲焉而收荆、赵攻齐，欲王之东长之待之也③。"

注释　① 收：收拢，聚集，此处犹言团结。姚本作"齐"，鲍本作"收"，从鲍本。

② 赵不以毁构：赵国不能用损失惨重的军队与秦交战。构，结仇，此处犹言交战。

③ 欲王之东长之待之也：想要统治天下或做东方齐、楚纵约之长，都等您去做了。郭人民本："东，谓魏东向以联齐、楚。长之，为齐、楚纵约之长。待之，等待魏王从事。"

译文 秦国、赵国结仇发生战争。有人对魏王说："魏国不如团结赵国一同与秦为敌。大王如果不同赵国一道与秦为敌，赵国是不会用损失惨重的军队去与秦国交战的。而魏国同秦国交战，赵国必然会重新投入战斗，一定会重视魏国，这是同时控制秦国、赵国的大事。大王想拉拢齐国、赵国攻打楚国，想团结楚国、赵国攻打齐国，想统治天下或做东方齐国、楚国纵约之长，都等您去做了。"

长平之役

原文 长平之役①，平都君说魏王曰②："王胡不为从？"魏王曰："秦许吾以垣雍③。"平都君曰："臣以垣雍为空割也。"魏王曰："何谓也？"平都君曰："秦、赵久相持于长平之下而无决，天下合于秦则无赵，合于赵则无秦，秦恐王之变也，故以垣雍饵王也。秦战胜赵，王敢责垣雍之割乎？王曰：'不敢。'秦战不胜赵，王能令韩出垣雍之割乎？王曰：'不能。'臣故曰，垣雍空割也。"魏王曰："善。"

注释　① 长平：见《秦策一·张仪说秦王》注。

② 魏王：指魏安釐王。

③ 垣雍：见《魏策三·魏将与秦攻韩》注。原为魏地，此时已属韩国。

译文　长平战役中，平都君劝魏王说："大王为什么不进行合纵呢？"魏王说："因为秦国答应把垣雍归还给我。"平都君说："臣下认为割让垣雍是空的。"魏王说："为什么这样说？"平都君说："秦国、赵国长时间地相持在长平城下而不能决出胜负，天下诸侯如果同秦国联合，就会灭亡赵国，如果同赵国联合，就可灭亡秦国，秦国害怕大王改变主张，所以用垣雍来引诱大王。秦国如果战胜赵国，大王敢去责问垣雍割让与否吗？大王会说：'不敢。'秦国如果打不赢赵国，大王能让韩国割让出垣雍吗？大王会说：'不能。'臣下所以说割让垣雍是空话。"魏王说："说得对。"

楼梧约秦魏

原文　楼梧约秦、魏①，将令秦王遇于境②。谓魏王曰③："遇而无相，秦必置相④。不听之，则交恶于秦；听之，则后王之臣，将皆务事诸侯之能令于王之上者。且遇于秦而相有秦者⑤，是无齐也⑥，秦必轻王之强矣。有齐者不若相之⑦，齐必喜，是以有齐者与秦遇⑧，秦必重王矣。"

注释　①楼梧：一作"楼郚"，又作"楼悟"，魏国大臣。

②秦王：指秦武王。

③魏王：指魏襄王。

④秦必置相：此指秦王一定会替魏王设置一个相国。郭希汾本："知魏无相，为之置相。"

⑤而相有秦者：姚本作"而相秦者"，金正炜本："'而相秦者'当作'而相有秦者'，字误脱。"从金说。

⑥是无齐也：这将会失失去齐国的同盟。

⑦有齐者：指大臣中有为齐国所相信的。

⑧齐：姚本作"雍"，鲍本作"齐"，从鲍本。

译文　楼梧替秦国、魏国约定，将让秦王同魏王在边境上会面。楼梧对魏王说："会面时大王没有相国，秦王一定会替您设置一个相国。不听从他，同秦国的邦交就会恶化；听从他，那么以后大王的臣子就将全都为诸侯做事，权势会在大王之上。况且与秦王会见而任命为秦国所信任的臣子为相，这将会失去与齐国的同盟，秦国一定会轻视大王的强大。有受齐国所信任的臣子，不如任命他为相国，齐国一定高兴，因此有受齐国信任的相国参加与秦王的会见，秦国一定会重视大王。"

芮宋欲绝秦赵之交

原文　芮宋欲绝秦、赵之交①，故令魏氏收秦太后之养地②。秦王怒③。芮宋谓秦王曰："魏委国于王而王不受，故委国于赵也。李郝谓臣曰④：'子言无秦，而养秦太后以地，是欺我也。'故敝邑收之。"秦王怒，遂绝赵也。

注释　① 芮宋：魏国大臣。

②秦太后：指秦宣太后。养地：指魏国献出的供养秦太后的
土地。

③秦王怒：姚本作"秦王于秦"，鲍本作"秦王怒"，从鲍本。

④李郝：赵国大臣。

译文　芮宋想要断绝秦国、赵国的邦交，所以让魏国收回了
供养秦太后的土地。秦王大怒。芮宋对秦王说："魏
国把国家托付给大王而大王却不接受，所以只好托
付给赵国。李郝对臣下说：'您说同秦国没有联系了，
却用土地供养秦太后，这是欺骗我。'因此敝国收回
了土地。"秦王大怒，于是断绝了同赵国的邦交。

为魏谓楚王

原文　为魏谓楚王曰①："索攻魏于秦②，秦必不听王矣，是
智困于秦而交疏于魏也。楚、魏有怨，则秦重矣。故
王不如顺天下遂伐齐，与魏更地③，兵不伤，交不
变，所欲必得矣。"

注释

① 楚王：指楚顷襄王。缪文远本："楚王，顷襄王，此在其十五年。"

② 索攻魏于秦：用进攻魏国来向秦国勒索。

③ 更：易，换。姚本作"便"，缪文远本认为"便"为"更"字之讹，从缪说。

译文

有人替魏国对楚王说："用进攻魏国的办法向秦国勒索，秦国一定不会听从大王的，这样会对秦国难以施展计谋，同魏国邦交疏远。楚、魏产生仇怨，那秦国的地位就显得重要了。所以大王不如顺应天下诸侯就去讨伐齐国，同魏国交换土地，军队不损伤，邦交不改变，要得到的一定会得到。"

管鼻之令翟强与秦事

原文

管鼻之令翟强与秦事①。谓魏王曰："鼻之与强，犹晋人之与楚人也。晋人见楚人之急②，带剑而缓之③；楚人恶其缓而急之。今鼻之入秦之传舍④，舍不足以舍之⑤。强之入，无蔽于秦者⑥。强，王贵臣也，而秦若此其甚，安可？"

① 管鼻：疑即楼鼻。

② 急：急进，犹言进攻。

③ 缓：缓军，延缓进军。

④ 今：姚本作"令"，鲍本作"今"，从鲍本。传舍：供来往行人居住的旅舍。

⑤ 舍不足以舍之：传舍不够用来住宿，此处是说管鼻侍卫之多，传舍都住不下。

⑥ 无蔽于秦者：在秦国没有替他遮掩的，指在秦国没有护卫他的。

译文

管鼻让翟强同秦国议事。派人对魏王说："管鼻同翟强，就如同晋国人和楚国人。晋国人见楚国人紧急来攻，佩好宝剑而延缓进军；楚国人讨厌晋国人的缓军之举，而抓紧进攻。如今管鼻住进秦国的传舍，传舍都不够用来住宿。翟强进入秦国，在秦国没有护卫他的。翟强是大王显贵的大臣，而秦国对待他竟达到如此地步，怎么可以呢？"

成阳君欲以韩魏听秦

原文　成阳君欲以韩、魏听秦①，魏王弗利②。白圭谓魏王曰："王不如阴使人说成阳君曰③：'君入秦，秦必留君而以多割于韩矣。韩不听，秦必留君而伐韩矣。故君不如安行求质于秦④。'成阳君必不入秦，秦、韩不合⑤，则王重矣。"

注释　① 成阳君：韩国封君。

② 魏王：当指魏昭王。

③ 使：姚本一作"侯"，一作"使"，鲍本作"使"，从鲍本。

④ 君不如安行求质于秦：您不如慢慢前去并向秦国索要人质。缪文远本按："此言用此以觇（chān）秦之是否欲留成阳君而不遣。"安：犹言徐，慢慢地。

⑤ 秦、韩不合：姚本此句"不"字下有"敢"字。鲍本："衍'敢'字。"从鲍本删掉。

译文　成阳君想让韩国、魏国听从秦国，魏王认为于己不利。白圭对魏王说："大王不如暗中派人劝成阳君说：'您进入秦国，秦国一定会扣留您来达到从韩国多割取土地的目的。韩国不听从，秦国一定会扣留您并讨伐韩国。所以您不如慢慢前去并向秦国索要人质。'成阳君必定不会进入秦国，秦国、韩国不能联合，那么大王的地位就非常重要了。"

秦拔宁邑

原文 秦拔宁邑①，魏王令人谓秦王曰②："王归宁邑，吾请先天下构③。"魏冉曰④："王无听。魏王见天下之不足恃也，故欲先构。夫之宁者，宜割二宁以求钩；夫得宁者，安能归宁乎？"

注释 ① 宁邑：见《赵策四·秦攻魏取宁邑》注。

② 魏王：当指魏安釐王。秦王：当指秦昭王。

③ 构：构和，讲和。

④ 魏媾：秦相。姚本作"魏魏王"，鲍本："衍'魏'字。""'王'作'冉'。"从鲍本。

译文 秦国攻克了宁邑，魏王派人对秦王说："大王如果归还给我们宁邑，我请求先于天下诸侯同秦国讲和。"
魏冉说："大王不要听信。魏王看到天下诸侯不能够
依靠了，所以要首先讲和。失去宁邑的，应该割让两
个宁邑来求和；得到宁邑的，又怎么能归还宁邑呢？"

秦罢邯郸

原文　秦罢邯郸①，攻魏，取宁邑。吴庆恐魏王之构于秦
也②，谓魏王曰："秦之攻王也，王知其故乎？天下
皆曰王近也③。王不近秦，秦之所去④。皆曰王弱也。
王不弱二周⑤，秦人去邯郸，过二周而攻王者，以王
为易制也。王亦知弱之召攻乎？"

注释　① 秦罢邯郸：指周赧王五十八年（前257）秦攻邯郸不下，
撤离。

② 吴庆：魏国大臣。

③ 近：亲近，此指亲近秦国。

④ 去：犹言除去，除掉。

⑤ 不弱二周：不比东、西二周弱。

译文　秦国停止攻打邯郸，而来进攻魏国，攻下了宁邑。吴庆担心魏王同秦国讲和，对魏王说："秦国进攻大王，大王知道它的原因吗？天下诸侯都说大王亲近秦国。其实大王并不亲近秦国，恰恰是秦国所要除掉的。天下诸侯都说大王国力弱小。其实大王的国家并不弱于东、西二周，秦国人离开邯郸，越过二周进攻大王的原因，是认为大王容易被挟制，大王也该知道软弱招致进攻了吧？"

魏王欲攻邯郸

原文　魏王欲攻邯郸①，季梁闻之②，中道而反，衣焦不申③，头尘不去，往见王曰："今者臣来，见人于大行④，方北面而持其驾，告臣曰：'我欲之楚。'臣曰：'君之楚，将奚为北面？'曰：'吾马良。'臣曰：'马虽良，此非楚之路也。'曰：'吾用多⑤。'臣曰：'用虽多，此非楚之路也。'曰：'吾御者善。''此数者愈善，而离楚愈远耳。'今王动欲成霸主，举欲信于天下，恃王国之大，兵之精锐，而攻邯郸，以广地尊名，王之动愈数，而离王愈远耳，犹至楚而北行也。"

注释

① 魏王：指魏惠王。

② 季梁：魏国人。

③ 焦：卷曲。郭希汾本："焦，卷也。"此指皱折。

④ 大行：大路。

⑤ 用：指路费。

译文

魏王想要攻打邯郸，季梁听说后，半路上就返了回来，衣服的皱折没来得及舒展，头上的尘土没来得及洗去，就前去拜见魏王说："臣下今天回来的时候，在大路上看见一个人，正朝着北面赶他的车，告诉臣下说：'我要到楚国去。'臣下说：'您要到楚国去，为什么往北走？'他说：'我的马好。'臣下说：'马虽好，可这根本不是去楚国的路啊。'他说：'我的路费多。'臣下说：'路费虽多，这毕竟不是去楚国的路啊。'他又说：'我的车夫驾车技术好。''这几样越好，离楚国就越远了。'现在大王的行动想成就霸主的事业，想取信于天下，然而依仗大王国家的强大，军队的精锐，而去攻打邯郸，来扩展土地使名分尊贵，大王的行动越多，离大王的事业就越远，犹如想去楚国却往北走一样。"

周肖谓宫他

原文　周肖谓宫他曰①："子为肖谓齐王曰，肖愿为外臣。令齐资我于魏②。"宫他曰："不可，是示齐轻也。夫齐不以无魏者以害有魏者，故公不如示有魏。公曰：'王之所求于魏者，臣请以魏听。'齐必资公矣，是公有齐，以齐有魏也。"

注释　①周肖：魏国大臣。《孟子·滕文公》作"周霄"，《韩非子·说林下》作"周趡"。宫他：周朝大臣，亲齐。缪文远本："宫他，周臣，善齐者。"

②资：资助，帮助；一说，指使用，重用。郭希汾本："资，用也，托也。"

译文　周肖对宫他说："您替我对齐王说，我愿做齐国的外臣。让齐国帮助我在魏国拥有权力。"宫他说："不可以这样做，这是向齐国表示您在魏国得不到重用。齐国不会用没有得到魏国信任的人损害已经取得魏国信任的人，所以您不如表示得到了魏国的信任。您就说：'大王向魏国所提出的要求，臣下请求魏国听从。'齐国一定会帮助您，这样您就有了齐国的支持，因为齐国的重视又会取得魏国的信任。"

周最善齐

原文　周最善齐①，翟强善楚。二子者欲伤张仪于魏。张子闻之，因使其人为见者啬夫②，间见者③，因无敢伤张子。

注释　① 周最：周王朝公子。郭希汾本："周最，周之公子，秦置为魏相。"

② 见者：指引见传命之人。啬夫：小臣名。一说，官名。

③ 间：侯伺，监视。姚本作"闻"，鲍本作"间"，从鲍本。

译文　周最亲齐，翟强亲楚。这两个人想要在魏王那里中伤张仪。张仪听说后，就派他的手下，做了引见传命之人的啬夫，监视拜见魏王的人，于是没有人敢中伤张仪。

周最入齐

原文 周最入齐，秦王怒①，令姚贾让魏王②。魏王为之谓秦王曰："魏之所以为王通天下者③，以周最也。今周最遁寡人入齐，齐无通于天下矣。敝邑之事王，亦无齐累矣。大国欲急兵，则趣赵而已。"

注释 ① 秦王：指秦昭王。

② 姚贾：见《秦策五·四国为一将以攻秦》注。让：责怪，责备。魏王：指魏昭王。

③ 通：通达，传达。

译文 周最去了齐国，秦王大怒，派姚贾去责备魏王。魏王为此对秦王说："魏国所以替大王向天下诸侯传达消息，是因为有周最。如今周最离开寡人去了齐国，齐国不会再与天下诸侯互通消息。敝国侍奉大王，也没有齐国的拖累。秦国要用兵伐齐，那么只要促使赵国响应就行了。"

秦魏为与国

原文　秦、魏为与国。齐、楚约而欲攻魏，魏使人求救于秦，冠盖相望①，秦救不出。魏人有唐且者②，年九十余，谓魏王曰③："老臣请出西说秦，令兵先臣出，可乎?"魏王曰："敬诺。"遂约车而遣之。唐且见秦王④，秦王曰："丈人芒然乃远至此⑤，甚苦矣。魏来求救数矣，寡人知魏之急矣。"唐且对曰："大王已知魏之急而救不至者，是大王筹策之臣无任矣⑥。且夫魏一万乘之国，称东藩，受冠带，祠春秋者，以为秦之强足以为与也。今齐、楚之兵已在魏郊矣，大王之救不至，魏急则且割地而约齐、楚，王虽欲救之，岂有及哉? 是亡一万乘之魏，而强二敌之齐、楚也。窃以为大王筹策之臣无任矣。"秦王喟然愁悟，遽发兵，日夜赴魏。齐、楚闻之，乃引兵而去。魏氏复全，唐且之说也。

注释

① 冠盖相望：道路上使者车上的顶盖彼此都能望见，是说道路上使者的车辆络绎不绝。冠盖，车子上的顶盖。

② 唐且：魏国人。又作"唐雎"。

③ 魏王：指魏安釐王。

④ 秦王：指秦昭王。

⑤ 芒然：疲倦的样子。郭希汾本："芒然，罢倦貌。"

⑥ 无任：不能胜任，犹言无能。

译文

秦国、魏国结为盟国，齐国、楚国相约要攻打魏国，魏国派人向秦国求救，道路上魏国使者车子的顶盖彼此都望得见，秦国的救兵就是不出动。魏国有个叫唐且的人，年纪有九十多岁了，他对魏王说："老臣请求出使西方游说秦王，让救兵先于老臣从秦国出发，可以吗？"魏王说："好吧。"于是准备车辆送他出发。唐且见到了秦王，秦王说："老先生疲惫不堪地从远方来到这里，很辛苦了。魏国派人来求救已经好多次了，寡人知道魏国情况紧急。"唐且回答说："大王已经知道魏国情况紧急却不派救兵，这是为大王出谋划策的臣子太无能了。再说魏国是一个拥有万辆兵车的大国，自称为秦国东方的藩国，接受秦国的冠带制度，每年春秋祭祀送来供品，认为凭秦国的强大足可以成为盟国。现在齐国、楚国的军队已到了魏都的郊外，大王的救兵还没有赶到，魏国一旦形势紧急就将割让土地与齐国、楚国定约，大王即使想救魏国，哪里还来得及呢？这将是失去了一个拥有万辆兵车的盟国魏国，而且增强了齐、楚两个敌国。臣下私下认为替大王出谋划策的臣子太无能了。"秦王感叹悔悟，马上发兵，日夜兼程奔赴魏国。齐国、楚国听说后，就收兵撤离了。魏国能够再次得以保全，全仗唐且游说的结果。

信陵君杀晋鄙

原文　信陵君杀晋鄙①，救邯郸，破秦人，存赵国，赵王自郊迎②。唐且谓信陵君曰："臣闻之日，事有不可知者，有不可不知者；有不可忘者，有不可不忘者。"信陵君曰："何谓也?"对曰："人之憎我也，不可不知也；吾憎人也，不可得而知也③。人之有德于我也，不可忘也；吾有德于人也，不可不忘也。今君杀晋鄙，救邯郸，破秦人，存赵国，此大德也。今赵王自郊迎，卒然见赵王^④，臣愿君之忘之也。"信陵君曰："无忌谨受教。"

注释

① 信陵君：见《齐策三·孟尝君将入秦》注。晋鄙：见《齐策三·国子曰秦破马服君之师》注。

② 赵王：指赵孝成王。

③ 吾憎人也，不可得而知也：我憎恨别人，别人不能够得知。鲍本："人不能知。"

④ 卒：同"猝"。

译文

信陵君杀死晋鄙，援救邯郸，击败秦国人，保存了赵国，赵王从郊外迎接他。唐且对信陵君说："臣下听说，事情有不可以知道的，有不可以不知道的；有不可以忘记的，有不可以不忘记的。"信陵君问："说的是什么呢？"唐且回答说："别人憎恨我，不可不知道；我憎恨别人，别人不能够得知。别人对我有恩德，不可以忘记，我对别人有恩德，不可以不忘记。现在您杀死晋鄙，援救邯郸，击败秦国人，保存了赵国，这是大的恩德。如今赵王从郊外迎接您，您意外地见到赵王，臣下希望您忘了您的恩德。"信陵君说："无忌谨受教诲。"

魏攻管而不下

原文　魏攻管而不下①。安陵人缩高②，其子为管守。信陵
君使人谓安陵君曰："君其遣缩高，吾将仕之以五大
夫③，使为持节尉④。"安陵君曰："安陵，小国也，不
能必使其民。使者自往，请使道使者至缩高之所⑤，
复信陵君之命。"缩高曰："君之幸高也，将使高攻管
也。夫以父攻子守，人大笑也。见臣而下⑥，是倍主
也。父教子倍，亦非君之所喜也。敢再拜辞。"

注释　① 管：初为韩邑，后入魏，其后又入秦，此时已属秦。

② 安陵：魏国附属国，在今河南省鄢陵县西北。

③ 五大夫：官爵名，依秦爵为第九级，魏爵不详。

④ 持节尉：执掌符节的军官。节，符节。尉，军官。

⑤ 道：同"导"，引导。缩高：人名。姚本作"缟高"，鲍本：
"'缟'，作'缩'。"从鲍本，改"缟高"为"缩高"。

⑥ 见：姚本作"是"，鲍本作"见"，从鲍本。

译文　魏国进攻管邑攻不下来。安陵人缩高，他的儿子做管
邑的守官。信陵君派人对安陵君说："您还是派缩高

来吧，我将让他做五大夫并做持节尉。"安陵君说：
"安陵是一个小国，不能强行驱使自己的百姓。使者
自己去吧，请让我派人引导使者到缩高的住处，以便
回复信陵君的命令。"缩高说："您很看重我，将派我
去攻管邑。做父亲的去进攻儿子守卫的城邑，别人会
大加笑话的。臣下的儿子见到臣下而献出城邑，这是
背叛君主。父亲教儿子背叛君主，也不是您所欣赏
的。冒昧地再拜辞谢。"

原文　使者以报信陵君，信陵君大怒，遣大使之安陵曰①：
"安陵之地，亦犹魏也。今吾攻管而不下，则秦兵及
我，社稷必危矣。愿君之生束缩高而致之。若君弗致
也，无忌将发十万之师以造安陵之城。"安陵君曰：
"吾先君成侯受诏襄王以守此地也②，手受大府之宪③。
宪之上篇曰：'子弑父，臣弑君，有常不赦④。国虽大
赦，降城亡子不得与焉。'今缩高谨辞大位以全父子
之义⑤，而君曰'必生致之。'是使我负襄王诏而废
大府之宪也，虽死终不敢行。"

注释　① 大使：犹言重使，特使。
　　　　② 成侯：安陵始封之君。襄王：指魏襄王。

③ 大府之宪：大府留存的法令。大府，魏国收藏图书的地方。
郭人民本："大府，藏策书、盟约、法令之所。"宪，法令。

④ 有常不赦：有固定的刑法不能被赦免。有常，有常刑，有
固定的刑法。

⑤ 辞：姚本作"解"，鲍本作"辞"，从鲍本。

译文　使者把这些情况报告了信陵君，信陵君大怒，派特使
到安陵说："安陵的土地，也如魏国的土地一样。现
在我攻打管邑攻不下来，那么秦国军队就将威胁我，
国家必然危险了。希望您能把缩高活着捆送到我这儿
来。如果您不送来，我将发十万军队到达安陵城下。"
安陵君说："我的先君成侯受襄王之诏来据守这块土
地，亲手接受了大府的法令。法令的上篇中说：'儿
子杀死父亲，臣下杀死君主，有固定的刑法不能被赦
免。国家虽有大赦，即使城邑被征服成为逃亡的人，
也不能去赦免这样的人。'现在缩高郑重地辞谢做高
官来保全父子之间的大义，而您却说'一定要把他活
着送到我这儿来。'这是让我背弃襄王遗诏并且废除
大府的法令啊，我即使死去也不敢这样做。"

原文　缩高闻之曰："信陵君为人，悍而自用也。此辞反，

必为国祸。吾已全己，无违人臣之义矣^①，岂可使吾君有魏患也。"乃之使者之舍，刎颈而死。信陵君闻缩高死，服缟素辟舍^②，使使者谢安陵君曰："无忌，小人也，困于思虑^③，失言于君，敢再拜释罪。"

注释 ①违：姚本作"为"，鲍本作"违"。从鲍本。

②服缟素辟舍：穿白色的孝服避开正舍而居。缟，白绢。素，没有染色的丝绸。姚本此句"服"字前有"素"字，鲍本："衍'素'字。"从鲍本。删掉。

③困：困扰。

译文 缩高听说这件事之后说："信陵君为人凶悍自用。用这番话回复他，一定会酿成国家的祸患。我已经保全了父子之义，不要违背做人臣的大义，怎么可以让我的君主遭到来自魏国的祸患呢？"于是就来到使者的住处，自刎而死。信陵君听到缩高死去的消息后，穿上白色的孝服离开正舍而居，并派使者向安陵君谢罪说："无忌是个小人，由于思虑政事的困扰，失言于您，冒昧地再拜谢罪。"

魏王与龙阳君共船而钓

原文　魏王与龙阳君共船而钓①，龙阳君得十余鱼而涕下。王曰："有所不安乎？如是，何不相告也？"对曰："臣无敢不安也。"王曰："然则何为涕出？"曰："臣为臣之所得鱼也②。"王曰："何谓也？"对曰："臣之始得鱼也，臣甚喜，后得又益大，今臣直欲弃臣前之所得矣。今以臣凶恶③，而得为王拂枕席。今臣爵至人君，走人于庭④，辟人于途，四海之内，美人亦甚多矣，闻臣之幸于王也，必褰裳而趋王⑤。臣亦犹曩臣之前所得鱼也⑥，臣亦将弃矣，臣安能无涕出乎？"魏王曰："误！有是心也，何不相告也？"于是布令于四境之内曰："有敢言美人者族。"

注释　①龙阳君：魏王宠信之臣。

②为臣之所得鱼：姚本此句"臣"作"王"，鲍本："'王'作'臣'。"从鲍本。

③凶恶：指面貌丑陋。

④走人于庭：指人们在朝廷上看到龙阳君要趋步而行，以示敬重。

⑤褰（qiān）裳：提着衣裙。褰，揭起，提起。

⑥曩（nǎng）：以往，从前。

译文 魏王和龙阳君同在一条船上钓鱼，龙阳君钓了十多条鱼却哭了起来。魏王说："你内心感到有些不安吗？既然如此，何不告诉我呢？"龙阳君说："臣下不敢不安。"魏王说："那么为什么流泪呢？"龙阳君说："臣下为臣下钓的鱼流泪。"魏王说："为什么这样说呢？"龙阳君回答说："臣下刚钓到鱼的时候，臣下很高兴，后钓到的鱼更加大了，现在臣下简直就想抛弃先前所钓到的鱼。如今凭臣下这样丑陋，却能够为大王拂拭枕席。现在臣下的爵位竟达到了君，在朝廷上人们见了我要趋步而行，在道路上人们见了我要马上回避，四海之内美人多得很，听说臣下受到大王的宠幸，一定会提起衣裙奔向大王。臣下也就像臣下先前所钓到的鱼一样，臣下也将被抛弃了，臣下怎能不流泪呢？"魏王说："您错了！有这样的想法，为什么不告诉我呢？"因此魏王在国内发布号令说："有敢再来谈论美人的灭他的全族。"

原文 由是观之，近习之人①，其挚诎也固矣②，其自幂系也完矣③。今由千里之外，欲进美人，所效者庸必得幸乎④？假之得幸，庸必为我用乎？而近习之人相与怨，我见有祸，未见有福；见有怨，未见有德，非用知之术也。

注释

① 近习之人：指君王亲近惯了的人。

② 挚谄：献媚，讨好。挚，进，献。

③ 幂（mì）系：遮掩巴结，鲍本："言自庇自结于王。"姚本作"纂繁"，鲍本作"幂系"，从鲍本。

④ 庸：何，安。王引之《经传释词》："庸，犹'何'也，'安'也。"

译文

由此来看，君王亲近惯了的人，他们讨好的语言在君王那里已经很牢周了，他们自我遮掩巴结做得也很完善了。如今从千里之外要进献美人，进献者怎么会一定得到宠幸呢？假设美人真得到了君王宠幸，又怎么会一定被我利用呢？并且被君王亲近惯了的人之间互相怨恨，我只看到了祸，没看到福，看到怨恨，没看到美德，这并不是运用智慧的方法。

秦攻魏急

原文　秦攻魏急。或谓魏王曰①："弃之不如用之之易也②，死之不如弃之之易也③。能弃之弗能用之，能死之弗能弃之，此人之大过也。今王亡地数百里，亡城数十，而国患不解，是王弃之，非用之也。今秦之强也，天下无敌，而魏之弱也甚，而王以是质秦④，王又能死而弗能弃之，此重过也。今王能用臣之计，亏地不足以伤国，卑体不足以苦身，解患而怨报。"

注释　① 魏王：指魏景闵王。

② 弃之：舍弃土地，指战败失去土地。用之：指用土地贿赂。

③ 死之：指土地被困而成为死地。

④ 质：犹言招致进攻。金正炜本："质，犹招也。"

译文　秦国加紧进攻魏国。有人对魏王说："因战败而放弃土地不如用土地贿赂容易，因被围困使土地成为死地不如放弃土地更容易。能放弃土地，而不能使用土地进行贿赂，能使土地成为死地而不能放弃，这是人的大错。现在大王失去土地数百里，丢掉城邑几十座，而国家的祸患依然没有解除，这是大王放弃土地而没有利用土地的结果。现在秦国强大，天下无敌，魏国弱小得很，而大王却因此招来秦国的进攻，大王又只能把土地变成死地，而不肯放弃，这是极严重的错误。现在大王如能采用臣下的计策，失去一些土地不至于损害国家，轻贱自己的身躯不至于使皮肉受苦，解除了祸患并且报了怨仇。"

原文 "秦自四境之内，执法以下至于长辕者①，故毕曰②：'与嫪氏乎③？与吕氏乎④？'虽至于门闾之下，廊庙之上，犹之如是也。今王割地以赂秦，以为嫪毒功；卑体以尊秦，以因嫪毒。王以国赞嫪毒，以嫪毒胜矣。王以国赞嫪氏，太后之德王也，深于骨髓，王之交最为天下上矣。秦、魏百相交也，百相欺也。今由嫪氏善秦而交为天下上，天下孰不弃吕氏而从嫪氏？天下必舍吕氏而从嫪氏⑤，则王之怨报矣。"

注释 ① 执法：执政的大臣。长辕者：善于挽车的人。辕，同"挽"。

② 毕：犹尽。

③ 嫪氏：即嫪毒，见《楚策四·楚考烈王无子》注。

④ 吕氏：即吕不韦。

⑤ 必舍吕氏：姚本作"必合吕氏"。鲍本："'合'作'舍'。"
从鲍本。

一

译文　"秦国国内上至执政的大臣下至长于驾车的平民，本
来就都在问：'秦王亲近缪毐吗？亲近吕不韦吗？'即
使走在里巷的大门之下，或是到了朝廷之上，依旧有
人如此询问。现在大王割让土地来贿赂秦国，把它作
为嫪毐的功劳；轻贱自身来尊奉秦国，因此而依靠
嫪毐。大王用国家来赞助嫪毐，臣下认为嫪毐会获
胜。大王用国家赞助嫪毐，秦太后一定会感激大王的
恩德，这种感激会深及骨髓，大王得到的交情是天下
最上等的。秦国、魏国百次相交，百次互相欺骗。现
在由于嫪毐而同秦国亲善，获得天下上等的邦交，天
下人谁会不抛弃吕不韦而去跟从嫪毐呢？天下诸侯一
定会舍弃吕不韦而跟从嫪毐，那么大王的怨仇也就
报了。"

秦王使人谓安陵君

原文　秦王使人谓安陵君曰①："寡人欲以五百里之地易安陵，安陵君其许寡人？"安陵君曰："大王加惠，以大易小，甚善。虽然，受地于先王②，愿终守之，弗敢易。"秦王不说。安陵君因使唐且使于秦。秦王谓唐且曰："寡人以五百里之地易安陵，安陵君不听寡人，何也？且秦灭韩、亡魏③，而君以五十里之地存者，以君为长者，故不错意也④。今吾以十倍之地请广于君，而君逆寡人者，轻寡人与？"唐且对曰："否，非若是也。安陵君受地于先王而守之，虽千里不敢易也，岂直五百里哉⑤"秦王怫然怒⑥，谓唐且曰："公亦尝闻天子之怒乎？"唐且对曰："臣未尝闻也。"秦王曰："天子之怒，伏尸百万，流血千里。"唐且曰："大王尝闻布衣之怒乎？"秦王曰："布衣之怒，亦免冠徒跣⑦，以头抢地尔⑧。"唐且曰："此庸夫之怒也，非士之怒也。夫专诸之刺王僚也⑨，彗星袭月；聂政之刺韩傀也⑩，白虹贯日；要离之刺庆忌也⑪，仓鹰击于殿上⑫。此三子者，皆布衣之士也，怀怒未发，休祲降于天⑬，与臣而将四矣。若士必怒，伏尸二人，流血五步，天下缟素，今日是也。"挺剑而起。秦王色挠⑭，长跪而谢之曰："先生坐，何至于此，寡人谕矣⑮。夫韩、魏灭亡，而安陵以五十里之地存者，徒以有先生也。"

注释

① 秦王：指秦始皇嬴政。

② 先王：指安陵始封君成侯。

③ 秦灭韩、亡魏：始皇十七年（前230）秦灭韩，始皇二十二年（前225）秦亡魏。

④ 错意：在意。错，同"措"。

⑤ 直：犹特，只。

⑥ 怫（bó）然：脸上变色的样子。怫，通"勃"。

⑦ 跣（xiǎn）：赤脚。

⑧ 抢（qiāng）：撞。

⑨ 专诸：春秋吴国堂邑（今江苏省南京市六合区西北）人，曾为吴公子光（即阖闾）刺杀吴王僚。王僚：吴王，夷昧之子，在位十二年。

⑩ 聂政：战国时韩国轵（今河南省济源市东南）人。韩烈侯时，严遂与相国侠累结怨，聂政为其刺杀了侠累。韩傀（wěi）：即韩国相国侠累，名傀。

⑪ 要离：春秋末年吴国人，为吴王阖闾刺杀了在卫国的吴公

子庆忌。

⑫仓：鲍本："补曰：'仓，即苍。'"

⑬休祲（jìn）：偏义复词，此指凶兆。休，吉兆。祲，指凶兆。

⑭色挠：屈服的样子。

⑮谕：明白，清楚。鲍本："谕，晓也。"

译文　秦王派人对安陵君说："寡人想用五百里的土地换取安陵，安陵君大概能答应寡人吧？"安陵君说："大王施舍恩惠，能够用您的大片土地换取我们的小片土地，太好了。虽然如此，可是我是从先王那里接受的土地，愿意永远守护它，不敢交换。"秦王很不高兴。安陵君于是派唐且出使秦国。秦王对唐且说："寡人用五百里的土地换安陵，安陵君不听从寡人，为什么呢？再说秦国灭了韩国、亡了魏国，而安陵君却凭五十里的土地保存了下来，是因为我认为安陵君是一个忠厚的长者，所以没加理会。现在我用十倍的土地请求扩大他的地盘，而安陵君却违背寡人的旨意，是轻视寡人吗？"唐且回答说："不，不是像您说的那样。安陵君从先王那里接受了土地并守护它，即使有千里土地也不敢交换，岂止是五百里呢！"秦王勃然大怒，对唐且说："先生也曾听说天子发怒吗？"唐且回答说："臣下不曾听说过。"秦王说："天子发怒，就会尸横百万，血流千里。"唐且说："大王曾听说过平民百姓发怒吗？"秦王说："平民百姓发怒，也不过脱下帽子光着脚，用头撞地罢了。"唐且说："这是懦夫发怒，并非勇士发怒。专诸刺杀王僚，彗星扫过月亮；聂政刺杀韩傀，白色的长虹贯穿了太阳；要离刺杀庆忌，苍鹰搏击于大殿之上。这三个人都是平民中的勇士，心怀怒气尚未发作，凶兆就会从天而降，加上臣下就将有四个人了。如果一定要让勇士发怒，就将会倒下两具尸体，血流五步，天下人都将穿起白色的孝服，今天就会这样。"唐且挺着宝剑站了起来。秦王面露屈服的神色，直起腰谢罪说："先生请坐，何至于此，寡人明白了。韩国、魏国相继灭亡，而安陵却能凭五十里的土地保存下来，只因为有先生啊。"

韩策
一

三晋已破智氏

原文　三晋已破智氏①，将分其地。段规谓韩王曰②："分地必取成皋③。"韩王曰："成皋，石溜之地也④，寡人无所用之。"段规曰："不然，臣闻一里之厚，而动千里之权者，地利也。万人之众而破三军者，不意也⑤。王用臣言，则韩必取郑矣。"王曰："善。"果取成皋。至韩之取郑也，果从成皋始。

注释　① 三晋：见《西周策·薛公以齐为韩魏攻楚》注。智氏：即智伯。

② 段规：韩国谋臣。韩王：当指韩康子虎，此时韩国并没列为诸侯，不能称王，此处当是追记之言。金正炜本："韩康子与赵、魏共灭智伯，至其孙景侯始列为诸侯，越六世，宣惠王乃僭王号，此《策》言取郑，当是宣惠王时所记，故遂追尊为王也。"

③ 成皋：即虎牢（在今河南省荥阳市汜水镇），形势险要，为军事重镇。

④ 石溜之地：流水不存的石头地。石溜，是说多山石，水从石上流过，无法积存，土地贫瘠。郭希汾本："石溜，水行岩

间，无余润也。”

⑤ 不意：不加在意，不加防备，犹言出其不意。

译文　韩、魏、赵已经消灭了智伯，将要分割他的土地。段规对韩王说："分地时一定要得到成皋。"韩王说："成皋是流水不存的石头地，寡人要它没什么用处。"段规说："不是这样，臣下听说一里大小的地方，能牵动得失千里之地的决定，是因为地势有利。万人之众能攻破三军，是因为出其不意。大王采用臣下的意见，那么韩国一定能取得郑国的土地。"韩王说："好。"果然得到了成皋。一直到韩国攻取郑国，真是从成皋开始扩展的。

大成午从赵来

原文　大成午从赵来①，谓申不害于韩曰②："子以韩重我于赵，请以赵重子于韩，是子有两韩，而我有两赵也。"

注释　① 大成午：赵国相国，成氏，名午。

② 申不害：郑国人，主张法术政抬，曾任韩昭侯相国十五年。

译文 大成午从赵国而来，到了韩国对申不害说："您让韩王在赵国推重我，请允许我让赵王在韩国推重您，这样您就拥有了相当于掌握两个韩国的权力，而我也如同掌握了两个赵国的大权。"

魏之围邯郸

原文 魏之围邯郸也，申不害始合于韩王，然未知王之所欲也，恐言而未必中于王也。王问申子曰："吾谁与而可①?"对曰："此安危之要，国家之大事也，臣请深惟而苦思之②。"乃微谓赵卓、韩晁曰③："子皆国之辩士也。夫为人臣者，言可必用④，尽忠而已矣。"二人各进议于王以事，申子微视王之所说以言于王，王大说之。

注释 ① 谁与：即与谁，同谁联合，此指与魏国联合，或与赵国联合。

② 惟：思考。

③ 微：暗暗地。许慎《说文解字》："微，隐行也。"赵卓、韩
　晁：均为韩国大臣。

④ 可：犹言岂可，怎么可能。鲍本："可，岂可。"

译文　魏国围困了赵国的邯郸，申不害开始想让其中一方同
韩王联合，可是又不知韩王是怎么想的，担心说的话
不一定符合韩王心意。韩王问申不害说："我可以同
哪个国家联合？"申不害回答说："这是社稷安危的关
键，国家的大事，臣下请求深思苦想一下。"于是暗
中对赵卓、韩晁说："你们都是国家的辩才，做人臣
子的，进谏的话怎么可能一定被采用，不过是尽忠罢
了。"赵卓、韩晁两人分别把对待赵、魏之战的态度
进谏给韩王，申不害暗中察看韩王赞赏哪种主张，再
把这种主张进谏给韩王，韩王非常高兴。

申子请仕其从兄官

原文　申子请仕其从兄官①，昭侯不许也，申子有怨色。昭

侯曰："非所学于子者也。听子之谒而废子之道乎？又亡其行子之术而废子之谒乎②？子尝教寡人，循功劳，视次第，今有所求，此我将奚听乎？"申子乃辟舍请罪曰③："君真其人也④。"

注释

① 从兄：堂兄。

② 亡（wú）其：还是。

③ 辟舍：犹言离席。

④ 其人：指申不害理想中的明君。

译文

申不害请求封他一个堂兄的官，韩昭侯没答应，申不害面有怨色。韩昭侯说："这绝不是从您那里学到的治理之策。是让我听从您的请求而废弃您的学说呢？还是推行您的法术而拒绝您的请求呢？您曾经教导寡人，按功劳大小，再看安排什么官职等级，现在您又这样的请求，这将让我听从哪一种意见呢？"申不害于是离席请罪说："您的确是我理想中的有道明君啊。"

苏秦为楚合从说韩王

原文　苏秦为楚合从说韩王曰①："韩北有巩、洛、成皋之固②，西有宜阳、常阪之塞③，东有宛、穰、洧水④，南有陉山⑤，地方千里，带甲数十万。天下之强弓劲弩皆自韩出，溪子、少府、时力、距黍⑥，皆射六百步之外。韩卒超足而射⑦，百发不暇止，远者达胸，近者掩心⑧。韩卒之剑戟皆出于冥山、棠溪、墨阳、合伯⑨。邓师、宛冯、龙渊、大阿⑩，皆陆断马牛，水击鹄雁，当敌即斩。坚甲、盾、鞮鍪、铁幕、革抉、吠芮⑪，无不毕具。以韩卒之勇，被坚甲、跖劲弩⑫，带利剑，一人当百，不足言也。夫以韩之劲与大王之贤，乃欲西面事秦，称东藩，筑帝宫，受冠带，祠春秋，交臂而服焉⑬。夫羞社稷而为天下笑，无过此者矣。是故愿大王之熟计之也。大王事秦，秦必求宜阳、成皋，今兹效之，明年又益求割地。与之，即无地以给之；不与则弃前功而后更受其祸。且夫大王之地有尽，而秦之求无已。夫以有尽之地而逆无已之求，此所谓市怨而买祸者也，不战而地已削矣。臣闻鄙语曰：'宁为鸡口，无为牛后⑭。'今大王西面交臂而臣事秦，何以异于牛后乎？夫以大王之贤，挟强韩之兵，而有牛后之名，臣窃为大王羞之。"韩王忿然作色，攘臂按剑，仰天太息曰："寡人虽死，必不能事秦。今主君以楚王之教诏之，敬奉社稷以从。"

注释

① 韩王：指韩宣王，《史记·苏秦列传》作"韩宣王"。

② 巩、洛：均为地名。巩，在今河南省巩义市。洛，即今河南省洛阳。郭希汾本："巩，今河南巩县。洛，今河南洛阳县。地皆属周，言可恃为固耳。"

③ 宜阳：见《东周策·秦攻宜阳》注。常阪：即商山（在今陕西省商县东南）。

④ 宛：见《西周策·薛公以齐为韩魏攻楚》注。穰：地名，在今河南省邓州市东南。洧（wěi）水：源出河南省登封市北阳城山，东流经密县、新郑市称双洎河，又折向东南经鄢陵、扶沟、西华，至商水入颍河。

⑤ 陉山：见《秦策四·楚魏战于陉山》注。

⑥ 溪子、少府、时力、距黍：皆弓名。溪子，指南方少数民族所造的弓，许慎注《淮南子》："南方溪子蛮夷柘（zhè）弩，皆善材。"少府：官府名，此指少府所造的弓弩。时力，弓弩制作得时，力倍于常，故名时力。距黍，即矩黍，古代良

弓。姚本作"距来",《荀子·性恶篇》:"繁弱、钜黍,古之良弓也。"《广雅》:"繁弱、钜黍,弓也。"姚本"来"字,当是"黍"字之讹。改"来"为"黍"。

⑦超足而射:抬脚踏射。

⑧掩心:穿透心脏。鲍本:"箭中心上,如掩。"

⑨冥山:在今河南省信阳市东南。战国时为楚、韩二国分界处。棠溪:古邑名,在今河南省西平县西,春秋属楚,战国属韩。墨阳:韩国产剑地,《淮南子》:"墨阳之莫邪",今地不详;一说,在今河南省淅川县北。缪文远本:"墨阳,地名,亦以出剑著,地在今河南淅川县北。县有墨山,墨阳盖即墨山之阳也。'合伯:地名,在今河南省西平县西,一作合膊,产利剑。姚本作"合伯膊",鲍本:"无'膊'字。"从鲍本。

⑩邓师、宛冯、龙渊、大阿:皆剑名。《史记索隐》:"邓国有工铸剑,因名邓师。宛人于冯池铸剑,故名宛冯。"《晋太康地记》:"汝南西平有龙泉,可淬(cuì)刀剑。"《吴越春秋》:"吴有干将,越有欧冶善铸剑,二人所作之剑,一曰龙渊,二曰太阿。"大阿即太阿。

⑪鞮(dī)鍪(móu):头盔。铁幕:铁制的护臂。革抉(jué):革制的射抉。抉,射抉,著于右大拇指,用来钩弦发箭。呋(fá)芮(ruì):系盾的绶带。呋,同"瞂",盾。

⑫跖(zhí):人的足底,犹言踏。

⑬交臂：犹言交手，拱手。

⑭宁为鸡口，无为牛后：宁可做鸡口，不可做牛肛门。鲍本
补："《正义》云，鸡口虽小，乃进食；牛后虽大，乃出粪。"
一说，姚本此句"口"为"尸"字之讹，"后"为"从"字之
讹，《史记·索隐》作"宁为鸡尸，不为牛从。"则此句可译为，
宁做鸡中王，不做牛中犊。延笃《战国策音义》："尸，鸡中
主。从，牛子也。"

译文 苏秦为楚国合纵游说韩王说："韩国北面有巩地、洛
地、成皋险固的边邑，西面有宜阳、常阪险要的边
塞，东面有宛地、穰地、洧水，南面有陉山，土地方
圆千里，被甲的士兵数十万。天下的强弓硬弩从韩国
出产，溪子、少府、时力、距黍这些良弓，都可射出
六百步之外。韩国士兵抬脚踏射，能发射百箭而不间
断，远处的可以射中胸膛，近处的可射穿心脏。韩国
士兵的剑戟都出产于冥山、棠溪、墨阳、合伯。邓
师、宛冯、龙渊、太阿这样的宝剑，都能够在陆地上
斩断牛马，在水中击杀天鹅和大雁，遇见敌人立刻可
斩。坚固的铠甲、盾牌、头盔、铁护臂、革制的射
抉、系盾的绶带，这些东西韩国无不具备。依靠韩国
士兵的勇敢，披上坚固的铠甲，脚踏强劲的大弩，佩

带锋利的宝剑，一人可以抵挡一百人，这些都是不值得一说的。凭韩国的强大和大王的贤明，竟然要向西侍奉秦国，自称秦国东面的藩国，为秦王修筑行宫，接受秦国的冠带制度，供奉春秋祭祀的祭品，拱手臣服。使国家蒙受着羞辱并被天下人耻笑，没有比这更糟的了。因此希望大王仔细考虑。大王侍奉秦国，秦国一定会要求得到宜阳、成皋，今年如果献上，明年又会要求增多割地。给秦国土地，继续下去就无地可给；不给土地就前功尽弃，并且以后更会遭到秦国的祸患。再说大王的土地有割尽的时候，而秦国的贪求却不会休止。用有限的土地去迎合无休止的贪求，这就是所说的自己购买怨恨和祸患，没有经过战斗土地就已经被割去了。臣下听俗话说：'宁可做鸡口，不可做牛肛门。'现在大王要拱手向西称臣侍奉秦国，和做牛肛门有什么不同呢？凭大王的贤明，拥有强大韩国的军队，却得到了牛肛门的名声，臣下私下替大王感到羞愧。"韩王愤然变了脸色，抬起胳膊按住宝剑，仰天叹息说："寡人即使死了，一定不会去侍奉秦国。现在先生把楚王的教诲告诉我，我请求带领国家跟从您。"

张仪为秦连横说韩王

原文 张仪为秦连横说韩王曰:"韩地险恶,山居,五谷所生,非麦而豆①;民之所食,大抵豆饭藿羹②;一岁不收,民不厌糟糠③;地方不满九百里,无二岁之所食。料大王之卒,悉之不过三十万,而厮徒负养在其中矣④,为除守徼亭鄣塞⑤,见卒不过二十万而已矣。秦带甲百余万,车千乘,骑万匹,虎贲之士⑥,跿跔科头⑦,贯颐奋戟者⑧,至不可胜计也。秦马之良,戎兵之众,探前趹后,蹄间三寻者⑨,不可称数也。山东之卒,被甲冒胄以会战,秦人捐甲徒裎以趋敌⑩,左契人头,右挟生虏。夫秦卒之与山东之卒也,犹孟贲之与怯夫也⑪;以重力相压,犹乌获之与婴儿也⑫。夫战孟贲、乌获之士,以攻不服之弱国,无以异于堕千钧之重,集于鸟卵之上,必无幸矣。诸侯不料兵之弱,食之寡,而听从人之甘言好辞,比周以相饰也⑬,皆言曰:'听吾计则可以强霸天下。'夫不顾社稷之长利,而听须臾之说,诖误人主者⑭,无过于此者矣。"

注释 ①而:犹则,就是。王引之《经传释词》:"而,犹则也。"

②藿（huò）：豆叶。

③厌：同"餍"，饱。

④厮徒负养：杂役和苦力。郭希汾本："厮徒，谓杂役之贱者。负养，谓负担以给养公家，亦贱人也。"

⑤徼亭：边境上的瞭望亭。鄣塞：即障塞，指边境上险要的堡垒。鄣同"障"。

⑥虎贲（bēn）之士：指勇士。

⑦跿（tú）跔（jū）：腾跳踊跃。科头：犹言空头，光着头，指不戴头盔。

⑧贯颐：被箭射穿了面颊。贯，射中，射穿。颐，面颊。一说，为双手捧脸。《史记·索引》："两手捧颐而直入敌，言其勇。"一说，为拉满弓。贯，读音同"弯"。颐，为弓名。郭人民本："贯，读为'弯'，谓满弓也。颐，《广韵》作'弓臣'，弓名。"

⑨寻：八尺为一寻。

⑩裎：赤裸着身体。鲍本："裎，裸也。"

⑪孟贲：勇士的名字。

⑫乌获：勇士的名字。

⑬比周：结党。

⑭诖（guà）误：贻误，在此指连累。

一

译文　张仪替秦国连横游说韩王说："韩国地理险恶，百姓山中而居，所出产的粮食，不是麦子就是豆子；民众所吃的，大部分是豆饭和豆叶羹；一年收成不好，老百姓就会连糟糠都吃不饱；韩国土地方圆不足九百里，积存的粮食不够两年用的。估计大王的士卒，全集中起来也超不过三十万，并且杂役和苦力全算在其中，再为您除去守卫边境关卡要塞的，能够见到的士卒不超过二十万罢了。秦国披甲的士卒有百余万，战车千辆、战马万匹，勇猛的战士中，腾跳踊跃，甚至不戴头盔，被箭射穿面颊而挥戟向前的，达到不可胜数。秦国战马优良，士兵众多，战马探起前蹄蹬开后腿，两蹄之间可跃出三寻之远，这样的好马也不可胜数，崤山以东诸侯的士卒，披戴甲胄来会战，秦国人即使抛弃甲胄来迎击敌人，也会左手拎着人头，右手挟着俘虏。秦国的士卒同山东六国的士卒，就如同勇士孟贲与懦夫相比一样；再用重兵施加压力，更如勇士乌获对付婴儿一样。用孟贲、乌获这样的勇士去作战，来攻打不驯服的弱国，这和在鸟卵上坠千钧重物没什么不同，鸟卵一定不会有幸免的。各国诸侯考虑不到自己兵力的软弱，粮食的缺乏，而去听信主张合纵之人的甜言蜜语，结党营私来互相粉饰，都说：

'听从我的计策就可以雄霸天下。'不顾国家的长远利益，听从一时的空话，贻误国君，没有比这更严重的了。"

原文

"大王不事秦，秦下甲据宜阳，断绝韩之上地①，东取成皋、宜阳，则鸿台之宫、桑林之苑②，非王之有已。夫塞成皋，绝上地，则王之国分矣。先事秦则安矣，不事秦则危矣。夫造祸而求福，计浅而怨深，逆秦而顺楚，虽欲无亡，不可得也。故为大王计，莫如事秦。秦之所欲莫如弱楚，而能弱楚者莫如韩。非以韩能强于楚也，其地势然也。今王西面事秦以攻楚，为敝邑，秦王必喜。夫攻楚而私其地，转祸而说秦，计无便于此者也。是故秦王使使臣献书大王御史③，须以决事。"韩王曰："客幸而教之，请比郡县，筑帝宫，祠春秋，称东藩，效宜阳。"

注释

① 上地：即上党之地。

② 鸿台之宫、桑林之苑：皆为韩国的宫苑。

③ 御史：此指替国君传命的小臣。缪文远本："御使，小臣之传命者。不敢斥言王，故此云然。"

译文 "大王如果不侍奉秦国，秦国发兵占据宜阳，断绝韩国上党的交通，向东攻取成皋、宜阳，那么鸿台宫、桑林苑，就不归大王所有了。或者封锁成皋、隔绝上党，那么大王的国家就分裂了。先侍奉秦国就可以安宁，不侍奉秦国就会出现危险。到祸患中去寻求幸福，计谋短浅而怨仇太深，违背秦国而去顺从楚国，即使想不被灭亡，也不能做到了。所以替大王考虑，不如去侍奉秦国。秦国最想达到的目的，没有超过想削弱楚国的，而能削弱楚国的国家，没有能比得上韩国的。并非因为韩国比楚国强大，而是因为韩国地势有利。现在大王如能向西侍奉秦国并因此进攻楚国，为敝国做事，秦王一定很高兴。攻打楚国并私占它的土地，转嫁了祸患并能取悦秦王，任何计策都没有比此计更有利的了。因而秦王派使臣向大王的传命小臣献上书信，敬等大王决定此事。"韩王说："幸蒙贵客教诲，请允许韩国自比为秦国的一个郡县，为秦王修筑行宫，供奉春秋祭祀的贡品，自称为秦国的藩国，敬献宜阳。"

宣王谓摎留

原文　宣王谓摎留曰^①："吾欲两用公仲、公叔^②，其可乎？"对曰："不可。晋用六卿而国分^③，简公用田成、监止而简公弑^④，魏两用犀首、张仪而西河之外亡^⑤。今王两用之，其多力者内树其党，其寡力者藉外权。群臣或内树其党以擅其主，或外为交以裂其地，则王之国必危矣。"

注释　① 摎留：一作"摎樛"，又作"缪留"，韩国大臣。

② 公仲：即韩国相国公仲朋。公叔：见《东周策·秦假道于周以伐韩》注。

③ 六卿：此指晋国赵、韩、魏、智、范、中行六氏。

④ 简公：指齐简公，名壬，齐悼公之子。被田常所弑。田成：即田成子，名常。监止：人名，《左传》作"阚止"。

⑤ 犀首：见《秦策一·楚攻魏张仪谓秦王》注。

译文　韩宣王对摎留说："我想并用公仲、公叔执掌国政，是否可以？"摎留回答说："不可以。晋国并用六卿而招致国家分裂，齐简公并用田成、监止而齐简公自己被杀，魏国并用公孙衍、张仪而失去了西河之外的土地。现在大王想用两个人同时执政，那个势力强的一定在国内树立自己的党羽，那个势力弱的也一定会凭借国外权势损害国家。群臣中如有在国内树立自己党羽，对他的君主专横擅权的，有在国外结交，分裂国家土地的，那么大王的国家一定危险了。"

谓齐王

原文 谓齐王曰①："王不如资韩朋②，与之逐张仪于魏。魏因相犀首，因以齐、魏废韩朋，而相公叔以伐秦。"谓张仪曰③："公仲闻之，必不入于齐。据公于魏④，是公无患。"

注释 ① 谓齐王曰：姚本此句"谓"字前有"张仪"二字，缪文远本："首'张仪'字衍。"此篇文有错简，据文义缪说较合理，从缪说。标题"张仪"二字亦应为衍文，删掉。

② 韩朋：即韩国相公仲朋。

③ 谓张仪曰：姚本无此句，据文义自下句"公仲闻之"起，

似为张仪谋划巩固在魏国的权势，当补"谓张仪曰"。缪文远本："'公仲闻之'上，当有'谓张仪曰'四字。"从缪说。

④ 公：指张仪。

译文　有人对齐王说："大王不如资助公仲朋，帮助他从魏国驱逐张仪。魏国就会任命公孙衍为相国，公孙衍于是又会凭借齐国、魏国的势力罢去公仲朋在韩国的相位，而任命公叔为相国来进攻秦国。"又对张仪说："公仲朋听说后，一定不会进入齐国。而会来魏国依附您，这样您就没有祸患了。"

楚昭献相韩

原文　楚昭献相韩①。秦且攻韩，韩废昭献。昭献令人谓公叔曰："不如贵昭献以固楚②，秦必曰楚、韩合矣。"

注释　① 楚昭献相韩：楚国的昭献做了韩国的相国。昭献，楚国相国，因楚、韩结盟，韩国要依靠楚国抵抗秦国，所以任命他为相国。

② 固楚：犹言加强与楚国的联盟。

译文 楚国的昭献在韩国做相国。秦国将要进攻韩国，韩国
罢免了昭献。昭献派人对韩国的公叔说："不如使昭
献的地位更尊贵来加强同楚国的联盟，秦王一定会
说，楚国、韩国已联合在一起了。"

秦攻陉

原文 秦攻陉①，韩使人驰南阳之地②。秦已驰③，又攻陉，
韩因割南阳之地。秦受地，又攻陉。陈轸谓秦王曰④：
"国形不便故驰，交不亲故割。今割矣而交不亲，驰
矣而兵不止，臣恐山东之无以驰割事王者矣。且王求
百金于三川而不可得⑤，求千金于韩，一旦而具。今
王攻韩，是绝上交而固私府也⑥，窃为王弗取也。"

注释 ① 陉：见《秦策三·秦攻韩围陉》注。

② 驰：此处犹言退却。鲍本："驰，反走示服也。"南阳：见
《秦策一·司马错与张仪争论于秦惠王前》注。

③ 驰：此处犹言进犯，进入。鲍本："驰，进也。韩避之，而秦进也。"

④ 秦王：指秦昭王。

⑤ 三川：见《西周策·韩魏易地》注。

⑥ 固私府：限制了府库的财路。固，同"锢"，禁锢，此处犹言封锁，限制。私府，藏钱财宝物的府库。

译文　秦国进攻陉地，韩国让军队从南阳退却。秦军已经攻进了南阳，又攻打陉地，韩国于是割让了南阳的土地。秦国接受了土地，又继续攻打陉地。陈轸对秦王说："韩国形势不利所以退却，与秦国邦交不亲善所以割让土地。现在割让了土地而邦交恶化，韩国退却了秦国的军队却没有停止进攻，臣下恐怕山东六国不会再有退却和割让的举动来侍奉大王的了。况且大王在三川求取百金却没有得到，而在韩国求取千金，一朝便得到了。现在大王继续攻打韩国，这是断绝了重要的邦交并限制了府库的财路啊，臣私下认为大王的做法不可取。"

五国约而攻秦

原文　五国约而攻秦①，楚王为从长②，不能伤秦，兵罢而留于成皋。魏顺谓市丘君曰③："五国罢，必攻市丘以偿其费。君资臣，臣请为君止天下之攻市丘。"市丘君曰："善。"因遣之。魏顺南见楚王曰："王约五国而西伐秦，不能伤秦，天下且以是轻王而重秦，故王胡不卜交乎④?"楚王曰："奈何?"魏顺曰："天下罢，必攻市丘以偿兵费。王令之勿攻市丘。四国重王⑤，且听王之言而不攻市丘；不重王，且反王之言而攻市丘。然则王之轻重必明矣。"故楚王卜交而市丘存。

注释　① 五国约而攻秦：此事发生在前241年。五国，指楚、韩、赵、魏、卫。

② 楚王：指楚考烈王。

③ 市丘君：韩封君。缪文远本按："市丘君，韩封君，若魏安陵君之比。"市丘，今地不详；一说，今地在河南省郑县北。缪文远本引："张琦曰：'《汉志》河阳有故市县，在今郑州北三十里，或其地也。'"

④ 卜交：预测交情。郭希汾本："卜交，言视诸侯之于楚，其

交情何若也。"

⑤ 四国重王：姚本此句"四"作"五"，鲍本："'五'当作
'四'。"从鲍本。

一 译文

五国相约攻打秦国，楚王做了合纵的首领，没能使秦国受到损伤，五国军队停止进攻，驻扎在成皋。魏顺对市丘君说："五国收兵，一定会攻打市丘来补偿军费。您给臣下提供一些费用，臣下请求替您制止五国进攻市丘。"市丘君说："好吧。"于是派他去了楚国。魏顺到南方拜见楚王说："大王约集五国向西攻秦，没能损伤秦国，天下人将会因此轻视大王而尊重秦国，所以大王为什么不预测一下与各国的交情呢？"楚王说："怎么做呢？"魏顺说："五国收兵，一定会攻打市丘来补偿军费。大王命令他们不要攻打市丘。其他四国如果尊重大王，就将听从大王的话而不去攻打市丘；如果不尊重大王，就会反对大王命令而去进攻市丘。如果这样大王权威的轻重一定看得很清楚了。"由于楚王预测交情，市丘才得以保存下来。

郑强载八百金人秦

原文 郑强载八百金人秦，请以伐韩。冷向谓郑强曰[1]："公以八百金请伐人之与国，秦必不听公。公不如令秦王疑公叔[2]。"郑强曰："何如?"曰："公叔之攻楚也，以几瑟之存焉[3]，故言先楚也。今已令楚王奉几瑟以车百乘居阳翟[4]，令昭献转而与之处[5]，旬有余，彼已觉[6]。而几瑟，公叔之仇也；而昭献，公叔之人也。秦王闻之，必疑公叔为楚也。"

注释 ① 冷向：又作泠（líng）向，秦昭王时秦国大臣。

② 秦王：指秦昭王。

③ 几瑟：韩襄王之子，因与公叔伯婴争国，故彼此相仇。

④ 阳翟：韩国城邑，在今河南省禹县。

⑤ 令昭献转而与之处：让昭献回转阳翟与几瑟住在一处。转，回转。金正炜本："昭献以楚人仕韩，今楚王使与几瑟居阳翟，故曰转也。"

⑥ 彼已觉：指被公叔发觉，但为时已晚。缪文远本按："句言旬有余日之后，公叔虽觉此举于己不利，然秦之疑公叔则已不可改矣。"

译文　郑强车载八百金进入秦国，请求秦国讨伐韩国。冷向对郑强说："您用八百金请求秦国讨伐它自己的盟国，秦国一定不会听从您。您不如让秦王怀疑公叔。"郑强说："怎么做呢?"冷向说："公叔进攻楚国，是因为几瑟在楚国，所以他主张首先进攻楚国。现在已经让楚王用百辆车子送几瑟回到阳翟，再让昭献回转阳翟与几瑟住在一起，十多天之后，公叔虽已察觉为时已晚。几瑟是公叔的仇人，昭献是公叔的朋友。秦王听说此事，一定怀疑公叔帮助楚国。"

郑强之走张仪于秦

原文　郑强之走张仪于秦，曰仪之使者，必之楚矣。故谓大宰曰①："公留仪之使者，强请西图仪于秦。"故因西请秦王曰②："张仪使人致上庸之地③，故使使臣再拜谒王。"秦王怒，张仪走。

注释　① 大宰：即太宰，楚国官名。
② 西：姚本作"而"，一本作"西"，鲍本作"西"，从鲍本

及姚本一本。秦王：指秦武王。

③ 上庸：楚国城邑，在今湖北省竹山县西南，春秋时楚灭庸国置县，此时已属秦国。

译文 郑强是这样从秦国赶走张仪的，首先扬言张仪的使者一定会到楚国去。因此又对楚国太宰说："您留住张仪的使者，我请求西去秦国图谋张仪。"为此郑强西去秦国求见秦王说："张仪派人向楚国献上上庸之地，所以楚王派使臣我两次拜见大王。"秦王大怒，张仪于是逃跑了。

宜阳之役

原文 宜阳之役①，杨达谓公孙显曰②："请为公以五万攻西周，得之，是以九鼎抑甘茂也③。不然，秦攻西周，天下恶之，其救韩必疾，则茂事败矣。"

注释 ① 宜阳之役：指前308年，秦国派甘茂攻宜阳之事。

② 杨达：韩国人。公孙显：韩国大臣。郭希汾本："韩臣而仕

秦者。《秦策》：'起公孙显于韩。'"

③ 九鼎：传说为夏禹所铸，象征九州，详见《东周策·秦兴师临周而求九鼎》注。抑：姚本作"印"，鲍本："'印'作'抑'。"从鲍本。甘茂：见《东周策》注。

译文　在秦国进行宜阳战役的时候，杨达对公孙显说："请让我为您率领五万军队去攻打西周，攻取了，这就可以用得到九鼎的功劳抑制甘茂。不这样，秦国攻打西周，天下诸侯一定会憎恶这种事，他们一定会加紧援救韩国，那么甘茂攻韩之事一定会失败的。"

秦围宜阳

原文　秦围宜阳，游腾谓公仲曰①："公何不与赵蔺、离石、祁②，以质许地，则楼缓必败矣。收韩、赵之兵以临魏，楼鼻必败矣。韩、赵为一，魏必倍秦，甘茂必败矣。以成阳资翟强于齐③，楚必败之。须秦必败④，秦失魏，宜阳必不拔矣。"

注释

① 游腾：周朝大臣。郭希汾本："游腾，周臣，游姓，名腾。"

② 蔺、离石、祁：并见《西周策·苏厉谓周君》注。

③ 成阳：见《赵策四·齐欲攻宋》注。

④ 须：待，等待。

译文

秦军围困了宜阳，游腾对韩公仲说："您为什么不把蔺、离石、祁等地归还赵国，用得到赵国人质为条件，答应给赵国土地，那么楼缓一定会失败了。集结韩国、赵国的军队进逼魏国，楼鼻一定会失败。韩国、赵国联合在一起，魏国必然会背弃秦国，甘茂一定会失败。用奉送成阳之地给齐国的办法在齐国资助翟强，楚国一定会失败。等到秦国遭到失败的时候，秦国就失去了魏国的支持，宜阳一定不会被攻下的。"

公仲以宜阳之故仇甘茂

原文

公仲以宜阳之故仇甘茂。其后，秦归武遂于韩①。已而，秦王固疑甘茂之以武遂解于公仲也②。杜聊为公仲谓秦王曰③："朋也愿因茂以事王④。"秦王大怒于甘茂，故樗里疾大说杜聊⑤。

注释　①武遂：韩邑，在今山西省临汾市西南。

②秦王：指秦昭王。

③杜聊：韩国人。姚本作"杜赫"，鲍本作"杜聊"，从鲍本。

④朋：姚本作"明"，鲍本作"朋"，从鲍本。

⑤樗里疾：见《西周策·秦令樗里疾以车百乘入周》注。

译文　韩公仲因为宜阳之战的缘故仇视甘茂。在这之后，秦国把武遂归还给了韩国。事隔不久，秦王自然怀疑到甘茂想用归还武遂来解除同公仲的仇怨。杜聊趁机为公仲对秦王说："公仲希望通过甘茂来侍奉大王。"秦王对甘茂十分恼怒，因此樗里疾十分赞赏杜聊。

秦韩战于浊泽

原文　秦、韩战于浊泽①，韩氏急。公仲朋谓韩王曰②："与国不可恃，今秦之心欲伐楚，王不如因张仪为和于秦，赂之以一名都，与之伐楚，此以一易二之计也③。"韩王曰："善。"乃儆公仲之行④，将西讲于秦。楚王闻之⑤，大恐，召陈轸而告之。陈轸曰："秦之欲伐我久矣，今又得韩之名都一而具甲，秦、韩并兵南向，此秦所以庙祠而求也。今已得之矣，楚国必伐矣⑥。王听臣，为之儆四境之内，选师言救韩，令战车满道路。发信臣⑦，多其车，重其币，使信王之救己也。韩为不能听我⑧，韩必德王也，必不为雁行以来。是秦、韩不和，兵虽至楚，国不大病矣。为能听我，绝和于秦，秦必大怒，以厚怨于韩。韩得楚救，必轻秦；轻秦，其应秦必不敬。是我困秦、韩之兵而免楚国之患也。"楚王大说，乃儆四境之内，选师言救韩，发信臣，多其车，重其币。谓韩王曰："敝邑虽小，已悉起之矣。愿大国遂肆意于秦，敝邑将以楚殉韩⑨。"

注释

① 浊泽：韩国地名，在今河南省长葛市西。

② 朋：姚本作"明"，鲍本："'明'作'朋'。"从鲍本。韩王：指韩宣惠王。

③ 以一易二之计：犹言用一失换取二得的计策，此处指韩国用失去一个大都邑来换取秦国不进攻韩国和秦国同韩国一道攻打楚国两项好处。

④ 儆（jǐng）：告诫，嘱咐。

⑤ 楚王：指楚怀王。

⑥ 必伐：此指必被伐。

⑦ 信臣：亲信的使臣。一说，信守使命的大臣。郭希汾本："信臣，谓守命之臣。"一说，传达王命的使臣，孟庆详本："信臣，传达王命的使臣。"

⑧ 韩为不能听我：姚本此句"韩"字前有"纵"字，鲍本无，从鲍本。

⑨ 以楚殉韩：用楚国陪韩国死战。殉，为……而死。

译文　秦国、韩国在浊泽交战，韩国形势十分危急。公仲朋对韩王说："盟国不可以依靠，现在秦国的野心是想进攻楚国，大王不如通过张仪向秦国求和，贿赂秦国一个大都邑，同它一起攻打楚国，这是以一失换两得的计策。"韩王说："好吧。"于是嘱咐公仲朋出发，准备西去向秦国求和。楚王听说后，大为恐慌，召见陈轸，把这件事告诉给陈轸。陈轸说："秦国想进攻我们已经很久了，如今又得到了韩国的一个大都邑提供武器装备，秦、韩合兵向南进攻，这是秦国庙祠中祈求得到的事情。现在这种祈求已经得到了满足，楚国一定要遭到进攻了。大王听信臣下的意见，为此在国内加强戒备，挑选精兵声言救韩，让战车布满道路。派遣亲信的使臣，多给他出使的车辆，让他携带贵重的财物，使韩国确信大王是在援救自己。韩国即使不能听从我们，韩国也一定会感激大王的恩德，一定不会列成大雁行阵一样的队形来攻击我们。这样秦国、韩国不和，它们的军队虽然来到了楚国，楚国也不会受到大的损伤。假如韩国能听从我们，拒绝向秦国求和，秦王一定会非常恼怒，同韩国结成深仇。韩国得到楚国的援救，一定轻视秦国；轻视秦国，对待秦国一定不会恭敬。这样我们就困扰了秦国、韩国的兵力，而免除了楚国的祸患。"楚王非常高兴，于是在国内加强戒备，挑选精兵声言救韩，派遣亲信的使臣，多给使臣出使的车辆，让他携带贵重的财物。使臣对韩王说："敝国虽小，已经调集了全部力量。希望韩国随意对付秦国，敝国将陪韩国死战。"

原文　韩王大说，乃止公仲。公仲曰："不可。夫以实苦我者①，秦也；以虚名救我者，楚也。恃楚之虚名，轻绝强秦之敌，必为天下笑矣。且楚、韩非兄弟之国也，又非素约而谋伐秦矣。秦欲伐楚，楚因以起师言救韩，此必陈轸之谋也。且王已使人报于秦矣②，今

弗行，是欺秦也。夫轻强秦之祸，而信楚之谋臣，王
必悔之矣。"韩王弗听，遂绝和于秦。秦果大怒，兴
师与韩氏战于岸门③，楚救不至，韩氏大败。韩氏之
兵非弱也，民非蒙愚也，兵为秦禽，智为楚笑，过听
于陈轸，失计于韩朋也④。

注释

① 苦：姚本作"告"，帛书作"苦"，从帛书。

② 己：姚本作"以"，鲍本作"已"，从鲍本。

③ 岸门：地名，在今河南省许昌市东北。

④ 朋：姚本作"明"，鲍本作"朋"，从鲍本。

译文

韩王非常高兴，制止了公仲朋的做法。公仲朋说：
"不可以这样做。以实际形势困扰我们的，是秦国；
用空话救助我们的，是楚国。依仗楚国的空话，轻
率地断绝与强敌秦国的关系，必然要被天下人所嘲
笑，再说楚、韩两国并非兄弟之国，平素又没有盟约
谋攻秦国。秦国要进攻楚国了，楚国因此才兴兵声言
救韩，这一定是陈轸的阴谋。况且大王已经派人回报
了秦国，现在不按说的做，这是欺骗秦国。轻视强大
秦国的祸患，而相信楚国的谋臣，大王一定会后悔。"
韩王不听，于是就断绝了同秦国的联合。秦王果然大

怒，兴兵与韩国在岸门决战，楚国的救兵没有赶到，韩国惨败。韩国的军队并非软弱，韩国的百姓也并非蒙昧无知，军队被秦国击败，智谋被楚国取笑，过错就在于听信了陈轸诳言，没有采用公仲朋的计谋。

颜率见公仲

原文 颜率见公仲[1]，公仲不见。颜率谓公仲之谒者曰[2]："公仲必以率为阳也[3]，故不见率。公仲好内[4]，率曰好士；仲啬于财，率曰散施；公仲无行，率曰好义。自今以来[5]，率且正言之而已矣。"公仲之谒者以告公仲，公仲遽起而见之。

注释 ① 颜率：周朝人。

② 谒者：官名，为国君掌管传达，此指相国的传达官。

③ 阳：同"佯"，不实。

④ 好内：此处犹言好色。内，妇人。

⑤ 自今以来：从今以后。来，往。

译文

颜率拜见公仲，公仲没有接见。颜率对公仲的传达官说："公仲一定认为我华而不实，所以不接见我。公仲好色，而我却说自己好士；公仲对钱财吝啬，而我却说自己博散好施；公仲没有确定的行为准则，而我却说自己崇尚正义。从今以后，我将直言不讳评价他的行为了。"公仲的传达官把这事告诉了公仲，公仲急忙起身接见颜率。

韩公仲谓向寿

原文

韩公仲谓向寿曰①："禽困覆车②。公破韩，辱公仲，公仲收国复事秦，自以为必可以封。今公与楚解，中封小令尹以杜阳③。秦、楚合，复攻韩，韩必亡。公仲躬率私徒以斗于秦，愿公熟计之也。"向寿曰："吾合秦、楚，非以当韩也，子为我谒之公仲，曰秦、韩之交可合也。"对曰："愿有复于公。谚曰：'贵其所以贵者贵。'今王之爱习公也，不如公孙郝④；其知能公也，不如甘茂。今二人者皆不得亲于事矣，而公独与王主断于国者，彼有失之也。公孙郝党于韩，而甘茂党于魏⑤，故王不信也。今秦、楚争强，而公党于楚，是与公孙郝、甘茂同道也，公何以异之？人皆言楚之多变也，而公必之，是自为贵也。公不如与王谋其变也，善韩以备之，若此，则无祸矣。韩氏先以国从公孙郝，而后委国于甘茂，是韩，公之仇也。今公言善韩以备楚，是外举不辟仇也。"

注释

①韩公仲谓向寿：此处当为韩公仲使人谓向寿。据《史记》，为韩公仲使苏代谓向寿，恐非。缪文远本："此当是公仲使人谓向寿，说者之名已佚，《史记》以为苏代，非。"向寿，秦宣太后外戚。

②禽困覆车：被围困的野兽能撞翻车。禽，泛指野兽。

③中封小令尹以杜阳：指使楚王在国内把杜阳这样的秦国地方封赏给小令尹。中封，是指楚国在国内自行封赏。杜阳，秦国地名。缪文远本："杜阳，在今陕西麟游县西北。"姚本作"桂阳"，《史记》作"杜阳"，从《史记》。

④公孙郝：秦国公族，《史记》作"公孙奭（shì）"，当为一人。

⑤甘茂：姚本作"甘戊"，鲍本作"甘茂"，从鲍本。

译文

公仲派人对向寿说："野兽被围困也能撞翻猎人的车。您攻破了韩国，侮辱了公仲，公仲收拾了韩国的残局又重新来侍奉秦国，他自认为一定可以得到秦国的封赏。现在您使秦、楚和解，使楚王在国内把秦地杜阳封赏给小令尹。秦国、楚国联合起来，再次攻打韩国，韩国一定会灭亡了。公仲将亲自率领自己的党徒到秦国来拼命，希望您仔细考虑一下。"向寿说："我把秦国、楚国联合起来，并不是想以此来对付韩国，您替我告诉公仲，说秦、韩的邦交可以缔结了。"使者回答说："有些话希望再对您说一说。谚语说：'尊重别人所尊重的，就受人尊重。'现在秦王亲近您，比不上亲近公孙郝；他信任您，比不上信任甘茂。如今这两个人都不能接近国事，而唯独您能同秦王决断国事，这是因为他们有过失。公孙郝同韩国亲近，而甘茂同魏国亲近，所以秦王不信任他们。当今秦、楚争霸，而您却同楚国亲近，这与公孙郝、甘茂走的是同一条道路。您用什么表现出与他们不同呢？人们都说楚国多变，而您却一定要帮助它，这是要自求富贵。您不如和秦王谋划应付楚国的多变，善待韩国防范楚国，如此，就没有祸患了。韩国先是把国家政事交给了公孙郝，而后又把国家政事委托给了甘茂，这样韩国才成了您的仇敌。现在您声言亲善韩国来防范楚国，这是推举外贤而不回避仇敌的举动。"

原文 向寿曰："吾甚欲韩合。"对曰："甘茂许公仲以武遂，反宜阳之民，今公徒收之①，甚难。"向子曰："然则奈何？武遂终不可得已。"对曰："公何不以秦为韩求颖川于楚②？此乃韩之寄地也③。公求而得之，是令行于楚，而以其地德韩也。公求而弗得，是韩、楚之怨不解，而交走秦也。秦、楚争强，而公过楚以收韩④，此利于秦。"向子曰："奈何？"对曰："此善事也。甘茂欲以魏取齐，公孙郝欲以韩取齐，今公取宜阳以为功，收楚、韩以安之，而诛齐、魏之罪，是以公孙郝、甘茂之无事也⑤。"

注释 ① 今公徒收之：姚本此句"徒"字下有"令"字，鲍本："'徒'下无'令'字。"从鲍本。

② 颖川：即颖川，地名，在今河南省许昌市。

③ 寄地：即寄托之地。此处指韩国土地被楚国侵占，希望有朝一日收回，故称之为寄地。

④ 过楚以收韩：姚本此句"收"作"攻"，鲍本作"收"，从鲍本。

⑤ 无事：无事可做，此处犹言不能参与国事，失去权势。

译文 向寿说："我很想同韩国和好。"使者回答说："甘茂答应公仲归还韩国的武遂，让宜阳的百姓返回家园，如今您平白收回武遂，想同韩国和好很难啊。"向寿说："那么怎么办呢？武遂难道永远不能收回了吗？"使者回答说："您为什么不凭借秦国的力量替韩国向楚国求取颍川？这本是韩国的寄地，您一旦求得，这就使您的命令能在楚国得以执行，并且用楚国的土地使韩国感激您的恩德。您如果不能求得，这样韩国、楚国的怨仇就不能化解，它们就会竞相投靠秦国。秦国、楚国争霸，您指责楚国，拉拢韩国，这会对秦国有利。"向寿说："怎么办呢？"使者回答说："这是件好事。甘茂想依靠魏国攻取齐地，公孙郝也想依靠韩国夺取齐地，现在您把夺取宜阳作为战功，拉拢楚国、韩国安抚它们，并且声讨齐国、魏国的罪过，因此公孙郝、甘茂就将失去权势。"

或谓公仲曰听者听国

原文　或谓公仲曰："听者听国，非必听贵也①。故先王听谚言于市，愿公之听臣言也。公求中立于秦而弗能得也②，善公孙郝以难甘茂，劝齐兵以劝止魏③，楚、赵皆公之仇也。臣恐国之以此为患也，愿公之复求中立于秦也。"公仲曰："奈何？"对曰："秦王以公孙郝为党于公而弗之听④，甘茂不善于公而弗为公言，公何不因行愿以与秦王语⑤？行愿之为秦王臣也公，臣请为公谓秦王曰：'齐、魏合与离，于秦孰利？齐、魏别与合，于秦孰强？'秦王必曰：'齐、魏离则秦重，合则秦轻。齐、魏别则秦强，合则秦弱。'臣即曰：'今王之听公孙郝，以韩、秦之兵应齐而攻魏，魏不敢战，归地而合于齐，是秦轻也，臣以公孙郝为不忠。今王听甘茂，以韩、秦之兵据魏而攻齐，齐不敢战，不求割地而合于魏，是秦轻也，臣以甘茂为不忠。故王不如令韩中立以攻齐，王言救魏以劲之⑥，齐、魏不能相听，久离兵事⑦。王欲则信公孙郝于齐，为韩取南阳、易谷川以归⑧，此惠王之愿也。王欲则信甘茂于魏，以韩、秦之兵据魏以郑齐，此武王之愿也。臣以为令韩以中立以攻齐⑨，最秦之大急也。公孙郝党于齐而不肯言，甘茂薄而不敢谒也。此二人，王之大患也，愿王之熟计之也。'"

注释 ① 听者：即听政者，处理政事的人。听国：即听于国人，从

国人那里听取意见。听贵：即听于贵族，从贵族那里听取意见。姚本作"听实"，金正炜本："听实，义不可通。'实'当为'贵'，字形相近而讹也。"从金说。

② 中立：此处指不亲齐、魏任何一方而保持中立。

③ 止魏：进攻魏国。郭人民本："止魏，攻魏。"

④ 秦王：指秦昭王。

⑤ 行愿：人名，秦国大臣。

⑥ 王言救魏以劲之：姚本此句"王"字上有"齐"字，鲍本："'王'上衍'齐'字。"从鲍本。

⑦ 离：通"罹"。事：姚本作"史"，当为"事"字之讹，改"史"为"事"。郭人民本："史，当作'事'。"

⑧ 谷川：即谷水，源出河南省新安县西北山，东南会涧水入洛河。

⑨ 攻：姚本作"劲"，鲍本作"攻"，从鲍本。

译文　有人对公仲说："处理政事的人要多从国人那里听取意见，并不一定要从贵族那里听取。因此先王从市井中听取俗谚，希望您也能听一听臣下的意见。您在秦王那里请求让韩国不倾向齐、魏任何一方，秦王没有答应，您就亲近公孙郝为难甘茂，勉励齐国军队并鼓励进攻魏国，楚国、赵国都成了您的仇敌。臣下担心韩国将以此为祸患，希望您再次向秦王请求允许韩国保持中立。"公仲说："那将怎么办呢？"那个人回答说："秦王认为公孙郝亲近您，因而不会听信公孙郝，甘茂同您不友好不会替您说话，您何不通过行愿来向秦王传话呢？行愿做秦王的大臣很公正，臣下请求让行愿替您对秦王说：'齐国、魏国联合与分裂，哪种情况对秦国有利？齐国、魏国背离与联合，对于秦国来说，哪种情况会使秦国更强大？'秦王一定会说：'齐、魏分裂，秦国地位就显得重要，齐、魏联合，秦国就无足轻重。齐、魏背离，秦国就会更强大，齐、魏联合，秦国就会变得弱小。'臣下就会让行愿说：'如今大王听信公孙郝，用韩国、秦国的军队响应齐国而去进攻魏国，魏国不敢应战，将土地归入齐国，同齐国联合，这样秦国就变得无足轻重了，臣下认为公孙郝不忠心。现在如果大王听信甘茂，用韩国、秦国的军队凭据魏国攻打齐国，齐国不敢应战，不要求魏国割让土地就同魏国讲和，这样秦国也会变得无足轻重，臣下认为甘茂不忠心。因此大王不如让韩国保持中立来打击齐国，大王声言援救魏国来壮大魏国的声势，齐国、魏国彼此不会听从，一定会长时期遭受战事的困扰。大王想这样做，就可以让公孙郝取信于齐国，替韩国攻取魏国的南阳，换得韩国的谷川归属秦国，这是惠王的愿望。大王想那样做，就可以让甘茂取信于魏国，用韩国、秦国的军队凭据魏国来打击齐国，这是武王的愿望。臣下认为让韩国保持中立来攻击齐国，是秦国最紧迫的事。公孙郝亲近齐国而不肯对公仲说，甘茂受到冷遇而不敢进言，这两个人，是大王的祸根，希望大王仔细考虑这件事。'"

韩公仲相

原文　韩公仲相，齐、楚之交善①。秦、魏遇，且以善齐而绝齐乎楚。楚王使景鲤之秦②，鲤与于秦、魏之遇。楚王怒景鲤，恐齐以楚遇为有阴于秦、魏也，且罪景鲤。为谓楚王曰③："臣贺鲤之与于遇也。秦、魏之遇也，将以合齐、秦而绝齐于楚也。今鲤与于遇，齐无以信魏之合己于秦而攻于楚也，齐又畏楚之有阴于秦、魏也，必重楚。故鲤之与于遇，王之大资也。今鲤不与于遇，魏之绝齐于楚明矣。齐信之④，必轻王，故王不如无罪景鲤，以视齐于有秦、魏，齐必重

楚，而且疑秦、魏于齐。”王曰："诺。"因不罪而益
其列。

注释　① 齐、楚之交善：姚本此句"善"字下有"秦"字，鲍本无，
从鲍本。

② 楚：姚本此句无"楚"字，鲍本："'王'上补'楚'字。"
从鲍本。景鲤（lǐ）：楚国大臣。

③ 为谓楚王曰：有人替景鲤对楚王说。《秦策四》作"周最谓
楚王"。郭希汾本："有人为景鲤谓楚王也。《秦策》作周最。"

④ 齐信之：姚本此句作"齐楚信之"，"楚"字为衍文，删掉。

译文　韩国的公仲做了相国，当时齐、楚邦交和睦亲善。秦
王、魏王在边境上不期而遇，将要用亲善齐国的策略
来断绝齐国同楚国的邦交。适逢楚王派景鲤出使秦
国，景鲤参与了秦王、魏王的会见。楚王恼怒景鲤，
担心齐国会认为楚国参与了秦王、魏王的会见，暗中
同秦、魏有来往，将要降罪于景鲤。有人为景鲤对楚
王说："臣下向您祝贺景鲤参与了秦王、魏王的会见。
秦王、魏王会见，将要用联合齐、秦的策略来断绝齐
国同楚国的邦交。现在景鲤参与了秦王、魏王的会
见，齐国没有相信魏国联合秦国进攻楚国的理由，齐

国又惧怕楚国暗中与秦国、魏国有来往，一定会尊重
楚国。所以景鲤参与秦王、魏王的会见，是大王重要
的凭借。现在如果景鲤没参与秦王、魏王的会见，魏
国想断绝齐国和楚国邦交的行动已经表现得很清楚
了。齐国听信了秦国、魏国，一定会轻视大王，因此
大王不如不降罪景鲤以表示齐国有秦国、魏国的支
持，齐国一定会重视楚国，而且会使秦国、魏国怀疑
楚国同齐国有牢固的联盟。"楚王说："好吧。"于是
没有降罪景鲤并且提升了他的官位。

王曰向也子曰天下无适

原文　王曰①："向也，子曰'天下无适②'；今也，子曰'乃
且攻燕'者，何也？"对曰③："今谓马多力则有矣，
若曰胜千钧则不然者，何也？夫千钧非马之任也。今
谓楚强大则有矣，若夫越赵、魏而斗兵于燕，则岂楚
之任也哉！且非楚之任而楚为之，是弊楚也，强楚、
弊楚，其于王孰便也？"

注释　①王：指魏王。按：此章为《楚策四·虞卿谓春申君》重出之文，脱简误衍而被编入《韩策》。

②天下无适：即天下无敌。姚本作"天下无道"，郭人民本："道，当作'适'，读如敌。《楚策》正作'天下无敌'。"从郭说。

③对曰：指虞卿回答说。

译文　魏王说："过去您说'天下无敌'；如今您又说'就将攻燕'，为什么？"虞卿回答说："现在说马很有力量，那是事实，如果说马能力拖千钧就不是事实，为什么？现在说楚国很强大，那是事实，如果说楚国能够跨越赵国、魏国同燕军作战，那哪里是楚国所能胜任的！况且不是楚国能胜任的事情而楚国偏要去做，这是损害楚国啊，使楚国强大，使楚国受到损害，它们之中哪种情况对大王更有利呢？"

或谓魏王王儆四强之内

原文　或谓魏王："王儆四强之内①，其从于王者，十日之内，备不具者死。王因取其游之舟上系之②。臣为王之楚，王胥臣反，乃行。"春申君闻之③，谓使者曰："子为我反，无见王矣④。十日之内，数万之众，今涉魏境⑤。"秦使闻之，以告秦王。秦王谓魏王曰："大国有意必来，以是而足矣。"

注释

① 强：通"疆"，指边界。

② 游：即"斿"，古代旗边上下垂的装饰品。之：犹言于，在。鲍本："之，犹于也。"舟：同"辀"，车辕。系：姚本作"击"，鲍本作"系"，从鲍本。

③ 春申君：即黄歇，楚考烈王的相国。见《楚策二·唐且见春申君》注。

④ 王：指楚考烈王。

⑤ 今：犹言即，就。

译文

有人对魏王说："大王告诫四境之内的百姓，那些将从大王出征的，十天之内，兵器没有准备的杀头。大王就取下旌旗上的装饰系在车辕之上以壮声势。臣下为大王出使楚国。大王等臣下返回，就出兵。"春申君听说后，对魏国的使者说："您为我回去吧，不用见楚王了。十天之内，数万楚国军队，就会抵达魏国边境。"秦国的使者听说后，把此事报告了秦王。秦王对魏王说："大国有意来攻，用你们自己的军队就足够了。"

观鞅谓春申

原文 观鞅谓春申曰①："人皆以楚为强，而君用之弱，其于鞅也不然。先君者②，二十余年未尝见攻。秦欲逾兵于渑隘之塞③，不便④，假道两周，倍韩以攻楚，不可。今则不然，魏且旦暮亡矣，不能爱其许、鄢陵与梧⑤，割以予秦，去百六十里⑥，臣之所见者，秦、楚斗之日也已⑦。"

注释 ① 观鞅：观津人朱英。观，观津，地名，在今河北省武邑县东南。鞅，通"英"，即朱英。《史记·春申君列传》作"观津人朱英。"

② 先君者：指在春申君之前执政者。郭人民本："先君者：先于春申君用事者。"

③秦：姚本"秦"字前有"今"字，《史记》无，从《史记》。

渑隘之塞：即黾塞，见《楚策四·庄辛谓楚襄王》注。

④ 便：姚作"使"，《史记》作"便"，从《史记》。

⑤ 许、鄢陵：并见《秦策四·顷襄王二十年》注。梧：地名。郭人民本："梧，地名。韩地，与虎牢相近。"

⑥ 去百六十里：此处似有脱文，意思是说秦兵距陈只有一百六十里。《史记》作"秦兵去陈百六十里"。

⑦ 鲍本补曰：原在《韩策》。今详其文，当属《楚策》。据姚本及文义，仍置《韩策》为宜。

译文　观津人朱英对春申君说："人们都认为楚国原来很强大，而您执政以后才衰弱了，我对于这件事不这样看。在您之前的执政者，二十多年来楚国没有遭到进攻。当时秦国想越过渑隘险塞，不方便，向两周假道，背对韩国来进攻楚国，更不行。如今就不是那样了，魏国旦夕之间就将被灭亡，不可能吝惜他们的许地、鄢陵和梧地，会把这些地方割让给秦国，这样秦国军队距离楚国的阵地只有一百六十里，臣下所看到的，是秦国、楚国搏斗的日子不会太久远了。"

公仲数不信于诸侯

原文　公仲数不信于诸侯，诸侯锢之①。南委国于楚，楚王弗听。苏代为谓楚王曰②："不若听而备于其反也③。朋之反也④，常仗赵而畔楚，仗齐而畔秦。今四国锢之，而无所入矣，亦甚患之，此其为尾生之时也⑤。"

注释　① 锢之：禁锢他的说教，犹言不采纳他的说教。鲍本："不行其说。"

② 为谓：姚本无"谓"字，孟庆祥本："为下脱谓字。"从孟说。

③ 反：指反复。鲍本："反，亦谓不信。"

④ 朋：姚本作"明"，鲍本作"朋"，从鲍本。

⑤ 尾生：古代传说中讲信用的人。《庄子·盗跖》："尾生与女子期于梁下，女子不来，水至不去，抱梁柱而死。"

译文　公仲对各诸侯屡次不讲信用，诸侯们都不听信他的说教。他向南将国事委托给楚国，楚王不听信他。苏代为他向楚王说："不如听信他而防备他的反复。公仲反复无常，经常是依仗赵国而背叛楚国，依仗齐国而背叛秦国。如今四国都不听信他的话，没有什么地方可以钻空子，他也很忧虑，这正是他变成尾生的时候。"

韩策二

楚围雍氏五月

原文　楚围雍氏五月①，韩令使者求救于秦，冠盖相望也，秦师不下殽②。韩又令尚靳使秦③，谓秦王曰④："韩之于秦也，居为隐蔽，出为雁行。今韩已病矣，秦师不下殽。臣闻之唇揭者其齿寒⑤，愿大王之熟计之。"宣太后曰⑥："使者来者众矣，独尚子之言是。"召尚子入。宣太后谓尚子曰："妾事先王也⑦，先王以其髀加妾之身⑧，妾困不支也⑨，尽置其身妾之上，而妾弗重也，何也？以其少有利焉。今佐韩，兵不众，粮不多，则不足以救韩。夫救韩之危，日费千金，独不可使妾少有利焉。"

注释　① 雍氏：见《西周策·雍氏之役》注。

② 殽：见《秦策一·苏秦始将连横》注。

③ 尚靳：韩国人。

④ 秦王：指秦昭王。

⑤ 揭：举，掀起。

⑥ 宣太后：见《西周策·周君之秦》注。

⑦ 先王：指秦惠王。

⑧髀（bì）：大腿。

⑨支：姚本作"疲"，鲍本作"支"，从鲍本。

译文　楚围困雍氏五个月了，韩国派使者向秦国求救，使者络绎不绝，彼此能够望见出使的车盖，而秦国军队就是不下殽山。韩国又派尚靳出使秦国，尚靳对秦王说："韩国对待秦国，平时作为秦国的屏障，出兵时像大雁一样列队前行。如今韩国遇到危难，秦国军队却不下殽山援救。臣下听说，掀起嘴唇，牙齿就会感到寒冷，希望大王仔细考虑一下。"宣太后说："使者来得很多，只有尚靳的话是对的。"于是召尚靳进去拜见。宣太后对尚靳说："我侍奉先王的时候，先王把他的大腿搭在我的身上，我感到疲乏不能支撑，把他的身体完全放在我的身上，我就感受不到他有多重，为什么呢？因为他对我稍有益处。如今帮助韩国，士卒不众，粮食不多，就不够用来救助韩国。解救韩国的危难，每天耗费千金，却唯独不能使我获得一点好处。"

原文　尚靳归书报韩王①，韩王遣张翠②，张翠称病，日行一县。张翠至，甘茂曰："韩急矣，先生病而来。"张

翠曰："韩未急也，且急矣。"甘茂曰："秦重国知王也，韩之急缓莫不知。今先生言不急，可乎？"张翠曰："韩急，则折而入于楚矣，臣安敢来？"甘茂曰："先生毋复言也。"甘茂入言秦王曰："公仲柄得秦师③，故敢捍楚。今雍氏围而秦师不下殽，是无韩也。公仲且抑首而不朝，公叔且以国南合于楚。楚、韩为一，魏氏不敢不听，是楚以三国谋秦也。如此则伐秦之形成矣。不识坐而待伐，孰与伐人之利？"秦王曰："善。"果下师于殽以救韩。

注释

① 韩王：指韩襄王。

② 张翠：韩国人。

③ 公仲柄得秦师：公仲掌握国家权力并能得到秦国军队的支持。郭希汾本："谓公仲柄国而能得秦师。"柄，权力，此指掌握国家权力。

译文

尚靳送回书信报告韩王，韩王派张翠出使，张翠称病，每天只走一县之内的路程。张翠到了秦国以后，甘茂说："韩国形势危急了，先生竟带病而来。"张翠说："韩国形势并没有危急，而是将要危急了。"甘茂说："秦国拥有强大的国家和智慧的国君，韩国形势危急与否，没有不知道的。现在先生说不危急，可以吗?"张翠说："韩国如果真的危急了，就会掉过头去投向楚国，臣下怎么还敢来秦国呢?"甘茂说："先生不要再说了。"甘茂进谏秦王说："公仲掌握韩国权力并能得到秦国军队的支持，所以才敢对抗楚国。如今雍氏被围，秦国军队不从殽山出兵，这是抛弃韩国。公仲将会痛心疾首，不理朝事，公叔就会把韩国同南方的楚国联合起来。楚、韩联合为一，魏国不敢不听从，这样楚国就可以用三个国家的力量图谋秦国。果真如此，那么进攻秦国的形势就形成了。不识时务坐等进攻，同去进攻别人相比，哪一个更有利呢?"秦王说："好。"秦军果真从殽山出兵援救韩国。

楚围雍氏韩令冷向借救于秦

原文　楚围雍氏，韩令冷向借救于秦，秦为发使公孙昧入韩①。公仲曰："子以秦为将救韩乎? 其不乎②?"对曰："秦王之言曰，请道于南郑、蓝田以入攻楚③，出兵于三川以待公④。殆不合矣⑤。"公仲曰："奈何?"

对曰："秦王必祖张仪之故谋⑥。楚威王攻梁，张仪谓秦王曰：'与楚攻梁，魏折而入于楚。韩固其与国也，是秦孤也。故不如出兵以劲魏。'于是攻皮氏。魏氏劲，威王怒，楚与魏大战，秦取西河之外以归⑦。今也其将阳言救韩而阴善楚⑧，公恃秦而劲，必轻与楚战。楚阴得秦之不用也⑨，必易与公相支也。公战胜楚，遂与公乘楚⑩，易三川而归。公战不胜楚，塞三川而守之，公不能救也。臣甚恶其事。司马康三反之郢矣⑪，甘茂与昭献遇于境，其言曰收玺⑫，其实犹有约也。"公仲恐曰："然则奈何？"对曰："公必先韩而后秦，先身而后张仪，公不如亟以国合于齐、楚⑬，秦必委国于公以解伐。是公之所以外者仪而已，其实犹之不失秦也。"

注释

① 公孙昧：秦国大臣。

② 不：通"否"。

③ 南郑：见《秦策一·司马错与张仪争论于秦惠王前》注。
蓝田：见《秦策四·秦取楚汉中》注。

④ 三川：见《西周策·韩魏易地》注。

⑤ 殆不合：姚本此句"合"字下有"军于南郑"四字，《史记》无，从《史记》。

⑥ 祖：效法。

⑦ 西河之外：见《秦策一·楚攻魏张仪谓秦王》注。

⑧ 阳：姚本作"扬"，鲍本作"阳"，从鲍本。

⑨ 秦之不用：秦不为韩用。意思是说秦国不为韩国出力。

⑩ 乘楚：指乘楚国之危夺取它的土地。缪文远本："乘楚，谓乘楚之敝而取其地。"

⑪ 司马康：秦国人。

⑫ 其言曰收玺：指甘茂和昭献声称楚国要收回军印，意思是说楚国不再进攻韩国。

⑬ 公不如：姚本此句"公"字前有"以"字，"以"字为衍文，删掉。

译文　楚国围困雍氏，韩国派冷向到秦国借救兵，秦国为此派公孙昧来到韩国。公仲说："您认为秦国将会救韩国？还是不救韩国呢？"公孙昧回答说："秦王的话是这样说的，请你们取道南郑、蓝田去攻打楚国，我们出兵进驻三川，等待您。这样恐怕秦、韩两军永远也不能会合了。"公仲说："怎么办呢？"公孙昧回答说："秦王一定会效法张仪以往的计谋。楚威王进攻魏国，张仪曾对秦王说：'我们同楚国一起攻打魏国，魏国就会掉头投向楚国。韩国本来就是魏国的盟国，这样秦国就孤立了。因此不如假意出兵使魏国变得强硬起来。'这时楚国一定围攻皮氏。魏国态度强硬，楚威王大怒，楚国和魏国展开大战，结果秦军夺取了西河之外的土地满意而归。现在秦国表面上声言救韩，而暗地里与楚国亲善，您依仗秦国态度强硬，一定轻视同楚国的战斗。楚国已暗中得知秦国不会帮助韩国，一定很容易同您相抗衡。您如果战胜楚国，秦国就会同您一道乘楚国之危夺取土地，攻占三川而归。您战不胜楚国，秦国就会阻塞三川全力拒守，您不能自救。臣下厌恶这样的事。司马康三次往返到楚国的郢都，甘茂又同昭献在边境上会面，他们声称楚国收回了军印，不再攻打韩国，其实在这背后仍有盟约。"公仲恐惧地说："既然如此，那么该怎么办呢？"公孙眛回答说："您一定要先考虑韩国的实力，而后考虑秦国的援助，先用自身的计谋，而后考虑张仪的帮助，您不如赶快让韩国同齐国、楚国联合在一起，秦国一定会把国家托付给您，以解除可能遭到的进攻。这样您疏远的不过是张仪罢了，而实际上仍没有失去秦国的邦交。"

公仲为韩魏易地

原文　公仲为韩、魏易地，公叔争之而不听，且亡。史惕谓公叔曰①："公亡，则易必可成矣。公无辞以复返②，且示天下轻公，公不若顺之。夫韩地易于上则害于赵③，魏地易于下则害于楚④。公不如告楚、赵，楚、赵恶之。赵闻之，起兵临羊肠⑤；楚闻之，发兵临方城⑥，而易必败矣。"

注释　① 史惕：周朝大臣，史佚的后代。

② 复：姚本作"后"，鲍本作"复"，从鲍本。

③ 上：北为上方，此指韩国北面的魏国。

④ 下：南为下方，此指魏国以南的韩国。

⑤ 羊肠：见《西周策·韩魏易地》注。

⑥ 方城：见《西周策·楚请道于二周之间》注。

译文　公仲为韩、魏两国交换土地，公叔竭力谏诤而公仲不听，公叔将要出走。史惕对公叔说："您如果出走，交换土地的事必然成功了。您将没有任何借口回来，并且让天下人轻视您，您不如顺其自然。韩国的土地

交换给魏国就会损害赵国，魏国的土地对换给韩国就
会损害楚国。您不如把这件事告诉楚国、赵国，楚、
赵两国都会厌恶这种做法。赵国听说后，就会起兵逼
近羊肠；楚国听说后，就会兵临方城，公仲交换土地
的事必定会失败了。"

锜宣之教韩王取秦

原文 锜宣之教韩王取秦①，曰："为公叔具车百乘，言之楚
易三川，因令公仲谓秦王曰：'三川之言曰，秦王必
取我，韩王之心不可解矣②。王何不试以襄子为质于
韩③，令韩王知王之不取三川也。'因以出襄子而德
太子。"

注释 ① 锜（qí）宣：韩国人。取秦：争取与秦国联合。取，犹言
争取联合。

② 不可解：不知道如何处理才好。

③ 襄子：秦国公子。鲍本："襄子，秦诸公子不善太子者。"

译文　锜宣教韩王如何争取秦国的联合，他说："替公叔准备一百辆车，声言去楚国，要用三川交换楚地，于是再让公仲对秦王说：'三川一带流传说，秦王一定要夺取三川，韩王心里不知如何是好。大王何不试着让襄子到韩国做人质，使韩王知道大王不想夺取三川。'这样就可以让秦国派襄子来做人质，又可以让秦国太子感激我们。"

襄陵之役

原文　襄陵之役①，毕长谓公叔曰②："请毋用兵，而楚、魏皆德公之国矣。夫楚欲置公子高③，必以兵临魏。公何不令人说昭子曰④：'战未必胜，请为子起兵以之魏。'子有辞以毋战，于是太子与昭阳、梁王皆德公矣⑤。"

注释　① 襄陵：见《齐策一·邯郸之难》注。

② 毕长：魏国人。

③ 公子高：又作"公子咎"，魏国公子，当时在楚国为质，楚

国想立他为魏国太子。

④ 昭子：即昭阳，楚国大将。

⑤ 太子：指魏惠王太子，即后来的魏襄王。姚本"太子"前有"以"字，鲍本认为是衍文，从鲍本，删掉。昭阳：姚本作"昭扬"，鲍本作"昭阳"，从鲍本。姚本"昭"字前有"扁"字，鲍本作"与"，从鲍本。

译文 襄陵战役发生后，毕长对韩国公叔说："请您不要出兵参战，楚、魏两国都会感激您的国家。楚国想立公子高为魏国太子，必然会用兵进逼魏国。您为什么不派人去劝昭阳说：'这次战争您未必能获胜，请让我替您起兵攻魏。'您也会找到借口不战，这样魏国太子和昭阳、魏王都会感激您。"

公叔使冯君于秦

原文 公叔使冯君于秦①，恐留，教阳向说秦王曰②："留冯君以善韩辰③，非上知也。主君不如善冯君而资之以秦。冯君广王而不听公叔，以与太子争④，则王泽布而害于韩矣。"

注释　① 冯君：韩国人。

② 秦王：指秦昭王。

③ 韩辰：韩国相国。郭希汾本："韩辰，韩相。"姚本作"韩臣"，金正炜本："作'韩辰'当是，辰后公仲相韩。"从金说。

④ 太子：指公子咎。郭希汾本："太子，公子咎也。时未立太子，故咎、婴、几瑟皆称太子。"

译文　公叔派冯君到秦国去，担心冯君会被扣留，告诫阳向去劝秦王说："扣留冯君来结交韩辰，这不是很明智的做法。您不如结交冯君，并用秦国的财物资助他。冯君就会宣传大王的贤明，不听公叔的摆布，您就可以依靠这些帮助几瑟，与太子咎争权，那样大王的恩泽就会传布天下，并能损害韩国的利益。"

谓公叔曰公欲得武遂于秦

原文　谓公叔曰："公欲得武遂于秦，而不患楚之能伤河外

也①。公不如令人恐楚王②，而令人为公求武遂于秦。谓楚王曰：'发重使为韩求武遂于秦，秦王听③，是令得行于万乘之主也。韩得武遂以限秦④，毋秦患而得楚⑤。韩，楚之县而已。秦不听，是秦、韩之怨深而交楚也。'"

注释

① 伤：姚本作"扬"，郭希汾本认为"扬"为"伤"字之误，从郭说。

② 楚王：指楚怀王。

③ 秦王：指秦昭王。

④ 限：姚本作"恨"，鲍本作"限"，从鲍本。

⑤ 毋：通"无"。得：通"德"。

译文

有人对公叔说："您想从秦国要回武遂，就不应怕楚国骚扰河外之地。您不如派人去警告楚王，再派人替您到秦国索要武遂。派人对楚王说：'公叔已经派出重要的使者去秦国为韩国索要武遂，秦王听从，这就是说韩国的命令在万乘之主中能够行得通。韩国要回武遂就可以限制秦国，没有秦国的祸患，并且也会感激楚国。这样韩国就如同楚国的一个郡县了。秦国如果不答应，就会使秦、韩两国的怨仇结得更深，使它们争着来同楚国结交。'"

谓公叔曰乘舟

原文　谓公叔曰："乘舟，舟漏而弗塞，则舟沉矣。塞漏舟而轻阳侯之波①，则舟覆矣。今公自以辩于薛公而轻秦②，是塞漏舟而轻阳侯之波也，愿公之察也。"

注释　① 阳侯：古代诸侯，传说因有罪投江，死后灵魂化为大波。
② 自以辩于薛公：自认为能力强于薛公。辩，同"辨"，分别，此处有强于、高于的意思。薛公，指田婴。

译文　有人对公叔说："坐船，船漏了却不知道堵塞，那么船就会沉掉。如果只堵塞漏船而轻视阳侯灵魂化作的大波，那么船也会倾覆。现在您自认为能力超过薛公就不把秦国放在眼里，这只是堵塞漏船而轻视了阳侯之波，希望您能详察。"

齐令周最使郑

原文　齐令周最使郑①，立韩扰而废公叔②。周最患之曰：
‘公叔之与周君交也，今我使郑③，立韩扰而废公叔。
语曰：‘怒于室者色于市。’今公叔怨齐，无奈何也，
必绝周君而深怨我矣④。”史舍曰⑤："公行矣，请令公
叔必重公。"周最行至郑，公叔大怒。史舍人见曰：
"周最固不欲来使，臣窃强之。周最不欲来，以为公
也；臣之强之也，亦以为公也。"公叔曰："请闻其
说。"对曰："齐大夫诸子有犬，犬猛不可叱，叱之必
噬人。客有请叱之者，疾视而徐叱之，犬不动，复叱
之，犬遂无噬人之心。今周最固得事足下⑥，而以不
得已之故来使，彼将礼陈其辞而缓其言，郑王必以齐
王为不急⑦，必不许也。今周最不来，他人必来，来
使者无交于公，而欲德于韩扰，其使之必疾，言之
必急，则郑王必许之矣。"公叔曰："善。"遂重周最。
王果不许韩扰。

注释　① 周最：周朝公子。郑：即韩国。郭希汾本："郑为韩灭，韩
迁都郑，故称韩为郑。"

② 韩扰：韩国公族。

③ 今：姚本作"令"，鲍本作"今"，从鲍本。

④ 必绝周君：姚本此句"必"字下无"绝"字，鲍本有"绝"字，从鲍本。

⑤ 史舍：齐国使者，与周最一同出使韩国。

⑥ 固：通"故"，旧时，先前。金正炜本："固与故通。……'故，犹旧也。'"

⑦ 郑王：指韩襄王。齐王：指齐闵王。

一

译文　齐国派周最出使韩国，想让韩国拥立韩扰掌政，废去公叔。周最很担忧地说："公叔与周朝国君交好，现在我却出使韩国，准备拥立韩扰掌政，而废去公叔。俗语说：'在屋子里发怒的人，到了市上也会流露出怒色。'如今公叔怨恨齐国，那没什么办法，但也一定会断绝与周君的交情，并且深深地怨恨我了。"史舍说："您去吧，请让我设法使公叔一定尊重您。"周最到达韩国，公叔大怒。史舍前去拜见说："周最本来不想来出使，臣下私下逼着他来的。周最不想来，是为您打算；臣下逼着他来，也是为您打算。"公叔说："请让我听一听您的说法。"史舍回答说："齐国大夫中有一个人有一条狗，这条狗凶猛得不可以呵斥，呵斥它一定咬伤人。客人中有一个请求去呵斥它的，紧盯着它，慢慢呵斥，狗没有动，再呵斥它，它就没有咬人的想法了。如今的周最从前曾侍奉过您，因为迫不得已的原因来出使，他将以礼陈述他的话，慢慢地说出他出使为目的，韩王一定会认为齐王并不急于促成这件事，必定不会答应。现在如果周最不来出使，别人也一定会来，来出使的人如果同您不友好，而想让韩扰感激他，他出使必定来得很快，进谏的言语也必然说得很急迫，那么韩王一定会答应他。"公叔说："好。"于是很尊重周最。韩王果真没有答应让韩扰掌政。

韩公叔与几瑟争国郑强为楚王使于韩

原文　韩公叔与几瑟争国①。郑强为楚王使于韩②，矫以新城、阳人合世子③，以与公叔争国。楚怒，将罪之。郑强曰："臣之矫与之，以为国也。臣曰，世子得新城、阳人以与公叔争国，而得全，魏必急韩氏；韩氏急，必县命于楚④，又何新城、阳人敢索？若战而不胜，幸而不死⑤，今且以至，又安敢言地？"楚王曰：
"善。"乃弗罪。

注释

① 韩公叔与几瑟争国：指韩公叔帮助公子咎与几瑟争夺国权。

② 楚王：指楚怀王。

③ 新城：见《楚策一·城浑出周》注。阳人：见《楚策一·韩
公叔有齐魏》注。世子：此指几瑟。

④ 县：通"悬"，挂，系，此处犹言寄托。

⑤ 幸：姚本作"走"，鲍本作"幸"，从鲍本。

译文

韩公叔帮助公子咎与几瑟争夺国权。郑强替楚王到韩
国出使，假传楚王之命，把楚国的新城、阳人划给了
几瑟，以此来帮助几瑟与公叔争权。楚王很生气，将
要降罪郑强。郑强说："臣下假传王命，送给几瑟土
地，是为了楚国的利益。请让臣下说一说其中的道
理，几瑟空得新城、阳人同公叔争权，如果真能成
功，魏国一定会猛攻韩国；韩国形势危急，必定会把
自己的命运寄托于楚国，又怎么敢索要新城、阳人
呢？如果打不赢，几瑟侥幸不被杀死，恐怕现在就
要逃到这里了，又怎么敢谈到要土地呢？"楚王说：
"好。"于是没有降罪郑强。

韩公叔与几瑟争国中庶子强谓太子

原文　韩公叔与几瑟争国。中庶子强谓太子曰①："不若及齐师未入，急击公叔②。"太子曰："不可。战之于国中，国必分③。"对曰："事不成，身必危，尚何足以图国之全为？"太子弗听，齐师果入，太子出走。

注释　① 太子：指几瑟。中庶子：官名。强：郑强，任中庶子。

② 击：打击，此处犹言除掉。

③ 国必分：姚本此句无"国"字，鲍本有"国"字，从鲍本。

译文　韩公叔帮助公子咎与几瑟争夺国权。中庶子郑强对几瑟说："不如趁齐国军队还没有打进来，赶快除掉公叔。"几瑟说："不行。在国内打内战，国家必然会分裂。"郑强回答说："这件事不成功，您自身必然会遭到危险，还谈什么考虑国家的完整呢？"几瑟不听，齐国军队果然侵入韩国，几瑟被迫逃亡国外。

齐明谓公叔

原文　齐明谓公叔曰①："齐逐几瑟，楚善之。今楚欲善齐甚，公何不令齐王谓楚王②：'王为我逐几瑟以穷之。'楚听，是齐、楚合而几瑟走也；楚王不听，是有阴于韩也③。"

注释　① 齐明：东周大臣。

② 齐王：指齐闵王。楚王：指楚怀王。

③ 有阴于韩：暗中对韩国有帮助。阴，暗地里，此指暗地里有帮助。

译文　齐明对公叔说："齐国驱逐了几瑟，而楚国却厚待他，现在楚国很想同齐国和好，您何不让齐王对楚王说：'请大王替我驱逐几瑟，使他困顿无路。'楚王如果听从，这样齐国、楚国就会联合在一起，几瑟只好逃亡；楚王如果不听从，这样也会使楚国对韩国暗中有所帮助。"

公叔将杀几瑟

原文　公叔将杀几瑟。谓公叔曰："太子之重公也^①，畏几瑟也。今几瑟死，太子无患，必轻公。韩大夫见王老，冀太子之用事也^②，固欲事之。太子外无几瑟之患^③，而内收诸大夫以自辅也，公必轻矣。不如无杀几瑟，以恐太子，太子必终身重公矣。"

注释　① 太子：指公子咎。

② 用事：犹言执掌政事。

③ 外无几瑟之患：在国外没有了几瑟的祸患。因为几瑟逃亡在楚国，公子咎视为祸患，杀了他，就免除了他卷土重来的可能。

译文　公叔将要让人杀死几瑟。有人劝公叔说："太子重视您，是因为他畏惧几瑟。假如现在几瑟死了，太子就没有后患，一定会轻视您。韩国大夫看到大王年迈，都希望太子执掌政事，所以都愿意侍奉太子。太子在国外没有了几瑟卷土重来的祸患，在国内收拢韩大夫辅助自己，您一定会受到轻视。不如不杀死几瑟，来威胁太子，太子必然会终生重用您。"

公叔且杀几瑟

原文　公叔且杀几瑟也，宋赫为谓公叔曰："几瑟之能为乱也，内得父兄^①，而外得秦、楚也。今公杀之，太子无患，必轻公。韩大夫知王之老而太子定，必阴事之。秦、楚若无韩，必阴事伯婴。伯婴亦几瑟也。公不如勿杀，伯婴恐，必保于公^②。韩大夫不能必其不入也^③，必不敢辅伯婴以为乱。秦、楚挟几瑟以塞伯婴。伯婴外无秦、楚之权，内无父兄之众，必不能为乱矣。此便于公。"

注释　① 父兄：指公仲朋。
② 保：保全，犹言保全性命。
③ 其：代公子几瑟。

译文　公叔将要让人杀死几瑟，宋赫为几瑟对公叔说："几瑟所以能作乱，是因为内有公仲朋的支持，外有秦

国、楚国的援助。现在您如果杀了几瑟，太子就没有
祸患，一定会轻视您。韩国大夫知道大王年老，太子
已定，必然会暗中侍奉太子。秦国、楚国失去几瑟就
如同失掉了韩国，一定会暗中扶持伯婴。伯婴将又是
一个几瑟。您不如不杀几瑟，伯婴害怕，一定会到您
这里保全性命。韩国大夫不能做到不让几瑟回国，一
定不能辅助伯婴作乱。秦国、楚国挟持几瑟遏制伯婴
的势力。伯婴外无秦国、楚国的权势，内无公仲等人
的支持，一定不能作乱。这对您是很有利的。"

谓新城君曰

原文　谓新城君曰①："公叔、伯婴恐秦、楚之内几瑟也，公
何不为韩求质子于楚②？楚王听而入质子于韩，则公
叔、伯婴必知秦、楚之不以几瑟为事也，必以韩合于
秦、楚矣。秦、楚挟韩以窘魏，魏氏不敢东，是齐孤
也。公又令秦求质子于楚③，楚不听，则怨结于韩，
韩挟齐、魏以㫐楚④，楚王必重公矣。公挟秦、楚之
重以积德于韩，则公叔、伯婴必以国事公矣。"

注释

① 新城君：即芈（mǐ）戎，秦宣太后之弟。

② 质子：指几瑟。

③ 质子：指韩国要回几瑟后送去的另一个人质。

④ 眄（miǎn）：怒视。

译文

有人对新城君说："公叔、伯婴担心秦、楚两国收留几瑟，您为什么不替韩国向楚国要回做人质的几瑟呢？楚王听从，把人质送回韩国，那么公叔、伯婴一定会知道秦、楚两国不把几瑟当回事，必然会让韩国同秦、楚两国联合了。秦国、楚国挟持韩国逼迫魏国，魏国不敢向东联合齐国，这样齐国就孤立了。您再让秦国向楚国要韩国送去的人质，如果楚国不听从，那么楚国就同韩国结下了怨仇，韩国倚仗齐国、魏国仇视楚国，楚王一定会重用您。您倚仗秦、楚两国的势力，对韩国厚施恩德，那么公叔、伯婴必定会用韩国来侍奉您。"

胡衍之出几瑟于楚

原文 胡衍之出几瑟于楚也①，教公仲谓魏王曰②："太子在楚，韩不敢离楚也。公何不试奉公子咎，而为之请太子。因令人谓楚王曰：'韩立公子咎而弃几瑟，是王抱虚质也③。王不如亟归几瑟，几瑟入，必以韩权报仇于魏而德王矣。'"

注释 ① 胡衍：韩国人。

② 魏王：指魏襄王。

③ 虚质：空质，没用的人质。

译文 胡衍在几瑟离开韩国到了楚国的时候，教公仲对魏王说："太子几瑟在楚国，韩国不敢背离楚国。您为什么不试着扶持公子咎，为他请求太子的地位。于是再派人对楚王说：'韩国立公子咎为太子，废弃了几瑟，这样大王就拥有一个无用的人质。大王不如赶快让几瑟回国，几瑟回去后，一定会凭借韩国的权势向魏国报仇，并且会感激大王的恩德。'"

几瑟亡之楚

原文　几瑟亡之楚，楚将收秦而复之。谓芈戎曰："废公叔而相几瑟者①，楚也。今几瑟亡之楚，楚又收秦而复之，几瑟入郑之日②，韩，楚之县已③。公不如令秦王贺伯婴之立也。韩绝于楚，其事秦必疾，秦挟韩亲魏，齐、楚后至者先亡，此王业也。"

注释　① 相：辅助。

② 郑：即韩国。

③ 已：姚本作"邑"，鲍本作"已"，从鲍本。

译文　几瑟逃亡到了楚国，楚国准备联合秦国重新拥立他。有人对芈戎说："毁掉公叔的计谋而且辅助几瑟的，是楚国。如今几瑟逃到了楚国，楚国又联合秦国重新拥立他，恐怕几瑟回到韩国那天，韩国就如同楚国的一个县了。您不如让秦王去祝贺伯婴被立为太子。韩国如果断绝同楚国的邦交，他们一定会急忙来侍奉秦国，秦国挟持韩国亲近魏国，齐、楚两国后来侍奉秦国的，一定首先被灭亡，这是称霸天下的事业。"

冷向谓韩咎

原文 冷向谓韩咎曰[1]:"几瑟亡在楚,楚王欲复之甚[2],令楚兵十余万在方城之外[3]。臣请令楚筑万家之都于雍氏旁[4],韩必举兵以禁之,公必将矣。公因以楚、韩之兵奉几瑟而内之郑[5],几瑟得入而德公,必以韩、楚奉公矣。"

注释 ① 韩咎:指韩国公子咎。

② 楚王:指楚怀王。

③ 方城:见《西周策·楚请道于二周之间》注。

④ 雍氏:见《东周策·楚攻雍氏》注。

⑤ 奉:犹言拥戴。

译文 冷向对韩国公子咎说:"几瑟逃亡在楚国,楚王很想重新拥立他,命令十多万楚军驻扎在方城之外。臣下请求让楚国在雍氏旁边建筑一个拥有万户人家的都邑,韩国一定会发兵阻止,您必定会做领兵的将领。您就趁机利用楚、韩两国军队拥戴几瑟回到韩国,几瑟能够回到韩国就会感激您的恩德,一定会让韩国、楚国侍奉您。"

楚令景鲤入韩

原文　楚令景鲤入韩，韩且内伯婴于秦，景鲤患之①。冷向谓伯婴曰："太子入秦②，秦必留太子而合楚，以复几瑟也，是太子反弃之③。"

注释　① 景鲤：楚怀王相国。

② 太子：指公子伯婴。

③ 之：指太子之位。

译文　楚国派景鲤到了韩国，韩国将要送伯婴到秦国去，景鲤很担忧这件事。冷向对伯婴说："太子一旦进入秦国，秦国必定会扣留太子而同楚国联合在一起，共同恢复几瑟的地位，这样太子反而会丢了太子之位。"

韩咎立为君而未定

原文　韩咎立为君而未定也，其弟在周，周欲以车百乘重而送之，恐韩咎入韩之不立也。纂毋恢曰①："不如以百金从之，韩咎立，因也以为戒②，不立，则曰来效贼也③。"

注释　①纂毋恢：周朝大臣。

②戒：指军饷。

③效贼：献上反贼。贼此指公子咎之弟。

译文　韩国公子咎争立君位还没有最后确定下来的时候，他的弟弟正在周地，周君想要用一百辆车隆重地送公子咎的弟弟回国，又担心进入韩国而公子咎没有被立为太子。纂毋恢说："不如给他带去一百金，韩公子咎被立为太子，就说这一百金是送来做军饷的；没有被立为太子，就押着公子咎的弟弟，说是来献反贼的。"

史疾为韩使楚

原文　史疾为韩使楚，楚王问曰："客何方所循①？"曰："治列子圉寇之言②。"曰："何贵？"曰："贵正③。"王曰："正亦可为国乎？"曰："可。"王曰："楚国多盗，正可以圉盗乎④？"曰："可。"曰："以正圉盗，奈何？"顷间有鹊止于屋上者，曰："请问楚人谓此鸟何？"王曰："谓之鹊。"曰："谓之乌，可乎？"曰："不可。"曰："今王之国有柱国、令尹、司马、典令⑤，其任官置吏，必曰廉洁胜任。今盗贼公行而弗能禁也，此乌不为乌，鹊不为鹊也。"

注释　①方：方术，法术。循：遵循，犹言信奉。

②列子圉寇：即列御寇，战国时郑国人，属道家学派。

③正：指正名。

④圉（yù）：阻止，防范。

⑤柱国、令尹、司马、典令：均为楚国官名。柱国，武将之中最高的官爵。令尹，如同中原诸侯国的相国。司马，掌管军政和军赋的官。典令，即典命，负责诸侯礼仪的官。

译文 史疾为韩国出使楚国，楚王问他说："贵客信奉哪种方术？"史疾说："我研究列御寇的言论。"楚王问："您崇尚什么？"史疾说："我崇尚正名。"楚王问："正名也可以用来治国吗？"史疾说："可以。"楚王问："楚国盗贼很多，正名可以防范盗贼吗？"史疾说："可以。"楚王问："用正名防范盗贼，怎样去做呢？"不一会儿有一只喜鹊落到屋顶上，史疾说："请问楚国把这种鸟叫做什么？"楚王说："叫做喜鹊。"史疾说："叫它乌鸦，可以吗？"楚王说："不可以。"史疾说："如今大王的国家有柱国、令尹、司马、典令，他们在任命、安排官职的时候，一定讲过要廉洁奉公，胜任自己的职位。现在盗贼公然横行，却不能禁止，这就如同乌鸦不称为乌鸦，喜鹊不称为喜鹊一样。"

韩傀相韩

原文 韩傀相韩①，严遂重于君②，二人相害也。严遂政议直指③，举韩傀之过。韩傀以之叱之于朝④，严遂拔剑趋之，以救解。于是严遂惧诛，亡去，游求人可以报韩傀者。至齐，齐人或言："轵深井里聂政⑤，勇敢士也，避仇隐于屠者之间。"严遂阴交于聂政，以意厚之。聂政问曰："子欲安用我乎？"严遂曰："吾得为役之日浅，事今薄⑥，奚敢有请？"于是严遂乃具酒，觞聂政母前。仲子奉黄金百镒⑦，前为聂政母寿。聂政惊，愈怪其厚，固谢严仲子。仲子固进，而聂政谢曰："臣有老母，家贫，客游以为狗屠，可旦夕得甘脆以养亲，亲供养备，义不敢当仲子之赐。"严仲子辟人⑧，因为聂政语曰："臣有仇，而行游诸侯众矣。然至齐，闻足下义甚高，故直进百金者，特以为夫人粗粝之费⑨，以交足下之欢，岂敢以有求邪？"聂政曰："臣所以降志辱身，居市井者，徒幸而养老母。老母在，政身未敢以许人也。"严仲子固让，聂政竟不肯受。然仲子卒备宾主之礼而去。

注释

① 韩傀：见《魏策四·秦王使人谓安陵君》注。

② 严遂：字仲子，韩国大臣。

③ 政：同"正"。鲍本："'政'，'正'同。"

④ 以之：犹言因此。

⑤ 轵（zhǐ）深井里：地名，在今河南省济源市南。郭希汾本："今河南济源县南有轵村，村有深井里。"

⑥ 薄：迫近。

⑦ 镒（yì）：古代重量单位，二十四两为一镒；一说，二十两为一镒。

⑧ 辟：同"避"。

⑨ 粗粝（lì）：粗米。

译文 韩傀做韩国相国的时候，严遂也受到了韩王的重用，两个人彼此忌恨。严遂议事公正，直接指斥韩傀的行为，列举韩傀的过失。韩傀于是就在朝廷上叱骂他，严遂拔出宝剑追杀韩傀，由于别人的救助才解了围。于是严遂害怕被韩傀杀害，逃出韩国，游荡在外，寻找可以向韩傀报仇的人。到了齐国，齐国有人说："轵地深井里的聂政，是一个勇士，躲避仇人隐藏在屠夫之中。"严遂就暗中与聂政交往，有意厚待他。聂政问严遂说："您想让我干什么了？"严遂说："我有幸能为您效劳的日子还很短，然而现在事情又很急迫，怎么敢有所求呢？"于是严遂就准备酒菜，向聂政母亲敬酒。严遂又拿出百镒黄金，为聂政母亲祝寿。聂政很吃惊，更加奇怪他何以厚礼相待，坚决辞谢严遂的盛情。严遂坚持进献，聂政辞谢说："我有老母亲，家中贫寒，游荡他乡，以杀狗为业，能够早晚得到些甜美香软的食物奉养老母，母亲的供养已经够用，按情理实在不敢接受您的赏赐。"严遂避开周围的人，于是对聂政说："我有仇要报，曾游访过许多诸侯国。这样到了齐国，听说您很讲义气，所以直接送上百金，也只不过是作为老夫人粗茶淡饭的费用，以此讨您的欢心，怎么敢有什么要求呢？"聂政说："我所以降低志向，辱没身份，隐居在市井之中，只是为奉养老母。老母活着，我的生命不敢交给别人。"严遂极力推让，聂政始终不肯接受礼物。然而严遂还是完成了宾主之礼才离开。

原文

久之，聂政母死，既葬，除服。聂政曰："嗟乎！政乃市井之人，鼓刀以屠，而严仲子乃诸侯之卿相也，不远千里，枉车骑而交臣，臣之所以待之，至浅鲜矣，未有大功可以称者，而严仲子举百金为亲寿，我虽不受，然是深知政也。夫贤者以感忿睚眦之意①，而亲信穷僻之人，而政独安可嘿然而止乎②？且前日要政③，政徒以老母。老母今以天年终，政将为知己者用④。"遂西至濮阳⑤，见严仲子曰："前所以不许仲子者，徒以亲在。今亲不幸，仲子所欲报仇者为谁？"严仲子具告曰："臣之仇，韩相傀，傀又韩君之季父也，宗族盛，兵卫设，臣使人刺之，终莫能就。今足下幸而不弃，请益车骑壮士以为羽翼。"政曰："韩与卫中间不远，今杀人之相，相又国君之亲，此其势不可以多人，多人不能无生得失⑥，生得失则语泄，语泄则韩举国而与仲子为仇也，岂不殆哉！"遂谢车骑人徒，辞，独行仗剑至韩。韩适有东孟之会⑦，韩王及相皆在焉，持兵戟而卫者甚众。聂政直入，上阶刺韩傀。韩傀走而抱哀侯，聂政刺之，兼中哀侯，左右大乱。聂政大呼，所杀者数十人，因自皮面抉眼，自屠出肠，遂以死。

注释

① 睚（yá）眦（zì）：怒目而视。

② 嘿：通"默"。

③ 要：约请。

④ 用：使用，此指报仇。

⑤ 濮阳：见《秦策五·濮阳人吕不韦贾于邯郸》注。

⑥ 得失：偏义复词，指差错。

⑦ 东孟之会：指韩国与其他国家在东孟的一次会盟活动。东孟，地名，今地不详；一说在今河南省延津县，缪文远本按："东孟即酸枣，在今河南延津县西南十五里。"

译文

过了很久，聂政的母亲死了，安葬完毕，除去了丧服。聂政说："唉！我只是个市井平民，动刀杀畜罢了，而严遂却是诸侯的卿相，他不远千里，委屈车马来结交我，我对待他的情分，太浅薄了，没有可以称道的大功劳，而严遂却拿出百金为我的母亲祝寿，我虽然没有接受，然而他是深深理解我的人。贤德的人因为心中有令人激愤、怒目而视的仇恨，而来亲近穷困僻远的人，我怎么可以默然不动呢？况且严遂以前约请我，我只是因为有老母。老母如今已享尽天年，我将为知己者报仇。"于是向西到了濮阳，见到严遂说："从前没有答应您的原因，只是因为老母还在。如今老母不幸谢世，请问您想报仇的人是谁？"严遂把全部情况都告诉聂政说："我的仇人，是韩国相国韩傀，韩傀又是韩王的叔父，家族庞大，卫兵设置严密，我曾派人刺杀他，一直没能成功。现在有幸承蒙您不抛弃我，请让我为您多准备车马、壮士作为随从。"聂政说："韩国与卫国之间相距不远，如今去杀人家的相国，相国又是韩王的至亲，在这种形势下不可以多带人，人多了不能保证不出差错，出了差错就会泄露秘密，泄露秘密就会使韩国举国上下与您为仇，岂不是危险了！"于是辞谢了车马随从，告别而去，独自持剑来到韩国。恰逢韩国在东孟举行盛会，韩王和相国韩傀都在那里，手持武器护卫的人很多。聂政径直闯入，奔上台阶刺杀韩傀。韩傀逃跑抱住了韩哀侯，聂政用剑刺他，同时刺中了哀侯，左右的人大乱。聂政大吼，被他杀死的人有几十个，于是聂政自己刺烂脸面，挖出眼睛，自己剖腹，流出了肠子，很快就死去了。

原文　韩取聂政尸暴于市①，县购之千金②，久之莫知谁子。政姊闻之，曰："弟至贤，不可爱妾之躯，灭吾弟之名，非弟意也。"乃之韩，视之曰："勇哉！气矜之隆，是其轶贲、育而高成荆矣③。今死而无名，父母既殁，兄弟无有，此为我故也。夫爱身不扬弟之名，吾不忍也。"乃抱尸而哭之曰："此吾弟轵深井里聂政也。"亦自杀于尸下。晋、楚、齐、卫闻之曰："非独政之能，乃其姊者亦列女也④。"聂政之所以名施于后世者，其姊不避菹醢之诛以扬其名也⑤。

注释　①暴：姚本无"暴"字，鲍本有，从鲍本。

②县：通"悬"。

③轶：超过。贲、育：战国时勇士的名字。贲，指孟贲。育，

指夏育。成荆：人名，古代勇士。

④列：通"烈"。

⑤菹（zū）醢（hǎi）：古代酷刑之一，把人剁成肉酱。

一

译文 韩国把聂政暴尸在市场上，悬赏千金想知道他的名字，过了很久，没有人知道他究竟是谁。聂政的姐姐听说后，说："我的弟弟非常贤能，我不应该吝惜自己的身躯，而泯灭了弟弟的英名，虽然这并不是弟弟的本意。"于是她来到韩国，看到聂政的尸体说："勇敢啊！浩气雄壮，这样壮烈的行为超过了孟贲、夏育，高过了成荆。现在弟弟死了，却没留下名字，父母已经去世，又没有其他兄弟，弟弟这样做是为了不牵连我的缘故啊。吝惜自己的身躯而不传扬弟弟的英名，我不忍心这样做。"她就抱着聂政的尸体哭着说："这是我的弟弟，轵地深井里的聂政。"也自杀在聂政的尸体旁。晋、楚、齐、卫等国的人听说后，都说："不只是聂政勇敢，就是他的姐姐也是一个刚烈女子。"聂政所以能名传后世，是因为他的姐姐不怕自己被剁成肉酱而传扬他的名声。

韓策三

或谓韩公仲

原文 或谓韩公仲曰："夫孪子之相似者①，唯其母知之而已；利害之相似者，唯智者知之而已。今公国，其利害之相似，正如孪子之相似也。得以其道为之，则主尊而身安；不得其道，则主卑而身危。今秦、魏之和成，而非公适束之②，则韩必谋矣。若韩随魏以善秦，是为魏从也，则韩轻矣，主卑矣。秦已善韩，必将置其所爱信者，令用事于韩以完之③，是公危矣。今公与安成君为秦、魏之和④，成固为福，不成亦为福。秦、魏之和成，而公适束之，是韩为秦、魏之门户也，是韩重而主尊矣。安成君东重于魏，而西贵于秦，操右契而为公责德于秦、魏之王⑤，裂地而为诸侯，公之事也。若夫安韩、魏而终身相，公之下服，此主尊而身安矣。秦、魏不终相听者也。齐怒于不得魏，必欲善韩以塞魏，魏不听秦，必务善韩以备秦，是公择布而割也⑥。秦、魏和，则两国德公；不和，则两国争事公，所谓成为福，不成亦为福者也，愿公之无疑也。"

注释

① 孪子：双生子。

② 束之：犹言使秦国、魏国联合在一起。束，捆绑，此指把……联合在一起。之，此指秦国和魏国。

③ 完之：使秦国的利益得到保全。之，指秦国的利益。

④ 安成君：韩国人，韩宣惠王时所封。

⑤ 右契：讨债的凭证。古代刻木、竹为契，分左、右两半，双方各执一半。右契归讨债一方。鲍本："左契，待合而已；右契，可以责取。"王：姚本作"主"，鲍本作"王"，从鲍本。

⑥ 择布而割：选择布匹去剪裁，此指可以随意处理韩国与秦、魏两国的关系。

译文

有人对韩国公仲说："孪生的孩子长得很相似，只有他们的母亲可以分清楚罢了；利与害很相似，只有聪明人才能分清楚罢了。如今您的国家，它面临的利与害很相似，正如孪生孩子长得相似一样。能够用正确的治国之道治理它，就会使国君尊贵，自身平安；不能运用正确的治国之道，就会使国君卑贱，自身危险。如今秦、魏两国的联合就要成功了，却不是您把它们联合在一起的，那么韩国一定会遭到人家的算计。如果韩国随魏国去亲近秦国，这就使韩国成为魏国的附庸，韩国就将受到轻视，国君的地位也会降

低。假如秦国已经同韩国联合，秦国一定会安置它所
亲近、信任的人，让他在韩国执掌政事，保全秦国的
利益，这样您就危险了。如今您和安成君去促成秦、
魏两国的联合，能成功固然是福事，不能成功也是福
事。秦、魏两国联合成功，恰好是您使它们联合在一
起的，这样韩国就成了秦、魏两国来往的门户，韩国
就会受到重视，韩王也会受到尊重。安成君在东面受
到韩国的推重，在西面得到秦国的重视，就可以拿着
右契为您向秦、魏两国国君索取回报，将来分割土地
成为诸侯，就是您该做的事了。至于使韩、魏两国相
安无争，自己终身做相国，是您最低可以做到的，这
样也可以使国君尊贵，自身安宁。秦、魏两国也不可
能永远相互信任。齐国恼怒得不到魏国的联合，一定
想亲近韩国断绝与魏国的联系；魏国也不会完全听命
于秦国，一定会尽力亲近韩国来防备秦国，这样您调
整韩国与其他国家的关系，就像挑选布匹随意裁剪一
样得心应手。秦国、魏国联合，那么两个国家都会感
激您；如果它们不能联合，两国就会争着侍奉您，这
就是所说的成功了是福事，不成功也是福事，希望您
不要怀疑。"

或谓公仲

原文　或谓公仲曰："今有一举而可以忠于主，便于国，利于身，愿公之行之也。今天下散而事秦，则韩最轻矣；天下合而离秦，则韩最弱矣；合离之相续，则韩最先危矣，此君国长民之大患也。今公以韩先合于秦，天下随之，是韩以天下事秦，秦之德韩也厚矣。韩与天下朝秦，而独厚取德焉，公行之计①，是其于主也至忠矣。天下不合秦，秦令而不听，秦必起兵以诛不服。秦久与天下结怨构难，而兵不决，韩息士民以待其衅②，公行之计，是其于国也，大便也。昔者，周佼以西周善于秦③，而封于梗阳④；周启以东局善于秦⑤，而封于平原⑥。今公以韩善秦，韩之重于两周也无计，而秦之争机也，万于周之时。今公以韩为天下先合于秦，秦必以公为诸侯，以明示天下，公行之计，是其于身大利也，愿公之加务也。"

注释　① 之：犹言此。

② 衅：罅（xià）隙，漏洞，此指机会。

③ 周佼：人名，西周大臣。

④梗阳：邑名。原属赵国，此时已属秦国。缪文远本："梗阳，赵邑，今山西清源县，时已为秦取。"

⑤周启：东周大臣。

⑥平原：邑名。郭人民本："平原：亦赵地。今山东平原县西南三十里。"

译文 有人对公仲说："现在有一种做法可以对国君尽忠，对国家有益，对自己有利，希望您去实现它。如今假如天下诸侯分散着去侍奉秦国，那么韩国是最受到轻视的；假如天下诸侯联合起来背离秦国，那么韩国是最弱小的；如果天下诸侯联合对抗秦国的做法断断续续，那么韩国就是最先遇到危险的，这是统治国家、统率百姓的大患。现在如果您让韩国先同秦国联合，天下诸侯跟从韩国，这是韩国带领天下诸侯侍奉秦国，秦国一定会深深地感激韩国。韩国同天下诸侯一样朝拜秦国，却独自领受了秦国深深的感激，您实行这样的计策，这对于国君来说，也算是最忠心了。如果天下诸侯不同秦国联合，秦国发布命令却没有谁听从，秦国必然会兴兵讨伐不服的诸侯。秦国长时间地与天下诸侯结仇交战，战争没有结果，韩国趁机休养士卒、百姓等待有利的时机，您推行这条计策，这对于国家，是非常有益的。从前，周佼让西周同秦国亲近，受封于梗阳；周启让东周同秦国联合，受封于平原。现在如果您让韩国亲近秦国，韩国的重要之处比起两周来，无可计数，而秦国争着与韩国结交的愿望，超过同两周结交时的万倍。如今您如果让韩国在天下诸侯之前同秦国联合，秦国一定会推举您做诸侯，来昭示天下，您推行这条计策，这对于您自身来说，是非常有利的，希望您加紧努力实施。"

韩珉攻宋

原文　韩珉攻宋①，秦王大怒曰②："吾爱宋与新城、阳晋同也③。韩珉与我交，而攻我甚所爱，何也？"苏秦为齐说秦王曰："韩珉之攻宋，所以为王也。以齐之强，辅之以宋，楚、魏必恐。恐，必西面事秦。王不折一兵，不杀一人，无事而剖安邑④，此韩珉之所以祷于秦也。"秦王曰："吾固患齐之难知，一从一横，此其说何也？"对曰："天下固令齐可知也。齐故已攻宋矣，其西面事秦，以万乘自辅；不西事秦，则宋地不安矣。中国白头游敖之士，皆积智欲离秦、齐之交，伏轼结靷西驰者，未有一人言善齐者也；伏轼结靷东驰者，末有一人言善秦者也。皆不欲齐、秦之合者，何也？则晋、楚智而齐、秦愚也⑤。晋、楚合必伺齐、秦，齐、秦合必图晋、楚，请以决事。"秦王曰："善。"

注释

① 韩珉：姚本作"韩人"，吴师道补鲍本曰："首句不云'韩攻宋'，而云'韩人'，疑'人'即'珉'之讹。"金正炜本认为吴说为是，从吴、金之说，改"人"为"珉"。黄丕烈《札记》按："鲍氏引《史记·齐世家》，此下'韩'字皆作'齐'。考此策文必本亦作'齐'。"黄说为是，姚本此篇作"韩"字处，除"韩珉"的"韩"字外，均应从黄说，改"韩"为"齐"。

② 秦王：指秦昭王。

③ 新城：见《秦策一·司马错与张仪争论于秦惠王前》注。

阳晋：见《齐策一·苏秦为赵合纵说齐宣王》注。

④ 安邑：见《秦策一·秦惠王谓寒泉子》注。

⑤ 晋：指魏国。

译文

韩珉为齐国攻打宋国，秦王大怒说："我爱宋国，与爱新城、阳晋是一样为。韩珉同我交往，却攻打我非

常喜欢的地方，为什么呢?"苏秦为齐国游说秦王说:
"韩珉攻打宋国，正是为了大王着想。凭齐国的强大，
再加上宋国的辅助，楚、魏两国一定惊慌，只要他们
一害怕，就一定会到西面来侍奉秦国。大王不损一兵
一卒，不杀一人，不经过战争就可以割取安邑，这是
韩珉为秦国祈求的事。"秦王说:"我本来就担心齐国
的行动难以意料，一会儿合纵一会儿连横，你又这样
说，为什么?"苏秦回答说:"天下诸侯本来使齐国可
以理解了。齐国原来已经攻占了宋国，假如他们到西
面来侍奉秦国，就可以借助拥有万辆兵车的秦国辅助
自己;不到西面侍奉秦国，那么宋地也不会安宁无
事。中原一带的白头说客，都处心积虑想离间秦、齐
两国的邦交，那些伏在车前横木上，系好拉车皮带向
西而来的说客，没有一个说应该亲近齐国的;另一些
伏在车轼上，系好拉车皮带向东而去的说客，没有一
个说应该亲近秦国的。他们都不想齐、秦两国联合，
为什么? 这就是魏、楚两国聪明，而齐、秦两国太傻
了。魏、楚两国联合一定会窥探齐、秦两国的动静，
齐、秦两国联合必然要图谋魏国、楚国，请您决断韩
珉攻打宋国之事吧。"秦王说:"太好了。"

或谓韩王

原文 或谓韩王曰①："秦王欲出事于梁②，而欲攻绛、安邑③，韩计将安出矣？秦之欲伐韩以东窥周室甚，唯寐忘之。今韩不察，因欲与秦，必为山东大祸矣。秦之欲攻梁也，欲得梁以临韩，恐梁之不听也，故欲病之以固交也④。王不察，因欲中立，梁必怒于韩之不与己，必折为秦用，韩必举矣，愿王熟虑之也。不如急发重使之赵、梁，约复为兄弟，使山东皆以锐师戍韩、梁之西边，非为此也，山东无以救亡，此万世之计也。秦之欲并天下而王之也，不与古同。事之虽如子之事父，犹将亡之也。行虽如伯夷⑤，犹将亡之也。行虽如桀、纣，犹将亡之也。虽善事之无益也，不可以为存，适足以自令亟亡也。然则山东非能从亲，合而相坚如一者，必皆亡矣。"

注释 ① 韩王：指韩襄王。

② 秦王：指秦昭王。

③ 绛：指新绛，在今山西省侯马市。又，郭希汾本："绛，今山西新绛县等地。"

④病之：使之病，指使魏国陷入困境。

⑤伯夷：商末孤竹君之子，反对周武王伐纣，武王灭商，逃进首阳山，不食周粟而死。

译文　有人对韩王说："秦王要对魏国发动战争，想要攻取绛地、安邑，韩国将要制定怎样的策略呢？秦王想要进攻韩国，进而窥探周朝的欲望很强烈，恐怕只有睡着了才能忘记。如今假如韩国不了解情况，就想与秦国建交，一定会酿成殽山以东六国的大祸。秦国要进攻魏国，是想在得到魏国之后兵临韩国，担心魏国不听从，所以就想使它陷入困境来巩固邦交。如果大王不详察，就想保持中立，魏国必然会恼怒韩国不帮助自己，一定会掉头为秦国所驱使，韩国一定会被攻下，希望大王仔细考虑这件事。不如赶快派遣重要的使臣去赵国、魏国，定约重新成为兄弟之国，使殽山以东各国都派出精锐军队，戍守韩国、魏国的西部边界，不这样做，殽山以东各国便没有任何办法挽救被灭亡的命运，这是影响万世的策略。秦国想兼并天下诸侯，称霸天下，与古代称霸者不同。即使像儿子侍奉父亲一样侍奉秦国，仍将会被灭亡。国君的品行像伯夷一样，仍将被灭掉。国君的品行如夏桀、殷纣，也同样将被灭掉。即使侍奉秦国，也没有任何益处，不能够存在下去，恰好足可以使自己早一点被灭掉。那样崤山以东各国中不能合纵相亲，联合如一，坚守信约的，一定都会被灭亡了。"

谓郑王

原文　谓郑王曰①："昭釐侯②，一世之明君也；申不害③，一世之贤士也。韩与魏敌侔之国也④，申不害与昭釐侯执珪而见梁君⑤，非好卑而恶尊也，非虑过而议失也。申不害之计事曰：'我执珪于魏，魏君必得志于韩，必外靡于天下矣⑥，是魏弊矣。诸侯恶魏必事韩，是我免于一人之下⑦，而信于万人之上也⑧。夫弱魏之兵而重韩之权，莫如朝魏。'昭釐侯听而行之，明君也；申不害虑事而言之，忠臣也。今之韩弱于始之韩，而今之秦强于始之秦。今秦有梁君之心矣，而王与诸臣不事为尊秦以定韩者，臣窃以为王之明为不如昭釐侯，而王之诸臣忠莫如申不害也。

注释

① 郑王：指韩釐王。一说，指韩桓惠王。

② 昭釐侯：指韩昭侯。

③ 申不害：见《韩策一·大成午从赵米》注。

④ 敌侔（móu）之国：指国力相同的国家。敌，相当。侔，齐等，等同。

⑤ 执珪（guī）：犹言执珪上朝。珪，帝王、诸侯在进行朝会、祭祀典礼时拿的一种玉。

⑥ 靡：耗费。

⑦ 免：通"俛"，即"俯"的异体字，犹言俯首，低头。

⑧ 信：通"仲"。

译文

有人对韩釐王说："昭釐侯，是一代明君；申不害，是一代贤人。韩国与魏国是国力相当的国家，申不害与昭釐侯手拿着珪玉去朝见魏王，他们并不是喜欢卑贱厌恶尊贵，也不是考虑不周议事失策。申不害谋划此事时说：'我们手拿珪玉去朝拜魏国，魏王一定会对韩国志得意满，必定会向天下诸侯用兵消耗魏国的国力，这样魏国就衰败了。天下诸侯厌恶魏国必然侍奉韩国，这样我们虽在一人之下低头，却可以高居万人之上。想削弱魏国军队，使韩国的权势得到重视，没有什么比朝见魏国更有效的。'昭釐侯听取意见并加以实行，他是一个明君；申不害考虑问题并说出来，他是一个忠臣。现在的韩国比原来的韩国弱小，而现在的秦国却比原来的秦国强大。如今秦王有魏王那样的野心，而大王和大臣们却不从事尊秦的活动，来安定韩国，臣下私下认为大王不如昭釐侯英明，大王的大臣们也不如申不害忠心。

原文 "昔者，穆公一胜于韩原而霸西州①，晋文公一胜于城濮而定天下②，此一胜立尊，令成功名于天下。今秦数世强矣，大胜以十数③，小胜以百数，大之不王，小之不霸，名尊无所立，制令无所行，然而春秋用兵者，非以求主尊成名于天下也。昔先王之攻，有为名者，有为实者。为名者攻其心，为实者攻其形④。昔者，吴与越战，越人大败保于会稽之上⑤。吴人入越而户抚之。越王使大夫种行成于吴⑥，请男为臣，女为妾，身执禽而随诸御⑦。吴人果听其辞，与成而不盟，此攻心者也。其后越与吴战，吴人大败，亦请男为臣，女为妾，反以越事吴之礼事越，越人不听也，遂残吴国而禽夫差⑧，此攻其形者也。今将攻其心乎？宜使如吴；攻其形乎？宜使如越。夫攻形不如越，而攻心不如吴，而君臣上下少长贵贱毕呼霸王，

臣窃以为犹之井中而谓曰：'我将为尔求火也。'

注释

① 穆公：指秦穆公。韩原：地名，在今山西省芮城县。郭希汾本："韩原，今山西芮城县东北七里河北故城有韩亭，即秦晋战处。"西州：即西方。鲍本："犹言西方。"

② 晋文公：晋献公之子，名重耳，春秋五霸之一。城濮：见《秦策五·四国为一将以攻秦》注。

③ 十：姚本作"千"，鲍本作"十"，从鲍本。

④ 攻其形：犹言攻取土地、掠夺人口。形，形体，此指土地和人口。鲍本："形，在外者，谓地与民。"

⑤ 会稽：见《秦策五·谓秦王》注。

⑥ 越王：指勾践。大夫种：见《秦策三·蔡泽见逐于赵》注。

⑦ 执禽：拿着禽鸟作为见面礼。郭人民本："执禽，执禽鸟为贽。"诸御：此指吴国管事的人。鲍本："诸御，吴之执事者。"

⑧ 残：毁坏，此指灭亡。禽：通"擒"。夫差：见《秦策三·蔡泽见逐于赵》注。

译文

"从前，秦穆公在韩原打了一次胜仗就称霸西部，晋文公在城濮打了一次胜仗就平定了天下，这都是依靠一次胜利就确立了尊贵的地位，使自己在天下成就功名。如今秦国连续几代强盛，大的胜仗用十来记数，小的胜仗用百来记数，取得大胜仗没有称王，获得小的胜利也没有称霸，也没有确立什么尊贵的名分，制定法令也没有得到推行，可是秦国终年发动战争，并不全是为了求得国君的尊贵或在天下成名。从前先王进行的攻伐，有的是为名声，有的是为实利。为名声的瓦解对方的斗志，为实利的攻取土地、掠夺人口。过去，吴国与越国交战，越国人被打得大败，退守在会稽山上。吴国人攻入越国后，按户安抚越国百姓。越王派大夫文种向吴国求和，请求让男子做奴隶，女子做侍妾，自己亲自拿着禽鸟作为见面礼，跟随在管事人的身后。吴国人果真听信了他们的话，同他们讲和却没有订下盟约，这就是为了瓦解他们的斗志。在这以后，越国与吴国开战，吴国人被打得大败，也请求让男子做奴隶，让女子做侍妾，反过来用越国人侍奉吴国人的礼节侍奉越国人，越国人没有听从，于是灭亡了吴国，生擒了夫差，这是为了攻取土地、掠夺人口。现在您要瓦解秦国的斗志吗？应该让自己像吴国一样；您想攻取秦国土地、得到秦国的人口吗？应该使自己像越国一样。如果攻取土地、夺取人口赶不上越国，瓦解敌人斗志赶不上吴国，君臣上下、年少年长的、富贵贫贱的却全部高喊称王称霸，臣下私

下认为这如同落入了井中，却对人家说：'我将为您找火。'

原文　"东孟之会，聂政、阳坚刺相兼君①。许异蹴哀侯而殪之②，立以为郑君③，韩氏之众无不听令者，则许异为之先也。是故哀侯为君，而许异终身相焉。而韩氏之尊许异也，犹其尊哀侯也。今日郑君不可得而为也，虽终身相之焉，然而吾弗为云者，岂不为过谋哉？昔齐桓公九合诸侯④，未尝不以周襄王之命⑤。然则虽尊襄王，桓公亦定霸矣。九合之尊桓公也，犹其尊襄王也。今日天子不可得而为也，虽为桓公吾弗为云者，岂不为过谋而不知尊哉？韩氏之士数十万，皆戴哀侯以为君，而许异独取相焉者，无他；诸侯之君无不任事于周室也，而桓公独取霸者，亦无他也。今强国将有帝王之亹⑥，而以国先者，此桓公、许异之类也，岂可不谓善谋哉？夫先与强国之利，强国能王，则我必为之霸；强国不能王，则可以辟其兵，使之无伐我。然则强国事成，则我立帝而霸；强国之事不成，犹之厚德我也。今与强国，强国之事成则有福，不成则无患，然则先与强国者，圣人之计也。"

注释 ① 阳坚：人名，聂政刺杀韩傀的助手。鲍本："坚，政之副。"
相：指韩国相国韩傀。

② 许异：人名，韩国人。蹴（cù）：踢。殪（yì）之：此指让他装死。殪，死。之，代韩哀侯。

③ 郑君：指韩国国君。

④ 齐桓公：见《西周策·秦令樗里疾以车百乘入周》注。九合诸侯：见《秦策三·蔡泽见逐于赵》注。

⑤ 周襄王：周惠王之子，名郑。

⑥ 亹（mén）：峡谷两侧对峙如门的地方，此指出路，途径。

译文 "东孟会盟的时候，聂政、阳坚刺杀韩国相国及哀侯。许异踢哀侯，让他装死，韩哀侯被立为国君后，韩国那么多人没有不服从命令的，那是因为许异做了表率。因此韩哀侯做国君，许异终身做他的相国。韩国人尊重许异，如同他们尊重哀侯一样。今天'韩王'是做不成了，即使终身做相国也是好事，然而我们却不去做，难道不是谋划失误吗？从前齐桓公九次会合诸侯，未尝不依照周襄王的命令。然而虽然遵从周襄王，齐桓公也还是确定了霸主的地位。九次会合的诸侯，尊重齐桓公，如同尊重周襄王一样。今天天子是做不成了，即使可以做一个'桓公'，我们也不去做，这难道不是计谋失误，不懂得怎样才能尊贵吗？韩国民众几十万，都拥戴哀侯做国君，而只有许异得到了相国之位，没有其他的原因；各诸侯国的国君没有不替周王朝做事的，然而只有齐桓公取得了霸主地位，也没有别的原因。如今强大的秦国就将找到成就帝王之业的途径，使国家先行一步，这是齐桓公、许异之类的事，这难道还称不上善于谋划吗？先给强大的秦国一定的好处，强国能称王，那么我们一定能称霸；强国不能称王，那么我们也可以避免它所发动的战争，让它不攻打我们。既然如此，那么一旦强国的事情成功了，我们就拥立帝王雄霸一方；强国的大事不成功，依然会深深地感激我们。现在如果结交强大的秦国，强国的事情成功了，那么您有后福；强国的大事不成功，那么您也没有后患。既然这样，那么先结交强国，是圣人的计谋。”

韩阳役于三川而欲归

原文　韩阳役于三川而欲归①，足强为之说韩王曰②：“三川

服矣，王亦知之乎？役且共贵公子③。"王于是召诸
公子役于三川者而归之④。

注释

① 韩阳：韩国人。

② 足强：韩国人。

③ 役且共贵公子：犹言服兵役的将士要立韩阳等人为君。役：
役人，指服兵役的将士们。贵，使 …… 显贵，此指立 ……
为君。公子，指韩阳等人。鲍本："役，役人。公子，谓韩阳
等辈。贵，言立之为君。"

④ 诸公子：群公子，也指韩阳等人。

译文

韩阳领兵在三川作战，想要回国，足强为他游说韩王
说："三川已经屈服了，大王也知道这事了吧？服兵
役的将士们都要立韩阳等人为君。"韩王于是召集在
三川服兵役的韩国公子，让他们回国。

秦大国

原文

秦，大国也。韩，小国也。韩甚疏秦。然而见亲秦，

计之，非金无以也，故卖美人。美人之贾贵，诸侯不能买，故秦买之三千金，韩因以其金事秦，秦反得其金与韩之美人。韩之美人因言于秦曰："韩甚疏秦。"从是观之，韩亡美人与金，其疏秦乃始益明。故客有说韩者曰："不如止淫用。以是为金以事秦，是金必行，而韩之疏秦亦明①。美人知内行者也②，故善为计者，不见内行③。"

注释

① 亦明：姚本作"不明"，金正炜本："'不明'当作'亦明'，字形相似而误。"从金说。

② 内行：内情。

③ 见：同"现"。

译文

秦国，是大国。韩国，是小国。韩国很疏远秦国。然而韩国又让秦国看出自己亲近秦国，考虑来考虑去，不用黄金不行，所以就出卖美女。美女的价钱很贵，诸侯们买不起，所以秦国花了三千金来买美女。韩国于是又用秦国的黄金侍奉秦国，秦国反倒得到了那些黄金和美女。韩国的美女因此对秦王说："韩国对秦国疏远得很。"由此看来，韩国不但失去了美女和黄金，而且韩国疏远秦国就更加明显了。因此有个外人劝说韩国说:"不如停止这种淫邪的做法。用这种办法换取金子来侍奉秦国,这样黄金是一定要送去,而韩国疏远秦国的举动也更加明显。美女是了解内情的,所以善于运用计策的人,是不会让内情外露的。"

张丑之合齐楚讲于魏

原文 张丑之合齐、楚讲于魏也①,谓韩公仲曰:"今公疾攻魏之郓②,魏急,则必以地和于齐、楚,故公不如勿攻也。魏缓则必战,战胜,攻郓而取之,易矣③。战不胜,则魏且内之。"公仲曰:"诺。"张丑因谓齐、楚曰:"韩已与魏矣,以为不然,则盍观公仲之攻也④。"公仲不攻,齐、楚恐,因讲于魏而不告韩。

注释 ① 张丑:齐国大臣。

② 郓(yùn):邑名,在今山东省郓城县东。姚本作"运",鲍本作"郓",从鲍本。下文"郓"字同。

③ 易:鲍本:"胜则兵散,又无齐、楚之助,韩可取郓。"

④ 盍:姚本作"盖",一本作"盍",鲍本:"盖"作"盍"。

从姚本一本及鲍本。

译文 张丑联合齐、楚两国同魏国讲和，对韩国公仲说：
"现在您猛攻魏国的郓邑，魏国情况危急，就一定会
割让土地与齐、楚两国求和，所以您不如不攻打魏
国。魏国形势得到缓和一定会同齐、楚两国交战，如
果魏国打胜了，你们乘魏兵疲敝攻取郓邑，就容易
了。如果魏国打败了，魏国就会把郓邑送给韩国。"
公仲说："好吧。"张丑于是对齐、楚两国说："韩国已
经同魏国联合了，如果你们认为不是这样，那么何不
看一看公仲是否还攻打邪邑。"公仲没有攻打郭邑，
齐、楚两国非常恐慌，于是同魏国讲和，并且没有告
诉韩国。

或谓韩相国

原文 或谓韩相国曰："人之所以善扁鹊者①，为有臃肿也②；
使善扁鹊而无臃肿也，则人莫之为之也③。今君所以
善平原君者④，为恶于秦也；而善平原君乃所以恶于

秦也，愿君之熟计之也。"

注释　① 扁鹊：见《秦策二·医扁鹊见秦武王》注。

② 臃肿：痈疽。

③ 莫之为之：没有谁去做它，指没有人去亲近扁鹊。

④ 所以善平原君：姚本作"以所事善平原君"，金正炜本：

"'以所'二字误倒，又衍'事'字。"

译文　有人对韩国相国说："人们所以亲近扁鹊，是因为有
痈疽之类的病痛；如果没有痈疽之类的病痛，再让人
们去亲近扁鹊，那么就会没有人亲近他。如今您所以
对平原君很好，是因为您被秦国憎恨；而亲近平原君
才是您被秦国憎恨的原因，希望您仔细考虑这件事。"

公仲使韩珉之秦求武隧

原文　公仲使韩珉之秦求武隧①，而恐楚之怒也。唐客谓公
仲曰②："韩之事秦也，且以求武隧也，非弊邑之所憎
也。韩已得武隧，其形乃可以善楚。臣愿有言而不敢

为楚计。今韩之父兄得众者毋相，韩不能独立，势必不善楚。王曰：'吾欲以国辅韩珉而相之可乎？父兄恶珉，珉必以国保楚。'"公仲说，仕唐客于诸公而使之主韩、楚之事③。

注释

① 武隧：见《韩策一·秦围宜阳》注。

② 唐客：人名，楚国人。

③ 仕：姚本作"士"，鲍本作"仕"，从鲍本。

译文

公仲朋派韩珉去秦国要武隧，又担心楚国恼怒。唐客对公仲说："韩国侍奉秦国，是准备要回武隧，这不是敝国所憎恨的。韩国得到武隧后，那样的形势下才可以亲近楚国。我愿意谈几句，并不敢为楚国打算。现在韩国的父兄，得到众人支持的没有做相国，韩国不能独立，势必不会亲近楚国。楚王曾说：'我想用全国的力量帮助韩珉做相国，可以吗？韩国父兄厌恶韩珉，韩珉一定会让韩国维护楚国。'"公仲朋听了很高兴，就向大臣们推荐唐客做官，让他掌管韩、楚两国之间的事务。

韩相公仲朋使韩珉之秦

原文　韩相公仲朋使韩珉之秦①，请攻魏，秦王说之②。韩珉在唐③，公仲朋死。韩珉谓秦王曰："魏之使者谓后相韩辰曰④：'公必为魏罪韩珉。'韩辰曰：'不可。秦王仕之，又与约事。'使者曰：'秦之仕韩珉也，以重公仲也。今公仲死，韩珉之秦，秦必弗入⑤。又奚为挟之以恨魏王乎？'韩辰患之，将听之矣。今王不召韩珉，韩珉且伏于山中矣。"秦王曰："何意寡人如是之权也！今安伏⑥？"召韩珉而仕之。

注释　①公仲朋使韩珉：姚本此句作"公仲珉使韩侈"，缪文远本："此'珉'为'倗'之讹，而'韩侈'之'侈'则又'珉'之讹也。"公仲倗即公仲朋，从缪说。标题及下文中"公仲珉""韩侈"均从缪说改为"公仲朋""韩珉"。

②秦王：指秦昭王。

③唐：地名，今地不详；一说在今河南省洛阳市东北。

④韩辰：韩国相国。

⑤秦必弗入：姚本此句后有"入"字，鲍本无"入"字，从鲍本。

⑥今：姚本作"令"，黄丕烈《礼记》："'令'当作'今'。"从黄说。

译文　韩国相国公仲朋派韩珉出使秦国，请求秦国进攻魏国，秦王很高兴。韩珉在唐地的时候，公仲朋死了。韩珉对秦王说："魏国的使者对继任的相国韩辰说：'您一定要替魏国处罚韩珉。'韩辰说：'不能这样做。秦王让他做官，又同他有定约之事。'使者说：'秦国让韩珉做官，是因为重视公仲。现在公仲死了，韩珉去秦国，秦国，一定不会让他入境。又怎么会协同他一起仇视魏王呢？'韩辰很担忧，就要听从魏国使者的话。今天如果大王不召见我，我就要隐居到山里去了。"秦王说："怎么把寡人想象得如此反复无常呢！现在您在哪里隐居呢？"于是召来韩珉，让他做官。

客卿为韩谓秦王

原文　客卿为韩谓秦王曰①："韩珉之议，知其君不知异君，知其国不知异国。彼公仲者，秦势能诎之②。秦之强，首之者，珉为疾矣。进齐、宋之兵至首垣③，远薄梁郭，所以不及魏者，以为成而过南阳之道，欲以四国西首也④。所以不者，皆曰以燕亡于齐，魏亡于秦，陈、蔡亡于楚，此皆绝地形，群臣比周以蔽其上，大臣为诸侯轻国也。今王位正⑤，张仪之贵不得议公孙郝，是从臣不事大臣也；公孙郝之贵不得议甘茂，则大臣不得事近臣矣。贵贱不相事，各得其位，辐凑以事其上，则群臣之贤不肖可得而知也。王之明一也。公孙郝尝疾齐、韩而不加贵，则为大臣不敢为诸侯轻国矣。齐、韩尝因公孙郝而不受⑥，则诸侯不敢因群臣以为能矣。内外不相为，则诸侯之情伪可得而知也。王之明二也。公孙郝、樗里疾请无攻韩，陈而辟去⑦，王犹攻之也。甘茂约楚、赵而反敬魏，是其讲我⑧，茂且攻宜阳，王犹校之也⑨。群臣之知无几于王之明者⑩，臣故愿公仲之以国侍于王⑪，而无自左右也。"

注释

① 客卿：在其他国家做官的人，被称为客卿，此指韩国客卿。

② 诎（qū）：通"屈"，折服。

③ 首垣：姚本作"首坦"，鲍本作"首垣"，从鲍本。魏国地名。缪文远本："首垣……故城在今河南长垣县东北

三十五里。"

④ 四国：指韩、齐、魏、宋四国。西首：面向西。此指向西
进攻秦国。

⑤ 位正：即正位，端正贵贱之位。

⑥ 齐、韩尝因公孙郝而不受：齐、韩两国曾想通过公孙郝来
利用秦国，秦王没有接受。

⑦ 陈而辟去：军队的行列因没有遭到进攻而解散。陈，同
"阵"，两军交战时，军队的行列。而，姚本作"四"，吴师道
补鲍本曰："'四'，疑当作'而'。"从吴说。辟，同"避"，
退避。

⑧ 约楚赵：指约楚、赵两国攻打魏国。讲：通"构"，构难，
结仇。孟庆祥本："讲：通构，构难。"一说，谋，犹言算计。

⑨ 校：比较。此指比较攻伐与讲和的利害得失。

⑩ 几：犹言接近。

⑪ 以国：姚本作"国以"，鲍本作"以国"，从鲍本。

译文　韩国的一位客卿为韩国对秦王说："韩珉议论政事，
只了解自己的国君而不了解别国国君，只了解自己的
国家而不了解其他国家。那个公仲，秦国的势力就能
使他折服。秦国强大的时候，韩国竟敢首先进攻，韩
珉是在自讨失败。韩国曾让齐、宋两国军队攻到魏国

的首垣，逼近大梁城郊，没有进一步攻占魏国的原因，是认为同魏国讲和就可以通过南阳的道路，想用韩、齐、宋、魏四国的力量向西攻秦。没有进攻的原因，是人们都说燕国被齐国攻破，魏国被秦国攻破，陈国、蔡国被楚国攻破，这些都是土地大小地形险要相差悬殊，群臣结党营私蒙蔽君王，大臣为了别的诸侯而轻视自己国家的结果。现在大王端正了贵贱不同的名位，张仪那样显贵也不能私下议论公孙郝，这是使外臣不得干涉大臣的事；公孙郝那样显贵也不能私下议论甘茂，这就是大臣不得干涉近臣行事，贵贱不互相干涉，各得其位，像辐条集于车轴一样共同侍奉自己的君王，那么群臣贤能与无能，就可以知道了。这是大王第一个圣明之处。公孙郝曾加紧联合齐、韩两国，大王并没有加以奖赏，那么做大臣的也就不敢为了别的诸侯而轻视本国利益了。齐、韩两国曾想通过公孙郝来利用秦国，秦王没有答应，那么诸侯就不敢再通过群臣为自己求利了。内外不互相勾结，那么诸侯的内情真伪就可以知道了。这是大王第二个圣明的地方。公孙郝、樗里疾请求不要攻打韩国，韩国军队的行列因没有遭到进攻而解散，大王如同打败了韩国一样。甘茂约定楚、赵两国攻打魏国，却反过来恭敬魏国，这是同我们韩国结怨，甘茂要进攻宜阳，大王还是衡量了攻伐与讲和的利害得失。群臣的智慧同大王的圣明相比相差甚远，所以臣下愿意让公仲用自己的国家来侍奉大王，而不要从左右的人那里求得谋略。"

韩珉相齐

原文

韩珉相齐，令吏逐公畴竖①，大怒于周之留成阳君也②。谓韩珉曰："公以二人者为贤人也，所入之国因用之乎？则不如其处小国③。何也？成阳君为秦去韩，公畴竖，楚王善之。今公因逐之，二人者必入秦、楚，必为公患，且明公之不善于天下。天下之不善公者，与欲有求于齐者，且收之以临齐而市公。"

注释

① 公畴竖：人名，生平不详。鲍本认为是齐国人。郭希汾本认为是韩国人。

② 成阳君：韩国人，主张秦、韩两国联合。

③ 小国：指周国。

译文　韩珉做齐国相国时，要派官吏驱逐公畴竖，并且很恼怒成阳君留在周地。有人对韩珉说："您认为这两个人是贤人，他们所去的国家都会任用他们吗？那就不如让他们留在周地。为什么呢？成阳君为了秦国才离开韩国，而公畴竖呢，楚王对他又很好。现在您因此而驱逐他们，这两个人一定会去秦国、楚国，一定会成为您的祸患，这也将表明您同天下诸侯不友好。天下诸侯中与您不友好的，和那些需要向齐国求助的人，就会收留他们，一旦兵临齐国，齐王就会出卖您。"

或谓山阳君

原文　或谓山阳君曰①："秦封君以山阳②，齐封君以莒③。齐、秦非重韩则贤君之行也。今楚攻齐取莒，上及不交齐，次弗纳于君，是棘齐、秦之威而轻韩也④。"山阳君因使之楚。

注释　① 山阳君：韩国大臣，韩釐王时封君。

② 山阳：地名，在今河南省修武县西北。

③ 莒（jǔ）：地名，在今山东省莒县。

④ 棘：通"急"，此指威胁。

译文　有人对山阳君说："秦国把山阳封赏给您，齐国把莒地封赏给您。齐、秦两国不是重视韩国，就是看重您的品行。现在楚国攻打齐国夺取莒地，首先再不能同齐国结交，其次莒地也不能接纳您，楚国这样做是由于受到齐、秦两国的威胁，也说明楚国轻视韩国。"山阳君于是派他去楚国。

赵魏攻华阳

原文　赵、魏攻华阳①，韩谒急于秦，冠盖相望，秦不救。韩相国谓田苓曰②："事急，愿公虽疾，为一宿之行。"田苓见穰侯，穰侯曰："韩急乎？何故使公来？"田苓对曰："未急也。"穰侯怒曰："是何以为公之王使乎？冠盖相望，告弊邑甚急，公曰未急，何也？"田苓曰："彼韩急则将变矣。"穰侯曰："公无见王矣，臣请今发兵救韩③。"八日中，大败赵、魏于华阳之下。

注释　① 华阳：地名，在今河南省新郑市；一说在今河南省修武县。
郭人民本年："华阳，韩邑，今新郑县北五十里有华阳故城。"
缪文远："华阳，韩地，在今河南修武县北之华阳寨。"
② 田苓：韩国人。
③ 今：犹言马上，立即。姚本作"令"，金正炜本："'令'当
作'今'。今，犹即也。"从金说。

译文　赵、魏两国攻打华阳，韩国向秦国告急，使者车辆上
的冠盖彼此都望得见，秦国就是不援救。韩国相国
对田苓说："事情紧急，您虽然不舒服，也希望您能
赶一宿的路程。"田苓拜见穰侯，穰侯说："韩国危急
了吗？为什么派您来？"田苓回答说："韩国并没有危
急。"穰侯大怒说："由此看来，为什么让您做韩王的
使者呢？使者连续不断，告诉弊国说你们情况很紧
急，您却说没有危急，为什么？"田苓说："韩国如果
危急，就会背叛秦国了。"穰侯说："您不要见大王了，
我马上请求发兵援救韩国。"八天之内，秦国军队在
华阳城下把赵、魏两国军队打得大败。

秦招楚而伐齐

原文　秦招楚而伐齐，冷向谓陈轸曰："秦王必外向①。楚之齐者②，知西不合于秦，必且务以楚合于齐。齐、楚合，燕、赵不敢不听。齐以四国敌秦，是齐不穷也。"向曰："秦王诚必欲伐齐乎？不如先收于楚之齐者，楚之齐者先务以楚合于齐，则楚必即秦矣。以强秦而有楚③，则燕、赵不敢不听，是齐孤矣。向请为公说秦王。"

注释　① 外向：向外联合别国，此指不专一与楚国联合。鲍本："言合他国，不一于楚。"

② 楚之齐者：指楚国内部与齐国亲善的人。

③ 以强秦而有楚：姚本作"以强秦而有晋、楚"，鲍本认为衍"晋"字，从鲍本。

译文　秦国召集楚国一同攻打齐国，冷向对陈轸说："将来秦王一定会联合别国，不会专一与楚国联合。楚国内部亲善齐国的人，知道不可能与西面的秦国联合，必定会竭力使楚国与齐国联合。齐、楚两国一旦联合在

一起，燕、赵两国就不敢不听命。齐国用四个国家的
力量对抗秦国，这样齐国就不会屈服。"冷向说："秦
王真的一定要攻打齐国吗？不如先收服楚国内部亲善
齐国的人，楚国内部的亲齐者虽然原先竭力使楚国同
齐国联合，但一旦被秦国收服，楚国就会靠向秦国。
凭秦国的强大，再有楚国的支持，那么燕、赵两国就
不敢不听命，这样齐国便孤立了。请让我替您去游说
秦王。"

韩氏逐向晋于周

原文 韩氏逐向晋于周①，周成恢为之谓魏王曰②："周必宽
而反之，王何不为之先言，是王有向晋于周也。"魏
王曰："诺。"成恢因为谓韩王曰："逐向晋者韩也，而
还之者魏也，岂如道韩反之哉③！是魏有向晋于周，
而韩王失之也。"韩王曰："善。"亦因请复之。

注释 ① 向晋：周朝大臣。
② 成恢：周朝大臣。

③ 道：犹言由，通过。鲍本："道，犹由。"

译文　韩国让周室驱逐了向晋，周室的成恢替他对魏王说："周室一定会宽容向晋，让他返回周地，大王何不为他先说几句好话，这样大王在周室就有向晋做心腹。"魏王说："好吧。"成恢于是又对韩王说："设法让周室驱逐向晋的是韩国，而使向晋回到周地的是魏国，这哪里赶得上通过韩国让他回去好呢！这样使魏国在周室有了心腹，而大王却失掉他。"韩王说："对。"也因此请求让向晋回去。

张登谓费缲

原文　张登谓费缲曰①："请令公子年谓韩王曰②：'费缲，西周仇之，东周宝之③，此其家万金，王何不召之以为三川之守，是缲以三川与西周戒也，必尽其家以事王。西周恶之，必效先王之器以止王。'韩王必为之。西周闻之，必解子之罪，以止子之事。"

注释

① 张登：人名，中山人。谓：姚本作"请"，鲍本作"谓"，从鲍本。费缫（xiè）：韩国人。

② 公子年：韩国公子，名年；一作公子牟。

③ 宝：尊重，重视。

译文

张登对费缫说："请您让公子年对韩王说：'费缫，西周仇视他，东周重视他，他的家拥有万金之财，大王何不召他来做三川郡守，这样费缫就会紧守三川，与西周保持戒备，一定会用尽家产来侍奉大王。西周憎恨他，一定会献上先王时的宝器，阻止大王任用他。'韩王一定会这样做。西周听说后，必然会解除您的罪名，来阻止您做三川郡守。"

安邑之御史死

原文

安邑之御史死，其次恐不得也①。输人为之谓安邑令曰②："公孙綦为人请御史于王，王曰：'彼固有次乎，吾难败其法。'"因遽置之。

注释　① 次：此指副职。

② 输人：输里人。输，里名。鲍本："输，安邑里名。"安邑令：姚本此句无"邑"字，鲍本补"邑"字，从鲍本。

译文　安邑的御史死了，他的副手担心不能被提升，输里人替他对安邑令说："公孙綦让人向大王请求做御史，大王说：'那里本来就有副职，我难以破坏他们的规定。'"于是副手很快被提升为御使。

魏王为九里之盟

原文　魏王为九里之盟①，且复天子。房喜谓韩王曰②："勿听之也，大国恶有天子，而小国利之。王与大国弗听，魏安能与小国立之？"

注释　① 九里之盟：指前344年，魏惠王与诸侯在逢泽的一次会盟。九里属成周（在今河南省洛阳市东）之地，会盟之后魏惠王率诸侯朝周，所以逢泽之会又称为九里之盟。

② 房喜：人名，韩国大臣。韩王：指韩昭侯。

译文 魏王主持诸侯在逢泽会盟，准备重新恢复天子的权威。房喜对韩王说："不要听他们的，大国厌恶天子的存在，而小国却认为天子的存在对自己有利。大王和其他大国不听从他们，魏国又怎能与一些小国复立天子的权威。"

建信君轻韩熙

原文 建信君轻韩熙①，赵敖为谓建信君曰②："国形有之而存，无之而亡者，魏也。不可无而从者，韩也。今君之轻韩熙者，交善楚、魏也。秦见君之交反善于楚、魏也，其收韩必重矣。从则韩轻，横则韩重，则无从轻矣。秦出兵于三川，则南围鄢，蔡、邵之道不通矣③。魏急，其救赵必缓矣。秦举兵破邯郸，赵必亡矣。故君收韩可以无亶④。"

注释 ①建信君：赵国大臣，为赵王所宠幸。韩熙：韩国大臣。
②赵敖：赵国人。建信君：姚本作"建信侯"，鲍本作"建信君"，从鲍本。

③ 鄢：即鄢陵，在今河南省鄢陵县。蔡：即上蔡，在今河南省上蔡县。邵：即召陵，在今河南省郾城县。

④ 罅：同"衅"，漏洞。

译文

建信君蔑视韩熙，赵敖为他对建信君说："从国家形势上看，有邻国的联合就能生存，没有邻国的联合就会灭亡的，是魏国。不能舍弃邻国而进行合纵的，是韩国。如今您轻视韩熙的原因，是想同楚、魏两国建立良好的邦交。秦国看到您反而与楚、魏两国交往密切，秦国一定会更加重视拉拢韩国。如果实行合纵韩国就受到轻视，实行连横韩国就得到重视，那么赵国却不存在合纵，就受到轻视的问题。秦国如果从三川出兵，就会向南围困鄢陵，上蔡、邵陵的道路就不通了。魏国形势危急，诸侯们援救赵国的行动就会延缓进行。秦国发兵攻破邯郸，赵国必然会灭亡。所以您只要得到韩国的支持，就可以避免出现漏洞。"

段产谓新城君

原文 段产谓新城君曰①："夫宵行者能无为奸，而不能令狗无吠己。今臣处郎中②，能无议君于王，而不能令人毋议臣于君，愿君察之也。"

注释 ① 段产：秦国人。新城君：即芈戎。

② 郎中：侍从国君的近臣。

译文 段产对新城君说："夜里行走的人能够不做奸邪的事情，却不能让狗不冲自己狂叫。现在我处在郎中的地位，能够做到不在大王面前非议您，却不能让别人在您面前不诽谤我。希望您能明察。"

段干越人谓新城君

原文 段干越人谓新城君曰①："王良之弟子驾②，云取千里马，遇造父之弟子③。造父之弟子曰：'马不千里。'王良弟子曰：'马，千里之马也；服，千里之服也④。而不能取千里，何也?'曰：'子綦牵长⑤。故綦牵于事，万分之一也，而难千里之行。'今臣虽不肖，于秦亦万分之一也，而相国见臣不释塞者，是綦牵长也。"

注释 ① 段干越人：魏国人。

② 王良：赵简子的御手。鲍本："良，赵简子御。"

③ 造父：周穆王的御手，与王良不是同时代的人。鲍本："造父，周穆王之御。"

④ 马：指骖马。服：指辕马。战国时一车驾四马，两旁之马称骖，中间夹辕之两马称服。

⑤ 綦（mò）：绳索，此指缰绳。

译文 段干越人对新城君说："王良的弟子驾车，声称得到了千里马，遇到了造父的弟子。造父的弟子说：'你的马跑不了千里。'王良的弟子说:'我的骖马,是千里马;我的辕马,也是千里马。你却说跑不了千里,为什么?'造父的弟子说:'你的缰绳放得太长。缰绳的长短对于马跑多少路程,也有万分之一的影响,所以说你的马很难跑千里的路程。'现在我虽然无才,但对于秦国也有万分之一的影响,而相国您看到我却不打通阻挡我的道路,这是因为缰绳拉得太长了。"

燕策一

苏秦将为从北说燕文侯

原文　苏秦将为从，北说燕文侯曰："燕东有朝鲜、辽东①，北有林胡、楼烦②，西有云中、九原③，南有呼沱、易水④。地方二千余里，带甲数十万，车七百乘，骑六千匹，粟支十年。南有碣石、雁门之饶⑤，北有枣栗之利⑥，民虽不由田作，枣栗之实足食于民矣，此所谓天府也。夫安乐无事，不见覆军杀将之忧，无过燕矣。大王知其所以然乎？夫燕之所以不犯寇被兵者，以赵之为蔽于南也。秦、赵五战，秦再胜而赵三胜。秦、赵相弊，而王以全燕制其后，此燕之所以不犯难也。且夫秦之攻燕也，逾云中、九原，过代、上谷⑦，弥地踵道数千里⑧，虽得燕城，秦计固不能守也，秦之不能害燕亦明矣。今赵之攻燕也，发兴号令，不至十日，而数十万之众军于东垣矣⑨。度呼沱，涉易水，不至四五日，距国都矣⑩。故曰，秦之攻燕也，战于千里之外；赵之攻燕也，战于百里之内。夫不忧百里之患，而重千里之外，计无过于此者。是故愿大王与赵从亲，天下为一，则国必无患矣。"

注释

① 朝鲜：指今朝鲜半岛。辽东：地名，在今辽宁省辽阳市一带。

② 林胡、楼烦：见《赵策二·武灵王平昼间居》注。

③ 云中：见《赵策二·苏秦从燕之赵始合从》注。九原：地名，在今内蒙古自治区包头市以西。

④ 呼沱：水名，见《秦策一·张仪说秦王》注。易水：水名，源出河北省易县，有北、中、南三支，汇合后入南拒马河。

⑤ 碣石：山名，在今河北省昌黎县。雁门：地名，在今山西省右玉县。

⑥ 栗：姚本作"粟"，《史记》、鲍本均作"栗"，从《史记》、鲍本。

⑦ 代：见《秦策一·苏秦始将连横》。上谷：见《秦策五·文信侯欲攻赵以广河间》注。

⑧ 弥地踵道：满地足迹的道路。

⑨ 东垣：地名，在今河北省石家庄市东。

⑩ 距：到达。

译文

苏秦想要合纵，到北方游说燕文侯说："燕国东面有朝鲜、辽东，北面有林胡、楼烦，西面有云中、九原，南面有呼沱河、易水。土地方圆二千余里，披甲的士卒几十万，战车七百辆，战马六千匹，粟米足够十年支用。南面有碣石、雁门的丰饶物产，北面有盛产枣和栗子的有利条件，百姓即使不从事田间劳作，枣和栗子的果实也足够让百姓们食用，这就是所说的天然的府库。国家安乐无事，遭受不到军队覆灭、将军被杀的忧患，这么多有利条件没有谁能超过燕国的。大王知道国家安宁无事的原因吗？燕国所以没有遭到贼寇的进犯和战乱祸患，是因为赵国在南面做了屏障。秦、赵两国五次发生战争，秦国胜了两次，而赵国胜了三次。秦、赵两国彼此都疲弊了，但是大王却以整个燕国控制了赵国的后方，这就是燕国所以没有遭到侵犯的原因。况且秦国如果攻打燕国，要越云中、九原，经过代地、上谷，就会踏出几千里满是足迹的道路，即使取得燕国的城邑，秦国也会考虑到根本不能守住，秦国不能损害燕国已经很清楚了。现在假如赵国要攻打燕国，发布号令，用不了十天，几十万的军队就会进驻东垣。再渡过呼沱河，涉过易水，不到四五天，就会到达燕国国都。因此说，秦国进攻燕国，在千里之外交战；赵国进攻燕国，战事却发生在百里之内。不忧虑近在百里的祸患，却重视千里之外的远忧，没有比这更失误的计策了。因此希望大王能同赵国合纵亲善，天下诸侯联合为一，那么燕国就一定没有祸患了。"

原文　燕王曰："寡人国小，西迫强秦，南近齐、赵。齐、赵，强国也，今主君幸教诏之，合从以安燕，敬以国从。"于是赍苏秦车马金帛以至赵。

译文　燕王说："寡人的国家很小，西面迫近强大的秦国，南面接近齐国、赵国。齐、赵两国，是强国，现在有幸蒙您教诲，用合纵的策略来安定燕国，请允许我的国家跟从合纵。"因此赏赐苏秦车马金帛，并把他送到赵国。

奉阳君李兑甚不取于苏秦

原文　奉阳君李兑甚不取于苏秦。苏秦在燕，因为苏秦谓奉阳君曰①："齐、燕离则赵重，齐、燕合则赵轻，今君之齐，非赵之利也，臣窃为君不取也。"奉阳君曰："何吾合燕于齐？"对曰："夫制于燕者苏子也，而燕弱国也，东不如齐，西不如赵，岂能东无齐、西无赵哉？而君甚不善苏秦，苏秦能抱弱燕而孤于天下哉？
是驱燕而使合于齐也。且燕亡国之余也^②，其以权
立，以重外，以事贵^③。故为君计，善苏秦则取，不
善亦取之，以疑燕、齐。燕、齐疑，则赵重矣。齐王
疑苏秦，则君多资。"奉阳君曰："善。"乃使使与苏
秦结交。

注释　① 因为苏秦谓奉阳君：姚本此句"因"字前有"李兑"二字，
李兑即奉陌君，故"李兑"二字当为衍文，删掉。

② 燕亡国：指前314年齐国攻下整个燕国，杀燕王哙之事。
吴师道补正鲍本曰："此必齐破燕，昭王既立之时也。"

③ 其：指燕国公子职，即后来的燕昭王。缪文远本："其，指
燕公子职，赵使人送之归国即位，是为燕昭王。"以权立：犹
言依靠权力做国君。权力，此处犹言凭借权力。以重外：犹
言凭借宝物寻求外国支持。重，重器、宝物。以事贵：犹言
利用国事追求显贵。事，国事。

译文　奉阳君李兑对苏秦很不满。苏秦回到燕国时，有人因
此替他对奉阳君说："齐国、燕国分裂，赵国就显得
重要，齐国、燕国联合，赵国就无足轻重，现在您要
到齐国去，不会对赵国有利，我私下认为您的做法不

可取。"奉阳君说:"从何谈起我要让燕国同齐国联合呢?"那个人说:"在燕国控制政事的是苏秦,然而燕国是一个弱国,在东面不如齐国强大,在西面比不上赵国强大,怎么可以东面失去齐国的联合、西面失去赵国的邦交呢?您又对苏秦不友好,苏秦怎能守着一个弱小的燕国在天下受到孤立呢?这是逼着燕国与齐国联合。再说燕国在国家被攻破之后,燕昭王凭借权力做了国君,用宝物寻求外国支持,利用国事追求显贵。所以替您考虑,我认为苏秦好就应该结交他,认为苏秦不好也应该结交他,以此使燕、齐两国产生猜疑。燕齐两国互相猜疑,那么赵国就显得重要。齐王如果怀疑苏秦,那么您就会得到更多的资助。"奉阳君说:"好。"于是就派使者去与苏秦结交。

权之难燕再战不胜

原文　权之难①,燕再战不胜。赵弗救。郭任谓昭王曰②:"不如以地请合于齐,赵必救我。若不吾救,不得不事③。"昭王曰:"善。"令郭任以地请讲于齐。赵闻之,遂出兵救燕。

注释

① 权之难：指周赧王十九年（前296）齐、燕两国在权地（今地不详）发生的一次战争。

② 郭任谓昭王：姚本作"哙子谓文公"，哙子即燕王哙，权之战时，燕王哙及燕文公早已死去，姚本有误。据文义当为"郭任谓昭王"，缪文远本持此说，从缪说。

③ 事：侍奉，此指赵国将会侍奉齐国。

译文

权地之战，燕国军队两次出战都没有取胜。赵国没有出兵援助。郭任对燕昭王说："不如割让土地向齐国求和，赵国一定会来援救我们。赵国如果不来援救我们，齐国获胜变得强大，将来赵国就不得不侍奉齐国。"燕昭王说："好。"于是燕王就派郭任割让土地向齐国求和。赵国听说后，就发兵援救燕国。

燕文公时

原文 燕文公时，秦惠王以其女为燕太子妇①。文公卒，易王立。齐宣王因燕丧攻之，取十城。武安君苏秦为燕说齐王，再拜而贺，因仰而吊。齐王按戈而却曰："此一何庆吊相随之速也？"对曰："人之饥所以不食乌喙者②，以为虽偷充腹③，而与死同患也。今燕虽弱小，强秦之少婿也。王利其十城，而深与强秦为仇。今使弱燕为雁行，而强秦制其后，以招天下之精兵，此食乌喙之类也。"齐王曰："然则奈何？"对曰："圣人之制事也，转祸而为福，因败而为功。故恒公负妇人而名益尊④，韩献开罪而交愈固⑤，此皆转祸而为福，因败而为功者也。王能听臣，莫如归燕之十城，卑辞以谢秦。秦知王以己之故归燕城也，秦必德王。燕无故而得十城，燕亦德王。是弃强仇而立厚交也。且夫燕、秦之俱事齐⑥，则大王号令天下皆从，是王以虚辞附秦，而以十城取天下也，此霸王之业矣。所谓转祸为福，因败成功者也。"齐王大说，乃归燕城，以金千斤谢其后，顿首涂中⑦，愿为兄弟而请罪于秦。

注释

① 燕太子：即后来的燕易王。

② 乌喙（huì）：毒药名，又名乌头。

③ 偷：苟且。

④恒公负妇人：指齐桓公有负于蔡姬。《左传》对此事有记载，《左传·僖公三年》："齐侯（齐桓公）与蔡姬乘舟于囿，荡公。公惧变色，禁之不可。公怒，归之，未之绝也。蔡人嫁之。"齐桓公恼怒蔡姬再嫁，故第二年发兵攻蔡。

⑤韩献开罪而交愈固：韩献子因杀人获罪而地位却更加牢固。韩献，即韩献子，韩厥，晋国大夫。交愈固，犹言地位更加牢固。《国语·晋语》载有此事："赵宣子言韩献子于灵公，以为司马。河曲之役，赵孟使人以其乘车干行，献子执而戮之。众咸曰：韩厥必不没矣。……宣子召而礼之。"

⑥之：犹言"若"，金正炜本释："之，犹若也。"

⑦涂：道路。

译文 燕文公的时候，秦惠王把他的女儿嫁给燕国太子做媳妇。燕文公死后，燕易王继位。齐宣王趁燕国举行丧事进攻燕国，夺取燕国十座城邑。武安君苏秦替燕国去游说齐王，两次叩拜祝贺，接着仰头痛悼。齐王手按铁戈命他退下，说："您这一来为什么贺喜之后紧接着就吊丧呢？"苏秦回答说："人在饥饿的时候，所以不吃乌喙，是认为即使暂且填饱了肚子，却面临着死亡一样的祸患。如今燕国虽然很弱小，但却是强秦的女婿之邦。大王贪图燕国的十座城邑，而深深地与

强大的秦国结成仇敌。现在如果使弱小的燕国军队列
成大雁一样的行列前来，强大的秦国在它的后面做后
盾，并召集天下的精锐军队，这和吃乌喙是一类的情
况。"齐王说："那么怎么办呢？"苏秦回答说："圣人
处理事务，能够转祸为福，由失败达到成功。所以齐
桓公虽然有负于蔡姬，但名声却更加尊贵，韩献子虽
然因杀人获罪，但他地位却更加牢固。这都是转祸为
福，由失败达到成功的范例。大王如能听从臣下的说
法，不如归还燕国的十座城邑，以谦卑的言辞向秦国
谢罪。秦国知道大王因为秦国的缘故，归还了燕国的
城邑，秦国一定会感激大王。燕国无故收回十座城
邑，燕国对大王也会感恩戴德。这样既避免树立强大
的仇敌，又确立了深厚的邦交。再说燕、秦两国一起
侍奉齐国，那么大王传下的号令，天下人都会听从，
这是大王用空话敷衍秦国，用十座城邑换取天下的支
持，这真是称霸天下的事业。也就是所说的转祸为
福，由失败达到成功的做法。"齐王非常高兴，于是
归还了燕国的城邑，随后送金千斤表示谢罪，并且在
道路上叩头，希望结为兄弟之国，向秦国谢罪。

人有恶苏秦于燕王者

原文　人有恶苏秦于燕王者曰："武安君，天下不信人也。王以万乘下之，尊之于廷，示天下与小人群也。"武安君从齐来，而燕王不馆也①。谓燕王曰："臣东周之鄙人也，见足下，身无咫尺之功，而足下迎臣于郊，显臣于廷。今臣为足下使，利得十城，功存危燕，足下不听臣者，人必有言臣不信，伤臣于王者。臣之不信，是足下之福也。使臣信如尾生②，廉如伯夷③，孝如曾参④，三者天下之高行，而以事足下，可乎⑤？"燕王曰："可。"曰："有此臣亦不事足下矣。"苏秦曰："且夫孝如曾参，义不离亲一夕宿于外，足下安得使之之齐？廉如伯夷，不取素餐⑥，污武王之义而不臣焉⑦，辞孤竹之君，饿而死于首阳之山⑧。廉如此者，何肯步行千里而事弱燕之危主乎？信如尾生，期而不来，抱梁柱而死。信至如此，何肯扬燕、秦之威于齐而取大功乎哉⑨？且夫信行者，所以自为也，非所以为人也。皆自覆之术⑩，非进取之道也。且夫三王代兴，五霸迭盛，皆不自覆也。君以自覆为可乎？则齐不益于营丘⑪，足下不逾楚境，不窥于边城之外。且臣有老母于周，离老母而事足下，去自覆之术而谋进取之道，臣之趣固不与足下合者。足下者自覆之君也[12]，仆者进取之臣也，所谓以忠信得罪于君者也。"

注释

① 不馆：没预备住处。

② 尾生：见《韩策一·公仲数不信于诸侯》注。

③ 伯夷：见《秦策三·蔡泽见逐于赵》注。

④ 曾参：见《秦策二·秦武王谓甘茂》注。

⑤ 可乎：姚本此句"可"字前有"不"字，鲍本无，从鲍本。

⑥ 不取素餐：犹言不吃不劳而获之食。

⑦ 污武王之义：即认为武王不义。郭希汾本："污武王之义，犹言以武王为不义也。"

⑧ 首阳之山：即首阳山（在今山西省永济市南），又名雷首山。

⑨ 扬：姚本作"杨"，鲍本作"扬"，从鲍本。

⑩ 自覆：犹言自我满足。缪文远本按："……其义为满足现状、保守，与'进取'为对文。"

⑪ 营丘：地名，在今山东省淄博市旧临淄县。

⑫ 者：姚本作"皆"，缪文远本引王念孙语："'皆'字义不可通，'皆'当为'者'。"从王说。

一

译文　有一个在燕王面前诽谤苏秦的人说："武安君，是天下最不讲信义的人。大王以万乘之尊的身份迁就他，在朝廷之上尊重他，这是向天下人表示自己同小人为伍。"武安君苏秦从齐国归来时，燕王没有给他预备住处。苏秦对燕王说："臣下本是东周卑贱之人，刚来拜见您的时候，自己并没有几分功劳，而您却到郊外迎接臣下，使臣下在朝廷上声名显赫。如今臣下为您出使，取得要回十座城邑的成就，有保存处于危险之中的燕国的功劳，可是您却不相信我，一定有人说臣下不讲信义，在大王面前中伤臣下。如果说我不讲信义，那倒是您的福事。假如让臣下像尾生那样守信，像伯夷那样廉洁，像曾参那样孝顺，这三个人的品行是天下最高尚的品行，以这样的行为侍奉您，可以吗？"燕王说："可以。"苏秦说："有这样的品行臣下也就不能侍奉您了。"苏秦又说："再说像曾参那样孝顺，不肯远离双亲在外住一宿，您怎么能派他到齐国去呢？像伯夷那样廉洁，不吃不劳而获之食，认为武王不义而不愿做武王的臣子，辞让孤竹国的君位，饿死在首阳山上。廉洁到如此地步，怎么肯步行千里来侍奉弱小燕国处于危境的君王呢？像尾生那样守信，等待那个女子，久等不来，竟然抱着桥下的往子被水淹死。守信达到如此程度，怎么肯到齐国宣扬燕、秦两国的声威，并取得大的功劳呢？况且讲究信义品行的人，都是为了自我完善，不是为了别人。这都是自我满足，不是努力进取。再说三王更替兴起，五霸交替兴盛，都没有自我满足。您却自我满足，行吗？那样齐国就不会在营丘增兵，您也不能跨过楚国边境，不能窥探边城之外。况且臣下在周地还有老母，远离老母来侍奉君王，抛弃自我满足的处世方法，寻求进取之道，臣下的志趣本来就不与您相同。您是自我满足的君王，我是富有进取心的大臣，这就是所说的因为忠诚守信得罪君王。"

原文　燕王曰："夫忠信又何罪之有也？"对曰："足下不知也。臣邻家有远为吏者，其妻私人。其夫且归，其私之者忧之。其妻曰：'公勿忧也，吾已为药酒以待之矣。'后二日，夫至，妻使妾奉卮酒进之。妾知其药酒也，进之则杀主父，言之则逐主母，乃阳僵弃酒①，主父大怒而笞之②。故妾一僵而弃酒，上以活主父，下以存主母也，忠至如此，然不免于笞，此以忠信得罪者也。臣之事，适不幸而有类妾之弃酒也。且臣之事足下，亢义益国③，今乃得罪，臣恐天下后事足下者，莫敢自必也。且臣之说齐，曾不欺之也。使说齐者莫如臣之言也④，虽尧、舜之智不敢取也。"

注释

① 阳：通"佯"，假装。僵：扑倒，跌倒。

② 笞（chī）：鞭打。

③ 亢义：使信义崇高。

④ 使说齐者：姚本此句"使"字下有"之"字，鲍本认为衍"之"字，从鲍本。

译文

燕王说："忠诚守信有什么罪?"苏秦回答说："您还不知道忠诚守信也有罪吧。臣下的邻居有个在远方做官的，他的妻子与人私通。她的丈夫要回来了，与她私通的人很忧虑。他的妻子说：'您不要忧虑，我已经准备好了药酒等着他呢。'两天后，她的丈夫回来了，妻子让小妾捧着一杯毒酒送去。小妾知道那是一杯药酒，送上去就会毒杀男主人，说出来女主人就会被驱逐，于是就假装跌倒扔了酒杯，男主人大怒鞭打了她。因此小妾一倒而扔了酒杯，上救活了男主人，下使女主人不被驱逐，达到如此忠心，然而却免不了遭受鞭打，这就是因为忠诚守信而获罪。臣下的事，恰恰不幸同小妾扔掉酒杯有类似的地方。况且臣下侍奉您，努力使信义崇高并有利于国家，现在竟然获罪，臣下担心以后来侍奉您的天下人，没有谁敢自信行事的了。再说我游说齐国，都不曾欺骗他们。那些被派去游说齐国的人，没有臣下说得让人信服，即使他们有尧、舜一样的聪明，臣下也不敢效法。"

张仪为秦破从连横谓燕王

原文　张仪为秦破从连横，谓燕王曰："大王之所亲莫如赵。昔赵王以其姊为代王妻①，欲并代，约与代王遇于句注之塞②，乃令工人作为金斗③，长其尾，令之可以击人。与代王饮，而阴告厨人曰：'即酒酣乐，进热歠④，即因反斗击之。'于是酒酣乐，进取热歠，厨人进斟羹，因反斗而击之，代王脑涂地。其姊闻之，摩笄以自刺也⑤，故至今有摩笄之山⑥，天下莫不闻。夫赵王之狼戾无亲⑦，大王之所明见知也。且以赵王为可亲邪？赵兴兵而攻燕，再围燕都而劫大王，大王割十城乃却以谢。今赵王已入朝渑池⑧，效河间以事秦⑨。大王不事秦，秦下甲云中、九原，驱赵而攻燕，则易水、长城非王之有也⑩。且今时赵之于秦，犹郡县也，不敢妄兴师以征伐。今大王事秦，秦王必喜，而赵不敢妄动矣。是西有强秦之援，而南无齐、赵之患，是故愿大王之熟计之也。"燕王曰："寡人蛮夷辟处⑪，虽大男子裁如婴儿⑫，言不足以求正，谋不足以决事。今大客幸而教之，请奉社稷西面而事秦，献常山之尾五城⑬。"

注释

① 赵王：指赵襄子，当时并未称王。代王：指代君，当时代君也没称王。代，在今河北省蔚县东北。

② 句注：山名，在今山西省代县。

③ 金斗：铜制的酒器。

④ 歠（chuò）：羹汤。

⑤ 摩笄（jī）：磨尖簪子。摩，通"磨"。笄，簪子。

⑥ 摩笄山：山名，在今河北省涿鹿县东北。

⑦ 赵王：指赵武灵王。狼戾（lì）：像狼一样贪戾。

⑧ 渑池：见《齐策一·张仪为秦连横齐王》注。

⑨ 河间：见《秦策一·张仪说秦王》注。

⑩ 长城：指燕国南部的长城，在今河北省易县西南一带。

⑪ 辟：通"僻"。

⑫ 裁：仅，只。吴师道补鲍本曰："裁，仅也。"

⑬ 常山：即恒山（在今山西省东北部）。

译文　张仪为秦国破坏合纵推行连横，他对燕王说："大王所亲近的国家没有能比得上赵国的。从前赵襄子把自己的姐姐嫁给代君为妻，想兼并代地，约定在句注山的要塞上会面，就命工匠制作一个铜酒斗，斗柄做得很长，使它可以打人。赵襄子与代君饮酒，却暗中告诉厨师说：'在酒喝得正高兴的时候，送上热汤，就掉过斗柄打死代君。'于是在酒喝到高兴的时候，赵襄子让人去取热汤，厨师进来斟汤，就掉过斗柄击打代君，代君被打得脑浆涂地。赵襄子的姐姐听说后，磨尖簪子自杀了，所以至今还有磨笄山，天下人没有谁没听说过这件事的。赵王像狼一样贪戾，没有亲近的人，这是大王明明看到的、了解的。况且大王认为赵王可以亲近吗？赵国曾兴兵攻打燕国，两次围攻燕国都城胁迫大王，大王割让十座城邑谢罪才退兵。如今赵王已经进入渑池朝拜秦国，献上河间的土地侍奉秦国。假如大王不肯侍奉秦国，秦国发兵云中、九原，驱使赵国军队进攻燕国，那么易水、长城就不归大王所有了。并且现在的赵国对于秦国来说，犹如一个郡县，不敢妄自兴兵征伐。现在大王去侍奉秦国，秦王一定会非常高兴，而赵国也就不敢轻举妄动。这样燕国西面有强大秦国的支援，南面没有齐、赵两国的祸患，因此希望大王仔细考虑这件事。"燕王说："寡人住在野蛮僻远的地方，这里即使是成年男子也仅仅像小孩一样，他们的话不能求得正确的看法，他们的智谋不能用来决断事情。现在有幸蒙贵客教诲，请允许我让国家向西侍奉秦国，献上常山末端的五座城邑。"

宫他为燕使魏

原文 宫他为燕使魏①，魏不听，留之数月。客谓魏王曰②："不听燕使何也?"曰："以其乱也。"对曰："汤之伐桀，欲其乱也。故大乱者可得其地，小乱者可得其宝。今燕客之言曰③：'事苟可听，虽尽宝、地犹为之也。'王何不见?"魏王说，因见燕客而遣之。

注释 ① 宫他：周朝人，此时在燕国做官。
② 魏王：指魏襄王。

③ 燕客：指宫他。

译文　宫他替燕国出使魏国，魏王没有听信他的游说，并且把他扣留了几个月。有个客人对魏王说："为什么不听信燕国使者的话呢？"魏王说："因为燕国发生了内乱。"那个客人又对魏王说："商汤讨伐夏桀时，希望夏朝发生内乱。所以大乱的国家，别国可以得到它的土地，小乱的国家，别国可以得到它的珍宝。现在宫他有句话是这样说的：'我所提出的事情假使魏王能够听从，即使用尽珍宝、土地，仍愿意去干。'大王为什么不召见他呢？"魏王很高兴，于是召见宫他，并让他返回燕国。

苏秦北见燕昭王

原文　苏秦北见燕昭王曰①："臣东周之鄙人也，窃闻王义甚高甚顺，鄙人不敏，窃释锄耨而干大王②。至于邯郸，所闻于邯郸者，又高于所闻东周。臣窃负其志，乃至燕廷，观王之群臣下吏，大王天下之明主也。"

王曰："子之所谓天下之明主者，何如者也?"对曰：
"臣闻之，明主者务闻其过，不欲闻其善，臣请谒王
之过。夫齐、赵者，王之仇也；楚、魏者，王之援国
也，今王奉仇仇以伐援国，非所利燕也。王自虑此则
计过，无以谏者，非忠臣也。"王曰："寡人之于齐、
赵也，非所敢欲伐也。"曰："夫无谋人之心而令人疑
之，殆；有谋人之心而令人知之，拙；谋未发而闻于
外则危。今臣闻王居处不安，食饮不甘，思念报齐，
身自削甲札③，曰有大数矣④，妻自组甲絣⑤，曰有大
数矣，有之乎?"王曰："子闻之，寡人不敢隐也。我
有深怨积怒于齐而欲报之，二年矣。齐者，我仇国
也，故寡人之所欲伐也，直患国弊，力不足矣。子能
以燕敌齐，则寡人奉国而委之于子矣。"

注释

① 苏秦北见燕昭王：姚本作"苏秦死，其弟苏代欲继之，乃
北见燕王哙"。郭人民本："此策言苏秦死，苏代说燕王哙，
皆不符合史实。此实苏秦说燕昭王之辞……"缪文远本：
"'苏秦死'至'北见燕王哙'，当为'苏秦北见燕昭王'之讹。"
从郭、缪之说。

② 锄耨（nòu）：指锄草的工具。耨，小手锄。

③ 札：甲叶，由皮革所制。姚本作"扎"，郭人民本："扎，

当作'札',甲叶,以革为之。"从郭说。

④ 大数:指天道法则,犹言上天会有报应。

⑤ 绷(bēng):穿甲的绳子。

一

译文　苏秦到北方拜见燕昭王说:"臣下是东周卑贱之人,私下听说大王的思想行为很高尚、很能顺应人心,鄙人不才,就暗地里放下锄草工具来冒犯大王。到了邯郸,在邯郸所听到的,比在东周所听到的说得更好。臣下暗中抱定自己的志向,来到燕国的朝廷,在观察了大王的群臣官吏之后,更确信大王是天下的明君。"燕王说:"您所说的天下明君,又怎么样呢?"苏秦回答说:"臣下听说,明君一定要听取自己的过失,不想听自己的优点,臣下请求说一说大王的过失。齐、赵两国,是大王的仇敌;楚、魏两国,是大王的援助之国,如今大王侍奉仇敌讨伐援助之国,不会对燕国有利。大王自己考虑一下这种做法,就会知道计策的失误,没有对此进行劝谏的,就不是忠臣。"燕王说:"寡人对于齐、赵两国,不敢有进攻的想法。"苏秦说:"没有谋划别人的想法,却让别人产生怀疑,很危险;有谋划别人的想法,并让别人知道,很愚笨;计谋还没有实施,却被外人听到,就更加危险。现在臣下听说大王起居不安；食不甘味，只想着报复齐国，亲自削制甲叶，念叨上天会有报应的，让您的妻自己编制穿甲的绳子，念叨上天会有报应的，有这事吗?"燕王说："您既然听说了，寡人不敢隐瞒。我同齐国有深仇大恨，想要报复他们，已经有两年了。齐国，是我的仇国，所以寡人要进攻它，只是担心国家衰弱，力量不够。您如能让燕国战胜齐国，那么寡人就把国家委托给您。"

原文

对曰："凡天下之战国七，而燕处弱焉。独战则不能，有所附则无不重。南附楚则楚重，西附秦则秦重，中附韩、魏则韩、魏重。且苟所附之国重，此必使王重矣。今夫齐王长主也，而自用也①。南攻楚五年②，蓄积散；西困秦三年③，民憔瘁，士疲弊；北与燕战④，覆三军，获二将；而又以其余兵南面而举五千乘之劲宋⑤，而包十二诸侯⑥。此其君之欲得也，其民力竭也，安犹取哉? 且臣闻之，数战则民劳，久师则兵弊。"

注释

① 自用：犹言自恃强大。吴师道补正鲍本曰："自恃其强也。"
② 南攻楚五年：见《秦策一·张仪说秦王》注。

③ 西困秦三年：见《秦策一·张仪说秦王》注。

④ 北与燕战：见《秦策一·张仪说秦王》注。

⑤ 南面而举五千乘之劲宋：见《秦策一·张仪说秦王》注。

⑥ 十二诸侯：指淮河、泗水之间的小国。

译文　苏秦回答说："天下有战国七雄，而燕国在它们之中处于最弱的地位。独自出战无法取胜，有所依附就不能不受重视。向南依附楚国，楚国就显得重要，向西依附秦国，秦国就显得重要，依附中间的韩、魏两国，韩、魏两国就显得重要。再说如果燕国所依附的国家受到重视了，这个国家一定会使大王得到尊重。如今齐王是一个年长的君主，自恃自己的强大。向南攻打楚国五年之久，财物储备消耗众多；向西围困秦国三年，百姓困乏，士卒疲惫；向北同燕国作战，覆灭燕国三军，擒获燕国二员大将，又用剩下的军队向南大败了拥有五千辆兵车的强国宋国，攻下了淮河、泗水之间的十二个小诸侯国。这是齐国国君想得到的，齐国民力衰竭，又怎么能再有力量进行攻取呢？况且臣下曾听说，多次战争百姓就劳苦不堪，长期作战军队就万分疲惫。"

原文　王曰："吾闻齐有清济、浊河可以为固①，有长城钜防足以为塞②，诚有之乎?"对曰："天时不与，虽有清济、浊河，何足以为固? 民力穷弊，虽有长城、钜防，何足以为塞? 且异日也，济西不役③，所以备赵也；河北不师④，所以备燕也。今济西、河北尽以役矣，封内弊矣。夫骄主必不好计，而亡国之臣贪于财。王诚能毋爱宠子、母弟以为质，宝珠玉帛以事其左右，彼且德燕而轻亡宋，则齐可亡已。"王曰："吾终以子受命于天矣。"曰："内寇不与⑤，外敌不可距⑥。王自治其外，臣自报其内⑦，此乃亡之之势也。"

注释　① 清济、浊河：清澈的济水、混浊的黄河。详见《秦策一·张仪说秦王》注。

② 长城、钜防：见《秦策一·张仪说秦王》注。

③ 济西：济水以西，指今山东省高唐、聊城等县。不役：免于征发，养兵备敌。鲍本："不役者，养兵以备敌。"

④ 河北：指今天津市、河北省沧县等地。不师：犹言不役，见上注。

⑤ 内寇不与：犹言内乱不和。寇，犹乱。与，犹言和。

⑥ 距：同"拒"。

⑦ 报其内：犹言替燕国离间齐国内部，使齐国发生内乱。鲍

本："谓乱于内。"吴师道补鲍本曰："为燕间齐，敝其内也。"

译文　燕王说："我听说齐国有清澈的济水、混浊的黄河可以作为天险，有长城、钜防足可以作为边塞，确实有这回事吗？"苏秦回答说："不给他们好的天时，即使据有清澈的济水、混浊的黄河，又怎么能够作为天险？民力穷困凋敝，即使据有长城、钜防，又怎能作为边塞？从前，济水以西一带免于征发，是为了防范赵国；黄河以北地区免于征发，是为了防范燕国。如今济水以西、黄河以北全都征发服役，是为了控制内乱。骄横的君王一定不愿仔细谋划，而那些亡国之臣都在财物上贪心不足。大王真要不顾惜宠爱的儿子、同母的兄弟，让他们到齐国做人质，用宝珠玉帛来贿赂齐王左右的大臣，齐国就会感激燕国，并会轻易地去灭亡宋国，那样齐国也可以被燕国灭亡了。"燕王说："我终于知道您是受命于上天的。"苏秦说："内部发生动乱不和，外来的敌人就无法抵御。大王在齐国的外面对抗齐国，臣下离间齐国内部，等齐国发生内乱，这就形成了灭亡齐国的形势。"

燕王哙既立

原文　燕王哙既立^①，苏秦死于齐。苏秦之在燕也，与其相子之为婚^②，而苏代与子之交。及苏秦死，而齐宣王复用苏代。燕哙三年，与楚、三晋攻秦^③，不胜而还。子之相燕，贵重主断。苏代为齐使于燕，燕王问之曰："齐宣王何如？"曰："必不霸。"燕王曰："何也？"对曰："不信其臣。"苏代欲以激燕王以厚任子之也。于是燕王大信子之。子之因遗苏代百金，听其所使。

注释　① 燕王哙：（kuài）燕易王之子，名哙。

② 子之：燕国相国。

③ 三晋：见《东周策·或为周最谓金投》注。

译文　燕王哙即位之后，苏秦在齐国被杀。苏秦在燕国的时候，曾与燕国的相国子之结为亲家，并且苏代与子之也很有交情。等到苏秦死后，齐宣王又任用了苏代。燕王哙三年，燕国同楚国及韩、赵、魏三国进攻秦国，失败而归。当时子之做燕国相国，权力很重，专断国事。苏代替齐国到燕国出使，燕王问苏代说："齐宣王怎么样？"苏代说："一定不能称霸。"燕王说："为什么？"苏代回答说："他不信任自己的大臣。"苏代想以此激发燕王，让燕王重用子之。从此燕王果然更加信任子之。子之于是送给苏代百金，听从苏代的驱使。

原文　鹿毛寿谓燕王曰①："不如以国让子之。人谓尧贤者，以其让天下于许由②，由必不受，有让天下之名，实不失天下。今王以国让相子之，子之必不敢受，是王与尧同行也。"燕王因举国属子之③，子之大重。或曰："禹授益而以启为吏④，及老而以启为不足任天下，传之益也，启与支党攻益而夺之天下，是禹名传天下于益，其实令启自取之。今王言属国子之，而吏无非太子人者，是名属子之，而太子用事。"王因收印自三百石吏而效之子之。子之南面行王事，而哙老不听政，顾为臣⑤，国事皆决子之。

注释　①鹿毛寿：燕国大臣。

②许由：见《赵策三·郑同北见赵王》注。

③属：犹言付与，交托。鲍本："属，犹付与。"

④ 禹授益而以启为吏：禹传位给伯益，让启做伯益的官吏。

⑤ 顾：犹言反。王引之《经传释词》："顾，反也。"

译文 鹿毛寿对燕王说："不如把国家的权利让给子之。人们称尧为贤者，是因为他把天下让给许由，许由坚决不接受，这样尧就有让位天下的美名，实际上并没有失掉天下。现在大王把国家让给子之，子之一定不敢接受，这样大王就有了同尧一样的品行。"燕王于是把整个国家的权力都交托给子之，子之的权势更大了。又有人对燕王说："禹传位给伯益，让启做伯益的官吏，禹老的时候，认为启不能统治天下，就把国家的大权传给了伯益，启和他的党羽杀死了伯益，夺取了天下，这样禹名义上把天下传给伯益，而实际上是让启自己夺取天下。现在大王说把国家交给子之，而那些官吏没有不是太子的人，这是名义上把国家交给了子之，而实际上是太子执政。"燕王于是收回三百石以上俸禄的官吏的大印，把这些大印交给子之。子之面南称王，处理国事，而燕王哙因年老不能处理政事，反而做了臣子，国家大事一概由子之决断。

原文　子之三年，燕国大乱，百姓恫怨①。将军市被、太子平谋②，将攻子之。储子谓齐宣王③："因而仆之④，破燕必矣。"王因令人谓太子平曰："寡人闻太子之议，将废私而立公，饬君臣之义⑤，正父子之位。寡人之国小，不足先后。虽然，则唯太子所以令之。"太子因数党聚众，将军市被围公宫，攻子之，不克。将军市被及百姓乃反攻太子平。将军市被死以殉，国构难数月，死者数万众，燕人恫怨，百姓离意。

注释　①恫怨：犹言痛恨。恫，犹痛。郭希汾本："恫，犹痛。"

②市被：燕国大将。太子平：燕国太子，名平。

③储子：齐国相国。

④仆：通"扑"。犹言攻击，进攻。

⑤饬（chì）：整顿。

译文　子之执政三年，燕国大乱，百姓痛恨。将军市被、太子平一同谋划，准备攻击子之。储子对齐宣王说："趁此时机进攻燕国，一定能攻破燕国。"齐宣王于是派人对太子平说："寡人听说太子在商议大事，准备废除私权确立公理，整顿君臣大义，端正父子之位。寡人的国家太小，不能为您先后奔走。虽然如此，还

是愿意听从太子的命令。"太子平于是计数党徒，聚
集人众，将军市被围攻王宫，攻打子之，没有攻下。
将军市被又和百姓一道攻打太子平。后来将军市被被
杀死示众，燕国国内的动乱持续了几个月，死去的人
达几万人之多。燕国人都痛恨这场内乱，百姓人心
离散。

原文 孟轲谓齐宣王曰："今伐燕，此文、武之时，不可失
也。"王因令章子将五都之兵①，以因北地之众以伐
燕②。士卒不战，城门不闭，燕王哙死。齐大胜燕，
子之亡③。二年，燕人立公子平，是为燕昭王④。

注释 ① 章子：齐国人。五都：指齐国。齐国的临淄是当时的五都
之一，以此称齐。

② 北地：指齐国的北部，靠近燕国。

③ 亡：死。

④ 燕人立公子平，是为燕昭王：公子平死于燕国内乱，燕昭
王名职，此处以公子平为燕昭王，恐误。

译文 孟轲对齐宣王说："现在进攻燕国，这正是文王、武
王伐纣的时机，不可失掉。"齐王于是派章子率领齐

国军队，依靠齐国北部的百姓进攻燕国。燕国士兵不愿打仗，连城门都不关，燕王哙被杀死。齐国大胜燕国，子之也被杀死了。两年后，燕国人拥立公子平，这就是燕昭王。

初苏秦弟厉因燕质子而求见齐王

原文　初，苏秦弟厉因燕质子而求见齐王。齐王怨苏秦，欲囚厉，燕质子为谢乃已，遂委质为臣。燕相子之与苏代婚，而欲得燕权，乃使苏代持质子于齐。齐使代报燕，燕王哙问曰："齐王其伯也乎？"曰："不能。"曰："何也？"曰："不信其臣。"于是燕王专任子之，已而让位，燕大乱。齐伐燕，杀王哙、子之。燕立昭王，而苏代、厉遂不敢入燕，皆终归齐，齐善待之。

译文　当初，苏秦的弟弟苏厉因燕国人质的事求见齐王。齐王由于怨恨苏秦，就要囚禁苏厉，燕国的人质替苏厉请罪才罢了，于是齐王让苏厉做人质的信使。由于燕国相国子之与苏代是姻亲，子之又想得到燕国的大权，才让苏代带着做人质的公子来到齐国。齐国派苏代回报燕国，燕王哙问苏代说："齐王能称霸吗？"苏代说："不能。"燕王说："为什么？"苏代说："他不信任自己的大臣。"因此燕王把政事单独委任给子之，不久让出王位，燕国发生了大乱。齐国进攻燕国，杀死了燕王哙、子之。燕国人拥立昭王，苏代、苏厉不敢进入燕国，最终都回到齐国，齐国很友好地对待他们。

原文

苏代过魏，魏为燕执代。齐使人谓魏王曰："齐请以宋封泾阳君①，秦不受。秦非不利有齐而得宋地也，不信齐王与苏子也。今齐、魏不和如此其甚，则齐不欺秦。秦信齐，齐、秦合，泾阳君有宋地，非魏之利也。故王不如东苏子②，秦必疑而不信苏子矣。齐、秦不合，天下无变，伐齐之形成矣。"于是出苏代之宋③，宋善待之。

注释

①泾阳君：秦昭王同母兄弟，名芾（fú）。

②东苏子：让苏代东去。东，使……东去。

③苏代：姚本作"苏伐"，鲍本、《史记》均作"苏代"，从鲍本及《史记》。

译文　苏代经过魏国，魏国替燕国扣留了苏代。齐国派人对魏王说："齐国请求把宋地封赏给泾阳君，秦国没有接受。秦国并不认为有齐国的联合及得到宋地对自己不利，而是不信任齐王和苏代。现在齐、魏两国不和达到如此程度，齐国就不会再欺骗秦国。秦国如果听信齐国，齐、秦两国联合起来，泾阳君得到宋地，这并非对魏国有利。所以大王不如让苏代东去齐国，秦国一定会产生怀疑，不信任苏代。齐、秦两国不能联合，天下不发生什么变故，进攻齐国的形势就形成了。"于是魏王让苏代离开魏国来到宋国，宋国很友好地接待了苏代。

燕昭王收破燕后即位

原文　燕昭王收破燕后即位，卑身厚币以招贤者，欲将以报仇。故往见郭隗先生曰①："齐因孤国之乱而袭破燕，孤极知燕小力少，不足以报，然得贤士与共国，以雪先王之耻，孤之愿也。敢问以国报仇者奈何？"郭隗先生对曰："帝者与师处，王者与友处，霸者与臣

处，亡国与役处。诎指而事之②，北面而受学，则百
己者至③。先趋而后息，先问而后嘿④，则什己者至。
人趋己趋，则若己者至。冯几据杖，眄视指使⑤，则
厮役之人至。若恣睢奋击，呴籍叱咄，则徒隶之人至
矣⑥。此古服道致士之法也⑦。王诚博选国中之贤者
而朝其门下，天下闻王朝其贤臣，天下之士必趋于
燕矣。"

注释

① 郭隗（wěi）：燕昭王的谋臣。

② 诎指：犹言折节。诎，通"屈"。吴师道补正鲍本曰："屈
指，犹言折节。"

③ 百己者：指才能超过自己百倍的人。

④ 嘿：通"默"。

⑤ 眄（miǎn）：斜视。

⑥ 恣睢：放纵，暴戾的样子。呴（hǒu）籍叱咄：蹦跳呵斥。
呴，通"吼"，吼叫。籍，通"藉"，践踏。叱咄，大声呵斥。

⑦ 服道致士：侍奉有道德的人，招致有才能的人。

译文

燕昭王收复残破的燕国之后，即位为王，降低身份用
丰厚的币帛招揽有才能的人，想要报仇。因此去见郭
隗先生说："齐国趁着我国内乱攻破了国都，我很清

楚我们燕国国小力薄，无力报仇，然而却希望得到贤能的人与我一起治理国家，以雪清先王的耻辱，这是我的心愿。请问怎样利用国家报仇？"郭隗先生回答说："称帝的人与老师相处，称王的人与朋友相处，称霸的人与大臣相处，亡国的人只有和仆役相处。屈节侍奉有才能的人，面向北面接受教导，这样那些才能超过自己百倍的人就会来了，早些学习晚些休息，先去讨教，然后默想，那么那些才能超过自己十倍的人就会来了。别人去求教，自己也去求教，那些才能与自己相仿的人就会来了。如果靠着几案拄着手杖，傲气十足地指手划脚，那么招来的只是随从仆役。如果举止放纵摔摔打打，蹦跳呼喝，那么招来的只能是奴隶。这是古人侍奉有道德的人和招揽有才能的人的原则。大王如果真能广泛选用国内有才能的人，到他们的门下去拜访，天下人都会听说大王去拜访自己的贤臣，那么天下有才能的人一定会纷纷奔向燕国。"

原文 昭王曰："寡人将谁朝而可？"郭隗先生曰："臣闻古之君人有以千金求千里马者，三年不能得。涓人言于君曰①：'请求之。'君遣之。三月得千里马，马已死，买其首五百金，反以报君。君大怒曰：'所求者生马，安事死马而捐五百金^②?' 涓人对曰:'死马且买之五百金，况生马乎？天下必以王为能市马，马今至矣^③。' 于是不能期年^④，千里马至者三。今王诚欲致士，先从隗始，隗且见事，况贤于隗者乎？岂远千里哉？" 于是昭王为隗筑宫而师之。乐毅自魏往，邹衍自齐往，剧辛自赵往^⑤，士争凑燕^⑥。燕王吊死问生，与百姓同其甘苦。二十八年，燕国殷富，士卒乐佚轻战。于是遂以乐毅为上将军，与秦、楚、三晋合谋以伐齐。齐兵败，闵王出走于外。燕兵独追北入至临淄^⑦，尽取齐宝，烧其宫室宗庙。齐城之不下者，唯独莒、即墨^⑧。

注释

① 涓（juān）人：宫中负责扫除的官吏。

② 捐：弃，犹言浪费。

③ 今：即，马上。

④ 不能期年：犹言不到一年。

⑤ 乐毅：中山国灵寿（今河北省平山县东北）人，乐羊之后，燕昭王时为燕国大将，战功显赫。邹衍：又作驺衍，齐国人，战国末期哲学家，是阴阳家的代表，创立五德始终说及大九州说。剧辛：赵国人，在燕国做官。

⑥ 士争凑燕：有才能的人纷纷奔到燕国。凑，聚向，奔向。

⑦临淄：见《齐策一·苏秦为赵合纵说齐宣王》注。

⑧即墨：地名，在今山东省平度市。

译文　燕昭王说："寡人应该去拜访谁呢？"郭隗先生说："臣下听说古代君王，有个想用千金求购千里马的人，买了三年也没有买到。宫中一个管扫除的官吏对君王说：'请让我去买千里马吧。'君王就派他去了。三个月之后找到了千里马，但是马已经死了，就用五百金买下了马头，返回来回报君王。君王大怒说：'我所要买的是活马，哪里让你为买死马就浪费五百金呢？'管扫除的官吏回答说：'死马尚且用五百金买来，更何况是活马呢？天下人一定会认为大王能买良马，千里马就要到了。'在这以后不到一年，送上门来的千里马就有三匹。如今大王如果真想招来有才能的人，先从我开始，我尚且被任用，更何况比我更贤能的人呢？他们怎么会把千里路程当作远路呢？"于是燕昭王给郭隗修筑宫殿，向他请教。乐毅从魏国来，邹衍从齐国来，剧辛从赵国来，有才能的人争着奔到燕国。燕王吊唁死者，慰问活着的人，与百姓同甘共苦。二十八年过去了，燕国殷实富足，士兵心情愉快愿意出战。于是燕昭王任命乐毅为上将军，与秦国、楚国、三晋联合谋划进攻齐国。齐国军队大败，齐闵王逃往国外。燕国军队独自追击败军，直至进入临淄，夺取了那里所有的齐国珍宝，烧毁齐国宫室和宗庙。没有攻下的齐国城邑，只有莒和即墨。

齐伐宋宋急

原文

齐伐宋，宋急。苏代乃遗燕昭王书曰："夫列在万乘而寄质于齐①，名卑而权轻。奉齐助之伐宋②，民劳而实费。破宋，残楚淮北③，肥大齐，仇强而国弱也。此三者，皆国之大败也④，而足下行之，将欲以除害取信于齐也⑤。而齐未加信于足下，而忌燕也愈甚矣。然则足下之事齐也，失所为矣。夫民劳而实费，又无尺寸之功，破宋肥仇，而世负其祸矣。足下以宋加淮北，强万乘之国也，而齐并之，是益一齐也。九夷方七百里⑥，加之以鲁、卫，此所谓强万乘之国也，而齐并之，是益二齐也。夫一齐之强而燕犹不能支也，今乃以三齐临燕，其祸必大矣。

注释

① 寄质于齐：指燕昭王曾让他的弟弟襄安君到齐国做人质。缪文远本按："燕昭王曾使其弟襄安君为质于齐。"

② 奉：姚本作"秦"，鲍本作"奉"，从鲍本。

③ 淮北：见《齐策四·苏秦自燕之齐》注。

④ 大败：犹言大祸。

⑤ 除害：指铲除宋国。害，指宋国。鲍本："宋者，齐之害。"

⑥ 九夷：姚本作"北夷"，帛书作"九夷"，从帛书。

译文

齐国进攻宋国，宋国形势危急。苏代送信给燕昭王说："燕国在拥有万辆兵车的国家之列，却让齐国扣押着人质，这使燕国名声低下，权威减轻。协助齐国进攻宋国，劳民伤财。攻破宋国，侵占楚国的淮北，使齐国的领土扩大了，也就是使仇敌强大了本国弱小了。这三种结果，都是国家的大患，而您却要实现它们，是想除掉齐国祸害取信齐国。然而齐国未必增加多少对您的信任，忌恨燕国会更加厉害。那么您去侍奉齐国，就是失误的做法。劳民伤财，没有尺寸的功劳，攻破宋国却扩大了仇敌的领土，又会世代背负齐国的祸患。您把宋国和淮北合在一起，就会知道它们比万乘之国还要强大，齐国一旦兼并它们，就如同增加了一个齐国。九夷方圆七百里，再加上鲁、卫等小国，这也是所说的比万乘之国还要强大的地方，齐国如果吞并它们，这就如同增加了两个齐国。一个强大的齐国，燕国都不能同它抗衡，现在用三个齐国来面对燕国，那祸患可就大了。

一

原文

"虽然，臣闻知者之举事也①，转祸而为福，因败而成功者也。齐人紫，败素也，而贾十倍②。越王勾践栖于会稽③，而后残吴霸天下。此皆转祸而为福，因败而为功者也。今王若欲转祸而为福，因败而为功乎？则莫如遥伯齐而厚尊之，使使盟于周室，尽焚天下之秦符，约曰：'夫上计破秦，其次长宾之④。'秦挟宾以待破⑤，秦王必患之。秦五世以伐诸侯⑥，今为齐下，秦王之志，苟得穷齐，不惮以一国都为功⑦。然而王何不使布衣之人以穷齐之说说秦，谓秦王曰：'燕、赵破宋肥齐尊齐而为之下者，燕、赵非利之也。弗利而势为之者，何也？以不信秦王也。今王何不使可以信者接收燕、赵。令泾阳君若高陵君先于燕、赵⑧，秦有变，因以为质，则燕、赵信秦矣。秦为西帝，赵为中帝，燕为北帝，立为三帝而以令诸侯。韩、魏不听，则秦伐之；齐不听，则燕、赵伐之，天下孰敢不听？天下服听，因驱韩、魏以攻齐，曰，必反宋地而归楚之淮北。夫反宋地，归楚之淮北，燕、赵之所同利也。并立三帝，燕、赵之所同愿也。夫实得所利，名得所愿，则燕、赵之弃齐也，犹释弊蹝[9]。今王之不收燕、赵，则齐伯必成矣。诸侯戴齐而王独弗从也，是国伐也。诸侯戴齐而王从之，是名卑也。王不收燕、赵，名卑而国危；王收燕、赵，名尊而国宁。夫去尊宁而就卑危，知者不为也。'秦王闻若说也[10]，必如刺心，然则王何不务使知士以若此言说秦？秦伐齐必矣。夫取秦，上交也；伐齐，正利也。尊上交，务正利，圣王之事也。"

注释

① 知：同“智”。

② 齐人紫，败素也，而贾十倍：齐国人喜欢紫色，破旧的白色生绢染上紫色，价格就会上涨十倍。贾，通“价”。

③ 勾践、会稽：并见《秦策五·说秦王》注。

④ 宾：同“摈”，排斥。之：姚本“之”字后有“秦”字，金正炜本认为“秦”字为衍文，从金说，删掉。

⑤ 挟宾：犹言被摈弃，遭排斥。姚本此句“宾”字下有“客”字，吴师道补正鲍本曰：“‘客’字因‘宾’字误衍。”从吴说，删掉。弃，同“摈”。

⑥ 伐：姚本作“结”，《史记》、帛书作“伐”，从《史记》及

帛书。

⑦ 不惮以一国都为功：不惜失去一座都邑以求成功。不惮，

不怕，犹言不惜。

⑧ 令：姚本作"今"，鲍本及《史记》作"令"，从鲍本及《史

记》。泾阳君、高陵君：见《秦策三·范雎至秦》注。若：犹

言或。

⑨ 弊蹝（xǐ）：破草鞋。蹝，草鞋。

⑩ 若：犹言此。王念孙《经传释词》："若亦此也。"

译文 "虽然这样，但是臣下也听说智者做事，能够转祸为
福，由失败达到成功。齐国人喜欢紫色，破旧的白色
生绢染上紫色，价格就会上涨十倍。当初越王勾践困
守在会稽山上，但后来却灭了吴国称霸天下。这都是
转祸为福，由失败达到成功的范例。现在大王也想转
祸为福，由失败达到成功吗？那么不如让齐国在远方
称霸并极力推崇它，派使者同周室结盟，烧尽天下
的秦符，相约：'上等计策是击破秦国，其次是排斥
秦国。'秦国受到排斥等着被攻破，秦王必然会恐惧
担心。秦国五代以来一直攻打诸侯，如今居于齐国之
下，秦王一定会有这样的决心，倘若能让齐国走投无
路，不惜失掉一座都邑也要取得成功。既然这样，大

王为什么不派一个平民百姓，用能使齐国陷入困境的
道理游说秦国，对秦王说：'燕、赵两国要攻破宋国
扩大齐国领土并尊重齐国，甘愿屈居齐国之下，这对
燕、赵两国并没有好处。得不到好处而受到客观形势
的逼迫去做这样的事，为什么呢？是因为不相信秦
王。现在大王何不派可以让燕、赵两国信赖的人去
联合燕国、赵国。让泾阳君或高陵君先去燕、赵两
国，秦国如有变故，就让他们做人质，那样燕、赵两
国就会信任秦国了。秦王做西帝、赵王做中帝、燕王
做北帝，并立三帝来号令诸侯。韩、魏两国如果不听
命，秦国就攻打它们；齐国不听命，燕、赵两国就攻
打它，天下人谁敢不听命？天下人服从听命，再驱使
韩、魏两国进攻齐国，对齐国说，必须归还宋国土
地及楚国的淮北。归还宋国土地，归还楚淮北，这
对燕、赵两国有同样的好处。并立三帝，是燕、赵
两国共同的愿望。实际上获得利益，名义上满足愿
望，燕、赵两国背弃齐国，就像扔掉破草鞋一样毫不
吝惜。如今大王如果不联合燕、赵两国，那么齐王称
霸的事就一定能成功。诸侯们拥戴齐王而大王却不从
命，这就会使秦国遭到进攻。诸侯们拥戴齐王，大王
也跟从他们，这就使大王名声低贱。大王如果不联合

燕、赵两国，就会使名声低贱，国家出现危险；大王
联合燕、赵两国，就会使名声尊贵，国家安宁。抛弃
名声的尊贵和国家的安宁，去追求名声的低贱和国家
的危险，聪明人可不这样做。'秦王听了如此说法，
一定心痛如刺，那么大王何不赶快派一位有才能的人
用这样的说法游说秦国呢？秦国必然会进攻齐国。得
到与秦国的联合，是上等的邦交；进攻齐国，会得到
真正的利益。尊重上等的邦交，追求真正的利益，这
是圣王从事的事业。"

原文 燕昭王善其书，曰："先人曾有德苏氏，子之之乱，
而苏氏去燕。燕欲报仇于齐，非苏氏莫可。"乃召苏
氏，复善待之。与谋伐齐，竟破齐，闵王出走。

译文 燕昭王认为苏代的信写得很好，说："先父曾经对苏
代有恩，由于子之之乱，苏代才离开燕国。燕国要向
齐国报仇，非有苏代辅助不可。"于是召来苏代，重
新善待他。燕昭王同苏代谋划进攻齐国，终于攻破了
齐国，齐闵王被迫出逃。

苏代谓燕昭王

原文　苏代谓燕昭王曰："今有人于此，孝如曾参、孝己①，信如尾生高，廉如鲍焦、史䲡②，兼此三行以事王，奚如?"王曰："如是足矣。"对曰："足下以为足，则臣不事足下矣。臣且处无为之事，归耕乎周之上地，耕而食之，织而衣之。"王曰："何故也?"对曰："孝如曾参、孝己，则不过养其亲耳。信如尾生高，则不过不欺人耳。廉如鲍焦、史䲡，则不过不窃人之财耳。今臣为进取者也。臣以为廉不与身俱达③，义不与生俱立。仁义者，自完之道也，非进取之术也。"

注释　① 孝己：见《秦策一·田莘之为陈轸说秦惠王》注。

② 鲍焦：周代隐士。史䲡（qiū）：春秋时卫国人，字子鱼，又称史鱼。

③ 达：显贵。

译文　苏代对燕昭王说："现在如果有这样一个人在此，像曾参、孝己那样孝顺，像尾生高那样守信，像鲍焦、史䲡那样廉洁，兼有这三种品行来侍奉大王，怎么样?"燕昭王说:"如此就够了。"苏代回答说:"您认为这样就够了,那么臣下就不会侍奉您了。臣下就会做出无所作为的事,就会归耕于周朝的土地上,耕种吃饭,织布穿衣。"燕昭王说:"这是什么缘故呢?"苏代回答说:"像曾参、孝己那样孝顺,那也不过是奉养双亲罢了。像尾生高那样守信,那也不过是不欺骗别人罢了。像鲍焦、史鳅那样廉洁,那也不过是不偷别人的钱财罢了。如今臣下是一个有进取心的人。臣下认为廉洁不会同自身一道显贵,信义不会同生命一起存在。仁义,不过是自我完善的法则,不是追求进取的手段。"

原文

王曰:"自忧不足乎①?"对曰:"以自忧为足,则秦不出殽塞②,齐不出营丘,楚不出疏章③。三王代位,五伯改政,皆以不自忧故也。若自忧而足,则臣亦之周负笼耳④,何为烦大王之廷耶?昔者楚取章武,诸侯北面而朝。秦取西山⑤,诸侯西面而朝。曩者,使燕毋去周室之上⑥,则诸侯不为别驾而朝矣⑦。臣闻之,善为事者,先量其国之大小,而揆其兵之强弱⑧;故功可成而名可立也。不能为事者,不先量其国之大小,不揆其兵之强弱,故功不可成而名不可立也。今王有东向伐齐之心，而愚臣知之。"

注释

① 自忧：犹言自优，自我完善。忧，通"优"。

② 殽塞：见《秦策一·苏秦始将连横》注。

③ 疏章：水名，即沮章河，流经湖北省，在江陵入长江。郭人民本："《战国纵横家书》（帛书）作'沮章'。疏，与"沮"音近，水名。今湖北省汉水西有章水和沮水，合为沮章河，在江陵西入长江。"

④ 之周负笼：犹言回到周地老家种地。笼，装土的工具。

⑤ 西山：山名，在河南省洛阳市附近。郭人民本："洛阳龙门山向西北延至洛阳西，俗称西山。"

⑥ 周室之上：指周朝的上地。

⑦ 别驾：姚本作"别马"，鲍本作"别驾"，从鲍本。

⑧ 揆（kuǐ）：揣度，度量。鲍本："揆，度也。"

译文

燕昭王说："自我完善还不够吗？"苏代回答说："如果认为自我完善就够了，那么秦国就不会从殽山的边塞出兵，齐国就不会从营丘出兵，楚国也不会兵出沮章河。三王更替，五霸轮换执政，都是因为不仅仅局限于自我完善的缘故。如果仅是自我完善就够了，那么臣下也就回到周地的家乡去种地了，何必还讨扰大王的朝廷呢？从前，楚国攻取章武，诸侯们到北面去朝拜。秦国攻占西山，诸侯们到西面去朝拜。当初，如果不让燕国军队从周朝的上地撤离，那么诸侯们就不会调转车辆去朝拜别国了。臣下听说，善于处理国事的人，先衡量一下自己国家的大小，再考虑一下自己兵力的强弱，因此可以功成名就。不善于处理政事的人，不能够先衡量自己国家的大小，也不去考虑自己兵力的强弱，所以不能功成名就。现在大王有向东攻打齐国的想法，愚臣知道。"

原文　王曰："子何以知之？"对曰："矜戟砥剑①，登丘东向而叹，是以愚臣知之。今夫乌获举千钧之重②，行年八十而求扶持。故齐虽强国也，西劳于宋，南罢于楚，则齐军可败，而河间可取。"燕王曰："善。吾请拜子为上卿，奉子车百乘，子以此为寡人东游于齐，何如？"对曰："足下以爱之故与，则何不与爱子与诸舅、叔父、负床之孙③，不得，而乃以与无能之臣，何也？王之论臣，何如人哉？今臣之所以事足下者，忠信也。恐以忠信之故，见罪于左右。"

注释　①矜：持。砥：磨刀石，此指磨剑。

② 乌获：人名，齐武王时的勇士。

③ 负床之孙：犹言靠床而站，不会走路的孙子。负，背，靠着。

译文　燕昭王说："您怎么知道的。"苏代回答说："您常常手持长戟或磨砺宝剑，登上山丘向东叹息，因此愚臣就知道了。即使如今有乌获这样的力士，能举起千钧重量，年龄到了八十岁的时候也要人搀扶。所以齐国虽然是强国，由于在西面的宋国劳师动众，在南面的楚国使军队疲乏，那么齐国军队就可以被击败，齐国的河间也可以被攻取。"燕昭王说："太好了。请允许我拜您为上卿，送给您马车百辆，您按照这种说法替寡人到东面的齐国去离间游说，怎么样？"苏代说："您这是由于偏爱我的缘故才赏赐我，那么为什么不赏赐您的爱子及各位舅父、叔父、那些靠床而立还不会走路的孙子呢？他们得不到这些，却把这些赏赐给无能的臣下，为什么？大王评价臣下，是怎样一种人呢？现在臣下所以侍奉您，是为尽忠守信。臣下担心因为尽忠守信的缘故，被大王左右的大臣怪罪。"

原文　王曰："安有为人臣尽其力，竭其能，而得罪者乎？"

对曰："臣请为王譬。昔周之上地尝有之。其丈夫宦三年不归①，其妻爱人②。其所爱者曰：'子之丈夫来，则且奈何乎？'其妻曰：'勿忧也，吾已为药酒而待其来矣。'已而，其丈夫果来，于是因令其妾酌药酒而进之。其妾知之，半道而立，虑曰：'吾以此饮吾主父，则杀主父；以此事告吾主父，则逐吾主母。与杀吾主父、逐吾主母者③，宁僵踬而覆之。'于是因佯僵而仆之。其妻曰：'为子之远行来之，故为美酒，今妾奉而仆之。'其丈夫不知，缚其妾而笞之。故妾所以笞者，忠信也。今臣为足下使于齐，恐忠信不谕于左右也。臣闻之曰：万乘之主，不制于人臣。十乘之家，不制于众人。匹夫徒步之士，不制于妻妾。而又况于当世之贤主乎？臣请行矣，愿足下之无制于群臣也。"

注释　①宦：做官。姚本作"官"，鲍本作"宦"，从鲍本。

②爱：犹言私通。

③杀吾主父：姚本此句"吾"字下无"主"字，鲍本有，从鲍本。

译文　燕昭王说："哪有做人臣的用尽自己的力量，竭尽自

己的才能，反而获罪的呢？”苏代回答说：“臣下请求为大王打个比方。从前周朝的上地曾经有这样一件事。做丈夫的在外做官三年不归，他的妻子与人私通。和她私通的那个人说：'你的丈夫要回来了，那该怎么办呢？'他的妻子说：'不要担心，我已经准备了毒药酒，就等他回来呢。'不久，她的丈夫果然回来了，于是她让侍妾斟上毒药酒给丈夫送去。侍妾知道这件事，走到半路站住了，自己考虑：'我把这毒酒给男主人喝，就会杀死男主人；把这件事告诉我的男主人，就会赶走我的女主人。与其杀死男主人、赶走女主人，我宁可假装跌倒弄翻酒杯。'于是就假装跌倒弄洒药酒。他的妻子说：'为您远行归来，所以准备了美酒，现在侍妾端酒跌倒洒掉了。'她的丈夫不知实情，就绑起侍妾鞭打。所以侍妾被鞭打的原因，就是为了尽忠守信。如今臣下为您到齐国出使，担心我尽忠守信不被大王的左右大臣所理解。臣下听说：拥有万辆兵车的君王，不受臣子的挟制。有十辆马车的家长，不受众人的控制。一般无车可乘的士人，不受妻妾的限制。更何况是当代贤明的君王呢？臣下请求出发了，希望您不要受群臣的挟制。”

燕王谓苏代

原文　燕王谓苏代曰："寡人甚不喜讹者之言也①。"苏代对曰："周地贱媒，为其两誉也②。之男家曰女美，之女家曰男富。然而周之俗不自为取妻。且夫处女无媒，老且不嫁；舍媒自衒，弊而不售③。顺而无败，售而不弊者，唯媒而已矣。且事非权不立，非势不成。夫使人坐受成事者，唯讹者耳。"王曰："善矣。"

注释　① 讹（chí）者：骗子。

② 两誉：两面说好话

③ 衒（xuàn）：通"炫"，夸耀。弊：通"敝"。下文"弊"字亦同。不售：卖不出去，此指不能出嫁。

译文　燕王对苏代说："寡人很不喜欢骗子的说教。"苏代回答说："周地看不起媒人，因为媒人两头说好话。到男家说女子貌美，到女家说男子富有。然而按周地的风俗，男子不自行娶妻。而且年轻女子没有媒人说媒，到老也不能出嫁；离开媒人自己去夸耀，磨破了嘴皮也嫁不出去。顺应风俗就不会坏事，要想出嫁又不费唇舌，只有找媒人罢了。况且参与政事离开权术就不能成事，不靠权势就不能成功。让人坐享成功的人，只有那些骗子罢了。"燕王说："太好了。"

燕策二

秦召燕王

原文　秦召燕王①，燕王欲往。苏代约燕王曰②："楚得枳而国亡③，齐得宋而国亡，齐、楚不得以有枳、宋事秦者，何也？是则有功者④，秦之深仇也。秦取天下，非行义也，暴也。秦之行暴于天下，正告楚曰：'蜀地之甲，轻舟浮于汶⑤，乘夏水而下江，五日而至郢⑥。汉中之甲⑦，乘舟出于巴⑧，乘夏水而下汉，四日而至五渚⑨。寡人积甲宛，东下随⑩，知者不及谋，勇者不及怒，寡人如射隼矣⑪。王乃待天下之攻函谷⑫，不亦远乎？'楚王为是之故，十七年事秦。秦正告韩曰：'我起乎少曲，一日而继太行⑬。我起乎宜阳而触平阳⑭，二日而莫不尽繇⑮。我离两周而触郑⑯，五日而国举。'韩氏以为然，故事秦。

注释　① 燕王：指燕昭王。

② 约：犹言阻止。

③ 枳（zhǐ）：地名，在今四川省涪陵县。

④ 有功者：指有战功的国家。

⑤ 汶：指汶水，即岷江，源于四川省北部岷山。

⑥ 郢：见《秦策一·张仪说秦王》注。

⑦ 汉中：见《秦策一·苏秦始将连横》注。

⑧ 巴：指大巴山，在今陕西省郑县西南。

⑨ 五渚：见《秦策一·张汉说秦王》注。

⑩ 宛：地名，在今河南省南阳市。随：地名，在今湖北省随县。

⑪ 隼（sǔn）：一种小型鹰类。

⑫ 函谷：见《西周策·薛公以齐为韩魏攻楚》注。

⑬ 少曲：地名，在今河南省孟州市。太行：见《秦策三·范睢至秦》注。

⑭ 宜阳：见《东周策·秦攻宜阳》注。平阳：韩王坟墓所在地，详见《秦策四·秦昭王谓左右》注。

⑮ 繇（yáo）：通"摇"，动摇。

⑯ 郑：韩国国都，在今河南省新郑市。

译文　秦国召见燕昭王，燕王想去。苏代阻止燕王说："楚国虽得枳地却使国土沦丧，齐国虽得宋地也使国土沦丧，齐、楚两国都不是因为有了枳地、宋地就去侍奉秦国，为什么呢？这是因为取得战功的国家，都是秦国最仇视的。秦国夺取天下，不是推行仁义，而是实施强暴。秦国在天下实施强暴，曾直言不讳地告诉楚国说：'蜀地的军队，驾快船沿水而行，凭借夏天盛涨的江水进入长江，五天就可到达郢都。驻扎在汉中的军队，乘船从大巴山出发，依靠夏天盛涨的江水进入汉水，四天就能到达五渚。寡人在宛地集结军队，向东进军随地，聪明的人来不及谋划，勇敢的人来不及发怒，寡人这样做就像射小鹰一样容易。楚王却要等待天下诸侯攻打函谷，这和实际情况不是相差得太远了吗？'楚王因为这个缘故，十七年来一直侍奉秦国。秦王也曾直言不讳地告诉韩国说：'我从少曲起兵，一天之内就可以阻断太行要道。我从宜阳起兵直达平阳，二天之内，六国没有不感到动摇的。我离开两周直逼郑地，五天时间就可以攻占整个韩国。'韩国认为是这样，因此就开始侍奉秦国。

原文 "秦正告魏曰：'我举安邑，塞女戟，韩氏、太行卷①。我下枳，道南阳、封、冀②，包两周，乘夏水，浮轻舟，强弩在前，铦戈在后③，决荥口，魏无大梁④；决白马之口，魏无济阳⑤；决宿胥之口，魏无虚、顿丘⑥。陆攻则击河内⑦，水攻则灭大梁。'魏氏以为然，故事秦。秦欲攻安邑，恐齐救之，则以宋委于齐曰：'宋王无道，为木人以写寡人，射其面。寡人地绝兵

远，不能攻也。王苟能破宋有之，寡人如自得之。'
已得安邑，塞女戟，因以破宋为齐罪。

注释　① 安邑：见《秦策一·秦惠王谓寒泉子》注。女戟：见《赵策四·五国伐秦无功》注。太行：姚本作"太原"，郭希汾本："太原，赵地，当作太行。"从郭说。卷：犹言断绝。

② 枳：又作"积"，地名，在今河南省济源市。封：即封陵，地名，在今山西省风陵渡。翼：地名，在今山西省皮氏县。郭人民本："翼，在今山西皮氏县有翼亭。"

③ 铦（xiān）：锋利。

④ 荥口：即荥泽之口，荥泽渠的开端，在今河南省郑州市。姚本作"荥口"，鲍本作"荥口"，从鲍本。大梁：见《西周策·苏厉谓周君》注。

⑤ 白马之口：见《秦策一·张仪说秦王》注。济阳：见《秦策四·顷襄王二十年》注。

⑥ 宿胥之口：即宿胥口，在今河南省浚县西南。虚：见《秦策四·顷襄王二十年》注。顿丘：见《魏策一·楚许魏六城》注。

⑦ 河内：见《秦策四·顷襄王二十年》注。

译文　"秦王又直言不讳地告诉魏国说：'我攻下安邑，阻塞女戟要道，再断韩国、太行的交通。我从枳地进发，取道南阳、封地、冀地，包围两周，趁着夏天盛涨的大水，乘着快船，强劲的弓弩在前面开道，锋利的长戈在后面随行，掘开荥泽河口，魏国就将失去大梁；掘开白马河口，魏国就没有了济阳；掘开宿胥河口，魏国就会丧失虚地、顿丘。在陆地上进攻，可以攻破河内，在水路进攻，就可以灭掉大梁。'魏国认为是这样，因此就去侍奉秦国。秦国想攻打安邑，又担心齐国来救援，就把宋国抛给了齐国，秦王说：'宋王不行君道，制作一个木头人，画上寡人的模样，射木人的脸。寡人的国土与宋国隔绝，军队远离，不能进攻宋国。大王如果能攻破宋国并占有它，寡人就如同自己得到了宋国一样。'秦国占领安邑后，堵塞女戟要道，于是又把攻破宋国算作齐国的罪过。

原文 "秦欲攻韩①，恐天下救之，则以齐委于天下曰：'齐王四与寡人约，四欺寡人，必率天下以攻寡人者三。有齐无秦，无齐有秦，必伐之，必亡之。'已得宜阳、少曲，致蔺、石②，因以破齐为天下罪。秦欲攻魏，重楚③，则以南阳委于楚曰：'寡人固与韩且绝矣！残均陵，塞鄳隘④，苟利于楚，寡人如自有之。'魏弃与国而合于秦，因以塞郇隘为楚罪。

注释

① 韩：姚本作"齐"，鲍本作"韩"，从鲍本。

② 蔺、石：见《西周策·苏厉谓周君》注。蔺、石不属韩国，恐有误。

③ 重楚：犹言惧怕楚国。

④ 均陵：地名，在今湖北省均县。郇隘：即黾塞。

译文

"秦王要攻打韩国，又担心天下诸侯援救韩国，就把齐国丢给天下诸侯说：'齐王四次与寡人订约，四次欺骗了寡人，坚持率领六国攻打寡人就有三次。因此有齐国就没有秦国，没有齐国才能有秦国，一定要进攻它，一定要灭掉它。'在得到宜阳、少曲，夺取蔺、石两地之后，于是又把攻破齐国说成是天下诸侯的罪过。秦王想攻打魏国，又担心楚国救援，就把南阳抛给楚国说：'寡人本来要同韩国绝交！所以攻下了均陵，封锁黾塞，假如能对楚国有利，就如同寡人自己得到好处一样。'魏国抛弃盟国与秦国联合，于是秦国又把封锁黾塞定为楚国的罪过。

原文

"兵困于林中①，重燕、赵，以胶东委于燕，以济西

委于赵②。已得讲于魏，质公子延，因犀首属行而攻
赵③。兵伤于离石，遇败于马陵，而重魏，则叶、蔡
委于魏④。已得讲于赵，则劫魏，魏不为割，困则使
太后、穰侯为和⑤，嬴则兼欺舅与母⑥。适燕者曰以
胶东⑦，适赵者曰以济西，适魏者曰以叶、蔡，适楚
者曰以塞鄳隘，适齐者曰以宋，此必令其言如循环，
用兵如刺绣⑧，母不能制，舅不能约。龙贾之战，岸
门之战，封陵之战，高商之战，赵庄之战⑨，秦之所
杀三晋之民数百万，今其生者，皆死秦之孤也。西河
之外、上雒之地、三川⑩，晋国之祸，三晋之半。秦
祸如此其大，而燕、赵之秦者，皆以争事秦说其主，
此臣之所大患。"

注释

① 林中：见《齐策五·苏秦说齐闵王》注。

② 胶东：山东胶河以一带地方。济西：见《齐策四·苏秦自
燕之齐》注。

③ 已：姚本作"赵"，鲍本作"已"，从鲍本。属行：指军队
连续不断。

④ 离石：见《西周策·苏厉谓周君》注。马陵：见《齐策
一·甫梁之难》注。叶：见《西周策·薛公以齐为韩魏攻楚》
注。蔡：即上蔡，在今河南省上蔡县。

⑤太后：见《西周策·周君之秦》注。穰侯：见《秦策一·张仪说秦王》注。

⑥赢：姚本作"嬴"，鲍本作"赢"，从鲍本。

⑦适：同"谪（zhé）"，谴责。

⑧刺绣：姚本作"刺蜚绣"，黄丕烈《札记》认为原文无"蜚"字，从黄说。

⑨龙贾之战：周显王三十九年（前330），秦国军队在雕阴大败魏国军队，擒魏将龙贾，故言"龙贾之战"。岸门之战：周赧王元年（前314）秦国军队在岸门击败韩国军队。封陵之战：周赧王十二年（前303）秦国军队攻占魏国封陵。高商之战：此战不见于史书。赵庄之战：周显王四十一年（前328），秦国与赵国交战，秦军在河西杀死赵将赵庄，故言"赵庄之战"。

⑩西河之外：见《秦策一·楚攻魏张仪谓秦王》注。上雒之地：见《秦策四·楚魏战于陉山》注。三川：见《西周策·韩魏易地》注。

译文

"秦国军队在林中被围困，秦王才想到尊重燕、赵两国，把胶东交给燕国，把济西交给赵国。同魏国讲和后，秦国把公子廷送去做人质，随魏将公孙衍连续不断地发兵攻赵。军队在离石受挫，在马陵遭到失败，就更加尊重魏国，把叶、蔡两地交给魏国。同赵国讲和后，便开始威迫魏国，魏国没有给它割让土地，可见秦王在秦国陷入困境时就让太后、穰侯去讲和，在秦国打胜时就欺骗舅父和母亲。用占领胶东的事谴责燕国，用占领济西的事谴责赵国，用占领叶、蔡两地的事谴责魏国，用阻断黾塞的事谴责楚国，用占领宋地的事谴责齐国，这样一定会使秦王的话像反复循环一样，无休无止。发动战争就像绣花一样轻松，母亲管不住他，舅父约束不了他。龙贾之战，岸门之战，封陵之战，高商之战，赵庄之战，秦国所杀的三晋百姓有数百万，现在活着的，都是死在秦王手里的三晋百姓的遗孤。西河以外、上雒之地、三川等地的争夺，晋地所受的兵祸，三晋的百姓就死了一半。秦国的祸患如此之大，而燕、赵两国亲近秦国的人，都争着侍奉秦国来取悦自己的君王，这是臣下最忧患的事。"

原文　燕昭王不行。苏代复重于燕。燕乃约诸侯从亲①，如苏秦时，或从或不②，而天下由此宗苏氏之从约。代、厉皆以寿死，名显诸侯。

注释 ① 乃：姚本作"反"，金正炜本："'反'当为'乃'字之讹也。"从金说。

② 不：同"否"。

译文 于是燕昭王没有到秦国去。苏代在燕国重新受到尊重。燕国就约定诸侯合纵，像苏秦在的时候一样，有的同意合纵，有的不同意，但是天下诸侯却从此推崇苏家的合纵之约。苏代、苏厉都享尽天年而终，他们在诸侯中名声显赫。

苏秦说奉阳君合燕于赵以伐齐

原文 苏秦说奉阳君合燕于赵以伐齐①，奉阳君不听。乃入齐恶赵，令齐绝于赵。齐已绝于赵，因之燕②，谓昭王曰："韩为谓臣曰③：'人告奉阳君曰：使齐不信赵者，苏子也；令齐王召蜀子使不伐宋者④，苏子也；与齐王谋，道取秦以谋赵者⑤，苏子也；令齐守赵之质子以甲者，又苏子也。请告子以请齐，果以守赵之质子以甲，吾必守子以甲。'其言恶矣。虽然，王勿患也。臣故知入齐之有赵累也，出为之以成所欲。臣死而齐大恶于赵，臣犹生也。令齐、赵绝，可大纷已⑥。特臣非张孟谈也⑦，使臣也如张孟谈也，齐、赵必有为智伯者矣。

注释 ① 苏秦说奉阳君合燕于赵以伐齐：姚本作"苏代为奉阳君说燕于赵以伐齐"，缪文远本："'苏代'，当为'苏秦'之讹。此当作'苏秦说奉阳君合燕于赵以伐齐'。"从缪说。标题亦改。

② 之燕：指苏秦派人去燕国。

③ 韩为：又作"韩徐为"，赵国大臣。

④ 令齐王召蜀子使不伐宋者：姚本此句"令"作"今"，无"者"字，鲍本作"令"，补"者"字，从鲍本。蜀子：人名，齐国人。

⑤ 道：犹言实行，推行。

⑥ 大纷：犹言大乱。

⑦ 特：只。姚本作"持"，吴师道认为"持"为"特"字之讹，从吴说，改"持"为"特"。张孟谈：赵襄子的谋臣。

译文 苏秦游说奉阳君联合燕国、赵国进攻齐国，奉阳君没有听从。苏秦就进入齐国中伤赵国，让齐国同赵国绝

交。齐国同赵国绝交后，苏秦就派人到燕国，对燕昭王说："韩为对臣下说：'有人告诉奉阳君说：让齐国不相信赵国的，是苏秦；让齐王召蜀子，使蜀子没有攻打宋国的，是苏秦；同齐王谋划，推行联合秦国共谋赵国策略的，是苏秦；让齐国用士兵看守赵国做人质的公子的，又是苏秦。请让我忠告您，请齐国不要这样做，如果真的让士兵看守赵国做人质的公子，我一定要让士兵看守您。'他的话恶毒极了。尽管如此，大王也不要担忧。臣下本来就知道进入齐国要受赵国的祸害，臣下出使促成此事就是为了实现您的愿望。臣下死去，齐国就会万分憎恨赵国，臣下虽死犹生。让齐、赵两国绝交，就可以使天下大乱。只是臣下不是张孟谈，如果让臣下像张孟谈一样行事，齐、赵两国一定有做智伯的。

原文

"奉阳君告朱谨与赵足曰①：'齐王使公玉丹命说曰②，必不反韩珉，今召之矣。必不任苏子以事，今封而相之。必不合燕③，今以燕为上交。吾所恃者顺也④，今其言变有甚于其父，顺始与苏子为仇。见之知无厉⑤，今贤之两之，已矣，吾无齐矣！'奉阳君之怒甚矣。如齐王之不信赵，而小人奉阳君也，因是而倍之，不以今时大纷之，解而复合，则后不可奈何也。故齐、赵之合苟可循也⑥，死不足以为臣患，逃不足以为臣耻，为诸侯不足以为臣荣，被发自漆为厉不足以为臣辱⑦。然而臣有患也，臣死而齐、赵不循，恶交分于臣也，而后相效，是臣之患也。若臣死而必相攻也，臣必勉之而求死焉。尧、舜之贤而死，禹、汤之知而死⑧，孟贲之勇而死，乌获之力而死⑨，生之物固有不死者乎？在必然之物以成所欲，王何疑焉？

注释

① 朱讙（huān）、赵足：均为赵国大臣。

② 公玉丹：姚本作"公王曰"，帛书作"公玉丹"，从帛书。

③ 必：姚本作"令"，鲍本作"必"，从鲍本。

④ 顺：人名，又称顺子，齐国公子，在赵国做人质。

⑤ 无厉：无害。

⑥ 循：顺从，引申为和善。

⑦ 厉（lài）：通"癞"，癞病。

⑧ 尧、舜、禹、汤：并见《秦策一·苏秦始将连横》注。

⑨ 孟贲、乌获：并见《秦策三·范雎至秦》注。

译文

"奉阳君告诉朱讙和赵足说：'齐王让公玉丹传命说，坚决不准韩珉来齐国，如今却召他来。坚决不委派给苏秦政事，如今却封赏他，任命他为相国。坚决不同燕国联合，如今却把同燕国的邦交当成最紧密的邦交。我所依靠的人是顺子，现在他的话比他父亲的变化还大，顺子开始的时候同苏秦为仇。见到苏秦后知道苏秦对他没有什么损害，现在竟认为苏秦贤能，与苏秦和平共处，完了，我失去齐国的支持了！'奉阳君非常恼怒。如果齐王不信任赵国，奉阳君这个小人，就会因而背叛齐国。不趁现在大乱的时机离散齐、赵两国，它们的矛盾解开后重新联合起来，那么以后对它们就无可奈何了。所以齐、赵两国的联合假如能够改善，死不足以作为对臣下的惩罚，逃亡隐居不足以雪臣下的羞耻，做诸侯也不能使臣下引以为荣，披散头发漆黑脸面满身长癞也不足以除去臣下的耻辱。然而臣下仍有担心的事，臣下死去，齐、赵两国不和，它们邦交的恶化以臣下作为分界，臣下死后，它们又互相效力，这是臣下忧虑的。如果臣下死去它们互相攻伐，臣下一定勉力自己去舍生求死。尧舜那样贤能都死去了，禹、汤那样智慧都死去了，孟贲那样勇猛都死去了，乌获那样有力也死去了，活着的万物难道有不死的吗？顺应必然的事理，完成您的愿望，大王还有什么疑虑的吗？

原文

"臣以为不若逃而去之。臣以韩、魏循自齐，而为之取秦，深结赵以劲之，如是则近于相攻，臣虽为之，累燕。奉阳君告朱谨曰：'苏子怒于燕王之以吾故弗予相，又不予卿也，殆无燕矣。'其疑至于此，故臣虽为之，不累燕，又不欲王。伊尹再逃汤而之桀，再逃桀而之汤，果与鸣条之战，而以汤为天子①。伍子胥逃楚而之吴，果与柏举之战，而报其父之仇②。今臣逃而纷齐、赵，始可著于春秋③。且举大事者，孰不逃？桓公之难，管仲逃于鲁④；阳虎之难，孔子逃于卫⑤；张仪逃于楚；白珪逃于秦；望诸相中山也使赵⑥，赵劫之求地，望诸攻关而出逃；外孙之难，薛公释载逃出于关⑦，三晋称以为士。故举大事，逃不足以为辱矣。"卒绝齐于赵，赵合于燕以攻齐，败之。

注释

① 伊尹：见《楚策四·客说春申君》注。鸣条：地名，在今山西省运城安邑镇北。

② 伍子胥：春秋时楚国人，名员。由于费无忌的谮害，楚平王杀死了伍子胥的父亲伍奢、兄伍尚，伍子胥被迫逃往吴国，后为父兄复仇。柏举之战：鲁定公四年（前506），吴国进攻楚国，战于柏举，楚军五战五败，吴军攻入郢都。柏举，在今湖北省麻城市。

③春秋：指历史。

④桓公：指齐桓公。

⑤阳虎：春秋后期季孙氏的家臣。鲁定公八年（前520），他要废除三桓的势力，被击败。

⑥望诸：疑即中山国相国蓝诸君。

⑦薛公：指田文。载：车。姚本作"戴"，鲍本作"载"，从鲍本。

译文

"臣下认为不如逃离这里。臣下假道韩国、魏国来到齐国，为齐国联合秦国，又努力结交赵国来加强它的势力，如此齐、赵两国互相进攻的形势就接近形成了，臣下虽然这样做，仍怕连累燕国。奉阳君告诉朱灌说：'苏秦恼恨燕王因为我的缘故没有任命他为相国，又没给他卿士的地位，大概不会同燕国有什么联系了。'他怀疑到这种程度，所以臣下这样做，也不会连累燕国，又不用大王出兵。伊尹两次从商汤那里逃到夏桀处，又两次从夏桀那里逃到商汤处，最后果然参与鸣条之战，拥戴商汤做了天子。伍子胥逃离楚国到了吴国，果然通过柏举之战，报了自己父亲被杀的深仇。如今臣下的逃亡造成齐、赵两国之间的大乱，也将可以载入史册。再说那些干大事的人，哪个没有逃亡的经历呢？齐桓公遭难时，管仲逃到鲁国；阳虎之乱时，孔子逃到卫国；张仪逃到楚国；白珪逃到秦国；望诸做中山国的相国，到赵国出使，赵国挟持他索取土地，望诸打下关隘逃出赵国；外孙之难时，田文舍弃车辆逃出关隘，三晋称他为义士。所以干大事，逃跑也不能算做耻辱。"苏秦终于分裂了齐国、赵国，赵国联合燕国攻打齐国，打败了齐国。

苏秦为燕说齐

原文 苏秦为燕说齐①，未见齐王，先说淳于髡曰②："人有卖骏马者，比三旦立市③，人莫之知。往见伯乐曰④：'臣有骏马，欲卖之，比三旦立于市，人莫与言，愿子还而视之，去而顾之，臣请献一朝之费⑤。'伯乐乃还而视之⑥，去而顾之，一旦而马价十倍。今臣欲以骏马见王，莫为臣先后者，足下有意为臣伯乐乎？臣请献白璧一双，黄金千镒，以为马食⑦。"淳于髡曰："谨闻命矣。"入言之王而见之，齐王大说苏子。

注释

① 苏秦：姚本作"苏代"，缪文远本："为燕说齐闵王者，乃苏秦，非苏代。"缪说为是，从缪说。

② 齐王：指齐闵王。淳于髡：见《齐策三·孟尝君在薛》注。

③ 比：犹言连续。

④ 伯乐：见《楚策四·汗明见春申君》注。

⑤ 费：费用。姚本作"贾"，鲍本作"费"，从鲍本。

⑥ 还：通"旋"，环绕。

⑦ 马食：指报酬。

原文

苏秦为燕国游说齐王，还没去见齐王，先游说淳于髡说："有一个卖骏马的人，连续三个早晨站在市场上，没有人来过问。去见伯乐说：'我有一匹骏马，想卖掉它，接连三个早晨站在市场上，没有人同我搭话，希望您绕着马看一看，离开时再回头着一看，请允许我给您一个早晨的费用。'伯乐于是就绕着马看了看，离开时又回头看了看，一个早晨马价竟上涨了十倍。如今我要让齐王看一看'骏马'，但没有替我前后奔走的人，您愿意做我的伯乐吗？请让我献上白璧一双，黄金千镒，作为报酬。"淳于髡说："恭敬地听从您的命令。"于是淳于髡入宫劝谏齐王，让齐王接见苏秦，齐王非常喜欢苏秦。

苏秦自齐使人谓燕昭王

原文 苏秦自齐使人谓燕昭王曰①："臣间离齐、赵②，齐、赵已孤矣。王何不出兵以攻齐？臣请为王弱之。"燕乃伐齐攻晋③。令人谓闵王曰："燕之攻齐也，欲以复振古地也④。燕兵在晋而不进，则是兵弱而计疑也。王何不令苏子将而应燕乎？夫以苏子之贤，将而应弱燕，燕破必矣。燕破则赵不敢不听，是王破燕而服赵也。"闵王曰："善。"乃谓苏子曰："燕兵在晋，今寡人发兵应之，愿子为寡人为之将。"对曰："臣之于兵，何足以当之，王其改举⑤。王使臣也，是败王之兵而以臣遗燕也，战不胜，不可振也⑥。"王曰："行，寡人知子矣。"苏子遂将而与燕人战于晋下，齐军败，燕得甲首二万人。苏子收其余兵以守阳城⑦，而报于闵王曰："王过举，令臣应燕。今军败亡二万人，臣有斧质之罪⑧，请自归于吏以戮。"闵王曰："此寡人之过也，子无以为罪。"

注释 ① 苏秦：姚本作"苏代"，为燕昭王离间齐国的人应是苏秦，故改"苏代"为"苏秦"，郭人民本、缪文远本均持此说。

② 间：姚本作"闻"，鲍本作"间"，从鲍本。

③ 晋：当是齐国的某地，今地不详。

④ 振古：犹言收复失地。振，举，犹言收复。古，同"故"，指过去失去的土地。

⑤ 改举：犹言任用别人，指任用别人为将。

⑥ 振：解救。鲍本："振，救也。"

⑦ 阳城：地名，属燕国，在今河北省唐县；一说，属齐国。在今河北省顺平县。郭人民本："阳城：燕地名。……在今河北唐县东北。"缪文远本："阳城，齐邑，在今河北完县东南二十里。"

⑧ 斧质之罪：犹言杀头之罪。斧、质，为古代处人死刑用的砍头刑具。

译文　苏秦从齐国派人对燕昭王说："臣下离间齐国、赵国，现在齐、赵两国都已经孤立了。大王为什么还不出兵进攻齐国？请让臣下替大王使齐国更加衰弱。"燕国于是讨伐齐国进攻晋地。苏秦让人对齐闵王说："燕国进攻齐国，想收复以往的失地。现在燕军在晋地停滞不前，这是由于兵力弱小犹疑不决。大王为什么不派苏秦率兵抗击燕军呢？凭苏秦的才能，率兵抗击弱小的燕军，一定能攻破燕国。燕国被攻破，那么赵国就不敢不听命，这样大王既攻破了燕国，又制服了赵国。"齐闵王说："好。"就对苏秦说："燕军打到了晋地，现在寡人发兵抗击它，希望您替寡人做军队的大将。"苏秦回答说："臣下对指挥军队的事不通，哪里配得上抗击燕军，大王还是改任别人吧。大王派臣下为将，这会使大王的军队遭到失败，也会把臣下交给燕国，打不赢，就不能挽救败局了。"齐王说："您去吧，寡人了解您。"苏秦于是率领齐军同燕国人在晋城之下交战，齐军大败，燕军砍下两万齐军士兵的头颅。苏秦收拢齐国的残兵退守阳城，向齐闵王回报说："大王用错了人，竟派我来抗击燕军。如今军队伤亡两万人，臣下有杀头之罪，请让我自己回去到执法的官吏那里领受斩刑。"齐闵王说："这是寡人的罪过，您没什么可以怪罪的。"

原文　明日，又使燕攻阳城及狸①。又使人谓闵王曰："日者②，齐不胜于晋下，此非兵之过，齐不幸而燕有天幸也③。今燕又攻阳城及狸，是以天幸自为功也。王复使苏子应之，苏子先败王之兵，其后必务以胜报王矣。"王曰："善。"乃复使苏子，苏子固辞，王不听。遂将以与燕战于阳城。燕人大胜，得首三万。齐君臣

不亲，百姓离心。燕因使乐毅大起兵伐齐，破之。

注释

① 狸：郭人民本认为是燕国地名，在阳城附近。缪文远本认为是齐邑，在今河北省任丘市东北。

② 日者：犹言昔者，指前几天。

③ 天幸：上天的宠幸，犹言有上天的保佑。

译文

第二天，苏秦又暗中让燕国攻打阳城和狸邑。又派人对齐闵王说："前几天，齐国军队在晋城之下没能取胜，这不是军队的过错，主要是齐军不走运而燕军得到了上天的保佑。现在燕国又攻打阳城和狸邑，这是把上天的保佑当作自己的功劳。大王再派苏秦抗击燕军，苏秦先前曾使大王的军队失败，失败之后他一定竭力用胜利来报答大王。"齐王说："好。"于是再次任用苏秦，苏秦坚决推辞，齐王不听。苏秦就率兵在阳城同燕军作战。燕军大获全胜，斩下敌人首级三万。齐国君臣之间不互相亲信，百姓离心离德。燕国于是派乐毅大举兴兵进攻齐国，最后攻破了齐国。

苏秦自齐献书于燕王

原文 苏秦自齐献书于燕王曰①:"臣之行也,固知将有口事,故献御书而行曰②:'臣贵于齐,燕大夫将不信臣;臣贱,将轻臣;臣重,将多望于臣;齐有不善,将归罪于臣;天下不攻齐,将曰善为齐谋;天下攻齐,将与齐兼贸臣③。臣之所处重卵也④。'王谓臣曰:'吾必不听众口与谗言,吾信女也,犹铲刈者也⑤。上可以得用于齐,次可得信于下,苟无死,女无不为也。以女自信可也。'与之言曰:'去燕之齐可也,期于成事而已。'臣受任以任齐,及五年。齐数出兵,未尝谋燕。齐、赵之交,一合一离,燕不与齐谋赵⑥,则与赵谋齐。齐之信燕也,至于虚北地行其兵。今王信田伐与参、去疾之言⑦,且攻齐,使齐大戒而不信燕⑧。今王又使庆令臣曰⑨:'吾欲用所善。'王苟欲用之,则臣请为王事之。王欲醳臣剸任所善⑩,则臣请归醳事。臣苟得见,则盈愿。"

注释 ① 苏秦:姚本作"苏代",据帛书当为"苏秦",从帛书。
② 御书:犹言奏书。金正炜本:"御,犹奏也。"

③ 贸：出卖。姚本作"劌"，鲍本作"贸"，从鲍本。

④ 臣之所处重卵：臣下的处境如同堆积的鸟卵一样危险。重卵，犹言累卵。姚本"所"字下有"重"字，"卵"字作"卯"字，吴师道认为此"重"字为衍文，"卯"应作"卵"，从吴说。

⑤ 铲刈：铲除，割除，此指铲除谗言。

⑥ 燕不与齐谋赵：姚本此句"燕"字下有"王"字，鲍本无"王"字，从鲍本。

⑦ 田伐、参、去疾：并为人名，都是燕国人。

⑧ 大戒：姚本作"犬马骏"，帛书作"大戒"，从帛书。信：姚本作"言"，帛书作"信"，从帛书。

⑨ 庆：即盛庆，燕国大臣。

⑩ 醳（shì）：通"释"。划（zhuān）：同"专"。

译文 苏秦从齐国给燕王送信说："臣下离开燕国时，本来就知道将会出现有人搬弄是非的事，所以临行前献上奏书说：'臣下如果在齐国地位显贵，燕国大夫就将不信任臣下；如果臣下受到轻视，他们就将看不起臣下；臣下受到重视，他们又将更多地责难臣下；齐国如有对燕国不利的举动，也将归罪于臣下；天下诸侯不攻打齐国，他们会说臣下一心为齐国谋划；天下诸侯进攻齐国，他们又会同齐国一道出卖臣下。臣下的处境就如同堆积的鸟卵一样危险。'大王当时对臣下说:'我一定不听众人的非议和谗言,我相信您,会像除草那样铲除谗言。您最好能在齐国受到重用,其次能够得到下边群臣的信任,假如我不死,您没有什么不可以做的。'大王又同我说:'离开燕国去齐国的事是可行的,只期望事情能办成功罢了。'臣下接受任务来争取齐国的任用,到现在有五年了。齐国几次出兵,都不曾图谋燕国。齐、赵两国的邦交,时而联合,时而分离,燕国不是同齐国图谋赵国,就是同赵国图谋齐国。齐国相信燕,以至于北部边境不设军队,调走那里的军队进攻别国。如今大王相信田伐和参、去疾等人的话,准备进攻齐国,使齐国大为戒备不再相信燕国。现在大王又派盛庆命令臣下说:'我想任用善于办事的人。'大王如果想任用这样的人,那么臣下请求替大王辅助他。大王如果想放弃我而专门任用善于办事的那个人,那么臣下请求回去交差。臣下如果能够见到大王,臣下的愿望也就得到满足了。"

陈翠合齐燕

原文　陈翠合齐、燕，将令燕王之弟为质于齐①，燕王许诺。太后闻之大怒曰：“陈公不能为人之国，则亦已矣②，焉有离人子母者？老妇欲得志焉③。”陈翠欲见太后，王曰：“太后方怒子，子其待之。”陈翠曰：“无害也。”遂入见太后曰：“何臞也④？”太后曰：“赖得先王雁鹜之余食，不宜臞。臞者，忧公子之且为质于齐也。”陈翠曰：“人主之爱子也，不如布衣之甚也。非徒不爱子也，又不爱丈夫子独甚。”太后曰：“何也？”对曰：“太后嫁女诸侯，奉以千金，赍地百里，以为人之终也。今王愿封公子，百官持职，群臣效忠，曰：‘公子无功不当封。’今王之以公子为质也，且以为公子功而封之也。太后弗听，臣是以知人主之不爱丈夫子独甚也。且太后与王幸而在，故公子贵；太后千秋之后，王弃国家而太子即位，公子贱于布衣。故非及太后与王封公子，则公子终身不封矣。”太后曰：“老妇不知长者之计。”乃命公子束车制衣为行具。

注释　①陈翠：燕国大臣。燕王：指燕昭王。

② 则亦：姚本作"亦则"，鲍本作"则亦"，从鲍本。

③ 欲得志：犹言想要报复。

④ 月臞（qú）：瘦。

译文　陈翠想联合齐国、燕国，准备让燕王的弟弟到齐国去做人质，燕王答应了。燕太后听说后大怒说："陈翠不能帮人治国，那么也就罢了，哪有分离别人母子的呢？老妇一定要报复他。"陈翠想要拜见太后，燕王说："太后正生您的气，您还是等一等吧。"陈翠说："没关系。"于是入宫拜见太后说："太后怎么瘦了？"太后说："仰仗先王吃剩的雁鸭，本来不应该瘦，只是忧虑公子将要到齐国做人质才如此。"陈翠说："人主爱自己的子女，不如平民百姓爱得厉害。不但不爱自己的子女，而且又特别不爱男孩子。"太后问："为什么这么说？"陈翠回答说："太后把女儿嫁给诸侯时，送给她千金，又给她百里土地，认为这是人的终身大事。如今大王愿意封赏公子，然而百官坚守职分，群臣效忠，都说：'公子没有功劳不应该封赏。'如今大王让公子去做人质，正是准备让公子立功封赏他。太后不听，臣下以此知道人主特别不爱自己的男孩子。况且如今太后和大王幸亏在世，所以公子才能地位显贵；一旦太后千秋之后，大王撇下国家，太子即位，公子将会比平民还卑贱。所以不趁太后和大王在的时候封赏公子，那么公子将终身不能受封。"太后说："老妇不知道先生有这样的打算。"于是太后让人给公子准备车辆制作衣服，准备出发的用具。

燕昭王且与天下伐齐

原文　燕昭王且与天下伐齐，而有齐人仕于燕者，昭王召而谓之曰："寡人且与天下伐齐，旦暮出令矣。子必争之，争之而不听，子因去而之齐。寡人有时复合①，且以因子而事齐。"当此之时也，燕、齐不两立，然而常独欲有复收之之志若此也②。

注释　①寡人有时复合：姚本此句后有"和也"二字，鲍本无，从鲍本删掉。

②复收：犹言复合，重新和好。

译文　燕昭王将要同天下诸侯一起讨伐齐国，有一个在燕国做官的齐国人，燕昭王把他召来，对他说："寡人准备和天下诸侯进攻齐国，下达进攻的命令只是一早一晚的事。到时候您一定要同我争辩，无论怎样争辩寡人也不听从，您趁此离开燕国去齐国。寡人准备万一战败需要同齐国重新和好，将要通过您侍奉齐国。"这个时候，燕、齐两国势不两立，然而燕昭王却偏有重新讲和的想法，竟糊涂到如此程度。

燕饥赵将伐之

原文　燕饥，赵将伐之。楚使将军之燕，过魏，见赵恢[①]。赵恢曰："使除患无至，易于救患。伍子胥、宫之奇不用[②]，烛之武、张孟谈受大赏[③]。是故谋者皆从事于除患之道，而无使除患无至者[④]。今予以百金送公也，不如以言。公听吾言而说赵王曰：'昔者吴伐齐，为其饥也，伐齐未必胜也，而弱越乘弊以霸。今王之伐燕也，亦为其饥也，伐之未必胜，而强秦将以兵承王之西，是使弱赵居强吴之处，而使强秦处弱越之所以霸也。愿王之熟计之也。'"使者乃以说赵王，赵王大悦，乃止。燕昭王闻之，乃封之以地。

注释

① 赵恢：赵国人，在魏国做官。

② 伍子胥、宫之奇：并见《秦策一·田莘之为陈轸说秦惠王》注。

③ 烛之武：春秋时郑国大夫。鲁僖公三十年（前630），秦国、晋国围困郑国，郑国危在旦夕，烛之武游说秦王，分裂了秦、晋联盟，挽救了郑国。张孟谈：见《秦策一·张仪说秦王》注。

④ 无：姚本作"先"，鲍本作"无"，从鲍本。

译文

燕国遇到饥荒，赵国将要乘机进攻燕国。楚国派一名将军去燕国，经过魏国，见到了赵恢。赵恢说："要使祸患消除最好在祸患还没有来到之前行动，这样更容易救人于危难。当年伍子胥、宫之奇的主张不被君王采用，而烛之武、张孟谈却受到君王的赏识。因此谋士都从事研究消除祸患的方法，而没有在祸患到来之前铲除隐患。如今我用百金送您，不如用一句话送您。您听从我的话去游说赵王说：'从前吴国进攻齐国，是因为齐国闹饥荒，况且进攻齐国也未必能取胜，弱小的越国却乘吴国疲弊之机，取得霸权。现在大王进攻燕国，也是因为燕国闹了饥荒，进攻燕国也未必能取胜，而强大的秦国将可能乘机在西部发兵进攻赵国，这是让弱小的赵国处于当年强大的吴国的地位，而让强大的秦国处于当年弱小的越国都能称霸的地位。希望大王仔细考虑一下。'"出使的楚国将军以此去游说赵王，赵王果然很高兴，就停止进攻燕国。燕昭王听说后，就用土地封赏了这位楚国将军。

昌国君乐毅为燕昭王合五国之兵而攻齐

原文　昌国君乐毅为燕昭王合五国之兵而攻齐①，下七十余城，尽郡县之以属燕，三城未下而燕昭王死。惠王即位，用齐人反间，疑乐毅，而使骑劫代之将②。乐毅奔赵，赵封以望诸君③。齐田单欺诈骑劫，卒败燕军，复收七十城以复齐。燕王悔，惧赵用乐毅承燕之弊以伐燕。燕王乃使人让乐毅，且谢之曰："先王举国而委将军，将军为燕破齐，报先王之仇，天下莫不振动，寡人岂敢一日而忘将军之功哉！会先王弃群臣，寡人新即位，左右误寡人。寡人之使骑劫代将军者，为将军久暴露于外，故召将军且休计事。将军过听，以与寡人有郤④，遂捐燕而归赵。将军自为计则可矣，而亦何以报先王之所以遇将军之意乎？"

注释

① 昌国君：见《齐策六·齐负郭之民有孤狐咺者》注。五国：指秦、燕、魏、赵、韩五国。

② 骑劫：见《齐策六·齐负郭之民有孤狐咺者》注。

③ 望诸君：望诸本为齐国泽名，乐毅从齐国投奔赵国，为表明他是从哪里来的，赵国封他为望诸君。

④ 郤：同"隙"，此指不和。

译文

昌国君乐毅联合燕、秦、韩、赵、魏五国的军队进攻齐国，攻下七十多座城邑，把这些地方作为郡县归属燕国，齐国只有三座城邑没有被攻下，但是在这个时候燕昭王死了燕惠王即位，齐国人使用反间计，燕惠王怀疑乐毅，让骑劫代替乐毅为将。乐毅投奔赵国，赵国封他为望诸君。齐国的田单欺诈骑劫，最后打败了燕国军队，收复七十座城邑归属齐国。燕王很后悔，又怕赵国任用乐毅乘燕军疲弊的时候进攻燕国。燕王就派人去责怪乐毅，并且谢罪说："先王把整个国家委托给将军，将军为燕国攻破齐国，报了先王的仇恨，天下没谁不为之震动，寡人怎么敢有一天忘记将军的功劳呢！如今正赶上先王撇下群臣，寡人刚刚即位，左右大臣贻误寡人。寡人让骑劫代替将军的原因，是由于将军长时间在外风吹日晒，因此召回将军暂作休息，好商议大事。将军听错了，认为和寡人有了隔阂，就抛弃燕国回到赵国。将军为自己打算这样做还可以，但是将军用什么报答先王对将军知遇的深情呢？"

原文　望诸君乃使人献书报燕王曰："臣不佞，不能奉承先王之教，以顺左右之心，恐抵斧质之罪，以伤先王之明，而又害于足下之义，故遁逃奔赵。自负以不肖之罪，故不敢为辞说。今王使使者数之罪，臣恐侍御者之不察先王之所以畜幸臣之理①，而又不白于臣之所以事先王之心②，故敢以书对。臣闻贤圣之君不以禄私其亲，功多者授之；不以官随其爱，能当之者处之。故察能而授官者，成功之君也；论行而结交者，立名之士也。臣以所学者观之，先王之举错③，有高世之心，故假节于魏王④，而以身得察于燕。先王过举，擢之乎宾客之中⑤，而立之乎群臣之上，不谋于父兄，而使臣为亚卿。臣自以为奉令承教，可以幸无罪矣，故受命而不辞。

注释

① 畜幸：犹言宠幸。畜，养，犹言宠爱。

② 白：犹言明白，理解。

③ 错：通"措"，安置。

④ 节：指通行的符节。

⑤ 擢（zhuó）：提拔。

译文

望诸君于是派人送书信回答燕王说："臣下无才，不能继续奉行先王的教诲，来顺应左右大臣的想法，又担心遭到杀头之罪，有损先王的英明，损害您的仁义，所以逃奔到赵国。自己承担不忠的罪名，因此也不敢进行申辩。如今大王派使者责难臣下的罪过，臣下担心侍奉御驾的人不了解先王宠幸臣下的原因，又不理解臣下侍奉先王的忠心，所以才冒昧地用书信回答。臣下听说贤明的君王不把俸禄随便封赏给自己的亲信，只有功劳多的才封赏，不把官位随便送给宠信的人，能胜任的才让他做。所以能够明察有才能的人授给官职，这才是成功的君主；讲究品行再去结交朋友，才是能够扬名天下的士人。臣下用所学的道理观察，先王选拔安置人才，有超出世人的胸怀，因此才向魏王借来通行为符节，让臣下本人来到燕国接受考察。先王过高抬举臣下，在宾客之中提拔臣下，让臣

下的官位列在群臣之上，没有同父兄商量，就让臣下
做亚卿。臣下自己以为接受命令遵从教导，可以有幸
不获罪名，所以接受命令没有推辞。

原文　　"先王命之曰：'我有积怨深怒于齐，不量轻弱，而
欲以齐为事。'臣对曰：'夫齐，霸国之余教①，而
骤胜之遗事也，闲于兵甲②，习于战功。王若欲攻
之，则必举天下而图之。举天下而图之，莫径于结赵
矣。且又淮北、宋地③，楚、魏之所同愿也。赵若许
约，楚、魏尽力④，四国攻之，齐可大破也。'先王
曰：'善。'臣乃口受令，具符节，南使臣于赵。顾反
命，起兵随而攻齐。以天之道，先王之灵，河北之地
随先王举而有之于济上⑤。济上之军奉令击齐，大胜
之。轻卒锐兵，长驱至国。齐王逃遁走莒⑥，仅以身
免。珠玉财宝，车甲珍器，尽收入燕。大吕陈于元
英⑦，故鼎反于历室⑧，齐器设于宁台⑨。蓟丘之植，
植于汶皇⑩。自五伯以来，功未有及先王者也。先王
以为惬其志⑪，以臣为不顿命⑫，故裂地而封之，使
之得比乎小国诸侯。臣不佞，自以为奉令承教，可以
幸无罪矣，故受命而弗辞。

注释　① 霸国之余教：姚本此句"教"字下有"也"字，《史记》、鲍本均无，从《史记》及鲍本。

② 闲：通"娴"，熟悉。

③ 淮北：见《齐策四·苏秦自燕之齐》注。

④ 楚、魏尽力：姚本此句魏字下有"宋"字，金正炜本："'宋'字涉上文'淮北宋地'而衍……"从金说，删掉。

⑤ 济上：济水之上。济，见《秦策一·张仪说秦王》注。

⑥ 齐王：指齐闵王。

⑦ 大吕：齐国钟名。元英：燕国宫殿名。

⑧ 故鼎：指齐宣王伐燕时，齐国掠走的燕国鼎。历室：燕国宫殿名。

⑨ 宁台：燕国台名。

⑩ 蓟丘：燕国都城，在今北京市。汶：指汶水，源出山东省莱芜市北。皇：同"篁"，竹林。

⑪ 惬（qiè）：满足。

⑫ 顿：犹言坠，失去。

译文　"先王命令臣下说：'我同齐国有深仇大恨，不考虑自己国家的国轻兵弱，就会把齐国作为进攻对象。'臣下回答说：'齐国承袭霸国的遗留教化，多次取胜的功业，熟悉用兵，明习攻守。大王如果想进攻齐国，就必须发动天下诸侯图谋它。发动天下诸侯图谋齐国，不如直接结交赵国更有利。并且齐国占领淮北、宋地，这是楚国、魏国都想得到的地方。赵国如果答应和我们订约，楚、魏两国用尽全力，四国共同攻打齐国，就可以大破齐国。'先王说：'太好了。'臣下亲口接受命令，准备符节，先王派臣下向南出使赵国，随后回国复命，接着发兵攻打齐国。靠着上天的引导，先王的圣明，河北的土地随即归属先王，并且占领了济上。驻扎在济水边上的燕国军队奉命进攻齐国，大胜齐国。燕国的精锐军队，长驱直入到达齐国国都。齐王逃跑到了莒地，仅仅只身免祸。珠玉财宝，车辆、兵甲和珍贵的器物，全都收归燕国。齐国大吕钟被放置在元英殿上，燕国原来的宝鼎又返还了历室宫，齐国的宝器陈设在宁台之上。蓟丘种植的作物，竟种在汶水边的竹林里。从五霸以来，功业没有能赶上先王的。先王对自己志向的实现很满意，也认为臣下没辜负使命，因此割划土地封赏臣下，使臣下可以同小国诸侯相比。臣下无才，自认为遵从命令接受教导，可以有幸不获罪名，所以接受命令没有推辞。

原文 "臣闻贤明之君，功立而不废，故著于春秋；蚤知之士①，名成而不毁，故称于后世。若先王之报怨雪耻，夷万乘之强国，收八百岁之蓄积②，及至弃群臣之日，余令诏后嗣之遗义，执政任事之臣，所以能循法令，顺庶孽者，施及萌隶③，皆可以教于后世。臣闻善作者，不必善成；善始者，不必善终。昔者五子胥说听乎阖闾④，故吴王远迹至于郢。夫差弗是也，赐之鸱夷而浮之江⑤。故吴王夫差不悟先论之可以立功，故沉子胥而不悔。子胥不蚤见主之不同量，故入江而不改。夫免身全功，以明先王之迹者，臣之上计也。离毁辱之非⑥，堕先王之名者⑦，臣之所大恐也。临不测之罪，以幸为利者，义之所不敢出也。臣闻古之君子，交绝不出恶声，忠臣之去也，不洁其名。臣虽不佞，数奉教于君子矣。恐侍御者之亲左右之说而不察疏远之行也，故敢以书报，唯君之留意焉。"

注释 ① 蚤：通"早"。

② 八百岁：指齐国从姜尚立国开始至乐毅破齐约八百年。

③ 顺庶孽：犹言端正嫡庶名分。萌隶：百姓。萌：通"氓"。

④ 五子胥：即伍子胥。

⑤ 鸱（chí）夷：马皮做成的囊。

⑥ 离：通"罹"。

⑦ 堕：通"隳（huī）"，毁坏。

译文 "臣下听说贤明的国君，功业建立就绝不半途而废，因此留名青史；有先见之明的士人，名声成就绝不毁弃，所以被后世所称道。像先王那样报仇雪耻，削平拥有万辆兵车的强国，收取齐国八百年蓄积的珍宝，直到先王离开群臣的那天，还留下遗诏，向后代申明遗嘱，那些执政管事的大臣，能够按照先王的法令，端正嫡庶名分，施恩于百姓，这些都可以教导后代。臣下听说善于做事，不一定能够成功；有好的开头，不一定有好的结果。从前伍子胥的说教被阖闾采用，所以吴王的足迹能够远涉楚国的郢都。夫差不这样做，踢给伍子胥一个皮囊，让伍子胥的尸体浮在江上。因此吴王夫差不明白贤人有预见的议论可以建立功业，所以沉掉伍子胥也不后悔。伍子胥不及早预见君王与自己有不同的度量，所以被沉入大江也不改变初衷。免除自己的灾祸，保全自己的功名，来申明先王业绩的做法，是臣下的上策。遭受诽谤侮辱的非议，毁坏先王的名誉，这是臣下最害怕的事。面对不可测的罪名，把侥幸当作好处，按道理我是不敢超越这样的界线。臣下又听说古代君子，交情断绝也不恶语伤人，忠臣被放逐，也不只为了洗清罪名。臣下虽然无才，也多次承蒙有德行的人教诲。只是担心侍奉御驾的人听信左右大臣的话，却不体察我被疏远的真情。因此冒昧地用书信回复大王，只希望大王留意这些事。"

或献书燕王

原文　或献书燕王："王而不能自恃①，不恶卑名以事强，事强可以令国安长久，万世之善计。以事强而不可以为万世，则不如合弱，将奈何合弱而不能如一，此臣之所为山东苦也。比目之鱼②，不相得则不能行，故古人称之，以其合两而如一也。今山东合弱而不能如一，是山东之知不如鱼也。又譬如车士之引车也，三人不能行，索二人，五人而车因行矣。今山东三国弱而不能敌秦，索二国，因能胜秦矣。然而山东不知相索，智固不如车士矣。胡与越人，言语不相知，志意不相通，同舟而凌波，至其相助如一也。今山东之相

与也，如同舟而济，秦之兵至，不能相救助如一，智
又不如胡、越之人矣。三物者③，人之所能为也，山
东之主遂不悟，此臣之所为山东苦也。愿大王之熟虑
之也。

注释　①王而不能：犹言大王如果不能。

②比目之鱼：即比目鱼，眼睛在一侧。

③三物：指以上三事。

译文　有人向燕王送上书信说："大王如果不能依靠自己的
力量保存国家，不如不在乎名声的卑贱侍奉强国，假
如侍奉强国可以使国家长久安定，也是泽被万世的上
策。认为侍奉强国不能奠定万世基业，那就不如联合
弱国，只是无法把弱国联合起来，使它们行动如一，
这是臣下为山东各国感到遗憾的。比目鱼，两眼不在
一侧就不能游动，古人所以这样称呼它，是因为它能
合二如一。如今山东弱国联合却不能步调一致，这就
看出山东六国人的才智赶不上比目鱼。又譬如车夫驾
车，三个人各行其是车就不能走，绑上两个人，这样
就是有五人乘车，车也会走的。现在山东任意三个国
家都不能单独对抗秦国，但随便联合两个国家，就都

能战胜秦国。然而山东各国却不知道互相联合，才智当然还不如车夫。胡人和越国人，言语不能互相明白，想法不能沟通，一同乘船航行在波涛之上，也会互相帮助像一个人一样。如今山东各国互相联合，正像同舟共济一样，秦兵一旦到来，不能互相救助像一个整体，才智又赶不上胡人、越国人。以上三件事，是常人所能做到的，山东各国的国君却不能领悟，这是臣下为山东各国感到遗憾的。希望大王仔细想一想这件事。

原文　"山东相合，之主者不卑名，之国者可长存之卒者。出士以戍韩、梁之西边，此燕之上计也。不急为此，国必危矣，主必大忧。今韩、梁、赵三国以合矣，秦见三晋之坚也，必南伐楚。赵见秦之伐楚也，必北攻燕。物固有势异而患同者。秦久伐韩，故中山亡；今久伐楚，燕必亡。臣窃为王计，不如以兵南合三晋，约戍韩、梁之西边。山东不能坚为此，此必皆亡。"燕果以兵南合三晋也。

译文　"山东各国互相联合，做国君的就不会使名声卑贱，国家也可以长存直到永远。派兵戍守韩、魏两国的西

部边境，这是燕国的上策。不赶快这样做，国家一定
很危险，国君一定有大患。现在韩、魏、赵三国已经
联合了，秦国看到三国如此坚定如一，必定会向南进
攻楚国。赵国看到秦国进攻楚国，一定会向北进攻燕
国。事情本来就有形势不同而祸患相同的情况。秦国
长期进攻韩国，所以中山国被赵国灭亡了；如今秦国
如果长时间进攻楚国，燕国一定要被赵国灭亡。臣下
私下为大王考虑，不如把军队同南面的韩、魏、赵三
国军队联合，订约戍守韩、魏两国西部边境。山东各
国如不能坚定不移地这样做，这些国家一定会全部灭
亡。"燕国果然把军队同南面的韩、魏、赵三国军队
联合在一起。

客谓燕王

原文　客谓燕王曰①："齐南破楚，西屈秦，用韩、魏之兵，
燕、赵之众，犹鞭策也。使齐北面伐燕，即虽五燕不
能当。王何不阴出使，散游士，顿齐兵，弊其众，使
世世无患。"燕王曰："假寡人五年，寡人得其志矣。"

苏子曰②:"请假王十年。"燕王说,奉苏子车五十乘,南使于齐。谓齐王曰③:"齐南破楚,西屈秦,用韩、魏之兵,燕、赵之众,犹鞭策也。臣闻当世之王④,必诛暴正乱,举无道,攻不义。今宋王射天笞地,铸诸侯之象,使侍屏匽⑤,展其臂,弹其鼻,此天下之无道不义,而王不伐,王名终不成。且夫宋,中国膏腴之地,邻民之所处也,与其得百里于燕,不如得十里于宋。伐之,名则义,实则利,王何为弗为?"齐王曰:"善。"遂兴兵伐宋⑥,三覆宋,宋遂举。燕王闻之,绝交于齐,率天下之兵伐齐,大战一,小战再,顿齐国,成其名。故曰:因其强而强之,乃可折也;因其广而广之,乃可缺也。

注释

① 客:据下文当指苏秦。燕王:指燕昭王。

② 苏子:指苏秦。

③ 齐王:指齐闵王。

④ 当世之王:姚本此句"之"字下有"举"字,吴师道认为"举"字为衍文,吴说为是,从吴说,删掉"举"字。

⑤ 屏匽(yǎn):路旁的厕所。

⑥ 兴:姚本作"与",鲍本作"兴",从鲍本。

译文 苏秦对燕王说："齐国向南攻破楚国，向西制服秦国，驱使韩、魏两国的军队，燕、赵两国的兵众，如同用鞭子赶马一样。假使齐国到北面进攻燕国，即使有五个燕国也不能抵挡。大王何不暗中派遣使者，差遣游说之士去各国，使齐兵陷入困境，让它的百姓疲惫不堪，这样就可使燕国世代无患。"燕王说："给寡人五年时间，寡人就能实现自己的愿望。"苏秦说："让我给大王十年时间。"燕王十分高兴，送给苏秦五十辆车，让他到南面出使齐国。苏秦对齐王说："齐国向南攻破楚国，向西制服秦国，驱使韩、魏两国军队，燕、赵两国兵众，如何用鞭子赶马一样。臣下听说当代杰出的君王，一定要诛杀残暴的诸侯，平定混乱的天下，讨伐无道的昏君，攻打不义的国家。如今宋王箭射天神鞭打地神，铸造诸侯的人形，让它们侍立在路旁的厕所里，又拉开它们的双臂，用石子射它们的鼻子，这是天下昏庸无道、不讲信义的人，然而大王却不去攻打他，大王的英名终难成就。况且宋地，是中原最肥沃的土地，齐国的边民与宋相处，与其从燕国得到百里土地，不如从宋国得到十里土地。进攻宋国，名义上是为了正义，实际上又得到好处，大王为什么不这样做呢？"齐王说："好。"于是发兵进攻宋国，三次击败宋国军队，宋国被齐国攻占。燕王听说后，同齐国断交，率领天下诸侯的军队进攻齐国，经过一次大战，两次小战，使齐国疲弊，成就了燕王的声名。所以说：利用它的强大去对抗强国，就可以折服它；利用它扩张的野心来增大它的贪欲，就可以残害它。

赵且伐燕

原文

赵且伐燕，苏代为燕谓惠王曰①："今者臣来，过易水，蚌方出曝，而鹬啄其肉②，蚌合而拑其喙③。鹬曰：'今日不雨，明日不雨，即有死蚌。'蚌亦谓鹬曰：'今日不出，明日不出，即有死鹬。'两者不肯相舍，渔者得而并禽之④。今赵且伐燕，燕、赵久相支以弊大众，臣恐强秦之为渔父也，故愿王之熟计之也。"惠王曰："善。"乃止。

注释

① 惠王：指赵惠文王。

② 鹬：水鸟名，摘食小鱼。

③拑：同"钳"。

④禽：同"擒"。

译文　赵国准备进攻燕国，苏代为燕国对赵惠文王说："今天臣下来的时候，路过易水，河蚌正出水晒太阳，一只鹬鸟啄住了蚌肉，蚌合拢起来夹住了鹬嘴。鹬鸟说：'今天不下雨，明天不下雨，就会有只死蚌。'河蚌也对鹬鸟说：'今天不放你，明天不放你，就会有只死鹬。'双方都不肯松开，渔夫看到后，把它们一起抓住了。如今赵国准备进攻燕国，燕、赵两国长期对抗，让百姓疲弊不堪，臣下担心强大的秦国就要成为渔翁了，所以希望仔细考虑这件事。"赵惠文王说："好。"就停止进攻燕国。

齐魏争燕

原文　齐、魏争燕。齐谓燕王曰①："吾得赵矣。"魏亦谓燕王曰："吾得赵矣。"燕无以决之，而未有适予也。苏子谓燕相曰②："臣闻辞卑而币重者，失天下者也；辞倨而币薄者③，得天下者也。今魏之辞倨而币薄。"
燕因合于魏，得赵，齐遂北矣。

注释

① 燕王：指燕昭王。

② 苏子：即苏秦。

③ 倨：傲慢。

译文

齐、魏两国争着与燕国联合。齐王对燕王说："我得
到了赵国的帮助。"魏王也对燕王说："我取得了赵国
的支持。"燕国不能决断，不知道该跟从哪一方。苏
秦对燕相国说："我听说言辞低下礼物贵重的，是失
去天下诸侯支持的；言辞傲慢礼物较轻的，是得到天
下诸侯支持的。现在魏国的言辞傲慢礼物较轻。"燕
国于是同魏国联合，得到了赵国的支持，齐国军队就
失败了。

燕策三

齐韩魏共攻燕

原文　齐、韩、魏共攻燕，燕使太子请救于楚。楚王使景阳将而救之①。暮舍，使左右司马各营壁地，已，植表②。景阳怒曰："女所营者，水皆至灭表，此焉可以舍？"乃令徙。明日大雨，山水大出，所营者，水皆灭表，军吏乃服。于是遂不救燕而攻魏雍丘③，取之以与宋。三国惧，乃罢兵。魏军其西，齐军其东，楚军欲还，不可得也。景阳乃开西和门，昼以车骑，暮以烛见，通使于魏。齐师怪之，以为燕、楚与魏谋之，乃引兵而去。齐兵已去，魏失其与国，无与共击楚，乃夜遁。楚师乃还。

注释　①楚王：指楚怀王。景阳：楚国名将。
②植表：树立标记。植，同"植"，树立。表，用来区别军队不同部分的标记。
③雍丘：地名，在今河南省杞县。

译文　齐、韩、魏三国一同进攻燕国，燕国派太子向楚国求救。楚王派景阳率兵救燕。傍晚宿营，景阳命左右二司马各自选地扎营，安营完毕，树立军营标记。景阳生气地说："你们安营的地方，洪水可以淹没军营的标记，这里怎么能住宿呢？"于是命令军队转移。第二天下起了大雨，山洪咆哮而来，原来安营的地方，洪水全都淹没了军营的标记，将士们才信服。在这种情况下楚军没有去援救燕国，而是去进攻魏国的雍丘，攻下雍丘后把它送给宋国。齐、韩、魏三国都很恐惧，于是停止进攻燕国。魏国军队在西面，齐国军队在东面，楚国军队想要回国，没能成功。景阳就打开军营的西门，白天让车马来往，晚上用烛火照得通明，景阳还时常派使者到魏国军营。齐国军队感到奇怪，以为燕、楚两国与魏国图谋自己，就率兵离开了。齐国军队撤离后，魏国失去了盟国，没有同它一起进攻楚军的伙伴，于是在夜里逃跑了。楚国军队才返回楚国。

张丑为质于燕

原文　张丑为质于燕①，燕王欲杀之，走且出境，境吏得丑。丑曰："燕王所为将杀我者②，人有言我有宝珠也，王欲得之，今我已亡之矣，而燕王不我信。今子且致我，我且言子之夺我珠而吞之，燕王必当杀子，刳子腹及子之肠矣③。夫欲得之君，不可说以利。吾要且死，子肠亦且寸绝。"境吏恐而赦之。

注释

① 张丑：齐国大臣。

② 为：犹言以。

③ 刳（kū）：剖开。

译文

张丑为人质的事到了燕国，燕王要杀死他。张丑逃跑了，快要逃出边境时，边境上的官吏抓到他。张丑说："燕王所以要杀我，是因为有人说我有宝珠，燕王想得到它，但是现在我已经丢了宝珠，可燕王不相信我。今天您准备把我送到燕王那里，我就会说您抢了我的宝珠并吞进了肚子，燕王一定会杀了您，剖开您的肚子和肠子。想要得到君王的赏识，也不该用财物取悦于他。我如果被腰斩而死，您的肠子也会一寸寸地被截断。"边境上的官吏很害怕，就赦免了张丑。

燕王喜使栗腹以百金为赵孝成王寿

原文　燕王喜使栗腹以百金为赵孝成王寿①，酒三日，反报曰：“赵民其壮者皆死于长平，其孤未壮，可伐也。”王乃召昌国君乐间而问曰②：“何如？”对曰：“赵，四达之国也，其民皆习于兵，不可与战。”王曰：“吾以倍攻之，可乎？”曰：“不可。”曰：“以三可乎？”曰：“不可。”王大怒。左右皆以为赵可伐，遂起兵六十万以攻赵，令栗腹以四十万攻鄗③，使庆秦以二十万攻代④。赵使廉颇以八万遇栗腹于鄗⑤，使乐乘以五万遇庆秦于代⑥，燕人大败，乐间入赵。

注释　① 燕王喜：燕孝王之子，名喜。栗腹：燕国相国。赵孝成王：赵惠文王之子，名丹。

② 乐间：乐毅之子。乐毅投奔赵国后，燕王又封他为昌国君。吴师道补鲍本曰：“《史》，毅奔赵后，燕王复以其子乐间为昌国君。”

③ 鄗：见《赵策二·武灵王平昼间居》注。

④ 庆秦：燕国大臣。代：见《秦策一·苏秦始将连横》注。

⑤ 廉颇：见《赵策三·秦攻赵蔺离石祁拔》注。

⑥ 乐乘：人名，与乐毅同族。

译文 燕王喜派栗腹用百金为赵孝成王祝寿，饮酒三天之后，栗腹回报燕王说："赵国百姓中壮年的都死在长平，他们的遗孤还没有长成壮年，可以进攻赵国。"燕王于是召见昌国君乐间，向他询问说："进攻赵国的事怎么样？"乐间回答说："赵国，是一个四通八达的国家，它的百姓都善于作战，不可以与赵国开战。"燕王问："我用一倍于赵国军队的兵力进攻它，可以吗？"乐间说："不可以。"燕王问："我用三倍于赵国军队的兵力进攻它，可以吗？"乐间说："不可以。"燕王大怒。左右的大臣都认为可以进攻赵国，燕国很快发兵六十万攻打赵国，派栗腹用四十万军队攻打鄗邑，派庆秦用二十万军队攻打代地。赵国派廉颇用八万军队在鄗邑迎击栗腹，派乐乘用五万军队在代地迎击庆秦，燕国人被打得大败，乐间也投奔了赵国。

原文 燕王以书且谢焉，曰："寡人不佞，不能奉顺君意，故君捐国而去，则寡人之不肖明矣。敢端其愿①，而君不肯听，故使使者陈愚意，君试论之。语曰：'仁不轻绝，智不轻怨。'君之于先王也，世之所明知也。

寡人望有非则君掩盖之②，不虞君之明罪之也；望有
过则君教诲之，不虞君之明罪之也。且寡人之罪，国
人莫不知，天下莫不闻，君微出明怨以弃寡人，寡人
必有罪矣。虽然，恐君之未尽厚也。谚曰：'厚者不
毁人以自益也，仁者不危人以要名。'以故掩人之邪
者，厚人之行也；救人之过者，仁者之道也。世有掩
寡人之邪、救寡人之过，非君心所望之？今君厚受位
于先王以成尊，轻寡人以快心，则掩邪救过，难得于
君矣。且世有薄而故厚施③；行有失而故惠用。今使
寡人任不肖之罪，而君有失厚之累，于为君择之也，
无所取之。国之有封疆，犹家之有垣墙，所以合好掩
恶也。室不能相和，出语邻家，未为通计也。怨恶未
见而明弃之，未为尽厚也④。

注释

① 端：端正，犹言改正。

② 望：犹言希望。

③ 而：姚本作"于"，鲍本作"而"，从鲍本。

④ 未为尽厚：姚本此句"未"字下无"为"字，鲍本有，从
鲍本。

译文　燕王用书信一再向乐间谢罪，说："寡人无才，没能

顺从您的意愿，所以您弃国而去，寡人不贤明已经再清楚不过了。请允许我改正原来的那种想法，但您却不肯听从，因此派使者向您陈述一下我的意思，您再做出评价。常言道：'仁义的人不轻易断绝交情，聪明的人不轻易产生怨恨。'您同先王的关系是世人所明知的。寡人希望在我有错误时，您能帮助掩盖，不想让您张扬我的罪过；希望在我有过失时，您能给予教导，不想让您张扬我的罪过。况且寡人的罪过，国人没有不知道的，天下人没有不听说的。您又暗地里跑出燕国表明您的怨恨，抛弃寡人，寡人有罪过是一定的了。尽管如此，恐怕您也没有尽到忠厚的本分。谚语说：'忠厚的人不靠损害别人使自己得到好处，仁义的人不靠危害别人求得好名声。'因此掩饰别人邪恶的，是忠厚者的行为；挽救别人过失的，是仁者的本分。世人有掩饰寡人的邪恶、挽救寡人的过失的，难道不是您内心所希望的吗？您受到先王的看重得到官位，已经成就高贵的声名，却轻视寡人以求心头之快，那么掩饰邪恶、挽救过失的愿望，在您这里恐怕难以满足了。再说世上有人待我不好，我反而多向他施恩；别人行为有了过失，我反而给以恩惠，加以任用。现在寡人承担不贤的罪名，而您也有失忠厚的牵累，因此寡人认为您选择的做法，没有可取之处。国家有疆界，就如同家庭有院墙一样，是为了聚拢好事掩饰丑事。家里不能彼此和睦，出去告诉邻居，这不是解决问题的办法。寡人的怨恨、憎恶还没有表现出来，您就公开弃国而去，不能算尽了忠厚者的本分。

原文 "寡人虽不肖乎，未如殷纣之乱也；君虽不得意乎，未如商容、箕子之累也①。然则不内盖寡人，而明怨于外，恐其适足以伤于高而薄于行也，非然也？苟可以明君之义，成君之高，虽任恶名，不难受也。本欲以为明寡人之薄，而君不得厚；扬寡人之辱，而君不得荣，此一举而两失也。义者不亏人以自益，况伤人以自损乎！愿君无以寡人不肖，累往事之美。昔者柳下惠吏于鲁②，三黜而不去。或谓之曰：'可以去。'柳下惠曰：'苟与人之异，恶往而不黜乎？犹且黜乎，宁于故国尔。'柳下惠不以三黜自累，故前业不忘；不以去为心，故远近无议。今寡人之罪，国人未知，而议寡人者遍天下。语曰：'论不修心③，议不累物，仁不轻绝，智不简功④。'弃大功者，辍也；轻绝厚利者，怨也。辍而弃之，怨而累之，宜在远者，不望之乎君也。今以寡人无罪，君岂怨之乎？愿君捐怨，追惟先王，复以教寡人。意君曰，余且慝心以成而过⑤，不顾先王以明而恶，使寡人进不得修功，退不得改过，君之所揣也，唯君图之！此寡人之愚意也，敬以书谒之。"乐间怨不用其计，卒留赵不报⑥。

注释

① 商容：商朝贵族，相传被纣王废黜。箕子：见《秦策三·范雎至秦》注。

② 柳下惠：春秋时鲁国公族，姓展名禽，被封在柳下，谥号惠。

③ 论不修心：犹言由衷之言，不用加以修饰。

④ 简：犹言抛弃。

⑤ 慝（tè）：恶念。

⑥ 乐间怨不用其计，卒留赵不报：姚本此句"乐间"后有"乐乘"二字，"卒"字前有"二人"二字，金正炜本："'乐乘'及'二人'四字并衍。"从金说，删掉。

译文

"寡人虽然无才，但还不像殷纣王那样昏聩；您虽然很不得意，也没有像商容、箕子那样的忧患。然而您竟不在国内掩饰寡人的过失，却跑到国外表明您的怨恨，恐怕您那样做足以有损于您的高尚，别人会瞧不起您的行为，不是这样吗？假如可以表明您的仁义，成就您高尚的品行，寡人即使承担恶名，也不难接受。本来想表明寡人不忠厚，而您自己也得不到忠厚之名；本来想张扬寡人的耻辱，而您也得不到荣耀，这样做一举两失。仁义的人不靠损害别人来满足自己，更何况伤害别人也损害了自己呢！希望您不要因为寡人无才，牵累到往事的美好。从前柳下惠在鲁国做官，三次被罢黜也不离开鲁国。有人对他说：'您可以离开鲁国。'柳下惠说：'假如自己的做法与别人不一样，那么到哪里能不被罢黜呢？到哪里都是被罢黜，我宁愿留在故国。'柳下惠不把三次被罢黜当作牵累，所以以前的成就没有被忘记；不把离开国家作为信念，所以远近的人们没有非议他的。如今寡人的罪过，国人并不知晓，而议论寡人的人却走遍天下。常言道：'由衷的话语不加修饰，正当的议论不牵累不相干的事，仁义的人不轻易断绝交情，聪明的人不随便抛弃以前的成就。'抛弃大的功业的，是因为他停止了努力；轻率地拒绝丰厚好处的，是因为他产生了怨恨。停止努力抛弃功业，心怀怨恨而牵累其他事情，这种事应该发生在被疏远的大臣身上，不希望出现在您的身上。现在在寡人没有罪过的时候，您难道

还怨恨我吗？希望您捐弃前怨，追念先王，重新来教
导寡人。我考虑您的想法，认为我包藏报复的心理，
促成你的过失，不顾及先生的恩德，张扬你的丑事，
这样就使寡人进不能建立功业，退不能改正过失，这
是您心里所揣度的，希望您再考虑一下！这些是寡人
的想法，恭敬地以书信的方式转告给您。"乐间怨恨
燕王没有采用自己的计策，最终还是留在赵国，没有
回报燕王。

秦并赵北向迎燕

原文　秦并赵，北向迎燕。燕王闻之，使人贺秦王①。使者
过赵，赵王系之②。使者曰："秦、赵为一而天下服
矣，燕之所以受命于赵者③，为秦也。今臣使秦而赵
系之，是秦、赵有郄④。秦、赵有郄，天下必不服，
而燕不受命矣。且臣之使秦，无妨于赵之伐燕也。"
赵王以为然而遣之。使者见秦王曰："燕王窃闻秦并
赵，燕王使使者贺千金。"秦王曰："夫燕无道，吾使
赵有之，子何贺？"使者曰："臣闻全赵之时，南邻为

秦，北下曲阳为燕⑤，赵广三百里，而与秦相距五十余年矣，所以不能反胜秦者，国小而地无所取。今王使赵北并燕，燕、赵同力，必不复受命于秦矣⑥。臣窃为王患之⑦。"秦王以为然，起兵而救燕。

注释

① 燕王：指燕王喜。秦王：指秦王嬴政。

② 赵王：指赵悼襄王。

③ 燕：姚本作"兹"，鲍本作"燕"，从鲍本。

④ 郄：同"隙"。

⑤ 曲阳：地名，在今河北省晋州市西，不属燕国。郭希汾本："曲阳故城，在直隶晋县西，地不入燕，盖饰辞。"

⑥ 受命于秦：姚本此句"受"字下无"命"字，鲍本补"命"字从鲍本。

⑦ 窃：姚本作"切"，鲍本作"窃"，从鲍本。

译文

秦国兼并赵国后，又让赵军向北迎击燕国军队。燕王听说后，派人去祝贺秦王。使者经过赵国，赵王拘捕了他。使者说："秦、赵合一，使天下诸侯折服，燕国所以接受赵国的命令，是因为赵国有秦国的支持。现在臣下出使秦国而被赵国拘留，这就是说秦、赵两国有了隔阂。秦、赵两国有了隔阂，天下诸侯一定不

会再屈服，而燕国也绝不会再接受赵国的命令。再说
臣下出使秦国，对赵国进攻燕国也没什么妨害。"赵
王认为说得对，就放了他。使者见到秦王说："燕王
私下听说秦国兼并了赵国，燕王就派使者前来，送上
千金以示祝贺。"秦王说："燕王无道，我派赵国攻取
燕国，您还道什么贺呀？"使者说："臣下听说赵国独
立的时候，南面有秦国为邻，北面攻下曲阳与燕国为
邻，赵国方圆三百里，同秦国相持五十多年，没能
反过来战胜秦国的原因，是因为国土狭小没什么出
产。现在大王让赵国向北兼并燕国，燕、赵两国同心
协力，一定不会再听命于秦国了。臣下私下替大王忧
虑。"秦王认为是这样，就发兵援救燕国。

燕太子丹质于秦亡归

原文　燕太子丹质于秦，亡归。见秦且灭六国，兵以临易
水，恐其祸至。太子丹患之，谓其太傅鞫武曰①：
"燕、秦不两立，愿太傅幸而图之。"武对曰："秦地
遍天下，威胁韩、魏、赵氏，则易水以北未有所定

也，奈何以见陵之怨②，欲排其逆鳞哉③?"太子曰：
"然则何由?"太傅曰："请入，图之。"居之有间，樊
将军亡秦之燕④，太子容之。太傅鞫武谏曰："不可。
夫秦王之暴而积怨于燕，足为寒心，又况闻樊将军
之在乎! 是以委肉当饿虎之蹊，祸必不振矣⑤! 虽有
管、晏⑥，不能为谋。愿太子急遣樊将军入匈奴以灭
口，请西约三晋，南连齐、楚，北讲于单于⑦，然后
乃可图也。"太子丹曰："太傅之计，旷日弥久，心惛
然，恐不能须臾。且非独于此也。夫樊将军困穷于天
下，归身于丹，丹终不迫于强秦而弃所哀怜之交，置
之匈奴，是丹命固卒之时也。愿太傅更虑之。"鞫武
曰;"燕有田光先生者⑧，其智深，其勇沉，可与之谋
也。"太子曰："愿因太傅交于田光先生，可乎?"鞫
武曰："敬诺。"

注释

① 鞫（jū）武：燕国太子丹的老师。《史记》、鲍本又作
"鞠武"。

② 见陵：被欺侮。

③ 排：推击，犹言触动。逆鳞：倒生的鳞。据《韩非子》，
传说龙的咽喉下长逆鳞，触动它，就会被杀死。此指强暴的
秦国。

④ 樊将军：指秦将樊於（wū）期，因得罪秦王，从秦国逃到燕国。

⑤ 蹊：小路。振：救。

⑥ 管、晏：指管仲、晏婴。

⑦ 单于：匈奴王的称号。

⑧ 田光：燕国人。

译文 燕国太子丹在秦国做人质，后来逃回了燕国。他看到秦国即将灭亡六国，秦兵逼近易水，担心大祸临头。他非常忧虑，对他的太傅鞫武说："燕、秦两国势不两立，希望有幸得到太傅的计策图谋秦国。"鞫武说："秦国土地布满天下，威胁着韩、魏、赵三国，易水以北的燕国土地归属于谁还没有定论，何必因为有遭受欺侮的怨恨，就想触动凶残的秦国呢？"太子问："那么应该从什么地方入手呢？"太傅鞫武说："请您回去，让我再考虑一下。"过了一段时间，樊於期将军从秦国逃到了燕国，太子丹收留了他。太傅鞫武劝谏说："不可以这样做。秦王暴虐，对燕国久怀仇恨，足以让人心凉胆战，更何况有樊将军来到这里呢！这是把肉丢在饿虎经过的小路上，灾祸来临一定无法挽救了！即使有管仲、晏婴在世，也不能想出什么办法来。希望太子赶快派樊将军去匈奴，消除秦国进攻燕国的借口，请向西同韩、赵、魏三国定约，向南联合齐国、楚国，向北同匈奴单于讲和，然后才可以再做打算。"太子丹说："太傅的计策，实施起来旷日持久，我的内心郁闷烦躁，恐怕一会儿都等不了。再说也不仅仅是这个原因。樊将军在天下走投无路，托身于我，我终究不能因为受到强秦的逼迫而抛弃我所同情的朋友，把他送到匈奴，这真是我该死的时候了。希望太傅另外再考虑考虑。"鞠武说："燕国有位田光先生，他的智谋深远，勇敢沉着，可以跟他商量一下。"太子丹说："我希望能通过太傅结交田光先生，可以吗？"鞠武说："遵命。"

原文

出见田光，道太子曰："愿图国事于先生。"田光曰："敬奉教。"乃造焉。太子跪而逢迎，却行为道①，跪而拂席。田先生坐定，左右无人，太子避席而请曰："燕、秦不两立，愿先生留意也。"田光曰："臣闻骐骥盛壮之时，一日而驰千里，至其衰也，驽马先之。今太子闻光壮盛之时，不知吾精已消亡矣。虽然，光不敢以乏国事也，所善荆轲可使也②。"太子曰："愿因先生得交于荆轲③，可乎？"田光曰："敬诺。"即起，趋出。太子送之至门，戒曰④：“丹所报先生，所言者，国大事也，愿先生勿泄也。”田光俛而笑曰：“诺。”偻行见荆轲曰：“光与子相善，燕国莫不知。今太子闻光壮盛之时，不知吾形已不逮也，幸而教之曰：‘燕、秦不两立，愿先生留意也。’光窃不自外，言足下于太子，愿足下过太子于宫。”荆轲曰：“谨奉教。”田光曰：“光闻长者之行，不使人疑之，今太子约光曰：‘所言者，国之大事也，愿先生勿泄也。’是太子疑光也。夫为行使人疑之，非节侠士也。”欲自杀以激荆轲，曰：“愿足下急过太子，言光已死，明不言也。”遂自刭而死。

注释

① 却行：退着走。道：通“导”，引路。

② 荆轲：卫国人，字次非，卫国人叫他庆卿，游历燕国后，燕国人称他为荆卿、荆叔。

③ 得交于荆轲：姚本此句“得”字下有“愿”字，鲍本认为“愿”字为衍文，从鲍本，删掉。

④ 戒：姚本无“戒”字，《史记》、鲍本均有“戒”字，从《史记》及鲍本。

译文

鞠武出去会见田光，传太子丹的话说：“希望能同先生商量一下国家大事。"田光说:"愿意听从太子教诲。"于是就到了太子丹那里。太子丹跪着前来迎接,退着为田光引路,又跪着为田光拂拭座席。田光先生坐定之后,身边无人,太子丹离开座席,向田光请求说:"燕、秦两国势不两立,希望先生多多留心。"田光说:"臣下听说骏马在它年轻力壮的时候,一日可跑千里,到它衰老的时候,劣马也可跑在它的前面。如今太子听说的是我年富力强的时候,不知道我的精力已经消耗尽了。虽然如此,我也不敢耽误国事,与我交好的荆轲可以任用。"太子丹说:"希望通过先生同荆轲结交,可以吗?"田光说:"遵命。"就站了起来,快步出去了。太子丹把他送到门口,嘱咐田光说:"我向先生介绍了情况,对先生讲的,都是国家大事,希望先生不要泄漏出去。"田光低下身子笑着说:"好吧。"田光弯着腰去见荆轲说:"我同您交好,燕国没有谁不知道的。如今太子丹只听说我年轻时的情况,不知道我的身体已经力不从心了,有幸得到他的指教说:'燕、秦两国势不两立,希望先生多多留心。'我自己觉得和您不是外人,就向太子谈到了您,希望您能入宫拜见太子。"荆轲说:"听从您的教诲。"田光说:"我听说品德高尚的人的行为,不让人产生怀疑，现在太子告诫我说："所说的一切，都是国家大事，希望先生不要泄漏出去。"太子这是怀疑我。自己的行为让人产生怀疑，不是有节操的侠义之士。"田光想用自杀激励荆轲，说："希望您快去拜见太子，就说我已经死了，证明我不会泄密。"就自刎而死。

原文　轲见太子，言田光已死，明不言也。太子再拜而跪，膝下行流涕，有顷而后言曰："丹所请田先生无言者，欲以成大事之谋，今田先生以死明不泄言，岂丹之心哉！"荆轲坐定，太子避席顿首曰："田先生不知丹不肖，使得至前，愿有所道，此天所以哀燕不弃其孤也。今秦有贪饕之心，而欲不可足也。非尽天下之地，臣海内之王者，其意不餍。今秦已虏韩王①，尽纳其地。又举兵南伐楚，北临赵。王翦将数十万之众，临漳、邺②，而李信出太原、云中③。赵不能支秦，必入臣，入臣则祸至燕。燕小弱，数困于兵，今计举国不足以当秦。诸侯服秦，莫敢合从。丹之私计，愚以为诚得天下之勇士使于秦，窥以重利，秦王贪其贽，必得所愿矣。诚得劫秦王，使悉反诸侯之侵地，若曹沫之与齐桓公④，则大善矣；则不可，因而刺杀之。彼大将擅兵于外，而内有大乱，则君臣相疑，以其间诸侯，诸侯得合从，其破秦必矣⑤。此丹之上愿，而不知所以委命，唯荆卿留意焉。"久之，荆轲曰："此国之大事，臣驽下，恐不足任使。"太子前顿首，固请无让，然后许诺。于是尊荆轲为上卿，舍上舍，太子日日造问，供太牢异物，间进车骑美女，恣荆轲所欲，以顺适其意。

注释

① 虏韩王：指秦王嬴政十七年（前230）秦灭韩，俘虏韩王。韩王，指韩王安。

② 王翦：见《赵策四·秦使王翦攻赵》注。漳：见《赵策二·苏秦从燕之赵始合纵》注。邺：见《魏策一·西门豹为邺令》注。

③ 李信：秦国大臣。太原：在今山西省太原市。云中：见《赵策二·苏秦从燕之赵始合纵》注。

④ 曹沫之与齐桓公：指春秋时，鲁庄公与齐桓公在柯（在今山东省阳谷县东）地相会，曹沫持剑相从，挟持齐桓公订立盟约，收复失地。曹沫，即曹刿，春秋时鲁国武士。

⑤ 其破秦必矣：姚本此句"破"字前有"偿"字，《史记》无，从《史记》。

译文　荆轲去见太子丹，告诉太子说田光已经自杀了，以证明他不会泄密。太子丹拜了两拜，跪了下去，用膝盖行走，泪流满面，过了一会儿之后才说："我请田先生不要说出去的原因，是想使关系到国家大事的谋划取得成功，现在田先生以死表明绝不泄密，这哪里是我的本意呢！"荆轲坐定之后，太子丹离开座席，叩头说："田先生不知道我的无能，使我来到您的面前，只希望把我的心里话说一说，这是上天哀怜燕国，不抛弃孤弱无助的燕国。如今秦王有贪婪的野心，他的贪欲难以满足。不掠尽天下土地，使四海之内的君王成为他的臣下，他的贪心是不能满足了。现在秦国已经俘虏了韩王，韩国的土地完全归属了秦国。秦国又发兵向南进攻楚国，向北进逼赵国。王翦率几十万军队，兵临漳、邺等地，而李信又出兵太原、云中。赵国对抗不了秦国，一定投降称臣，赵国投降称臣，燕国就会大祸临头。燕国弱小，多次遭受战争的困扰，现在考虑一下，就是用全国的力量不够用来抵挡秦兵。诸侯们都已屈服于秦国，没有敢同燕国合纵抗秦的。我私下考虑，认为如果真能得到天下的勇士，让他出使秦国，使秦国看到燕国给他的极大好处，秦王贪图财货，一定会达到我们的目的。假如真能胁迫秦王，使他归还侵占诸侯的全部土地，像曹沫胁迫齐桓公那样，那就再好不过了；如果不能成功，就趁机刺杀他。那样秦国大将在外独揽兵权，内部又发生大乱，秦国君臣就会相互猜疑，趁这个机会诸侯们就可以联合起来，诸侯们合纵抗秦，攻破秦国是必然的。这是我最大的愿望，但却不知该把这个使命托付给谁，但愿荆卿对此留心。"过了很长时间，荆轲才说："这是国家大事，臣下才能低下，恐怕不能胜任这一使命。"太子丹上前叩头，坚决请求荆轲不要推辞，然后荆轲才答应。于是太子丹把荆轲尊为上卿，让他住最好的住处，太子丹还天天前去问候，供奉太牢和奇珍异宝，时常送上车马和美女，尽量满足荆轲的要求，使他心情顺畅。

—

原文　久之，荆卿未有行意。秦将王翦破赵，虏赵王[①]，尽收其地，进兵北略地，至燕南界。太子丹恐惧，乃请荆卿曰："秦兵旦暮渡易水，则虽欲长侍足下，岂可得哉？"荆卿曰："微太子言，臣愿得谒之。今行而无信，则秦未可亲也。夫今樊将军，秦王购之金千斤，邑万家。诚能得樊将军首与燕督亢之地图献秦王[②]，秦王必说见臣，臣乃得有以报太子。"太子曰："樊将军以穷困来归丹，丹不忍以己之私而伤长者之意，愿足下更虑之。"荆轲知太子不忍，乃遂私见樊於期曰：
"秦之遇将军，可谓深矣，父母宗族皆为戮没。今闻
购将军之首，金千斤，邑万家，将奈何?"樊将军仰
天太息流涕曰："吾每念，常痛于骨髓，顾计不知所
出耳③。"轲曰："今有一言可以解燕国之患，而报将
军之仇者，何如?"樊於期乃前曰："为之奈何?"荆
轲曰："愿得将军之首以献秦，秦王必喜而善见臣，
臣左手把其袖，而右手揕其胸④，然则将军之仇报，
而燕国见陵之耻除矣。将军岂有意乎?"樊於期偏袒
扼腕而进曰："此臣日夜切齿拊心也，乃今得闻教。"
遂自刎。太子闻之，驰往，伏尸而哭，极哀。既已无
可奈何，乃遂收盛樊於期之首，函封之。

注释　①虏赵王：指秦王嬴政十九年（前223），秦军攻破赵国，俘
获赵王。赵王，指赵王迁。

②督亢：地区名，在今河北省涿州市东，是燕国富饶的地方。

③顾：犹言但是。王引之《经传释词》："顾，犹但也。"

④揕（zhèn）：刺。姚本作"揕抗"，姚一本无"抗"字，从
姚一本。

译文　过了很久，荆轲也没有动身的意思。此时，秦国大将

王翦攻破了赵国，俘获了赵王，全部占领了赵国土地，继续向北进兵，夺取土地，攻到了燕国的南部边界。太子丹十分恐惧，就向荆轲请求说："秦国军队早晚之间就要渡过易水，那么我即使想侍奉您，又怎么能做到呢？"荆轲说："即使没有太子的话，臣下也愿拜见您，请求行动。如今臣下去秦国没有能够让人相信的凭证，那么秦王也不会亲近臣下。现在的樊将军，秦王悬赏黄金千斤，封邑万户来捉拿他。如果真能得到樊将军的首级和燕国督亢地区的地图，献给秦王，秦王一定会高兴见我，臣下就有报答太子的机会。"太子丹说："樊将军因为走投无路来投靠我，我不忍心因为自己的私事，而去伤害忠厚诚实之士的心，希望您另做打算。"荆轲知道太子丹不忍心这样做，就私下去会见樊於期，说："秦国对待将军，可以说太残忍了，您的父母、同宗同族都被杀戮尽了。现在又听说悬赏求购您的首级，竟动用黄金千斤，有万户人家的城邑，您准备怎么办？"樊将军仰天叹息，流着泪说："我每当想到这些，常常痛恨到骨髓，但是又想不出复仇的办法。"荆轲说："现在我有一句话，可以解除燕国的祸患，并且能报将军的大仇，怎么样？"樊於期于是就上前说："那该怎么办呢？"荆轲说："希望能够得到您的首级献给秦国，秦王一定高兴，必然会热情接见我，那时我就左手拉住他的袖子，右手用匕首刺进他的胸膛，那么将军的深仇就报了，燕国被欺侮的耻辱也可以雪清。将军难道有心这样做吗？"樊於期脱下半边衣服，握紧自己的手腕，进前说："这是臣下日夜咬牙捶胸想做的事，今天才听到您的指教。"于是自刎而死。太子丹听说后，驾车奔去，伏在樊於期的尸体上痛哭，哀痛已极。事情已经发生了，也没有办法挽回，于是就收起樊於期的首级，用匣子封藏起来。

原文

于是太子预求天下之利匕首，得赵人徐夫人之匕首，取之百金，使工以药淬之①，以试人，血濡缕②，人无不立死者。乃为装遣荆轲。燕国有勇士秦武阳，年十二杀人，人不敢与忤视③。乃令秦武阳为副。荆轲有所待，欲与俱，其人居远未来，而为留待。顷之未发。太子迟之，疑其有改悔，乃复请之曰："日以尽矣④，荆卿岂无意哉？丹请先遣秦武阳。"荆轲怒叱太子曰："今日往而不反者，竖子也⑤！今提一匕首入不测之强秦，仆所以留者，待吾客与俱，今太子迟之，请辞决矣⑥！"遂发。太子及宾客知其事者，皆白衣冠以送之，至易水上。既祖⑦，取道。高渐离击筑⑧，荆轲和而歌，为变徵之声⑨，士皆垂泪涕泣。又前而为歌曰："风萧萧兮易水寒，壮士一去兮不复还！"复为忼慨羽声⑩，士皆瞋目，发尽上指冠。于是荆轲遂就车而去。终已不顾。

注释

① 药：指毒药。

② 濡（rú）：沾湿。

③ 忤（wǔ）：逆，忤逆。

④ 以：通"已"。

⑤ 往而不返者，竖子也：去了就回不来的人，是愚蠢的人。意思是要等朋友来计划好再去。竖子，指愚蠢的人。一说，往而不反，去了就没想回来。竖子，一说指太子丹，一说泛指。

⑥ 决：通"诀"，诀别。

⑦ 祖：指祭祀路神。

⑧ 高渐离：荆轲的朋友。筑：乐器名，像琴，十三弦，用竹尺击打发音。

⑨ 变徵（zhǐ）之声：即变徵之调，此调凄厉悲凉。徵，古代五音宫、商、角、徵、羽之一。

⑩ 羽：古代五音之一，音调激昂。

译文　于是太子丹预先访求天下最锋利的匕首，访得了赵国人徐夫人的匕首，用百金买来，让工匠淬上毒药，用它在人身上试验，只流出一丝血，人没有不立刻死去的。于是准备行装要送荆轲动身。燕国有个勇士叫秦武阳，在十二岁的时候，就杀过人，人们没有敢与他正眼相对的。太子丹就让秦武阳做荆轲的助手。荆轲等待一个人，想和他一起去，那个人住得很远还没有赶来，荆轲因此想等一等他。过了几天，荆轲还没有出发。太子丹认为他走迟了，疑心他有反悔的意思，就又去向荆轲请求说："日期已经过了，荆卿难道没有去的意思了吗？我请求先派秦武阳去吧。"荆轲怒声呵斥太子丹说："去了就回不来的，是愚蠢的人！如今我是提着一把匕首进入凶险难测的强暴秦国，我之所以留下来没有动身，是想等我的朋友一起去，现在太子认为我去得迟了，就让我与你诀别吧！"于是就出发了。太子丹及知道此事的门客，都穿着白衣戴着白帽来送行，送到了易水边上。祭祀完路神，选好道路。高渐离击筑，荆轲和着筑声唱了起来，唱的是变徵的悲调，人们都落泪垂泣。荆轲又走上前唱道："风声萧萧啊，易水凄寒，壮士一去啊，不再回还！"接着乐音又转为慷慨激昂的羽声，人们都双目圆睁，怒发冲冠。于是荆轲登车而去，始终没有回头再看。

原文

既至秦，持千金之资币物，厚遗秦王宠臣中庶子蒙嘉①。嘉为先言于秦王曰："燕王诚振畏慕大王之威，不敢兴兵以拒大王，愿举国为内臣，比诸侯之列，给贡职如郡县，而得奉守先王之宗庙。恐惧不敢自陈，谨斩樊於期头及献燕之督亢之地图，函封。燕王拜送于庭，使使以闻大王，唯大王命之。"秦王闻之，大喜。乃朝服，设九宾，见燕使于咸阳宫②。荆轲奉樊於期头函，而秦武阳奉地图匣，以次进至陛下。秦武阳色变振恐，群臣怪之，荆轲顾笑武阳，前为谢曰："北蛮夷之鄙人，未尝见天子，故振慑，愿大王少假借之，使得毕使于前。"秦王谓轲曰："起，取武阳所持图。"轲既取图奉之，发图，图穷而匕首见。因左手把秦王之袖，而右手持匕首揕之③，未至身，秦王惊，自引而起，绝袖。拔剑，剑长，操其室④。时惶急，剑坚⑤，故不可立拔。荆轲逐秦王，秦王还柱而走。群臣惊愕，卒起不意⑥，尽失其度。而秦法，群臣侍殿上者，不得持尺兵。诸郎中执兵皆陈殿下⑦，非有诏不得上。方急时，不及召下兵，以故荆轲逐秦王，而卒惶急无以击轲，而乃以手共搏之。是时，侍

医夏无且以其所奉药囊提轲。秦王之方还柱走，卒
惶急不知所为，左右乃曰："王负剑！王负剑！"遂拔
剑击荆轲，断其左股。荆轲废，乃引其匕首提秦王，
不中，中柱。秦王复击轲，被八创。轲自知事不就，
倚柱而笑，箕踞以骂曰："事所以不成者，乃欲以生
劫之，必得约契以报太子也。"左右既前斩荆轲，秦
王目眩良久。而论功赏群臣及当坐者，各有差。而
赐夏无且黄金二百镒，曰："无且爱我，乃以药囊提
轲也。"

注释

①蒙嘉：秦将蒙恬之弟。

②设九宾：设置九位傧相。郭希汾本："九宾，傧者九人也。"
宾，同"傧"。咸阳宫：秦国宫名。咸阳，秦国都城，在今陕
西省咸阳市东北。

③揕：姚本"揕"字下有"抗"字，鲍本无，从鲍本。

④摻（shǎn）：持。室：此指剑鞘。

⑤惶：姚本作"怨"，鲍本作"惶"，从鲍本。剑坚：指剑被
卡在剑鞘里，卡得很牢。

⑥卒：同"猝"。

⑦郎中：官名，负责侍卫。

译文　到秦国之后，荆轲带着价值千金的礼物，厚赠秦王的宠臣中庶子蒙嘉。蒙嘉替荆轲先对秦王说："燕王实在畏惧仰慕大王的威势，不敢发兵与大王对抗，希望让全国人都成为大王的臣民，与臣服的诸侯同列，像秦国的郡县一样进献贡品，只求能够奉守先王的宗庙。燕王害怕得不敢自己来陈述，特地斩下樊於期的脑袋，并献上燕国督亢地区的地图，用匣子封好。燕王又亲自在朝廷拜送，派遣使者来向大王告诉这些情况，现在只听大王的命令了。"秦王听说后，非常欢喜。于是秦王穿上朝服，设置九个傧相，在咸阳宫接见燕国使者。荆轲捧着盛有樊於期头颅的匣子，秦武阳捧着装有地图的匣子，按次序来到秦王座位的台阶下。秦武阳慌恐得变了脸色，群臣都感到奇怪，荆轲回头冲着秦武阳笑了笑，走上前去谢罪说："他是北方没开化的粗人，不曾见到过天子，所以哆嗦害怕，希望大王稍稍宽容一些，让他在您的面前完成使命。"秦王对荆轲说："起来吧，把秦武阳手拿的地图送上来。"荆轲就拿了地图献给秦王，展开地图，当地图打到尽头时匕首露了出来。于是荆轲用左手拉住秦王的袖子，右手握着匕首直刺秦王，没有刺着秦王的身体，秦王大惊，自己跳了起来，扯断了衣袖。秦

王连忙拔剑，剑身很长，只握住了剑鞘。由于当时惊
慌，剑在剑鞘中又插得很牢，所以不能马上拔出来。
荆轲追赶着秦王，秦王绕着柱子奔跑。群臣们惊愕万
分，仓促之间发生意想不到的事情，都失去了常态。
按照秦国法律，群臣在殿上侍奉国君，连一尺长的兵
器都不准挟带。护卫的侍卫拿着兵器都站在殿下，没
有秦王的命令不能上殿。正是危急的时刻，秦王来不
及召唤下面的士兵，因此荆轲才能追赶秦王，殿上的
人面对突如其来的变故手足无措，没有什么东西打荆
轲，只好用手同荆轲搏斗。这时御医夏无且用他身上
带的药囊掷向荆轲。秦王正绕着柱子跑，惊慌得不知
该做什么，左右大臣喊："大王快把剑推在背上！大
王快把剑推在背上！"秦王于是才拔出宝剑刺荆轲，
砍断了荆轲的左腿。荆轲受了重伤，才举起匕首投向
秦王，没有投中秦王，扎在柱子上。秦王又砍荆轲，
荆轲八处受伤。荆轲知道事情不能成功，倚着柱子
大笑，叉开双腿坐在那里大骂说："事情所以没成功，
是因为想生擒你，那样一定能得到土地的契约，就可
以报答太子了。"左右的大臣已经走上前去，砍杀了
荆轲，秦王头晕目眩了好久。事后论功封赏了群臣，
对于该问罪的也进行了处罚，各有区别。并且赏赐夏

无且黄金二百镒，说："无且最爱戴我，竟用药囊砸荆轲。"

原文　于是，秦大怒燕，益发兵诣赵，诏王翦军以伐燕，十月而拔燕蓟城①。燕王喜、太子丹等皆率其精兵东保于辽东②。秦将李信追击燕王，王急，用代王嘉计③，杀太子丹，欲献之秦。秦复进兵攻之，五岁而卒灭燕国，而虏燕王喜，秦兼天下。其后荆轲客高渐离以击筑见秦皇帝，而以筑击秦皇帝，为燕报仇，不中而死。

注释　①十月：指秦王嬴政二十一年（前226）十月。蓟城：燕国都城，在今北京市。

②辽东：见《燕策一·苏秦将为纵北说燕文侯》注。

③代王嘉：赵国公子。前228年秦灭赵后，赵国公子嘉率领宗族几百人逃到代地，自立为代王，向东同燕国合兵。

译文　这样，秦王更加恼恨燕国，增派军队去赵国，下诏命令王翦率军进攻燕国，秦王嬴政二十一年十月攻克燕国国都蓟城。燕王喜、太子丹等一起率精兵退守辽东。秦将李信追击燕王，燕王急了，采用了赵国代王

嘉的计策，杀死了太子丹，想把太子丹的头献给秦
王。秦王又进兵攻打，经过五年终于灭掉了燕国，俘
虏了燕王喜，最后秦国统一了天下。在这之后，荆轲
的朋友高渐离利用给秦王击筑的机会见到秦始皇，用
筑砸秦始皇，替燕国报仇，没有砸中，被杀死了。

宋、卫策

齐攻宋宋使臧子索救于荆

原文　齐攻宋，宋使臧子索救于荆①。荆王大说②，许救甚劝。臧子忧而反。其御曰："索救而得，有忧色，何也？"臧子曰："宋小而齐大。夫救于小宋而恶于大齐，此王之所忧也；而荆王说甚，必以坚我。我坚而齐弊，荆之利也。"臧子乃归。齐王果攻③，拔宋五城而荆王不至。

注释　①臧子：又作"臧孙子"，宋国人。荆：即楚国。

②荆王：指楚顷襄王。

③齐王：指齐闵王。

译文　齐国进攻宋国，宋国派臧子向楚国求救。楚王很高兴，表示全力相救。臧子忧心忡忡地返回宋国。他的车夫说："求救的目的达到了，可您却面带忧色，为什么？"臧子说："宋国是小国，而齐国却是大国。援救弱小的宋国而得罪强大的齐国，这是任何国君都忧虑的事；而楚王却高兴得很，一定是想让我们自己抵抗齐国。我们坚决顶住齐国，齐国就会因此疲弊，这对楚国大有好处。"臧子于是就回到宋国。齐王果然发动了进攻，攻下宋国的五座城邑，而楚王也没有派来救兵。

公输般为楚设机

原文　公输般为楚设机^①，将以攻宋。墨子闻之，百舍重茧^②，往见公输般，谓之曰："吾自宋闻子。吾欲籍子杀人^③。"公输般曰："吾义固不杀人。"墨子曰："闻公为云梯，将以攻宋。宋何罪之有？义不杀人而攻国，是不杀少而杀众。敢问攻宋何义也？"公输般服焉，请见之王。墨子见楚王曰："今有人于此，舍其文轩，邻有弊舆而欲窃之^④；舍其锦绣，邻有短褐而欲窃之^⑤；舍其粱肉，邻有糟糠而欲窃之。此为何若人也？"王曰："必为有窃疾矣。"墨子曰："荆之地方五千里，宋方五百里，此犹文轩之与弊舆也；荆有云梦，犀兕麋鹿盈之，江、汉鱼鳖鼋鼍为天下饶^⑥，宋所谓无雉兔鲋鱼者也^⑦，此犹粱肉之与糟糠也；荆有长松、文梓、楩、楠、豫樟^⑧，宋无长木，此犹锦绣之与短褐也。臣以为王吏之攻宋为此同类也⑨。"王曰:"善哉! 请无攻宋。"

注释

① 公输般:即鲁班,鲁国著名工匠。机:指一些机械战具,如云梯、弓弩等。

② 墨子:姓墨名翟,宋国人,是战国时期著名的思想家。百舍:百里为一舍。百舍,犹言步行万里,形容走路之多。重茧:厚茧,形容旅途劳苦。

③ 杀人:姚本作"杀王","王"为"壬"之讹,即"人"字,吴师道补正鲍本曰:"一本三'杀王'并作'杀壬',云人。"从吴说,改"杀王"为"杀人",下文"杀人"二字均同此注。

④ 文轩:雕饰精美的车。弊舆:破车。

⑤ 短褐:粗布短衣。

⑥ 江、汉:指长江、汉水。鼍(tuó):鳄鱼。

⑦ 鲋(fù):鲫鱼。

⑧ 梗(biàn):梗木。

⑨ 臣:姚本作"恶",鲍本作"臣",从鲍本。

译文

公输般为楚国制造攻战的机械,准备进攻宋国。墨子听说这件事后,步行万里,脚上都走出了老茧,去见公输般,对公输般说:"我在宋国就听说过您的大名。

我想借你的手去杀人。"公输般说："我本来就讲究仁义不杀人。"墨子说："听说您制造云梯，将要用它攻打宋国。宋国有什么罪过？讲仁义不杀人却帮助进攻别国，这是不杀少而杀多。请问进攻宋国有什么仁义？"公输般信服，墨子请求公输般为自己引见楚王。墨子见到楚王说："现在有这样一个人在这里，舍弃自己雕饰精美的车子，邻居有破车却想偷窃；舍弃自己锦绣的衣服，邻居有粗布短衣却想偷窃；舍弃自己的米肉，邻居有糟糠却想偷窃。这是一个什么样的人呢？"楚王说："这一定是有了偷窃病。"墨子说："楚国土地方圆五千里，宋国方圆五百里，这如同雕饰精美的车和破车；楚国有云梦泽，犀牛、野牛、麋鹿充满泽中，长江、汉水出产鱼鳖、大鼋和鳄鱼，是天下出产最多的地方，而宋国是人们所说的没有野鸡、兔子和鲫鱼的地方，这如同米肉和糟糠；楚国有高大的松树、有花纹的梓树、梗树、豫樟树，宋国却没有高大的树木，这如同锦绣衣服和粗布短衣。因此臣下认为大王让你的官吏进攻宋国与此同类。"楚王说："说得很对！请相信我们不会攻打宋国。"

犀首伐黄

原文　犀首伐黄①，过卫，使人谓卫君曰②："弊邑之师过大国之郊，曾无一介之使以存之乎③？敢请其罪。今黄城将下矣，已，将移兵而造大国之城下。"卫君惧，束组三百绲④，黄金三百镒，以随使者。南文子止之曰⑤："是胜黄城，必不敢来；不胜，亦不敢来。是胜黄城，则功大名美，内临其伦⑥。夫在中者恶临⑦，议其事。蒙大名，挟成功，坐御以待中之议，犀首虽愚，必不为也。是不胜黄城，破心而走⑧，归恐不免于罪矣！彼安敢攻卫以重其不胜之罪哉？"果胜黄城，帅师而归⑨，遂不敢过卫。

注释　① 犀首：即魏国公孙衍。黄：小国名，在今河南省黄川县西部，嬴姓。

② 卫君：指卫成侯。

③ 存：慰问。

④ 组：此指缓带一类的东西。绲（gǔn）：捆。

⑤ 南文子：卫国大臣。

⑥ 内临其伦：犹言居功自傲，蔑视同事。临，从高处往下看，

有蔑视之意。伦，同辈，指同事。

⑦ 在中者：指国中大臣。

⑧ 破心：惊心，指害怕惩罚。

⑨ 帅：通"率"。

译文　公孙衍率兵进攻黄国，路过卫国，公孙衍派人对卫国国君说："弊国军队路过贵国郊外，竟连一个使者也不派来慰问吗？请问我们有什么罪过。现在黄国的城邑就要被攻下，攻下后，我们就将调兵到贵国的城下。"卫国国君很害怕，捆扎了三百捆绶带，准备了黄金三百镒，让使者带上这些东西出使。南文子阻止卫国国君说："这次公孙衍如果在黄城取胜，一定不敢来卫国；不能取胜，也不敢来。这次公孙衍如果在黄城取胜，那么他将取得很大的功劳很好的名声，就会居功蔑视他的同事。在国中的大臣就会讨厌他的高傲，诽谤他的行动。顶着极好的名声，拥有成就的功劳，却坐等国中人的非议，公孙衍即使再愚蠢，也必然不会这样做。这次如果不能在黄城取胜，他将怀着恐惧的心理逃回魏国，回国后还会担心免不了要受惩罚！他怎么敢加重没有战胜黄国的罪过呢？"公孙衍果然在黄城取胜，率军回国，竟没敢经过卫国。

梁王伐邯郸

原文 梁王伐邯郸①，而征师于宋。宋君使使者请于赵王曰②："夫梁兵劲而权重，今征师于弊邑，弊邑不从则恐危社稷，若扶梁伐赵以害赵国，则寡人不忍也，愿大王之有以命弊邑。"赵王曰："然，夫宋之不足如梁也③，寡人知之矣。弱赵以强梁，宋必不利也。则吾何以告子而可乎？"使者曰："臣请受边城④，徐其攻而留其日，以待下吏之有城而已。"赵王曰："善。"宋人因遂举兵入赵境而围一城焉。梁王甚说曰："宋人助我攻矣。"赵王亦说曰："宋人止于此矣。"故兵退难解，德施于梁，而无怨于赵。故名有所加，而实有所归。

注释 ① 梁王：指魏惠王。

② 赵王：指赵成侯。

③ 如：当，抵挡。姚本："如，当也。"

④ 请受边城：请求允许进攻一座边境上的城邑。

译文 魏王进攻赵国邯郸，魏国向宋国征调军队。宋国国君派使者向赵王请求说:"魏国军队强悍威势很大,如今向弊国征调军队,弊国如不从命,国家就会出现危险,如果帮助魏国进攻赵国来损害赵国,那么寡人又不忍心,希望大王能有合适的想法命令弊国。"赵王说:"好吧。宋国兵力不足以抵挡魏国,寡人是知道的。削弱赵国来增强魏国实力,对宋国也很不利。那么我用怎样的决定告诉您才可以呢?"宋国使者说:"臣下请求允许宋国进攻赵国边境上的一座城邑,慢慢进攻,多耗些日子,以此来等待您的下属官吏守住它罢了。"赵王说:"好。"宋国于是就发兵进入赵国边境,围困了一座城邑。魏王很高兴说:"宋国人帮助我攻打赵国。"赵王也高兴地说:"宋国人就停在这里了。"所以在战争结束退兵的时候,宋国既对魏国有恩,又同赵国无怨。因此宋国名望有所增加,实际上又得到了好处。

谓大尹曰

原文　谓大尹曰①:"君日长矣②,自知政,则公无事。公不如令楚贺君之孝，则君不夺太后之事矣③，则公常用宋矣。"

注释

① 大尹：宋国大臣。

② 君：指宋君。

③ 太后：指宋太后，与大尹共同执政。

译文

有人对大尹说："宋君一天比一天长大，自己就要亲自理政，那么您就再也没有执掌政事的机会了。您不如让楚国来恭贺宋君的孝心，那么宋君就不会剥夺太后执掌政事的权力，那么您就可以被宋国长期任用了。"

宋与楚为兄弟

原文

宋与楚为兄弟。齐攻宋，楚王言救宋①，宋因卖楚重以求讲于齐②，齐不听。苏秦为宋谓齐相曰："不如与之③，以明宋之卖楚重于齐也。楚怒，必绝于宋而事齐，齐、楚合，则攻宋易矣。"

注释

① 楚王：指楚顷襄王。

② 卖：即卖弄。

③ 与之：犹言与之讲和。

译文

宋国和楚国是兄弟之国。齐国进攻宋国，楚王声言援救宋国，宋国因此卖弄楚国的威势来向齐国求和，齐国没有听从。苏秦替宋国对齐国相国说："不如同宋国讲和，以此表明宋国向齐国卖弄楚国的威势。楚王恼怒，一定会同宋国断交来侍奉齐国。齐、楚两国联合在一起，那么再去攻打宋国就容易了。"

魏太子自将过宋外黄

原文

魏太子自将，过宋外黄①。外黄徐子曰②："臣有百战百胜之术，太子能听臣乎？"太子曰："愿闻之。"客曰③："固愿效之。今太子自将攻齐，大胜并莒，则富不过有魏，而贵不益为王。若战不胜，则万世无魏，此臣之百战百胜之术也。"太子曰："诺。请必从公之言而还。"客曰："太子虽欲还不得矣，彼利太子之战

攻而欲满其意者众，太子虽欲还，恐不得矣。"太子
上车请还。其御曰："将出而还与北同④，不如遂行。"
遂行，与齐人战而死。卒不得魏。

注释

① 魏太子：指魏惠王太子申。外黄：地名，在今河南省民
权县西北。缪文远本："外黄，故城在今河南民权县西北
四十里。"

② 徐子：宋国人。

③ 客：指徐子。

④ 北：同"背"，败退。

译文

魏国太子亲自率军队进攻齐国，路过宋国外黄，外黄
人徐子说："臣下有百战百胜的方法，太子能听臣下
说一说吗？"魏国太子说："愿意听。"徐子说："臣下
本来愿意效劳。如今太子亲自率军队进攻齐国，如果
取得大胜，吞并了莒地，那富贵也超不过拥有魏国，
显贵也不会超过做国君。如果打不胜，就会永世失去
魏国，这就是臣下百战百胜的方法。"魏国太子说：
"好吧。我一定听您的话，返回魏国。"徐子说："太
子即使想回去，恐怕也做不到了，那些利用太子攻战
机会谋取好处，想要满足私欲的人太多了，太子虽然

想回去，恐怕做不到了。"太子登战车请将士们回去。他的车夫说："将领出征无故而还与败退是一样的，不如继续向前。"于是魏国太子又带兵前行，同齐国开战，不幸战死。魏国太子终于没有拥有魏国。

宋康王之时有雀生鹯

原文　宋康王之时，有雀生鹯于城之陬①。使史占之②，曰："小而生巨，必霸天下。"康王大喜。于是灭滕，伐薛③，取淮北之地，乃愈自信，欲霸之亟成，故射天笞地，斩社稷而焚灭之，曰："威服天下鬼神。"骂国老谏者④，为无颜之冠以示勇⑤，剖伛之背，锲朝涉之胫⑥，而国人大骇。齐闻而伐之，民散，城不守。王乃逃倪侯之馆⑦，遂得而死。见祥而不为祥，反为祸。

注释　① 宋康王：即宋王偃。鹯（zhān）：同"鸇"，一种像鹞鹰的猛禽。姚本作"鳣"，黄丕烈《札记》认为"鳣"为"鹯"字之讹，从黄说。城之陬：城墙墙角。

②史：官名，即太史，负责记载历史和占卜。

③滕：小国名，在今山东省滕县西南。薛：小国名，在今山东省滕县南。

④者：姚本作"曰"，黄丕烈《札记》认为应作"者"，从黄说。

⑤无颜之冠：遮不住额头的帽子。

⑥伛：驼背。锲朝涉之胫：砍断早晨过河人的腿。胫，小腿。

⑦倪侯：宋国大臣。

译文　宋康王的时候，有只小鸟在城墙的角落生了只鹯鸟。宋王让太史占卜，太史说："小鸟生出了大鸟，一定能称霸天下。"宋康王大喜过望。于是出兵灭掉了滕国，进攻薛国，夺取了淮北的土地，宋康王就更加自信，宋康王想尽快实现霸业，所以他用箭射天，又鞭打土地，还砍掉了土神、谷神的神位，把它们烧掉，说："我用威力降服天下鬼神。"骂那些年老敢于劝谏的大臣，带遮不住额头的帽子来表示勇敢，剖开驼背人的背，砍断早晨过河人的腿，国中的人非常恐慌。齐国听说后进攻宋国，百姓四处逃散，城也没有守住。宋康王逃到倪侯的住所，很快被齐国人抓住杀死了。宋康主看到吉兆却不做好事，吉祥反而成了祸害。

智伯欲伐卫

原文　智伯欲伐卫，遗卫君野马四，白璧一①。卫君大悦，群臣皆贺，南文子有忧色。卫君曰："大国大欢，而子有忧色何？"文子曰："无功之赏，无力之礼②，不可不察也。野马四，白璧一，此小国之礼也，而大国致之，君其图之。"卫君以其言告边境。智伯果起兵而袭卫，至境而反，曰："卫有贤人，先知吾谋也。"

注释　① 野马四，白璧一：姚本此句"四"字后有"百"字，黄丕烈《札记》认为"百"字，是因下"白"字而误衍，从黄说，删掉"百"字，下文"野马四，白璧一"同此注。野马，良马名。

② 无力：犹言不费气力。

译文　智伯要进攻卫国，就送给卫国国君名为野马的马四匹，白璧一块。卫国国君非常高兴，群臣都来道贺，只有南文子面露忧色。卫国国君说："大国对我们很满意，而您为什么却面有忧色？"南文子说："没有功劳受到赏赐，不费气力就得到礼物，不可不详察原因。四匹野马，一块白璧，这是小国才赠送的礼物，而大国却送来这样的礼物，您还是考虑一下吧。"卫国国君把南文子的话转告给边境守军。智伯果然发兵偷袭卫国，到了边境上又返回去了，智伯说："卫国有贤人，事先就知道了我的计谋。"

智伯欲袭卫

原文 智伯欲袭卫，乃佯亡太子，使奔卫。南文子曰："太子颜为君子也①，甚爱有宠，非有大罪而亡，必有故。"使人迎之于境，曰："车过五乘，慎勿纳也。"智伯闻之，乃止②。

注释 ① 太子颜：智伯的长子，名颜。君：指智伯。
② 止：此指阻止太子颜入卫。

译文 智伯想偷袭卫国，就派他的太子假装逃亡，让他投奔卫国。南文子说："太子颜是智伯的儿子，智伯又很宠爱他，并没有什么大罪却逃出国，其中必有缘故。"

南文子派人在边境上迎接他，并嘱咐说："假如太子颜的车超过五辆，千万不要放他入境。"智伯听说后，就阻止太子去卫国。

秦攻卫之蒲

原文　秦攻卫之蒲①。胡衍谓樗里疾曰②："公之伐蒲，以为秦乎？以为魏乎？为魏则善，为秦则不赖矣③。卫所以为卫者，以有蒲也。今蒲入于秦④，卫必折于魏。魏亡西河之外，而弗能复取者，弱也。今并卫于魏，魏必强。魏强之日，西河之外必危。且秦王亦将观公之事，害秦以善魏，秦王必怨公。"樗里疾曰："奈何？"胡衍曰："公释蒲勿攻，臣请为公入戒蒲守，以德卫君。"樗里疾曰："善。"胡衍因入蒲，谓其守曰："樗里子知蒲之病也，其言曰：'吾必取蒲。'今臣能使释蒲勿攻。"蒲守再拜，因效金三百镒焉，曰："秦兵诚去，请厚子于卫君。"胡衍取金于蒲，以自重于卫，樗里子亦得三百金而归，又以德卫君也。

注释

① 蒲：邑名，在今河北省长垣县。

② 胡衍：卫国人。樗里疾：见《西周策·秦令樗里疾以车百乘入周》注。

③ 不赖：不利。

④ 蒲入于秦：姚本作"蒲入于魏"，吴师道补鲍本曰："一本'蒲入于秦'。"据文义一本为是，从一本。

译文

秦国攻打卫国的蒲地。胡衍对樗里疾说："您来进攻蒲地，是为了秦国呢？还是为了魏国呢？如果为了魏国，那么对魏国很有利，如果是为了秦国，那么对秦国不利。卫国所以是卫国，就是因为有蒲地。现在如果蒲地归入秦国，卫国必然会掉头投向魏国。魏国失去西河以外的土地之后，再也没有重新夺取，是因为魏国衰弱了。如今假如卫国并入魏国，魏国必然会强大起来。等到魏国强大的那一天，西河以外就危险了。再说秦王将会观察您的所作所为，如果是损害秦国而给魏国带来好处，秦王一定会怨恨您。"樗里疾说："那怎么办呢？"胡衍说："您放弃蒲地，不要再攻打，请允许我替您进入蒲城告诉蒲城守备不要再打了，以此使卫国国君感激您的恩德。"樗里疾说："好吧。"胡衍于是进入蒲城，对蒲城守备说："樗里疾知道蒲城困难重重，他声称：'我一定要攻下蒲城。'现在我能让樗里疾放弃蒲城，不再进攻。"蒲城守备两次拜谢，于是又献金三百镒，说："秦兵真能撤离，请允许我让卫国国君重赏您。"胡衍从蒲城得到了酬金，并让自己在卫国受到重视。樗里疾也得到了三百镒酬金收兵回国，又使卫国国君对他感恩戴德。

卫使客事魏

原文　卫使客事魏，三年不得见。卫客患之，乃见梧下先生①，许之以百金。梧下先生曰："诺。"乃见魏王曰："臣闻秦出兵，未知其所之。秦、魏交而不修之日久矣②。王专事秦，无有佗计③。"魏王曰："诺。"客趋出，至郎门而反曰④："臣恐王事秦之晚。"王曰："何也？"先生曰："夫人于事己者过急，于事人者过缓。今王缓于事己者，安能急于事人？""奚以知之？""卫客曰，事王三年不得见。臣以是知王缓也。"魏王趋见卫客。

注释　①梧下先生：指有德行的长者。因家有大梧树，所以这样称呼他。

②修：犹言修好旧交。

③专：姚本作"博"，鲍本作"专"，从鲍术。佗：同"他"。

④郎：同"廊"。

译文　卫国派一位客卿侍奉魏国，过了三年这位客卿也没有被召见。卫国的客卿很忧虑，就去拜见梧下先生，答应给梧下先生一百金。梧下先生说："遵命。"于是梧下先生去拜见魏王说："臣下听说秦国要出兵，不知要去哪个国家。秦、魏两国缔结邦交，但不修旧交的日子已经很久了。大王应该专心侍奉秦国，不应有其他打算。'魏王说："好吧。"梧下先生这才快步走出，走到廊门又返回来说："臣下恐怕大王想去侍奉秦国，已经晚了。"魏王说："为什么?"梧下先生说："让别人侍奉自己都很着急，自己去侍奉别人就会慢慢腾腾。现在大王对于侍奉自己都不着急，怎么会急着侍奉别人呢?"魏王说："您怎么知道呢?"梧下先生说："卫国客卿说，待奉大王三年之久，一直没有受到召见。臣下因此知道大王不着急。"魏王急忙去见卫国客卿。

卫嗣君病

原文　卫嗣君病①。富术谓殷顺且曰②："子听吾言也说君，勿益损也，君必善子。人生之所行，与死之心异。始君之所行于世者，食高丽也③；所用者，缧错、挐薄也④。群臣尽以为君轻国而好高丽，必无与君言国事者。子谓君：'君之所行天下者甚谬。缧错主断于国，而挐薄辅之，自今以往者，公孙氏必不血食矣⑤。'"君曰："善。"与之相印，曰："我死，子制之。"嗣君死，殷顺且以君令相公期⑥，缧错、挐薄之族皆逐也。

注释　①卫嗣君：卫平侯之子，秦王贬其号为君。

②富术、殷顺且：都是卫国大臣。

③食高丽：犹言贪恋美色。食，吃，犹言贪图。高丽，个高貌美，犹言美色。缪文远本："高丽，指长大妓美者，即美色也。"

④缧错、挐（rú，又读nú）薄：都是卫嗣君的宠臣。

⑤公孙氏：卫国姓氏。

⑥公期：即公子期，卫嗣君之子。

译文 卫嗣君病重。富术对殷顺且说："您听一听我的话，再去劝说卫君，不要把我的话增加或减少，卫君一定会亲近您。人活着时的所作所为，同要死时的想法是不一样的。当初卫君在世上所做的，是贪恋美色；所任用的，是绁错、挐薄一类的宠臣。群臣都认为卫君轻视国家而贪图美色，一定没人同卫君谈论国事。您对卫君说：'您在天下的所作所为很荒谬。绁错在国内独断专行，而且还有挐薄帮助他，从今往后，公孙氏一定不能用血食祭祖了。'"卫君听完这些话后说："太好了。"就把相印交给了殷顺且，说："我死之后，你要控制卫国。"卫嗣君死后。殷顺且凭先君的遗命辅佐公子期，绁错、挐薄的家族都被驱逐了。

卫嗣君时胥靡逃之魏

原文 卫嗣君时，胥靡逃之魏①，卫赎之百金，不与，乃请以左氏②。群臣谏曰："以百金之地赎一胥靡，无乃不可乎？"君曰："治无小，乱无大，教化喻于民，三百之城足为治。民无廉耻，虽有十左氏，将何以用之？"

注释　① 胥靡：卫国人。一说，指罪犯。郭人民本："胥，相。靡，随。古者坐轻刑，令衣褐带索，连系相随以服劳役。"

② 左氏：卫国邑名。缪文远本按："在今山东定陶县西。"

译文　卫嗣君在世的时候，胥靡逃到了魏国，卫国用一百金赎胥靡，魏国不给，于是卫君请求用左氏邑交换。群臣劝谏卫嗣君说："用百金之地赎回一个胥靡，恐怕不合适吧？"卫君说："治理得安定不在国小，治理得混乱不在国大，用教化来教导百姓，三百户人家的城邑足可以治理得安定太平。假如百姓不懂廉耻，即使有十座左氏邑，又将有什么用处呢？"

卫人迎新妇

原文　卫人迎新妇，妇上车，问："骖马，谁马也？"御曰："借之。"新妇谓仆曰："拊骖，无笞服。"车至门，扶，教送母曰①："灭灶，将失火。"入室见臼，曰："徙之牖下②，妨往来者。"主人笑之。此三言者，皆要言也，然而不免为笑者，蚤晚之时失也③。

注释 ①曰：姚本无"曰"字，鲍本有，从鲍本。送母：伴娘。

②牖（yǒu）：窗户。

③蚤：通"早"。

译文 有个卫国人迎娶新媳妇，新媳妇上车后，问："骖马，是谁家的马？"驾车的人说："是借来的。"新媳妇对驾车的人说："打骖马，别打辕马。"车子到夫家门口，扶新媳妇进门，新媳对伴娘说："把灶里的火灭掉，防备失火。"到了屋里看到春米的石臼，新媳妇又说："把石臼搬到窗户下，妨碍来往的人走路。"主人都觉得可笑。这三句话，都是很要紧的话，然而免不了要受人嘲笑，是因为她说话没有选择恰当的时机。

中山策

魏文侯欲残中山

原文　魏文侯欲残中山。常庄谈谓赵襄子曰①："魏并中山，必无赵矣。公何不请公子倾以为正妻②，因封之中山，是中山复立也。"

注释　① 常庄谈：赵襄子的家臣。
② 公子倾：魏文侯之女。

译文　魏文侯想灭掉中山。常庄谈对赵襄子说："魏国如果吞并中山，也一定不会有赵国的存在。您何不请求魏文侯，让他的女儿公子倾做您的正妻，趁机把她封在中山，这样中山就可以重新得以保存。"

犀首立五王

原文　犀首立五王①，而中山后持。齐谓赵、魏曰："寡人羞与中山并为王，愿与大国伐之，以废其王。"中山闻之大恐，召张登而告之曰②："寡人且王，齐谓赵、魏曰，羞与寡人并为王，而欲伐寡人。恐亡其国，不在索王，非子莫能吾救。"登对曰："君为臣多车重币，臣请见田婴③。"中山君遣之齐，见婴子曰："臣闻君欲废中山之王，将与赵、魏伐之，过矣。以中山之小而三国伐之，中山虽益废王，犹且听也。且中山恐，必为赵、魏废其王而务附焉，是君为赵、魏驱羊也，非齐之利也，岂若中山废其王而事齐哉？"

注释　　① 犀首：即公孙衍。立五王：指立齐、赵、魏、燕、中山五国国君为王。

② 张登：中山国大臣。

③ 田婴：齐国相国，又称薛公，号靖郭君。

译文　　公孙衍拥立齐、赵、魏、燕、中山五国国君为王，中山君最后被推立。齐王对赵、魏两国说："寡人与中山君一起称王感到耻辱，希望与你们讨伐他，废掉他的王号。"中山君听说后，非常害怕，召见张登告诉他说："寡人就要称王了，齐王对赵、魏两国说，与寡人一起称王感到耻辱，想要讨伐寡人。寡人只是害怕国家被灭亡，不在乎要那个王号，除了您没有谁能救我。"张登回答说："您为臣下多备车辆和丰厚的礼物，臣下请求去拜见田婴。"中山君就派张登去了齐国，张登见到田婴说："臣下听说您要废掉中山君的王号，准备同赵、魏两国攻打中山，您错了。以中山那样的小国，三个大国去攻打它，中山国即使遭到比废除王号还大的祸患，也会听命的。再说中山君很害怕，一定会为赵、魏两国废掉王号，竭力依附它们，这样做，您是为赵、魏两国赶羊，并非对齐国有利，哪比得上让中山君废掉王号来侍奉齐国呢？"

原文 田婴曰："奈何？"张登曰："今君召中山，与之遇而许之王，中山必喜而绝赵、魏，赵、魏怒而攻中山，中山急而为君难其王①，则中山必恐，为君废王事齐。彼患亡其国，是君废其王而立其国②，贤于为赵、魏驱羊也。"田婴曰："诺。"张丑曰③："不可。臣闻之，同欲者相憎，同忧者相亲。今五国相与王也，负海不与焉④，此是欲皆在为王，而忧在负海。今召中山，与之遇而许之王，是夺四国而益负海也⑤。致中山而塞四国，四国寒心。必先与之王而故亲之，是君临中山而失四国也。且张登之为人也，善以微计荐中山之君久矣⑥，难信以为利。"田婴不听，果召中山君而许之王。张登因谓赵、魏曰："齐欲伐河东⑦。何以知之？齐羞与中山并为王甚矣，今召中山，与之遇而许之王，是欲用其兵也，岂若令大国先与之王以止其遇哉？"赵、魏许诺，果与中山王而亲之。中山果绝齐而从赵、魏。

注释

① 难其王：犹言不愿与其称王。

② 立：姚本作"亡"，鲍本作"立"，从鲍本。

③ 张丑：齐国大臣。

④ 负海：指齐国。

⑤ 四：姚本作"五"，鲍本作"四"，从鲍本。

⑥ 荐：进献。

⑦ 河东：地名，属赵、魏两国。缪文远本引程恩泽《国策地名考》："此外河东当为兼属赵、魏之地。"

译文

田婴说："怎么办呢？"张登说："现在您应该召见中山君，同他会面并允许他称王，中山君一定高兴，就会断绝与赵、魏两国的邦交，赵、魏两国发怒，攻打中山，中山形势危急，就会知道各国国君不愿同他一道称王，中山君一定很害怕，自己就会为您废掉王号侍奉齐国。他担心自己的国家被灭掉，这样您废掉了他的王号并保存了中山，比为赵、魏两国赶羊要好得多。"田婴说："遵命。"张丑说："不可以这样做。我听说，有同样欲望者互样憎恨，有同样忧虑者互样亲近。现在五国相互称王，而齐国不愿同中山同时称王，这样看来，五国的欲望都在称王上，只是担心齐国干预。现在您如果召见中山君，和他会面，允许他称王，这就侵夺了四国的权利而使齐国获得好处。得到了中山的邦交却隔绝了四国的联系，四国会感到心寒。您一定要先让齐国和中山称王，故意同中山亲近，这样您接近了中山却失去了四国。再说张登的为人，长期以来善于把一些小计谋进献给中山君，难以相信张登会给我们带来好处。"田婴不听，真的召见了中山君并允许中山君称王。张登对赵、魏两国说："齐国要进攻你们的河东。我怎么知道的呢？齐国对同中山同时称王感到非常耻辱，现在却召见中山君，同他会面并允许他称王，是想利用中山的军队，这哪比得上你们同中山君先称王，来阻止他们的会面呢？"赵、魏两国答应了，果真同中山一起称王，并且非常亲近中山。中山也真的断绝了同齐国的邦交，服从赵国、魏国。

中山与燕赵为王

原文　中山与燕、赵为王，齐闭关不通中山之使，其言曰："我万乘之国也，中山千乘之国也，何侔名于我？"欲割平邑以赂燕、赵①，出兵以攻中山。蓝诸君患之②。张登谓蓝诸君曰："公何患于齐？"蓝诸君曰："齐强，万乘之国，耻与中山侔名，不惮割地以赂燕、赵，出兵以攻中山。燕、赵好倍而贪地③，吾恐其不吾据也。大者危国，次者废王，奈何吾弗患也？"张登曰："请令燕、赵固辅中山而成其王，事遂定，公欲之乎？"蓝诸君曰："此所欲也。"曰："请以公为齐王，而登试说公，可，乃行之。"蓝诸君曰："愿闻其说。"

注释　① 平邑：邑名，在今河南省南乐县，原属赵国，现属齐国。
② 蓝诸君：中山国相国。
③ 倍：通"背"，此指背约。

译文　中山与燕、赵两国准备称王，齐国封锁关隘，不准中山使者通行，他们声称："我们是拥有万辆兵车的国家，中山只是拥有千辆兵车的小国，怎么能和我们的名位等同呢?"齐国想割让平邑来贿赂燕、赵两国,让它们出兵进攻中山。蓝诸君对此很忧虑。张登对蓝诸君说:"您对齐国有什么可忧虑的呢?"蓝诸君说:"齐国很强大,是拥有万辆兵车的国家,与中山名位相等齐国觉得可耻,不惜割让土地贿赂燕、赵两国,让它们出兵进攻中山。燕、赵两国都好背弃盟约,贪求土地,我担心它们不会支持我们。往大说会危及国家,往小说也得废掉王号,怎么能让我不担心呢?"张登说:"请让我使燕、赵两国帮助中山君称王,这样此事就会平定下去,您想这么做吗?"蓝诸君说:"这正是我所希望的。"张登说:"现在请您假做齐王,我来说服您,如果可以,就这样做。"蓝诸君说:"愿意听一听您是怎样说的。"

原文

登曰:"王之所以不惮割地以赂燕、赵,出兵以攻中山者,其实欲废中山之王也。王曰:'然。'然则王之为费且危。夫割地以赂燕、赵,是强敌也;出兵以攻中山,首难也。王行二者,所求中山未必得。王如用臣之道,地不亏而兵不用,中山可废也。王必曰:'子之道奈何?'"蓝诸君曰:"然则子之道奈何?"张登曰:"王发重使,使告中山君曰:'寡人所以闭关不通使者，为中山之独与燕、赵为王，而寡人不与闻焉，是以隘之。王苟举趾以见寡人①，请亦佐君。'中山恐燕、赵之不已据也，今齐之辞云'即佐王'，中山必遁燕、赵与王相见②，燕、赵闻之，怒绝之，王亦绝之，是中山孤，孤何得无废。以此说齐王，齐王听乎？"蓝诸君曰："是则必听矣，此所以废之，何其所以存之矣③？"张登曰："此王所以存者也。齐以是辞来，因言告燕、赵而无往，以积厚于燕、赵。燕、赵必曰：'齐之欲割平邑以赂我者，非欲废中山之王也，徒欲以离我于中山而己亲之也。'虽百平邑，燕、赵必不受也。"蓝诸君曰："善。"遣张登往，果以是辞来。中山因告燕、赵而不往，燕、赵果俱辅中山而使其王，事遂定。

注释

① 举趾：犹言举足，抬脚。

② 遁：逃，引申为回避。

③ 以：姚本无"以"字，鲍本有，从鲍本。

译文

张登说："大王所以不惜割让土地贿赂燕国、赵国，出兵攻打中山，其实是想废掉中山君的王号。大王一定会说：'是这样。'那么这样做大王不仅会破费钱财

而且会遇到危险。割地贿赂燕、赵两国，这是增强敌
人的力量；出兵进攻中山，这是首先挑起战祸。大王
做这两件事，在中山寻求的东西也不一定能够得到。
大王如果采用我的方法，土地不用割让，军队不用出
动，中山君的王号就可以废掉。齐王一定会问：'您
的方法怎么样啊?'"蓝诸君说："那么您的方法究竟
怎么样呢?"张登说："请大王派重要的使者，让他对
中山君说：'寡人所以封锁关隘不让使者通行，是因
为中山想同燕、赵两国独自称王，寡人没有从你们那
里听到这个消息，因此封锁关隘。大王假如能抬脚来
见寡人，请让寡人也来帮助您。'中山君害怕燕、赵
不支持自己，现在大王传话说'马上帮助中山君称
王'，中山君一定会暗中回避燕、赵两国，与大王相
见，燕、赵两国听说后，一定会气愤地与中山断交，
大王也趁此与中山断交，这样中山就孤立了，孤立无
援，王号怎么能不废除呢? 用这些话游说齐王，齐王
能够听信吗?"蓝诸君说："这样去说齐王就一定能听
信，这是废掉王号的办法，用什么方法可以保存王号
呢?"张登说："这就是保存王号的办法。齐王用这番
话来说中山君，就把这番话转告给燕、赵两国，使
它们同齐国不再来往，加深中山同燕、赵两国的交

情。燕、赵两国一定会说：'齐国割让平邑贿赂我们，并不是想废除中山君的王号，只是想离间我们同中山的关系，自己好去亲近中山。'即使割让一百个平邑，燕、赵两国也一定不会接受。"蓝诸君说："太好了。"于是派张登去了齐国，张登果然用这番话本游说。中山就转告燕、赵两国，不同齐国来往，燕、赵两国果然一同辅助中山，让中山君称王，事情就这样平定了。

司马憙使赵

原文　司马憙使赵①，为己求相中山。公孙弘阴知之②。中山君出，司马憙御，公孙弘参乘③。弘曰："为人臣，招大国之威以为己求相，于君何如？"君曰："吾食其肉，不以分人。"司马憙顿首于轼曰："臣自知死至矣。"君曰："何也？""臣抵罪。"君曰："行，吾知之矣。"居顷之，赵使来，为司马憙求相。中山君大疑公孙弘，公孙弘走出。

注释

①司马憙（xǐ）：中山国大臣。

②公孙弘：中山国大臣。

③参乘：陪乘。

译文

司马憙出使赵国，让赵国替自己谋求相国的职位。公孙弘暗中了解了这件事。一次中山君外出，司马憙驾车，公孙弘陪乘。公孙弘说："做人臣子的，利用大国的威势为自己谋求相位，在您看来，这种人怎么样？"中山君说："我吃他的肉，不把肉分给别人。"司马憙急忙在车前的横木上叩头说："臣下自知死期到了。"中山君说："为什么这样？"司马憙说："臣下应当受罚。"中山君说："走吧，我知道了。"过了一段时间，赵国的使者来到中山，为司马憙谋取相位。中山君非常怀疑公孙弘陷害司马憙，公孙弘被迫逃亡国外。

司马憙三相中山

原文

司马憙三相中山，阴简难之①。田简谓司马憙曰②：

"赵使者来属耳③，独不可语阴简之美乎？赵必请之，
君与之，即公无内难矣。君弗与赵，公因劝君立之以
为正妻，阴简之德公，无所穷矣。"果令赵请，君弗
与。司马憙曰："君弗与赵，赵王必大怒④，大怒则君
必危矣。然则立以为妻，固无请人之妻不得而怨人者
也。"田简自谓取使，可以为司马憙，可以为阴简，
可以令赵勿请也。

注释

① 阴简：中山君的姬妾。难：犹言忌恨。

② 田简：中山国大臣。

③ 属耳：探听。

④ 赵王：指赵武灵王。

译文

司马憙三次做中山的相国，中山君的美人阴简很忌
恨他。田简对司马憙说："赵国使者来中山探听消息，
难道不可以对他说一说阴简的美貌吗？赵王一定会要
阴简，如果君王把阴简送给赵王，您就没有内患了。
如果君王不把阴简送给赵王，您就趁机劝君王立阴简
为正妻，阴简感激您的恩德，就会报答不尽。"司马
憙果真让赵国要阴简，中山君不给。司马憙说："您
不把阴简送给赵国，赵王一定会大怒，赵王大怒，您

一定很危险。既然如此，那么可以把阴简立为正妻，根本没有要人家的妻子、人家不给就怨恨人家的道理。"田简认为是自己让赵国使者来到中山的，这样做可以帮助司马憙，可以帮助阴简，又可以使赵国无法要去阴简。

阴姬与江姬争为后

原文　阴姬与江姬争为后[①]。司马憙谓阴姬公曰[②]："事成，则有土子民；不成，则恐无身。欲成之，何不见臣乎？"阴姬公稽首曰："诚如君言，事何可豫道者[③]。"司马憙即奏书中山王曰："臣闻弱赵强中山。"中山王悦而见之曰："愿闻弱赵强中山之说。"司马憙曰："臣愿之赵，观其地形险阻，人民贫富，君臣贤不肖，商敌为资[④]，未可豫陈也。"中山王遣之。

注释　① 阴姬：即阴简。江姬：也是中山君的姬妾。

② 阴姬公：即阴姬的父亲。

③ 豫：预先。

④ 商敌：比较敌我力量的强弱。商，比较。

译文　阴姬和江姬争做王后。司马憙对阴姬的父亲说："事情如果能够成功，就会得到土地，统治百姓；不能成功，恐怕就会性命难保。想使事情成功，为什么不来见臣下呢？"阴姬的父亲叩头说："真像您说的那样，怎么可以事先道谢呢。"司马憙就向中山王献上奏书说："臣下已经听说削弱赵国强大中山的办法。"中山王高兴地召见他说："愿意听一听削弱赵国强大中山的计谋。"司马憙说："臣下希望到赵国去，观察那里地理形势的险阻情况，人民的贫富，君臣的贤明和无能，比较敌我力量作为参考，不能预先妄言。"于是中山王派司马憙去赵国。

原文　见赵王曰："臣闻赵，天下善为音，佳丽人之所出也。今者，臣来至境，入都邑，观人民谣俗，容貌颜色殊无佳丽好美者。以臣所行多矣，周流无所不通，未尝见人如中山阴姬者也，不知者特以为神，力言不能及也。其容貌颜色固已过绝人矣，若乃其眉目准颊权衡，犀角偃月①，彼乃帝王之后，非诸侯之姬也。"赵王意移，大悦曰："吾愿请之，何如？"司马喜曰：

"臣窃见其佳丽，口不能无道尔②。即欲请之，是非臣所敢议，愿王无泄也。"司马憙辞去，归报中山王曰："赵王非贤王也。不好道德，而好声色；不好仁义，而好勇力。臣闻其乃欲请所谓阴姬者。"中山王作色不悦。司马憙曰："赵强国也，其请之必矣。王如不与，即社稷危矣；与之，即为诸侯笑。"中山王曰："为将奈何？"司马憙曰："王立为后，以绝赵王之意。世无请后者。虽欲得请之，邻国不与也③。"中山王遂立以为后，赵王亦无请言也。

注释 ① 准：鼻子。頞（è）：鼻梁。权：两颊。衡：眉宇。犀角：指头型。偃月：额头。

② 尔：同"耳"。

③ 不与：不同意。

译文 司马憙见到赵王说："臣下听说赵国，是天下最擅长音律，多出漂亮美女的地方。如今，臣下来到境内，进入都城，观察人民的歌谣风俗，从人们的容貌脸色上看，并没有特别漂亮好看的。臣下到过的地方很多，周游各地无所不往，不曾见过有比中山阴姬更美的人，不知道的，只认为是仙女，竭尽言辞也描摹不出。她的容貌脸色本来就超过了那些绝代佳人，如说到她的眉目，鼻子、面颊、眉宇，头型和额头，那真是帝王之后的长相，绝不该是诸侯的姬妾。"赵王开始动心了，很高兴地说："我希望把她要来，怎么样？"司马憙说："臣私下见到她那样美丽，嘴上不能不说罢了。您就想把她要来，这不是臣下敢议论的事，希望大王不要把这些泄露出去。"司马憙辞别而去，回报中山王说："赵王不是一个贤明的君王。他不喜欢修养道德，而是喜欢淫声美色；不讲求仁义，却崇尚暴力。臣下听说他竟然想要阴姬。"中山王脸色一变，很不高兴。司马憙说："赵国是一个强国，赵王想要就一定会要。大王如果不给，国家社稷就会危险；给他，就要被诸侯嘲笑。"中山王说："该怎样做呢？"司马憙说："大王立阴姬做王后，来断绝赵王的恶念。世上还没有要人家王后的呢。即使赵王想要，邻国也不会答应。"中山王于是就立阴姬为王后，赵王也没有再说要阴姬的话。

主父欲伐中山

原文　主父欲伐中山，使李疵观之①。李疵曰："可伐也。君弗攻，恐后天下。"主父曰："何以②?"对曰："中山之君，所倾盖与车而朝穷闾隘巷之士者，七十家。"主父曰："是贤君也，安可伐?"李疵曰："不然。举士，则民务名不存本③；朝贤，则耕者惰而战士懦。若此不亡者，未之有也。"

注释　① 主父：指赵武灵王。李疵（cī）：赵国大臣。

② 何以：犹言何故。

③ 本：根本，指农业。

译文　赵武灵王要攻打中山，派李疵去察看情况。李疵说："可以进攻了。您如果再不攻打中山，恐怕就要落在天下诸侯的后面了。"赵武灵王说："那是什么缘故呢?"李疵回答说："中山国的国君，把车盖放在车里去拜访住在穷街窄巷的读书人，拜访了七十家之多。"赵武灵王说："这是位贤君，怎么可以攻打呢?"李疵说："不是这样。举用读书人，那么百姓就会追求虚

名，不会把心思放在农业这个根本上；拜访贤者，那
么耕种的人就会懒惰，战士怯懦贪生。像这样国家还
不灭亡，从来没有过。"

中山君飨都士大夫

原文　中山君飨都士大夫，司马子期在焉。羊羹不遍①，司
马子期怒而走于楚，说楚王伐中山。中山君亡，有
二人挈戈而随其后者，中山君顾谓二人："子奚为者
也?"二人对曰："臣有父，尝饿且死，君下壶飧饵之②。
臣父且死，曰：'中山有事，汝必死之。'故来死君
也。"中山君喟然而仰叹曰："与不期众少，其于当厄③；
怨不期深浅，其于伤心。吾以一杯羊羹亡国，以一壶
飧得士二人。"

注释　① 都士大夫：都城中的士大夫。司马子期：中山人，后到楚
国为官。不遍：犹言不及。

② 饵：此指给吃。

③ 厄：犹言困难的时候。

译文 中山君宴请城中的士大夫，司马子期也在其中。分羊羹时没有分到司马子期那里，司马子期盛怒之下跑到了楚国，游说楚王进攻中山。中山君被逼逃亡，有两个人手提着戈紧随在他的后面，中山君回头对两个人说："你们是干什么的？"那两个人回答说："臣下有老父，曾经饿得快死了，您拿出壶中的食物给他吃。在臣下老父临死的时候，他说：'中山国如果有战事，你们一定要效死力。'所以我们来为君王死战。"中山君仰天长叹说："施恩不在于多少，应在最困难的时候施与；结仇不在于深浅，在于是否伤害人心。我因为一杯羊羹灭亡了国家，因为一壶食物赢得两位义士。"

乐羊为魏将

原文 乐羊为魏将①，攻中山。其子时在中山，中山君烹之，作羹致于乐羊，乐羊食之。古今称之：乐羊食子以自信，明害父以求法②。

注释

① 乐羊：见《秦策二·秦武王谓甘茂》注。

② 害父以求法：损害为父之道来保全军法的尊严。

译文

乐羊做魏国将领，进攻中山。他的儿子当时正在中山，中山国君把乐羊的儿子煮了，做成肉羹送到乐羊那里，乐羊把肉羹吃了。古往今来都称颂说：乐羊吃自己的儿子来增强自信，表明即使有损于为父之道，也应保全军法的尊严。

昭王既息民缮兵

原文

昭王既息民缮兵①，复欲伐赵。武安君曰②："不可。"王曰："前年国虚民饥，君不量百姓之力，求益军粮以灭赵。今寡人息民以养士，蓄积粮食，三军之俸有倍于前，而曰'不可'，其说何也？"武安君曰："长平之事，秦军大尅，赵军大破。秦人欢喜，赵人畏惧。秦民之死者厚葬，伤者厚养，劳者相飨，饮食铺馈③，以靡其财。赵人之死者不得收，伤者不得疗，涕泣相哀，勠力同忧，耕田疾作以生其财。今王发军

虽倍其前，臣料赵国守备亦以十倍矣。赵自长平以
来，君臣忧惧，早朝晏退④，卑辞重币，四面出嫁，
结亲燕、魏，连好齐、楚，积虑并心，备秦为务。其
国内实，其交外成。当今之时，赵未可伐也。”

注释

① 昭王：指秦昭王。

② 武安君：即白起。

③ 铺（bǔ）：把食物给人吃。

④ 晏：晚。

译文

秦昭王在百姓得到休养生息、兵器车辆得到修治之
后，又想进攻赵国。武安君说："不可以进攻赵国。"
秦王说："前年国库空虚百姓受饥，您不考虑百姓的
负担能力，要求增调军粮消灭赵国。如今寡人休养百
姓来供养士兵，蓄积粮食，三军将士的俸禄超过从前
一倍，而您却说'不可以进攻赵国'，这种说法有什
么道理吗？"武安君说："长平之战，秦军大胜，赵军
大败。秦国人欢喜，赵国人害怕。秦国百姓战死的得
到厚葬，受伤的得到了特殊的照顾，劳苦的饮酒解
乏，吃饱喝足并得到馈饷，消费掉国家的资财。赵国
战死的人得不到收殓，受伤的得不到治疗，哭泣哀

嚎，尽力共同分担忧患，加紧耕田劳作多生资财。如今大王能够派出的军队虽然超过从前的一倍，臣下料想赵国守备国家的军队也会超出原来的十倍。赵国自从长平之战以来，君臣忧虑恐惧，早晨很早上朝，晚上很晚退朝，用低下的言辞和厚重的礼物，四面派出使者向诸侯求和，同燕、魏两国结为同盟，同齐、楚两国连成伙伴，处心积虑，把防范秦国当作最要紧的事。赵国国内殷实，外交成功。正当现在这个时候，是不可以攻打赵国的。"

原文

王曰："寡人既以兴师矣。"乃使五大夫王陵将而伐赵①。陵战失利，亡五校②。王欲使武安君，武安君称疾不行。王乃使应侯往见武安君③，责之曰："楚地方五千里，持戟百万，君前率数万之众入楚，拔鄢、郢④，焚其庙，东至竟陵⑤，楚人震恐，东徙而不敢西向。韩、魏相率，兴兵甚众，君所将之，不能半之，而与战之于伊阙⑥，大破二国之军，流血漂卤⑦，斩首二十四万，韩、魏以故至今称东藩。此君之功，天下莫不闻。今赵卒之死于长平者已十七八，其国虚弱，是以寡人大发军，人数倍于赵国之众，愿使君将，必欲灭之矣。君尝以寡击众，取胜如神，况以强击弱，以众击寡乎？"

注释

① 五大夫：秦国爵位名。姚本"五"字后有"校"字，黄丕烈《札记》："当衍'校'字。"从黄说，删掉。

② 五校：指军营。

③ 应侯：见《秦策三·应侯谓昭王》注。

④ 鄢、郢：并见《秦策三·谓应侯曰君禽马服乎》注。

⑤ 竟陵：见《楚策一·张仪为秦破纵连横》注。

⑥ 伊阙：见《西周策·秦攻魏将犀武军于伊阙》注。

⑦ 卤：通"橹"，大盾。

译文

秦王说："寡人已经准备好发兵了。"于是派五大夫王陵为将进攻赵国。王陵作战失利，连军营都丢了。秦王想派武安君出战，武安君称病不出。秦王就派应侯去探望武安君，责备他说："楚国土地方圆五千里，持戟的士卒上百万，您从前率几万人的军队攻入楚国，攻克鄢、郢两地，焚毁楚王的宗庙，东面攻到竟陵，楚国人感到震惊恐慌，向东迁徙，不敢向西进犯。韩、魏两国相继发兵，动用的军队很多，您所率领的军队，不到韩、魏两国军队的一半，而您却同它们在伊阙大战，大败了这两个国家的军队，死亡者的血能漂起作战的大盾，斩下敌人二十四万首级，韩、魏两国因为这个缘故至今自称是秦国东面的藩国。这是您的功劳，天下没有谁没听说的。如今赵国士卒在长平之战中死去的，已有十之七八，他们的国家很虚弱，因此寡人大举发兵，人数超过赵国军队的一倍，希望您能为将，一定能够灭掉赵国。您曾以少击众，取得胜利像神兵一样，何况现在是以强击弱，以众攻少呢？"

原文 武安君曰："是时楚王恃其国大①，不恤其政，而群臣相妒以功，谄谀用事，良臣斥疏，百姓心离，城池不修，既无良臣，又无守备，故起所以得引兵深入，多倍城邑②，发梁焚舟以专民心③，掠于郊野以足军食。当此之时，秦中士卒以军中为家，将帅为父母，不约而亲，不谋而信，一心同功，死不旋踵。楚人自战其地，咸顾其家，各有散心，莫有斗志，是以能有功也。伊阙之战，韩孤顾魏，不欲先用其众。魏恃韩之锐，欲推以为锋。二军争便之力不同，是以臣得设疑兵以待韩阵，专军并锐，触魏之不意④。魏军既败，韩军自溃，乘胜逐北，以是之故能立功。皆计利形势，自然之理，何神之有哉！今秦破赵军于长平，不遂以时乘其振惧而灭之，畏而释之，使得耕稼以益蓄积，养孤长幼以益其众，缮治兵甲以益其强，增城浚池以益其固，主折节以下其臣，臣推体以下死士⑤。至于平原君之属，皆令妻妾补缝于行伍之间。臣人一心，上下同力，犹勾践困于会稽之时也⑥，以今伐之⑦，赵必固守。挑其军战，必不肯出。围其国都，必不可剋。攻其列城，必未可拔。掠其郊野，必无所得。兵出无功，诸侯生心，外救必至。臣见其害，未睹其利。又病。未能行。"

注释

① 楚王：指楚顷襄王。

② 倍：增多。

③ 发梁：拆断桥梁。心：姚本作"以"，金正炜本认为作"心"为是，从金说。

④ 触：犹言冲击。

⑤ 推体：犹言委身，把自身交给他人。

⑥ 勾践、会稽：并见《秦策五·谓秦王》注。

⑦ 今：姚本作"合"，鲍本作"今"，从鲍本。

译文 武安君说："当时楚王依仗国家强大，不体察朝政，群臣因为争功互相嫉妒，阿谀奉迎者受到重用，好的大臣遭到排斥疏远，百姓离心离德，城墙和护城河不加修治，由于楚国已经没有好的大臣执掌朝政，又没有常备不懈的守军，所以我能够领兵深入楚国，占领很多城邑，我又下令拆断桥梁，焚毁木船使士卒专心作战，并在城邑的郊外掠得粮食补足军粮。正在这个时候，秦军中的士卒以军队为家，把将帅当作父母，不用约束彼此就相互亲近，不用商量彼此就相互信任，一心想着同获战功，奋勇向前死不退避。楚国人在自己的土地上作战，都顾念自己的家室，各自都有不同的想法，毫无斗志，因此我能取得战功。伊阙之战，韩国力单势孤，只考虑利用魏国，不想先使用自己的军队。魏国依赖韩军训练有素，想把韩国军队推到前面做先锋。两国军队争夺方便力量不均衡，因此臣下才能设下疑兵与韩军对阵，另派精锐军队，冲击魏军出其不意。魏军已经失败，韩军自然也就溃退了，乘胜追击败北的军队，臣下因为这个缘故才能立下战功。这都是因为考虑了地形是否有利、军队的形势如何，顺理成章，哪有什么神兵啊！如今秦军在长平击败赵军，不赶快抓紧时机趁着赵国恐惧万分的时候灭亡赵国，看到赵国畏惧屈服就放弃灭赵，使赵国能够抓紧耕种增加储备，抚养遗孤，让幼儿长大以扩充军队，加高城墙，疏浚护城河使城邑更加坚固，国君委屈自己亲近大臣，大臣不惜生命亲近效死力的士兵。至于平原君那样的人，都让自己的妻妾到军队中为将士们缝缝补补。臣民一心，上下共同努力，如同勾践被困在会稽山上的时候，趁现在去攻打赵国，赵国一定会固守城邑。向赵军挑战，赵军一定不肯出城。围困国都，一定不能攻克。攻打其他城邑，也一定不能攻下。在城邑的郊外抢掠，一定会一无所获。出兵不能获得战功，诸侯们产生异心，赵国的救兵必然会赶来。臣下只见到攻赵的害处，没看到好处。臣下现在又有病，不能去。”

原文　应侯惭而退，以言于王。王曰：“微白起，吾不能灭赵乎？”复益发军，更使王龁代王陵伐赵①，围邯郸八九月，死伤者众而弗下。赵王出轻锐以寇其后②，秦数不利。武安君曰：“不听臣计，今果何如？”王闻之怒，因见武安君，强起之，曰：“君虽病，强为寡人卧而将之。有功，寡人之愿，将加重于君。如君不行，寡人恨君。”武安君顿首曰：“臣知行虽无功，得免于罪。虽不行无罪，不免于诛。然惟愿大王览臣愚计，释赵养民，以诸侯之变。抚其恐惧，伐其骄慢③，诛灭无道，以令诸侯，天下可定，何必以赵为先乎？
此所谓为一臣屈而胜天下也。大王若不察臣愚计，必
欲快心于赵，以致臣罪，此亦所谓胜一臣而为天下屈
者也。夫胜一臣之严焉，孰若胜天下之威大耶？臣闻
明主爱其国，忠臣爱其名。破国不可复完，死卒不可
复生。臣宁伏受重诛而死，不忍为辱军之将，愿大王
察之。"王不答而去。

注释

① 王龁（hé）：秦国将领。

② 赵王：指赵孝成王。

③ 悀（jiāo）：同"骄"。

译文

应侯惭愧退了出去，把武安君的话告诉了秦王。秦王
说："没有白起，我就不能灭掉赵国了吗？"又增派军
队，另派王龁代替王陵进攻赵国，秦军围困邯郸八九
个月，死伤众多，却没有攻下邯郸。赵王派出轻锐的
小股军队骚扰秦军后方，秦军出战多次不利。武安
君说："不听我的计策，现在结果怎样？"秦王听说后
大怒，于是去见武安君，逼着武安君起床，说："您
虽然有病，也得勉强自己卧着为寡人带兵。有了战
功，这是寡人希望的，会重赏您。如果您不去，寡人

就会怨恨您。"武安君叩头说："臣下知道去了即使没有战功，也可以免除罪过。如果不去，即使没有罪过，也免不了被杀。然而臣下只是希望大王能够看一看臣下不高明的计策，放弃赵国，让百姓得到休养生息，以应付诸侯之间出现的变故。安抚恐惧的，攻打傲慢的，诛灭无道的，以此来号令诸侯，天下就可以平定，为什么一定要把赵国作为首先进攻的对象呢？这就是所说的被一个大臣屈服却战胜天下人。大王如果不详察臣下的愚计，一定要在赵国得到心理上的满足，以致于降罪臣下，这也是所说的战胜一个大臣，却被天下人屈服。战胜一个大臣的威严，同战胜天下人的威严相比，哪个更大呢？臣下听说贤明的君王爱惜国家，忠诚的大臣爱惜名誉。破碎的国家不可能重获完整，死去的人不可能死而复生，臣下宁愿受重罚而死，不忍做蒙受耻辱的军队的将领。希望大王详察。"秦王没有答话就走了。

图书在版编目（CIP）数据

战国策全译：上下 /（汉）刘向辑录；王守谦等译注. —— 贵阳：贵州人民出版社，2022.11
（中国历代名著全译丛书）
ISBN 978-7-221-17544-1

Ⅰ.①战… Ⅱ.①刘… ②王… Ⅲ.①《战国策》－译文②《战国策》－注释 Ⅳ.①K231.04

中国版本图书馆CIP数据核字（2022）第219908号

出 版 人：王　旭
责任编辑：杨　悦
装帧设计：晓笛设计工作室　舒刚卫　刘清霞
责任监印：尹晓蓓　唐锡璋

书　　名：战国策全译（上下）
辑　　录：[汉] 刘向
译　　注：王守谦　喻芳葵　王凤春　李烨
出版发行：贵州出版集团　贵州人民出版社
地　　址：贵州省贵阳市观山湖区会展东路SOHO办公区A座
印　　刷：天津创先河普业印刷有限公司
开　　本：880mm×1230mm　32开
印　　张：50.75
字　　数：960千字
版　　次：2022年11月第1版
印　　次：2022年11月第1次印刷
书　　号：ISBN 978-7-221-17544-1
定　　价：180.00元（上下册）